*Enciclopédia,*
*ou Dicionário razoado das ciências,*
*das artes e dos ofícios*

30 anos editora unesp

DENIS DIDEROT E JEAN LE ROND D'ALEMBERT

# *Enciclopédia, ou Dicionário razoado das ciências, das artes e dos ofícios*

Volume 6
Metafísica

Organização
Pedro Paulo Pimenta e Maria das Graças de Souza

Tradução
Pedro Paulo Pimenta, Maria das Graças de Souza e Thomas Kawauche

editora unesp

Título original: *Encyclopédie, ou Dictionnaire raisonné des sciences, des arts et des métiers*

Direitos de publicação reservados à:
Fundação Editora da Unesp (FEU)
Praça da Sé, 108
01001-900 – São Paulo – SP
Tel.: (0xx11) 3242-7171
Fax: (0xx11) 3242-7172
www.editoraunesp.com.br
www.livrariaunesp.com.br
feu@editora.unesp.br

Dados Internacionais de Catalogação na Publicação (CIP)
Vagner Rodolfo CRB-8/9410

D555e

Diderot, Denis, 1713-1784

Enciclopédia, ou Dicionário razoado das ciências, das artes e dos ofícios. Volume 6: Metafísica / Denis Diderot, Jean Le Rond D'Alembert; organizado por Pedro Paulo Pimenta, Maria das Graças de Souza; traduzido por Pedro Paulo Pimenta, Maria das Graças de Souza, Thomas Kawauche. – São Paulo: Editora Unesp, 2017.

Tradução de: *Encyclopédie, ou Dictionnaire raisonné des sciences, des arts et des métiers*
ISBN: 978-85-393-0669-5

1. Filosofia francesa. 2. Literatura francesa. 3. Metafísica. I. D'Alembert, Jean Le Rond. II. Pimenta, Pedro Paulo. III. Souza, Maria das Graças de. IV. Kawauche, Thomas. V. Título.

2017-131 CDD 140
CDU 1(44)

Editora afiliada:

Asociación de Editoriales Universitarias de América Latina y el Caribe

Associação Brasileira de Editoras Universitárias

# *Sumário*

# *Nota preliminar*

*Nos trezentos anos de*
*Jean le Rond d'Alembert (1717-2017)*

O sexto volume da *Enciclopédia* de Diderot e d'Alembert em português – o último da coleção – foi concebido durante a preparação dos outros cinco volumes já publicados, quando ocorreu aos organizadores e editores que seria interessante reunir e traduzir verbetes dedicados a questões propriamente metafísicas – afinal, a *Enciclopédia* é conhecida, nos dias de hoje, como uma obra de Filosofia. O pensamento do século XVIII é profundamente marcado pela presença das doutrinas e conceitos de grandes filósofos do século anterior, não somente Bacon, Newton, Locke, que os enciclopedistas reclamam como predecessores diretos de seu próprio pensamento, mas também Descartes, Malebranche, Espinosa e Leibniz. É o período dito "moderno" da história da Filosofia. Pareceu justo que a revisão crítica, pelos enciclopedistas, de doutrinas de peso tão considerável, ganhasse destaque numa coleção como esta, voltada ao público em geral e aos leitores de Filosofia em particular. Três autores aparecem aqui pela primeira vez: o médico e astrônomo Jean-Henri-Nicolas Bouillet (1729-1790), autor dos verbetes *Faculdade de apetição* e *Faculdade vital*; Charles George Leroy (1723-1790), autor do verbete Instinto; e Jean Pestré (1723-1821), autor dos verbetes dedicados a Bacon e a Descartes. A revisão da tradução beneficiou-se da publicação da edição integral da *Enciclopédia* em francês, publicada em versão *on-line* pela Garnier Classiques em novembro de 2016 a partir do exemplar da biblioteca da

Sorbonne. Deixamos aqui registrado o nosso agradecimento a Luís Fernandes do Nascimento, que chamou nossa atenção para o verbete *Cego*, e a Fernão de Oliveira Salles, que fez o mesmo em relação ao verbete *Carência*.

As imagens de pranchas da *Enciclopédia* reproduzidas neste e nos demais volumes da presente coleção foram obtidas junto aos acervos da biblioteca da FFLCH-USP e da FEA-USP (coleção Delfim Netto).

Gostaríamos de agradecer a Maria Aparecida Laet e a Sandra Maria La Farina, que facultaram o acesso às fontes. Por fim, quando da conclusão deste Volume 6 chegou a nós, pelas mãos de Pedro Galé, um exemplar da seleção de textos da *Enciclopédia* publicada em Portugal em 1974: *A Enciclopédia. Textos Escolhidos*. Tradução de Luiza Tito Martins, Lisboa: Estampa. Registre-se aqui o pioneirismo dessa iniciativa em língua portuguesa.

*Pedro Paulo Pimenta*
*Maria das Graças de Souza*

# *O destino da Metafísica na* Enciclopédia

*Pedro Paulo Pimenta*

No momento em que a *Enciclopédia* desponta na cena intelectual europeia, tornara-se uma espécie de lugar-comum desdizer abertamente a religião e sua consorte, a Metafísica. O empirismo de Locke, o deísmo de seus epígonos ingleses, a ironia de Voltaire, o ceticismo de Hume, tudo parecia concorrer para o descrédito de uma crença e de uma ciência que, para piorar sua própria situação, se defendiam contra essas investidas renovando o dogmatismo de que eram acusadas. A *Enciclopédia*, como empreitada conjunta do "partido filosófico" francês, vem unir-se ao coro da insatisfação geral e advogar, desde o *Discurso preliminar*, o primado da experiência na constituição das representações do intelecto humano. Mas seria fazer pouco do refinamento intelectual de Diderot e d'Alembert pensar que a obra que eles dirigem se contenta em atacar a religião e rebaixar a Metafísica. A estratégia adotada é mais sutil. Praticamente sem confrontar as religiões estabelecidas, ora tratadas com deferência, ora com fria objetividade, os enciclopedistas tentam evitar, na medida do possível, problemas com os jesuítas, os jansenistas, os calvinistas e outros defensores da fé, e assim preservar certa liberdade para examinar francamente o conflito de doutrinas filosóficas que, na Idade Moderna, teria transformado a Metafísica em verdadeiro campo de batalha (para utilizarmos a metáfora escolhida por Kant em seu prefácio – de modo algum conivente com os iluministas – à primeira edição da *Crítica da razão pura*, em 1781).

No *Dicionário filosófico*, publicado em 1764 – um ano antes dos volumes finais da *Enciclopédia* –, Voltaire define a Metafísica: "*trans naturam*, para além da natureza. Mas isso, que está para além da natureza, seria alguma coisa? Se por natureza entende-se matéria, então Metafísica é tudo o que não é matéria". Aí cabem à Metafísica, como objetos, a alma e o raciocínio humanos, os espíritos, Deus e consortes, além das propriedades relativas a essas substâncias. Vale a pena comparar essa definição com a oferecida por Diderot na abertura do verbete correspondente na *Enciclopédia* (publicado no Volume 2 desta coleção): a Metafísica é a "ciência das razões das coisas", compreendendo-se razão como princípio que tem, como contraparte, a arte, ou os procedimentos de efetivação de princípios do raciocínio na experiência. À Metafísica transcendente a *Enciclopédia* opõe uma Metafísica imanente à experiência, uma ciência da articulação sensível do sentido, através de uma atividade técnica – que pode ser consumada num sistema filosófico, numa língua, num livro, como a própria *Enciclopédia*, ou ainda noutro objeto qualquer, como uma máquina de tear, por exemplo. Essa redefinição aparece na obra através de um movimento que percorre as doutrinas consagradas na filosofia moderna (prisma pelo qual são abordadas as filosofias antigas) e colhe, aqui e ali, os elementos de uma nova concepção do saber filosófico. Neste volume, o leitor poderá acompanhar a trajetória, não raro convoluta, que leva da definição de Metafísica proposta por Voltaire àquela oferecida por Diderot.

O verbete de abertura desta seleção é dedicado à ideia de Alma, que se situa, como indica Voltaire, na base de toda especulação de cunho metafísico. A composição do verbete *Alma* é peculiar, e chama a atenção. Ele se divide em duas partes. A primeira, bem mais extensa do que a segunda, é de autoria do abade Yvon, colaborador constante da *Enciclopédia*, teólogo inteligente e sutil, nada doutrinário, dotado de ideias próprias, aberto às novidades vindas da Alemanha – notadamente o sistema de Christian Wolff, de inspiração leibniziana, porém fortemente marcado pelo influxo do *Ensaio sobre o entendimento humano*, de Locke (publicado em alemão em 1755, cinquenta anos após o original e vinte anos depois da edição francesa). Detendo-se nas doutrinas dos antigos, compiladas a partir de versões oferecidas em manuais correntes na época (via de regra redigidos em latim), chegando por fim a Agostinho, a quem dedica umas poucas linhas, Yvon passa habilmente à confrontação com a doutrina de Espinosa (ou o que ele entende por ela, a partir das indicações oferecidas por Pierre Bayle no *Dictionnaire historique et critique*) e de suas reverberações em outros autores modernos (Hobbes, Malebranche, Leibniz). Encerrado esse embate, o expositor apresenta, finalmente, em poucas palavras, uma concepção positiva do que ele entende por alma, recomendando a Psicologia de Wolff (em sua dupla formulação, racional e empírica) como a doutrina mais acertada. O leitor reconhecerá, nas derradeiras linhas dessa contribuição, a dívida de Kant para com Wolff e terá, quem sabe, a sensação inusitada de pressentir o que seria uma eventual aprovação do enciclopedista às doutrinas do autor da *Crítica da razão prática* e da *Antropologia de um ponto de vista pragmático* (publicadas respectivamente em 1787 e 1798).

A segunda parte do verbete, relativamente breve, é de autoria de Diderot, que põe de lado toda a laboriosa discussão de Yvon e, ignorando a conclusão a que este chega – como se todo o seu trabalho tivesse sido em vão –, passa a discutir o espinhoso problema da localização da alma humana no corpo. A questão remete, evidentemente, a Descartes, que, posicionando-se em relação a doutrinas correntes na Fisiologia de sua época, encontrara na glândula pineal, localizada no centro da massa cerebral, o local de união entre a alma e o corpo. Fiando-se por experimentos recentes, Diderot sugere que essa teoria, como qualquer outra a respeito, teria de ser necessariamente provisória, na medida em que experimentações ainda tateantes a autorizem ou não. Quanto mais se estudam o cérebro e o sistema nervoso e adquire-se um vislumbre dos mecanismos de produção sensível das representações intelectuais, mais se é levado a concluir que falar em união da alma ao corpo é apenas isto, uma *maneira de falar*, mera conveniência de que os metafísicos se servem para se referir a um fato trivial e inescapável: se é que há uma substância espiritual distinta do corpo, ela se encontra de tal modo unida a ele que não faz sentido tomá-los como ontologicamente separados.

Se, para Descartes, o "fato paradoxal" é a "existência do corpo humano" (nas palavras de Merleau-Ponty),[1] para Diderot não há paradoxo na

1 Merleau-Ponty, *A união da alma e do corpo*, p.15.

questão, apenas uma ânsia de suprir, com a imaginação, o que não se dá a perceber (parafraseando-se Tarin no verbete *Cérebro*), com o resultado de que aquilo que se dá pura e simplesmente como materialidade passa a ser vinculado a algo que não se encontra em parte alguma. Sem propriamente refutar a Metafísica e seu saber acerca da distinção e da união entre a alma e o corpo, Diderot coloca essas duas substâncias num mesmo plano, como se a diferença entre elas não fosse ontológica e, portanto, insuficiente para instituir e legitimar uma hierarquia qualitativa, correlata daquela, vigente ao longo do século XVII, entre o racional e o sensível. Se "alma" e "corpo" são, como outras palavras, termos que cabem num mesmo dicionário, talvez seja o caso de suspender, por um instante que seja, a diferença supostamente real entre as ideias que elas significam para ver se, no fundo, não haveria aí uma questão meramente verbal. Supondo que quem fala em corpo fale, com isso, em alma, e vice-versa, o problema desaparece, e o filósofo adquire a vantagem, nada desprezível, de doravante se referir, com esse vocabulário ambíguo, a um só e mesmo objeto ou substância.[2]

As consequências dessa hábil operação podem ser identificadas nos verbetes reunidos no presente volume. Mencionaremos aqui duas, talvez as mais imediatas. A primeira é o questionamento da ideia de identidade pessoal, que o racionalismo clássico vincula à ideia de alma. Se o que define uma pessoa como indivíduo não é sua espiritualidade, mas a existência de um corpo, dado no tempo e no espaço como sistema de relações fisiológicas e proporções anatômicas estáveis, então o fato mais importante a ser reconhecido nesse indivíduo é sua pertença a uma espécie, a um grupo de indivíduos similares a ele, que se unem para se reproduzir e perpetuar uma forma constante.

A segunda consequência, igualmente importante, é o deslocamento do horizonte da valoração moral. Se o corpo e o espírito se encontram, na experiência, indissoluvelmente unidos e formam, quem sabe, uma mesma substância, segue-se que o valor supremo da espécie humana não é transcendente, não reside numa realidade que está para além da experiência, mas

---

2 Para um estudo mais aprofundado da questão, remetemos o leitor a Baertschi, *Les Rapports de l'âme et du corps*.

se encontra no bem-estar do próprio corpo, ou isto que o fisiologista Tarin chama, no verbete *Cérebro*, de "bem-estar material do espírito". Não por outra razão Diderot valoriza tanto aqueles sistemas morais da Antiguidade, como o estoicismo e o epicurismo, em que o cuidado de si desponta como uma máxima estreitamente vinculada ao bem do indivíduo e, logo, da espécie (ou bem "público", já numa dimensão social e política).[3]

De saída, o editor principal da *Enciclopédia* sugere assim, de modo alusivo e indireto, que a Metafísica, tal como a conhecemos, foi superada e começa a ser substituída pela combinação de certas ciências ou artes – a Fisiologia, a Anatomia, a Medicina Semiótica – que, aliadas à Filosofia Experimental (inspirada em Bacon e Locke), oferecem um conhecimento mais seguro acerca dos corpos materiais organizados, inclusive em sua capacidade de produzir representações, do que jamais poderia fazê-lo a Psicologia, racional ou empírica, às voltas com um sentimento interno de uma suposta alma, que os médicos terminarão por reduzir à sensibilidade nervosa ou à irritabilidade, tomadas como propriedades da matéria. Se a alma existe ou não como substância espiritual à parte, é um problema que não se põe mais; que se mantenha a dicotomia de duas substâncias, talvez ela seja inescapável, mas o importante é evitar as ilusões que ela engendra.

Por sua extensão e profundidade, sua engenhosa montagem e as consequências que decorrem de sua exposição, o verbete *Alma* pode ser tomado como ponto de partida da revisão da Metafísica clássica na *Enciclopédia*. O leitor verá, neste volume, que essa empreitada é levada a cabo mediante verbetes de diversos gêneros, utilizados por Diderot para diferentes finalidades. O primeiro desses grupos é composto por textos redigidos pelo sempre fiel e competente Jaucourt, ou então de autoria anônima, e oferece uma teoria da sensação como princípio primeiro da constituição das faculdades racionais humanas em seu conjunto. Tais verbetes – como *Concepção*, *Juízo*, *Memória*, *Sentidos* etc. – apoiam-se no *Ensaio sobre os conhecimentos humanos*, de Condillac, publicado em 1746, parafraseando ou mesmo copiando as páginas desse livro, e na *História natural*, de Buffon e Daubenton, cujo primeiro volume

3 Para as relações entre fisiologia, cuidado do corpo e moral, ver a introdução de Quintili a Diderot, *Éléments de physiologie*.

veio à luz em 1749 e que os enciclopedistas não raro citam diretamente, sem dúvida pelas reconhecidas qualidades de estilo dessa obra. Em Condillac e Buffon, a *Enciclopédia* encontra o sucedâneo da Metafísica tradicional de Voltaire em seu *Dicionário*. Agora, o exame da natureza, origem e formação das ideias não é apenas um capítulo; mais do que isso, é a chave para compreender a formação, a partir da percepção, de noções abstratas como alma, espírito, Deus etc.

São verbetes que remetem, direta ou indiretamente, a outros, como *Cérebro* e *Corpo*, dedicados ao exame das condições fisiológicas e anatômicas da percepção sensível, remetida à afecção dos nervos, e versam sobre o modo da produção de sensações, sentimentos, ideias e raciocínios. Ao empirismo de Condillac e Buffon sobrepõe-se uma fisiologia do entendimento que, se não chega a estabelecer vínculos causais diretos entre atos intelectuais e processos fisiológicos, apenas parcialmente inferidos do exame anatômico do corpo humano, nem por isso deixa de apontar para o enraizamento destes últimos nos primeiros, indicando que toda representação remeteria a processos físicos materiais. Esses verbetes evitam, porém, se imiscuir diretamente nos domínios das doutrinas filosóficas; são discretos e podem ser lidos no registro das ciências médicas a que pertencem. Pressupõem, no mais das vezes, alguma espécie de união ou interação entre corpo e alma, sem discutir o que esses termos significam ou a natureza de uma identidade que pressupõem, em meio a fenômenos que se oferecem à observação.

Toda essa cautela – ou, poderíamos dizer, essa elegante discrição – se explica por razões filosóficas bem determinadas. Se a Medicina abdica da explicação do vínculo entre a alma e o corpo, problema herdado de Descartes e em torno do qual se debatem toda a Filosofia e a Fisiologia imediatamente posteriores, é porque os praticantes da arte médica no século XVIII, dentre ele os que contribuem para a *Enciclopédia*, têm uma filiação filosófica precisa: são tributários de Gassendi, que nas *Objeções* às *Meditações* de Descartes questionara a possibilidade de dar conta dos fenômenos sensíveis relativos à mecânica do corpo a partir de uma substância espiritual una e indivisível e, sem chegar a propor uma alma corpórea em seu lugar, sugerira que é mais prudente abandonar o postulado metafísico da glândula pineal e substituí-lo pelo da distinção entre o que no homem é interno, e não pode ser observado, e o que se manifesta à observação e se presta a ser descrito. Essa recomendação é uma alternativa às soluções propostas por Malebranche (ocasionalismo) e por Leibniz (harmonia preestabelecida), que, em todo caso, são calculadas antes para a filosofia do que para a Fisiologia, a Anatomia ou a Medicina. No século XVIII, a posição derivada de Gassendi recebe a chancela do newtonianismo, que recomenda, como procedimento da ciência, a análise dos efeitos a despeito do desconhecimento das causas. Em suma, para compreender o corpo não é preciso postular, como princípio unificador, uma substância espiritual à parte. Pressupondo que há de fato uma relação entre o corpo e a alma e reconhecendo, ao mesmo tempo, que ela é incompreensível, os médicos da *Enciclopédia* – como Tarin, Ménuret de Chambaud e d'Aumont – procurarão formular um método que permita reconstituir a unidade interna do corpo a partir de uma lógica das aparências. A sucessão e a circulação regular dos sinais e sintomas serão a chave para compreender a "economia animal" recôndita.[4]

Fiar-se pelo que aparece é abdicar do estabelecimento de um parâmetro predeterminado que permita decidir acerca do caráter normal ou excepcional dos fenômenos. Por isso, uma compreensão da racionalidade humana que se restringe às operações do entendimento e da razão descritas pela filosofia talvez ignore o mais importante: as tênues condições físicas que garantem o exercício dessas e demais faculdades. A todo instante, a experiência oferece exemplos não somente de suspensão da razão – os sonhos, a melancolia, a demência, o delírio, o frenesi etc. – como também de uso irrefletido de seus poderes, que o senso comum, amparado em certa filosofia, costuma vincular à deliberação e à vontade. Mas os devaneios, divagações e sonhos, sem mencionar o sonambulismo, mostram que existe um automatismo da razão, provavelmente dependente de processos fisiológicos que fariam dela uma função do corpo como outra qualquer, a exemplo da respiração, da digestão etc. Os verbetes dedicados a esses estados patológicos detêm-se nos fenômenos cuja observação recorrente oferece uma regra

4 Ver Andrault et al., *Médecine et philosophie de la nature humaine de l'Âge Classique aux Lumières*; e Barroux, *La Médecine de l'*Encyclopédie.

para a compreensão acurada de condições que habitualmente recebem a designação de normais.[5]

Diluem-se assim as fronteiras entre a Filosofia, fundamentada na abstração, e a Fisiologia, que depende da observação e da experimentação. O melhor testemunho dessa diluição encontra-se nas entradas correspondentes ao verbete *Faculdade*, dedicadas a combater a noção de que os poderes ditos "da alma" seriam de natureza diferente da conformação orgânica da espécie humana. Nessas páginas vigorosas, surpreendemo-nos ao encontrar a demarcação de uma posição que posteriormente será identificada ao sensualismo e oposta ao kantismo. É como se a *Enciclopédia* se insurgisse de antemão contra a projeção das condições de possibilidade do conhecimento numa instância extrínseca à própria experiência. Como alternativa ao sujeito transcendental, esse empirismo radical oferece a unidade factual do corpo humano tomado como sistema. Essa unidade, constatada pelas ciências naturais a partir de uma teoria dos signos, tem como contraparte a ideia de que o corpo se abre para o meio circundante. É o que mostra o tópico, recorrente em numerosos verbetes (como *Influência da imaginação das grávidas sobre o feto*, *Filosofia de Locke* e *Sentidos externos*), das relações entre o feto ainda no útero da gestante e os estímulos que ele receberia do exterior. A pergunta que se põe é esta: em que medida haveria influência dessas representações, dadas como sensação, na conformação do recém-nascido? Examinando as poucas supostas evidências a respeito, Diderot e Jaucourt concluem que, se a influência do meio existe, ela é modulada pela sensibilidade própria da mulher que gesta o bebê. Por isso, é mais importante para a saúde da criança que, durante a gravidez, a mãe receba todos os cuidados possíveis e desfrute das melhores condições de gestação do que evitar a exposição a certos fenômenos que, acreditava-se, por serem impressionantes, afetariam o aspecto da criança. Entre o ser vivo e o meio circundante, a família desponta como elemento mediador, propiciado pelos hábitos característicos da espécie (tema longamente examinado no belo verbete *Instinto*, de autoria de Leroy).

Ora, se na produção das ideias tudo remete ao corpo e à sua estrutura, bem como às transformações advindas pelos órgãos da sensibilidade – o

5 Escusado lembrar aqui, a propósito desse tema, os estudos de Canguilhem, *Le Normal et le pathologique*; e Foucault, *Naissance de la clinique*.

que explica a instabilidade e precariedade do uso das faculdades racionais –, como esperar que os homens cheguem um dia a uma filosofia unificada e coerente, certa e universal? Doutrinas filosóficas, como produtos de uma função fisiológica particular, não deixam de ser sintomas de estados normais alternados com estados patológicos – e a grande patologia, como se pode constatar pela leitura do *Discurso preliminar* e de verbetes reunidos no Volume 2 desta coleção, são os sistemas. A pergunta que muitos verbetes da *Enciclopédia* deixam em suspenso é esta: não caberia tomar o discurso filosófico como uma doença, um índice de um estado de "transe ou êxtase", e não, como ele costuma se apresentar, uma instância reguladora da racionalidade? O próprio fato de essa questão se tornar pertinente mostra que a *Enciclopédia* tem uma visão bastante especial da História da Filosofia, na qual os diferentes sistemas e as seitas que os formulam, corroboram ou divulgam são tratados sincronicamente, como tantos casos de manifestação de tendências recorrentes do espírito humano, ou melhor, da afecção do espírito pelo corpo que o contém e com o qual ele se confunde. Nessa concepção, o historiador da Filosofia tem muito de médico.

Examinar os sistemas é, portanto, imperativo se o que se tem em vista, como Diderot, é identificar o que há neles de sadio e doentio. Mas esse exame seria pouco acurado se partisse de um ponto de vista externo ao dos que comungam desta ou daquela crença filosófica. Isso explica por que, na *Enciclopédia*, a História da Filosofia se escreve no plural e tem um quê de polifonia: ao mesmo tempo que se contradizem, os verbetes em que ela é reconstituída compõem uma estranha harmonia. Além de algumas geniais paráfrases de Diderot, que nos verbetes propriamente históricos se apoia em manuais (como os de Bruckner e de Deslandes), encontram-se neste Volume 6 textos redigidos por simpatizantes de Condillac e Locke (Jaucourt), de Malebranche (Yvon), de Leibniz (Turgot) e de Wolff (Formey). Não raro, o confronto que aí se estabelece ilumina e ajuda a compreender fenômenos que, se abordados por uma via única, permaneceriam obscuros, por mais que a prioridade caiba às interpretações consonantes à conclusão de Diderot no verbete *Alma*.

É o caso, por exemplo, do grupo de verbetes dedicados aos sonhos e fenômenos correlatos. Feita a demarcação do problema e estabelecidos os limites de compreensão do fenômeno pelos "empiristas" Diderot, Jaucourt e Ménuret de Chambaud, abrem-se as portas para a contribuição do "racionalista" Formey (próximo a d'Alembert), que, ao transbordar os limites antes estabelecidos, não deixa de lançar luz sobre um fenômeno que permanece desconcertante. A desavença de fundo entre Diderot e Formey explica-se pela diferente concepção que cada um deles tem da imaginação. Em ambos os casos, trata-se de um poder que depende dos sentidos, mas, enquanto para Formey essa circunstância envia ao entendimento, como faculdade dos conceitos, para Diderot nada existe além dela, não como algo qualitativamente diferente, e cabe à imaginação a função de cogitar – *songer*, sinônimo de *rêver*, sonhar – outrora atribuída à razão. Essa diferença fundamental não implica, porém, uma exclusão. São perspectivas que, confia Diderot, o leitor da *Enciclopédia* será capaz de combinar em sua própria imaginação. É um método coerente, que respeita a indeterminação intrínseca ao objeto em questão, convidando a que se pense a seu respeito.

Por fim – e talvez seja esse o elemento mais picante da estratégia de Diderot como editor-filósofo –, a *Enciclopédia* não se furta a oferecer uma glosa dessa polifonia de maneira lacônica e, por isso mesmo, mais cortante. Dois exemplos, ambos reunidos neste volume, servirão para ilustrar o caso. Após o verbete *Espinosa*, longuíssimo, no qual um autor anônimo, provavelmente Yvon, reconstitui, com visível gosto, a demolição do (suposto) sistema do filósofo holandês realizada por Bayle, o próprio Diderot empunha a pena para declarar que o espinosismo moderno é um materialismo, baseado na Fisiologia da reprodução dos seres vivos. Essa adesão tem uma dosagem certa. Não se trata, para Diderot, esse partidário da epigênese, de abraçar o sistema da Ética ou de ver nas obras do holandês a tábua de salvação do pensamento moderno, mas de encontrar nesse panteísmo uma concepção viável da união entre a alma e o corpo (sugerida pela inerência da primeira com relação ao último, atestada pelos mecanismos de geração, o que, efetivamente, a seus olhos, dissolve a questão). Nessa perspectiva, é a Fisiologia que legitima Espinosa, não este que a fundamenta.[6]

6 Para o "espinosismo" de Diderot, ver Franklin de Mattos, O desafio de madame de la Pommeraye. In: *A cadeia secreta. Diderot e o romance filosófico.*

Isso nos conduz ao segundo exemplo, encontrado no verbete dedicado a Leibniz. A certa altura da exposição, Diderot oferece uma versão francesa da tradução da *Monadologia* para o latim (ou a tradução da tradução de um texto originalmente escrito em francês), glosando-a elogiosamente até o ponto, tem-se a impressão, em que o pensamento de Leibniz parece não mais se acomodar ao de Espinosa. Tudo se passa como se a verdade do espinosismo estivesse na *Monadologia* e, reciprocamente, esta fosse verdadeira apenas na medida em que corresponde àquele. O valor relativo das doutrinas dos filósofos é uma expressão fiel da dinâmica do mundo real: as ideias despontam como figurações intelectuais de um processo material. A *Enciclopédia* prepara assim o terreno para voos posteriormente alçados por seu editor em duas publicações póstumas, o *Sonho de d'Alembert* e os *Elementos de Fisiologia*, rumo a uma Filosofia da Natureza. O Materialismo das Luzes se avizinha ao Idealismo Alemão, por via do que Diderot chama de Ecletismo: a combinação original de elementos doutrinários numa investigação filosófico-experimental da experiência.[7]

A abertura especulativa proporcionada pela exposição de diferentes doutrinas filosóficas levará Diderot a um materialismo resoluto, formulado no quadro das valiosas conjecturas de que falam os *Pensamentos sobre a interpretação da natureza* (1754) e às quais volta o verbete correspondente na *Enciclopédia* (ver, no Volume 3 desta coleção, o verbete *Conjectura*). Quanto aos fatos puros e simples, eles se resumem a bem pouco no que diz respeito à Metafísica. É o que se depreende da leitura do verbete dedicado à filosofia de Locke, no qual comenta Diderot: "O que chamamos de *ligação de ideias* é a memória da coexistência dos fenômenos da natureza, e o que chamamos de *consequência* é a recordação do encadeamento ou sucessão de efeitos na natureza; todas as operações do entendimento se reduzem à memória de signos e sons, e à imaginação ou memória de formas e figuras". Redução do entendimento à imaginação e à sensibilidade: a compreensão que os homens têm de si mesmos e dos fenômenos à sua volta depende inteiramente das sensações e percepções sensíveis, combinadas por atos que se desenrolam no terreno

7 Para a Filosofia da Natureza de Diderot, ver, entre outros, Duflo, *Diderot philosophe*.

da experiência interna de cada indivíduo. Daí a conclusão de Diderot nesse passo da exposição:

> Malgrado o que Locke e outros escreveram sobre nossas ideias e seus signos, creio que essa matéria é inteiramente nova, é a fonte, ainda intacta, de um sem-número de verdades, cujo conhecimento simplificaria consideravelmente a máquina que chamamos de *espírito* e complicaria enormemente a ciência chamada de *Gramática*. A verdadeira lógica pode ser reduzida a um pequeno número de páginas; e, quanto mais breve for esse estudo, mais extenso será o das palavras.

Encontra-se aí exposta, de maneira lapidar, a concepção diderotiana do espírito como "máquina". Ela não se confunde com uma concepção "mecanicista". Pois se por um lado o espírito é sensibilidade e não se distingue da matéria, seria um equívoco, por outro, assimilá-lo às máquinas feitas pelo homem. As ciências experimentais, a Anatomia e a Fisiologia entre elas, não corroboram a ideia de que a espécie humana é produto deliberado da intenção de um artífice, sugerem antes que é o resultado, mais ou menos fortuito, de processos naturais. Não obstante, os seres humanos têm a peculiar capacidade de produzir, através de uma atividade orientada por fins, artefatos que são em si mesmos raciocínios, ou, inversamente, raciocínios que são artefatos. É assim que o verbete *Tear de meias*, também de autoria de Diderot (incluído neste volume), pode afirmar, de maneira desconcertante, que

> O tear de meias é uma das máquinas mais complicadas e coerentes de que dispomos. Pode ser considerada como um único e mesmo raciocínio, cuja conclusão é a fabricação do produto. Entre as suas partes, reina uma interdependência tão estreita, que retirar uma delas que se julgue menos importante, ou alterar sua forma, é interferir no mecanismo como um todo.

A dignidade atribuída a esse produto da arte humana, tomada aí em sua dimensão puramente mecânica, não deve causar espanto. É que o tear mostra bem a natureza física ou material de todo raciocínio. Por mais abstratas que sejam as concepções envolvidas, e complexas as relações entre elas, o ato de raciocinar ocorre, em última instância, no cérebro de cada um, como sensação, e como tal é julgado correto ou não (ou seja, percebe-se sensivelmente a sua coerência). A simplicidade do mecanismo a partir do qual se realiza essa atividade é desconcertante; a complexidade das produções que dele resultam é surpreendente. Daí o interesse do verbete *Autômato*, de autoria de d'Alembert. À primeira vista uma peça meramente descritiva, ele põe, no fundo, questões de primeira ordem para os filósofos: quais as relações entre o pensar e o agir? Entre o corpo e a alma? O que é ter uma inteligência? E, talvez, a principal dentre elas: se uma máquina é um raciocínio, então pode-se dizer que ela, por seu turno, também pensa? Questões que não caducaram e permanecem válidas ainda hoje, quando os seres vivos coabitam o mundo com os produtos automatizados da técnica humana. Mas a conclusão extraída pelos enciclopedistas, a partir desse conjunto de problemas, é bem pragmática. Segue-se que uma boa Lógica, enxuta e precisa, observa Diderot, redunda, como ciência dos princípios, numa Gramática, necessariamente extensa, como ciência dos sistemas; combinadas, elas respondem pela "ciência das razões das coisas", definição que a *Enciclopédia* oferece da Metafísica. Essa ciência, por sua vez, constitui-se no domínio dos signos, em que as representações se organizam e se articulam (como mostra Diderot no verbete *Enciclopédia*, no Volume 2 desta coleção). Convenhamos, essa constatação, que diz respeito à condição de possibilidade da Filosofia como sistema, é bem menos do que poderiam querer os partidários da Metafísica tradicional. Mas seria de esperar outra coisa, de um século tão exigente como o das Luzes?

## Referências bibliográficas

ANDRAULT, R. et al. *Médecine et philosophie de la nature humaine de l'Âge Classique aux Lumières*. Paris: Classiques Garnier, 2014.

BAERTSCHI, B. *Les Rapports de l'âme et du corps*. Descartes, Diderot et Maine de Biran. Paris: Vrin, 1992.

BARROUX, G. *La Médecine de l'*Encyclopédie. Paris: CNRS, 2017.

CANGUILHEM, G. *Le Normal et le pathologique*. 2.ed. Paris: PUF, 1966 [1943].

DUFLO, C. *Diderot philosophe*. Paris: Honoré Champion, 2004.

FOUCAULT, M. *Naissance de la clinique*. Paris: PUF, 1962.

FRANKLIN DE MATTOS. O desafio de madame de la Pommeraye. In: *A cadeia secreta. Diderot e o romance filosófico*. São Paulo: Cosac Naify, 2004.

MERLEAU-PONTY, M. *A união da alma e do corpo*. Trad. S. Rosa Filho e T. Martins. Belo Horizonte: Autêntica, 2016.

QUINTILI, P. Introduction. In: DIDEROT, D. *Éléments de physiologie*. Paris: Honoré Champion, 2004.

# *Metafísica*

# Alma[1] (*Ordem enciclopédica; Entendimento; Razão; Filosofia, ou ciência dos espíritos, de Deus, dos anjos, da alma*), Yvon, Diderot [I, 327]

Entende-se por *alma* um princípio dotado de conhecimento e sentimento. A esse respeito, põem-se as seguintes questões: 1º) Qual a sua origem? 2º) Qual a sua natureza? 3º) Qual o seu destino? 4º) Em quais seres ela reside? [**333**]

*Da natureza da alma:*

O espírito humano é indivisível por natureza. Amputai um braço ou uma perna de um homem, e com isso não dividireis nem diminuireis seu espírito; permanecerá o mesmo e continuará tão suficiente como antes, em todas as operações para as quais for requisitado. Ora, se a alma do homem é indivisível, segue-se necessariamente ou que ela é um ponto ou que ela não é um corpo. Seria uma extravagância afirmar que o espírito de [**334**] um homem é um ponto matemático; algo assim só existe na imaginação. Tampouco poderia ser um ponto físico ou um átomo. Pois, sem mencionar a hipótese de algo como um átomo indivisível, em si mesma repugnante à razão, um pensamento ridículo como esse jamais poderia ocorrer a quem quer que fosse, sequer a um epicurista. Portanto, dado que a alma do homem é indivisível, e não é um átomo nem um ponto matemático, segue-se, manifestamente, que ela não é um corpo.

Lucrécio, após mencionar átomos sutis que atuariam no corpo sem aumentar ou diminuir seu peso – como o perfume de uma rosa ou o buquê de um vinho, que, ao evaporar, não alteram o peso desses corpos –, passa a examinar o que produz sentimento no homem, e logo se enreda em dificuldades. Fala de uma quarta natureza da alma, que não teria nome e seria composta por suas partes mais delicadas e polidas como se fosse *a alma da alma*. Mas basta ler o terceiro livro do poeta-filósofo para ver que

1 Tradução parcial: a seção final da exposição de Yvon e a exposição integral de Diderot. (N. T.)

sua doutrina está repleta de trevas e obscuridades, e de modo algum pode satisfazer à razão.

Quando me volto para mim mesmo, percebo que penso, que reflito sobre meu pensamento, que afirmo e nego, que quero e não quero. Conheço essas operações perfeitamente bem. Qual a sua causa? Meu espírito. E qual a natureza deste? Se é um corpo, suas ações necessariamente terão uma tintura dessa natureza corpórea e conduzirão o espírito a reconhecer a ligação, por uma via qualquer, entre ele e o corpo, matéria que o sustenta como seu substrato e o produz como seu efeito. Quando pensamos em algo figurado, mole ou duro, seco ou líquido, que se move ou está em repouso, o espírito representa para si mesmo uma substância necessariamente extensa, com partes separadas entre si. Tudo o que se possa imaginar como pertencente ao corpo, todas as propriedades de figura e movimento conduzem o espírito a reconhecer essa extensão, pois todas as ações e qualidades do corpo emanam dela, como sua origem; são canais que levam o espírito a essa fonte. Conclui-se, portanto, com certeza, que a causa de todas as ações do espírito, o substrato de todas as suas qualidades, é uma substância extensa. Mas, quando se passa às operações da alma, aos seus pensamentos, afirmações e negações, a suas ideias de verdadeiro e falso, ao ato de querer ou não querer, embora sejam ações conhecidas com clareza e distinção, nenhuma conduz o espírito a formar a ideia de uma substância material extensa. Portanto, deve-se concluir que elas não têm com o corpo nenhuma ligação essencial.

Poder-se-ia pensar que uma ideia que temos de um objeto particular, de um cavalo ou árvore, por exemplo, seria algo extenso, pois uma ideia como essa é figurada como se fosse um pequeno retrato, similar à coisa representada; mas, refletindo-se bem, percebe-se sem dificuldade que não pode ser assim. Quando pronuncio, por exemplo, a frase *isso que está feito*, não tenho a ideia ou retrato de uma coisa: minha imaginação não tem nenhuma serventia, meu espírito não forma a ideia de nada em particular, apenas concebe em geral a existência de uma coisa. Por conseguinte, a ideia formulada na frase *isso que está feito* não é uma ideia que tenha adquirido extensão ou expresse um corpo extenso. Mesmo assim, ela existe na minha alma, eu a sinto. Portanto, se essa ideia tivesse figura, extensão, movimento, como ela não provém de um objeto, teria de ser produzida pelo meu espírito, que então seria uma coisa extensa. Ora, se essa ideia viesse de meu espírito, o qual seria formalmente material e extenso, ela teria recebido, dessa mesma extensão que a produziu, uma ligação necessária, que a daria a conhecer e a apresentaria ao espírito.

Todavia, de qualquer lado que eu a examine, não percebo nessa ideia nenhuma conexão necessária com a ideia de extensão. Não me parece redonda, quadrada ou triangular; não a concebo com um centro, circunferência, base, ângulo, diâmetro ou nada que resulte dos atributos de um corpo; e, quando tento corporificá-la, apenas lanço trevas sobre o conhecimento a seu respeito. A própria natureza da ideia se subleva contra atributos corpóreos, rejeita-os. Não seria uma prova suficiente de que se trata de um material estranho à alma, que ela repele e ao qual não poderia se reunir ou associar-se? Ora, essa antipatia do pensamento em relação a todos os atributos da matéria e do corpo, por mais sutil e delicada que seja, seria manifestamente impossível, se o pensamento emanasse de uma substância corpórea e extensa. Sempre que tento acrescentar extensão a meu pensamento e dividir ao meio um desejo ou reflexão, constato que falar assim é extravagante e ridículo, como seria também a propósito de figura e movimento. Entre uma substância cuja essência é o pensar e um pensamento, não há intermediário: é uma causa que surte efeito imediatamente, de sorte que não se deve crer que a extensão, a figura ou o movimento pudessem se insinuar no pensamento por vias sub-reptícias e secretas e nele permanecerem *incognito*. Se ali estão, é necessário que o pensamento ou a faculdade de pensar os descubra; mas é claro que nem a faculdade de pensar nem o pensamento têm ideias de extensão, figura ou movimento. Portanto, não resta dúvida de que a substância pensante não é extensa, ou seja, não é um corpo.

Espinosa estabelece como princípio de sua filosofia que o espírito não tem nenhuma faculdade de pensar ou querer; reconhece apenas que ele tem este ou aquele pensamento, esta ou aquela vontade. Assim, por *entendimento* ele compreende apenas as ideias que ocorrem ao homem em ato. Convenhamos, para aceitar uma filosofia ridícula como essa é preciso ter um acentuado pendor pelo absurdo. A fim de compreender melhor por que isso é absurdo, é necessário considerar essa substância em si mesma, abstração feita de todos os seres singulares, em particular o homem; pois é bem possível que não houvesse no universo homem algum, dado que a existência de homens não é necessária. Eu pergunto então se essa substância, considerada em si mesma, teria ou não pensamentos. Se não, como poderia tê-los dado ao homem, se não é possível dar o que não se tem? Se sim, de onde lhe teriam vindo, seria de fora? Mas nada existe além da substância. Seria de dentro? Mas Espinosa nega que haveria uma faculdade de pensar, um entendimento, ou, como ele prefere, uma potência. Ademais, se esses pensamentos viessem de dentro, ou da natureza da substância, eles se encontrariam em todos os seres que a possuíssem, de sorte que as pedras os teriam tanto quanto os homens. Caso se alegue que essa substância, para ter condições de pensar, deve ser modificada ou moldada da mesma maneira que o homem, não teríamos um Deus [**335**] bem exíguo, que, mesmo sendo infinito, estaria privado de todo conhecimento? A não ser, é claro, que alguns átomos dessa substância infinita fossem modificados e moldados como o homem, e então caberia dizer que, sem o gênero humano, Deus não teria nenhum conhecimento...

Ainda segundo essa bela doutrina, uma jarra de cristal cheia d'água teria tanto conhecimento quanto um homem, pois receberia ideias dos objetos tanto quanto nossos olhos, e seria suscetível às impressões que esses objetos lhe oferecessem; de sorte que não haveria entendimento ou faculdade capaz de pensar e raciocinar na presença de ideias, e as reflexões seriam elas mesmas simples ideias. Nesse caso, essa jarra teria, da Lua e das estrelas, tanto conhecimento quanto um astrônomo; não haveria entre eles diferença alguma. A não ser, é claro, que se buscasse no homem uma causa superior a essas ideias, capaz de senti-las, de compará-las umas às outras, de raciocinar sobre a comparação e de extrair consequências, que dariam a conhecer os corpos da Lua e das estrelas como muito maiores do que são representados na ideia que toca a imaginação.

Esse sistema absurdo foi adotado por Hobbes; escutemo-lo a explicar a natureza e a origem das sensações.

"Consiste nisto a causa imediata da sensação: o objeto pressiona a parte externa do órgão e essa pressão penetra até o interior, onde se forma a representação ou imagem (*phantasma*), pela resistência do órgão ou uma espécie de reflexão, que causa uma pressão em direção à parte externa, contrária à pressão do objeto, que tende para a parte interior. Essa representação, esse *phantasma*, é a sensação mesma." E alhures ele se exprime assim: "A causa da sensação é o objeto que pressiona o órgão; essa pressão penetra até o cérebro por meio dos nervos, de onde é levada até o coração; então, mediante a resistência e o esforço deste, a pressão é aliviada, com a projeção externa da sensação. Assim nasce a imagem, ou representação: é o que se chama de *sensação*". Mas qual a relação entre essa impressão e o sentimento mesmo, vale dizer, o pensamento que essa impressão excita na alma? Há tanta relação entre essas duas coisas quanto entre um quadrado e a cor azul, um triângulo e um som, uma agulha e um sentimento de dor, ou a reflexão de uma bola num campo de tênis real e o entendimento humano. De sorte que a definição que Hobbes dá de sensação, que, em sua opinião, é a imagem que se forma no cérebro pela impressão do objeto, é descabida, como se, para definir a cor azul, ele dissesse que é um quadrado. Se não houvesse em nós uma faculdade de pensar e sentir, o olho receberia a impressão de objetos externos; mas, exceto pelo movimento das engrenagens desse órgão, nada seria percebido ou sentido; e, enquanto a matéria fosse deixada a si, apesar da delicadeza do órgão e das ações coordenadas entre suas partes, permaneceria cega e estúpida, pois é insensível por natureza; o entendimento pertence a outra substância, diferente dela.

Hobbes sentiu, ao que parece, o peso dessa dificuldade insuperável; isso explica por que tenta escondê-la de seus leitores, camuflando-a por trás de um termo ambíguo: *representação*. Trata-se de um mero subterfúgio; quando o pressionamos, ele insinua, como quem não quer nada, que poderia haver algo mais na sensação. Ele não sabe ao certo se deveria dizer, como alguns filósofos, que toda matéria é dotada, natural e essencialmente, da faculdade de conhecer; e, para exprimir suas sensações, precisa apenas dos órgãos e da memória. Acrescenta que, se supusermos um homem sem outros sentidos além da visão, e cujos olhos estejam imobilizados, fixos num só e mesmo objeto, que, por sua vez, permaneça invariável e não sofra nenhuma alteração, esse homem nada verá, propriamente dizendo, mas se encontrará numa espécie de transe ou êxtase. Do mesmo modo, diz Hobbes, é possível que corpos não organizados tenham sensações; mas que, na falta de múltiplos órgãos e de recursos como a memória, que lhe permitam exprimir sensações, parecem não as ter. Por mais que não se declare em prol dessa opinião, Hobbes a considera verossímil, mas o faz de modo tão hesitante, e com tantas reservas, que se vê facilmente que ela não é mais do que uma porta dos fundos, pela qual ele poderia escapar, caso se visse pressionado pelos absurdos relativos à suposição de que a sensação seria um puro resultado da figura e do movimento. Essa precaução se justifica, pois a opinião que reduz o pensamento ao movimento de um punhado de átomos não passa de um mísero subterfúgio e é absurda sob todos os aspectos. Haveria algo mais esdrúxulo do que imaginar que o conhecimento é tão essencial à matéria quanto a extensão? E qual não seria a consequência dessa suposição? Nada menos que isto: concluir que, em cada porção de matéria, há tantos seres pensantes quantas sejam as suas partes; e, como cada porção de matéria é composta por partes divisíveis ao infinito, ou seja, de partes que, embora contíguas, são tão distintas como se estivessem a grande distância umas das outras, a matéria seria composta por um número infinito de seres pensantes.

Mas chega desses absurdos, frutos de uma suposição monstruosa. Opiniões estapafúrdias não faltavam a Espinosa; mas nem ele chegou a tanto: em seu sistema, para haver pensamento, é preciso um ser organizado, como nós.

Ofereço agora uma refutação precisa de Epicuro, Espinosa e Hobbes, que encontram a natureza da alma não numa faculdade de pensar, mas num certo agregado de pequenos corpos delicados, sutis e consideravelmente agitados: o corpo humano. Para começar, não se vê como as impressões dos objetos externos poderiam efetuar outras alterações nos corpos além de novos movimentos, determinações de movimento, configuração ou posição. Isso é evidente. Ora, nenhuma dessas coisas tem qualquer relação com as ideias imprimidas na alma; são necessários signos de instituição que suponham uma causa que as tenha estabelecido ou as conheça. Para que se perceba bem a força desse argumento, tomemos o exemplo da fala. Quando a palavra *Dieu* é pronunciada em francês, o deslocamento do ar é o mesmo para um francês ou para um árabe; no tímpano dos ouvidos deste último, os pequenos ossos chamados bigorna e martelo sofrem, em decorrência do movimento do ar, o mesmo abalo, o mesmo tremor que ocorre no ouvido e na cabeça do primeiro. Na cabeça de um árabe como na de um francês, cada um dos pequenos corpos que supostamente [**336**] compõem o espírito humano se move da mesma maneira e recebe a mesma impressão. Portanto, de acordo com Epicuro e os ateístas, um árabe deveria ligar à palavra *Dieu* a mesma ideia que um francês, pois os pequenos corpos sutis e em agitação que compõem o espírito humano têm a mesma natureza nos árabes como nos franceses. Mas então, por que, no espírito do árabe, quando é pronunciada a palavra *Dieu*, a única ideia que se forma é a do som, enquanto o espírito do francês reúne a essa ideia aquela de um ser perfeitíssimo, criador do Céu e da Terra? Eis um nó a ser desatado pelos ateístas e por todos os que negam a espiritualidade da alma; mas não conseguirão desatá-lo, pois jamais poderiam explicar a diferença entre o espírito do árabe e o do francês.

Convenhamos, é um argumento de peso. E, mesmo que não se dê ouvidos a ele, cada um pode ver por si próprio que a diferença a que ele se refere deve-se à convenção da língua, de acordo com a qual fica decidido que ao som da palavra *Dieu* é reunida a ideia de um ser perfeitíssimo; e, como o árabe que não fala francês ignora essa convenção, tudo o que ele recebe é a ideia do som, sem ligar a ela nenhuma outra. É um fato; e não é preciso mais para destruir os princípios de Epicuro, Hobbes e Espinosa. Eu gostaria de saber qual é, nessa convenção, a parte contratante: não pode ser o corpo sensível e palpável; tampouco pode ser esse amontoado de corpos sutis em constante agitação, que, de acordo com esses filósofos, constituem o espírito humano, que se restringe a receber impressões de objetos e não vai além disso. Essas impressões são as mesmas no espírito do francês e no do árabe, quando ouvem a palavra *Dieu*; mas este último não sabe o que ela significa. É necessário admitir outra causa, além desses pequenos corpos, que explique por que, quando a palavra *Dieu* é pronunciada, representa-se, no espírito do francês, o ser perfeitíssimo; ou seja, é necessário conceber no homem um princípio capaz de formar tais ou tais ideias, quando de tal ou tal determinação de tal ou tal movimento desses pequenos corpos que recebem uma impressão quando da pronúncia desta ou daquela palavra – a ideia de um ser perfeitíssimo, quando da pronúncia da palavra *Dieu*. Portanto, é patente que deve haver no homem uma causa, cuja essência é pensar, que permita convir a significação das palavras; e é patente que essa causa não pode ser uma substância material, pois fica estabelecido, com ela, que, quando do movimento da matéria e desses pequenos corpos, formar-se-á tal ou tal ideia: logo, é claro e certo que a alma do homem não é um corpo, mas uma substância distinta deste, cuja essência é pensar, ou possuir a faculdade de pensar.

Com ideias de objetos que se apresentam a nossos olhos dá-se o mesmo que com sons que tocam os ouvidos; e, assim como é necessário combinar com um chinês que à pronúncia da palavra *Dieu* ele deverá conceber um ser perfeitíssimo, também é preciso haver certa convenção entre as impressões realizadas por objetos no fundo da retina e nosso espírito, para que este represente tais ou tais objetos, na presença de tais ou tais impressões.

Quando, com os olhos abertos, concentramos o pensamento numa só coisa, não raro acontece de não percebermos os objetos que temos diante de nós, embora eles enviem a nossos olhos os mesmos raios que quando lhes damos atenção. De modo que, além do que se passa nos olhos e no cérebro, é preciso haver algo que considere e examine essas impressões do objeto, para que este seja efetivamente visto e conhecido; e é preciso que essa causa tenha o poder de formar, na presença de percepções, a ideia do objeto que estas nos dão a conhecer. Pois não se deve imaginar que as impressões produzidas por um objeto em nossos olhos e em nosso cérebro seriam similares ao próprio objeto. Estou ciente de que certos filósofos representam tudo o que emana do corpo, ou o que eles chamam de *espécies intencionais*, como pequenos retratos dos objetos; mas são apenas filósofos. Que se tome um cavalo negro, por exemplo; se o que emana dele fosse similar ao cavalo, o ar teria de receber a impressão da negritude, pois essa espécie intencional teria de estar imprimida ou no ar, ou na água ou no copo, através do qual passaria, antes de chegar a meus olhos; e não haveria explicação para a diferença que se encontra nelas, nem teríamos como dizer por que essa espécie intencional imprimiria sua semelhança em meus olhos e nos espíritos que circulam no cérebro, se não as tivesse imprimido no ar, pois os espíritos do cérebro são mais sutis e agitados do que o ar, a água e o cristal, através dos quais essa espécie chegaria a mim. Tampouco se poderia oferecer uma razão de por que não percebemos os objetos no escuro; se me encontro num quarto fechado, próximo a um objeto, por que não o percebo, se ele emite essas espécies intencionais que o representam? Estou próximo a ele, abro os olhos, faço de tudo para percebê-lo e, no entanto, nada vejo. É preciso, assim, reconhecer que só percebo os objetos através da luz que eles refletem em meus olhos, que é diversamente determinada, segundo diferenças de figura e movimento no objeto. Mas, entre meus olhos, assim determinados, e o objeto que percebo, que seja *um cavalo negro*, a proporção e a semelhança são tão exíguas que se deve reconhecer uma causa superior a todos esses movimentos, que, tendo em si a faculdade de pensar, produz ideias de tal ou tal objeto, na presença de tais ou tais impressões, causadas no cérebro pelos objetos através dos órgãos da visão e da audição.

Qual seria essa causa? Se é um corpo, voltam as mesmas dificuldades de antes: tudo o que se encontra nele são movimento e figura, e nada disso é o pensamento pelo qual eu busco. Seriam oito, dez ou uma dúzia de átomos o que compõe o pensamento e a reflexão? Suponhamos que sejam dez átomos; pergunto: o que cada um deles faz? Seriam uma parte de meu pensamento? Caso contrário, em nada contribuem para este; em caso afirmativo, um átomo é a décima parte de meu pensamento. Ora, por remota que seja minha concepção dessa décima parte, sinto claramente que meu pensamento é indivisível; pouco importa se penso num cavalo como um todo ou apenas numa de suas partes, meu pensamento é uma ação de minha alma de natureza e espécie invariáveis. Pouco importa se penso na vasta extensão do universo, se medito sobre um átomo de Epicuro, sobre um ponto matemático, sobre o ser ou o nada, [**337**] o fato é que penso, raciocino e reflito, e essas operações, enquanto ações de minha alma, são iguais a si mesmas e perfeitamente uniformes. Seria o pensamento um agregado de átomos? Que seja de dez átomos; esses átomos, para formar o pensamento, terão de estar em movimento ou em repouso? E, se estiverem em movimento, pergunto: de onde teriam recebido esse movimento? Se do objeto, a duração do pensamento será idêntica à da impressão, e, como uma bola lançada contra uma rede, produzirá todo o movimento que tiver recebido; o que é manifestamente contrário à experiência. Posso pensar, quando quiser, em coisas indiferentes, sem nenhum interesse para as paixões de nosso coração; e, também quando quero, abandono esse pensamento; posso ainda recordá-lo quando quiser e escolher outros a bel-prazer. Seria ainda mais ridículo imaginar que o pensamento consistiria no repouso do agregado desses corpos minúsculos. É preciso, portanto, reconhecer no homem um princípio que tem em si mesmo e em sua essência a faculdade de pensar, deliberar, julgar e querer. Esse princípio, a que dou o nome de *espírito*, investiga e aprofunda suas ideias, as compara entre si, vê conformidade ou desproporção entre elas. Mesmo o nada, o puro nada, embora não possa produzir nenhuma impressão, pois não pode agir, não deixa de ser objeto do pensamento, assim como o que existe. O espírito, por uma virtude própria, e pela faculdade de pensar, resgata o nada do abismo para confrontá-lo com o ser e reconhecer que essas duas ideias se destroem reciprocamente.

Eu gostaria que me explicassem o que poderia conduzir meu espírito a conceber coisas que implicam contradição. É factível que o espírito receba, de diferentes objetos, ideias contrárias e mesmo opostas entre si: mas, para julgar que certas coisas são impossíveis, é preciso ir além do ponto a que a percepção do objeto conduz e extrair, de recursos próprios, outras ideias, além das que os objetos produzem. Logo, há uma causa superior a todas as impressões de objetos, que atua sobre as ideias, a maioria das quais não se forma mediante a impressão de objetos exteriores; é o caso das ideias universais, metafísicas e abstratas, das ideias de coisas passadas ou futuras, das ideias de infinito, de eternidade, de virtudes etc. Num instante, meu espírito raciocina sobre a distância da Terra ao Sol, passa da ideia de Universo à de átomo, do ser ao nada, do corpo ao espírito; raciocina sobre axiomas que nada têm de corpóreo. Que corpo o auxilia em todos esses raciocínios, se a natureza dos corpos é oposta à das ideias?

Por fim, a maneira como exercemos a faculdade de comunicar nossos pensamentos aos outros não permite incluir nossa alma na classe dos corpos. Se tudo o que se encontrasse em nós fosse uma matéria sutil, que produzisse o pensamento mediante o movimento, a comunicação de pensamentos só poderia ocorrer introduzindo-se, em meu interlocutor, a matéria pensante, com um movimento tal como aquele com que ela se insinuasse em nós; a cada pensamento que nos ocorresse, corresponderia um movimento uniforme naquele a quem quiséssemos transmiti-lo. Mas ninguém diria que a matéria que pensa em nós atua imediatamente sobre a matéria que pensa em outra pessoa. Para que isso acontecesse, seria necessário o auxílio de outra matéria em movimento. Dispomos de três meios para compartilhar nossos pensamentos com outros: a fala, os signos e a escrita. Se forem devidamente examinados, ver-se-á que nenhum deles poderia pôr em movimento a matéria pensante de outrem. Segue-se assim que, se recusamos o pensamento à matéria, não é só pela incompreensão desse amálgama, mas também pela impossibilidade intrínseca de tal coisa e pelas contradições em que nos envolvemos quando atribuímos o pensamento ao princípio material.

Em vista disso, é inadmissível recorrer à plenipotência de Deus para afirmar a materialidade da alma. Contudo, é o que faz o Sr. Locke. É célebre a afirmação desse filósofo de acordo com a qual talvez jamais possamos saber se um ser puramente material é ou não dotado de pensamento. Um dos mais belos espíritos deste século não considera um escândalo afirmar que a alma é material e mortal. Ouçamos o Sr. Voltaire: "Certos autores ingleses, à sua maneira devotos, soaram o alarme. Os supersticiosos são, na sociedade, o que os desertores são no exército: sentem o pânico e o disseminam. Denunciou-se o Sr. Locke por querer perverter a religião; mas a religião nunca esteve em questão, trata-se de pura filosofia, sem relação com a fé e a revelação. Basta examinar a frio se há contradição entre afirmar que *a matéria poderia pensar* e dizer que *Deus poderia comunicar o pensamento à matéria*. Mas os teólogos costumam declarar, de saída, que estaríamos cometendo uma ofensa contra Deus sempre que não concordamos com eles; reúnem-se assim aos maus poetas, que gritavam que Boileau falava mal do rei quando zombava deles. O Dr. Stillingfleet construiu uma reputação de teólogo moderado, por não ter ofendido Locke abertamente. Desafiou-o, mas foi derrotado, pois raciocinava como teólogo, enquanto Locke, como filósofo, era instruído acerca da força e da fraqueza do espírito humano, e, duelando com as mesmas armas de seu adversário, conhecia a têmpera destas". Ou seja, a crermos nesse célebre autor, a questão da materialidade da alma, levada ao tribunal da razão, estaria decidida em favor de Locke.

Examinemos suas razões: "Eu sou corpo, e penso; é tudo o que sei. Se eu consultasse apenas minhas escassas luzes, como poderia atribuir, a uma causa desconhecida, o que facilmente posso atribuir à causa segunda, da qual tenho algum conhecimento? Aqui, todos os filósofos da Escola me detêm e argumentam, dizendo: não há no corpo nada além de extensão e solidez, e ele não poderia ter nada além de movimento e figura: ora, movimento, figura, solidez e extensão não fazem um pensamento; portanto, a alma não pode ser material. Mas esse grande raciocínio, repetido à exaustão, se reduz unicamente a isto: sei muito pouco a respeito da matéria, entrevejo imperfeitamente algumas de suas propriedades; ora, não sei, em absoluto, se essas propriedades poderiam ser reunidas ao pensamento; e, portanto, como não sei absolutamente nada, afirmo positivamente que a matéria não poderia pensar. Eis como raciocina a Escola. O Sr. Locke diria a esses senhores, com toda a simplicidade: confessai que sois tão ignorantes quanto eu; que vossa imaginação não poderia, não mais do que a minha, conceber como um corpo tem ideias: acaso compreendeis, melhor do que eu, como uma substância, em si mesma, teria ideias? Não concebeis nem a matéria, nem o espírito; como ousais afirmar o que seja, a respeito disso tudo? Que vos importa se a alma é um desses seres incompreensíveis, chamado *matéria*, ou um desses seres, igualmente incompreensíveis, a que se dá o nome de *espírito*? Mas o que dizeis? Não poderia Deus, o criador, eternizar ou aniquilar vossa alma a bel-prazer, qualquer que seja sua substância? O supersticioso diria que é preciso queimar, pelo bem de sua alma, os que suspeitam que poderíamos pensar apenas com o auxílio do corpo; mas o que diria ele, se irreligiosa fosse *a sua* opinião, e não a dos outros? Com efeito, que homem ousaria afirmar, sem incorrer em uma impiedade absurda, que o criador não poderia dar pensamento e sentimento à matéria? Vide, eu vos rogo, o constrangimento a que estais reduzidos, vós que assim limitais a potência do criador".

Encontro nesse raciocínio o homem de espírito; de modo algum o metafísico. Não se deve imaginar que, para resolver essa questão, seria preciso conhecer a essência e a natureza da matéria; os raciocínios que o autor fundamenta nessa ignorância não são conclusivos, ao contrário. É suficiente observar que o substrato do pensamento deve ser uno; ora, um agregado de matéria não é uno, é múltiplo. Estas palavras, *amontoado, agregado, coleção*, significam apenas uma relação extrínseca entre muitas coisas, uma maneira de existir em que cada uma das partes depende das demais.

Em virtude dessa união, consideramo-las como se formassem um mesmo todo, embora na realidade sejam tão unas como se estivessem separadas. Tais termos são puras abstrações, que, de resto, não implicam uma substância única, apenas uma multidão de substâncias. Que nossa alma deve ter uma unidade perfeita, é fácil provar. Contemplo uma paisagem agradável, ouço um belo concerto; esses dois sentimentos se encontram igualmente na alma como um todo. Supondo que ela fosse dividida em duas partes, a que ouvisse o concerto não teria o sentimento da agradável visão, pois, por serem diferentes, uma não seria suscetível às afecções da outra; logo, a alma não tem partes, pois ela compara os diversos sentimentos que experimenta. Ora, para julgar que um é doloroso e o outro, agradável, é preciso que ela sinta ambos; e, por conseguinte, que ela seja uma mesma substância, inteiramente simples. Se tivesse duas partes, uma julgaria a respeito do que sentisse de seu lado, a outra do seu, sem que pudessem fazer a comparação e levar o juízo aos dois sentimentos; logo, a alma não tem partes e não é composta. O que digo aqui dos sentimentos poderia ser dito das ideias. Que A, B e C, três substâncias que entram na composição dos corpos, compartilhem três percepções diferentes; pergunto: onde ocorre a comparação entre estas? Não em A, pois não poderia emparelhar uma percepção sua com outras que não tem; pela mesma razão, não poderia ser em B, tampouco em C; assim, é preciso admitir um ponto de convergência, uma substância que seja, num mesmo instante, o sujeito simples e indivisível dessas três percepções, e, por conseguinte, distinta do corpo: isto é, uma alma *puramente espiritual*.

Por ser uma substância perfeitamente simples, a alma não admite divisões; as que supomos, para conceber de maneira mais nítida as muitas coisas que nela se passam, são puras abstrações. O entendimento é a alma enquanto representa para si mesma um simples objeto; a vontade é a alma enquanto se determina a si mesma a se aproximar ou afastar-se de um objeto. Tais são as chamadas *faculdades da alma*, maneiras diversas de exercer a força única que constitui sua essência. Quem queira se instruir a fundo a respeito das operações da alma poderá tirar proveito de diversas obras excelentes, dentre as quais a *Recherche de la vérité*, do padre Malebranche, o *Ensaio sobre o entendimento humano*, do Sr. Locke, e as duas *Psicologias* do Sr. Wolff [a empírica e a racional]. Estas últimas são o que até hoje surgiu de mais circunstanciado e bem desenvolvido acerca desse importante assunto. Após ter estabelecido a existência da alma, o Sr. Wolff a considera em relação à faculdade de conhecer, que ele distingue em inferior e superior. A parte inferior compreende a percepção, fonte das ideias, o sentimento, a imaginação, a faculdade de formar ficções, a memória e o esquecimento, a reminiscência. A parte superior da faculdade de conhecer consiste na atenção e na reflexão, no entendimento em geral, em suas três operações em particular e em suas disposições naturais. A segunda faculdade geral da alma é a apetição, ou pendor por um objeto, enquanto considerado como um bem; do que resulta a determinação contrária, quando ela vê um objeto como um mal. Essa faculdade também se divide em partes inferior e superior. A primeira é formada pelo apetite e a repulsa sensíveis, por nosso gosto ou desgosto pelos objetos, quando nos deixamos guiar pelas ideias confusas do sentido; daí nascem as paixões. A parte superior é a vontade, na medida em que queremos ou não unicamente porque ideias distintas, isentas de toda impressão maquinal, nos determinam a tanto. A liberdade é o uso que fazemos desse poder de nos determinar a nós mesmos. Por toda parte, reina uma ligação entre as operações da alma e as do corpo; as regras invariáveis destas últimas nos são ensinadas pela experiência. Eis a análise psicológica do Sr. Wolff. (**Yvon**) [**340**]

Às quatro questões precedentes, acerca da origem da alma, de sua natureza, de sua destinação e dos seres em que ela reside, os médicos e os anatomistas acrescentam uma quinta, que de fato parece ser mais de sua alçada do que daquela da Metafísica: fixar a sede da alma nos seres que a possuem. Os que creem que é possível admitir a espiritualidade da alma e ao mesmo tempo lhe atribuir extensão, qualidade que não poderia, nesse sentido, ser considerada diferença específica da matéria, não a fixam numa sede em particular, mas dizem que ela estaria em todas as partes do corpo; e como, em sua opinião, ela existiria integralmente em cada uma das partes da extensão do corpo, a perda de um dos membros deste não a privaria de suas faculdades, atividades ou funções. Essa opinião resolve algumas dificuldades, mas gera outras, seja quanto à maneira peculiar e incompreensível de existência dos espíritos, seja quanto à distinção entre substância espiritual e substância corpórea; sem mencionar que quase ninguém a adota. Há filósofos que pensam que a alma não seria extensa, e haveria no corpo um lugar em particular no qual ela residiria e a partir do qual exerceria seu domínio. Mas, não fosse o predomínio da opinião de que a cabeça, ou cérebro, é a sede dos pensamentos, poder-se-ia igualmente crer que esta se encontra no pulmão, no fígado, ou em outra víscera qualquer; e se, como foi mostrado anteriormente, o mecanismo dessas vísceras não tem nem poderia ter nenhuma relação com a faculdade de pensar, [**341**] tampouco essa prerrogativa caberia ao mecanismo do cérebro. É preciso, ao que parece, encontrar uma parte do corpo em que os movimentos de todas as sensações desembocariam, a exemplo do que fez Descartes com a glândula pineal. Vide *Glândula pineal*. Todavia, como se mostrará na sequência deste verbete, isso não passa de pura imaginação do filósofo, e a glândula pineal, como as demais partes do corpo, não é capaz de desempenhar a função que essa teoria lhe atribui. Não se sabe ao certo onde encontrar as supostas marcas de uma alma; e, embora os filósofos tenham discutido tanto esse assunto que ele entrou no discurso comum, não se vê no cérebro nenhuma parte apropriada para acolhê-la ou alojá-la. Não somente não conhecemos nossa alma ou a maneira como ela atua sobre os órgãos materiais, como não percebemos na glândula pineal uma disposição peculiar que pudesse habilitá-la a ser a sede da alma.

Mas a dificuldade do assunto não exclui hipóteses, apenas recomenda que sejam tratadas com certa flexibilidade. Se fôssemos recapitular cada uma delas, não terminaríamos nunca; e, como dificilmente se poderia dar preferência a uma parte do corpo em detrimento das demais, quase não há parte em que a alma não tenha sido localizada: foi introduzida nos ventrículos do cérebro, no coração, no sangue, no estômago, nos nervos etc. Veremos que, de todas as hipóteses, as de Descartes, Vieussens ou Lancisi, sem esquecer a do Sr. Peyronie, parecem ter sido as únicas a que os autores foram conduzidos por fenômenos. O Sr. Vieussens Filho afirmou, numa obra em que se propõe a explicar o delírio melancólico, que o centro oval seria a sede das funções do espírito. De acordo com as descobertas do Sr. Vieussens Pai, o centro oval é um tecido de vasos pequenos e delicados, que se comunicam entre si através de uma infinidade de outros vasos, infinitamente mais delicados que os primeiros, correspondentes aos pontos que se veem em sua parte exterior. Nos primeiros desses vasos, o sangue arterial se tornaria tão sutil que seria convertido no espírito animal que flui nos últimos. No interior desses tubos prodigiosamente numerosos e praticamente imperceptíveis realizar-se-iam todos os movimentos a que as ideias correspondem, e as impressões deixadas por esses movimentos seriam marcas que convocam ideias previamente adquiridas. Observe-se que o centro oval se localiza na origem dos nervos, o que favorece consideravelmente a função que lhe é atribuída nessa teoria. Vide *Centro oval*.

Uma vez admitida essa mecânica, é de imaginar que a saúde *material* do espírito, por assim dizer, dependeria da regularidade, constância e liberdade com que os espíritos fluem nos diminutos canais. Quando a maioria deles está fechada, como durante o sono, os espíritos que fluem nos poucos que permanecem abertos despertam ideias ao acaso, entre as quais frequentemente não há ligação, mas que a alma não deixa de reunir, pois não tem outras que mostrem a incompatibilidade entre elas. Quando, ao contrário, estão todos abertos e os espíritos animais se deslocam por eles com rapidez e em abundância, desperta uma multidão de ideias extremamente vívidas, que a alma não tem tempo de distinguir nem de comparar: é o frenesi. Se em alguns deles houver uma obstrução tal que impeça o fluxo dos espíritos, a alma simplesmente perde as ideias ligadas, não tem mais como utilizá-las em suas operações, e emite um juízo insensato a cada vez que precisa dessas ideias para formar um arrazoado; exceto por isso, todos os seus juízos serão sadios: é o delírio melancólico.

O Sr. Vieussens mostrou que essa suposição concorda com tudo o que se observa nessa doença – que se deve a uma obstrução, é produzida pelo espessamento excessivo do sangue e por sua circulação lenta, e não é acompanhada de febre. São mais suscetíveis ao delírio melancólico os habitantes de países quentes, cujo sangue, por causa da transpiração excessiva, carece das partes mais sutis; os que costumam ingerir alimentos muito pesados; os acometidos por terrores intensos e persistentes. Poder-se-ia levar essas suposições tão longe quanto se quisesse, e identificar, para cada diferente suposição, um efeito diferente; do que se concluiria que quase não há cabeça saudável em que não se encontre um vasinho de *centro oval* bem fechado.

Mas, mesmo que a suposta causa do Sr. Vieussens concordasse com todos os casos que se apresentam, ela poderia não ser a causa real. Os antigos atribuíam ao horror ao vácuo a queda dos objetos no ar; hoje, os fenômenos celestes são atribuídos à atração. Se, com base em experimentos reiterados, os antigos tivessem descoberto, nesse horror ao vácuo, uma lei constante qualquer, assim como se descobriu uma na atração, acaso suporiam que o horror ao vácuo é de fato a causa dos fenômenos, só porque nenhum fenômeno se desviaria dessa lei? Acaso suporiam os newtonianos que a atração é uma causa real, só porque não há fenômeno que não siga a lei inversa do quadrado das distâncias? De modo algum. O mesmo vale para a hipótese do Sr. Vieussens. Pode ser que o centro oval tenha vasos pequenos, alguns que se abrem, outros que se fecham; mas, apenas quando ele puder assegurar, com seus próprios olhos (o que é impossível), que o delírio melancólico aumenta ou diminui em proporção ao número de vasos abertos ou fechados, é que sua hipótese adquirirá certeza ainda maior e poderá ser admitida na mesma classe que a hipótese do fluxo e refluxo e a da atração, considerada relativamente aos movimentos da Lua. Mas, mesmo assim, não estará demonstrada. Isso se explica. Tudo o que se percebe, por toda parte, são efeitos que se correspondem; mas nunca, em qualquer um deles, se conhece a razão do efeito correspondente. Quase sempre falta a ligação, e, na maioria dos casos, provavelmente não a descobriremos jamais.

Mas, não importa a maneira como se conceba isso que em nós pensa, verifica-se que suas funções dependem da organização e do estado atual de nosso corpo, enquanto vivemos. Essa dependência mútua entre o corpo e o que no homem pensa se chama *união do corpo à alma*, que a sã filosofia e a revelação ensinam ser um efeito exclusivo da livre vontade do criador. Não temos, isso é certo, nenhuma ideia imediata de dependência, união ou relação entre estas duas coisas, *corpo* e *pensamento*. Essa união é um fato que não podemos colocar em dúvida, mas cujos detalhes desconhecemos por completo. Cabe apenas à experiência ensiná-lo, e decidir as questões que surjam a seu respeito. Uma das mais curiosas é a de que nos ocupamos: a alma exerce igualmente todas as suas funções em todas as partes do corpo a que está unida? Ou esse privilégio caberia a uma das partes? E, sendo este caso, qual delas seria? A glândula pineal, disse Descartes; o centro oval, disse Vieussens; o corpo caloso, [342] disseram Lancisi e o Sr. de la Peyronie. Descartes dispunha de uma mera conjectura, sem outro fundamento além de umas poucas afinidades; Vieussens fez um sistema, apoiado em algumas observações anatômicas; o Sr. de la Peyronie apresentou o seu por meio de experimentos.

Descartes via a glândula pineal como uma parte singular, suspensa entre os ventrículos do cérebro por dois filamentos nervosos flexíveis, que permitiriam que ela se desloque em todas as direções e por meio dos quais ela receberia todas as impressões do resto do corpo, advindas do fluxo dos espíritos animais ou de um fluido qualquer que corre nos nervos; rodeada por arteríolas, tanto no plexo coroide quanto nas paredes internas dos ventrículos que a contém; as mais delicadas dessas arteríolas tenderiam para a glândula; e conjecturava, a partir dessa localização privilegiada, que a glândula pineal era a sede da alma, órgão comum a todas as sensações. Descobriu-se, porém, pessoas que não tinham glândula pineal, ou, se a tinham, estava inteiramente obliterada, mas nem por isso haviam perdido o uso da razão e dos sentidos. Em outros, constatou-se que estava putrefata; a sorte destes não era diferente. Há o caso de uma mulher de 28 anos cuja glândula havia apodrecido, mas que conservou o senso e a razão até o fim de seus dias. Eis a alma desalojada do lugar que Descartes lhe atribuíra como morada.

Há casos de destruição de outras partes do cérebro, como os *nates* e *tates*, que não acarreta, porém, a destruição das funções da alma. O mesmo vale para os *corpos estriados*; o Sr. Petit os preencheu com a alma, apesar da estrutura singular desses corpos. Mas onde estaria o *sensorium commune*? Onde estaria essa parte cujo ferimento ou destruição implica necessariamente a supressão ou interrupção das funções espirituais, enquanto outras são alteradas ou destruídas, sem que com isso o sujeito deixe de raciocinar ou sentir? O Sr. de la Peyronie passa em revista cada uma das partes do cérebro e faz exceção ao corpo caloso, em virtude de uma série de doenças muito graves e perigosas que o atacam e acarretam a interrupção das funções da alma: logo, o corpo caloso é o lugar do cérebro habitado pela alma. Sim, os corpos calosos são, de acordo com o Sr. de la Peyronie, a sede da alma, que alguns filósofos supuseram estar por toda parte e outros buscaram em diversos lugares em particular. Eis como o Sr. de la Peyronie procede em sua demonstração.

"Um camponês que recebeu um golpe na cabeça perdeu uma porção significativa do cérebro e depois foi curado sem que sua razão fosse afetada: segue-se que a alma não reside na extensão completa da massa cerebral. Viram-se pacientes em que a glândula pineal foi obliterada ou apodreceu, outros em que não havia traço dela, mas todos gozavam o uso da razão: portanto, a alma não está na glândula pineal. Dispõe-se das mesmas provas no que se refere aos *nates*, aos *tates*, ao *infundibulum*, ou funil, aos *corpos estriados*, ao *cerebelo*, vale dizer, partes que foram destruídas ou atacadas por doenças virulentas, sem que a razão sofresse mais do que em outras doenças: portanto, a alma não está nelas. Resta o corpo caloso." Encontram-se na *Memória* redigida pelo Sr. de la Peyronie todos os experimentos com os quais ele prova que essa parte do cérebro não poderia ser alterada ou destruída sem que se seguisse a alteração ou perda da razão; vamos nos contentar em relatar o que nos pareceu mais marcante. Um jovem de dezesseis anos foi ferido com um golpe na parte frontal superior do osso parietal esquerdo; o osso foi pressionado pelo impacto de uma pedra, mas parecia não apresentar rachaduras. A primeira anomalia decorrente desse episódio foi registrada quinze dias depois, quando o doente começou a sentir um inchaço no olho direito, a vista fraca e uma dor na região, quando pressionada; três dias depois, perdeu a visão desse olho, mas não a do outro; em seguida, perdeu quase por completo o uso de todos os sentidos, e o corpo inteiro caiu numa dormência e fraqueza absolutas. Foram realizadas incisões e três trepanações; a dura-máter foi aberta, e extraíram-se um abscesso, com volume equivalente ao de um ovo de galinha, e três onças e meia de matéria espessa com flocos de massa cerebral. O abscesso era sustentado pelo corpo caloso, como mostrou a introdução de uma sonda, chamada *meningophylax*, em forma de *champignon*, com a extremidade levemente côncava.

Extraído o pus que pesava sobre o corpo caloso, a dormência passou, e recobrou-se o livre uso da visão e dos outros sentidos. Os episódios recomeçaram quando a cavidade voltou a ser preenchida por uma nova supuração e desapareceram quando os materiais foram extraídos; e assim sucessivamente. A injeção de material produzia o mesmo efeito que sua presença: preenchida a cavidade, o doente perdia a razão e a sensibilidade, que lhe eram devolvidos aplicando-se a injeção com uma seringa; a mera introdução do *meningophylax* no corpo caloso, por seu próprio peso, amenizava os episódios, que cessavam quando a sonda permanecia por mais tempo. Ao cabo de dois meses, o doente estava curado, seu crânio estava livre de pus, e ele não sentia qualquer incômodo.

Eis, portanto, a alma residindo no corpo caloso; ou ao menos até que um experimento a desaloje e reduza os fisiologistas à situação de não saber mais onde instalá-la. Consideremos, entrementes, quão frágeis são suas funções: uma fibra afetada, uma gota de sangue derramada, uma leve inflamação, uma queda, uma contusão – adeus juízo e razão, e toda a penetração de que os homens tanto se vangloriam... Sua vaidade depende de um filamento sadio ou malsão, no lugar certo ou errado.

Após termos dispendido tanto esforço para estabelecer a espiritualidade e a imortalidade da alma, duas opiniões aptas a tornar o homem cheio de si a respeito de sua condição vindoura, que nos seja permitido utilizar algumas linhas para humilhá-lo em sua condição presente, contemplando aquelas coisas triviais de que dependem as qualidades que lhe são mais caras. Queira ele ou não, a experiência não deixa nenhuma dúvida da conexão das funções da alma com o estado corpóreo e a organização do corpo. Lembre-se que um gesto desastrado da parteira teria sido suficiente para reduzir um Corneille à estupidez, pois a caixa craniana, que contém o cérebro e o cerebelo, é tão mole que chega a ser pastosa. Encerraremos este artigo com algumas observações que se encontram nas *Memórias da Academia* e em outros lugares, e que, sem dúvida, são pertinentes para nós.

Uma criança gozou de perfeita saúde até dois anos e meio, quando caiu em estupor; aos poucos, sua cabeça inchou; passados dezoito meses, sua fala se tornara indistinta; não aprendia mais o que fosse, ao contrário, todas as funções da alma se alteraram a ponto de não dar mais nenhum sinal de percepção ou memória, nem mesmo de paladar, olfato ou audição; alimentava-se a qualquer hora, aceitava indistintamente as comidas boas e as ruins; permanecia deitada sobre as costas, pois não conseguia sustentar ou mexer a cabeça, que se tornara bastante grossa e [343] pesada; dormia pouco e gritava noite e dia; sua respiração era fraca e curta, o pulso era fraco, porém regular; sua digestão era boa, não se enfezava e nunca tinha febre. Veio a falecer dois anos após a aparição dos primeiros sintomas. O Sr. Littré a dissecou; viu que seu crânio era um terço maior que o natural; que havia no cérebro um líquido claro; que o funil tinha um polegar de largura, dois de profundidade; que a glândula pineal era cartilaginosa; que a medula era alongada e mais mole no cérebro do que na parte anterior; que o cerebelo era alongado, tal como a parte posterior da medula; que a medula espinhal e os nervos que saem dela eram menores e mais moles que de costume. Vide as *Mémoires de l'Académie, année 1705, p.57; année 1741, Hist. p.31; année 1709, Hist. p.11*; e, neste *Dicionário*, os verbetes *Cérebro, Cerebelo, Medula, Funil* etc.

A influência dos alimentos na constituição do corpo é tão grande, e a desta nas funções da alma, que essa reflexão por si só talvez seja suficiente para encher de horror as mães que delegam a estranhas a amamentação de seus filhos.

Impressões mais fortes nos órgãos ainda tenros das crianças podem ter consequências tão nefastas para as funções da alma, que os pais deveriam zelar cuidadosamente para que não se sintam aterrorizadas, não importa a natureza do pânico.

Relatarei agora duas histórias; uma delas para demonstrar os efeitos da alma sobre o corpo, e a outra, inversamente, do corpo sobre a alma. Uma jovem de temperamento extremamente devoto – efeito de sua disposição natural e da severa educação que recebera – foi subitamente acometida por uma espécie de melancolia religiosa. A crença na existência um Ser soberano, que ela acatara, porém sem bons fundamentos, preenchera seu espírito com ideias sombrias. Uma das consequências de seus terrores e sobressaltos foi a interrupção de seus períodos. Para combater essa perturbação, empregaram-se em vão os emenagogos mais eficazes, escolhidos a dedo; a interrupção permanecia, e seus efeitos eram tão desagradáveis que a vida logo se tornou um fardo. Encontrava-se a jovem nesse estado quando teve a felicidade de conhecer um eclesiástico de caráter brando e afável, e espírito racional. Graças à doçura de sua conversação e à força de suas razões, baniu os terrores que a perseguiam e a reconciliou com a vida, dando-lhe ideias mais sadias a respeito da Divindade. Tão logo o espírito foi curado, a interrupção cessou, a corpulência voltou, e a jovem passou a gozar de excelente saúde; seu modo de vida permanecera exatamente o mesmo no estado oposto. Mas o espírito está tão sujeito a recaídas quanto o corpo; e, quando a jovem voltou a sofrer terrores supersticiosos, seu corpo se desarranjou novamente, e a doença foi acompanhada pelos mesmos sintomas. Para retirá-la desse estado, o eclesiástico seguiu a mesma via, que, mais uma vez, se mostrou exitosa, os períodos voltaram e a jovem recobrou a saúde. Durante alguns anos, sua vida se alternou entre superstição e religião, doença e saúde: quando a superstição tomava a frente, os períodos eram interrompidos e a saúde sofria; quando a religião e o bom senso recobravam a dianteira, os humores seguiam seu curso ordinário e a saúde retornava.

Um célebre músico, grande compositor, foi acometido por uma febre, que, tão forte, logo se tornou permanente. Passados sete dias, mergulhou em violento delírio, acompanhado de gritos, lágrimas, terrores e insônia. No terceiro dia de delírio, um desses golpes de instinto que, segundo se diz, levam os animais a buscar pelos vegetais apropriados à sua nutrição, levou-o a pedir que lhe fosse apresentado, em seus aposentos, um pequeno concerto. Seu médico consentiu, apesar de bastante contrariado. Executaram-se as cantatas de Bernier; desde os primeiros acordes, seu rosto adquiriu um ar sereno, seus olhos ficaram tranquilos, as convulsões cessaram por completo, ele verteu lágrimas de prazer e mostrou em relação à música uma sensibilidade que nunca antes provara e jamais viria a provar novamente. Durante o concerto, permaneceu sem febre; quando este se encerrou, voltou ao estado inicial. O mesmo remédio, de eficácia tão imprevista e bem-vinda, foi aplicado mais uma vez, e outras: a febre e o delírio continuavam a desaparecer durante os concertos. A música se tornou indispensável ao enfermo, que certa noite rogou, a um parente que o acompanhava, que cantasse e dançasse; mas a aflição deste não permitiu que concedesse a graça requisitada. Outra vez, quando estava ao seu lado uma humilde enfermeira, que não sabia cantar mais do que um mísero vaudevile, teve de se contentar com isso mesmo e sentiu alguns dos efeitos benéficos, mas não todos. Ao cabo de dez dias de música, estava completamente curado, sem outro recurso complementar além de um sangramento do pé, o segundo a que foi submetido e ao qual se seguiu abundante evacuação. Vide *Tarântula*.

O Sr. Dodart relatou esse fato após tê-lo verificado. Não o alega como exemplo ou regra. Mas é bastante curioso ver um homem, para quem a música se tornara, em virtude de um hábito prolongado e contínuo, como que a própria alma, recobrar o curso natural de seus espíritos graças à execução de concertos. Nada sugere que um pintor na mesma situação pudesse ser curado por quadros; a Pintura não tem, sobre os espíritos animais, um poder como o da Música e não poderia levar à alma uma impressão como a realizada por esta outra arte. (**Diderot**)

(**Tradução: Pedro Paulo Pimenta**)[1]

## Anjo (*Teologia*), Mallet [4, 458]

*Anjo* é uma substância espiritual inteligente, a primeira em dignidade entre as criaturas. Vide *Espírito, Substância*.

A palavra é formada do grego ἄγγελος, que significa mensageiro ou enviado, e dizem os teólogos que é uma denominação não de natureza, mas de ofício, por causa do ministério que exercem os anjos, e que consiste em levar as ordens de Deus ou em anunciar aos homens as suas vontades. É essa a ideia de São Paulo, na Carta aos hebreus, cap.i, vers.14. *Nonne omnes angeli sunt administratorii spiritus in ministerium missi propter eos qui hoereditatem capient salutis?*[2] É pela mesma razão que esse nome é algumas vezes dado aos homens na Escritura, como aos padres, no profeta Malaquias (cap.xi), e por São Mateus a São João Batista (cap.i, vers.10). O próprio Jesus Cristo, segundo a bíblia dos Setenta, é chamado, em Isaías, cap.ix, vers.6, de "o anjo do grande conselho", nome que, diz Tertuliano, no livro *Tratado da carne de Cristo*, cap.iv, declara seu ministério e não sua natureza. A palavra hebraica empregada nas Escrituras para exprimir anjo significa, literalmente, um ministro, um deputado, e, consequentemente, é um nome de ofício. Entretanto, prevaleceu o uso de associar a esse termo a ideia de uma natureza incorporal, inteligente, superior à alma do homem, mas criada e inferior a Deus.

Todas as religiões admitiram a existência de anjos, embora a razão natural não a demonstre. Os judeus a admitiam baseados na revelação, se excetuarmos os saduceus. Contudo, nem todos os dessa seita a negaram,

1 Doravante PPP.

2 "Não são todos os anjos espíritos ministradores, enviados para servir em benefício dos que hão de herdar a salvação?"

como testemunham os samaritanos e os caraítas, como parece, segundo Buzard, autor de uma versão árabe do Pentateuco, e pelo comentário de Aarão, judeu caraíta, sobre o mesmo livro, obras que se encontram nos manuscritos da Biblioteca do Rei. Vide *Saduceus* e *Caraítas*.

Os cristãos abraçaram a mesma doutrina, mas os antigos padres da Igreja se dividiram acerca da natureza dos anjos. Uns, como Tertuliano, Orígenes, Clemente de Alexandria etc., lhes atribuíram um corpo, embora muito sutil; outros, como São Basílio, Santo Atanásio, São Cirilo, São Gregório de Nisse, São Crisóstomo etc., os consideraram seres puramente espirituais. Essa é a opinião de toda a Igreja.

Os autores eclesiásticos dividem os anjos em hierarquias, e cada hierarquia em três ordens. A primeira hierarquia é dos serafins, dos querubins e dos tronos; a segunda compreende as dominações, as virtudes, as potências; e a última é composta de principados, arcanjos e anjos. Vide *Hierarquia*, *Serafim*, *Querubim* etc.

Por anjo se entende, portanto, um espírito da nona e última ordem do coro celeste, e tornou-se um nome comum a todos os espíritos bem-aventurados. Os cristãos creem que todos os anjos foram criados sãos e perfeitos. Mas vários perderam esse estado por seu orgulho, enquanto outros foram confirmados na graça e são bem-aventurados. Esses últimos são chamados anjos bons, ou simplesmente anjos, e se sabe que Deus deu a cada um de nós um anjo da guarda. Os outros são chamados de anjos maus, ou diabos, ou demônios; entre os judeus, são chamados satãs ou inimigos, porque tentam os homens e os empurram para o mal. Vide *Anjo da guarda*, *Demônio*, *Diabo*, *Satã*.

Os teólogos discutiram diferentes questões, mais curiosas do que úteis, sobre o número, a ordem, as faculdades e a natureza dos anjos; essas questões não podem ser decididas nem pela Escritura nem pela tradição.

No Apocalipse, o título de anjo é dado aos pastores de várias igrejas; assim, o bispo de Éfeso aí é chamado de anjo da igreja de Éfeso; o bispo de Smirna, de anjo da igreja de Smirna etc. O Sr. du Cange observa que também se deu outrora o título de anjo a alguns papas e bispos, por causa de sua santidade eminente.

Os filósofos pagãos e, dentre outros, os platônicos e os poetas admitiram naturezas espirituais intermediárias entre Deus e o homem que participavam do governo do mundo. Eles os chamavam de demônios ou gênios, e admitiram mesmo que havia entre eles os bons e os maus. São Cipriano fala deles longamente em seu *Tratado da vaidade dos ídolos*, e alguns escritores cristãos, segundo Lactâncio (*Institutions*, livro I, cap.xv), apresentam os energúmenos e as operações de magia como provas de sua existência. São Tomás o apoia a partir de outras considerações, que podem ser vistas em sua obra *Contra gentes* (Contra os gentios), livro II, cap.xlvj. Vide *Demônio, Gênio, Oráculo, Magia, Energúmeno* etc.

O Alcorão frequentemente menciona os bons e maus anjos, que os muçulmanos dividem em várias classes e aos quais eles atribuem diversas funções, tanto no Céu quanto na Terra. Atribuem particularmente um poder muito grande ao anjo Gabriel, como o de descer do mais alto dos céus em uma hora, de rachar e derrubar uma montanha com um só golpe de sua asa. Dizem que o anjo Asrael é encarregado de ir buscar a alma dos que morrem. Eles representam ainda um outro anjo que chamam de Etrafil, que fica sempre de pé com uma trombeta, que ele soa para anunciar o dia do Julgamento Final. Contam ainda muitas outras fantasias sobre aqueles que chamam de Munkir e Nekir. Vide *Munkir* e *Nekir.* Ver também *Alcorão, Maometismo* etc.

**(Tradução: Maria das Graças de Souza)**[3]

## Apetite (*Moral*), Yvon [I, 549]

Tomada no sentido mais geral, a palavra *apetite* designa o pendor da alma por um objeto que ela representa como um bem. Essa representação do bem é a razão suficiente da determinação de nosso apetite, como a experiência prova a todo instante. Qualquer que seja o objeto de nosso apetite, por mais que tenha todos os defeitos imagináveis, a partir do momento em que nossa alma tende a ele, é porque representou algum bem, sem o qual ela não deixaria o estado de indiferença.

Os escolásticos distinguiram um duplo apetite, o *concupiscível* e o *irascível.* O primeiro é o apetite propriamente dito por um objeto, ou um pendor

3 Doravante MGS.

que procede dos sentidos; o segundo é uma aversão ou repulsa por esse mesmo objeto.

Substituiremos essa distinção escolástica por outra, mais útil, entre *apetite sensível* e *apetite racional*. O apetite sensível é a parte inferior da faculdade de apetição da alma e nasce de uma ideia confusa que a alma adquire por via dos sentidos. Bebo o vinho que parece bom ao meu paladar; quando essa ideia retorna, desejo bebê-lo novamente. A esse gênero de apetite se restringe a maioria dos homens, pois poucos são os que se elevam para além da região das ideias confusas. Dessa fonte fecunda nascem todas as paixões.

O apetite racional é a parte superior da faculdade de apetição da alma e constitui a vontade propriamente dita. Esse apetite é a inclinação da alma por um objeto, em virtude de um bem que ela reconhece distintamente. Folheio um livro e percebo que ele tem muitas coisas excelentes, cuja utilidade me parece evidente; imediatamente, forma-se em mim a intenção de comprar esse livro: este ato é um ato da vontade, ou seja, do apetite racional. Nesse caso, portanto, o motivo ou razão suficiente do apetite é a representação distinta do bem ligado a um objeto. O livro em questão enriquecerá minha alma com conhecimentos e a livrará de erros; a enumeração distinta dessas ideias é o que me determina a querer comprá-lo, o que mostra que a lei geral do apetite, tanto sensível quanto racional, é a mesma: *Quidquid nobis representamus tanquam bonum quoad nos, id appetimus.*[4] Vide a *Psicologia racional* do Sr. Wolff, parte II, seção I, capítulo 2.

**(PPP)**

## Ateísmo (*Metafísica*), Yvon [I, 815]

É a opinião daqueles que negam a existência de um deus autor do mundo. Assim, a simples ignorância de Deus não produziria o ateísmo. Para ser digno do título odioso de *ateísmo* é preciso ter a noção de Deus e rejeitá-la. O estado de dúvida tampouco é o ateísmo formal, mas se aproxima ou se distancia dele na medida do número de dúvidas ou da maneira de considerá-las. Logo, temos boas razões para tratar como ateus somente

4 "Qualquer coisa que a nós for representada como boa, pois é isso o que desejamos."

aqueles que declaram abertamente que tomaram partido acerca do dogma da existência de Deus e que defendem a negativa. Essa observação é muito importante, pois muitos homens, tanto antigos quanto modernos, foram levianamente acusados de ateísmo, seja por terem atacado os falsos deuses, seja por terem rejeitado certos argumentos fracos, que nada concluem acerca da existência do verdadeiro Deus. Aliás, há pouca gente que pensa sempre de modo consequente, sobretudo quando se trata de um assunto tão abstrato e tão complexo quanto a ideia da causa de todas as coisas ou o governo do mundo. Pode-se ver como verdadeiro ateu somente aquele que rejeita a ideia de uma inteligência que governa com certo desígnio. Seja qual for a ideia que se faça dessa inteligência, supondo-a material ou limitada a certos aspectos, insistimos que nada disso é ateísmo. O ateísmo não se restringe em desfigurar a ideia de Deus, mas em destruí-la inteiramente.

Acrescentei essas palavras, *autor do mundo*, porque não basta adotar no sistema a palavra *Deus* para não ser ateu. Os epicuristas falavam dos deuses, admitiam um grande número deles; e, no entanto, eram verdadeiramente ateus porque não davam a esses deuses nenhuma parte na origem e na conservação do mundo, relegando-os à moleza de uma vida ociosa e indolente. Assim também o espinosismo, no qual o uso da palavra *Deus* não impede que esse sistema exclua a sua noção.

O ateísmo é muito antigo. Segundo parece, havia ateus antes de Demócrito e Leucipo, uma vez que Platão (*De Legibus*, p.888, edit. Serr.) se dirige aos ateus de seu tempo com estas palavras: "Não apenas vós, meu filho, e vossos amigos (Demócrito, Leucipo e Protágoras) tivestes primeiro esses sentimentos concernentes aos deuses, mas sempre houve gente vitimada por essa doença". Aristóteles, em sua *Metafísica*, assegura que vários dos que primeiro filosofaram reconheceram apenas a matéria como a causa primeira do Universo, sem nenhuma causa eficiente ou inteligente. Asseguravam, como nota o filósofo (liv.I, cap.iii), que não há nenhuma substância senão a matéria, e que todo o resto não passa de acidentes, os quais são engendrados e corruptíveis, enquanto a matéria é sempre a mesma e não é nem engendrada nem sujeita a ser destruída, mas eterna. Os materialistas eram os verdadeiros ateus, não tanto porque concebiam somente corpos quanto porque não reconheciam nenhuma inteligência que os movia e os governava.

Pois outros filósofos, como Heráclito, Zenão etc., embora acreditassem que tudo é material, não deixaram de admitir uma inteligência naturalmente intrínseca à matéria e que animava todo o Universo, o que os fazia afirmar que este é um animal. Não poderiam, por essa razão, ser chamados de ateus.

Encontramos diversas espécies de ateísmo entre os antigos. As principais são a eternidade do mundo, o atomismo ou o concurso fortuito, o hilopantianismo e o hilozoísmo, que devemos buscar sob seus títulos particulares neste *Dicionário*. É preciso notar que a eternidade do mundo é uma espécie de ateísmo somente no sentido estabelecido por Aristóteles e seus seguidores, pois não se é ateu quando se acredita que o mundo é coeterno a Deus e se considera que ele é um efeito inseparável de sua causa. Quanto à eternidade da matéria, eu me abstive de alinhá-la entre os sistemas dos ateus. Todos a defenderam como verdade, mas os filósofos teístas também a admitiram de modo semelhante, uma vez que a época do dogma da criação não está bem decidida. Vide *Criação*. Entre os modernos, somente existe ateísmo sistemático em Espinosa, sobre o qual faremos um verbete separado. Limitamo-nos aqui às seguintes observações gerais.

1º) Cabe ao ateu provar que a noção de Deus é contraditória e que é impossível que tal ser exista. Ainda que não pudéssemos demonstrar a possibilidade do ser soberanamente perfeito, teríamos direito de pedir ao ateu as provas do contrário, pois, estando persuadidos com razão de que essa ideia não encerra contradição em absoluto, cabe a ele nos mostrar o contrário; é o dever daquele que nega alegar suas razões. Assim, o ônus recai sobre o ateu, e aquele que admite um deus pode, tranquilamente, aquiescer quanto a isso, deixando a seu antagonista o cuidado de demonstrar a contradição. Ora, acrescentamos, ele nunca conseguirá fazer isso. Com efeito, a reunião de todas as realidades, de todas as perfeições num único ser, não encerra contradição, sendo, portanto, possível; daí que esse ser é possível e deve necessariamente existir, estando a existência compreendida entre tais realidades. Mas é preciso remeter o leitor ao verbete *Deus* para os detalhes das provas de sua existência.

2º) Muito longe de evitar as dificuldades, ao rejeitar a noção de um deus, o ateu se compromete com hipóteses mil vezes mais difíceis de conceber. Eis, em poucas palavras, o que ele é obrigado a admitir. Segundo sua hipótese, o mundo existe por si mesmo, é independente de todo outro ser; e não há nada no mundo visível que tenha sua razão fora do mundo. As partes desse todo e o todo em si mesmo encerram [816] a razão de sua existência em sua essência, são seres absolutamente necessários, e, se não existissem, isso implicaria contradição. O mundo não teve começo e não terá fim; é eterno e suficiente em si mesmo para sua conservação. Os milagres são impossíveis e a ordem da natureza é inalterável. As leis do movimento, os acontecimentos naturais, o encadeamento das coisas, são todos efeitos de uma necessidade absoluta; a alma não possui liberdade. O Universo é sem fronteiras; uma fatalidade absoluta assume o lugar da Providência. (Vide Wolff, *Teologia natural*, t.II, sec.II, cap.I.) É aqui, e não no sistema dos teístas, que devemos buscar as contradições que lá pululam. Pode-se dizer que o mundo, considerado em si mesmo, tenha caracteres de eternidade que não possam ser encontrados num ser inteligente? Pode-se defender que é mais fácil compreender que a matéria se mova por si mesma, e que tenha formado ao acaso e sem desígnio o mundo tal como é, do que conceber que uma inteligência imprimiu movimento à matéria e que, de certa maneira, tenha feito tudo a partir dela? Certamente, não há ninguém que, se quiser ser sincero, não admita que a segunda afirmação é infinitamente mais fácil de compreender do que a primeira. Segue-se que os ateus têm hipóteses muito mais difíceis de serem concebidas do que as que rejeitam, e afastam-se dos sentimentos comuns mais para se distinguir do que por causa das dificuldades que os atormentam. Não fosse por isso, não abraçariam sistemas totalmente incompreensíveis sob o pretexto de que não entendem as opiniões geralmente admitidas.

3º) O ateu não poderia evitar os absurdos do progresso ao infinito. Há um progresso que se denomina retilíneo e outro que se denomina circular. Segundo o primeiro, ao remontar do efeito à causa, e dessa causa a uma outra, como do ovo à galinha e da galinha ao ovo, jamais se encontra o limite, e tal cadeia de seres visivelmente contingentes forma um todo necessário, eterno e infinito. A impossibilidade de tal suposição é tão manifesta que os filósofos pagãos a tinham abandonado para se concentrarem no progresso circular. Este consiste em certas revoluções periódicas extremamente longas, no fim das quais as mesmas coisas encontram-se nos mesmos lugares, e o estado do Universo é precisamente tal qual era no mesmo momento do período precedente. Já escrevi uma infinidade de vezes o que escrevo agora, e escrevê-lo-ei ainda uma infinidade de vezes mais na sequência de revoluções eternas do Universo. Mas o mesmo absurdo que destrói o progresso retilíneo volta-se contra o progresso circular. Como no primeiro caso, busca-se inutilmente a razão suficiente dessa cadeia de seres, ora no ovo, ora na galinha, sem nunca parar. Da mesma forma, neste outro, uma revolução está ligada a outra, mas não se vê como uma revolução produz a outra, nem qual é o princípio dessa sucessão infinita. Que as revoluções universais levem milhões de anos, ou dias, ou horas, ou minutos, para a existência de pequenos insetos efêmeros, dos quais um produz o outro sem fim, é a mesma coisa; são sempre efeitos encadeados uns aos outros sem que se possa indicar uma causa, um princípio, uma razão suficiente que os explique.

4º) Também se pode atacar o ateísmo por suas consequências, que, ao abalarem a religião, subvertem a uma só vez os fundamentos da moral e da política. Com efeito, o ateísmo avilta e degrada a natureza humana ao negar que ela tenha os mínimos princípios de moral, de política, de equidade e de humanidade: segundo esse sistema absurdo, toda a caridade dos homens e toda sua benevolência vêm apenas de seu medo, de sua fraqueza e da necessidade que têm uns dos outros. A utilidade e o desejo de se elevar, o anseio por prazeres, honras e riquezas são as únicas regras do que é bom. A justiça e o governo civil não são, em si mesmos, nem coisas boas, nem desejáveis, pois servem apenas para manter sob ferros a liberdade do homem; porém, são estabelecidos como um mal menor, para prevenir o estado de guerra no qual nascemos. Assim, os homens só são justos apesar deles mesmos, pois desejariam que lhes fosse possível não obedecer a nenhuma lei. Enfim (pois isso não passa de uma amostra dos princípios morais e políticos do ateísmo), os soberanos têm uma autoridade proporcional à sua força, e, embora esta seja restrita, eles possuem um direito ilimitado de comandar, de tal modo que a vontade daquele que comanda faz as vezes de justiça perante os súditos, obrigando-os a obedecer, seja qual for a natureza de suas ordens.

Concordo que as ideias de honesto e desonesto subsistem com o ateísmo. Por estarem no fundo e na essência da natureza humana, o ateu não poderia rejeitar essas ideias. Ele não pode desconhecer a diferença moral das ações porque, ainda que negue a Divindade, as ações que tendem a deteriorar nosso corpo e nossa alma seriam sempre igualmente contrárias às obrigações naturais. Não poderíamos recusar-lhe a virtude puramente filosófica na medida em que ele pode se conformar às obrigações naturais que encontra gravadas em sua própria natureza; essa virtude tem pouca força e não poderia se sustentar contra os motivos do medo, do interesse e das paixões. Para resistir, sobretudo quando ser virtuoso é custoso, é preciso estar tomado pela ideia de um deus que vê tudo e que tudo conduz. O ateísmo não fornece nada e se encontra sem recurso; uma vez que a virtude é infeliz, o ateu é reduzido à afirmação de Brutus: "Virtude, estéril virtude, para que me serviste?". Ao contrário, aquele que acredita fortemente que há um deus, que esse deus é bom e que tudo o que ele fez e tudo o que ele permite redundará ao final no bem de suas criaturas, um tal homem pode conservar sua virtude e sua integridade até mesmo na mais dura condição. É verdade que é preciso, para esse efeito, admitir a ideia das recompensas e das penas futuras.

Resulta daí que o ateísmo publicamente professado é punível segundo o direito natural. Por um lado, não podemos senão desaprovar vivamente a quantidade de procedimentos bárbaros e de execuções desumanas que a simples suspeita ou o pretexto de ateísmo ocasionaram. Mas, por outro lado, o homem mais tolerante não discordará que o magistrado tem direito de reprimir aqueles que ousam professar o ateísmo, e até mesmo fazê-los morrer, se não pode livrar a sociedade deles. Ninguém põe em dúvida que o magistrado seja plenamente autorizado a punir o que é mau e vicioso, e a recompensar o que é bom e virtuoso. Se ele pode punir aqueles que fazem uma única pessoa errar, sem dúvida tem igualmente direito de punir aqueles que fazem isso com toda uma sociedade, ao negarem que exista um deus ou que ele intervém na conduta do gênero humano ao recompensar aqueles que trabalham para o bem comum e ao castigar aqueles que o atacam. Pode-se ver um homem desse tipo como o inimigo de todos os outros, pois subverte todos os fundamentos sobre os quais a sua conservação e felicidade estão principalmente [**817**] estabelecidas. Tal homem poderia ser punido por cada um no direito de natureza. Por conseguinte, o magistrado deve ter direito de punir, não somente aqueles que negam a existência de uma divindade, mas ainda aqueles que tornam essa existência inútil quando negam sua providência, ou pregam contra seu culto, ou se tornam culpados de blasfêmias formais, profanações, perjúrios ou juramentos levianamente pronunciados. A religião é tão necessária para a defesa da sociedade humana que é impossível, como os pagãos reconheceram tanto quanto os cristãos, que a sociedade subsista se não se admite uma potência invisível que governa os negócios do gênero humano. Quanto a isso, ver a prova no verbete sobre os ateus. O medo e o respeito que se tem por esse ser produz mais efeito nos homens para fazê-los observar os deveres sobre os quais consiste sua felicidade na terra do que todos os suplícios com os quais os magistrados poderiam ameaçar. Nem mesmo os ateus ousariam negá-lo, pois eles supõem que a religião é uma invenção dos políticos para manter mais facilmente regulada a sociedade. Mas, mesmo que se fosse assim, os políticos têm o direito de manter seus estabelecimentos e de tratar como inimigos aqueles que desejariam destruí-los. Não há políticos menos sensatos que aqueles que dão ouvidos às insinuações do ateísmo e que cometem a imprudência de confessar abertamente sua irreligião. Os ateus, adulando os soberanos e prevenindo-os contra toda religião, os prejudicam tanto quanto a própria religião, uma vez que tiram deles todo direito, com exceção da força, e liberam seus súditos de toda obrigação, bem como do juramento de fidelidade que lhes fizeram. Um direito que só é estabelecido sobre a força, de um lado, e sobre o medo, de outro, cedo ou tarde se destrói e desmorona. Se os soberanos pudessem destruir toda consciência e toda religião nos espíritos dos homens para poder agir em completa liberdade, eles logo se veriam enterrados sob as ruínas da religião. A consciência e a religião comprometem todos os súditos: 1º) a executar as ordens legítimas de seus soberanos ou do Poder Legislativo ao qual são submetidos, mesmo quando em oposição a seus interesses particulares; 2º) a não resistir a esse mesmo poder pela força, como ordena São Paulo (Romanos, XII, 12). A religião é muito mais o sustentáculo dos reis do que a espada que lhes foi entregue.

**(Tradução: Thomas Kawauche)**[5]

5 Doravante TK.

## *Deístas* (Teologia), *Mallet* [4, 773]

Nome inicialmente dado aos antitrinitários ou novos arianos heréticos do século XVI, os quais não admitiam outro deus senão Deus, o pai, considerando Jesus Cristo um homem puro e o Espírito Santo um simples atributo da divindade. Chamam-se hoje socinianos ou unitaristas.

Os deístas modernos são uma seita ou um tipo de pretensos livres-pensadores conhecidos na Inglaterra pelo nome de *free thinkers*, gente que pensa livremente, cuja característica é nunca professar forma nem sistema particular de religião, mas contentar-se em reconhecer a existência de um Deus sem lhe prestar nenhum culto ou homenagem exterior. Eles defendem que, diante da multiplicidade das religiões e do grande número de revelações, de que só se dão provas gerais e sem fundamento, o melhor e mais seguro partido consiste em limitar-se à simplicidade da natureza e à crença num Deus, que é uma verdade reconhecida em todas as nações. Ver *Deus* e *Revelação*.

Queixam-se de que a liberdade de pensar e raciocinar é oprimida sob o jugo da religião revelada; que os espíritos sofrem e são tiranizados pela necessidade de acreditar em mistérios inconcebíveis que a religião revelada impõe; e defendem que só se deve admitir ou crer naquilo que a razão concebe claramente. Ver *Mistério* e *Fé*.

O nome *deísta* é dado sobretudo a essas pessoas que, não sendo nem ateus nem cristãos, não são absolutamente sem religião (considerando-se essa palavra em seu sentido mais geral), mas rejeitam toda revelação como pura ficção e só acreditam no que reconhecem pelas luzes naturais e naquilo que se crê em qualquer religião: um deus, uma providência, uma vida futura, recompensas e castigos para os bons e para os maus, que é preciso honrar a Deus e realizar, o mais perfeitamente possível, sua vontade conhecida pelas luzes da razão e pela voz da consciência, e que, de resto, cada um pode viver como quiser e seguir o que dita sua consciência.

O número de deístas aumenta todos os dias. Na Inglaterra, a maioria dos letrados segue esse sistema, e o mesmo se observa entre as outras nações cultas. Todavia, não se pode dizer que o deísmo seja uma seita ou um corpo à parte. Nada é menos uniforme que os sentimentos dos deístas. Sua maneira de pensar, quase sempre acompanhada de pirronismo, essa liberdade simulada de só se submeter às verdades demonstradas pela razão, fazem que não tenham sistema comum nem ponto bem fixo que convenha igualmente a todos. Eis o porquê de os autores que os combatem distinguirem diferentes espécies de deístas.

Abbadie divide-os em quatro classes: 1º) aqueles que criam para si mesmos uma ideia bizarra da divindade; 2º) aqueles que, tendo uma ideia inicial de Deus bem justa, imputam-lhe o desconhecimento do que acontece na terra; 3º) aqueles que, [**774**] considerando que Deus se mistura nos negócios dos homens, imaginam que ele se apraz em suas superstições e em seus desvios; 4º) enfim, aqueles que reconhecem que Deus deu aos homens uma religião para conduzi-los, mas que reduzem todos os seus princípios aos sentimentos naturais do homem e tomam todo o resto por ficção. *Tratado da verdade da religião cristã*, tomo I, seção ii, capítulo I. Pode-se ver no mesmo autor com que força ele combate essas quatro espécies de deístas somente pelas armas da razão. Ver *Cristianismo*.

O Sr. abade de la Chambre, doutor da Sorbonne, num tratado da verdadeira religião, impresso em Paris em 1737, fala dos deístas e de suas opiniões de maneira ainda mais precisa. "Denominam-se deístas", diz o autor, "todos aqueles que admitem a existência de um ser supremo, autor e princípio de todos os seres que compõem o mundo, sem querer reconhecer outra coisa em matéria de religião a não ser aquilo que a razão pode descobrir por si mesma. Nem todos os deístas raciocinam da mesma maneira: pode-se reduzir o que dizem a duas hipóteses diferentes.

A primeira espécie de deístas apresenta e defende estas proposições: é preciso admitir a existência de um ser supremo, eterno, infinito, inteligente, criador, conservador e soberano senhor do universo, que preside todos os movimentos e todos os acontecimentos que deles resultam. Mas esse ser supremo não exige de suas criaturas nenhum dever porque ele se basta a si mesmo.

Somente Deus não morre; todas as criaturas estão sujeitas ao desaparecimento. O ser supremo dispõe delas como lhe agrada: senhor absoluto de sua sorte, ele lhes distribui os bens e os males segundo seu bom prazer, sem fazer distinção entre suas diferentes ações, uma vez que são todas da mesma espécie para ele.

A distinção do vício e da virtude é pura chicana aos olhos do ser supremo. Ela é fundamentada apenas em leis arbitrárias das sociedades. Os homens só prestam contas de suas ações no tribunal da justiça secular. Não há punição nem recompensa a esperar da parte de Deus após esta vida.

A segunda espécie de deístas raciocina de modo totalmente diferente. O ser supremo, dizem, é um ser eterno, infinito, inteligente, que governa o mundo com ordem e sabedoria. Em sua conduta, seguem regras imutáveis do verdadeiro, da ordem e do bem moral porque ele é, por essência, a sabedoria, a verdade e a santidade. As regras eternas da boa ordem são obrigatórias para todos os seres razoáveis: abusam de sua razão quando se afastam delas. O distanciamento da ordem faz o vício, e a conformidade à ordem faz a virtude. O vício merece punição e a virtude merece recompensa. O primeiro dever do homem é respeitar, honrar, estimar e amar o ser supremo, de quem procede tudo o que é, e, por condição, se conformar em todas as suas ações ao que lhe dita a reta razão.

Os homens agradam ou desagradam a Deus na proporção da exatidão ou da negligência que possuem para a prática dos deveres que a razão eterna lhes impõe. É justo que recompense aqueles que se apegam à virtude e que puna aqueles que se deixam levar pelos movimentos desregrados de suas paixões. Mas como a experiência mostra que nesta vida o ímpio triunfa enquanto o justo é humilhado, é preciso que exista uma outra vida em que cada um recebesse de acordo com suas obras. A imortalidade gloriosa será o fruto da virtude, a ignomínia e o opróbrio serão o fruto do vício, mas esse estado de sofrimento e dor não durará para sempre. É contrário à ordem da justiça, dizem os deístas, que se puna eternamente uma ação de um momento. Ver *Danação*. Enfim, acrescentam que a religião, tendo por tarefa principal a reforma dos costumes, a exatidão em cumprir os deveres que a razão prescreve em relação a Deus, a si mesmo e ao próximo, forma os verdadeiros adoradores do ser supremo."

Após expor esses dois sistemas, o mesmo autor propõe o método para refutá-los. Esse método consiste em provar "1º) que os limites que separam o vício da virtude são independentes das vontades arbitrárias de algum ser qualquer; 2º) que essa distinção do bem e do mal, anterior a toda lei arbitrária dos legisladores e fundada na natureza das coisas, exige dos homens que pratiquem a virtude e que se afastem do vício; 3º) que aquele que pratica o bem merece recompensa e aquele que se abandona ao crime merece punição; 4º) que, por nem sempre a virtude ser recompensada na terra e o vício punido, é preciso admitir uma outra vida em que o justo será feliz e o ímpio infeliz; 5º) que nem tudo perece com o corpo e que a parte de nós que pensa e deseja chamada alma é imortal; 6º) que a vontade não está determinada em suas ações e pode escolher entre praticar a virtude e evitar o mal; 7º) que todo homem é obrigado a amar e estimar o ser supremo e testemunhar externamente os sentimentos de veneração e amor pelos quais está penetrado em vista de sua grandeza e majestade; 8º) que a religião natural, embora boa em si mesma, é insuficiente para ensinar ao homem qual culto deve prestar à divindade, de modo que é preciso admitir uma religião sobrenatural e revelada juntamente à da natureza". *Tratado da verdadeira religião*, tomo II, parte ii, páginas 1-6.

Esse é o método que, em oito dissertações particulares, o autor seguiu. Pode-se dizer que é excelente contra os deístas da primeira espécie. Mas parece que, quanto aos da segunda, por concordarem conosco em algumas das proposições, poderíamos adotar contra estes uma via bem mais curta. Esta consistiria em provar primeiro a insuficiência da lei natural; segundo, a necessidade de uma revelação; terceiro, a certeza e a divindade da revelação contida nas escrituras dos judeus e dos cristãos, pois a necessidade de um culto exterior e a eternidade das penas são consequências fáceis de admitir, uma vez demonstrados esses três pontos.

(TK)

## *Teísmo* (Teologia), *Autor desconhecido* [16, 243]

Derivado do grego θεὸς, deus, termo usual entre os teólogos modernos para exprimir o sentimento daqueles que admitem a existência de Deus. É oposto a ateísmo. Ver *Ateísmo*.

É fácil provar que o teísmo é preferível ao ateísmo e que admitir a existência de um Deus é mais vantajoso, seja para as sociedades, para os príncipes ou para os particulares, do que rejeitá-la. Eis as razões que normalmente damos para isso.

1º) Uma sociedade de ateus possui um princípio a menos para conter a corrupção dos costumes em relação a uma sociedade de teístas. A razão, o desejo da glória e da boa reputação, o temor das penas seculares, são os únicos motivos que podem impedir o crime numa sociedade de ateus. Numa sociedade de teístas, o temor dos julgamentos de um ser supremo somado a todos esses princípios dá-lhes uma nova força. Com efeito, o homem é tanto mais levado a cumprir seus deveres quanto maiores forem as penas que o fazem temer e mais consideráveis e consoladoras as recompensas que o fazem ter esperança. Não importa o quanto se diga que é mais nobre fazer o bem sem interesse e fugir do mal sem ser movido por algum medo: afirmar que o homem possa ou que deva sempre agir independentemente desses motivos é desconhecê-lo. A esperança e o medo nasceram com ele, são apanágios inseparáveis de sua natureza, e as recompensas ou os castigos pelos quais o teísmo desperta ambos no coração dos homens são motivos infinitamente mais poderosos para afeiçoá-lo à virtude e distanciá-lo do vício do que aqueles que o ateísmo propõe a seus seguidores.

2º) Os príncipes são os mais interessados no estabelecimento da crença numa divindade suprema. Os próprios ateus reconhecem isso, pois dizem que a ideia da divindade deve sua origem aos artifícios e desejos dos políticos que, por meio dela, desejaram tornar sagrada a obediência devida aos soberanos. Um homem se submete pela razão a seu príncipe porque é justo manter a fé naquele a quem ela foi prometida; submete-se a ele pelo princípio de temor, porque tem medo de ser condenado segundo toda a severidade das leis. Porém, quando está vivamente persuadido de que há uma divindade vingadora que busca conhecer suas desobediências para puni-las, sua obediência é firme e constante de modo bem diferente.

3º) Nada mais vantajoso nem mais consolador para os particulares do que o teísmo. O homem que está exposto a tantas misérias no curso desta vida tem um motivo de consolo ao crer numa divindade plena de justiça e de bondade, que pode acabar com todos os seus males. O homem virtuoso, que está ordinariamente exposto à contradição dos maus, se defende com a prática da virtude, baseado na ideia de uma divindade que recompensa as boas ações e pune as más. Para ele, a morte é o começo de uma nova vida e de uma felicidade eterna. Para o ateu, a morte é apenas o fim das misérias da vida, e o desaparecimento prometido é um estado de insensibilidade perfeita, ou melhor, uma privação de existência que ninguém verá como vantagem. Mais ainda, desaparecimento sobre o qual o ateu não tem nenhuma certeza. A esse respeito, encontra-se na dúvida e em perplexidade. Mas tal estado de incerteza é tão satisfatório quanto a esperança do teísta? Enfim, esse último arrisca algo para ganhar infinitamente, e o outro prefere perder tudo a ter que arriscar alguma coisa. Pode-se ver esse raciocínio fortemente presente nos pensamentos do Sr. Pascal, *Traité de la vraie religion*, tomo I, dissertação III.

(TK)

## Atenção, Observância, Vigilância (*Gramática*), Diderot [1, 840]

Cada uma dessas palavras assinala diferentes maneiras de a alma se ocupar de um objeto: nada escapa à *atenção*; a *observância* respeita estritamente; a *vigilância* garante a segurança. Quando a alma se ocupa de um objeto, se quiser conhecê-lo ela presta atenção; se quiser executá-lo, observa estritamente; se quiser conservá-lo, emprega vigilância. Atenção exige presença de espírito; observância, memória; vigilância, receio e desconfiança.

O magistrado deve ser atento; o embaixador, estrito; o capitão, vigilante. O discurso alheio requer atenção; a administração pública, observância; o perigo iminente, vigilância. É preciso ouvir com atenção; cumprir estritamente uma promessa; e vigiar o que nos é confiado.

## *Atenção* (Lógica), *Formey* [1, 840]

*Atenção* é a operação de nossa alma que isola uma parte de um objeto composto e a considera de maneira a adquirir uma ideia mais distinta dela que das outras partes. Assim, num espetáculo, prestamos atenção em particular às cenas vivas e interessantes. O conhecimento que desperta a nossa atenção é tão vivo que absorve, por assim dizer, todos os outros, e parece ocupar a alma por inteiro e preenchê-la como um todo.

É certo que, quanto mais concentramos o espírito no exame de uma coisa que se encontra fora de nós, mais ideias particulares adquirimos dentre aquelas contidas na ideia complexa do que examinamos. O mesmo se verifica em relação àquilo de que temos percepção imediata, seja algo que se passa em nossa alma, seja a comparação entre ideias compostas previamente adquiridas; nesse caso, o número de relações que descobrimos depende da quantidade de tempo que dispendemos a considerá-las. A atenção é, por assim dizer, uma espécie de microscópio, que amplia os objetos e nos permite perceber mil propriedades que escapam a uma visão distraída.

Para aumentar a atenção, é necessário, acima de tudo, descartar o que possa perturbá-la; em seguida, deve-se buscar recursos para auxiliá-la.

**(PPP)**

## Atomismo[1] (*Física corpuscular antiquíssima*), Formey [I, 822]

Estrabão, ao referir-se à erudição dos fenícios, diz que, "a crermos em Posidônio, o dogma dos átomos é antigo, e teve origem com um sidônio chamado Moscus, que viveu anteriormente à guerra de Troia" (*Geografia*, XVI, p.521 da edição de Gênova; ver também Sexto Empírico, *Contra os matemáticos*, p.367 da edição de Gênova). Pitágoras parece ter aprendido essa doutrina no Oriente; e o célebre pitagórico Ecfanto testemunha (em Estrobeu) que eram átomos as unidades que, segundo Pitágoras, compunham o todo, opinião cuja existência é confirmada por Aristóteles em diversas ocasiões. Empédocles, também ele pitagórico, afirmava que a natureza de todos os corpos vinha *da mistura e separação de partículas* e, embora admitisse os quatro elementos, dizia que eram, por sua vez, compostos de átomos ou corpúsculos. Explica-se assim por que Lucrécio deve tanto a Empédocles: é que a Física deste, sob muitos aspectos, é a mesma de Epicuro. Anaxágoras, embora também fosse atomista, tinha uma opinião própria, de que cada coisa era composta de átomos [**823**] de uma mesma espécie: os ossos, de átomos de ossos; os corpos vermelhos, de átomos vermelhos; e assim por diante.

---

1 Os dois últimos parágrafos aqui traduzidos foram extraídos do verbete *Corpuscular*, de autoria do mesmo Formey (IV, 269). (N. T.)

A doutrina dos átomos tornou-se um sistema graças a Leucipo e Demócrito. Antes deles, era tida como parte de um sistema filosófico mais amplo, que explicava os fenômenos corpóreos em geral. Foram mais longe e tomaram esse dogma como fundamento de um sistema completo de filosofia, o que levou Diógenes Laércio e muitos outros a considerá-los como os inventores dessa doutrina. Os nomes desses filósofos costumam aparecer juntos. Como diz Aristóteles em sua *Metafísica*, "Leucipo e seu companheiro Demócrito afirmam que os princípios de todas as coisas são *o pleno e o vazio* (o corpo e o espaço), um é algo, o outro é nada, e que as causas de variedade dos demais seres são a figura, a disposição e a localização (dos corpos)". Nada melhor, para que se tenha uma ideia perfeita do atomismo, do que ler o famoso poema de Lucrécio. O que se segue, em poucas palavras, é o fundo do sistema, tal como o encontramos nesse grande poeta e em diversas passagens de Cícero.

O mundo é recente e não faltam provas de sua idade, mas é eterna a matéria que o compõe. Desde sempre existiu uma quantidade enorme, na verdade infinita, de átomos ou corpúsculos, sólidos, quadrados, aduncos, oblongos, com as mais variadas figuras; indivisíveis, em perpétuo movimento, esforçando-se para avançar; em queda, atravessando o vácuo. Se persistissem a esmo em sua rota, haveria apenas agregados, e o mundo não existiria. Mas bastou que alguns se desviassem um pouco para que essa ligeira declinação os reunisse a outros. Diversas massas então se formaram: um céu, um sol, uma terra, um homem, uma inteligência, uma espécie de liberdade. Nada disso se deu por intenção. Que não nos iludamos, as pernas do homem não foram feitas com o intento de levar o corpo de um lugar a outro; os dedos não foram dotados de articulações para melhor agarrar o que nos é necessário; a boca não recebeu dentes para mastigar os alimentos; os olhos não foram encaixados com destreza entre músculos ágeis e móveis para que pudessem se virar com agilidade e ver tudo com um único relance. Não, nenhuma inteligência dispôs essas partes a fim de que elas pudessem nos servir; somos nós que utilizamos o que constatamos nos ser útil: *Neve putes oculorum clara, creata Ut videant: sed quod natum est, id procreat usum*, "não pensai que nossos olhos foram feitos para ver os objetos;/ sua existência, tais como são, é que produziu o uso para o qual os empregamos" (Lucrécio, *De rerum natura*, livro I; citado pelo abade Pluche, *Histoire du ciel*, p.211).

O todo foi feito por acaso, o todo se mantém por si mesmo, e as espécies também se perpetuam pelo acaso: o todo se dissolverá um dia por acaso. O sistema inteiro se reduz a isso (Abade Pluche, *Histoire du ciel*, Tomo II, p.212). Seria supérfluo determo-nos na refutação desse amontoado de incongruências; ou, caso fosse necessário combatê-las, poder-se-ia consultar o *Anti-Lucrèce*, do cardeal Polignac.

O atomismo antigo era um ateísmo puro. Mas faríamos mal em lançar essa acusação contra a filosofia corpuscular em geral. Os exemplos de Demócrito, de Leucipo, de Epicuro, todos eles tão ateus quanto atomistas, levaram muitos a crer que a admissão da existência de corpúsculos implicaria necessariamente a rejeição da doutrina que estabelece seres imateriais, como a divindade e a alma humana. Mas a Penumatologia não somente é compatível com a doutrina dos átomos como tem com ela uma estreita ligação. Assim, os mesmos princípios filosóficos que levaram os antigos a reconhecer os átomos também os conduziram à crença na existência de coisas imateriais; e as mesmas máximas que os persuadiram de que as formas corpóreas não são entidades distintas da substância dos corpos os persuadiram também de que as almas não são engendradas com os corpos nem perecem com eles.

Os antigos, considerando a ideia que tinham da alma e o que conheciam do corpo, constataram que era possível conhecer duas coisas com distinção, na verdade as principais que existem no universo. Uma é a matéria, que tinham como incapaz de agir por si mesma, a outra é uma faculdade de agir. *Duo quaerenda sunt*, diz Cícero, *unum quoe materia sit ex quâ quoeque res efficiatur, alterum quoe res sit quoe quidque efficiat*, "há duas coisas a serem investigadas na Natureza, uma, o que é a matéria, da qual tudo é feito, a outra, o que é a causa ativa, ou eficiente", Cícero, *De finibus*, I.6 (citado por Cudworth, *True Intelectual System of the Universe*, I.1.27). O mesmo é dito por Sêneca e pelo autor do *De placitis philosophorum*, livro que se encontra em meio aos escritos de Plutarco.

A filosofia corpuscular, longe de levar ao ateísmo, conduz, ao contrário, a reconhecer seres distintos da matéria. Com efeito, a física corpuscular nada atribui ao corpo além do que está contido na ideia de uma coisa extensa impenetrável e pode ser concebido como uma de suas modificações; qualidades como grandeza, divisibilidade, figura, lugar, movimento, repouso, e tudo o que resulta das variadas combinações entre elas. Portanto, essa Física não poderia admitir que a vida e o pensamento são modificações do corpo; do que se segue que são propriedades de outra substância, distinta do corpo. Essa Física não reconhece nos corpos outra ação além do movimento local, e, como o movimento é necessariamente o efeito da ação de um ser diferente do corpo movido, segue-se que há no mundo uma coisa que não é corpo; pois, se não fosse assim, os corpos que nele se encontram jamais poderiam começar a se mover. Segundo essa filosofia, os fenômenos do corpo não podem ser explicados pelo simples mecanismo, devem-se admitir ainda causas diferentes deste, e tais que sejam inteligentes e imateriais. É evidente, pelos princípios mesmos dessa Filosofia, que nossas sensações não são meros efeitos materiais, pois nos corpos não há nada que se assemelhe às sensações que temos de calor, de frio, de vermelho, de doce, de amargo etc. Do que se segue que elas são modificações de nossa alma e, por conseguinte, que esta última é imaterial. Por fim, essa Filosofia deixa igualmente claro que os sentidos não são os juízes da verdade, mesmo em relação aos corpos, pois as qualidades de que estes parecem ser revestidos na verdade não se encontram neles. Logo, é necessário que exista em nós algo superior aos sentidos, que julgue as suas relações e identifique o que de fato está ou não nos corpos; o que somente pode ser feito por uma faculdade superior, que dá a si mesma os movimentos que deseja, vale dizer, que é imaterial. Os que desejarem provas mais detelhadas as encontrarão no *True Intellectual System*, de Cudworth, e no extrato dessa obra oferecido pelo Sr. Leclerc na *Bibliothèque choisie*, Tomo I, artigo 3.

**(PPP)**

## Autômato (*Mecânica*), d'Alembert [I, 896]

Engenho que se move por si mesmo, ou máquina que traz em si o princípio de seu movimento. *Autômato* é uma palavra grega composta por αὐτόματον, por sua vez formada por αὐτὸς, *ipse*, & μάω, *estou prestes* ou *pronto a*, ou então por μάτην, *facilmente*, de onde αὐτόματος, *espontâneo*, *voluntário*. Era autômato o pombo voador de Arquitas, mencionado por Aulo Gélio nas *Noites áticas* (X, 12) – supondo, é claro, que não se trate de uma fábula.

Alguns autores incluem na categoria de autômatos os instrumentos de mecânica postos em movimento por molas, pesos internos etc., como relógios de parede ou de pulso. Vide Scaliger, *Subtil.*, p.326, e também os verbetes *Mola*, *Pêndulo*, *Relógio* etc.

O flautista autômato do Sr. Vaucanson, membro da Academia Real de Ciências, o pato e algumas outras máquinas do mesmo autor contam entre as mais célebres obras vistas no gênero, após muito tempo.

Para o *flautista*, consulte-se o verbete *Androide*.[1]

Encorajado pelo êxito deste último autômato, o autor expôs outros, em 1741, igualmente bem recebidos. Eram eles:

1. Um *pato*, no qual era representado o mecanismo das vísceras destinadas às funções de beber, comer e digerir. Imita-se com exatidão a operação de todas as partes necessárias a essas ações. O pato alonga o pescoço para comer grãos que lhe são oferecidos, engole-os, digere-os, e os expele, devidamente digeridos, pelas vias costumeiras. São copiados, a partir da natureza, todos os gestos de um pato que intensifica os movimentos de sua goela quando engole grãos com avidez, lançando-os no estômago, onde o alimento é digerido, como em animais verdadeiros, por meio de dissolução, e não por trituração. A matéria digerida no estômago é conduzida por tubos, assim como, nos animais, pelas tripas, até o ânus, onde há um esfíncter que faculta sua eliminação.

O autor não pretende que essa digestão seja perfeita, capaz de produzir sangue e sucos para a nutrição do animal. Seria deselegante censurá-lo por essa imperfeição. Pretende apenas imitar a mecânica dessa ação, sob três aspectos: 1. o ato de engolir os grãos; 2. sua maceração, cocção ou dissolução; 3. seu expelimento, sensivelmente modificado.

1 Androide é um autômato com figura humana que, por meio de certos dispositivos devidamente arranjados, age e realiza outras funções aparentemente similares às do homem. Vide *Autômato*. Essa palavra é composta pelo grego ἀνήρ, genitivo ἀνδρός, *homem*, e εἶδος, *forma*. "Androide", (*Mecânica*), d'Alembert, I, 448. A continuação deste verbete é uma descrição detalhada do flautista de Vaucanson.

Faltam, contudo, alguns meios necessários à realização dessas três ações, e talvez valha a pena mencioná-los. Seria desejável que o pato autômato fosse dotado de outros meios para abocanhar os grãos, que os aspirasse diretamente até o estômago, e aí, num espaço exíguo, fosse construído um laboratório químico, para decompor as principais partes dos grãos e permitir que elas fossem expelidas, por meio de circunvoluções das tripas, na extremidade do corpo oposta à boca.

Quanto à construção das asas, não parece que os anatomistas tenham do que se queixar. Imitou-se osso por osso, e cada uma das saliências chamadas de *apófises* foi estritamente observada, assim como as diferentes articulações, cavidades e curvas. Os três ossos que compõem as asas foram devidamente distinguidos. O primeiro, chamado *úmero*, apresenta rotação em todos os sentidos, em coordenação com o osso que realiza a função da omoplata; o segundo, o *cúbito* da asa, move-se em coordenação com o úmero, mediante uma articulação que os anatomistas chamam de *gínglimo*; o terceiro, chamado *rádio*, gira numa cavidade do úmero, e está ligado, em suas outras extremidades, aos pequenos ossos do extremo da asa, de um lado, e ao corpo do animal, de outro.

Para mostrar que os movimentos dessas asas em nada se assemelham aos das grandes obras-primas que são os galos dos relógios de Lyon e de Estrasburgo, a mecânica inteira do pato artificial foi posta a descoberto, pois a intenção do autor era antes *demonstrar* do que simplesmente *mostrar* uma máquina.

As pessoas mais atentas facilmente perceberão a dificuldade de permitir a esse autômato que realize uma série de movimentos diferentes, como quando eleva suas asas ou vira o pescoço à direita ou à esquerda. Observarão cada uma das mudanças dos diferentes pontos de apoio; verão que o que serve de apoio a uma parte móvel se torna móvel, enquanto a primeira torna-se fixa; descobrirão, enfim, uma infinidade de combinações mecânicas.

Uma vez montada, essa máquina opera por si mesma, sem que toquemos nela.

Esquecemo-nos de mencionar que o animal bebe, chafurda na água e grasna, como o pato natural. Por fim, o autor empenhou-se para que o autômato realizasse todos os seus gestos a partir daqueles do animal vivo, que ele examinou com a mais estrita atenção.

2. O segundo autômato do Sr. Vaucanson é o tamborileiro, que, ereto em seu pedestal, trajado com as vestes de festa camponesa, executa uma vintena de árias, minuetos e contradanças.

À primeira vista, pode parecer que as dificuldades teriam sido menores que na construção do flautista autômato. Sem querer elevar um a expensas do outro, é preciso considerar que a flauta é um dos instrumentos mais ingratos que existem. Para fazer um flautista é preciso articular uma flauta de três buracos [**897**] semifechados, em que cada um dos tons depende de um sopro com força correspondente, e é preciso dar a cada sopro velocidades diferentes, que o ouvido tem dificuldade para acompanhar, além de estalar a língua a cada nota tocada, mesmo nas colcheias duplas, pois só assim o som desse instrumento é agradável. Nisso, o autômato é superior a todos os nossos tamborileiros: é capaz de executar uma ária completa estalando a língua a cada nota, enquanto eles não poderiam mexer a língua com velocidade suficiente durante um único compasso de colcheias duplas articuladas.

Que combinação de sopros não é necessário obter para produzir esse efeito! O autor realizou descobertas incontestáveis. Quem poderia acreditar que essa pequena flauta é um instrumento de sopro mais extenuante para a garganta dos musicistas?

Os músculos de sua garganta realizam um esforço equivalente a 56 libras de peso, pois é preciso um sopro com essa mesma força, ou seja, um sopro impelido por essa força para formar o *si* alto, a derradeira nota que esse instrumento alcança. Uma onça é suficiente para que a primeira nota, o *mi*, se pronuncie. Isso dá uma ideia da quantidade de sopro necessária para percorrer em sua extensão completa o pífaro provençal.

Poderíamos pensar que, para passar de uma nota a outra, não é preciso mais do que um sopro adicional. Em absoluto. Por exemplo, o sopro que permite passar do *dó* ao *ré* não é suficiente para passar do *mi* ao *ré*, e assim também para outras notas. Se calcularmos, veremos que, para tanto, é preciso um sopro redobrado, sem contar os sustenidos, que requerem um sopro especial. O próprio autor se espantou ao constatar que esse instrumento requeria uma combinação tão variada, e mais de uma vez esteve prestes a desistir de obtê-la. A coragem e a paciência levaram-no a ela.

Isso não é tudo. O pífaro ocupa apenas uma de suas mãos. Na outra, o autômato traz uma baqueta, com a qual toca um tambor de Marselha. Dá golpes simples e duplos, faz rufos variados conforme as árias, e acompanha no ritmo as mesmas árias que executa com seu pífaro na outra mão. É um dos movimentos mais difíceis dessa máquina. Trata-se de bater ora com mais força, ora com mais velocidade, e, para extrair o som do tambor, dar sempre golpes secos. Essa mecânica é feita por uma combinação infinita de diferentes molas e alavancas, cada uma delas movida com precisão suficiente para acompanhar a ária. Sua descrição seria longa demais para ser detalhada aqui. Por fim, cabe observar que esse mecanismo tem alguma similaridade com o do flautista; mas foi construído por meios diferentes. Vide as *Observations sur les écrits modernes*, 1741.

**(PPP)**

## Bacon, Filosofia de, Pestré (*História da Filosofia*), [2, 8]

Francis Bacon, barão de Verulâmio e visconde de St. Albans, nasceu na Inglaterra em 1560. Desde a infância deu indicações do que um dia viria a se tornar; e não faltaram à rainha Elisabete oportunidades para admirar a sagacidade de seu espírito. Estudou a filosofia de Aristóteles na Universidade de Cambridge; e, embora não tivesse ainda 16 anos, percebeu a vacuidade e os absurdos desse jargão. Aplicou-se em seguida ao estudo da política e da jurisprudência, e, por mérito próprio, foi elevado à dignidade de chanceler, sob Jaime I. Foi acusado de se deixar corromper por dinheiro; abandonado pelo rei, foi condenado pela Câmara dos Lordes a uma multa de cerca de 400 mil libras, em valores atuais de nossa moeda; perdeu o título de chanceler e foi aprisionado. Pouco tempo depois, o rei lhe restituiu todos os bens e honras de que fora privado. Mas seus infortúnios o afastaram da administração pública e aumentaram sua paixão pelos estudos. Faleceu aos 66 anos, tão pobre que se conta que, alguns meses antes de sua morte, teria rogado a Jaime que lhe enviasse recursos, para poupá-lo da humilhação de requisitar uma pensão na velhice. Deve ter sido bastante pródigo ou desinteressado, para ter caído em tamanha indigência.

O chanceler Bacon é um dos homens que mais contribuíram para o avanço das ciências. Conhecia muito bem as imperfeições da filosofia escolástica e ensinou os únicos meios de que dispunha para remediá-las. "Não conhecia ainda a natureza", diz um grande homem de nossa época [o Sr. Voltaire], "mas indicou todos os caminhos que levam a ela. Desprezou desde o início o que as universidades chamam de filosofia e fez tudo o que dependia de si, para que as corporações instituídas para o aperfeiçoamento da razão humana não continuassem a sabotá-lo com suas quididades, horrores ao vácuo, formas substanciais e outras expressões impertinentes que a ignorância tornara respeitáveis, e, um misto de ridículo com religião, sagradas." [**9**]

Compôs duas obras para o aprimoramento das ciências. A primeira é intitulada *Do progresso e dignidade das ciências*. Exibe aí o estado em que elas se encontravam e indica o que restava a descobrir para torná-las perfeitas. Mas acrescenta que não se deve esperar grandes avanços dessas descobertas, se não se utilizarem meios diferentes dos até então empregados. Mostra que a Lógica que se ensinava nas Escolas era mais apropriada para fomentar disputas do que para esclarecer a verdade, pois ensinava a trapacear com palavras, e não a penetrar no âmago das coisas. Diz que Aristóteles, de quem recebemos essa arte, acomodou a Física à Lógica, em vez de fazer uma Lógica para a Física, e, invertendo a ordem natural, submeteu o fim aos meios. Também nessa obra, ele propõe a célebre divisão das ciências, parcialmente adotada neste *Dicionário*. Vide o *Discurso preliminar*.

Bacon compôs sua segunda obra, intitulada *Novo órgão das ciências*, com a intenção de remediar as falhas da Lógica ordinária. Ensina ali uma Lógica nova, cuja principal finalidade é mostrar como se faz uma boa indução, assim como a principal finalidade da Lógica de Aristóteles é fazer um bom silogismo. Bacon considerava esse livro sua obra-prima; levou dezoito anos para terminá-lo. Alguns axiomas mostrarão o alcance da visão desse grande gênio.

"I. A causa do exíguo progresso até aqui realizado nas ciências vem de os homens se contentarem em admirar as pretensas forças de seu espírito, em vez de buscar meios para remediar sua fraqueza.

2. A Lógica escolástica não é adequada para guiar nosso espírito nas ciências, assim como estas, no estado em que se encontram, não são adequadas para a produção de boas obras.

3. A Lógica escolástica serve apenas para fomentar os erros que estão baseados nas noções que temos de ordinário; é absolutamente inútil para nos levar à verdade.

4. O silogismo é composto de proposições; proposições são compostas de termos, e termos são signos de ideias. Ora, se as ideias, que estão no fundamento de todo o resto, forem confusas, não haverá nada de sólido no que se erga a partir delas. Nossa única esperança, portanto, são as boas induções.

5. Todas as noções oferecidas pela Lógica e pela Física são ridículas, como as de substância, qualidade, peso, leveza etc.

6. Os axiomas que formamos até aqui contêm tantos erros quanto nossas noções; de sorte que, para realizar progresso nas ciências, é necessário refazer as noções e os princípios. Numa palavra, é preciso, por assim dizer, fundar o entendimento sobre novas bases.

7. Dois caminhos podem conduzir à verdade. Por meio de um deles, elevamo-nos da experiência até axiomas extremamente gerais; esse caminho é bem conhecido. Por meio do outro, elevamo-nos da experiência a axiomas que se tornam gerais por graus, até chegar a coisas extremamente gerais. Esse caminho permanece baldio, pois os homens não têm gosto pela experiência e preferem chegar de uma vez aos axiomas gerais e repousar sobre eles.

8. Esses dois caminhos começam na experiência e nas coisas particulares; quanto ao seu traçado, são bem diferentes. Por um deles, afloramos a experiência; pelo outro, nos detemos. Pelo primeiro se estabelecem, desde o início, princípios gerais e abstratos; pelo segundo, chega-se até as coisas universais gradualmente.

9. Está por surgir uma pessoa com força e constância suficientes para impor a si mesma o imperativo de obliterar de seu espírito as teorias e noções comuns que nele entraram com o tempo, para fazer de sua alma uma tábula rasa, se é permitido falar assim, refazer seus próprios passos e examinar novamente todos os conhecimentos particulares que acreditava

ter adquirido. De nossa razão se pode dizer que ela é obscurecida, e como que oprimida por uma massa confusa e indigesta de noções, que devemos a nossa credulidade em relação a coisas que nos foram ditas, ao acaso, que muito nos ensina, e aos preconceitos de que fomos imbuídos desde a infância... Poderemos nos gabar de ter êxito na descoberta da verdade e de acelerar os progressos do espírito, desde que, abandonando noções abstratas e especulações metafísicas, recorramos à análise, decomponhamos as ideias particulares, busquemos o auxílio da experiência e nos dediquemos ao estudo com juízo maduro e o espírito reto e livre de todo preconceito... Não deveremos esperar por um renascer das artes e ciências, a não ser que refundemos inteiramente suas ideias primordiais e tomemos a experiência como a tocha que nos guiará pelas rotas obscuras que levam à verdade. Até o momento, ninguém, ao que saibamos, empreendeu ou mesmo concebeu uma reforma de nossas ideias como essa."

Esses aforismos mostram que Bacon acreditava que todos os nossos conhecimentos vêm dos sentidos. Os peripatéticos haviam tomado essa verdade por fundamento de sua filosofia; mas estavam tão longe de concebê-la corretamente, que nenhum deles soube desenvolvê-la; passados séculos, permanecia uma descoberta a ser explorada. Ninguém identificou tão bem como Bacon a causa de nossos erros. Pois ele viu que as ideias, que são obra do espírito, haviam sido malfeitas; e, por conseguinte, que para avançar na investigação da verdade era preciso refazê-las. É um conselho que ele repete ao longo do *Novo órgão*. "Mas quem estava pronto para escutá-lo?", indaga o autor do *Ensaio sobre a origem dos conhecimentos humanos* [Condillac]; e prossegue: "acostumados ao jargão da Escola e às ideias inatas, os filósofos só poderiam tratar como quimérico esse projeto de renovação do entendimento humano. O método de Bacon era perfeito demais para que ele pudesse ter sido autor de uma revolução; essa glória coube a Descartes, cuja revolução mantinha intacta uma parte dos erros. Acrescente-se a isso que o filósofo inglês ocupava cargos públicos, o que o impediu de levá-la a cabo por si mesmo; daí que a tenha deixado para outros. Teve assim de se contentar em oferecer preceitos, que não foram além de uma leve impressão, pois os espíritos estavam despreparados para sentir sua solidez. Descartes, ao contrário, inteiramente dedicado à Filosofia, e dotado de uma imaginação mais viva e fecunda, muitas vezes não fez mais do que substituir os erros dos outros pelos seus, mais sedutores, por certo, mas que talvez não tenham contribuído para sua reputação póstuma".

O zelo de Bacon em relação às ciências em geral não o impediu de se dedicar a algumas delas em particular. Por acreditar que a filosofia natural é o fundamento de toda outra ciência, trabalhou para aperfeiçoá-la. Procedeu então como esses grandes arquitetos, que não conseguem continuar o que outros legaram, e e começam por demolir, para em seguida erguer seu edifício a partir de um projeto inteiramente novo. [**10**] Tampouco lhe agradava a ideia de consertar o que já havia sido feito; por isso, propôs uma nova Física, sem se servir do que fora encontrado pelos antigos, cujos princípios lhe pareciam suspeitos. Para realizar esse plano grandioso, decidiu que iria compor, a cada mês, um tratado de Física, e começou pela física dos ventos. Passou em seguida à física do calor, depois à do movimento, por fim à da vida e da morte. Mas seria impossível que um homem só fizesse uma Física completa uniformemente exata; tendo oferecido esses esboços como modelos para os que quisessem refinar os princípios, contentou-se em traçar, de modo grosseiro e em poucas palavras, o desenho dos quatro tratados restantes, fornecendo o material destes num livro intitulado *Sylva sylvarum*, em que reuniu uma infinidade de experimentos para servir de fundamento à nova ciência. Ninguém, antes de Bacon, concebeu uma filosofia experimental; e, de todos os experimentos realizados depois dele, mal se encontra um que ele não tenha indicado em suas obras.

Esse pioneiro da Filosofia foi também um escritor elegante, historiador e um belo espírito.

Seus ensaios de Moral são muito apreciados, embora sejam feitos mais para instruir do que para agradar; trazem um espírito ágil, uma filosofia sensata, um homem que ora reflete, ora brilha. São um dos frutos da aposentadoria desse homem, que deixou a política quando lhe sobreveio a desgraça, após anos de prosperidade. Também se encontram belas coisas no livro *Da sabedoria dos antigos*, em que extrai a moral das fábulas que respondiam pela teologia dos gregos e dos romanos.

Foi autor de uma *History of Henry VII, King of England*, obra em que se encontram, aqui e ali, vestígios do mau gosto de seu século, mas que, mesmo assim, é cheia de espírito, e mostra que Bacon era tão grande na análise política quanto grande na Filosofia.

(**PPP**)

## Caos (*Filosofia, Mitologia*), Diderot [3, 157]

Na Mitologia, *Caos* é pai de Erebe e da Noite, mãe dos deuses. Os antigos filósofos entenderam por essa palavra uma mistura confusa de partículas de toda espécie, sem forma ou regularidade, às quais supunham que o movimento era essencial, atribuindo a ele, por conseguinte, a formação do universo. Tomaram esse sistema como corolário de um axioma em si mesmo excelente, mas o levaram um pouco além do limite: *ex nihilo nihil fit*. [**158**] Em vez de restringir esse princípio aos efeitos, estenderam-no até a causa eficiente e viram a criação como uma ideia quimérica e contraditória. Vide *Criação*.

Em tempos antigos, os sofistas, os sábios pagãos, os naturalistas, os teólogos e os poetas adotaram todos a mesma opinião. O caos é, para eles, o mais antigo dos seres, o Ser eterno, primeiro dentre os princípios, berço do universo. Os bárbaros – fenícios, egípcios, persas etc. – remontam a origem do mundo a uma massa informe e confusa de materiais mal-ajambrados, deslocando-se em todos os sentidos, uns contra os outros. Aristófanes, Eurípides, os filósofos jônicos e os platônicos, os próprios estoicos, partem do caos e consideram seus períodos e revoluções como passagens sucessivas de um caos a outro, até que por fim as leis do movimento e as diferentes combinações viessem a ordenar as coisas que constituem este universo.

Não é diferente o sentimento dos latinos, como Ênio, Varrão, Ovídio, Lucrécio e Estácio. A opinião acerca da eternidade e fecundidade do caos surgiu com os bárbaros, foi transmitida para os gregos, e destes para os romanos e outras nações, de sorte que é tão antiga quanto geral.

O Dr. Burnet afirma, com razão, que, excetuando-se Aristóteles e os pitagóricos, ninguém jamais sustentou que nosso mundo teria desde a eternidade a mesma forma com que o vemos. Segundo a opinião de sábios de todas as épocas, o que hoje chamamos de globo terrestre não era, na origem, mais do que uma massa informe, que continha os princípios e materiais do mundo tal como o encontramos. Vide *Mundo*. O mesmo autor especula que os teólogos pagãos que escreveram a *Teogonia* imitaram os filósofos em seu sistema, inferindo a origem dos deuses a partir do princípio universal de que os filósofos deduziram todos os seres.

No entanto, por mais que a primeira ideia do caos seja generalizada e muito antiga, é possível determinar qual teria sido o primeiro que a adotou. Moisés, o mais antigo dos escritores, representa o mundo, no começo de sua história, como sendo, no início, uma massa informe, em que os elementos se encontravam sem ordem e confusos. É verossímil que os filósofos gregos e bárbaros tenham extraído daí sua primeira noção de caos. Com efeito, segundo Moisés, essa massa era recoberta de água, e mais de um filósofo antigo afirma que o caos seria isso mesmo, uma massa d'água: pelo que não se deve entender nem o oceano, nem uma água elementar e pura, mas uma espécie de borbulhação, cuja fermentação teria produzido este universo no tempo.

Cudworth, Grotius, Schmid, Dickinson e outros vieram reiterar essa afirmação, ao insistir numa analogia entre o espírito de Deus, que Moisés representa elevado sobre as águas, e o gosto com que os mitólogos se ocupam de desvelar o caos. Acrescentam que há, na Filosofia como na Mitologia, uma opinião muito antiga, segundo a qual haveria nas águas um espírito, *acqua per spiritum movetur*; e concluem que os antigos filósofos extraíram essa opinião e a noção de caos das obras de Moisés, alterando-as em seguida da maneira como melhor lhes aprouve.

O que quer que se pense do caos dos antigos e de sua origem, consta que o de Moisés continha em seu seio todas as naturezas, previamente determinadas, e que a distribuição delas, devidamente conduzida pela mão do Todo-Poderoso, geraria rapidamente a variedade de criaturas que embelezam o universo. Imaginar, como fazem alguns sistemáticos, que Deus teria produzido, no início, uma matéria vaga e indeterminada, da qual o movimento aos poucos teria eclodido, a partir de fermentações intestinas, de repulsões e atrações, um sol, uma terra e todo o aparato do mundo; querer, com Whinston, que o antigo caos era a atmosfera de um cometa; que entre a Terra e os cometas haveria relações que demonstram que todo planeta é um cometa que adquiriu constituição regular e duradoura, posicionando-se a uma distância conveniente em relação ao Sol, e que gira em torno deste com órbita quase circular; que um cometa é um planeta que começou a se destruir ou a se reformar, vale dizer, um caos que, em seu estado primordial, se posiciona numa rota extremamente excêntrica – sustentar essa e outras hipóteses similares, cuja enumeração nos levaria longe demais, eu digo, é abandonar a história e recolher-se em sonhos, é substituir, por opiniões inverossímeis, as verdades eternas que Deus atestou pela boca de Moisés. Segundo esse historiador, a água já estava criada; pois, como ele diz, *o espírito de Deus ergueu-se sobre as águas*; e as esferas celestes, assim como nosso globo, já estavam criadas, pois o céu, composto por elas, já existia.

Essa física de Moisés, que representa a sabedoria eterna dando regra à natureza e à função de cada coisa, mediante ordens e comandos expressos, que não recorre a leis gerais, constantes e uniformes, para incrementar o mundo em seu estado inicial, e não para formá-lo, casa bem com as imaginações sistemáticas, seja dos materialistas antigos, que fazem nascer o universo do movimento fortuito dos átomos, seja dos físicos modernos, que extraem todos os seres de uma matéria homogênea, agitada em todas as direções. Estes últimos não dão a devida atenção ao fato de que atribuir a um movimento impetuoso e cego a formação de todos os seres particulares, e a harmonia imperfeita que os mantêm dependentes uns dos outros em suas funções, é subtrair a Deus a principal glória que lhe poderia caber pela estrutura do universo, para favorecer uma causa que, sem conhecer a si mesma, e sem ter ideia do que faz, produziria as obras mais belas e regulares; é recair, de algum modo, nos absurdos de um Estratão e de um Espinosa. Vide *Estratonismo* e *Espinosimo*.

Não poderíamos deixar de observar aqui quão incerta é a Filosofia em seus princípios, além de inconstante em seus trâmites. Quis ela um dia que o movimento e a matéria fossem os únicos seres necessários; e se, em seguida, persistiu e sustentou que a matéria não teria sido criada, ao menos a submeteu a um ser inteligente, para que adquirisse mil formas diferentes e tivesse suas partes dispostas na ordem conveniente da qual o mundo resulta. Hoje, ela consente que a matéria foi criada e que Deus imprimiu a ela um movimento; mas quer, ao mesmo tempo, que esse movimento, que emana das mãos de Deus, possa, por si mesmo, operar todos os fenômenos do mundo visível. Um filósofo que ousasse tentar explicar, unicamente pelas leis do movimento, a mecânica e a formação primeira das coisas; que dissesse, *dai-me a matéria e o movimento, e terei um mundo*, deveria demonstrar antes (o que não é difícil) que a existência e o movimento não são essenciais à matéria; pois, do contrário, recusando-se a ver as maravilhas deste universo que o movimento não poderia produzir por si mesmo, correria o risco de cair no ateísmo.

Abramos os olhos, portanto, para o perigoso entusiasmo [**159**] do sistema; e acreditemos, com Moisés, que se Deus criou a matéria, não há dúvida de que, nessa primeira ação, pela qual extraiu do nada o céu e a terra, determinou através de vontades particulares todos aqueles materiais diversos que, no curso das operações seguintes, serviriam à formação do mundo. Nos últimos cinco dias da criação, Deus não fez mais do que dispor cada um dos seres no lugar que lhes foi destinado no quadro do universo; até esse momento, tudo na natureza permanecera quieto, calado, dormente; a cena do mundo só se desenvolveu quando a voz todo-poderosa do criador dispôs os seres nessa ordem maravilhosa que responde hoje por sua beleza. Vide os artigos *Cosmologia*, *Movimento* e *Matéria*.

Longe de imaginar que a ideia de caos teria sido exclusiva de Moisés, é forçoso concluir, do que foi dito, que todos os povos, bárbaros ou letrados, parecem ter conservado recordação de um estado de trevas e confusão anterior ao arranjo do mundo, tradição consideravelmente desfigurada pela ignorância dos povos e a imaginação dos poetas, mas que, segundo tudo indica, teria uma fonte em comum com a que chegou até nós.

A esses corolários acrescentemos os seguintes. 1º) Nenhum sistema de Física exige que se contradigam as verdades primordiais da religião que o pensamento dos gregos nos ensina. 2º) Somente aos filósofos é consentido formar hipóteses acerca de coisas que o Gênese não explica com clareza. 3º) Por conseguinte, seria um erro acusar de impiedade, como fizeram alguns zelotes de nossa época, um físico que sustentasse que a Terra foi outrora recoberta por águas que não as do dilúvio. É preciso apenas ler o primeiro capítulo do Gênese para ver que essa hipótese se sustenta. Moisés parece supor, nos primeiros versículos desse livro, que Deus teria criado o caos antes de tê-lo separado em diferentes partes: diz ele que então a Terra era informe, trevas pairavam sobre a superfície do abismo, e o espírito de Deus se elevava sobre as águas; do que se segue que a massa da Terra estava coberta por águas, que não eram as do dilúvio; suposição de Moisés que nossos físicos acompanham. O historiador acrescenta que Deus separou as águas superiores das inferiores e ordenou que estas se recolhessem e se reunissem, para que o solo pudesse aparecer: *et appareat arida, et factum est ita*. Quanto mais se lê esse capítulo, mais se é convencido de que o sistema de que falamos não há de ofender ouvidos pios e temorosos. 4º) As Sagradas Escrituras não foram feitas para nos instruir nas ciências profanas e na Física, mas nas verdades de fé, em que devemos acreditar, e em virtudes que nos cabe pôr em prática; e não há perigo algum em se mostrar indulgente em relação ao resto, sobretudo se a revelação não for contrariada. Um exemplo. Pode-se ler, no capítulo em questão, que Deus criou a luz no primeiro dia, e o Sol em seguida; acusaríamos o cartesiano de impiedade quando ele afirma que a luz nada é sem o Sol? Não é suficiente, para colocar esse filósofo ao abrigo de toda censura, que Deus tenha criado, no primeiro dia, *os glóbulos do segundo elemento*, posteriormente pressionados pela ação do Sol? Os newtonianos, por sua vez, que representam a luz oriunda do Sol em linha reta, não dariam a mesma resposta; mas nem por isso seriam mais ímpios. Comentadores respeitados por suas luzes e por sua fé explicam essa passagem: de acordo com eles, essa luz que Deus criou no primeiro dia são os anjos; explicação que dificilmente poderia ser considerada insatisfatória, visto que a Igreja nunca a reprovou, e ela concilia as Escrituras com a melhor física. 5º) Se alguns doutos acreditaram e continuam a acreditar que em lugar de *creavit* deve-se ler, no primeiro versículo do Gênese, de acordo com o hebraico, *formavit, disposuit*, essa ideia não tem nada de heterodoxa, desde que se conceda que o caos teria existido por um longo tempo antes da formação do universo. Nem por isso deixa-se de considerá-lo como criado, e não ocorreria a ninguém concluir, do *formavit, disposuit* do hebraico, que Moisés teria acreditado que a matéria era necessária: seria colocar em sua boca um absurdo que jamais lhe passou pela cabeça, quando ele não se cansa de repetir que Deus criou todas as coisas a partir do nada; seria supor que a Escritura, inspirada inteiramente pelo Espírito Santo, embora redigida por diferentes mãos, contraria de forma grosseira, desde o primeiro versículo, o que ela mesma nos ensina em mil outros lugares, com tanta elevação e verdade – *que apenas Deus é.* 6º) Tomadas essas precauções, poder-se-á dizer o que bem se entenda a respeito do caos.

(PPP)

## Carência, Diderot [2, 213]

A *carência* é um sentimento desagradável, ocasionado pela ausência conspícua de um objeto cuja presença é desejada. Segue-se disso, 1º) que temos duas espécies de carência, as do corpo, chamadas *apetites*, e as do espírito, chamadas *desejos*; 2º) que, por serem ocasionadas pela ausência de um objeto, só podem ser satisfeitas pela presença deste; 3º) que, assim como a ausência do objeto que ocasiona a carência é desagradável, a presença do objeto que a satisfaz é doce; 4º) que sem carência não há prazer; 5º) que o estado de um homem que sempre sentisse prazer e nunca experimentasse dor, ou que sempre sentisse dor e desconhecesse o prazer, é um estado quimérico; 6º) que as alternâncias de dor e prazer tornam mais pungentes os prazeres, e mais amargas as dores; 7º) que um homem que fosse natural e incorrigivelmente irrequieto não teria nenhuma noção de prazer; 8º) que sensações ininterruptas jamais poderiam nos dar felicidade ou miséria; 9º) que, se as carências são fonte de nosso prazer e de nossa dor, não é apenas por se referirem a nós mesmos: graças a elas, a sociedade se formou, com todos os benefícios concomitantes e todas as desordens que a perturbam. Suponhamos um homem de conformação perfeita que por acaso fosse lançado no universo; ele começaria por saciar os olhos com tudo o que o cerca, aproximar-se-ia ou se afastaria dos objetos conforme a maneira como cada um deles o afetasse. Em meio aos movimentos da curiosidade que o agitam, logo a fome se faz sentir, e ele procura satisfazer essa carência. Mal tenha sido satisfeita, seguir-se-ão outras, que o aproximarão de seus semelhantes, caso se encontre junto a eles. O medo, diz o autor d'*O espírito das leis*, incita os homens a se afastar uns dos outros, mas sinais de um medo recíproco os incitam a se reunir. E assim eles se reúnem; perdem, em sociedade, o sentimento de sua fraqueza, e começa o estado de guerra. A sociedade facilita e assegura a posse das coisas de que naturalmente necessitam; mas lhes dá, ao mesmo tempo, a noção de uma infinidade de carências quiméricas, que os oprimem com uma vivacidade mil vezes maior que as carências reais e provavelmente os tornam mais miseráveis por estarem reunidos do que o seriam se tivessem permanecido dispersos.

(**PPP**)

## Cartesianismo, Filosofia de Descartes[1] (*História da Filosofia*), Pestré, d'Alembert [2, 716]

[717] Embora Galileu, Torricelli, Pascal e Boyle sejam, propriamente dizendo, os pais da Física moderna, Descartes, por sua ousadia e pelo brilho merecido que teve sua filosofia, talvez seja, dentre todos os sábios do último século, aquele a quem devemos mais. Antes dele, o estudo da natureza permaneceu como se estivesse paralisado, por causa do uso universal das escolas de se limitar, em tudo, ao peripatetismo. Descartes, cheio de gênio e sagacidade, percebeu o vazio da antiga Filosofia; ele a descreveu para o público sob suas verdadeiras cores e ridicularizou de modo tão marcante os pretensos conhecimentos que ela prometia, que dispôs todos os espíritos a procurar um caminho melhor. Ofereceu-se para servir de guia aos outros; e, como empregava um método do qual cada um se sentia capaz, a curiosidade foi despertada em todos os lugares. Foi o primeiro bem produzido pela filosofia de Descartes. O gosto por ela logo se difundiu e era considerada na corte e nos exércitos. As nações vizinhas ficaram com ciúmes dos progressos do cartesianismo na França, mais ou menos como os sucessos dos espanhóis nas Índias gerou em todos os europeus o gosto por novos estabelecimentos. A Física francesa, excitando uma emulação universal, deu lugar a outros empreendimentos e talvez a melhores descobertas. Até o newtonianismo pode ser considerado um de seus frutos.

Não falaremos aqui da Geometria de Descartes; ninguém contesta sua excelência, nem sua feliz aplicação à ótica. É mais glorioso para ele ter superado, nesse gênero, o trabalho de todos os séculos precedentes, do que para os modernos terem ido mais longe do que ele. Vide *Álgebra*. Apresen-

1 Tradução parcial.

taremos os princípios de sua filosofia, distribuídos no grande número de obras que ele apresentou ao público. Comecemos por seu método.

*Discurso do método.* Descartes, encontrando-se na Alemanha e muito desocupado na inação de inverno, dedicou-se durante vários meses seguidos a examinar os conhecimentos que tinha adquirido, seja em seus estudos, seja em suas viagens, por suas reflexões, assim como pela ajuda de outros. Viu tanta obscuridade e tanta incerteza neles, que teve a ideia de derrubar esse edifício ruim e reconstruir tudo de novo, colocando mais ordem e articulação em seus conhecimentos.

1. Começou por apresentar à parte as verdades reveladas, porque pensava, segundo dizia, que, *para empreender examiná-las e ter sucesso no exame, era necessário ter alguma assistência extraordinária do céu e ser mais do que um homem.*

2. Tomou, pois, como primeira máxima de conduta, a de obedecer às leis e aos costumes de seu país, mantendo constantemente a religião na qual Deus lhe tinha dado a graça de ser instruído desde a infância e se governando em qualquer outra coisa segundo as opiniões mais moderadas.

3. Acreditou que era prudente prescrever a si mesmo, provisoriamente, essa regra, pois a busca sucessiva de verdades que queria conhecer poderia ser muito longa, e, como as ações da vida não podem esperar, era preciso traçar para si mesmo um plano de conduta, o que o levou a acrescentar outra regra à precedente: ser o mais firme e mais resoluto possível em suas ações, e seguir, com igual constância, as opiniões mais duvidosas, uma vez tivesse se determinado a segui-las, como se elas fossem muito seguras. Sua terceira máxima foi a de tentar sempre vencer a si mais do que à fortuna e mudar mais seus desejos do que a ordem do mundo. Refletindo, enfim, sobre as diversas ocupações dos homens para escolher a melhor, acreditou não poder fazer nada melhor do que empregar sua vida a cultivar a razão pelo método que vamos expor.

4. Após ter se assegurado dessas máximas e as colocado à parte com as verdades de fé, que foram sempre as primeiras em sua crença, julgou que, para todo o resto de suas opiniões, podia livremente se desfazer delas.

"Porque nossos sentidos nos enganam algumas vezes", diz ele, "quis supor que não havia coisa alguma que fosse tal como nos fazem imaginar que são, e porque há homens que se enganam ao raciocinar, mesmo a respeito das mais simples matérias da Geometria, e que fazem paralogismos sobre elas, julgando que eu estava sujeito a falhar tanto quanto um outro, rejeitei como falsas todas as razões que tinha aceitado antes como demonstrações, e, enfim, considerando que todos os mesmos pensamentos que temos acordados podemos tê-los também quando estamos dormindo, sem que haja nesse caso nenhum pensamento que seja verdadeiro, resolvi fingir que todas as coisas que tinham entrado alguma vez em meu espírito não eram mais verdadeiras do que as ilusões de meus sonhos. Mas logo em seguida percebi que, enquanto eu queria assim pensar que tudo era falso, era necessário que eu, que pensava, fosse alguma coisa. E, observando que essa verdade, *eu penso, logo existo*, era tão firme e certa que todas as mais extravagantes suposições dos céticos não eram capazes de [**718**] a abalar, julguei que podia aceitá-la sem escrúpulo como o primeiro princípio da filosofia que eu procurava.

Em seguida, examinando com atenção o que eu era e vendo que podia fingir que não tinha nenhum corpo e que não havia nenhum mundo, nem lugar em que estivesse, mas que não poderia fingir por isso que eu não existia, e que, ao contrário, que eu pensava duvidar da verdade de todas as coisas, seguia-se muito evidente e certamente que eu era; ao passo que se eu tivesse cessado de pensar, mesmo que todo o resto do que algum dia imaginei fosse verdadeiro, não teria nenhuma razão de crer que eu existisse; daí soube que eu era uma substância, cuja essência ou natureza é apenas pensar, e que, para ser, não tem necessidade de nenhum lugar, nem depende de nenhuma coisa material. De modo que esse eu, ou seja, a alma pela qual sou o que sou, é inteiramente distinta do corpo, e mesmo que ela seja mais fácil de conhecer do que ele, e mesmo que o corpo não existisse, ela não deixaria de ser tudo o que é.

Depois disso, considerei em geral o que é requerido a uma proposição para que seja verdadeira e certa. Pois, já que eu acabava de encontrar uma proposição que era verdadeira, pensei que devia também saber em que consiste essa certeza. E, tendo observado que não há nada nisto, *eu penso, logo, eu existo*, que me assegure que digo a verdade, senão que vejo muito claramente que para pensar é preciso ser, julguei que podia tomar como regra geral que as coisas que concebemos muito claramente e muito distintamente são todas verdadeiras."

5. Descartes se estende mais longamente em suas *Meditações* do que no *Discurso do método*, para provar que não se pode pensar sem ser: e temendo ser contestado nesse primeiro ponto, antecipa tudo o que lhe pode ser objetado, e sempre descobre que pensa, e se pensa, ele é, não importa se está acordado, dormindo, ou se um espírito superior ou uma divindade poderosa se dedique a enganá-lo. Assim, ele se propicia uma primeira certeza; e vendo que essa verdade se apoia apenas na clareza da ideia que o toca, funda aí essa regra célebre, de *considerar verdadeiro o que é claramente contido na ideia que se tem de uma coisa.* Vê-se, por toda a sequência de seus raciocínios, que ele subentende e acrescenta uma outra parte à sua regra, a saber, não tomar por verdadeiro a não ser o que é claro.

6. O primeiro uso que ele faz de sua regra é aplicá-la às ideias que encontra em si mesmo. Observa que busca, duvida, que fica incerto, de onde infere que é imperfeito. Mas sabe, ao mesmo tempo, que é mais belo saber, não ter fraqueza, ser perfeito. Essa ideia de um ser perfeito lhe parece em seguida ter uma realidade que ele não pode tirar do fundo de sua imperfeição. E julga que isso é tão claro que conclui que há um ser soberanamente perfeito, Deus, que é o único de quem pode receber tal ideia. Vide *Cosmologia*.

7. Ele se fortalece nessa descoberta ao considerar a existência uma perfeição, contida na ideia de um ser soberanamente perfeito. Crê-se assim tão autorizado por sua regra a afirmar que Deus existe, quanto a pronunciar que ele, Descartes, existe, já que pensa.

8. Ele continua desse modo a reunir, por diversas consequências imediatas, uma primeira série de conhecimentos, que crê serem perfeitamente evidentes, sobre a natureza da alma, de Deus e dos corpos.

9. Descartes faz uma observação importante sobre seu método, a saber, que "essas longas cadeias de razões simples e fáceis, das quais os geômetras têm o costume de se servir para chegar a suas mais difíceis demonstrações, lhe haviam dado ocasião de imaginar que todas as coisas que podem cair sob o conhecimento dos homens se seguem uma após a outra do mesmo modo, e desde que nos abstenhamos somente *de receber como verdadeiro algum conhecimento que não o seja*, e que guardemos sempre a ordem necessária para deduzi-los uns dos outros, *não pode haver nenhum conhecimento tão afastado ao qual enfim não possamos chegar, nem tão escondido que não possa ser descoberto*".

10. É nessa esperança que nosso ilustre filósofo começou, em seguida, a fazer a ligação de suas primeiras descobertas com três ou quatro regras de movimento ou de mecânica, que acreditou estarem na natureza e que lhe pareceram suficientes para explicar tudo, ou para formar uma cadeia de conhecimentos que abraçasse o universo e suas partes, sem excetuar nada. "Eu resolvi", diz ele, "deixar este mundo daqui às disputas dos filósofos e falar somente do que aconteceria num novo mundo, se Deus criasse agora, em alguma parte nos espaços imaginários, matéria suficiente para compô--lo , e que ele agitasse de diversos modos e sem ordem as diversas partes da matéria, de forma que compusesse um caos tão confuso quanto os poetas podem imaginar, e que, depois disso, só prestasse seu concurso ordinário à natureza e a deixasse agora agir segundo as leis que estabeleceu.

Além disso, mostrei quais eram as leis da natureza... Em seguida, mostrei como a maior parte da matéria desse caos devia, segundo essas leis, se dispor e se ordenar de uma certa maneira que a tornasse em tudo semelhante a nossos céus; como, entretanto, algumas dessas partes deviam compor uma terra; e algumas outras, planetas e cometas; e algumas outras ainda, um sol e as estrelas fixas. Daí vim a falar particularmente da terra; como as montanhas, os mares, as fontes e os rios podiam se formar naturalmente e os metais virem às minas; e as plantas crescerem nos campos e se gerarem todos os corpos que chamamos misturados ou compostos... Pode-se crer, sem prejudicar o milagre da criação, que tão somente pelas leis da mecânica, estabelecidas na natureza, todas as coisas que são puramente materiais teriam podido aparecer na terra tais como as vemos no presente.

Da descrição dessa geração dos corpos animados e das plantas passei à dos animais e, particularmente, à dos homens."

11. Descartes termina seu *Discurso do método* mostrando-nos os frutos do seu trabalho. "Acreditei", diz ele, "depois de ter observado até onde podem conduzir essas noções gerais no tocante à Física, que eu não podia mantê-las escondidas, sem pecar seriamente contra a lei que nos obriga a procurar, tanto quanto estiver em nosso poder, o bem geral de todos os homens. Pois elas me fizeram ver que é possível chegar a conhecimentos que são muito úteis para a vida e que, em vez desta Filosofia especulativa que se ensina nas escolas, podemos encontrar uma Filosofia prática, pela qual, conhecendo a

força e as ações do fogo, da água, do ar, dos astros, dos lugares *e de todos os outros corpos que nos rodeiam, tão distintamente quanto conhecemos os diversos ofícios de nossos artesãos, poderíamos empregá-los do mesmo modo para todos os usos aos quais esses corpos são próprios, e assim nos tornarmos mestres e possuidores da natureza*."

12. Por fim, Descartes se felicita pelas vantagens [**719**] que advirão de sua Física geral para a Medicina e para a saúde. A finalidade de seus conhecimentos é poder se preservar de uma infinidade de doenças e mesmo talvez evitar o enfraquecimento da velhice.

Tal é o método de Descartes. Tais são suas promessas ou suas esperanças. São grandes, sem dúvida, e para perceber com justeza o que elas podem valer, é bom advertir o leitor que ele não deve se prevenir de modo algum contra essa renúncia a todo conhecimento sensível pela qual inicia o filósofo. No começo, ficamos tentados a rir, ao vê-lo hesitar em crer que haja mundo, lugar, algum corpo em torno dele; mas trata-se de uma dúvida metafísica, que não tem nada de ridículo ou de perigoso. E para julgar isto seriamente, é bom lembrar as circunstâncias em que se encontrava Descartes. Tinha nascido com um grande gênio e, na época, reinava nas escolas um galimatias de entidades, de formas substanciais e de qualidades atrativas, repulsivas, retentoras, concoctivas, expulsivas e outras não menos ridículas nem menos obscuras, que eram entediantes para esse homem. Muito cedo ele havia tomado gosto pelo método dos geômetras, que, de uma verdade incontestável, ou de um ponto assumido, conduz o espírito a alguma outra verdade desconhecida; depois, desta a uma outra, procedendo sempre assim, o que proporciona essa convicção de onde nasce uma satisfação perfeita. Veio-lhe então a ideia de introduzir o mesmo método no estudo da natureza, e ele acreditou que, partindo de algumas verdades simples, poderia chegar às mais escondidas e ensinar a Física ou a formação de todos os corpos, assim como se ensina a Geometria.

Reconheceríamos facilmente nossos defeitos se pudéssemos observar que os maiores homens tiveram defeitos semelhantes. Os filósofos teriam compensado a impotência em que ficamos para estudar a nós mesmos se eles tivessem nos deixado a história dos progressos de seu espírito. Descartes fez isso, e esta é uma das grandes vantagens de seu método. Em vez de atacar diretamente os escolásticos, ele apresenta o tempo em que ele tinha os mesmos preconceitos. Não esconde os obstáculos que teve de superar para se desfazer deles; dá as regras de um método muito mais simples do que qualquer outro daqueles que estiveram em uso até então, deixa entrever as descobertas que crê ter feito e, por meio dessa habilidade, prepara os espíritos para receber novas opiniões que ele se propunha a estabelecer. Aparentemente, essa conduta teve parte importante na revolução da qual esse filósofo é autor.

O método de Descartes é bom, mas terá uma extensão tão grande quanto a que ele lhe dá? Aparentemente não. Se podemos proceder geometricamente em Física, é somente em algumas partes dela, sem esperança de articular o todo. Na natureza não ocorre o mesmo que acontece com as medidas e relações de grandeza. A respeito dessas relações, Deus deu ao homem uma inteligência capaz de ir muito longe, porque ele queria colocá-lo em condições de construir uma casa, uma cúpula, um dique, e mil outras obras das quais teria necessidade de enumerar e medir. Ao formar um artesão, Deus pôs nele princípios próprios para dirigir essas operações; mas, ao destinar o homem ao uso do mundo, e não à sua construção, contentou-se em fazer com que conhecesse sensível e experimentalmente as suas qualidades usuais. Não julgou conveniente lhe dar a visão clara dessa imensa máquina.

Há ainda um outro defeito no método de Descartes: na sua opinião, é preciso começar por definir as coisas e considerar essas definições como princípios próprios para fazer a descoberta de suas propriedades. Parece, ao contrário, que é preciso começar por procurar as propriedades, pois se as noções que somos capazes de adquirir não são, como parece evidente, nada além de diferentes coleções de ideias simples que a experiência nos fez reunir sob certos nomes, é bem mais natural formá-las procurando as ideias na mesma ordem dada pela experiência do que começar pelas definições para, em seguida, deduzir as diferentes propriedades das coisas. Descartes desprezava a ciência adquirida pelos sentidos e, tendo se acostumado a se encerrar inteiramente nas ideias intelectuais que, para ter alguma ligação entre si, efetivamente não tinham mais realidade, foi, com muita sagacidade, de engano em engano. Com uma matéria pretensamente homogênea, posta e mantida em movimento, segundo duas ou três regras de mecânica, ele quis explicar a formação do universo. Em particular, quis mostrar, com uma perfeita evidência, como algumas parcelas do quilo e do sangue, tiradas de uma alimentação comum, devem formar com justeza e precisão o tecido, o entrelaçamento e a correspondência dos vasos do corpo de um homem, e não o de um tigre ou peixe. Enfim, ele se vangloriava de ter descoberto um caminho que lhe parecia tal que se devia infalivelmente, ao segui-lo, encontrar a ciência da verdadeira Medicina. Vide *Axioma*.

Pode-se julgar a natureza de seus conhecimentos a esse respeito pelos seguintes traços: ele considerou como um reumatismo a pleuresia da qual morreu e acreditou livrar-se da febre bebendo meio copo de aguardente; como não tinha tido necessidade de sangria durante 40 anos, teimou em não aceitar este recurso, que era o mais especifico para seu mal. Quando consentiu, era tarde demais, quando seu delírio foi acalmado e dissipado. Mas então, em pleno uso de sua razão, quis que lhe dessem tabaco fervido no vinho para tomar, o que levou o médico a abandoná-lo. No nono dia de sua febre, que foi o penúltimo de sua vida, friamente pediu pastinacas e as comeu por precaução, temendo que seus intestinos se encurtassem se ele continuasse a tomar apenas sopas. Vê-se aqui a distância entre o geômetra e o físico. (*História do céu*, tomo II) [**721**]

Em 1641, foi publicada em latim uma das mais célebres obras de nosso filósofo, e que parecer ser aquela pela qual ele mais tinha apreço. Foram suas *Meditações metafísicas sobre a primeira filosofia, onde se demonstra a existência de Deus e a imortalidade da alma*. Mas ficaremos talvez surpresos de saber que é à consciência de Descartes que o público deve agradecer esse presente. Se estivéssemos lidando com um filósofo menos zeloso para com a verdade, e se essa paixão tão louvável e rara não tivesse destruído as razões que ele pretendia ter de não imprimir nenhum dos seus escritos, teria ocorrido com as *Meditações* o mesmo que aconteceu com o seu *Mundo*, seu *Curso filosófico*, sua *Refutação da escolástica* e as diversas obras que não foram publicadas, exceto os *Princípios*, que haviam sido especialmente compreendidos na condenação que ele havia feito deles. Essa distinção se deve a suas *Meditações metafísicas*. Ele as havia composto em seu retiro na Holanda. Desde essa época, ele as havia deixado em seu gabinete, como uma obra imperfeita, na qual não havia imaginado senão se deleitar. Mas, tendo considerado em seguida a dificuldade que várias pessoas teriam em compreender o pouco que havia posto de metafísica na quarta parte do *Discurso do método*, quis rever sua obra, a fim de colocá-la em condições de ser útil ao público, apresentando vários esclarecimentos nessa parte de seu método, ao qual essa obra poderia servir de comentário. Comparava o que havia feito nesse assunto às demonstrações de Apolônio, nas quais não há verdadeiramente nada que não seja muito claro e muito certo quando se considera cada ponto à parte. *Mas porque são um pouco longas, e como não podemos ver a necessidade da conclusão a não ser que lembremos de tudo o que a precede, quase não se pode encontrar um homem em toda uma cidade, em toda uma província que seja capaz de entendê-las.* Do mesmo modo, o Sr. Descartes acreditava ter inteiramente demonstrado a existência de Deus e a imaterialidade da alma humana. Mas, uma vez que isso dependia de vários raciocínios que se seguissem uns aos outros, e que se esquecêssemos a menor circunstância não era fácil entender bem a conclusão, ele previa que seu trabalho teria pouco fruto a menos que caísse nas mãos de algumas pessoas inteligentes, que se dessem ao trabalho de examinar seriamente suas razões, e que, dizendo sinceramente o que pensassem, dessem o tom aos outros para que julgassem como elas, ou pelo menos para não ousarem contradizê-las sem razão.

O padre Mersenne, tendo recebido a obra tão esperada durante tanto tempo, quis satisfazer a expectativa daqueles aos quais a havia prometido, pela atividade e a indústria que usou para comunicá-la. Escreveu pouco tempo depois a Descartes e lhe prometeu objeções de diversos teólogos e filósofos. Descartes ficou surpreso, tanto mais quanto estava persuadido de que era necessário mais tempo para observar exatamente tudo o que estava em seu tratado e tudo o que nele faltava de essencial. O padre Mersenne, para mostrar que não havia precipitação nem negligência no exame que ele pedira que se fizesse, lhe comunicou que já havia observado que num tratado que se acreditava ter sido feito propositadamente para provar a imortalidade da alma, ele não havia dito uma só palavra sobre essa imortalidade. O Sr. Descartes lhe respondeu imediatamente que isso não era de se espantar; que ele não podia demonstrar que Deus não possa aniquilar o homem, mas somente que a alma é de uma natureza inteiramente diferente do corpo, e, consequentemente, que ela não está sujeita a morrer com o corpo; que era isso tudo o que ele acreditava ser requerido para estabelecer a religião e que era também tudo o que ele tinha se proposto a provar. Para evitar o erro de todos os que pensassem de outra forma, mandou alterar o título do segundo capítulo, ou da segunda meditação, que tinha o nome de *mente humana* em geral, no lugar do qual deixou *de natura mentis humanae, quod ipsa sit notiot quam corpus*, a fim de que não se acreditasse que ele queria demonstrar sua imortalidade.

Oito dias depois, o Sr. Descartes enviou ao padre Mersenne um resumo dos principais pontos relativos a Deus e à alma, para servir de argumento a toda a obra. Permitiu que esse resumo fosse impresso na forma de sumário no começo do tratado, a fim de que aqueles que quisessem encontrar num mesmo lugar tudo o que procuravam pudessem ver abreviadamente tudo o que continha a obra, que acreditou dever repartir em seis meditações.

Na primeira, propõe as razões pelas quais podemos duvidar em geral de todas as coisas e particularmente das coisas materiais, até quando tivermos estabelecido fundamentos melhores para as ciências do que aqueles que tivemos até o presente. Mostra que a utilidade da dúvida geral consiste em nos livrar de todas as espécies de prejulgamentos, em afastar nosso espírito dos sentidos e a fazer que não possamos mais duvidar das coisas que reconheceremos como muito verdadeiras.

Na segunda, mostra que o espírito, usando de sua própria liberdade para supor que as coisas, de cuja existência não tem a menor dúvida, não existem efetivamente, reconhece que é impossível, por sua vez, que ele mesmo não exista: o que lhe serve para distinguir as coisas que lhe pertencem daquelas que só pertencem ao corpo. Parece que aqui era o lugar de provar a imortalidade da alma, mas comunicou ao padre Mersenne que tinha se contentado, nessa segunda meditação, em conceber a alma sem o corpo, sem ainda provar que ela é realmente distinta dele, porque ainda não havia colocado nesses lugares premissas das quais se pode tirar essa conclusão e que só estariam na sexta meditação. É assim que esse filósofo, tentando não avançar nada em todo o seu tratado que não pudesse ter demonstrações exatas, viu-se obrigado a seguir a ordem dos geômetras, que consiste em produzir primeiro todos os princípios dos quais depende a proposição que se procura antes de concluir qualquer coisa. Na sua opinião, a primeira e principal coisa requerida para bem conhecer a imortalidade da alma é ter dela uma concepção muito clara e muito precisa, que seja perfeitamente distinta de todas as concepções que se pode ter [722] do corpo. Além disso, deve-se saber que tudo o que concebemos clara e distintamente é verdadeiro, da mesma maneira que o concebemos; é isso que ele foi obrigado a deixar para a quarta meditação; além do mais, ter uma concepção distinta da natureza corporal; é o que se encontra em parte na segunda e em parte na quinta e na sexta meditações. Deve-se concluir de tudo isso que as coisas que concebemos clara e distintamente como substâncias diversas, tais como são o espírito e o corpo, são substâncias realmente distintas umas das outras. É o que ele conclui na sexta meditação. Voltemos à ordem das *Meditações* e ao que elas contêm.

Na terceira, ele desenvolve longamente o principal argumento pelo qual prova a existência de Deus. Mas, não tendo julgado conveniente empregar aí nenhuma comparação tirada das coisas corporais, a fim de afastar tanto quanto pudesse o espírito do leitor do uso do comércio dos sentidos, não pôde evitar certas obscuridades, às quais já havia remediado em suas respostas às primeiras objeções que lhe haviam sido feitas nos Países Baixos e que tinha enviado ao padre Mersenne para serem impressas em Paris.

Na quarta, prova que todas as coisas que concebemos muito clara e distintamente são verdadeiras. Explica também em que consiste a natureza do erro e da falsidade. Não entende por isto o pecado que se comete na busca do bem e do mal, mas somente o erro que se encontra no juízo e no discernimento do verdadeiro e do falso.

Na quinta, explica a natureza corporal em geral. Demonstra ainda a existência de Deus por uma nova razão e como é verdade que a própria certeza da demonstração depende do conhecimento de Deus.

Na sexta, distingue a ações do entendimento da ação da imaginação, e apresenta as marcas dessa distinção. Prova que a alma do homem é realmente distinta do corpo, expõe todos os erros que vêm dos sentidos, com os meios de evitá-los. Enfim, apresenta todas as razões das quais se pode concluir a existência das coisas materiais. Não é que as julgasse muito úteis para provar que há um mundo, que os homens têm corpos e outras coisas semelhantes que nunca foram postas em dúvida por nenhum homem de bom senso, mas porque, ao considerá-las de perto, chega-se a conhecer que elas não são tão evidentes quanto aquelas que nos conduzem ao conhecimento de Deus e de nossa alma.

Aqui está o resumo das *Meditações* de Descartes, que, de todas as suas obras, são aquelas que ele sempre mais estimou. Ora ele agradecia a Deus por seu trabalho, crendo ter descoberto como demonstrar as verdades metafísicas; ora se entregava ao prazer de revelar aos outros a opinião vantajosa que havia concebido. "Esteja certo", escrevia ao padre Mersenne, "que não há nada em minha metafísica que eu não creia ser *muito conhecido pela luz natural ou demonstrado com evidência*, e estou interessado em fazer que ela seja entendida por aqueles que quiserem e puderem meditar etc." Com efeito, pode-se dizer que esse livro encerra todo o fundo de sua doutrina e que é uma prática muito exata de seu método. Ele costumava se vangloriar de sua doutrina aos seus amigos íntimos, a qual seria detentora de verdades importantes que nunca tinham sido bem examinadas antes dele e que, contudo, lhe abriam as portas da verdadeira Filosofia, cujo ponto principal consiste em nos convencer da diferença entre o espírito e o corpo. É o que ele pretende fazer nessas *Meditações*, por meio de uma análise que não nos ensina somente essa diferença, mas nos mostra ao mesmo tempo o caminho que ele seguiu para descobri-la. Vide *Análise*.

Descartes, em seu *Tratado da luz*, transporta seu leitor para além do mundo, nos espaços imaginários: e lá, supõe que, para dar aos filósofos a compreensão da estrutura do mundo, Deus quer lhes oferecer o espetáculo da criação. Fabrica para isso uma multidão de parcelas de matérias igualmente duras, cúbicas ou triangulares, ou simplesmente irregulares e rugosas, ou mesmo de todas as figuras, mas estreitamente aplicadas umas contra as outras, face contra face, e tão bem empilhadas que não fica entre elas nenhum interstício. Sustenta até mesmo que Deus, que as criou nos espaços imaginários, não pode, depois disso, deixar subsistir entre elas o menor espaço vazio, e que a operação de dispor esse vazio ultrapassa o poder do Todo-Poderoso.

Em seguida, Deus põe todas essas parcelas em movimento: faz a maioria girar em torno de seu próprio centro. E, além disso, as empurra em linha reta.

Deus ordena que cada uma fique em seu estado de figura, massa, velocidade ou repouso, até que sejam obrigadas a mudar pela resistência ou pela fratura. Ele lhes ordena a compartilhar seu movimento com as outras parcelas que encontram e a receber movimento das outras. Descartes detalha as regras desses movimentos e dessas comunicações da melhor maneira que é possível. Enfim, Deus ordena a todas as parcelas movidas por um movimento de progressão que continuem tanto quanto puderem a se mover em linha reta.

Portanto, Deus, segundo Descartes, conserva o que ele fez, mas não faz mais nada. Esse caos saído de suas mãos vai se ordenar por um efeito do movimento e tornar-se um mundo semelhante ao nosso; *um mundo no qual, embora Deus não ponha nele nenhuma ordem nem proporção, poderemos ver todas as coisas, tanto gerais quanto particulares, que aparecem no verdadeiro mundo*. São as palavras do próprio autor, e nunca seria demais prestar atenção nelas.

Dessas parcelas primordiais movidas de modo desigual, que são a matéria comum de tudo, e que têm uma perfeita indiferença em tornar-se uma coisa ou outra, Descartes vê saírem, de início, três elementos, e desses três elementos todas as massas que subsistem no mundo. Primeiro as carnes, ângulos e extremidades de parcelas são igualmente rompidos pela fricção. As mais finas peças são a matéria sutil, que ele chama de primeiro elemento. Os corpos gastos e arredondados pela fricção são o segundo elemento ou a luz; as peças rompidas mais grosseiras, os fragmentos mais maciços e que conservam mais ângulos, são o terceiro elemento ou a matéria terrestre e planetária.

Todos os elementos movidos e sendo obstáculos uns para os outros, se obrigam reciprocamente a avançar, não em linha reta, mas em linha circular, e a se deslocar por turbilhões, uns em torno do centro comum, outros em torno de um outro, de modo que, conservando sempre sua tendência a ir em linha reta, eles se esforçam a cada instante, contudo, para se afastar do centro, o que ele chama de força centrífuga.

Como todos os elementos tentam se afastar do centro, os mais maciços dentre eles são os que mais se afastarão; assim, o elemento globuloso ficará mais afastado do centro do que a matéria sutil; e como tudo é pleno, essa matéria sutil se [**723**] ordenará em parte na direção do centro do turbilhão. Esta parte da matéria sutil, ou seja, a mais fina poeira que ficou no centro, é o que Descartes chama de um sol. Há acumulações semelhantes da mesma poeira em outros turbilhões assim como nesse, e elas são como outros sóis que chamamos de estrelas e que brilham pouco para nós, dada a sua distância.

Como o elemento globuloso é composto de glóbulos desiguais, os mais fortes se distanciam mais na direção das extremidades do turbilhão; os mais fracos se mantêm mais perto do sol. A ação da poeira fina que compõe o sol comunica sua agitação aos glóbulos vizinhos e é nisto que consiste a luz. Essa agitação comunicada à matéria globulosa acelera o seu movimento, mas essa aceleração diminui em razão do afastamento e acaba a uma certa distância.

Pode-se, pois, dividir a luz a partir do sol até esta distância, em diferentes camadas, cuja velocidade é desigual e vai diminuindo de camada em camada. Depois disso, a matéria globulosa que preenche o resto imenso do turbilhão solar não recebe mais aceleração do sol. E como esse grande resto de matéria globulosa é composto de glóbulos maiores e mais fortes, a atividade vai sempre aumentando, desde o termo em que a aceleração causada pelo sol expira até o encontro com os turbilhões vizinhos. Se, pois, caem alguns corpos maciços no elemento globuloso, desde o sol até o termo onde acaba a ação desse astro, esses corpos serão movidos mais depressa junto ao sol e mais devagar à medida que se afastam dele. Mas se alguns corpos maciços são levados no resto da matéria globulosa, entre o termo da ação solar e o encontro com os turbilhões vizinhos, eles terão uma aceleração sempre nova, até mergulhar nesses turbilhões vizinhos; outros, que escaparão dos turbilhões vizinhos, entrarão no elemento globuloso do nosso e poderiam descer ou cair e avançar para o sol.

Ora, há pequenos turbilhões de matéria que podem girar nos grandes turbilhões e podem não somente ser compostos de matéria globulosa e poeira fina, que, arranjada no centro, produza outros pequenos sois, mas também conter ou encontrar muitas parcelas dessa poeira grossa, desses grandes fragmentos de ângulos quebrados que havíamos chamado de terceiro elemento. Esses pequenos turbilhões não deixarão de afastar para suas beiras toda a poeira grossa, ou seja, se preferis, esses grandes fragmentos, formando novelos espessos e corpos grandes; irão sempre para a beirada do pequeno turbilhão pela superioridade da força centrífuga. Descartes os deixa lá, e a coisa é muito cômoda. Em vez de deixá-los correr para mais longe pela força centrífuga, ou serem levados pela impulsão da matéria do grande turbilhão, eles obscurecem o sol do pequeno turbilhão e o cobrem pouco a pouco com uma crosta. Dessas crostas espessas sobre todo o exterior forma-se um corpo opaco, um planeta, uma terra habitável. Como esses amontoados de poeira fina são como sóis, os amontoados de poeira grossa são planetas e cometas. Esses planetas, levados na primeira metade da matéria globulosa, giram com uma velocidade que vai sempre diminuindo desde o primeiro, que se chama Mercúrio, até o último, que se chama Saturno. Os corpos opacos que são lançados na segunda metade vão até os turbilhões vizinhos, e outros os ultrapassam, depois descem para o nosso na direção do sol. A mesma poeira maciça que nos forneceu uma terra, planetas e cometas, se ordena, em virtude do movimento, em outras formas, e nos dá a água, a atmosfera, o ar, os metais, as pedras, os animais e as plantas; em suma, todas as coisas, *tanto gerais quanto particulares que vemos em nosso mundo organizadas*, e outras mais.

Há ainda muitas outras partes a serem detalhadas no edifício de Descartes. Mas o que já vimos é considerado por todo mundo uma reunião de peças que se desfazem. E sem ver mais do que isso, não há ninguém que não possa perceber que tal sistema não pode ser absolutamente admissível.

1º) É muito estranho ouvir dizer que Deus não pode criar e aproximar alguns corpos angulosos sem ter com que preencher os interstícios dos ângulos. Com que direito se ousa reduzir assim a potência soberana?

2º) Mas quero que Descartes saiba precisamente por que Deus deve ter tanto horror ao vazio; quero que ele possa conciliar a liberdade dos movimentos com o pleno perfeito; quero que ele prove a necessidade atual do pleno; já é hora. O ponto em que eu o interrompo é esta pretensão de que o vazio é impossível. Ele não é impossível nem mesmo na sua suposição. Pois, para preencher todos os interstícios, são necessárias poeiras de todo tamanho, que vêm, se necessário for, se introduzir adequadamente nos intervalos entreabertos. Essas poeiras só se formam a longo prazo. Os glóbulos não se arredondam num instante. Os cantos maiores se rompem primeiro, depois os menores, e, pela força da fricção, poderemos recolher de nossas peças pulverizadas aquilo com que preencher tudo o que quisermos. Mas essa pulverização é sucessiva. Assim, no primeiro momento em que Deus pusesse as parcelas da matéria primordial em movimento, a poeira ainda não estaria formada. Deus levanta os ângulos; eles vão começar a se quebrar; mas, antes que a coisa seja feita, há, entre esses ângulos, vazios sem fim, e nenhuma matéria para preenchê-los.

3º) Segundo Descartes, a luz é uma massa de pequenos globos que se tocam imediatamente, de modo que uma fila desses ângulos não poderia ser empurrada por uma ponta sem que a impulsão não se faça sentir ao mesmo tempo na outra ponta, como acontece com um bastão ou com uma fila de balas de canhão que se tocam. O Sr. Roemer e o Sr. Picard observaram que, quando a Terra estava entre o Sol e Júpiter, os eclipses de seus satélites aconteciam antes do que está marcado nas tábuas, mas quando a Terra ia do lado oposto e o Sol estava entre Júpiter e a Terra, então os eclipses dos satélites aconteciam vários minutos mais tarde, porque a luz tinha de atravessar mais todo o orbe anual da Terra nessa última situação do que na precedente. A partir daí eles puderam assegurar que a luz do Sol precisava de sete a oito minutos para percorrer os 33 milhões de léguas que há entre o Sol e a Terra. De qualquer modo, de resto, a respeito da duração precisa desse trajeto da luz, é certo que a sua comunicação não se faz em um instante, mas o movimento ou a pressão da luz chega mais depressa sobre os corpos vizinhos, e mais tarde sobre os corpos que estão mais longe, ao passo que uma fila de doze globos e uma fila de cem globos, ao se tocarem, comunicam seu movimento tão depressa num caso como no outro. A luz de Descartes não é, pois, a luz do mundo. Vide *Aberração*.

Parece-me que isso basta para mostrar os inconvenientes desse sistema. Pode-se, com Fontenelle, felicitar esse século, que, ao nos dar Descartes, honrou a nova arte de raciocinar e comunicou às outras ciências a exatidão da Geometria. Mas deve-se, segundo a sua judiciosa [**724**] observação, "perceber o inconveniente dos sistemas precipitados, com a qual a impaciência do espírito humano se acomoda bem demais, e que, uma vez estabelecidos, se opõem às verdades que aparecem".

Ele acrescenta à sua observação uma opinião salutar, que é a de reunir, como fazem as academias, materiais que um dia poderão se juntar, mais do que tentar, com algumas leis da mecânica, explicar de modo inteligível a natureza inteira e sua admirável variedade.

Sei que, em favor do sistema de Descartes, se alega a experiência das leis gerais pelas quais Deus conserva o universo. Diz-se que a conservação de todos os seres é uma criação contínua; do mesmo modo que se concebe a conservação pelas leis gerais, não se poderia recorrer a elas para conceber, na forma de simples hipótese, a criação e todos os seus efeitos?

Raciocinar dessa forma é a mesma coisa que afirmar que a mesma mecânica, que com a água, o feno e aveia pode alimentar um cavalo, se pode também formar o estômago e o cavalo inteiro. É verdade que se seguimos Deus no governo do mundo, veremos reinar nele uma uniformidade sublime. A experiência não nos autoriza a multiplicar as vontades de Deus de acordo com os choques entre os corpos. De uma única vontade, ele regulou para todos os casos a marcha e os choques dos corpos, na razão de sua massa, de sua velocidade e as peças de seu mecanismo. As leis desses choques e dessas comunicações podem ser, sem dúvida, o objeto de uma Física muito sensata e muito útil, sobretudo quando o homem faz uso dela para dirigir o que está submetido a essas operações e para construir essas diferentes obras das quais ele é criador subalterno. Mas não vos iludais: uma coisa é criar os corpos e lhes assinalar seu lugar e suas funções, outra coisa é conservá-los. Basta uma vontade ou certas leis gerais fielmente executadas para manter cada espécie em sua forma especial e para perpetuar as vicissitudes da economia do todo, uma vez que a matéria for criada. Mas quando se trata de criar, de regrar essas formas especiais, de tornar segura e sempre a mesma a sua manutenção, de estabelecer suas relações particulares e a sua correspondência universal, então é preciso, da parte de Deus, tantos planos e vontades particulares quanto as diferentes peças que estão na máquina inteira. *História Natural*, tomo II.

O Sr. Descartes compôs um pequeno *Tratado das paixões*, em 1646, para uso particular da princesa Elisabeth. Enviou o manuscrito para a rainha da Suécia no final de 1647. Mas, atendendo aos pedidos de seus amigos para que o publicasse, decidiu revê-lo e corrigir os defeitos que a princesa filósofa, sua discípula, havia observado nele.

Em seguida, mostrou o tratado ao Sr. Clerselier, que, de início, achou que a obra estava muito acima do alcance comum, o que obrigou o autor a acrescentar aquilo que a tornasse inteligível a todas as espécies de pessoas. Acreditou que a voz de Clerselier era a voz do público, e as adições que fez aumentaram a obra em um terço. Dividiu-a em três partes. Na primeira delas trata das paixões em geral e, ocasionalmente, da natureza da alma; na segunda, das seis paixões primitivas; e na terceira, de todas as outras. Tudo aquilo que foi acrescentado à obra por causa dos conselhos de Clerselier tornou-a mais fácil e clara do que era antes, mas não lhe tirou nada da brevidade e da bela simplicidade do estilo, que era comum no autor. Não foi como orador, nem mesmo como filósofo moral, mas como físico que ele tratou do assunto. Conseguiu fazê-lo de uma maneira tão nova, que sua obra foi considerada muito superior a tudo o que se havia feito nesse gênero. Para bem deduzir e explicar os movimentos do sangue que acompanham cada paixão, era necessário dizer alguma coisa sobre o animal. Por essa razão, ele quis começar por explicar a composição de toda a máquina do corpo humano. Mostra como os movimentos de nossos membros, que não dependem do pensamento, podem ocorrer em nós sem que nossa alma contribua para isso, apenas pela força dos espíritos animais e pela disposição de nossos membros. De modo que nos faz considerar primeiro nosso corpo como uma máquina feita pela mão do mais sábio de todos os operários, cujos movimentos, que se assemelham aos de um relógio ou outro autômato, se fazem tão somente pela força das peças de seu mecanismo e pela figura ou disposição de suas engrenagens. Após ter explicado o que pertence ao corpo, nos faz concluir facilmente que não há nada em nós que pertença a nossa alma a não ser nossos pensamentos, entre os quais as paixões são aquelas que mais o agitam, e que um dos principais deveres da Filosofia é nos ensinar a bem conhecer a natureza de nossas paixões, a moderá-las, e a nos tornarmos senhores delas. Não podemos nos impedir de considerar esse tratado do Sr. Descartes como uma das mais belas e mais úteis dentre suas obras.

Nunca um filósofo pareceu ser mais respeitoso para com a divindade quanto Descartes; ele foi sempre muito sábio em seus discursos sobre a religião. Nunca falou de Deus a não ser com extrema circunspecção, sempre com muita sabedoria, de uma maneira nobre e elevada. Tinha um medo contínuo de dizer alguma coisa que fosse indigna da religião e nada igualava sua delicadeza nesse ponto. Vide os dois primeiros tomos de suas *Cartas.*

Não podia suportar a temeridade de certos teólogos que abandonam seus guias, ou seja, a Escritura e os Pais da Igreja, para avançar sozinhos por caminhos que não conhecem. Censurava sobretudo a ousadia dos filósofos e matemáticos, que parecem tão decisivos ao determinar *o que Deus pode e o que não pode.* Dizia ele que falar de Deus como se este fosse um Júpiter ou um Saturno, e sujeitar-se ao Estígio ou ao Destino, é o mesmo que dizer que há verdades independentes dele. As verdades matemáticas são leis que Deus estabeleceu na natureza, assim como um rei estabelece leis em seu reino. Não há nenhuma dessas leis que não possamos compreender: mas não podemos compreender a grandeza de Deus, embora não o conheçamos etc.

"Quanto a mim", dizia ainda o Sr. Descartes, "parece-me que não se pode dizer *que alguma coisa é impossível para Deus.* Pois, como tudo o que é verdadeiro e bom depende de sua de sua onipotência, não ouso nem mesmo dizer *que Deus não pode fazer uma montanha sem vale,* ou *que um mais dois não são três.* Digo somente que ele me deu um espírito de tal natureza que eu não poderia conceber uma montanha sem vale ou que a soma de um mais dois não seja três." Vide o tomo II das *Cartas.* Essa reserva do Sr. Descartes, talvez excessiva, chocou certos espíritos que consideraram isso um crime. Pois, em algumas ocasiões, ele empregava o nome de um anjo em vez do nome de Deus, que omitia por puro respeito; alguém (Becman) imaginou que ele era bem pretensioso para se comparar aos anjos. Descartes acreditou que era obrigado a rejeitar essa calúnia. "Quanto à crítica que me fazeis", disse ele nas páginas 66 e 67, "de ter me igualado aos anjos, eu não poderia [**725**] me persuadir que tivestes perdido de tal modo o espírito para acreditar nisso. Aqui está, sem dúvida, o que vos deu ocasião de fazer esta crítica: os filósofos e os teólogos, todas as vezes que querem mostrar que é absolutamente contrário à razão que alguma coisa aconteça, têm o costume de dizer que *Deus mesmo não poderia fazê-lo*; e porque esse modo de falar sempre me pareceu ousado demais, para me servir de termos mais modestos quando a ocasião se apresenta, onde os outros diriam que Deus não pode fazer uma coisa, contento-me em dizer somente *que um anjo não poderia fazê-lo.* Fico bem infeliz de não ter evitado a suspeita de vaidade numa coisa na qual posso dizer que mostrava uma modéstia particular."

A respeito da existência de Deus, Descartes ficara tão contente com a evidência de sua demonstração, que não tinha dificuldade em preferi-la a todas aquelas das verdades matemáticas. Entretanto, o ministro Voecio, seu inimigo, em vez de acusá-lo de refutar mal os ateus, julgou melhor acusá-lo de ateísmo, sem apresentar outras provas a não ser que ele havia escrito contra os ateus. O truque era certamente novo: mas, a fim de que não parecesse tal, Voecio encontrou bastante a tempo o exemplo de Vanini, para mostrar que o Sr. Descartes não teria sido o primeiro dos ateus que aparentemente escrevera contra o ateísmo. Foi sobretudo a impertinência dessa comparação que revoltou Descartes e que o determinou a refutar uma calúnia tão ridícula numa carta latina que lhe escreveu. Alguns outros inimigos dele tentaram aumentar a calúnia, acusando-o, além disso, de um ceticismo ridículo. Suas acusações se reduziam a dizer que Descartes parecia insinuar *que era preciso negar* (pelo menos por certo tempo) *que houvesse um Deus; que Deus podia nos enganar; que era preciso colocar todas as coisas em dúvida; que não se devia ter nenhuma crença nos sentidos; que o sono não podia se distinguir da vigília.* Descartes ficou horrorizado com essas acusações e não foi sem um movimento de indignação que respondeu: "Eu refutei", disse ele, no tomo II das *Cartas*, "em palavras expressas, todas as coisas que me tinham sido objetadas por caluniadores ignorantes. Eu as refutei mesmo por argumentos muito fortes, como nenhum outro fez antes de mim. A fim de fazê-lo mais cômoda e eficazmente, propus todas essas coisas como duvidosas no começo de minhas *Meditações*. Mas não sou o primeiro que inventei essas dúvidas. Há muito tempo que temos os ouvidos cheios de semelhantes questionamentos propostos pelos céticos. Mas o que há de mais iníquo quanto atribuir a um autor opiniões que ele só propõe para refutá-las? O que há de mais impertinente do que fingir propô-las quando ainda não estão refutadas e, consequentemente, quando aquele que apresenta os argumentos dos ateus é ele mesmo um ateu por um tempo? O que há de mais pueril quanto dizer que, se ele vier a morrer antes de ter escrito ou inventado a demonstração que espera fazer, ele morre como um ateu? Alguém dirá talvez que não apresentei essas falsas opiniões como vindo de outro, mas como minhas: mas o que importa, já que no mesmo livro onde as apresentei eu refutei todas?

Aqueles que têm o espírito justo e o coração reto, ao ler minhas *Meditações* e os *Princípios do senhor Descartes*, nunca hesitaram em tirar de sua leitura consequências inteiramente opostas a essas calúnias. Essas obras até hoje ainda não tornaram ateu nenhum daqueles que antes acreditavam em Deus; ao contrário, elas converteram alguns ateus. É este pelo menos o testemunho de um pintor da Suécia chamado Beck, que tornou isso público na casa do embaixador da França em Estocolmo." Vide tudo isso ao longo de *A vida do senhor Descartes*, por A. Ballet. (**Pestré**)

Pode-se ver num grande número de verbetes deste dicionário as obrigações que as ciências devem a Descartes, os erros nos quais ele caiu e seus principais discípulos. Vide *Álgebra*, *Equação*, *Curva*, *Movimento*, *Ideia*, *Alma*, *Percussão*, *Luz*, *Turbilhão*, *Matéria sutil* etc.

Esse grande homem teve seguidores ilustres. Na frente deles, pode-se citar o padre Malebranche, que, todavia, não o seguiu em tudo. Vide *Malebranchismo*. Os outros foram Rohault, Regis etc., cujas obras temos. *A nova explicação do movimento dos planetas*, por Villemot, cura de Lion, impressa em Paris em 1707, é a primeira e talvez a melhor obra que foi feita para defender os turbilhões. Vide *Turbilhão*.

A filosofia de Descartes teve muita dificuldade para ser aceita na França; o parlamento pensou num decreto contra ele, mas foi impedido pelo pedido burlesco em favor de Aristóteles, que se pode ler na obra de Despréaux, na qual o autor, sob pretexto de tomar a defesa desse filósofo peripatético, a ridicularizou. Tanto é verdade que *ridiculum acri* etc. Enfim, essa filosofia foi recebida entre nós. Mas Newton já tinha demonstrado então que não era possível aceitá-la. Não importa. Todas as nossas universidades e mesmo nossas academias permaneceram muito ligadas a ela. Há apenas dezoito anos que os newtonianos apareceram na França: mas esse mal (pois há pessoas que pensam que se trata de um mal) venceu prodigiosamente. Todas as nossas academias agora são newtonianas e alguns professores da Universidade de Paris ensinam abertamente a filosofia inglesa. Vide *Atração* etc. Vide também, sobre Descartes e os cartesianos, nosso *Discurso preliminar*.

Não importa o partido que tomemos em relação à filosofia de Descartes, não podemos nos impedir de considerar esse homem um gênio sublime e um filósofo muito consequente. A maioria de seus seguidores não foram tão consequentes como ele; adotaram algumas de suas opiniões, admitiram outras, sem prestar atenção à estreita ligação que quase todas têm entre si. Um filósofo moderno, escritor elegante e homem de muito espírito, o Sr. abade de Gamaches, da Academia Real de Ciências, demonstrou, em sua *Astronomia física*, que, para um cartesiano, não deve haver movimento absoluto, e que isso é uma consequência necessária da opinião de Descartes de que a extensão e a matéria são a mesma coisa. Entretanto, os cartesianos creem, em sua maioria, no movimento absoluto, confundindo a extensão com a matéria. A opinião de Descartes sobre o maquinismo dos animais (vide *Alma dos animais*) é muito favorável ao dogma da espiritualidade e imortalidade da alma, e aqueles que o abandonam sobre esse ponto devem pelo menos confessar que as dificuldades contra a alma dos animais são, se não insolúveis, pelo menos muito grandes para um filósofo cristão. O mesmo acontece com vários outros pontos da filosofia desse grande homem. O edifício é vasto, nobre e bem concebido. É pena que o século em que ele viveu não tenha lhe fornecido melhores materiais. Deve-se, como diz o Sr. Fontenelle, admirar sempre Descartes e segui-lo algumas vezes.

As perseguições que esse filósofo sofreu por ter declarado guerra aos preconceitos e à ignorância [**726**] devem ser um consolo para os que, tendo a mesma coragem, experimentarão as mesmas contrariedades. Hoje em dia ele é honrado nesta mesma pátria, onde talvez ele tenha sido mais infeliz do que na Holanda. (**D'Alembert**)

(**MGS**)

## Causa (*Metafísica*), Yvon [2, 787]

Vendo, na experiência cotidiana, que as coisas mudam, e considerando que elas tiveram um começo, adquirimos a ideia do que denominamos *causa* e *efeito*. Causa é tudo aquilo em virtude de cuja eficácia uma coisa existe; efeito é tudo aquilo que existe em virtude da eficácia de uma causa. Toda causa, por produzir um efeito, é chamada *eficiente*; mas, como há diferentes maneiras de produzir um efeito, distinguem-se causas de diferentes espécies. Há causas *físicas*, causas *morais* e causas *instrumentais*. Chamo de causas físicas todas as que produzem seu efeito imediatamente e por si mesmas; de causas morais, as que, para produzi-lo, dependem de uma causa física, da qual ele emana imediatamente; causas instrumentais têm em comum com causas morais o fato de não produzirem por si mesmas seu efeito, mas apenas pela intervenção de uma causa física, e por isso dá-se a ambas o nome de causas *ocasionais*. Mas há uma diferença importante entre elas: se umas são causas *morais* pelos efeitos que produzem *ocasionalmente*, são *físicas* em virtude do efeito pelo qual se tornam causas *ocasionais* de outro efeito, as causas puramente *instrumentais*, por serem desprovidas de força ou atividade, pertencem à esfera das causas puramente *ocasionais*. Tal é, por exemplo, a matéria, em si mesma bruta, insensível e inativa. Com os espíritos é diferente, pois são ativos por natureza e, por conseguinte, são causas físicas. Se minha alma é causa *ocasional* dos diversos movimentos que ela engendra na alma daqueles com quem me relaciono, é também causa *física* de suas determinações particulares.

É este o lugar para examinar a maneira pela qual a alma atua sobre o corpo: seria ela causa *física* ou causa *ocasional* dos diversos movimentos que imprime a ele? A esse respeito, as opiniões dos filósofos divergem; e pode-se dizer que nessa questão os esforços mais recentes da Filosofia para resolvê-la podem ter sido em vão. O sistema da *harmonia preestabelecida*, do Sr. Leibniz, corta o nó da dificuldade com um único golpe; é pena que destrua a liberdade e ponha em dúvida a existência do mundo corpóreo. No verbete correspondente a ele, examinamos esses dois pontos. O antigo sistema da influência da alma sobre o corpo, destruído por nosso Descartes e por seu fiel discípulo, o padre Malebranche, foi recuperado com o poderoso reforço que recebeu dos filósofos ingleses contemporâneos. De acordo com esse sistema, [**788**] Deus restringiu à criação a eficácia que comunica à alma, nos limites do corpo organizado unido a ela; o poder da alma é limitado a essa pequena porção de matéria e exercido com as restrições impostas pelas leis da união entre a alma e o corpo. Esse sistema, menos sutil e refinado que o das causas *ocasionais*, agrada muito à maioria dos espíritos, pois concorda com o sentimento natural, que admite que a alma tem a eficácia real de mover a matéria. Mas esse mesmo sistema, a que concedemos aqui a graciosa alcunha de *sentimento natural*, não seria na verdade um produto do preconceito? Com efeito, esse poder de um espírito finito sobre a matéria, essa influência, que nele supomos, sobre uma substância tão dissimilar à sua, e naturalmente independente dele, é algo bastante obscuro. Sendo os espíritos substâncias ativas, que incontestavelmente têm o poder de se mover e modificar-se a si mesmos, é sem dúvida mais razoável atribuir a eles uma influência sobre a matéria do que atribuir à matéria, ser passivo e incapaz de atuar sobre si mesmo, um poder real de atuar sobre o espírito e modificá-lo. Essa observação, porém, é um inconveniente deplorável para esse sistema, que só pode ser verdadeiro pela metade. Se ele explica, de alguma maneira, como o corpo obedece com seus movimentos às vontades da alma, não explica como a alma, por sua vez, obedece fielmente às impressões do corpo: dá razão da ação, mas não explica a sensação. Por isso, somos forçados a recorrer às causas *ocasionais* e à operação imediata de Deus sobre a alma. E, por que não, também recorrer a elas para explicar a eficácia dos desejos sobre a alma? O sistema seria mais simples e bem-resolvido como um todo.

Mas o sistema das causas ocasionais, dizem alguns, não tem nada de filosófico, pois remonta diretamente à primeira causa e, sem dar as razões naturais dos fenômenos que nos desconcertam, recorre à vontade de Deus para tudo resolver. Algo assim poderia ser dito pelo mais ignorante dos homens, se fôssemos consultá-lo; pois quem não sabe que a vontade divina é a *causa primeira* de tudo? Mas é uma *causa universal*: ora, não é dessa causa que se trata. Pede-se a um filósofo que ele dê a *causa particular* de cada efeito. Não poderia haver objeção mais desprezível. Acaso desejais, dizia o padre Malebranche, que um filósofo encontre causas que não existem? O verdadeiro uso da Filosofia é nos conduzir a Deus e mostrar-nos, pelos efeitos da natureza, a necessidade de uma causa primeira. Se os efeitos estão subordinados uns aos outros e submetidos a certas leis, a tarefa do filósofo é descobrir essas leis e remontar, por graus, ao princípio primeiro, seguindo a cadeia de *causas secundárias*. É impossível um progresso de causas ao infinito; o que prova a existência de um Deus, verdade primeira e mais fundamental. A diferença entre o camponês e o filósofo, igualmente convencidos de que a vontade de Deus tudo faz, é que o filósofo vê porque é assim, o camponês não; ele sabe discernir os efeitos de que essa vontade é *causa imediata* dos produzidos pela intervenção de causas secundárias e das leis gerais a que estas estão submetidas.

Há ainda uma segunda objeção, mais considerável do que a primeira; consiste em reduzir a ação da divindade a um puro jogo, na verdade indigno dela, de causas ocasionais. Estas seriam a um só tempo o efeito e a regra da operação divina, e a ação que as produziu estaria submetida a elas. Não se pode negar que é uma objeção plausível, se aplicada às leis de comunicação do movimento entre as diferentes partes da matéria. Com efeito, se os corpos não têm por si mesmos nenhuma atividade, as leis do movimento parecem ser, no sistema do padre Malebranche, um mero jogo. Mas esse inconveniente desaparece quando se aplica o sistema à união entre o corpo e a alma. Por mais que a alma não tenha nenhuma eficácia real sobre o corpo, é suficiente que ela tenha o poder de se modificar e seja *causa física* de suas próprias volições, para que desponte como sábio o estabelecimento da alma como causa ocasional de certos movimentos do corpo. Aqui, a utilidade da alma é o fim, só a vontade é a regra. Por ser essa vontade de uma causa física de seus próprios atos, ela se distingue da vontade Deus e pode ser tomada como regra e princípio dos quais a sabedoria divina fez depender as alterações da matéria. As vontades de um espírito criado, na medida em que são produzidas por ele mesmo, são uma *causa intermediária* entre a vontade de Deus e os movimentos dos corpos; dão a razão da ordem desses movimentos e nos dispensam de recorrer, para explicá-los, à vontade imediata de Deus. Tal é, ao que tudo indica, o único meio para distinguir a vontade geral das vontades particulares. Ambas produzem imediatamente o efeito: mas, enquanto nestas a vontade só tem relação com o efeito singular que ela visa produzir, naquela pode-se dizer que Deus só quis produzir esse efeito porque quis outra coisa, de que esse efeito é consequência. É uma vontade efetiva de Deus que me põe a andar: mas, se ele quer que eu ande, é em consequência do que ele exige de mim em última instância, a saber, que os movimentos de meu corpo acompanhem os desejos de minha alma. A vontade que tenho de caminhar é uma causa intermediária entre o movimento de meu corpo e a vontade de Deus. Eu caminho em virtude de uma lei geral. Minha alma é causa verdadeira dos movimentos de meu corpo, pois é a causa de suas próprias vontades, às quais aprouve ao criador ligar esses movimentos. Assim, as ações corpóreas, com todas as suas consequências, boas ou más, são a ele imputadas, pois é ele sua verdadeira causa, de acordo com o uso mais comum do termo "causa". Na linguagem ordinária, causa significa a *razão* que distingue um efeito de outro, não essa eficácia geral que influi em todos os efeitos. Para tornar os homens responsáveis por suas ações, pouco importa que as produzam ou não por uma eficácia natural, por um poder físico, que o criador deu à sua alma ao formá-la, de mover o corpo que está unido a ela. O que importa, isto sim, é que sejam *causas morais, ou livres*, e que a alma tenha sobre seus atos um domínio tal que lhe permita, segundo deseje, querer ou não os movimentos corpóreos que necessariamente se seguem à sua vontade. Privai os corpos dessa ação e movei o universo pela eficácia das vontades divinas, aplicadas continuamente à matéria, e as leis do movimento não estarão em jogo, desde que conservai nos espíritos uma eficácia verdadeira, um poder real de se modificarem a si mesmos, e reconheceis que um certo arranjo da matéria, à qual Deus os uniu, se oferece a eles, através das diversas sensações assim excitadas, uma oportunidade para que exibam sua atividade.

Além das causas *físicas*, *morais* e *instrumentais*, distinguem-se ainda causas de muitas outras espécies, quais sejam: causa *material*, causa *formal*, causa *exemplar*, causa *final*. A causa material é aquilo sobre o que se trabalha, ou do que a coisa é formada: o mármore, por exemplo, é a causa material da estátua. A causa formal é o que determina a coisa a ser o que ela é, distinguindo-a
**[789]** de toda outra: unindo-se à causa material, a causa formal produz o corpo ou o composto. A causa exemplar é o modelo que o agente propõe a si mesmo e que o orienta em sua ação: esse modelo pode ser intrínseco ou extrínseco ao agente; no primeiro caso, ele se confunde com as ideias arquétipo (vide *Ideia*); no segundo, é tomado por todas as ricas produções da natureza e por todas as sofisticadas obras da arte. Vide *Natureza* e *Arte*. Para as causas finais, consultai o verbete correspondente.

**(PPP)**

# Cego, d'Alembert [1, 870]

Diz-se que é cega uma pessoa privada de visão. Essa privação deveria, por analogia, ser chamada de cegueira; mas essa palavra é usualmente utilizada apenas num sentido moral e figurado, e não é a única em nossa língua que só é tomada num sentido metafórico; baixeza é outra delas. A privação da vista é chamada por alguns escritores de cegueira, do latim *coecitas*, que vem de *coecus*, cego, e essa palavra, que é conveniente, nos parece digna de ser adotada.

Pode-se ser cego de nascença ou tornar-se cego por acidente ou doença. Nosso plano aqui não é tratar das doenças ou das causas que provocam a perda da visão, o que pode ser encontrado neste *Dicionário* em seus respectivos verbetes. Contentar-nos-emos em fazer reflexões filosóficas sobre a cegueira, sobre as ideias de que ela nos priva, sobre a vantagem que os outros sentidos podem tirar dela etc.

É evidente, de início, que, como o sentido da visão é muito próprio para nos distrair pela quantidade de objetos que se nos apresenta ao mesmo tempo, os que são privados desse sentido devem, naturalmente e em geral, ter mais atenção para com os objetos que caem sob os outros sentidos. É principalmente a essa causa que se deve atribuir a fineza do tato e da audição que se observa em alguns cegos, mais do que a uma superioridade real desses sentidos pela qual a natureza quis compensá-los da privação da vista. Isso é tão verdadeiro, que uma pessoa que ficou cega por acidente com frequência encontra recursos nos sentidos que lhe restam, os quais antes nem imaginava ter. Isso vem do fato de que, estando essa pessoa menos distraída, torna-se mais capaz de atenção. Mas é principalmente nos cegos de nascença que se pode observar, se me for permitido exprimir-me assim, os prodígios de cegueira.

Um autor anônimo [Diderot] publicou em 1749 uma obra deveras filosófica e muito bem escrita sobre esse assunto, intitulada *Carta sobre os cegos para uso dos que veem*, com a epígrafe *possunt, nec posse videntur*, que faz alusão aos prodígios dos cegos de nascença. Vamos apresentar neste verbete um resumo dessa carta, cuja metafísica é, em todas as partes, refinada e verdadeira, se excetuarmos algumas passagens que não têm uma relação imediata com o assunto e que podem ferir ouvidos piedosos.

De início, o autor menciona um cego de nascença que conheceu e que provavelmente ainda está vivo. Esse cego, que mora em Gatinois, no Puiseaux, é químico e músico. Ele faz seu filho ler em caracteres em relevo. Sabe julgar com exatidão as simetrias. Mas duvidamos que sua ideia de simetria, que para nós é pura convenção em muitos aspectos, o seja também para ele.

Sua definição do espelho é singular; diz ele que é *uma máquina pela qual as coisas são postas em relevo fora delas mesmas*. Essa definição pode ser absurda para um tolo que enxerga, mas um filósofo, mesmo clarividente, deve considerá-la bem sutil e surpreendente. Descartes, se fosse cego de nascença, deveria aplaudi-la, diz nosso autor. Com efeito, que fineza de ideias não foi necessária para chegar a ela? Nosso cego só conhece pelo tato; sabe, pelo que dizem os outros homens, que é por meio da vista que se conhecem os objetos, assim como ele conhece pelo tato; pelo menos é a única noção que ele pode ter disso. Sabe, além disso, que não se pode ver o próprio rosto, embora se possa tocá-lo. A visão, deve-se concluir, é, pois, uma espécie de tato que [**871**] se estende apenas sobre os objetos diferentes de nosso rosto e afastados de nós. Aliás, o tato lhe dá apenas a ideia do relevo. Logo, ele acrescenta, um espelho é uma máquina que nos põe em relevo fora de nós mesmos. Observai que essas palavras *em relevo* não são exageradas. Se o cego tivesse dito simplesmente *nos põe fora de nós mesmos*, teria dito um absurdo a mais: pois como conceber uma máquina que possa duplicar um objeto? A palavra *relevo* só se aplica à superfície. Assim, *colocar-nos em relevo fora de nós mesmos* é apenas colocar essa representação da superfície de nosso corpo fora de nós. O cego deve ter percebido pelo raciocínio que o tato representa apenas a superfície dos corpos, e que essa espécie de tato que chamamos de visão só dá a ideia do relevo ou da superfície dos corpos, sem dar a ideia de solidez. Tudo o que a palavra *relevo* designa aqui é *superfície*. Confesso que a definição do cego, mesmo com essa restrição, é ainda um enigma para ele; mas pelo menos se vê que ele procurou mitigar esse enigma o máximo possível.

Vê-se bem que todos os fenômenos dos espelhos e das lentes, que aumentam, diminuem, ou multiplicam os objetos, são mistérios impenetráveis para o cego. "Ele perguntou se a máquina que aumenta os objetos era mais curta do que aquela que os diminui; se a que os aproxima era mais curta do que a que os afasta; e, não compreendendo como esse outro – nós mesmos –, que, na sua opinião, o espelho põe em relevo, escapa do tato, disse: 'eis dois sentidos postos em contradição por uma pequena máquina; talvez uma máquina mais perfeita os ponha de acordo; talvez uma terceira, ainda mais perfeita e menos pérfida, os fizesse desaparecer e nos advertiria sobre o erro'." Que conclusões filosóficas um cego pode extrair disso, contra o testemunho dos sentidos!

Ele define o olho como um órgão sobre o qual o ar produz o efeito de um bastão na mão. O autor observa que essa definição é muito semelhante à de Descartes, que, na *Dióptrica*, compara o olho a um cego que, de longe, toca os corpos com seu bastão. Os raios de luz são o bastão dos videntes. O cego tem memória dos sons num grau surpreendente, e a diversidade de vozes o afeta tanto quanto a que observamos nos rostos.

O auxílio que ele recebe dos outros sentidos e o uso singular que faz disso, a ponto de espantar os que o rodeiam, o tornam indiferente em relação à privação da vista. Ele percebe que tem vantagens sobre os que veem em outros aspectos; diz que, em vez de ter olhos, preferiria ter braços mais longos, se pudesse.

Esse cego se volta com segurança na direção do ruído e da voz; estima a proximidade do fogo pelo grau do calor; percebe se vasos estão cheios pelo barulho que fazem quando os líquidos transbordam; descobre a distância dos corpos pela ação do ar sobre seu rosto. Distingue uma rua de um beco, o que prova que o ar para ele nunca está em repouso, e seu rosto ressente as menores vicissitudes da atmosfera. Aprecia muito bem o peso dos corpos e as capacidades de recipientes; faz dos seus braços balanças muito exatas, e, de seus dedos, compassos quase infalíveis. O polimento dos corpos tem para ele tantas nuances quanto o som da voz: julga a beleza pelo tato, e, o que é singular, introduz nesse julgamento a pronúncia e o som da voz. Faz pequenos objetos no torno e com agulha, nivela com o esquadro, monta e desmonta máquinas comuns; executa uma peça de música e diz suas notas e valores; estima com muito mais precisão do que nós a duração do tempo, pela sucessão das ações e dos pensamentos.

Sua aversão pelo roubo é espantosa, sem dúvida por causa da dificuldade de perceber quando o roubam. Tem pouca ideia do pudor; considera as roupas como próprias para evitar as injúrias do ar e não compreende porque cobrimos umas partes do corpo e não outras. Diógenes, diz o autor que aqui resumimos, não teria sido um filósofo para nosso cego. Enfim, as aparências exteriores do fasto que afetam tão fortemente os outros homens não são absolutamente importantes para ele. Não é uma vantagem desprezível.

Deixamos de falar de um grande número de reflexões muito sutis do autor da carta, para ir diretamente ao que ele diz sobre um outro cego muito célebre; trata-se do famoso Saunderson, professor de Matemática em Cambridge, na Inglaterra, que morreu há alguns anos. A varíola o fez perder a visão muito cedo na infância, a ponto de ele não se lembrar de ter enxergado um dia; suas noções acerca da luz não eram maiores do que a de um cego de nascença. Apesar dessa privação, fez progressos tão surpreendentes em matemática, que lhe foi oferecida a cátedra de professor dessa ciência na Universidade de Cambridge. Suas aulas eram de uma clareza extrema. Com efeito, falava com seus alunos como se eles fossem privados da vista. Ora, um cego que se exprime claramente para cegos deve ganhar muito com pessoas que veem. Eis como fazia os cálculos e os ensinava aos seus discípulos.

Imaginai um quadrado de madeira (*Plan Arit. et Algébriq*), dividido em linhas perpendiculares em quatro outros pequenos quadrados; suponde esse quadrado furado com nove buracos, capazes de receber alfinetes de cabeça, do mesmo comprimento e da mesma espessura, mas dos quais uns têm a cabeça maior do que os outros.

Saunderson tinha um grande número desses pequenos quadrados traçados sobre uma mesa. Para designar o número zero, punha um alfinete de cabeça grande no centro de um dos quadrados e nada nos outros furos. Para designar o número um, punha um alfinete de cabeça pequena no centro do pequeno quadrado. Para designar o dois, punha um alfinete de cabeça grande no centro, e acima, na mesma linha, um pequeno alfinete no furo correspondente. Para designar o três, o alfinete maior no centro e o pequeno no furo acima à direita, e assim por diante. Assim Saunderson, colocando o dedo sobre o pequeno quadrado, via imediatamente o número que ele representava, e, ao olharmos a figura 16 dessa obra, veremos como ele fazia suas adições por meio destes pequenos quadrados. Esta figura 16 representa a adição seguinte:

| | | | | |
|---|---|---|---|---|
| 1 | 2 | 3 | 4 | 5 |
| 2 | 3 | 4 | 5 | 6 |
| 3 | 4 | 5 | 6 | 7 |
| 4 | 5 | 6 | 7 | 8 |
| 5 | 6 | 7 | 8 | 9 |
| 6 | 7 | 8 | 9 | 0 |
| 7 | 8 | 9 | 0 | 1 |
| 8 | 9 | 0 | 1 | 2 |
| 9 | 0 | 1 | 2 | 3 |

Passando os dedos sucessivamente sobre cada fila vertical de cima para baixo, ele fazia a adição da maneira usual e marcava o resultado com alfinetes colocados nos quadrados, embaixo dos ditos números.

Essa mesma tábua cheia de pequenos quadrados lhe [**872**] servia para fazer demonstrações de Geometria. Ele dispunha alfinetes grandes nos furos, de modo que eles seguiam a direção da linha reta, ou formavam um polígono etc.

Saunderson deixou ainda algumas máquinas que lhe facilitavam o estudo da Geometria, mas se ignora o uso que fazia delas.

Ele nos deixou elementos de Álgebra, e nada de superior foi publicado a respeito. Mas, como observa o autor, elementos de Geometria ao seu modo teriam sido ainda mais curiosos. Uma pessoa que o conheceu afirma que as demonstrações das propriedades do sólido, que dão geralmente tanto trabalho por causa do relevo das partes, eram para ele como uma brincadeira. Ele passeava numa pirâmide, num icosaedro, de um ângulo a outro, com extrema facilidade; imaginava nesses sólidos diferentes planos e cortes, sem nenhum esforço. Talvez por essa razão, as demonstrações que fizesse teriam sido mais difíceis se ele não fosse privado de visão. Certo é que essas demonstrações sobre as figuras planas provavelmente seriam muito claras, e talvez muito singulares, e tanto os iniciantes como os filósofos teriam tirado proveito delas.

É singular que tenha ministrado aulas de Ótica. Mas isso só parecerá surpreendente para a multidão. Os filósofos conceberão facilmente que um cego, sem ter ideia da luz e das cores, pode dar aulas de Ótica, se, a exemplo dos geômetras, tomarem os raios de luz como linhas retas a serem dispostas segundo certas leis, de modo a produzir os fenômenos da visão ou os dos espelhos e lentes.

Saunderson, ao percorrer uma série de medalhas com a mão, discernia as falsas, mesmo quando eram bem-feitas para enganar os bons olhos de um conhecedor. Julgava com exatidão um instrumento de Matemática, passando seus dedos sobre as divisões. As menores alterações da atmosfera o afetavam, como o cego do qual falamos, e ele percebia, sobretudo em tempos calmos, a presença de objetos pouco afastados dele. Um dia, em que assistia no jardim a observações astronômicas, distinguiu, pela impressão do ar no seu rosto, o tempo em que o sol estava coberto pelas nuvens, o que é muito mais singular, pois era totalmente privado, não apenas da vista, mas também do órgão da visão.

Devo advertir aqui que a pretensa história dos últimos momentos de Saunderson, impressa em inglês segundo o autor, é mera suposição. Essa suposição, que muitos eruditos consideram um crime de lesa-erudição, seria apenas uma brincadeira, se o assunto não fosse tão sério.

Em seguida, o autor menciona, em poucas palavras, vários outros cegos que, com um sentido a menos, tinham alcançado conhecimentos surpreendentes. Observa, o que é bastante verossímil, que esse Tirésias, que ficara cego por ter lido os segredos dos deuses e predizer o futuro, era, segundo todas as aparências, o grande filósofo cego cuja memória nos foi conservada pela fábula. Não seria talvez um astrônomo muito famoso, que anunciava os eclipses (o que parece muito singular para os povos ignorantes) e que ficou cego no final de sua vida, por ter cansado demais seus olhos em numerosas e sutis observações, como as de Galileu e Cassini?

Por vezes acontece de cegos de nascença terem a visão restituída: testemunha disso é esse jovem de treze anos, a quem o Sr. Cheselden, célebre cirurgião de Londres, baixou a catarata que o tornara cego desde o nascimento. O Sr. Cheselden, tendo observado a maneira pela qual o jovem começava a enxergar, publicou, no número 402 das *Philosophical Transactions* e no 505º artigo do *Tatler* os comentários que lhe ocorreram sobre esse assunto. Eis suas observações, tal como citadas no terceiro volume da *História natural* dos srs. Buffon e Daubenton. "Esse jovem, embora cego, podia distinguir o dia da noite, como todos os cegos por catarata. Chegava mesmo a distinguir na luz forte o negro, o branco e o escarlate. Mas não discernia a forma dos corpos. Primeiro, fizeram a operação num só olho: no momento em que começou a ver, todos os objetos lhe pareceram aplicados contra seus olhos. Os mais agradáveis, sem que ele soubesse por quê, eram aqueles cuja forma era regular. Não reconhecia mais as cores que distinguira quando cego; não diferenciava um objeto de outro, por mais diferentes que fossem as suas formas. Quando lhe apresentavam objetos que conhecera antes, pelo tato, considerava-os com atenção e os reconhecia outra vez. Mas logo esquecia tudo, pois tinha coisas demais para memorizar. Ficava muito surpreso por não achar as pessoas que amava mais belas do que as outras. Levou muito tempo sem poder reconhecer que as pinturas representavam corpos sólidos; considerava-as como planos diferentemente coloridos. Quando percebeu o erro, e, pondo as mãos sobre a pintura, descobriu apenas superfícies, perguntou-se se a visão ou o tato o havia enganado. Ficou surpreso que fosse possível, num espaço estreito, colocar um objeto maior do que esse espaço; por exemplo, um rosto numa miniatura, e isso lhe parecia tão impossível quanto fazer um celamim caber numa pinta. No começo só tolerava uma luz bastante fraca, e via todos os objetos muito grandes: mas os primeiros diminuíam à medida que via outros maiores. Embora soubesse bem que o quarto onde estava era menor do que a casa, não conseguia compreender como a casa podia parecer maior do que o quarto. Antes de lhe terem devolvido a visão, não estava interessado em adquirir um novo sentido, não conhecia o que lhe faltava e sentia que, sob certos aspectos, tinha alguma vantagem sobre os outros homens. Mas, tão logo começou a enxergar distintamente, exultou de alegria. Um ano após a primeira operação, fez-se a intervenção no outro olho, com igual sucesso. No começo, com esse segundo olho, ele viu os objetos muito maiores do que com o outro, mas menores do que os que tinha visto com o primeiro. Quando olhava o mesmo objeto com os dois olhos ao mesmo tempo, dizia que esse objeto lhe parecia maior do que quando o via com um só olho."

O Sr. Cheselden fala de outros cegos de nascença que tinha operado da catarata, e nos quais observou os mesmos fenômenos, embora com menos detalhes: como não tinham necessidade de mover os olhos durante sua cegueira, só pouco a pouco aprendiam a virá-los na direção dos objetos.

Dessas experiências resulta que o sentido da visão se aperfeiçoa paulatinamente. Esse sentido é inicialmente muito confuso, e nós aprendemos a ver mais ou menos como aprendemos a falar. Um recém-nascido que abre os olhos pela primeira vez para a luz experimenta, sem dúvida, todas as mesmas coisas que acabamos de observar no cego de nascença. É o tato, o hábito, que retificam os juízos da visão. Vide *Tato*.

O que nos devolve ao autor da *Carta sobre os cegos*: "Procura-se", ele diz, "restituir a vista aos cegos de nascença para examinar como [**873**] se produz a visão. Mas creio que mais proveitoso seria interrogar um cego de bom senso... Se se quisesse dar alguma certeza a essas experiências, seria preciso pelo menos que o sujeito fosse preparado de longa data e talvez até mesmo o tornássemos filósofo... Seria adequado só começar as observações muito tempo após a operação. Para esse efeito, seria necessário tratar o doente no escuro e certificar-se de que seu ferimento está curado e seus olhos estão sadios. Não gostaria que ele fosse exposto logo de início à luz do dia... Enfim, seria muito delicado tirar partido de um sujeito assim preparado e interrogá-lo com fineza suficiente para que ele possa dizer apenas o que se passa nele. As pessoas mais hábeis e os melhores espíritos nunca são bons em demasia para uma experiência tão filosófica e delicada".

Terminemos este verbete, com o autor da *Carta*, pela famosa questão do Sr. Molineux. "Supõe-se um cego de nascença que tenha aprendido pelo tato a distinguir um globo de um cubo. Pergunta-se se, quando sua visão for restituída, ele distinguirá o globo do cubo sem tocá-los. Molineux crê que não, e Locke concorda com essa opinião, pois o cego não pode saber que o ângulo avançado do cubo, que pressiona a mão de uma maneira desigual, deve parecer para seus olhos tal como parece no cubo."

O autor da *Carta sobre os cegos*, amparado na experiência de Cheselden, crê, com razão, que o cego, no início, verá tudo confusamente, e, longe de distinguir o globo do cubo, sequer verá distintamente duas figuras diferentes. Ele crê, no entanto, que com o tempo, e sem o auxílio do tato, o cego conseguirá ver distintamente as duas figuras. A razão que ele apresenta para isso, e à qual nos parece difícil responder, é que, como o cego não tem necessidade de tocar para distinguir as cores umas das outras, os limites das cores bastarão, com o tempo, para discernir a figura e o contorno do objeto. Ele verá, portanto, um globo e um cubo, ou, se quisermos, um círculo e um quadrado. Mas, como o sentido do tato não contribui de modo algum para o sentido da vista, ele não descobrirá que um desses corpos é o que ele chama de globo, e o outro, o que chama de cubo. A visão não vai, de modo algum, fazê-lo se lembrar da sensação que recebeu pelo tato. Suponhamos agora que lhe digam que um desses corpos é aquele globo que sentia pelo tato, e o outro, o que ele sentia como cubo. Saberá ele distingui-los? O autor responde que um homem grosseiro e sem conhecimento se pronunciará ao acaso; que um metafísico, sobretudo se for geômetra como Saunderson, examinará essas figuras e, supondo nelas certas linhas retas, verá que pode demonstrar, a partir de uma delas, todas as propriedades do círculo que conhecia pelo tato, e, da outra, todas as propriedades do quadrado. Sentir-se-á então tentado a concluir: eis o quadrado, eis o círculo. Entretanto, se for prudente, suspenderá ainda seu julgamento, pois poderia dizer: "Talvez, quando eu tocar com a mão essas figuras, elas se transformem uma na outra, de modo que a mesma figura poderia me servir para demonstrar aos cegos as propriedades do círculo, e, aos que veem, as propriedades do quadrado". Mas, não, teria dito Saunderson, estou enganado. Aqueles a quem eu demonstrasse as propriedades do círculo e do quadrado, em quem a visão e o tato estivessem perfeitamente de acordo, me entenderiam muito bem, embora não tocassem as figuras sobre as quais eu fazia minhas demonstrações e se contentassem em vê-las. Não veriam, pois, um quadrado quando eu percebia um círculo, sem o que nunca nos entenderíamos. Mas, já que todos entendiam, todos os homens veem, uns tanto quanto os outros. Logo, vejo quadrado o que eles veem como quadrado e, consequentemente, o que eu sentia como quadrado; e, pela mesma razão, vejo círculo no que antes sentia como círculo.

Substituímos aqui, com o autor, o globo pelo círculo e o cubo pelo quadrado, pois, aparentemente, aquele que se serve de seus olhos pela primeira vez só enxerga superfícies e não sabe o que é o relevo. O relevo de um corpo consiste em que alguns dos pontos parecem mais próximos de nós do que outros. Ora, é pela experiência somada ao tato, e não pela vista sozinha, que julgamos as distâncias.

De tudo o que foi dito até aqui sobre o globo e o cubo, ou sobre o círculo e o quadrado, concluamos com o autor que existem casos em que o raciocínio e a experiência dos outros podem esclarecer a visão sobre sua relação com o tato e assegurar, por assim dizer, que o olho esteja de acordo com o tato.

A *Carta* encerra-se com algumas reflexões sobre o que aconteceria a um homem que tivesse enxergado desde o nascimento e não tivesse o sentido do tato, e a outro, no qual os sentidos da vista e do tato estivessem em perpétua contradição. Remetemos os leitores a essas reflexões. Elas nos fazem lembrar de outra, da mesma espécie, feita pelo autor no corpo da *Carta*. "Se um homem que tivesse recobrado o sentido da visão há apenas um ou dois dias se encontrasse misturado a um povo de cegos, ele teria de se calar ou passaria por louco. Do contrário, a cada dia anunciaria a eles um novo mistério, que só seria mistério para eles, e que os espíritos mais fortes não poderiam aceitar sem resistência. Não teriam os arautos da religião como tirar proveito de uma incredulidade tão persistente, mesmo justa sob certos aspectos, mas pouco fundada?" Terminaremos este verbete com essa reflexão, capaz de contrabalançar outras, que se encontram espalhadas na obra, e não são inteiramente ortodoxas.

(MGS)

## Cérebro (*Anatomia*), Tarin [2, 862]

*Cérebro*, ou, no dizer do vulgo, *miolos*, é o nome geral dado à massa mole, parte acinzentada, parte esbranquiçada, contida no crânio; é a fonte de nossos sentidos, na qual pretensamente residiria a alma em particular. Vide *Crânio* e *Alma*.

Quando se abre o *crânio*, encontra-se uma massa que ocupa a cavidade por inteiro e é recoberta por sucessivas membranas. A primeira que se oferece à observação é a *dura-máter*, que reveste o conteúdo e serve como um perióstео. Ela divide o cérebro em diferentes partes, através das diferentes dobras; as principais são o mesolóbulo (lobo temporal) e a testa (lobo frontal). Sob essa membrana há outra, que se insinua pelas anfractuosidades do cérebro e é chamada de *pia-máter*. Nas dobras formadas por ela, insinuando-se pelas anfractuosidades, estão os vasos cerebrais. Vide *Membrana*, *Dura-máter* etc., e também nossas *Pranchas de anatomia*.

Erguidas essas membranas, vê-se a substância do cérebro, formada por uma infinidade de dobras profundas, cujas circunvoluções imitam de perto as dos intestinos. Se aí forem feitas incisões profundas, observar-se-á que são compostas de uma substância de duas cores diferentes. A parte externa tem a cor cinza e foi chamada, por esse motivo, de *massa cinzenta* ou *cortical*; é glandulosa, de acordo com alguns autores; mas sua análise é tão difícil, que tudo o que se pode fazer são conjecturas. A parte interna é esbranquiçada e chama-se *substância medular*. Vide o verbete *Massa cinzenta*.

O cérebro é dividido em três partes principais, a saber: o cérebro propriamente dito, o cerebelo e a medula alongada. Vide *Cerebelo* e *Medula*, e também nossas *Pranchas de anatomia*.

Tomada em sentido particular, a palavra *cérebro* significa, portanto, essa parte de superfície acinzentada que ocupa toda a porção superior da cavidade do crânio e cuja configuração é de um convexo ovalado que se aproxima bastante da metade de um ovo, dividido em duas seções de diâmetro igual, levemente afastadas uma da outra. A extremidade maior do convexo ovulado é a parte posterior; a menor é a anterior.

A fissura pela qual as artérias correm é longa, e mais profunda que os demais sulcos do cérebro; chama-se *fissura de Sylvius*, e separa o cérebro em lóbulos anterior e posterior. Mas como o cérebro, considerado em sua parte inferior, é dividido em cada lado por três partes, deu-se a estas também o nome de *lóbulos*. Vide *Lóbulo*.

Afastando-se entre si os hemisférios do cérebro, observa-se a superfície de um corpo branco chamado *corpo caloso*. Vide *Corpo caloso*.

Se, em cada uma das partes, forem delicadamente extraídos os sulcos que se misturam à massa cinzenta e à medular, até que se observe apenas esta, ver-se-á que se formam, sobre as partes do corpo caloso, dois convexos medulares de figura ovulada, chamados *centro oval*. Realizando-se uma incisão nesses convexos, paralelamente ao corpo caloso, a quatro ou cinco linhas de distância deste, descobrem-se duas cavidades, uma de cada lado, denominadas *ventrículos anteriores*, separados entre si por uma membrana medular, que domina toda a parte mediana da face inferior do corpo caloso e à qual se dá o nome de *septum lucidum*. Vide *Centro, Ventrículo* etc.

As duas lâminas medulares de que é formado o *septum lucidum* terminam na parte anterior, em duas formações muito próximas uma da outra, e, na posterior, em duas formações, ainda mais visíveis, que se separam nas laterais formando pequenas faixas sobre um corpo que tem a figura de um bicho-da-seda, e que prolonga o corno inferior dos ventrículos. São os chamados [**863**] *chifres de Amon*; a parte do ventrículo em que estes se reencontram chama-se *sinus bonbycinus*, ou *sino do bicho-da-seda*. Vide *Chifre* e *Sino*.

A extensão inteira da borda inferior do *septum lucidum* traz o nome de *abóbada de três pilares*. Vide *Abóbada*.

A superfície inferior do platô triangular formado pela abóbada de três pilares é preenchida por linhas medulares transversais e salientes. Os antigos deram os nomes de *psaloides* e *lira* a esse espaço, por causa das fibras. O plexo coroide está sob a lira e prolonga os chifres de Amon.

Levantada essa abóbada (junto ao plexo coroide) encontram-se quatro saliências nos ventrículos laterais. Na parte anterior veem-se duas, em forma de cone ou de lâmina-da-holanda, chamadas *corpos estriados*; as duas outras saliências são as *camadas dos nervos óticos*, que se tocam, mas de modo a deixar dois orifícios, um na parte anterior, outro na posterior. O primeiro se chama *vulva*, o segundo *ânus*. Descartadas as camadas dos nervos óticos, esses orifícios desaparecerão, e perceber-se-á, no fundo deles, o ventrículo terceiro. Vide *Corpos estriados, Vulva* etc.

Atrás do terceiro ventrículo se encontra um pequeno corpo glanduloso, chamado *glândula pineal*, e, atrás desta, os tubérculos quadrigêmeos; os superiores chamam-se *nates*, os inferiores *tates*. Vide *Glândula pineal, Nates* etc.

No terceiro ventrículo está a abertura do *infundibulum*, ou funil, que leva à glândula pituitária; na parte posterior, o aqueduto de Sylvius, que termina no quarto ventrículo, na parte inferior do qual há uma cisão paralela ao eixo; sob o *nates* e o *tates* está a grande válvula do cérebro, a *substância medular*. Vide *Infundibulum, Aqueduto* etc.

Quatro espessas ramificações arteriais, as duas carótidas internas e as duas vertebrais, distribuem-se pelo cérebro e mostram, por sua distribuição, direção e frequentes comunicações recíprocas, que a natureza tomou medidas para que nada se opusesse à separação de um fluido que as nobres funções a que está destinado obrigam a que se considere como o mais sutil: o suco nervoso. Vide *Carótida vertebral*, *Carótida nervosa* e as *Pranchas de anatomia*.

O sangue circula no cérebro através de veias que nascem nas menores arteríolas vermelhas, reúnem-se em ramos mais espessos envoltos pela pia-máter e bifurcam-se de diferentes modos no sino da dura-máter, para passar pelas jugulares e outras veias menores.

Os anatomistas em geral concordam que, guardadas as devidas proporções, o cérebro do homem é maior que o dos outros animais, inclusive o boi, o cavalo etc.

Na ânsia de suprir o que não pode perceber, a imaginação trouxe à luz diferentes sistemas acerca da estrutura do cérebro; os principais são o de Malpighi e o de Ruisch.

Malpighi acreditava que a região cortical era composta por glândulas, cujas dimensões reduzidas e a natureza mucosa e transparente do cérebro impedem que sejam observadas mesmo em microscópios como o de Marthall (que ele preferia ao de Leuwenhoeck), com o auxílio dos quais ele viu essa substância repleta de pequenos pontos. Se cozida, a substância do cérebro se precipita em moléculas similares às das glândulas; lançando-se tinta sobre a região cortical, descobrem-se pequenas elevações, separadas por fendas estreitas; quando petrificado, o cérebro apresenta uma superfície recoberta por pequenos glóbulos; incisões feitas no crânio fizeram transbordar uma matéria fúngica, que tem algo de glandular; na hidropisia, as partes externas do cérebro se transformam em pequenas esferas. Não seriam todas essas razões a prova de que a substância do cérebro é glandular?

Mas essas evidências não convenceram Ruisch de que a substância cortical é glandular; acreditou, ao contrário, que o cérebro como um todo não é mais do que o prolongamento de artérias que se dividem variadamente, cujas extremidades irão formar nervos.

A diferença entre esses autores resume-se, portanto, a isto: Malpighi admite folículos glandulares entre a extremidade dos vasos que formam a região cortical e a dos que formam a substância medular; Ruisch, ao contrário, afirma que as extremidades dos vasos da região cortical prolongam as extremidades dos vasos da substância medular. Nenhum desses sistemas, porém, está apoiado em razões suficientemente fortes para que possamos decidir em prol de um deles. Remetemos ao verbete *Dura-máter*, para a célebre questão da relação entre seu movimento e o do cérebro; e ao artigo *Espírito*, para a questão dos espíritos animais.

Seja como for, os filósofos em geral consideram o cérebro o órgão de nossos pensamentos. O Sr. Astruc vai mais longe e pretende oferecer a razão dos fenômenos do raciocínio e do julgamento através de uma analogia, suposta por ele, entre as fibras do cérebro e as dos instrumentos musicais. Segundo ele, é um axioma que cada ideia simples é produzida por vibrações isocrônicas de numerosas fibras, e o maior ou menor grau de evidência produz o maior ou menor grau de força com que as fibras vibram.

Mas tudo isso é tão pouco demonstrado, que parece inútil nos determos nesse ponto. Não é menos verdade, porém, que o pouco que entrevemos a respeito dos nervos e da estrutura do cérebro nos oferece uma diligência maravilhosa. Creio, por isso, que não desagradará ao leitor que eu acrescente aqui a explicação dos diferentes fenômenos ligados aos detalhes que demos das vias da natureza.

1º) O cérebro e o cerebelo são os reservatórios em que é filtrada a matéria que conduz o movimento a todos os nossos membros. Eis alguns experimentos que provam que o sentimento e o movimento têm seu princípio na substância medular.

1. Uma vez comprimida a medula do cérebro por uma causa qualquer, como o sangue, a serosidade, as hidátides, o achatamento mecânico dos ossos do crânio, a concussão, a comoção etc., mergulhamos em apoplexia. 2. Quando a medula do cérebro é picada ou ferida, decorrem convulsões terríveis; 3. As medulas cerebral e espinhal, quando feridas, cortadas ou comprimidas, produzem a paralisia das partes inferiores. Como é absolutamente necessário que não haja compressão nessas substâncias, o cérebro é dividido em duas partes, sustentadas pelo mesolóbulo, quando dormimos e a testa sofre algum abalo lateral; já os lobos superiores são sustentados pela fenda, a fim de que não caiam sobre o cerebelo. Os ventrículos servem ainda para impedir compressões; pressionado lateralmente, o cérebro pode ceder do lado dessas cavidades, que se encontram constantemente preenchidas por um líquido filtrado no plexo da coroide. Em vista disso, a natureza

formou uma caixa redonda para conter o cérebro, configuração que previne contra o afundamento [**864**] do crânio. Quanto à medula da espinha, ela encontra um parapeito no canal das vértebras.

2º) As veias não acompanham as artérias, para que estas não as comprimam ao se dilatar nos grandes movimentos. Os reservatórios venais têm uma estrutura singular e, seccionados, apresentam figura curvilínea. São formados concavamente entre as duas lâminas da dura-máter, que os reveste e os protege. São, além disso, reforçados por diferentes meios. Em suas cavidades, há fibras transversais que têm o papel de vigas, ligando as partes opostas e resistindo à distensão destas. Vede quantas precauções não tomou a natureza para que as veias do cérebro não se rompam a cada vez que o sangue se detém, como quando retém a respiração ou faz grandes esforços, como tossir, espirrar, rir etc.! As artérias e as veias do cérebro, que têm direções diferentes, comunicam-se umas com as outras, artérias com artérias, veias com veias, infinitas vezes. Pois, no primeiro caso, seria perigoso que elas formassem um obstáculo formal uma à outra, ao passar pelo mesmo orifício; e, no segundo, o sangue poderia não encontrar uma saída, por causa da obstrução de sua rota direta.

3º) Os nervos que partem da lateral esquerda se dirigem ou parecem dirigir-se à direita, e os que saem da direita se distribuem ou parecem distribuir-se em direção à esquerda. Apenas assim se pode explicar por que, quando um dos lados do cérebro é vivamente afetado, as partes do outro, correspondentes aos nervos da parte afetada, se mantêm imóveis.

4º) Quando o cérebro é comprimido ou cortado até a substância medular, a ação voluntária dos músculos é interrompida, a memória e o sentimento se extinguem, mas a respiração e o movimento do coração subsistem. Quanto ao cerebelo, caso se faça o mesmo, a respiração e o batimento do coração serão suprimidos. Do que se segue que os nervos destinados ao movimento voluntário partem do cérebro; aqueles dos quais dependem os movimentos espontâneos partem do cerebelo. O cérebro se encontra assim protegido por todos os lados, inclusive as artérias vertebrais que lhe fornecem sangue, pois chegam a ele pelos orifícios das apófises transversais do pescoço.

5º) Todas as doenças mentais dependem de compressão e irritação. A dor de cabeça é causada pela interrupção da trajetória do sangue, que provoca batimento intenso nas artérias. Dissecções de cadáveres de pessoas atingidas por esses males mostram vasos distendidos ao extremo e repletos de sangue de coloração escura. Se o inchamento aumenta a ponto de causar grande compressão, vem a apoplexia, pois então o suco nervoso não pode mais ser levado aos nervos que servem ao movimento voluntário; caso essa pressão chegue até o cerebelo, cessarão o batimento do coração e a respiração. Quanto à epilepsia, sua causa difere daquela da apoplexia apenas pelo fato de a pressão não ocorrer do mesmo jeito. Suponhamos que uma artéria forme um aneurisma; essa artéria inchada baterá com intensidade extraordinária, o que fará circular com força o suco nos nervos; seguir-se-ão convulsões extraordinariamente fortes. Vê-se assim que a apoplexia pode se suceder à epilepsia; e que a paralisia costuma se seguir às doenças de que falamos, embora também possa ter outras causas, como mostrado no artigo *Paralisia*.

6º) Em pessoas que falecem por causa dessas doenças, encontra-se no cérebro uma quantidade considerável de serosidade.

7º) É visível que os nervos, que são os canais do cérebro, se distribuem pelos músculos para levar movimento a estes; mas há mais ramificações em proporção aos plexos que acompanham as artérias, pois necessitam de movimento intenso para bombear o sangue.

8º) Por fim, os nervos são os únicos corpos sensíveis. Mas por que o cérebro, do qual eles partem, também não o é, ou não em um grau considerável? Como esse fenômeno depende das leis de união entre a alma e o corpo, não se poderia oferecer nenhuma razão para ser assim. Vide *Nervo* e *Anatomie d'Heist. avec des essais de physiologie.*

Quanto à sede da alma, os autores concordam em situá-la numa única parte do cérebro, receosos que uma sede em cada lobo implicasse dupla sensação. Uns situaram a alma, vale dizer, o princípio primeiro de nossas sensações e pensamentos, na membrana transparente; Descartes e os de seu séquito quiseram que ela habitasse a glândula pineal; Lancisi a encontrou nos corpos calosos; Vieussens adotou essa opinião; Possidônio entre os antigos, Willis entre os modernos, distribuíram as diversas faculdades da alma por diferentes partes do cérebro, apropriadas a cada uma delas. Mas ninguém até aqui foi capaz de nos mostrar onde estariam esses pretensos departamentos. O cérebro pode ser consideravelmente danificado sem que se perca o uso dos sentidos, o que mostra bem a extensão do *sensorium commune*.

Certas observações parecem pôr em questão que o cérebro seria uma parte absolutamente necessária à vida. Há muitos exemplos anatômicos de animais que sobreviveram à perda dessa parte do corpo; e há o caso de uma criança, nascida em Paris, que não tinha nem cérebro nem cabeça, mas, em lugar dessas partes, tinha um bolo de carne, de coloração similar à do fígado. O Sr. Denys relata outro exemplo, de uma criança nascida em 1573, muito bem formada, exceto pela cabeça, que não tinha miolos, cerebelo, medula alongada ou qualquer cavidade apropriada para contê-los; o crânio, se é que se pode chamá-lo assim, era sólido e não tinha nenhuma ligação com as vértebras, de sorte que não havia nenhuma comunicação entre a medula espinhal e a cabeça. O Sr. Leduc dá um terceiro exemplo, de 1695, de uma pessoa encontrada sem cérebro, sem cerebelo, sem medula alongada e sem medula espinhal; a cavidade que deveria contê-las era extremamente reduzida e preenchida por uma substância lívida, esbranquiçada, similar a sangue coagulado; acrescenta que essa era a terceira pessoa que encontrara assim. O Sr. Duverney acredita que essa substância seria uma medula espinhal, ainda que com uma consistência diferente. Em suma, ele a considera um cérebro, similar àquele que se encontra no crânio, porém mais necessário à vida do que este e o cerebelo, pois uma ferida ou a compressão da medula espinhal é sempre mortal, o que não é o caso do cérebro, como sugerem as observações relatadas pelos srs. Duverney e Chirac. O primeiro extraiu o cérebro de um pombo, que sobreviveu, alimentando-se e desempenhando todas as suas funções. Quanto ao segundo, extraiu o cerebelo da cabeça de um cachorro, que sobreviveu, mas morreu assim que foi privado do cerebelo; observou ainda, que o animal, tendo o pulmão insuflado, sobreviveu por uma hora após a perda dessa parte. O mesmo Sr. Chirac notou que, após ter separado a medula alongada da medula espinhal de um cachorro e ter extraído seu cérebro e seu cerebelo, o animal sobreviveu, quando [**865**] seus pulmões foram insuflados. Podem-se acrescentar a isso diversos exemplos, relatados pelo Sr. Boyle, não somente de animais que sobreviveram à separação entre a cabeça e o corpo, como também de copulação e fecundação de insetos submetidos a essa circunstância. Do que se seguiria que a medula espinhal seria suficiente para sensação, movimento, secreção de espíritos animais etc.

O cérebro assume diferentes proporções nos diferentes animais. Não é grande nos pássaros, proporcionalmente ao corpo; é bem menor nos bovinos e no cavalo. O macaco, animal astucioso e hábil, possui um cérebro grande. O cérebro dos animais ruminantes é menor que o do homem, mas maior que os das outras feras, como se vê ao comparar-se o cérebro da cabra e do alce com o do leão e do lince. É pequeno nos animais agressivos, pois eles têm os músculos da têmpora bastante espessos, que estreitam seu crânio, comprimindo sob a forma de um plano inclinado e cavo as laterais que em nós são arredondadas e salientes na parte exterior. Portanto, é correto afirmar que um cérebro pequeno é marca não de imbecilidade, mas de ferocidade. Essa víscera é bem menor nos peixes que nos quadrúpedes: o tubarão, que pesa trezentas libras, não tem três onças de cérebro; é copiosa nas espécies que parecem mais astuciosas, como a foca. Nos insetos, é tão insignificante que não há como saber onde estaria: não se vê mais do que a medula espinhal, que parece se ramificar em nervos óticos. No efêmero, no escaravelho, na abelha, o cérebro não passa de uma pequena partícula, pouco maior que um gânglio da medula espinhal, como na lagarta, no ermitão, no bicho-da-seda. O homem, o mais prudente dos animais, é aquele cujo cérebro é maior; em seguida, vêm os animais suscetíveis de ser instruídos pelo homem; por fim, os que têm pouquíssimas ideias e desempenham ações das mais simples, têm o menor cérebro. Dependeria a robustez da quantidade de cerebelo? É verossímil que sim; mas falta-nos experiência a respeito. Isto é certo: o homem, feito para ter tantas ideias, não poderia contê-las num cérebro menor que o seu.

**(PPP)**

## Concepção (*Lógica*), Jaucourt [3, 803]

*Concepção*, ou compreensão, é a operação do entendimento pela qual ele liga as ideias das coisas considerando-as sob certos aspectos, e apreendendo suas diferentes ramificações, relações e encadeamentos.

A concepção reúne as sensações e percepções que nos são fornecidas pelo exercício em ato das faculdades intelectuais. Na falta de sensações e percepções bem organizadas, e de atenção e reflexão, muitas vezes o espírito não apreende as relações das coisas a partir do verdadeiro ponto de vista, do que resulta que não as concebe ou as concebe mal. Segundo a judiciosa observação do abade de Condillac, uma condição essencial para conceber bem é representar-se as coisas sempre nas relações que lhes são próprias. Se os objetos apresentados ao entendimento lhe forem familiares, concebe-os com prontidão, assim como suas relações. Abarca-os a todos, por assim dizer, ao mesmo tempo; e o espírito, quando fala a seu respeito, percorre--as com rapidez suficiente para se adiantar à fala, um pouco como o olho de quem lê em voz alta se adianta à pronunciação.

Acontece ainda de a alma ser levada de concepção em concepção, pela ligação das ideias que calham com seu interesse presente. Então, ela compõe um encadeamento sucessivo, de uma ideia a outra, mais próxima, de uma extensão de compreensão a outra, e desta à seguinte, auxiliada sempre pelo interesse, que fornece os conhecimentos a partir dos quais ela se determina a si mesma em maior ou menor grau.

A progressão da concepção é mais ou menos extensa dependendo do grau de perfeição do *sensorium commune*: mais perfeito ele é, mais percepções a alma é capaz de receber de uma só vez. A extensão e o grau de perfeição da concepção regulam o entendimento e a prontidão do bom senso; chegam mesmo a fornecer, por vezes, sem o auxílio da razão, o fundo e a forma dos raciocínios. Mas, quando é demasiado limitada ou irregular, dá origem a decisões viciosas.

Segue-se que é de suma importância tentar conceber as coisas sob as ideias que lhes são apropriadas, tornar a concepção familiar, através da atenção, e estendê-la com o exercício. Ela não responde pelo gênio, mas contribui para ele, quando atua com prontidão. Quando é ativa, gera a indústria, mãe da invenção, tão necessária às artes, e tão proveitosa para determinados povos.

(**PPP**)

## Consciência (*Filosofia, Lógica, Metafísica*), Jaucourt [3, 902]

*Consciência* é uma opinião ou sentimento interno daquilo que fazemos, algo que os ingleses exprimem pela palavra *consciousness*, que só pode ser traduzida em francês por uma perífrase, *consciente*.

Posto que a alma, como todos hão de reconhecer, tem percepções à sua revelia, o Sr. Condillac decidiu dar o nome de *consciência* ao sentimento que lhe propicia conhecimento de tais percepções e a adverte ao menos em relação a uma parte do que se passa em si. Se, como quer Locke, a alma não tem percepções de que não toma conhecimento, de modo que é uma contradição falar numa percepção que ela não conheça, então a percepção e a consciência devem ser tomadas como uma e mesma operação. Se, ao contrário, há na alma percepções de que ela nunca toma consciência, como afirmam os cartesianos, os malebranchistas e os leibnizianos, então a consciência e a percepção são operações perfeitamente distintas. A opinião de Locke parece ter mais fundamento. Ao que tudo indica, não há percepções de que a alma não tenha alguma consciência, forte ou fraca; do que se seguiria que a percepção e a consciência realmente são uma mesma operação, sob dois nomes diferentes. Considerada uma impressão da alma, essa operação pode ser chamada de *percepção*; na medida em que adverte a alma de sua presença, recebe o nome de consciência.

(**PPP**)

## Corpo (*Medicina*), Autor desconhecido [4, 263]

Nos animais, *corpo* é o oposto da alma, vale dizer, é a parte do animal composta de ossos, músculos, canais, licores e nervos. Vide *Alma*. Nesse sentido, o corpo é o objeto da Anatomia Comparada. Vide *Anatomia*.

## .Corpo (*Economia animal*), Tarin [4, 263]

Na *economia animal*, *corpo* é a parte extensa de nosso ser, em três dimensões, dotada de certa configuração apropriada ao movimento e ao repouso. (Boerhaave) Alguns dentre os modernos médicos alemães admitem, como terceira parte, certo gênero de arqueu; mas não sei o que querem dizer com isso, e não me parece que compreendam a si mesmos. Vide *Arqueu*.

O corpo humano é composto de sólidos e fluidos. Vide *Sólido* e *Fluido*.

O corpo dos homens apresenta algumas variações; é o que provam os diversos efeitos dos remédios em diferentes países. Daí, por exemplo, que vinte grãos de *jalapeño* liberem com dificuldade o intestino, enquanto dez são suficientes num país em que se transpira menos. Mas disso não se deve concluir que exista uma diferença sensível na natureza mesma das partes que componham o corpo e não se possa contar com uma prática geral. O homem, que se alimenta de víveres de toda espécie, e os bovinos, que vivem de capim, têm um sangue praticamente igual. A análise química não mostra nenhuma diferença perceptível aos sentidos, exceto por um odor de peixe em ovinos que vivem no estreito da Pérsia, em comparação a homens que habitam a mesma região. Tabor afirma que o sangue do homem e o dos bovinos têm a mesma densidade e as mesmas propriedades. O que está [**264**] de acordo com a memória apresentada pelo Sr. Homberg em 1712 à Academia de Ciências; e com Baghis, que, antes desse célebre químico, observara pouquíssima diferença entre a bile do homem e a do cabrito. Ora, essa analogia não apresenta nada que surpreenda os médicos, pois os sucos dos animais diferem daquele dos vegetais por um grau apenas, e os nossos não são diferentes daqueles dos animais. E não se passaria o mesmo com as plantas, que têm um suco que lhes é próprio, mas que é, ao mesmo tempo, inteiramente diferente dos sucos que as nutrem e são responsáveis por seu crescimento? Com efeito, os sucos da terra, que formam os aloés, a melissa, o cerefólio, são todos os mesmos, mas a virtude seminal de cada planta é tal que uns sucos se tornam amargos, outros doces e aromáticos. Nesses e nos demais vegetais, o suco se transforma em licores diversos, assim como nosso corpo, que, a partir de cem mil sucos diferentes, faz um quilo doce, que lhe é próprio. Existe, portanto, no corpo humano, um princípio que, por meio de duas coisas de natureza estranha, o pão e a água, forma as partes sólidas e líquidas desse corpo; e, caso esse princípio não esteja presente, todas as forças do universo reunidas não poderiam fazer os mesmos produtos com os mesmos meios. (Boerhaave)

Mas, como nada é tão importante no tratamento de doenças como conhecer bem a disposição das partes, e como, na descrição dessas partes, utilizam-se amiúde as palavras *interna* e *externa*, *anterior* e *posterior*, *superior* e *inferior*, deve-se conceber o corpo, a fim de evitar confusão, como segmentado em planos: o primeiro o divide em duas partes iguais e simétricas, da cabeça aos pés; o segundo está acima da cabeça, e é perpendicular ao primeiro; um terceiro, por fim, também perpendicular ao primeiro, vai do rosto aos pés. Todas as partes voltadas para o primeiro plano (o de divisão) são ditas *internas*, e chamam-se *externas* todas as que estão em sentido oposto; do mesmo modo, chamam-se *superiores* todas as partes que consideram o plano acima da cabeça (horizontal) em qualquer altitude que seja em relação ao corpo, e *inferiores* as que se opõem às primeiras; por fim, chamam-se *anteriores* as partes voltadas para o terceiro plano (vertical), e *posteriores* etc. Supondo-se que os braços pendam rente ao tronco, a palma da mão deve estar virada para o plano de divisão.

A anatomia é uma espécie de geografia, e a precisão lhe é indispensável. Por isso, o corpo, à maneira da Terra, foi dividido em diversas regiões. Para não cansar o leitor com detalhes, remeto a *Pranchas de anatomia*, nas quais encontrará a explicação dessas diferentes regiões, ao lado da figura.

A palavra *corpo* também é utilizada em Anatomia para designar algumas partes, como *corpos franjados*, *corpos olivares*, *corpos estriados*, *corpos cavernosos*, *corpo piramidal*, *corpo reticular* etc. Vide *Piramidal*, *Reticular* etc.

Considerado em relação aos diferentes movimentos voluntários que é capaz de desempenhar, o *corpo humano* é a reunião de um número infinito de alavancas movidas por cordas; em relação aos movimentos dos fluidos que contém, é a reunião de uma infinidade de tubos e máquinas hidráulicas; por fim, em relação à geração desses mesmos fluidos, é a reunião de instrumentos e recipientes similares aos da Química, como filtros, alambiques, recipientes, serpentinas etc. Quanto ao todo, é um composto que só temos de admirar, mas cujas partes escapam, em sua maioria, à nossa admiração. O principal laboratório químico do corpo é o cérebro. Vide *Economia animal*.

**(PPP)**

## Delírio (*Medicina*), d'Aumont [4, 785]

O *delírio* é um gênero de lesão das funções animais. A etimologia mais verossímil desse nome, de acordo com diversos autores, é a palavra *lira*, que significa *fenda em linha reta*, escavada nos campos em que os romanos batiam suas estradas. Assim, da expressão *aberrare de lira*, desviar-se da fenda, vem a palavra *delirus*, aplicada por alusão ao homem que abandona a regra da razão; pois o delírio nada mais é do que o desregramento, o erro do espírito durante a vigília, quando ele julga mal coisas que são do conhecimento de todos.

A alma permanece sempre no mesmo estado e não é suscetível de nenhuma alteração; logo, não é a ela que se deve atribuir esse desregramento, esse erro, essa falta de juízo que constitui o delírio, mas sim à disposição dos órgãos do corpo, que aprouve ao criador reunir à alma. Que é esse o caso, está fora de questão.

Em virtude da união dessas duas substâncias, as ideias são condicionadas pelas alterações que ocorrem na superfície externa e na parte interna da fibra medular do cérebro, bem como pelas impressões de movimento recebidas por esta. Conforme haja acordo ou desacordo entre essas vibrações, a alma, que é afetada pelas ideias que lhe vêm assim, as reúne ou as separa, e, após tê-las julgado, apodera-se delas com maior ou menor força, conforme a consonância ou dissonância seja maior ou menor, em proporção à extensão, espessura e tensão da fibra. Vide *Alma*, *Cérebro*, *Sensação*.

Dessas três qualidades, as duas primeiras raramente sofrem alguma alteração; há mesmo motivo para duvidar que isso aconteça. São distintas em diferentes pessoas, o tecido das fibras é mais resistente e forte em uns, mais fraco e frouxo em outros, e as combinações intermediárias são praticamente infinitas. Quanto à tensão, ela é suscetível de ser aumentada ou diminuída nesse estado natural, ou no estado antinatural, quando há excesso.

Diz o Sr. de Sauvages, em seu livro *Des nouvelles classes de maladies* (1732), que enquanto as fibras do cérebro gozarem da harmonia com que o autor da natureza as dispôs, mediante uma tensão proporcional a cada uma, as ideias e juízos resultantes de alterações sofridas em virtude de causas externas ou internas serão saudáveis e naturais, e conformes aos objetos. Mas, se essa concórdia for perturbada, e as fibras se tornarem tensas ou elásticas demais, como no frenesi ou na mania (vide *Mania*, *Frenesi*), então todas as fibras que servem às funções da alma apresentarão o mesmo defeito, seja na melancolia, seja mesmo na demonomania, em que os casos variam muito de indivíduo a indivíduo (vide *Demonomania*, *Melancolia*). Ao contrário, se as fibras estiverem relaxadas demais, como na letargia ou na estupidez (vide

*Letargia, Estupidez*), as ideias e os juízos, que são a comparação que o espírito faz entre suas ideias, serão proporcionalmente mais fortes ou fracos do que a impressão dos objetos; e, como o número de suas operações é finito, as mais fortes ocuparão por inteiro a faculdade de pensar, que, fixando nelas toda a sua atenção (vide *Atenção*), impedirá que as demais sejam percebidas e não emitirá nenhum juízo sadio e natural. Esse efeito é comum às doenças mencionadas e a muitas outras, similares a elas, em que as fibras sofrem tensão excessiva, não importa se todas em conjunto ou apenas algumas em particular. Constituem-se assim as diferentes espécies de delírio. Em cada uma dessas afecções, o espírito erra durante a vigília, e apresentam-se a ele ideias que não são conformes aos objetos.

Há duas espécies principais de delírio: o universal, em que todas as fibras do cérebro ou um grande número delas são obliteradas; e o particular, em que umas poucas fibras são danificadas.

Observam-se diferentes graus de delírio. A alteração no órgão das sensações, ou *sensorium commune*, por uma causa interna, pode ser tão pouco considerável, que a impressão é ainda mais tênue do que as produzidas por causas externas sobre os sentidos. Ideias excitadas por essa impressão ligeira se apagam facilmente e cedem a outras, vindas da percepção. Tal é o primeiro grau de delírio: quando o doente acredita perceber um objeto através dos sentidos, e, advertido por seus cuidadores, constata que se enganou.

Mas, quando a atuação da causa interna sobre o órgão das sensações é tão forte que iguala e mesmo ultrapassa a impressão dos sentidos, o doente não se deixa convencer de que a causa do que sente não é exterior a si mesmo, sobretudo se já teve ideias similares, ocasionadas por objetos exteriores: está convencido de que as mesmas causas externas o afetam, e volta-se contra aqueles que ousam negar coisas que lhe parecem evidentes. É que, nesse caso, a impressão da causa interna no órgão da sensação é tão eficaz que supera toda outra impressão possível. A ideia resultante permanece presente para o espírito e não pode ser corrigida por nenhum raciocínio. Mas os órgãos que servem aos juízos sadios não são inteiramente destituídos de suas faculdades: caso um acidente súbito e imprevisto atraia a atenção do doente, essa nova impressão se imporá sobre a precedente; por um momento, ele parecerá se ocupar do que realmente se passa fora de si, e, como consequência, seu raciocínio será preciso; mas, uma vez suprimida a causa de sua atenção, a outra voltará a surtir efeito, e ele recobrará as ideias falsas.

O chamado *juízo* depende da faculdade interna do pensamento na [**786**] comparação de ideias. Um homem que delira se deixa persuadir de que variadas ideias lhe são apresentadas por ocasião da causa interna que as excita, pois são de fato muito vivas e se parecem com outras, excitadas por objetos externos.

Todas as ideias que nascem em nós representam um objeto agradável, desagradável ou indiferente. Se nos determinamos a agir, é para prolongar um sentimento agradável ou suprimir um desagradável; ao indiferente, não damos atenção.

Quando ideias das duas primeiras espécies vêm ao homem que delira, supondo que elas sejam aptas a excitar na alma afecções violentas, ele se agita, fere os que tentam contê-lo e supera todos os obstáculos que lhe são postos, para obter coisas que deseja ou repelir as que receia. Tais são os delírios que Hipócrates chama de φερίοδες, durante os quais as ameaças, os perigos ou a razão são incapazes de deter o doente, ou de impedi-lo de ferir a si mesmo ou aos outros; compara-os a feras selvagens, a partir da significação da palavra grega mencionada. Mas, mesmo que o enfermo se ocupe de ideias que não têm nada de bom ou de desagradável, e seu corpo não se agite nem se mova de forma brusca, ele não deixa de estar delirando. Ouçamos Hipócrates, em seu primeiro livro *Dos prognósticos*: "delírios recônditos, acompanhados de ligeiros tremores dos membros, durante os quais tateia-se continuamente, como se se estivesse à busca de algo para apalpar, são uma espécie de frenesi". Portanto, enganam-se os médicos que acreditam que seus pacientes não estariam delirando só porque não se levantam do leito, não se agitam violentamente e não emitem gritos lacerantes. Delírios recônditos são de péssimo augúrio, e é sumamente necessário conhecê-los; pois, se em todo delírio uma porção da substância medular é afetada, na espécie em questão o perigo é ainda maior, porque as aparências não sugerem que algo estaria acontecendo.

Caso a alteração no órgão das sensações pela causa mórbida interna venha a ocasionar a ideia de um objeto que nunca foi visto e do qual jamais houve representação no espírito, a alma se ocupará inteiramente de sua consideração e será perturbada por ele. O doente é como que abalado por um espanto, seus olhos se arregalam, ele permanece boquiaberto e não demora a sofrer convulsões, tão mais violentas quanto maior o objeto do medo. É o que sucede aos epilépticos, que, em meio aos paroxismos, são afetados por diferentes cores, odores, sabores etc. que não conseguem remeter a nenhuma sensação conhecida; mesmo em sonhos, representam coisas que nunca viram ou imaginaram. Sem dúvida por isso Hipócrates pôde afirmar "que no delírio febril as agitações da alma que ocorrem sem que o doente diga palavra são muito perniciosas".

Do que foi dito, resulta que há diferentes gêneros de delírio; todavia, é possível reduzi-los a três: 1º) o que é excitado pela causa interna de diferentes ideias simples, mais ou menos vivas, dependendo da força da impressão; 2º) quando dessas ideias decorre um juízo; 3º) quando essas ideias se mostram à alma como mais ou menos agradáveis ou desagradáveis, e são por isso acompanhadas de agitações do corpo mais ou menos violentas.

As decorrências dessas espécies de delírio variam conforme a paixão excitada. Alterações conspícuas no corpo não são as mesmas para ideias acompanhadas de prazer e para as acompanhadas de medo ou tristeza. Como diz Hipócrates em seus *Aforismos*, "os delírios em que o doente aparenta bom humor são menos perigosos do que aqueles em que se mostra sério ou preocupado". Ele considera especialmente funestos os delírios em que o doente recusa o que lhe é mais necessário, como alimentos, e torna-se alerta, por recear os objetos que ele mesmo representa.

O delírio pode ser essencial ou sintomático, idiopático ou simpático, maníaco ou melancólico, com febre ou sem, seja aguda ou crônica.

Após ter explicado a natureza do delírio e exposto suas principais marcas distintivas, a partir das quais se pode facilmente ter uma ideia de cada uma das espécies, resta investigar suas causas, a partir das observações mais exatas.

No delírio, as ideias são excitadas por uma causa interna que interfere na disposição do cérebro. Essas ideias são similares às excitadas naturalmente pela impressão dos objetos exteriores. Por conseguinte, despertam na alma diferentes paixões. Essas paixões são seguidas por diferentes movimentos do corpo, o que significa que a causa do delírio atua sobre o órgão das sensações, do qual nascem, sem divisão ou interrupções, todos os nervos de cada uma das partes do corpo, que se distribuem em direção aos músculos e aos órgãos dos sentidos. Injeções anatômicas ensinam que a substância medular do cérebro é completamente vascularizada e é o prolongamento da substância cortical, que, como está demonstrado, é composta por múltiplos vasos. Os pequenos canais que a formam contêm um fluido, o mais sutil de todo o corpo, que, ao ser distribuído, está sujeito aos mesmos vícios que afetam os vasos maiores, que transportam um líquido mais espesso. Por serem delicados, esses canais sofrem obstruções e compressões; e tudo o que possa interromper o livre curso dos fluidos nesses vasos é capaz de produzir delírio. Sabe-se que, nas demais vísceras, é necessário que os líquidos que se deslocam em meio aos sólidos de que elas são compostas mantenham uma velocidade constante, e um movimento demasiado rápido ou lento perturbaria o funcionamento da víscera. O mesmo vale para o cérebro. Muitos pacientes são acometidos por delírio em meio a febres intermitentes, apenas devido à agitação dos humores que se deslocam com demasiada velocidade, em decorrência da violência do ataque; tão logo a movimentação dos humores diminua, cessa o delírio.

O delírio pode ser produzido por obstrução, inflamação e tudo o que acelere ou retarde o curso dos fluidos em geral e os do cérebro em particular. Por isso, suas causas podem ser numerosas; as mencionadas têm origem no cérebro. Mas muitas outras, que não atuam imediatamente, atingem outras partes do corpo e podem afetar a substância medular do órgão das sensações, como se fossem uma causa física [787] preexistente no próprio cérebro. É uma circunstância das mais importantes, que merece toda a atenção.

Os antigos observaram que em outras partes do corpo ocorrem alterações que podem sinalizar delírio iminente. Como diz Hipócrates em seus *Prognósticos*, "se houver batimento num dos hipocôndrios, isso significa grande agitação ou delírio. Palpitações do ventre são seguidas de perturbações no espírito", e assim por diante. A história dos ferimentos, das dores e convulsões, da mania, da epilepsia, da melancolia etc., mostra que o órgão das sensações pode ser afetado por um defeito numa das partes do corpo.

Observa-se em particular que o delírio, como sintoma de febre, é ocasionado pela matéria mórbida encontrada na região epigástrica; basta evacuá-la para que a febre desapareça, sem que seja preciso recorrer a nenhum remédio para a cabeça. Em seu livro *Das afecções*, Hipócrates diz: "o acúmulo de bile nas vísceras próximas ao diafragma causa frenesi".

Sabe-se da influência, no cérebro, de remédios administrados para o estômago, em especial certos preparados que, uma vez ingeridos, suprimem o delírio. É o poder das partes afastadas, que Vanhelmont denomina, bem a propósito, ação de subordinação, *actio regiminis*. Essa correspondência é manifesta nas partes em que convergem um grande número de nervos, que então se espalham por outras partes, como é o caso do orifício superior do estômago, cuja irritação causa desordens em todos os órgãos da sensação; suprimida a causa da irritação local, instaura-se uma tranquilidade geral. A razão desses efeitos não é evidente; mas o fato é atestado, e é suficiente para extrair indicações que orientam intervenções práticas. Para as diferentes causas particulares de delírio, consultem-se os verbetes *Mania*, *Melancolia*, *Frenesi* etc. O que dizemos aqui vale para o delírio propriamente dito, observado na maioria das doenças agudas, sobretudo as febres. O delírio febril fornece os signos que dão a conhecer o delírio em geral; ou, como diz Hipócrates, "aquele que, a partir de afecções presentes, julga as que estariam por vir, está em perfeitas condições de conduzir o tratamento de um doente".

Por ter diferentes graus e ser acompanhado de sintomas funestos, sobretudo quando atinge o cume de sua violência e gera na alma paixões intensas, acompanhadas de movimentos e agitações extraordinárias, é de suma importância conhecer os princípios do delírio, para tentar detê-lo e evitar suas consequências. Isso exige muita aplicação. Comentando esse ponto, Galeno recorre a uma comparação engenhosa: "assim como há jardineiros muito hábeis, que conhecem as plantas e conseguem distingui-las mal tenham brotado do solo, os médicos hábeis também percebem os sinais do delírio que se aproxima ou já começou, enquanto outros são incapazes de fazê-lo, mesmo que o doente se agite sem razão aparente, erga-se do leito, seja acometido de fúria" etc.

A importância de conhecer os signos de delírio levou Hipócrates a observá-los ciosamente. Em seus *Prognósticos*, ele diz: "é um signo de delírio deitar-se sobre o ventre, se a pessoa não está acostumada a deitar-se nessa posição"; e, também no mesmo livro, "o doente que range os dentes e nunca o fez na vida adulta está acometido pelo delírio e corre risco de vida". Lê-se aí também que "a respiração longa e profunda significa delírio; quando há batimento dos flancos e os olhos parecem agitados, deve-se esperar pelo delírio". Uma dor aguda no ouvido durante uma febre violenta, a língua áspera e seca, o rosto avermelhado, o olhar feroz, o vômito de matéria biliosa, a urina avermelhada, clara, ou, pior ainda, branca, são signos de predisposição ao delírio. Mas o sinal que Hipócrates considera mais certo é que alguém se ocupe de coisas com as quais não costuma se importar ou que contrariem sua disposição costumeira: a esse signo geral se referem signos particulares, como uma resposta brusca de um homem que costuma ser moderado, um ato indecente de uma mulher recatada, e outros similares. Por experiência própria, Galeno afirma que quem delira olha fixamente para as próprias mãos, sente o desejo de juntar flocos ou caçar moscas; quando percebia esses sinais em si mesmo, pedia socorro, para evitar o frenesi que o ameaçava. O delírio noturno, em geral tomado como uma espécie de letargia, distingue-se por um pulso regular, ainda que fraco. Hipócrates oferece muitos outros signos diagnósticos; restringimo-nos aos mencionados. Passemos agora aos signos prognósticos. Extraído de Van Swieten, *Comment. aph. Boerhave.*

Delírios intermitentes são menos nocivos, especialmente se forem breves, e desacompanhados de signos nefastos; são mais assustadores do que perigosos.

Delírios que ocorram em meio a doenças são sempre sinais ameaçadores, assim como, tomado em si mesmo, pode ser visto como signo de morte iminente.

A urina turva com sedimentos anuncia o fim do delírio; ver livro VI dos *épid.* Suor abundante com a testa quente pode ser o prenúcio do fim do delírio; o mesmo para hemorragias, hemorroidas, dores agudas na virilha, nas pernas, nas coxas, nos pés, nas mãos. Isso se explica pelo transporte da matéria mórbida das partes mais essenciais à vida para outras, menos importantes.

Outro sinal positivo é que o sono aplaque [**788**] o delírio (Hipócrates, seção II, aforismo 2), mas desde que se durma tranquilamente; pois, se o sono for agitado, é sinal de um desfecho fatal (seção I, aforismo 2). Deve-se mencionar ainda o sono típico das doenças soporíferas, que denota piora quando sucede ao delírio; acompanhado de fraqueza, pode ser fatal, pois exaure o pouco que resta das forças.

É um péssimo sinal que a perda de voz, nas febres por convulsão, degenere em delírio silencioso; no delírio violento, o tremor precede a convulsão, e a morte vem logo em seguida.

São perniciosas as oscilações frequentes entre a tranquilidade e a agitação. Se acompanhado de falta de memória, abatimento e estupidez, o delírio pode ser signo de morte eminente, pois indica um relaxamento de todas as fibras do cérebro, que perderam suas molas, efeito sempre funesto, decorrente da febre excessiva que deu origem a esse estado. Se se acrescentar o esfriamento ou a rigidez dos membros, o doente estará irremediavelmente perdido.

Palpitações, soluço, língua áspera, ressecada e sem saliva, rouquidão, agitação, suor frio sobre a cabeça, no pescoço, pelos ombros, viscosidade pelo corpo inteiro, urina aquosa e clara, fezes esbranquiçadas e abundantes, abscessos com acúmulo de substância sob a pele, erupções cutâneas súbitas, dores nos membros, dificuldade de respirar, pulso tênue e lânguido, repulsa por alimentos e bebidas – todos esses sinais, de acordo com nosso grande mestre Hipócrates, são extremamente funestos quando ocorrem individualmente e, mais ainda, em conjunto.

Os três últimos, principalmente, são um fator considerável em qualquer doença e anunciam o fim iminente; os signos opostos são igualmente importantes para acalmar o paciente e dissipar o medo. Extraído de Próspero Alpino, *De praesag. vita & morte.*

Tal é o resumo dos signos prognósticos que podem servir à consideração do delírio, afecção que, por natureza, costuma ser bastante variada. Resta algo a dizer sobre a cura.

Seria impossível oferecer um método universal para o tratamento de uma afecção com causas tão diversas, cujos remédios, por conseguinte, só podem ser variados. Para inflamações do cérebro, que causam delírio pelo espessamento do sangue e a interrupção da circulação, é preciso empregar outros meios, além dos utilizados para tratar o delírio decorrente do esgotamento causado por uma febre de longa duração. Mas, tendo em vista que o delírio, como sintoma de febre, é quase sempre determinado pela aceleração do movimento circulatório do sangue, convém ao caso tudo o que possa colaborar para diminuir o volume dos humores e desviá-lo para uma parte mais resistente, suprimir ou diminuir a irritação, diluir os humores e acalmar a agitação.

No primeiro caso, indicam-se a aplicação, mais ou menos frequente, de sangria aos pés, o restabelecimento, por meio de relaxantes, da aceleração do fluxo hemorroidal e menstrual, e a inclusão de laxantes, vomitivos e purgantes na dieta. No segundo, recomendam-se banhos nos pés, a aplicação de sanguessugas às têmporas, de viscantes na nuca, nas juntas dos braços e nas pernas, de emolientes sobre a cabeça, o ventre e a sola dos pés, e massagens nas extremidades dos membros.

Para os demais casos, podem ser utilizados, na alimentação, pratos que contenham farinha, leves, porém espessos, e bebidas adoçadas, refrescantes e levemente ácidas; os flogísticos e os laxantes; os calmantes, os anódinos leves, aplicados no início dos delírios, após os evacuantes; e narcóticos, aplicados com moderação; a escuridão e o repouso.

Esses diferentes meios permitem obliterar a causa do mal; mas é frequente que o efeito permaneça por algum tempo, pois as violentas impressões sobre o órgão das sensações não se deixam apagar de imediato.

Pode ser necessário, por vezes, recorrer a expedientes extraordinários e singulares, como o uso de instrumentos musicais, o canto, a dança, ruídos altos, uma luz mais intensa, com o intuito de substituir as ideias do delírio por outras, mais fortes, porém mais conformes aos objetos, provocando-se afecções contrárias às predominantes. Vide a cura do delírio no livro de Van Swieten, do qual a maior parte deste item foi extraído.

(**PPP**)

## Deus (*Metafísica, Teologia*), Formey [4, 976]

Tertuliano relata que, quando Tales estava na corte de Creso, esse príncipe lhe pediu uma explicação clara e distinta da divindade. Depois de várias respostas vagas, o filósofo reconheceu que não tinha nada de satisfatório a dizer. Cícero havia observado alguma coisa semelhante do poeta Simônides: Hierão lhe perguntou o que é Deus e ele prometeu responder em poucos dias. Passado esse prazo, ele pediu um novo, e depois mais tempo ainda. No fim, como o rei o estava pressionando vivamente, ele disse como resposta o seguinte: *Quanto mais examino este assunto, mais penso que ele está acima de minha capacidade*. Do embaraço desses dois filósofos pode-se concluir que quase não há assunto que mereça mais circunspecção em nossos juízos do que aquele que concerne à divindade. Ela é inacessível a nossos olhares; não se pode explicá-la, por mais cuidado que se tenha. "Com efeito", como diz Santo Agostinho, "Deus é um ser do qual se fala sem poder nada dizer e que é superior a todas as definições." Os Pais da Igreja, sobretudo os que viveram nos quatro primeiros séculos, tinham a mesma linguagem. Mas, por mais incompreensível que seja, não se deve, contudo, inferir daí que Deus é totalmente inexplicável. Se fosse assim, não teríamos nenhuma ideia dele e nada teríamos a dizer. Mas podemos e devemos afirmar de Deus que ele existe, que tem inteligência, sabedoria, poder, força, já que deu essas prerrogativas a suas obras, mas tem essas qualidades num grau que ultrapassa tudo o que podemos conceber, tendo-as: 1º) por sua natureza e pela necessidade de seu ser, não por comunicação e por empréstimo; 2º) tendo-as todas juntas e reunidas num só ser muito simples e indivisível, e não por partes e dispersas, tais como elas são nas criaturas; 3º) tendo-as, enfim, como em sua fonte, ao passo que nós só as temos como emanações do ser infinito, eterno, inefável.

Nada é mais fácil do que saber que há um Deus; que esse Deus existiu desde a eternidade; que é impossível que ele não tenha inteligência e todas as boas qualidades que se encontram nas criaturas. O homem mais grosseiro e mais estúpido, por pouco que desenvolva suas ideias e exerça seu espírito, reconhecerá facilmente essa verdade. Tudo fala em favor da divindade. Ele a encontra em si mesmo e fora de si: em si mesmo, 1º) porque sente muito bem que não é seu próprio autor e que, para compreender como existe, precisa recorrer a uma mão soberana que o tirou do nada; 2º) fora de si, no universo, que se assemelha a um campo num quadro, no qual o operário perfeito pintou-se a si mesmo em sua obra, à sua imagem, tanto quanto podia sê-lo; o homem não poderia abrir os olhos sem descobrir em todos os lugares ao seu redor os traços de uma inteligência poderosa e sem limites.

*O eterno é seu nome, o mundo é sua obra* (Racine).

Vide *Demonstração*, *Criação* etc.

É, pois, em vão que o Sr. Bayle se empenha para provar que o povo não é juiz na questão da existência de Deus.

Com efeito, como ele prova isso? Dizendo que a natureza de Deus é um assunto que os maiores filósofos julgam obscuro e sobre o qual eles se dividiram. Isso lhe dá ocasião de abrir um vasto campo de reflexões à custa dos antigos filósofos, cujas opiniões ele ridiculariza. Após ter feito essas incursões, volta a perguntar se é fácil o homem conhecer claramente o que convém ou não convém a uma natureza infinita; essa natureza agiria necessariamente ou com uma soberana liberdade de indiferença? Ela conhece? Ama? Odeia por um ato puro, simples, o presente, o passado e o futuro, o bem e o mal? É imutável ou muda as suas resoluções afetadas por nossas preces? É extensa, ou é um ponto indivisível? Se não é extensa, de onde vem então a extensão? Se é extensa, como pode ser tão imensa? Vide o verbete *Simônides*, no *Dicionário* de Bayle.

Entre os próprios cristãos, acrescenta ele, quantos não têm noções baixas e grosseiras da divindade? O assunto em questão não é pois tão fácil a ponto de apenas precisar abrir os olhos para conhecê-lo. Grandes filósofos contemplaram o céu e os astros durante toda a sua vida, sem deixar de crer que o Deus que reconheciam não tinha criado o mundo nem o governava.

É fácil ver que tudo isso não prova nada. Há uma grande diferença entre saber que há um Deus e conhecer a sua natureza. Confesso que este último conhecimento é inacessível às nossas fracas luzes. Mas não vejo que se possa atingir a outra. É verdade que a eternidade do primeiro ser, que é a infinitude em relação à duração, não pode ser compreendida em tudo o que ela é. Mas todos podem e devem compreender que existiu algum ser na eternidade; se não fosse assim, um ser teria começado sem ter um princípio de existência, nem em si nem fora de si, e isso seria um primeiro efeito sem causa. É, pois, da natureza do homem ser forçado por sua razão a admitir a existência de alguma coisa que ele não compreende. Ele entende bem a necessidade dessa existência eterna, mas não compreende a natureza da existência necessária desse ser, nem a de sua eternidade; ele compreende que ela é, mas não o que ela é.

Digo, pois, e sustento que a existência de Deus é uma verdade que a natureza colocou no espírito de todos os homens, os quais não se dedicaram a desmentir esses sentimentos. Pode-se aqui dizer que *a voz do povo é a voz de Deus*.

O Sr. Bayle atacou com todas as forças esse consentimento unânime das nações e quis mostrar que isso não era uma prova demonstrativa da existência de Deus. Ele reduz a questão a esses três princípios: o primeiro, que há na alma de todos os homens uma ideia da divindade; o segundo, que é uma ideia conhecida de antemão, antecipada e comunicada pela natureza, e não pela educação; o terceiro, que o consentimento de todas as nações é uma característica infalível da verdade. Desses três princípios, só o último tem relação com questões de direito; os dois outros são matéria de fato, pois, já que se prova o segundo pelo [**977**] primeiro, é visível que, para estar seguro de que a ideia do ser divino é inata e não vem da educação, mas da natureza, é preciso procurar na história se todos os homens são imbuídos da opinião de que há um Deus. Ora, são esses três princípios que o Sr. Bayle combate vivamente em seus *Pensamentos diversos sobre o cometa*. Eis aqui uma síntese de seus raciocínios.

1º) O consentimento de todos os povos em reconhecer um Deus é um fato impossível de esclarecer. Mostrai-me um mapa-múndi; vede quantos países ainda restam a descobrir e o quanto são vastas as terras austrais marcadas como desconhecidas. Enquanto eu ignorar o que se pensa nesses lugares, não poderei estar certo de que todos os povos deram o consentimento do qual falais. Se vos concedo por graça que deve vos bastar saber a opinião dos povos conhecidos, ficareis assim mesmo sem condições de me dar uma certeza completa, pois o que me respondereis se eu vos objeto com os povos ateus dos quais fala Estrabão e com aqueles descobertos pelos viajantes na África e na América?

Eis um novo campo de pesquisas muito penosas e inesgotáveis. Faltaria ainda examinar se alguém negou essa existência. Seria necessário informar o número desses ateus; se eram pessoas de espíritos fortes, que se vangloriavam de meditar. Sabe-se que a Grécia, fértil em espíritos fortes, e, como diz um dos nossos bons espíritos, berço das artes e dos erros, produziu ateus, que até mesmo puniu alguns, o que permite dizer que outros declarariam sua irreligião, se pudessem se certificar de sua impunidade.

2º) É extremamente difícil, para não dizer impossível, discernir o que vem da natureza e o que vem da educação. Gostaríeis de responder, depois de ter pensado bem, se poderíamos descobrir vestígios de religião em crianças para as quais nunca se disse que há um Deus? Normalmente é por aí que se começa a instruí-los, tão logo sejam capazes de formar alguns sons e de balbuciar. Esse costume é muito louvável; mas impede que elas verifiquem por si mesmas e somente pelas impressões da natureza se se disporiam a reconhecer um Deus.

3º) O consentimento das nações não é um sinal característico da verdade. Em primeiro lugar porque não é tão certo que as impressões da natureza tenham esse caráter de verdade. Em seguida porque o politeísmo ficaria autorizado por esse argumento. Nada nos dispensa, pois, de examinar se aquilo ao qual a natureza dos homens dá consentimento é necessariamente verdadeiro.

Com efeito, se o consentimento das nações tivesse alguma força, ele provaria mais a existência de diversas falsas divindades do que a existência do verdadeiro Deus. É claro que os pagãos considerariam a natureza divina como uma espécie que tem em si um grande número de indivíduos, dentre os quais alguns masculinos e outros femininos, e os povos estavam imbuídos dessa opinião ridícula. Se fosse necessário reconhecer o consentimento geral das nações como prova de verdade, seria preciso rejeitar a unidade de Deus e abraçar o politeísmo.

Para responder à primeira objeção de Bayle (vide o verbete *Ateísmo*), prova-se que nunca houve nações ateias. Os homens, desde que são homens, ou seja, capazes de sociedade e de raciocínio, reconhecem um Deus. Mesmo que eu aceitasse o que não creio ser verdadeiro, mesmo que o ateísmo se infiltrasse no meio de alguns povos bárbaros e ferozes, isso não teria consequência; seu ateísmo teria sido no máximo negativo; teriam ignorado Deus apenas porque não teriam exercido sua razão. É preciso, pois, situá-los entre as crianças que vivem sem reflexão e que parecem capazes apenas de ações animais. E assim como não se deve concluir que não é natural ao homem garantir-se contra as injúrias do ar porque há selvagens que não sofrem com isso, tampouco se deve inferir que não é natural ao homem reconhecer a sabedoria de um Deus que age sobre o universo porque há pessoas estúpidas e embrutecidas que não tiram nenhuma consequência do que veem.

Pode-se destruir com a mesma facilidade a segunda objeção do Sr. Bayle. Não é tão difícil como ele supõe descobrir se a ideia que temos de Deus vem somente da educação e não da natureza. Eis aqui alguns sinais pelos quais se pode reconhecer isso. Os princípios da educação variam incessantemente. A sucessão dos tempos, a revolução nos negócios, os diversos interesses dos povos, a mistura das nações, as diferentes inclinações dos homens, transformam a educação, dão curso a outras máximas e estabelecem outras regras de honra e de decoro. Mas a natureza é semelhante em todos os homens que existem e que existiram: eles sentem prazer, desejam a estima, amam-se a si mesmos, hoje como outrora. Logo, se observamos que esse sentimento de que há um Deus se conservou no meio de todas as mudanças da sociedade, que poderemos concluir, senão que esse sentimento não vem da simples educação, mas é fundado em alguma ligação natural que existe entre esta primeira verdade e o nosso entendimento? Portanto, esse princípio de que há um Deus é impresso pela natureza.

De onde concluo que ele não é obra da política, sempre mutante e móvel, ao sabor das diferentes paixões dos homens. Não importa o que diga o Sr. Bayle, não é verdade que o magistrado legislador seja o primeiro instituidor da religião. Para se convencer disso, basta olhar para a antiguidade grega e romana, e mesmo bárbara; veremos que nunca um legislador empreendeu organizar uma nação, por mais bárbara e feroz que fosse, na qual ele já não tenha encontrado uma religião. Ao contrário, vê-se que todos os legisladores, desde os da Trácia até os dos americanos, dirigiram-se às hordas selvagens que compunham essas nações, como se lhes falassem da parte dos deuses que elas adoravam.

Chegamos enfim à terceira objeção, que para Bayle parece ser a mais forte e mais sólida das três. A primeira razão que ele apresenta para não conceder ao consentimento geral das nações todo seu peso como prova é das mais sutis. Seu argumento se reduz a esse entimema: o fundo de nossa alma é estragado e corrompido; logo, um sentimento que nos é inspirado pela natureza deve pelo menos nos parecer suspeito. Eu nunca teria acreditado que devêssemos nos precaver contra a ilusão, quando se trata de crer que há um Deus. Distingamos em nós dois sentimentos, dos quais um nos engana sempre e outro não nos engana nunca. Um é o sentimento do homem que pensa e que segue a razão, e o outro é o sentimento do homem da cupidez e das paixões. Esse último engana a razão, porque precede todas as reflexões do espírito. Mas o outro jamais a engana, já que deve sua origem às mais puras luzes da razão. Isso posto, tomemos o argumento do politeísmo, que teria sido autorizado se o consentimento das nações fosse sempre marcado pelo selo da verdade. Não escamotearei a força desse argumento, dizendo que o politeísmo nunca foi universal, que o povo judeu não foi infectado por ele, que todos os filósofos eram persuadidos da [**978**] existência de um só Deus, tanto quanto aqueles que eram iniciados nos grandes mistérios. Concordo com Bayle que o politeísmo dominou todos os espíritos, com exceção de alguns poucos filósofos. Mas sustento que nosso sentimento da existência de Deus não é um erro universal, e eis aqui sobre o que me baseio. Há duas espécies de causas de nossos erros: as exteriores e as interiores. Na primeira espécie estão o exemplo, a educação, os falsos raciocínios e os sofismas do discurso. As causas internas de nossos erros se reduzem a três: os sentidos, a imaginação e as paixões do coração. Se examinarmos as causas externas, veremos que elas dependem das circunstâncias, dos tempos, dos lugares, e que, assim, variam perpetuamente. Se considerarmos todos os erros que reinam e todos os que reinaram entre os povos, veremos que o exemplo, a educação, os sofismas do discurso ou as falsas cores da eloquência produziram erros particulares, mas não erros gerais. Podem-se enganar alguns homens, ou enganá-los a todos em certos lugares e durante algum tempo, mas não todos os homens em todos os lugares e em todos os séculos. Ora, já que a existência de Deus esteve em todos os lugares e em todos os tempos, ela não tem sua fonte nas causas exteriores de nossos erros. Quanto às causas internas, como estão em todos os homens do mundo, e como cada um tem sentidos, uma imaginação e um coração que são capazes de enganá-los, embora isso aconteça por acidente e pelo mau uso que fazemos deles, elas podem fazer nascer erros constantes e universais.

Essas observações conduzem à solução da dificuldade que vem do politeísmo. Concebe-se facilmente que o politeísmo pôde se tornar um erro universal, e, consequentemente, esse consentimento unânime das nações não prova nada em relação a ele; sua fonte deve ser buscada tão somente nas três causas exteriores de nossos erros. Para contentar os sentidos, os homens criaram para si deuses visíveis e revestidos de forma humana. Eles tinham de ter figuras humanas: que outra forma poderiam ter? Do momento em que têm figura humana, a imaginação lhes atribui naturalmente tudo o que é humano; ei-los homens em tudo, com a diferença de que são sempre um pouco mais poderosos do que os homens. Lede *A origem das fábulas*, do Sr. Fontenelle, e vereis como a imaginação, junto às paixões, criou os deuses e as deusas, e os contaminou com toda espécie de crimes.

Como a existência de Deus é uma dessas primeiras verdades que se apropriam com força de todo espírito que pensa e reflete, parece que os grossos volumes que foram escritos para prová-la são inúteis e, de certo modo, injuriosos para os homens; pelo menos deveria ser assim. Mas, enfim, já que a impiedade produz, todos os dias, obras para destruir essa verdade, ou pelo menos para trazer nuvens sobre ela, os que são bem-intencionados pela religião devem empregar toda a sagacidade de seu espírito para sustentá-la contra todos os ataques da irreligião.

Para contentar todos os gostos, eu acrescentaria aqui as provas metafísicas, históricas e físicas da existência de Deus. O Sr. Clarke, pelas mãos de quem as matérias mais obscuras, mais abstrusas, não passam sem adquirir evidência e ordem, nos fornecerá provas metafísicas. O Sr. Jacquelot, homem do mundo que reuniu mais saber e raciocínio e que melhor associou a Filosofia à crítica, nos oferecerá as provas históricas. Buscaremos no engenhoso Fontenelle as provas físicas, mas com todos os ornamentos que o espírito pode dar a um fundo tão seco e árido por si mesmo.

*Argumentos metafísicos.* Os raciocínios operados pelo Sr. Clarke são um tecido cerrado, uma cadeia contínua de proposições estreitamente ligadas e necessariamente dependentes umas das outras, pelas quais ele demonstra a certeza da existência de Deus, da qual deduz em seguida, um após o outro, os atributos essenciais de sua natureza, que nossa razão limitada é capaz de descobrir.

*Primeira proposição.* Algo existiu desde a eternidade. Esta proposição é evidente, pois, se alguma coisa existe hoje, é claro que alguma coisa sempre existiu.

*Segunda proposição.* Um ser independente e imutável existiu desde a eternidade. Com efeito, se algum ser existiu necessariamente desde toda a eternidade, é preciso que este ser seja imutável e independente, ou então que tenha havido uma sucessão infinita de seres dependentes e sujeitos à mudança, que tenham sido produzidos uns aos outros num progresso ao infinito, sem ter tido nenhuma causa original de sua existência. Mas essa última suposição é absurda, pois essa gradação ao infinito é impossível e visivelmente contraditória. Se consideramos esse progresso ao infinito como uma cadeia infinita de seres dependentes que se sustentam uns aos outros, é evidente que todo esse arranjo de seres não poderia ter nenhuma causa externa de sua existência, já que se supõe que todos os seres que existem e que existiram no universo entram nesse arranjo. De outro lado, é evidente que não pode haver causa interna de sua existência, porque nessa cadeia infinita de seres não há nenhum que não dependa daquele que o precede. Ora, se nenhuma das partes existe necessariamente, é claro que o todo não pode existir necessariamente, pois a necessidade absoluta de existir não é uma coisa exterior, relativa e acidental do ser que existe necessariamente. Uma sucessão infinita de seres dependentes, sem causa original e independente é, pois, a coisa mais impossível do mundo.

*Terceira proposição.* Esse ser imutável e independente, que existiu por toda a eternidade, existe também por si mesmo, pois tudo que existe ou saiu do nada, sem ter sido produzido por alguma causa exterior, ou então existe por si mesmo. Ora, há uma contradição formal em dizer que uma coisa saiu do nada, sem ter sido produzida por nenhuma causa. Além disso, não é possível que tudo o que existe tenha sido produzido por causas externas, como acabamos de provar etc.

Desta terceira proposição concluo primeiro que não se pode negar, sem uma contradição manifesta, a existência de um ser que existe necessariamente e por si mesmo; como a necessidade em virtude da qual ele existe é absoluta, essencial e natural, não se pode negar sua existência mais do que se pode negar a relação de igualdade entre dois números, que dois e dois são quatro, que o círculo é redondo, que o triângulo tem três lados.

A segunda consequência que tiro desse princípio é que o mundo material não pode ser esse ser primeiro, original, não criado, independente e eterno por si mesmo, pois foi demonstrado que todo ser que existiu por toda a eternidade, que é independente e que não tem causa externa deve ter existido por si mesmo, deve necessariamente existir em virtude de uma necessidade natural e essencial. Ora, de tudo isso se segue evidentemente que o mundo material não pode ser independente e eterno por si próprio, a menos que exista necessariamente e com uma necessidade [**979**] tão absoluta e tão natural que a própria suposição de que não exista seja uma contradição formal; pois como a necessidade absoluta de existir e a possibilidade de não existir são ideias contraditórias, é evidente que o mundo material não existe necessariamente, se posso, sem contradição, conceber que ele poderia não ser ou que poderia ser inteiramente diferente do que é hoje. Ora, nada é mais fácil do que conceber isso, pois se eu considerar a forma do universo com a disposição e o movimento de suas partes, ou se prestar atenção à matéria de que é composto, não vejo nele nada que não seja arbitrário; na verdade, vejo no universo uma necessidade de conveniência, vejo que suas partes precisam ser organizadas, mas não vejo a menor aparência dessa necessidade de natureza e de essência pela qual os ateus combatem. Vide *Ateísmo* e *Criação*.

*Quarta proposição*. O ser que existe por si mesmo deve ser infinito e presente em todo lugar. A ideia de infinidade ou de imensidade, tanto quanto a de eternidade, é tão estreitamente ligada à ideia de existência por si mesmo, que quem afirma uma, afirma obrigatoriamente a outra. Com efeito, existir por si mesmo é existir em virtude de uma necessidade absoluta, essencial e natural. Ora, como essa necessidade é absoluta em todos os sentidos e não depende de nenhuma causa exterior, é evidente que ela é, de modo inalterável, a mesma em todo lugar, tanto quanto para sempre. Consequentemente, tudo o que existe em virtude de uma necessidade absoluta por si mesmo deve, necessariamente, ser também infinito, tanto quanto eterno. É uma contradição manifesta supor que um ser finito possa existir por si mesmo. Se, sem contradição, posso conceber um ser ausente de um certo lugar, posso sem contradição concebê-lo ausente de um outro lugar, e depois de um outro, e enfim de todo lugar. Assim, por maior que seja a sua necessidade de existir, ele deve tê-la recebido de alguma causa exterior; ele não poderia tê-la tirado de si, e, consequentemente, ele não existe por si mesmo.

Desse princípio, aceito pela razão, concluo que o ser existente por si mesmo deve ser simples, imutável e incorruptível, sem partes, sem figuras, sem movimento e sem divisibilidade, e, para dizer tudo, um ser no qual não se encontra nenhuma das propriedades da matéria, pois todas as propriedades da matéria nos dão necessariamente a ideia de alguma coisa que é finita.

*Quinta proposição.* O ser existente por si mesmo deve necessariamente ser único. A unidade do ser supremo é uma consequência natural de sua existência necessária, pois a necessidade absoluta é simples e uniforme, não reconhece diferença nem variedade, qualquer que ela seja, e toda diferença de existência procede necessariamente de alguma causa exterior da qual ela depende. Ora, há uma contradição manifesta em supor duas ou várias naturezas diferentes existindo por si mesmas necessária e independentemente, pois cada uma dessas naturezas, sendo independente da outra, pode muito bem existir sozinha, sem haver contradição em imaginar que a outra não existe. De onde se segue que nem uma nem outra existirão necessariamente. Logo, só a essência simples e única do ser existente por si mesmo existe necessariamente.

*Sexta proposição.* O ser existente por si mesmo é inteligente. É a respeito dessa proposição que se dá a parte mais forte da disputa entre os ateus e nós. Confesso que não é possível demonstrar de uma maneira direta e *a priori* que o ser existente por si mesmo é inteligente e realmente ativo. A razão disso é que ignoramos em que consiste a inteligência e não podemos ver que haja, entre a existência por si mesma e a inteligência, a mesma conexão imediata e necessária que se encontra entre essa mesma existência e a eternidade, a unidade, a infinitude etc. Mas, *a posteriori*, não há nada neste vasto universo que não nos demonstre essa grande verdade e que não nos forneça argumentos incontestáveis que provam que o mundo, e tudo o que ele contém, é efeito de uma causa soberanamente inteligente e soberanamente sábia.

1º) Como o ser existente por si mesmo é a causa original de todas as coisas, ele deve possuir, no mais alto grau de eminência, todas as perfeições de todos os seres. É impossível que o efeito seja revestido de alguma perfeição que não se encontre também na causa. Se isto fosse possível, seria preciso dizer que essa perfeição teria sido produzida por nada, o que é absurdo.

2º) A beleza, a variedade, a ordem e a simetria que se manifestam no universo e sobretudo a justeza maravilhosa com a qual cada coisa se relaciona com seu fim provam a inteligência do primeiro ser. As menores plantas e os animais mais insignificantes são produzidos por seus semelhantes, e não há de modo algum entre eles geração equivocada. Nem o sol, a terra, a água, nem todas as potências da natureza juntas são capazes de produzir um único ser vivo, nem mesmo com uma vida vegetal; e na ocasião dessa importante observação, eu notaria aqui, de passagem, que mesmo em matéria de religião a Filosofia natural e experimental algumas vezes é de grande proveito.

Ora, sendo as coisas assim, é preciso que o ateu mais obstinado concorde, apesar de si mesmo, que a organização das plantas e dos animais, na sua origem, seja obra de um ser inteligente, que os criou no tempo, ou então que, tendo sido de toda eternidade construídos e organizados como os vemos hoje, eles são uma produção eterna de uma causa eterna e inteligente, que emprega sem cessar sua potência e sua sabedoria infinita, ou enfim, que eles nascem uns dos outros por toda a eternidade, num progresso ao infinito de causas dependentes, sem causa original existente por si mesma. A primeira dessas asserções é precisamente o que procuramos; a segunda é absurda. Impossível, contraditória, como foi demonstrado na segunda proposição geral. Vide *Criação*.

*Sétima proposição.* O ser existente por si mesmo deve ser um agente livre, pois se a causa suprema não tiver liberdade nem escolha, é impossível que alguma coisa exista; até mesmo os modos de ser e as circunstâncias da existência das coisas deveriam ser, em todos os aspectos, o que elas são hoje. Ora, como todas essas consequências são falsas e absurdas, digo que a causa suprema, longe se ser um agente necessário, é um ser livre e que age por escolha.

Aliás, se a causa suprema fosse um agente puramente necessário, seria impossível que algum efeito dessa causa fosse uma coisa finita, pois um ser que age necessariamente não é senhor de suas ações para governá-las ou designá-las como quiser: é preciso, de toda necessidade, que ele faça tudo o que sua natureza é capaz de fazer. Ora, é claro que cada produção de uma causa infinita, sempre uniforme e que age por uma impetuosidade cega, deve, de toda necessidade, ser imensa e infinita; uma tal causa não pode suspender sua ação; ela precisa agir em toda a sua extensão; logo, não haveria [**980**] criatura no universo que pudesse ser finita, o que é o maior absurdo e é contrário à experiência.

Enfim, a escolha que a causa primeira fez pelo mundo que vemos, dentre todos os mundos possíveis, é uma prova de sua liberdade, pois, tendo dado atualidade a uma sequência de coisas que não contribuíam em nada com a sua própria força para a sua existência, não há razão que pudesse impedi-la de dar existência a outras sequências possíveis, que estavam todas no mesmo caso quanto à sua possibilidade. Ela escolheu, portanto, a sequência de coisas que compõem este universo; para torná-la atual, porque ela o agradava mais; o ser necessário é, pois, um agente livre, porque agir segundo as leis de sua vontade é ser livre. Vide *Liberdade* e *Otimismo.*

*Oitava proposição.* O ser existente por si mesmo, a causa suprema de todas as coisas, possui uma potência infinita. Esta proposição é evidente e incontestável, pois apenas Deus existe por si mesmo, já que tudo o que existe no universo foi feito por ele, e, enfim, porque toda a potência que há no mundo vem dele e lhe é perfeitamente submissa e subordinada. Quem não vê que não há nada que possa se opor à execução de sua vontade?

*Nona proposição.* A causa suprema e autor de todas as coisas deve ser infinitamente sábia. Esta proposição é a consequência natural e evidente das proposições anteriores, pois não é de extrema evidência que um ser infinito, presente em todos os lugares e soberanamente inteligente deve conhecer perfeitamente todas as coisas? Aliás, revestido de uma potência infinita, quem pode opor-se à sua vontade ou impedi-lo de fazer o que sabe que é o melhor e mais sábio?

Desses princípios segue-se, pois, evidentemente, que o ser supremo deve fazer o que ele sabe de melhor, ou seja, deve sempre agir conforme as regras mais severas da bondade, da verdade, da justiça e das outras perfeições morais. Isso não leva à necessidade tomada no sentido dos fatalistas, uma necessidade cega e absoluta, mas a uma necessidade moral, compatível com a liberdade mais perfeita. Vide *Maniqueísmo* e *Providência.*

*Argumento histórico.* Moisés disse que no começo Deus criou o céu e a terra. Ele assinala com precisão a época do nascimento do universo; ensina-nos o nome do primeiro homem; percorre os séculos desde esse primeiro momento até o tempo em que escrevia, passando de geração em geração, e marcando o tempo do nascimento e da morte dos homens que servem à sua cronologia. Caso se prove que o mundo existia antes do tempo assinalado nessa cronologia, tem-se razão em rejeitar essa história. Mas se não houver argumento para atribuir ao mundo uma existência mais antiga, não a aceitar significa agir contra o bom senso.

Quando se pensa que Moisés dá ao mundo aproximadamente 2.410 anos, segundo o hebreu, ou 3.943, segundo o grego, contando a partir do tempo em que vivia, ter-se-ia razão de se espantar que ele tenha estendido tão pouco a duração do mundo, se não estivesse persuadido dessa verdade pelos monumentos invencíveis.

Isso ainda não é tudo. Moisés assinala um tempo em sua história no qual os homens falavam uma mesma língua. Se antes desse tempo encontrarmos no mundo das nações inscrições de diferentes línguas, a suposição de Moisés cai por si. Desde Moisés, retrocedendo à confusão das línguas, o hebreu tem apenas mais ou menos seis séculos, e onze segundo o grego. Não deve haver uma antiguidade absolutamente desconhecida. Não se trata mais de saber se, ao atravessar doze séculos no máximo, pode-se ou não encontrar em algum lugar da terra uma linguagem compartilhada por todos, diferente da língua primitiva usada, ao que se pretende, pelos habitantes da Ásia. Examinemos as histórias, os monumentos, os arquivos do mundo: eles destroem a cronologia de Moisés, ou tudo concorre para confirmar sua verdade? No primeiro caso, Moisés é um impostor igualmente grosseiro e odioso; no outro, seu relato é incontestável, e, consequentemente, há um Deus, já que esse é um ser criador. Ora, durante esses longos séculos que se passaram antes de nós, houve inúmeros autores que trataram das fundações dos impérios e cidades, que escreveram histórias gerais ou histórias particulares dos povos, mesmo as dos assírios e dos egípcios, que, como se sabe, são as nações mais antigas do mundo. Entretanto, com todos esses auxílios depositários de uma longa tradição, com mil outros que eu não apresento aqui, nunca se pôde retroceder para além das guerras de Tebas ou de Troia, nunca se pôde fechar a boca dos filósofos que sustentavam a novidade do mundo.

Antes do legislador dos judeus, não se tem notícia no mundo de nenhum vestígio de ciências, nenhuma sombra de artes. A Escultura e a Pintura só chegaram gradativamente à perfeição que alcançaram, uma no tempo de Fídias, de Policleto, de Lisipo, de Miron, de Praxíteles e de Scopas; a outra, pelos trabalhos de Nicômaco, Protógeno, Apeles, Zeuxis e Aristides. A Filosofia só começou a fazer investigações na época da 37ª olimpíada, na qual nasceu Tales; essa grande mudança, época de uma revolução nos espíritos, não é de data mais antiga. A Astronomia, entre os povos que a cultivaram, não fez senão fracos progressos e não era tão antiga entre os sábios que ousavam dizê-lo. A prova disto é evidente. Com efeito, embora tivessem descoberto o zodíaco e o tivessem dividido em 12 partes e em 360 graus, contudo não tinham percebido o movimento das estrelas do ocidente para o oriente; nem suspeitavam disso, e acreditavam que elas eram imutavelmente fixas. Poderiam ter pensado nisso, se tivessem feito algumas observações antigas? Colocaram a constelação de Áries no zodíaco, precisamente no ponto do equinócio da primavera: outro erro. Se tivessem feito observações de 2.202 anos somente, não teriam dito que o Touro estava no ponto do equinócio? As próprias letras, quero dizer, a arte da escrita, que povo a conheceu antes de Moisés? Todos os autores profanos que conhecemos concordam que foi Cádmio que trouxe as letras da Fenícia para a Grécia; e os fenícios, como se sabe, eram confundidos com os assírios e os sírios, entre os quais estavam também os hebreus. Que aparência há, pois, de que o mundo tivesse durado mais do que Moisés disse? A Grécia permaneceu longo tempo na infância, não conhecendo nada, não se aperfeiçoando em nada em relação àquilo que já havia sido encontrado. Vê-se que os gregos, em menos de quatrocentos anos, tornaram-se hábeis e profundos nas artes e nas ciências. Será que esses homens desses quatro séculos felizes tinham o espírito de uma outra espécie e uma outra têmpera mais feliz do que a de seus ancestrais?

Poder-se-ia dizer ao Sr. Jacquelot, de quem esse argumento é tirado, que ao se limitar aos conhecimentos e às invenções da Grécia, ele tomava a questão pelo lado mais vantajoso à sua causa, e lhe opor a antiguidade prodigiosa dos [**981**] impérios da Assíria, do Egito e até da China. Por isso ele tem o cuidado de procurar, como um hábil crítico, a origem das nações, e de mostrar que elas (pelo menos as primeiras) não têm a antiguidade que lhes é dada por Moisés. Com efeito, aqueles que atribuem a mais longa duração ao império dos assírios não o estendem para além de 1.700 anos. Justino a concentrou no espaço de 13 séculos. Ctésias só acrescenta 60 anos a mais; outros não lhe dão senão 1.500 anos. Eusébio a reduz a limites ainda mais estreitos e Georges Syncell pensa mais ou menos como Ctésias. Isto quer dizer que, considerando o cálculo menos severo, os assírios só teriam começado em 2.600 anos antes de Jesus Cristo e aproximadamente 5 ou 6 séculos antes do primeiro conhecimento que a história nos oferece sobre a Grécia.

A respeito do Egito, supondo que ele foi tão antigo quanto se vangloriava de sê-lo, quem acreditará que Moisés não tivesse acomodado a história à cronologia do mundo e que tivesse exposto a falsidade de suas datas à derrisão de um povo tão conhecido dele, tão hábil, tão vizinho? Entretanto, ele o faz descender de uma raça maldita por Deus. E, ao dizê-lo, não teme ser repreendido. É certo, aliás, que quase não houve povo mais célebre do que os egípcios nos anais profanos. Somente a cidade de Alexandria, que era o *rendez-vous* de grandes talentos, continha, em suas muralhas, e sobretudo depois do estabelecimento do cristianismo, sábios de todas as partes do mundo, de todas as religiões e de todas as seitas, judeus, cristãos e filósofos. Não se pode duvidar, com alguma verossimilhança, que havia com frequência disputas entre eles; pois, onde há sábios, logo haverá contestações, e a própria verdade é sempre combatida com armas que o espírito humano sabe empregar muito bem nos assuntos de doutrina. Ora, ali tudo girava em torno dos fatos: tudo dependia de saber se o universo, assim como Moisés havia dito, tinha seis mil anos no máximo; se quatro séculos antes dele esse mesmo mundo tinha sido mergulhado nas águas de um dilúvio que poupara apenas uma família, e se era verdade que três mil anos antes havia apenas uma linguagem sobre a terra. O que havia de mais fácil a esclarecer? Estavam nos lugares próprios para isso. Podia-se facilmente examinar os templos, as sepulturas, as pirâmides, os obeliscos, as ruínas de Tebas, e visitar essas famosas colunas siríacas, ou, como Ammian Maecellin as denomina, essas tumbas subterrâneas, onde estavam gravados os mistérios sagrados. Tinham-se à mão os anais dos sacerdotes, e, enfim, podiam-se consultar as histórias, que então eram numerosas. Contudo, no meio de tantos recursos contra o erro, esses fatos, postos com tanta confiança nos livros de Moisés, não encontraram contraditores, e se desafia a crítica que ousa tanto ousar nomeá-los.

Somente Manethon, que vivia sob Ptolomeu Filadelfo, apresentou uma história cronológica do Egito desde sua origem até a fuga de Nectanebo na Etiópia, aproximadamente na 107ª olimpíada. Mas que história! E quem se deixaria enganar? Ela diz que reinaram no Egito seis deuses, dez heróis ou semideuses, durante 31 mil ou 32 mil anos; afirma que em seguida apareceu o rei Menés, e dá a lista de seus sucessores com 340 monarcas, cuja duração total é de três mil anos. Grandes homens tentaram em todos os tempos colocar alguma ordem na confusão desse caos e elucidar esse monstruoso amontoado de dinastias de deuses, semideuses, heróis e príncipes, mas aquilo que o estudo mais obstinado se esforçou para fazer não serviu senão para mostrar a sua impotência, e o dia ainda não pôde raiar sobre essas trevas espessas. Essas dinastias foram sucessivas? São colaterais? Não se sabe. Os anos egípcios não eram senão de um mês ou dois, como pretendem alguns? Eram de quatro meses e se regulavam pelas estações, como sustentam outros? Questão impossível de ser resolvida pelos testemunhos antigos; eles se contradizem muito sobre esse assunto. Nossos modernos mesmo são ainda menos unânimes. E apesar dos trabalhos de Scalinger, do padre Petau, do cavaleiro Marsham, do padre Pezron e outros, essa cronologia de Manethon permaneceu sendo um enigma, do qual podemos perder as esperanças de sair.

Há um povo que ainda subsiste; são os chineses, que parecem apresentar ao mundo uma antiguidade maior do que nossas escrituras lhes dão. Desde que essas regiões se tornaram conhecidas para nós, publicaram-se anais históricos que fazem remontar a origem desse império a mais ou menos a três mil anos antes do nascimento de Jesus Cristo. Nova dificuldade, frequentemente usada pelos incrédulos que são contra a cronologia de Moisés. A fim de destruir esse pretexto, o Sr. Jacquelot faz diversas observações, todas importantes e sólidas, sobre a incerteza da história chinesa. Mas, para resolver de modo decisivo a questão, ele sustenta que, mesmo que se concorde com esses cálculos, isso não prejudicará a verdade dos nossos. Com efeito, nada obriga a preferir a estimativa do hebreu à dos setenta. Ora, nesta última, a antiguidade do universo é maior do que na outra. Para conciliar as datas dos chineses com as nossas, seriam necessários apenas cinco séculos a mais dos que estão no texto hebreu, séculos esses que foram suprimidos, na tradução Septuaginta, e está claro que o império da China é posterior ao dilúvio. Vide *Cronologia*.

*Objeção*. Segundo os resumos latinos dos anais hoje em dia seguidos na China, os tempos, mesmo históricos, desse império começam com o reino de Hoamti, 2.697 anos antes de Cristo. Essa época, que na cronologia do texto hebreu é anterior de mais de um século ao dilúvio, não se encontra no cálculo dos setenta, posterior duzentos anos à dispersão dos povos e ao nascimento de Faleg. Ora, esses duzentos anos, que de início parecem um grande elemento e um recurso capaz de conciliar tudo, quase não são suficientes para conduzir os fundadores da colônia chinesa e seus rebanhos desde as planícies do Sennaar até às extremidades orientais da Ásia; e ainda por quais caminhos? Através de solidões horríveis e climas quase inacessíveis, depois da devastação da inundação geral.

O Sr. Freret, um dos homens mais eruditos de nossos dias e dos mais versados no conhecimento dos tempos, percebeu toda a força dessa objeção e a formulou. Viu bem que, para resolvê-la, era necessário penetrar mais fundo do que se havia feito até agora, nas trevas da cronologia chinesa. Teve a coragem de entrar no assunto, e nós lhe devemos uma obrigação por ter lançado alguma luz na matéria, por meio de suas doutas pesquisas. Está provado agora, pelo menos tanto quanto é possível, que essa imensa duração que os chineses modernos assinalam para sua história fabulosa é tão somente o resultado dos períodos astronômicos inventados para a conjunção dos planetas em certas constelações. Quanto aos tempos históricos, está provado, do mesmo modo, que os reinos de Iao e de Chum, os dois fundadores da monarquia chinesa, terminaram somente 1.991 anos antes da era cristã; que esses dois reinos duraram somente 156 anos e não podem, consequentemente, [**982**] ter começado senão por volta do ano do mundo de 2157, vários anos depois da vocação de Abraão e do próprio tempo da expedição dos elamitas para o país de Canaã, ou seja, bem depois do estabelecimento dos impérios do Egito e da Caldeia. Eis, portanto, o nascimento dos mais antigos povos do mundo levado e reduzido à sua justa época, a história de Moisés confirmada, o fato da criação estabelecido com evidência e, por isso mesmo, a existência do Ser Supremo invencivelmente demonstrada.

*Argumento físico.* Os animais só se perpetuam pela via da geração. Mas é preciso, necessariamente, que os dois primeiros de cada espécie tenham sido produzidos, seja pelo encontro fortuito das partes da semente, seja pela vontade de um ser inteligente que dispõe a matéria segundo seus desígnios.

Se o encontro das partes da matéria produziu os primeiros animais, pergunto por que esse encontro não se produz mais. É a partir desse ponto que quero raciocinar. Não será muito difícil responder que, quando a terra se formou, como ela estava cheia de átomos vivos e agindo, impregnada da mesma matéria sutil com a qual os astros haviam sido formados, em suma, jovem e vigorosa, ela pôde ser fecunda o bastante para fazer crescer para fora dela todas as diferentes espécies de animais e que, depois dessa última produção, que dependia tanto de encontros felizes e singulares, sua fecundidade pôde muito bem se perder e se esgotar. Por exemplo, vemos todos os dias alguns pântanos secados recentemente que têm uma outra força para produzir cinquenta anos depois de terem sido cultivados. Mas pretendo que quando a terra, segundo se supõe, produziu os animais, ela deveria estar no mesmo estado em que está hoje. É certo que a terra só pôde produzir os animais quando estava em condições de alimentá-los; ou pelo menos é certo que aqueles que foram os primeiros brotos das espécies não foram produzidos pela terra a não ser num tempo em que eles pudessem também ser alimentados. Ora, a fim de que a terra alimente os animais, é preciso que ela lhes forneça muitas ervas diferentes; que lhes forneça águas doces que possam beber; é preciso mesmo que o ar tenha um certo grau de fluidez e de calor para os animais, cuja vida tem relações muito conhecidas com todas essas qualidades.

Do momento em que me dão a terra coberta de todas as espécies de ervas necessárias para a subsistência dos animais, irrigada de fontes e rios próprios para saciar a sede, rodeada de um ar respirável para eles, ela me é dada no estado em que a vemos, pois essas três coisas somente trazem uma infinidade de outras, com as quais elas tem ligações e encadeamentos. Um broto de erva só pode crescer de concerto, por assim dizer, com o resto da natureza. São necessários certos sucos na terra; um certo movimento nesses sucos, nem muito forte, nem muito lento; um certo sol para imprimir esse movimento, um certo meio por onde o sol possa agir. Vede quantas relações, embora não distingamos todas. O ar não pôde ter as qualidades com as quais contribui para a vida dos animais a não ser que tenha tido a mesma mistura de matérias sutis e vapores grosseiros, e aquilo que causa seu peso, qualidade tão necessária quanto nenhuma outra em relação aos animais e necessária num certo grau, tenha tido a mesma ação. É claro que isso nos levaria ainda mais longe, de igualdade em igualdade: sobretudo as fontes e os rios, sem os quais os animais não podem passar, que, não tendo certamente outra origem senão as chuvas, os animais não poderiam nascer senão depois de caírem as chuvas, ou seja, depois de um tempo considerável após a formação da terra e, consequentemente, quando ela estivesse em estado de consistência, e que o caos, em favor do qual se quer tirar os animais do nada, estivesse inteiramente terminado.

É verdade que os pântanos recentemente secados produzem mais do que em algum tempo depois da secagem. Mas, enfim, eles produzem sempre um pouco e bastaria que a terra fizesse o mesmo; aliás, a maior fecundidade no pântano recentemente secado vem de uma maior quantidade de sais que eles haviam acumulado pelas chuvas ou pelo movimento do ar, e que haviam conservado enquanto não eram empregados para nada. Mas a terra sempre tem a mesma quantidade de corpúsculos ou átomos próprios para formar animais, e a fecundidade, longe de se perder, não deve de modo algum diminuir. De que se forma um animal? De uma infinidade de corpúsculos que estavam esparsos nas ervas que comeu, das águas que bebeu, no ar que respirou; ele é um composto cujas partes vieram a se reunir a partir de mil lugares diferentes do nosso mundo. Esses átomos circulam sem cessar, formam ora uma planta, ora um animal. E depois de terem formado um, não ficam menos próprios para formar outro. Logo, não são os átomos de uma natureza particular que produzem os animais. Todas as coisas se formam sucessivamente de uma matéria indiferente, cuja quantidade não diminui, já que ela sempre provê igualmente a tudo. Os átomos, que, como se pretende, produziram no começo do mundo os primeiros animais, estão contidos nessa mesma matéria, que produz todas as gerações do mundo.

Pois quando esses primeiros animais morreram, as máquinas de seus corpos se desmembraram e se dissolveram em parcelas que se dispersaram na terra, nas águas e no ar. Assim, ainda hoje em dia temos esses átomos preciosos, dos quais devem ter sido formadas tantas máquinas surpreendentes. Nós os temos na mesma quantidade, tão próprios como nunca para formar essas máquinas; eles as formam ainda todos os dias pela via da nutrição. Todas as coisas estão no mesmo estado em que estavam quando vieram a ser formadas, por um encontro fortuito. A que se deve o fato de que, por tais encontros, eles não formam mais essas coisas algumas vezes?

Todos os animais, mesmo aqueles que se suspeitava virem da podridão, ou da poeira úmida e aquecida, vêm apenas de sementes que não haviam sido percebidas. Descobriu-se que o pato preto se forma de ovos que essa espécie de ave deposita nas ilhas desertas do setentrião. Nunca foram engendrados vermes sobre a carne onde as moscas não poderiam deixar seus ovos. O mesmo ocorre com todos os outros animais que se crê terem nascido fora da via da geração. Todas as experiências modernas conspiram para nos livrar desse erro antigo. Estou certo de que dentro de pouco tempo não restará mais nenhuma dúvida quanto ao assunto. Vide *Corrupção*.

Mas, mesmo que restassem dúvidas de que animais viessem a existir fora das vias da geração, o raciocínio que fiz só se fortaleceria. Ou esses animais não nascem nunca a não ser por essa via do encontro fortuito, ou nascem por essa via e pela geração. Se nascem sempre pela via do encontro fortuito, por que não se encontra sempre na matéria uma disposição que os faz nascer da mesma maneira pela qual nasceram no começo do mundo? Por que, relativamente a todos os animais que se supõe terem nascido no começo desse modo, [**983**] todas as disposições da matéria estão tão mudadas que eles só nascem agora de outro modo? Se nascem por essa via de encontro fortuito e pela via da geração, por que as outras espécies de animais não retiveram essa dupla maneira de nascer? Por que aquela que é mais natural, a única conforme à primeira origem dos animais, se perdeu em quase todas as espécies?

Outra reflexão que fortalece a primeira é que não teria bastado que a terra tivesse produzido os animais, a não ser quando ela estava numa certa disposição na qual não está mais. Ela também precisou produzi-los num estado em que tivessem podido se alimentar daquilo que ela lhes oferecia; foi preciso, por exemplo, produzir um homem na idade de um ano ou dois, quando já podia satisfazer suas necessidades, embora com dificuldade, e socorrer-se a si mesmo. Pela fraqueza que observamos numa criança recém-nascida, em vão ela seria colocada no meio dos prados mais bem cobertos de ervas, junto às melhores águas do mundo; sem dúvida essa criança não viveria por muito tempo. Mas como as leis do movimento produziriam de início uma criança de um ano ou dois? Como a produziria no estado em que está quando vem ao mundo? Vemos que as crianças se preparam gradativamente e que não há obras da natureza que, desde os inícios mais fracos e distantes, não sejam conduzidas lentamente na direção de uma infinidade de mudanças, todas necessárias, até a sua última perfeição. Teria sido necessário que o homem formado por esse concurso cego de algumas partes da matéria tivesse começado por esse átomo, no qual a vida só é visível pelo movimento quase insensível desse ponto. E não creio que haja imaginação tão falsa para conceber de onde esse átomo vivo, lançado ao acaso sobre a terra, teria tirado sangue ou quilo formados, a única alimentação que lhe convém, nem como poderia ter crescido, exposto às intempéries do ar. Aqui está uma dificuldade que se tornará cada vez maior quanto mais for aprofundada, e quanto mais hábil for o físico que a aprofundará. Logo, o encontro fortuito dos átomos não pôde produzir os animais; foi necessário que essas obras tenham partido da mão de um ser inteligente, ou seja, do próprio Deus: os céus e os astros são os objetos mais brilhantes para os olhos, mas não possuem para a razão os sinais mais seguros da ação de seu criador. As maiores obras não são sempre as que falam mais do operário que as fez. Quando vejo uma montanha aplainada, não sei se isso foi feito por ordem de um príncipe ou por um terremoto; mas poderia estar certo de que foi por ordem de um príncipe, se houver numa pequena coluna uma inscrição de duas linhas. Parece-me que são os animais que trazem, por assim dizer, a inscrição mais clara, e que nos ensinam melhor que há um Deus autor do universo. Essa demonstração, de cuja força e solidez podemos com razão nos vangloriar, é do Sr. Fontenelle, como já o dissemos.

(MGS)

# Deuses (*Mitologia*), Diderot [4, 983]

Dizia-se dos falsos deuses dos gentios que eram criaturas às quais se prestavam honras devidas à divindade. Vide *Deusa*, *Ídolo* etc.

Deve-se observar que, entre os gregos e os latinos, os povos não entendiam pelo nome de *Deus* um ser perfeitíssimo, que tem a eternidade por atributo essencial. Chamavam de deuses todos os seres que consideravam superiores à natureza humana, que poderiam ter alguma utilidade para eles ou cuja cólera deveriam temer. Pois os antigos, assim como os modernos, quase sempre foram conduzidos pelo interesse próprio, ou seja, pela esperança do bem e o medo do mal. Os próprios homens, na sua opinião, poderiam tornar-se deuses após a morte, pois sua alma poderia adquirir um grau de excelência que não tiveram durante a vida. Vide *Apoteose* e *Consagração*. Mas que não se creia que sábios como Platão, Cícero e outros falassem sempre segundo as ideias do povo; eram obrigados a conformar-se a elas, para não ser acusados de ateísmo. Esse era um pretenso crime imputado aos que acreditavam em um único deus.

Os poetas, segundo a observação do padre Bossu, eram teólogos, e essas duas funções, embora hoje separadas, encontravam-se na época reunidas na mesma pessoa. Vide *Poesia*.

Personificaram os atributos divinos, pois a fraqueza do espírito humano não poderia conceber nem explicar tanta potência e tanta ação numa substância tão simples e indivisível como Deus.

Foi assim que representaram a onipotência de Deus na pessoa e no nome de Júpiter; sua sabedoria, em Minerva; sua justiça em Juno. Vide *Epopeia*, *Fábula* etc.

Os primeiros falsos deuses a ser adorados foram os astros, o céu, a terra, a Lua, por causa do calor e da luz que os homens recebem deles. Vide *Idolatria*, *Astronomia*, *Estrela*, *Sol*. Em seguida, a terra, que fornece os frutos que servem para o alimento dos homens e dos animais; o fogo, tanto quanto a água, tornaram-se também objeto de culto dos homens por causa dos benefícios recebidos deles. Vide *Água* e *Fogo*.

Na sequência, esses deuses se multiplicaram ao infinito, pelo capricho de seus adoradores, e não restou quase nada que não fosse deificado, sem excetuar o que é inútil ou prejudicial.

Para autorizar o crime e justificar a devassidão, criaram-se deuses criminosos e devassos, deuses injustos e violentos, avaros e ladrões, bêbados, despudorados, cruéis e sanguinários.

Os principais deuses que os romanos chamavam de *dii majorum gentium*, e Cícero de *deuses celestes*, Varrão de *deuses escolhidos*, Ovídio de *nobiles deos*, e outros de *consentes deos*, eram Júpiter, Juno, Vesta, Minerva, Ceres, Diana, Vênus, Marte, Mercúrio, Netuno, Vulcano e Apolo.

Júpiter era o deus do céu, Netuno do mar, Marte o deus da guerra, Apolo o da eloquência, da poesia e da Medicina, Mercúrio o dos ladrões, Baco o do vinho, Cupido o do amor etc. [**984**]

Contavam-se também na categoria de semideuses aqueles que eram chamados de *semi-dii, dii minorum gentium*, os heróis e homens que tinham sido deificados. Os grandes deuses possuíam o céu como uma coisa que lhes pertencia de direito, e os semideuses como uma recompensa pela maneira extraordinária que tinham vivido na terra. Vide *Herói* e *Apoteose*.

Seria muito demorado nomear aqui todos os deuses do paganismo. Pode-se encontrar isso em detalhes no *Dicionário de Trevoux*, que elenca a maior parte deles, extraída do livro de Isac Vossius intitulado *De origine et progressu idololatriae* (*Da origem e progresso da idolatria*). Não há excesso ao qual os homens não tenham sido levados sobre esse assunto: não contentes de ter divinizado a virtude, tinham prestado a mesma honra ao vício. Tudo era Deus, diz Bossuet, exceto o próprio Deus.

Reconheciam-se como deuses a saúde, a febre, o medo, a dor, a indignação, o pudor, a impudência, o furor, a alegria, a opinião, a fama, a prudência, a ciência, a arte, a fidelidade, a calúnia, a liberdade, a moeda, a guerra, a paz, a vitória, o triunfo etc.

Mas o que desonra a humanidade é ver um deus Sterculus, o primeiro que havia ensinado a estercar os campos; a palidez e o medo, *pallor et pavor*, colocados na categoria de deuses, assim como houve as deusas Caca, Cloaima e Muda. E Lactâncio, em seu livro, teve toda a razão de envergonhar os pagãos por causa dessas ridículas divindades.

Enfim, a natureza e o mundo inteiro passaram por um deus. Vide *Natureza*.

(**MGS**)

# Entendimento (*Lógica*), Formey [5, 718]

*Entendimento* é a nossa alma, enquanto concebe ou recebe ideias.

Quando digo *afirmação, negação, desejo, contentamento, tédio, aprovação* etc., não pronuncio palavras desprovidas de sentido; mas tampouco represento para mim mesmo, sob uma forma corpórea, isso que eu falo. O poder que temos de pensar assim se chama *entendimento*, ou *faculdade intelectual*. Na verdade, ao mesmo tempo que o entendimento puro se exerce e aplica-se sobre ideias, a imaginação também apresenta suas imagens e fantasmas; mas, longe de nos ajudar com seus préstimos, apenas nos atrapalha. Por isso, é preciso diferenciar bem as ideias do entendimento dos fantasmas da imaginação. O entendimento concebe com nitidez; no que a imaginação apresenta não costuma haver mais do que confusão. Compreendo muito bem o que é uma figura formada por 120 ou 124 lados iguais; demonstro sua geração e suas propriedades; mas a pintura que a imaginação faz dela não tem nada de distinto. O entendimento determina esses lados e os conta distintamente; a imaginação não ousaria tal coisa, pois não teria como chegar ao fim. Tanto o entendimento quanto a imaginação têm uma ideia bastante clara de um triângulo; mas a da imaginação é mais viva e impressionante, pois é acompanhada de sensações. Já uma figura de 120 lados só poderia ser apresentada pela imaginação de maneira confusa. Quando, numa história, fala-se em 50 batalhões ou 53 esquadrões, esses números são concebidos com precisão pelo entendimento; a imaginação, porém, se embaralha.

O entendimento não somente forma para si mesmo ideias precisas do que a imaginação apresenta confusamente, como retifica muitas das contradições desta. A imaginação só consegue representar antípodas invertidos; o entendimento convence de que um homem não se encontra nessa situação, pois seus pés estão mais próximos do centro da terra do que sua cabeça. Vide *Antípodas*.

O espírito será tão mais extenso quanto maior for o número de coisas em que pense ao mesmo tempo e mais rapidamente passe de um pensamento a outro, percorrendo um grande número deles como se fosse com um único golpe de vista, assim como um braço é tão mais forte quanto maior a prontidão com que se move e o peso que é capaz de levantar. A força do entendimento é como a do corpo: ambas aumentam com o exercício moderado e regrado, de dificudade crescente, porém gradual. Um espírito que permaneça inativo será sempre estreito; ou, se tentar abarcar de uma só vez um número de coisas excessivamente grande, a começar pelas mais difíceis, longe de redobrar suas forças, as debilitará, arriscando-se a perdê-las por completo. É preciso, portanto, proceder ordenadamente, começar pelo mais fácil, nunca passar diretamente dos simples aos difíceis, avançar por graus, do simples ao não muito composto, e deste se elevar a outros, um pouco mais difíceis; e assim por diante. Não deve nunca dar o passo seguinte sem ter antes compreendido distintamente aquele em que se encontra. Quando se estuda a Matemática com método e paciência, as demonstrações mais complicadas não serão mais difíceis do que as mais simples foram no começo. Uma criança não espera até os seis anos para contar até três; que lhe seja ensinado a dizer 3 e 1 são 4, 4 e 1 são 5, e meia hora depois ela não terá mais dificuldade de contar de 1 a 5. Que se introduzam intervalos nos progressos que ela é levada a realizar: a segunda dezena ainda a fatigará um pouco; quando chegar a 20, poderá adquirir os nomes das dezenas até 100; e, quando souber preencher o intervalo de 20 a 30, saberá os dos outros números até cem. Vide os verbetes *Evidência* e *Sensações*, onde se expõe e se deduz, com um método filosófico, a origem e o progresso de nossas ideias, vale dizer, das operações de nosso entendimento.

**(PPP)**

## Epicurismo[1] (*História da Filosofia*), Diderot [5, 779]

A seita eleática deu origem à seita epicurista. Nunca uma filosofia foi menos compreendida e mais caluniada do que a de Epicuro. Esse filósofo foi acusado de ateísmo, embora admitisse a existência de deuses, frequentasse os templos e não tivesse nenhuma repugnância em se prosternar ao pé dos altares. Foi considerado apologista da depravação, ele, cuja vida era uma prática contínua de todas as virtudes, sobretudo a da temperança. O preconceito foi tão geral que é preciso confessar, para a vergonha dos

1 Tradução parcial.

estoicos, que usaram de todos os meios para difundi-lo, que os epicuristas são, dentre as pessoas de bem, as que tiveram a pior reputação. Mas, a fim de que se possa fazer um juízo esclarecido da doutrina de Epicuro, apresentaremos o próprio filósofo, acompanhado de seus discípulos, ditando-lhes lições à sombra de árvores que ele mesmo plantara. É ele, portanto, que falará no resto deste verbete, e rogamos ao leitor equânime que não se esqueça disso. A única coisa que nos permitiremos será a de lançar, no meio desses princípios, algumas das consequências mais imediatas que se podem deduzir deles. [**780**]

*Da Filosofia em geral.* O homem nasce para pensar e agir, e a Filosofia é feita para regrar o entendimento e a vontade do homem. Tudo o que se afasta desse fim é frívolo. Adquire-se a felicidade pelo exercício da razão, pela prática da virtude e pelo uso moderado dos prazeres, o que supõe a saúde do corpo e da alma. Se o mais importante conhecimento é daquilo que se deve evitar e do que se deve fazer, nunca é cedo demais para o jovem entregar-se ao estudo da Filosofia, e é sempre cedo para que o velho renuncie a ele. Distingo, entre meus discípulos, três espécies de caracteres: há homens, tais como eu, que não se deixam desencorajar por nenhum obstáculo e que avançam sozinhos, num movimento que lhes é próprio, na direção da verdade, da virtude e da felicidade. Outros, tais como Metrodoro, têm necessidade de um exemplo que os encoraje. Outros, enfim, tais como Hérmaco, exigem que se faça a eles alguma violência. Amo e estimo a todos. Oh, meus amigos! Existe alguma coisa mais antiga do que a verdade? Ela já não existia antes de todos os filósofos? O filósofo desprezará, pois, toda autoridade, e marchará direto para a verdade, afastando todos os fantasmas vãos que se apresentam em sua estrada, a ironia de Sócrates e a volúpia de Epicuro. Por que o povo continua mergulhado no erro? É porque toma os nomes como provas. Estabelecei para vós princípios; que sejam poucos, mas fecundos em consequências. Não negligenciemos o estudo da natureza, mas apliquemo-nos em particular à ciência dos costumes. De que nos serviria o conhecimento aprofundado dos seres fora de nós, se, mesmo sem esse conhecimento, pudéssemos dissipar o medo, aliviar a dor, satisfazer nossas necessidades? O uso da dialética, levado ao excesso, degenera numa arte de semear espinhos em todas as ciências. Odeio essa arte. A verdadeira

Lógica pode se reduzir a poucas regras. Na natureza, só há as coisas e nossas ideias. Consequentemente, há duas espécies de verdades, umas da existência, outras de indução. As verdades de existência pertencem aos sentidos; as da indução, à razão. A precipitação é a principal fonte de nossos erros. Não me cansarei, pois, de vos dizer, *esperai*. Sem o uso conveniente dos sentidos, não há ideias ou noções prévias, e sem estas não há opinião nem dúvida. Longe de poder trabalhar na procura da verdade, sequer há condições de criar símbolos. Multiplicai, pois, as noções prévias, por um uso assíduo de vossos sentidos; estudai o valor preciso dos signos que os outros instituíram, e determinai cuidadosamente o valor daqueles que instituireis. Se resolveis falar, preferi as expressões mais simples e mais comuns, ou temei não ser compreendidos e perder o tempo vos interpretando a vós mesmos. Quando escutardes, aplicai-vos a sentir toda a força das palavras. É pelo exercício habitual desses princípios que conseguireis discernir sem esforço o verdadeiro do falso, do obscuro, do ambíguo. Mas não basta para que saibais colocar a verdade em vossos raciocínios; é preciso ainda colocar a sabedoria em vossas ações. Em geral, quando a volúpia não trouxer como consequência a dor, não hesitai em abraçá-la; se a dor que ela provocará for menor do que ela, abraçai-a também; abraçai mesmo a dor da qual esperais um grande prazer. Só calculareis mal quando vos abandonardes a uma volúpia que vos causará uma pena excessiva, ou que vos privará de um prazer maior.

*Da fisiologia em geral*. Que fim proporemos no estudo da fisiologia, a não ser o de conhecer as causas gerais dos fenômenos, a fim de que, libertados de todos os vãos terrores, abandonemo-nos sem remorso aos nossos apetites razoáveis, e que, depois de ter gozado a vida, nós a deixemos sem arrependimento? Nada se faz do nada. O universo sempre existiu e sempre existirá. Só existem a matéria e o vazio, pois não se pode conceber nenhum outro ser intermediário. Acrescentai à noção do vazio a impenetrabilidade, a figura e o peso, e tereis a ideia da matéria. Separai da ideia da matéria essas mesmas qualidades e tereis a noção do vazio. A natureza considerada, abstração feita da matéria, dá o vazio; o vazio ocupado dá a noção do lugar. O lugar percorrido dá a ideia de região. O que entenderemos por espaço, senão o vazio considerado extenso? A necessidade do vazio é demonstrada por si mesma, pois, sem o vazio, onde os corpos existiriam? Onde se moveriam? Mas o que é o vazio? É uma qualidade? É uma coisa? Não é uma qualidade. Mas se é uma coisa, é uma coisa corporal? Não se deve duvidar disso. Essa coisa uniforme, homogênea, imensa, eterna, atravessa todos os corpos sem alterá-los, determina-os, marca seus limites e os contém. O universo é o agregado da matéria e do vazio. A matéria é infinita, o vazio é infinito. Pois, se o vazio fosse infinito e a matéria finita, nada reteria os corpos e limitaria seus desvios: as percussões e as repercussões cessariam, e o universo, longe de formar um todo, não seria, em qualquer instante da duração que se seguirá, senão um amontoado de corpos isolados e perdidos na imensidão do espaço. Se, ao contrário, a matéria fosse infinita e o vazio finito, haveria corpos que não estariam no espaço, o que é absurdo. Logo, não aplicaremos ao universo nenhuma dessas expressões pelas quais distinguimos dimensões e determinamos pontos nos corpos finitos. O universo é imóvel, porque não há espaço para além dele. É imutável, porque não é suscetível de aumento nem de diminuição. É eterno, já que não começou e não terminará. Entretanto, os seres se movem, as leis se executam, os fenômenos se sucedem nele. Entre esses fenômenos uns se produzem, outros duram e outros passam, mas essas vicissitudes são relativas às partes e não ao todo. A única consequência que se pode extrair das gerações e destruições é que há elementos dos quais os seres são gerados e nos quais eles se dissolvem. Não se concebe formação nem dissolução sem a ideia de composição. E não se tem ideia de composição sem admitir partículas simples, primitivas e constituintes. São essas partículas que chamaremos de *átomos*. O átomo não pode se dividir, nem se simplificar, nem se dissolver. Ele é essencialmente inalterável e finito: de onde se segue que, num composto finito, qualquer que ele seja, não há nenhuma espécie de infinito em grandeza, nem em extensão, nem em número. Homogêneos quanto à sua solidez e inalterabilidade, os átomos têm qualidades específicas que os diferenciam. Essas qualidades são a grandeza, a figura, o peso e todas aquelas que delas emanam, tais como ser polido ou anguloso. Não se deve colocar entre essas últimas o quente, o frio, e outras semelhantes. Isso seria confundir as qualidades imutáveis com efeitos momentâneos. Embora atribuamos ao átomo todas as dimensões do corpo sensível, ele é, contudo, menos do que qualquer porção imaginável da matéria. Escapa aos nossos sentidos, cujo alcance é a medida do imaginável, seja em pequenez, seja em grandeza. É pela diferença dos átomos que será explicada a maioria dos fenômenos relativos às sensações e às paixões. A diversidade de figura [781] é um efeito necessário da diversidade de grandeza, e é impossível haver, no universo, um composto perfeitamente igual a outro. Embora haja átomos angulosos, outros pontudos, essas pontas não amolecem; seus ângulos nunca se quebram. Eu lhes atribuo o peso como uma qualidade essencial, porque, movendo-se atualmente, ou tendendo a se mover, isso só pode ser consequência de uma força intrínseca, que não se pode chamar de outro modo a não ser de *ponderação*. O átomo tem dois movimentos principais: um movimento de queda ou de ponderação, que o transporta ou o transportaria sem o concurso de nenhuma outra força estranha, e o choque ou movimento de reflexão que ele recebe no encontro com um outro átomo. Essa última espécie de movimento é variada segundo a infinita diversidade de massas e direções. A primeira, sendo uma energia da matéria, é aquela que se deve considerar como a conservadora do movimento na natureza e causa eterna das composições. A direção geral dos átomos levados pelo movimento de ponderação não é paralela; é um pouco convergente. É a essa convergência que devemos relacionar os choques, as coerências, as composições de átomos, a formação dos corpos, a ordem do universo com todos os seus fenômenos. Mas de onde nasce essa convergência? Da diversidade original dos átomos, tanto em massa quanto em figura e em força ponderadora. Tal é a velocidade de um átomo e a não resistência do vazio, que se o átomo não encontrasse nenhum obstáculo, ele percorreria o maior espaço inteligível no menor tempo. Com efeito, o que o retardaria? O que é o vazio, relativamente ao movimento? Tão logo os átomos combinados tenham formado um composto, eles terão, no composto, e o composto terá, no espaço, diferentes movimentos, diferentes ações, tanto intrínsecas quanto extrínsecas, tanto ao longe quanto no lugar. O que chamamos comumente de *elementos* são compostos de átomos. Pode-se considerar esses compostos como princípios, mas não como primeiros princípios. O átomo é a causa primeira de tudo o que é e a matéria primeira da qual tudo é feito. Ele é ativo essencialmente e por si mesmo. Essa atividade desce do átomo ao elemento, do elemento ao composto, e varia segundo todas as composições possíveis. Mas toda atividade produz o movimento local ou a tendência. Esse é o princípio universal das destruições e regenerações. As vicissitudes dos compostos não são senão modos do movimento e efeitos da atividade dos átomos que os constituem. Quantas vezes não se atribuiu a causas imaginárias os efeitos dessa atividade que pode, segundo as ocorrências, levar as porções dos seres a distâncias imensas, ou terminar em abalos, em translações imperceptíveis? É ela que muda o doce em ácido, o mole em duro etc. E o que é o destino, senão a universalidade das causas ou das atividades próprias do átomo, considerado solitariamente ou em composição com outros átomos? As qualidades essenciais do átomo conhecidas não são em grande número. Elas bastam, contudo, para a infinita variedade das qualidades do composto. Da separação maior ou menor dos átomos mais ou menos grandes, nascem a densidade, a liquidez, a dureza, a moleza, o volume etc. De que faríamos depender a figura, se não for das partes constituintes, e o peso, se não for da força intrínseca da ponderação? Entretanto, para falar com exatidão, não há nada que seja absolutamente pesado ou leve. É preciso julgar da mesma forma quanto ao frio e ao quente.

Mas o que é o tempo? Na natureza, o tempo é uma sequência de acontecimentos, e em nosso entendimento, é uma noção que é fonte de muitos erros. O mesmo se diz do espaço. Na natureza, sem corpos não há espaço; sem acontecimentos sucessivos, não há tempo. O movimento e o repouso são estados cuja noção em nós é inseparável das de espaço e tempo. Não haverá novas produções na natureza a não ser aquelas que forem permitidas pela composição diversa dos átomos. O átomo não criado e inalterável é o princípio de toda geração e toda corrupção. Segue-se de sua atividade essencial e intrínseca que não há nenhum composto que seja eterno: entretanto, não seria absolutamente impossível que, após nossa dissolução, se formasse uma combinação geral de toda a matéria, que restituísse ao universo o mesmo aspecto que ele tem, ou pelo menos uma combinação parcial dos elementos que nos constituem, em consequência da qual ressuscitaríamos, mas sem memória do passado. A memória se extingue no momento da destruição. O mundo é apenas uma pequena porção do universo, cujos limites foram fixados pela fraqueza de nossos sentidos. Pois o universo é ilimitado. Considerado relativamente a suas partes e à sua ordem recíproca, o mundo é um; não tem alma; logo, não é um deus. Sua formação não exige nenhuma causa inteligente e suprema. Por que recorrer a semelhantes causas na Filosofia, quando tudo pôde ser engendrado e pode ser explicado pelo movimento, pela matéria e pelo vazio? O mundo é efeito do acaso e não da execução de um desígnio. Os átomos se movem por toda a eternidade. Considerados na agitação geral de onde os seres devem eclodir no tempo, é o que chamamos *caos*; considerados depois que as naturezas eclodiram, e com a introdução da ordem nessa porção do espaço, tal como o vemos, é o que chamamos *mundo*. Seria um preconceito conceber de outro modo a origem da terra, do mar e dos céus. A combinação dos átomos formou primeiro as sementes gerais; essas sementes se desenvolveram e todos os animais, sem excetuar o homem, foram produzidos sozinhos, isolados. Quando as sementes se esgotaram, a terra cessou de produzi-los, e as espécies se perpetuaram por diferentes vias de geração. Evitemos relacionar a nós mesmos todas as transações da natureza; as coisas se fizeram sem que houvesse outra causa senão a do encadeamento universal dos seres materiais, que trabalhava, seja para nossa felicidade, seja para nossa infelicidade. Deixemos também de lado os gênios e os demônios. Se eles existissem, muitas coisas não existiriam, ou existiriam de outro modo. Aqueles que imaginaram essas naturezas não eram filósofos de modo algum, e aqueles que os viram eram somente visionários. Mas, se o mundo começou, porque ele não teria um fim? Ele não é um todo composto? Um composto finito? O átomo não conservou sua atividade nesse grande composto, assim como em sua menor porção? Essa atividade não é igualmente um princípio de alteração e destruição? O que revolta nossa imaginação são as falsas medidas da extensão e do tempo que criamos. Relacionamos tudo ao ponto do espaço que ocupamos e ao curto instante de nossa duração. Mas, para julgar nosso mundo, devemos compará-lo à imensidão do universo e à eternidade dos tempos; então, mesmo que esse globo tivesse uma extensão mil vezes maior, ele entraria na lei geral e o veríamos submisso a todos os acidentes da molécula. Não há nada que seja imutável, inalterável, eterno, a não ser o átomo; os mundos passarão, o átomo permanecerá o que é. A pluralidade dos mundos não tem nada de inaceitável; pode haver mundos semelhantes ao nosso. [**782**] Pode até mesmo haver mundos diferentes. Deve-se considerá-los como grandes turbilhões apoiados uns contra os outros, que encerram entre si mundos menores e que preenchem juntos o vazio infinito. No meio do movimento geral que produziu o nosso, esse amontoado de átomos que chamamos *Terra* ocupa o centro; outros conjuntos foram formar o céu e os astros que a iluminam. Não nos deixemos impressionar pela queda dos graves; esses graves não têm centro comum; eles caem paralelamente. Concluamos disso que os antípodas são um absurdo. A Terra não é um corpo esférico; é um grande disco mantido suspenso no espaço pela atmosfera. A Terra não tem alma; ela não é de modo algum uma divindade. Devem-se atribuir os terremotos a exalações subterrâneas, a choques súbitos, ao encontro de certos elementos opostos, à ação do fogo. Se os rios não aumentam os mares é porque, relativamente a esses volumes de água, a seus imensos reservatórios e à quantidade de vapores que o sol eleva sobre sua superfície, os rios são apenas fracas correntes. As águas do mar se espalham por toda a massa terrestre, a umedecem, se encontram, se reúnem, e vêm se precipitar nas bacias de onde tinham extravasado. É nessa circulação que perdem seu sabor amargo. As inundações do Nilo são causadas por ventos etésios, que sublevam o mar no estuário desse rio, acumulam aí diques de areia e o fazem refluir sobre si mesmo. As montanhas são tão antigas quanto a terra. As plantas têm em comum com os animais o fato de que nascem, crescem, perecem e morrem. Mas não é uma alma que os vivifica; tudo nesses seres se executa pelo movimento e interposição. Nos animais, cada órgão elabora uma porção de semente e a transmite a um reservatório comum: daí vem essa analogia própria às moléculas seminais que as separa, as distribui, dispõe cada uma a formar uma parte semelhante àquela que a preparou, e todas a gerar um animal semelhante. Nenhuma inteligência preside esse mecanismo. Se tudo se executa como se essa inteligência não existisse, por que então nós suporíamos a sua ação? Os olhos não foram feitos para ver, nem os pés para andar; mas o animal teve pés e andou; teve olhos e viu. A alma humana é corporal; os que asseguram o contrário não se entendem e falam sem ter ideias. Se fosse incorporal, como o pretendem, ela não poderia agir nem sofrer; sua heterogeneidade tornaria impossível sua ação sobre o corpo. Recorrer a qualquer princípio imaterial para explicar essa ação não é resolver a dificuldade, é somente transportá-la para outro objeto. Se houvesse na natureza algum ser que pudesse mudar as naturezas, a verdade não seria mais do que um nome vão. Ora, para que um ser imaterial fosse um instrumento aplicável a um corpo, seria necessário mudar a natureza de um ou de outro. Evitemos, entretanto, confundir a alma com o resto da substância animal. A alma é um composto de átomos tão unidos, tão leves, tão móveis, que pode se separar do corpo sem que este perca sensivelmente seu peso. Essa rede, apesar de sua extrema sutileza, tem várias qualidades distintas. É aérea, ígnea, móvel e sensível. Difundida por todo o corpo, é a causa das paixões, das ações, dos movimentos, das faculdades, dos pensamentos e de todas as outras funções, sejam espirituais ou animais. É ela que sente, mas recebe esse poder do corpo. No momento em que a alma se separa do corpo, a sensibilidade desaparece, porque era o resultado de sua união. Os sentidos são apenas um tato diversificado; dos próprios corpos procedem simulacros que lhes são semelhantes e que vêm tocar nossos sentidos. Os sentidos são comuns aos homens e a todos os animais. A razão pode se exercer, mesmo quando os sentidos repousam. Entendo por *espírito* a mais fina porção da alma. O espírito é difundido em toda a substância da alma, assim como a alma é difundida em toda a substância do corpo. É unido a ela; forma com ela um só ser; produz atos em instantes quase indivisíveis; tem sua sede no coração. Com efeito, é do coração que emanam a alegria, a tristeza, a força, a pusilanimidade etc. A alma pensa, assim como o olho vê, por meio de simulacros ou ídolos; ela é afetada por dois sentimentos gerais, a dor e o prazer. Perturbai o estado natural das partes do corpo e produzireis a dor; restituí às partes do corpo o seu estado natural e fareis surgir o prazer. Se essas partes, ao invés de oscilar, pudessem permanecer em repouso, cessaríamos de sentir, ou então, fixados num estado de paz inalterável, experimentaríamos talvez a mais voluptuosa das situações. Da dor e do prazer nascem o desejo e a aversão. Em geral, a alma floresce e se abre ao prazer, e murcha e se contrai com a dor. Viver é experimentar esses movimentos alternadamente. As paixões variam segundo a combinação dos átomos que compõem o tecido da alma. Os ídolos vêm tocar os sentidos; o som desperta a imaginação; a imaginação excita a alma e a alma move o corpo. Se o corpo cai de fraqueza ou de cansaço, a alma, abatida ou distraída, sucumbe ao sono. O estado no qual ela fica obcecada com simulacros errantes que a atormentam ou a divertem involuntariamente é o que chamamos de *insônia* ou *sonho*, segundo o grau de consciência que lhe resta de seu estado. A morte é tão somente a cessação da sensibilidade. Quando os corpos se dissolvem, a alma também se dissolve. Suas faculdades desaparecem; ela não pensa mais; não se lembra, não sofre, não age. A dissolução não é uma aniquilação; é somente uma separação de partículas elementares. Se alma não existia antes da formação do corpo, por que existiria após a sua destruição? Como não há mais sentidos após a morte, a alma não experimenta dor, nem prazer. Longe de nós, portanto, crer na fábula dos infernos e do Eliseu, e em todos esses relatos mentirosos com os quais a superstição assusta os maus que ela não julga suficientemente punidos por seus próprios crimes, ou com os quais ela deleita os bons que não são suficientemente recompensados por sua própria virtude. Concluamos, quanto a nós, que o estudo da natureza não é supérfluo, já que conduz o homem a conhecimentos que asseguram a paz de sua alma, libertam o espírito de todos os vãos terrores, elevam-no ao plano dos deuses e o conduzem aos únicos verdadeiros motivos para cumprir seus deveres. Os astros são feitos de fogo. Comparo o céu a um corpo esponjoso, cujas imensas cavidades são impregnadas por uma matéria ígnea que é lançada com força para todos os lados. Os corpos celestes não têm alma: eles não são deuses. Entre esses corpos, alguns são fixos e outros errantes. Esses últimos são chamados *planetas*. Embora todos nos pareçam ser esféricos, podem ser também cilindros, cones ou discos, ou porções quaisquer da esfera. Todas essas figuras e muitas outras não contradizem os fenômenos. Seus movimentos são executados, seja em consequência de uma revolução geral do céu que os transporta ou de uma translação que lhes é própria e na qual atravessam a vasta extensão dos céus que lhes é permeável. O Sol se levanta e se põe, subindo do horizonte e descendo abaixo dele, ou iluminando-se no oriente e se apagando no ocidente, consumido e reproduzido diariamente. Esse astro é o centro de nosso mundo: é a partir dele que todo calor [**783**] se difunde; bastam algumas faíscas desse fogo para incendiar toda a nossa atmosfera. A Lua e os planetas podem brilhar com sua própria luz ou então com uma luz emprestada do Sol. Os eclipses devem ser causados ou pela extinção momentânea de um corpo eclipsado, ou pela interposição de um corpo que o eclipsa. Se acontecer de um planeta atravessar regiões cheias de matérias contrárias ao fogo e à luz, ele não se apagará? Não será eclipsado? As nuvens são massas de ar condensado pela ação dos ventos ou por uma grande quantidade de átomos que se acumulou pouco a pouco, ou então dos vapores que sobem da terra e dos mares. Os ventos são correntes de átomos na atmosfera, ou talvez sejam sopros impetuosos que escapam da terra e dos mares, ou mesmo uma porção de ar posto em movimento pela ação do Sol. Se as moléculas ígneas se reúnem, formam uma massa e são prensadas numa nuvem, elas se esforçarão para escapar em todos os sentidos, e a nuvem não se abrirá sem raios e sem trovões. Quando as águas suspensas na atmosfera forem rarefeitas e esparsas, recairão na forma de chuva sobre a terra, por seu próprio peso ou pela agitação dos ventos. O mesmo fenômeno ocorrerá quando elas formarem massas espessas, se o calor vier a rarefazê-las ou o vento vier dispersá-las. Ao se encontrarem durante a queda, formarão gotas; congeladas pelo frio ou pelo vento, formam o granizo. Ocorrerá também o mesmo fenômeno se algum calor súbito vier a decompor uma nuvem gelada. Quando o Sol se encontra em uma oposição particular em relação a uma nuvem e a atinge com seus raios, forma-se o arco-íris. As cores do arco-íris são efeito dessa oposição e do ar úmido que produz todas, ou que produz apenas uma delas, que se diversifica segundo a região que atravessa e segundo a maneira como ela se move. Quando a terra é encharcada por longas chuvas e aquecida por calores violentos, os vapores que se elevam dela infectam o ar e espalham a morte por longas distâncias etc.

*Da teologia.* Após ter estabelecido o princípio de que na natureza só existem a matéria e o vazio, o que pensaremos sobre os deuses? Abandonaremos nossa filosofia para nos submetermos a opiniões populares, ou diremos que os deuses são seres corporais? Já que são deuses, são felizes; gozam de si mesmos em paz. Nada do que se passa aqui os afeta ou os perturba, e está suficientemente demonstrado pelos fenômenos do mundo físico e moral que eles não participam da produção dos seres e de sua conservação. É a própria natureza que pôs a noção de sua existência em nossa alma. Qual é o povo tão bárbaro que não tenha nenhuma noção antecipada dos deuses? Iremos nos opor ao consentimento geral dos homens? Elevaremos nossa voz contra a voz da natureza? A natureza não mente; a existência dos deuses seria provada até mesmo por nossos preconceitos. Quantos fenômenos que só lhes foram atribuídos porque a natureza desses seres e a causa dos fenômenos foram ignoradas! Quantos outros erros são como garantias da crença geral? Se um homem, durante o sono, foi atingido por algum grande simulacro e conservou a lembrança dele ao acordar, concluiu que esse ídolo tinha necessariamente um modelo errante pela natureza; as vozes que pode ter ouvido não lhe permitiram duvidar de que esse modelo fosse de natureza inteligente, e a constância da aparição em diferentes tempos e sob uma mesma forma, de que ele fosse imortal. Mas o ser que é imortal é inalterável, e o ser inalterável é perfeitamente feliz, já que não age sobre nada, nem nada age sobre ele. A existência dos deuses será, portanto, para sempre, uma existência estéril pela mesma razão de que ela não pode ser alterada. Pois é preciso que um princípio de atividade, que é a fonte fecunda de toda destruição e toda reprodução, esteja aniquilado nesses seres. Logo, não temos nada a esperar nem a temer deles. O que é então a adivinhação? E os prodígios? O que são as religiões? Se houver um culto qualquer aos deuses, ele deve ser o de uma admiração que não se pode recusar a tudo que nos oferece a imagem sedutora da perfeição e da felicidade. Somos levados a crer nos deuses de forma humana; é essa forma que todas as nações lhes atribuíram. É a única sob a qual a razão se exerceu e a virtude foi praticada. Se sua substância fosse incorporal, eles não teriam sentidos, nem percepção, nem prazer, nem dor. Seu corpo, todavia, não é tal como o nosso. É somente uma combinação semelhante de átomos mais sutis; é a mesma organização, mas são órgãos infinitamente mais perfeitos; é uma natureza particular tão refinada, tão firme, que nenhuma causa pode atingi-la nem alterá-la, nem uni-la, nem dividi-la. Essa organização não pode ter nenhuma ação. Ignoramos os lugares onde os deuses habitam. Sem dúvida, este mundo não é digno deles. Eles poderiam bem estar refugiados nos intervalos vazios que os mundos contíguos deixam entre si.

*Da moral.* A felicidade é o fim da vida: o coração humano reconhece isso. É o termo evidente até das ações que nos afastam dela. Aquele que se mata considera a morte como um bem. Não se trata de reformar a natureza, mas de dirigir sua inclinação geral. O que pode acontecer de mal ao homem é ver a felicidade onde ela não está, ou de vê-la onde ela está de fato, mas enganar-se sobre os meios de obtê-la. Qual será então o primeiro passo de nossa filosofia moral a não ser procurar em que consiste a verdadeira felicidade? Que esse estudo importante seja nossa ocupação atual. Já que desejamos ser felizes desde agora, não deixemos para saber amanhã o que é a felicidade. O insensato sempre se propõe viver e nunca vive. Cabe somente aos imortais ser soberanamente felizes. Uma loucura contra a qual devemos nos garantir é a de esquecer que somos homens. Já que nos desesperamos de não ser nunca tão perfeitos quanto os deuses que nos propomos como modelos, resolvemos também não ser felizes. Desprezaria eu abrir os olhos para os objetos que me rodeiam porque não consigo ver a imensidão dos espaços? Esses objetos se tornarão uma fonte inesgotável de volúpia, se eu souber usufruir deles ou negligenciá-los. A dor é sempre um mal, a volúpia, sempre um bem. Mas não há volúpia pura. As flores crescem aos nossos pés; é preciso pelo menos se inclinar para colhê-las. Entretanto, ó, volúpia! É para ti somente que fazemos tudo o que fazemos; nunca é a ti que evitamos, mas a dor que com frequência te acompanha. Aqueces nossa fria razão; é de tua energia que nascem a firmeza da alma e a força da vontade; és tu que nos moves, nos transportas, quando recolhemos rosas para fazer um leito para a jovem beleza que nos encantou ou que, enfrentando o furor dos tiranos, entramos de cabeça baixa e com olhos fechados nos touros ardentes que ela nos preparou. A volúpia toma toda espécie de formas. Logo, é importante conhecer bem o preço dos objetos sob os quais ela se apresenta a nós, a fim de que não fiquemos incertos de quando nos convém acolhê-la ou recusá-la, viver ou morrer. [**784**]

Após a saúde da alma, não há nada mais precioso do que a saúde do corpo. Se a saúde do corpo se faz sentir particularmente em alguns membros, ela não é geral. Se a alma se conduz com excesso na prática da virtude, ela não é inteiramente virtuosa. O músico não se contenta em afinar algumas das cordas de sua lira; seria desejável, para o concerto da sociedade, que o imitássemos e que não permitíssemos, seja a nossas virtudes, seja a nossas paixões, serem muito frouxas ou muito esticadas, produzindo um som muito abafado ou muito agudo. Se fazemos algum caso de nossos semelhantes, encontraremos prazer em cumprir nossos deveres, porque é um meio seguro de ser considerado. Não desprezemos de modo algum os prazeres dos sentidos, mas não façamos injúria a nós mesmos comparando o honesto com o sensual. Como seria feliz aquele que se enganasse na escolha de um estado? Como escolher um estado sem se conhecer? E como se contentar com seu estado se se confundir as necessidades da natureza, os apetites da paixão e os desvios da fantasia? Deve-se ter um objetivo presente ao espírito, se não se quiser agir ao acaso. Não é sempre impossível apropriar-se do futuro. Tudo deve tender à prática da virtude, à conservação da liberdade e da vida, e ao desprezo pela morte. Enquanto existimos, a morte não é nada, e ela também não é nada quando não existirmos mais. Só tememos os deuses porque os consideramos semelhantes aos homens. O que é o ímpio, senão aquele que adora os deuses do povo? Se a verdadeira piedade consistisse em se prosternar diante de qualquer pedra talhada, não haveria nada de mais comum. Mas, como consiste em ter um juízo sadio sobre a natureza dos deuses, ela é uma virtude rara. O que se chama *direito natural* é tão somente o símbolo de uma utilidade geral. A utilidade geral e o consentimento comum devem ser as duas grandes regras de nossas ações. Nunca há certeza de que o crime permaneça ignorado: aquele que o comete é, pois, um insensato que joga um jogo em que não há mais nada a perder ou a ganhar. A amizade é um dos maiores bens da vida, e a decência uma das maiores virtudes da sociedade. Sede decentes, porque não sois animais, viveis em cidades e não no fundo das florestas etc.

Eis os pontos fundamentais da doutrina de Epicuro, o único dentre todos os filósofos antigos que soube conciliar sua moral com o que ele poderia considerar a verdadeira felicidade do homem, e seus preceitos com os apetites e necessidades da natureza. É por isso que, em todos os tempos, ele teve um grande número de discípulos. [...]

A filosofia epicurista foi professada sem interrupção desde sua instituição até o tempo de Augusto. Fez grandes progressos em Roma, onde era composta de homens de letras e homens de Estado. Lucrécio cantou o epicurismo, Celso o professou sob Adriano, Plínio, o naturalista, sob Tibério; os nomes de Luciano e Diógenes Laércio também são célebres entre os epicuristas.

Na decadência do império romano, o epicurismo teve o destino de todos os conhecimentos; só saiu do esquecimento no começo do século XVII. [...]

**(MGS)**

## Espectro (*Gramática*), Diderot [6, 404]

Damos o nome de *espectro* a todas as imagens que nos levam a imaginar, fora de nós, seres corpóreos que não se encontram ali. Essas imagens podem ser ocasionadas por causas físicas externas, como a luz e diferentes graus de sombras, que afetam nossos olhos e oferecem a eles figuras reais. Então, nosso erro consiste não em ver uma figura fora de nós, pois tal figura existe de fato, mas em tomá-la pelo objeto corpóreo que ela representa. Objetos, ruídos e circunstâncias singulares, além de movimentos das paixões, também podem colocar em movimento nossa imaginação e nossos órgãos, que, tocados e agitados sem que haja um objeto presente, mas precisamente como se tivessem sido afetados pela presença de um objeto qualquer, mostram-no a nós, sem que nenhuma figura se encontre fora de nós. Por vezes, os órgãos se movem e agitam-se por si mesmos, como durante o sono; então, vemos passar diante de nós uma cena composta por objetos mais ou menos desconexos, com maior ou menor ligação entre si, dependendo da maior ou menor irregularidade ou analogia entre os movimentos dos órgãos de nossas sensações. Tal é a origem de nossos sonhos. Vide *Sentidos, Sensações, Sonho* [*Songe*]. A palavra *espectro* foi aplicada a todas as ideias falsas que imprimem o medo, o temor etc., que nos atormentam e trazem infelicidade a nossas vidas. Uma educação equivocada produz espectros; à experiência e à Filosofia cabe dissipá-los.

**(PPP)**

## Espinosa, Filosofia de (*História da Filosofia*), Autor desconhecido [15, 463]

Benedito Espinosa, judeu de nascimento, depois desertor do judaísmo e enfim ateu, era de Amsterdã. Foi um ateu de sistema, e com um método inteiramente novo, embora o fundo de sua doutrina fosse comum a vários outros filósofos antigos e modernos, europeus e orientais. É o primeiro que reduziu o ateísmo a sistema e que fez dele um corpo de doutrina amarrado e encadeado, segundo o método dos geômetras. Mas fora disso sua opinião não é nova. Há muito tempo se acreditou que o universo não é senão uma única substância, e que Deus e o mundo são apenas um único ser. Não é certo que Estratão, filósofo peripatético, tenha tido a mesma opinião, porque não se sabe se ele ensinava que o universo ou a natureza fosse um ser simples e uma substância única. O que há de certo é que ele não reconhecia outro Deus senão a natureza. Como ele zombava dos átomos e do vazio de Epicuro, poder-se-ia imaginar que não admitia distinção entre as partes do universo. Mas essa consequência não é necessária. Pode-se somente concluir que sua opinião se aproxima infinitamente mais do espinosismo do que o sistema dos átomos. Tem-se mesmo razão de crer que ele não ensinava, como faziam os atomistas, que o mundo fosse uma obra nova e produzida pelo acaso; mas ensinava, como o fazem os espinosistas, que a natureza o produziu necessariamente e de toda a eternidade.

O dogma da alma do mundo, que foi tão comum entre os antigos e que era a parte principal do sistema dos estoicos, é, no fundo, o de Espinosa. Isso pareceria mais claro se os autores geômetras o tivessem explicado. Mas como os escritos nos quais se faz menção disso provêm mais do método dos retóricos do que do método dogmático, e que, ao contrário, Espinosa se fixou na precisão, sem se servir da linguagem figurada, que nos dissimula com tanta frequência as ideias justas de um corpo de doutrina, daí resulta que encontramos várias diferenças capitais entre seu sistema e o da alma do mundo. Os que quiserem sustentar que o espinosismo é mais bem articulado deveriam também sustentar que ele não contém tanta ortodoxia, pois os estoicos não tiravam de Deus a providência; reuniam nele o conhecimento de todas as coisas ao passo que Espinosa não lhe atribui senão conhecimentos separados e muito limitados. Leiam essas palavras de Sêneca: "*Eundem quem nos, jovem intelligunt, custodem, rectoremque universi, animum ac spiritum, mundani hujus operis dominum & artificem, cui nomem omne convenit. Vis illum fatum vocare? Non errabis: hic est ex quo suspensa sunt om – nia, causa causarum. Vis illum providentiam dicere? Recte dicis. Est enim cujus consilio huic mundo providetur. Vis illum naturam vocare? Non peccabis. Est enim ex quo nata sunt omnia, cujus spiritu vivimus. Vis illum vocare mundum? Non falleris. Ipse est enim totum quod vides, totus suis partibus inditur, & se sustinens vi suâ. Quoest. natur. lib. XI. cap. xlv*".[1] Em outro momento, ele diz: "*Quid est autem,*

1 "Reconheceram o mesmo Júpiter que nós, guardião e moderador do universo, alma e espírito do mundo, senhor e artífice dessa obra, a quem todos os nomes

*cur non existimes in eo divini aliquid existere, qui Dei par est? Totum hoc quo continemur, & unum est & Deus, & socii ejus sumus & membra".*[2] (Epist. 92). Leiam também o discurso de Catão, no livro IV da *Pharsale*, e sobretudo considerem esses três versos: *Est – ne Dei sedes nisi terra & pontus & aer, Et coelum & virtus? Superos quid quoerimus ultra? Júpiter est quodcumque vides, quocumque moveris.*[3]

Para voltar a Espinosa, todo mundo convém que ele tinha bons costumes, era sóbrio, moderado, pacífico, desinteressado, até mesmo generoso; seu coração não era manchado por nenhum dos vícios que desonram. Isso é estranho; mas, no fundo, não devemos nos espantar mais de que haja pessoas que vivem muito mal embora estejam plenamente persuadidos do Evangelho do que o fato de que a atração pelo prazer não tenha feito em Espinosa o que a bondade e a equidade natural lhe fizeram. De seu obscuro retiro saiu primeiro a obra que ele intitulou *Tratado teológico-político*, porque nela Espinosa considera a religião nela mesma e em relação ao seu exercício, levando em conta o governo civil. Como a certeza da revelação é o fundamento da fé, os primeiros esforços de Espinosa são contra os profetas. Ele tenta tudo para enfraquecer a ideia que temos deles e que tiramos de suas profecias. Limita à ciência dos costumes todo o mérito dos profetas. Não aceita que tenham conhecido bem a natureza humana e as perfeições do ser soberano. Se cremos nisso, eles não sabiam mais e talvez não soubessem tanto quanto nós.

Moisés, por exemplo, imaginava um Deus ciumento, complacente e vingativo, o que combina mal com a ideia que devemos ter da divindade.

---

convêm. Pode ser chamado de destino? Não errarás, desde que tudo dependa dele e ele contenha em si as causas das causas. Pode ser chamado de providência? Falas corretamente. Pois seu discernimento provém do mundo. Pode ser chamado de natureza? Não errarias, pois ele faz nascer tudo cuja respiração nos faz viver. Pode ser chamado de mundo? Não te enganarias, pois é tudo o que percebes, e todas as suas partes estão disseminadas e se sustentam por sua própria força."

2 "Mas por que não devemos acreditar que algo divino existe, e que Deus é parte disso? O todo, o qual nos contém, é uno, é Deus, estamos associados a ele e somos seus membros."

3 "Teria Deus alguma sede que não fosse a terra, o mar, o ar, o céu e a virtude? Por que buscamos o superior além dele? Júpiter está em todos os lugares que vês, em todos os lugares a que vais."

A respeito do milagre, cujo relato é tão frequente nas Escrituras, julgou que não eram verdadeiros. Os prodígios, na sua opinião, são impossíveis; eles desarranjariam a ordem da natureza, e esse desarranjo é contraditório. Enfim, para nos liberar imediatamente e nos deixar à vontade, ele destrói num só capítulo toda a autoridade das antigas escrituras. Elas não são dos autores cujos nomes levam; assim, o Pentateuco não é mais de Moisés, mas uma compilação de velhas memórias mal dirigidas por Esdras. Os outros livros sagrados não terão uma origem mais respeitável.

Espinosa havia espantado e escandalizado a Europa por uma teologia que não tinha como fundamento senão a autoridade de sua palavra. Ele só se enganou pela metade. Sua primeira obra era tão somente um teste de suas forças. Foi bem mais longe numa segunda. Esse outro escrito é sua moral, onde, dando curso a suas meditações filosóficas, mergulhou o leitor no seio do ateísmo. É principalmente a essa ousadia monstruosa que ele deve o grande nome que fez entre os incrédulos dos nossos tempos. Não é verdade que seus seguidores sejam numerosos. Poucas pessoas são suspeitas de aderir à sua doutrina, e, entre os suspeitos, há poucos que a tenham estudado, e entre os poucos que a estudaram, poucos a compreenderam e são capazes de traçar seu verdadeiro plano e desenvolver o fio de seus princípios. Os mais sinceros confessam que Espinosa é incompreensível, que sua filosofia é para eles sobretudo um enigma perpétuo e que, enfim, se eles se alinham ao seu partido, é porque ele nega com intrepidez o que eles mesmos tinham uma tendência secreta a negar. [**464**]

Por pouco que entremos nessas trevas negras nas quais ele se envolveu, descobrimos uma série de abismos nos quais esse raciocinador temerário se precipitou quase desde o primeiro passo, proposições evidentemente falsas e outras contestáveis, princípios arbitrários substituindo princípios naturais e verdades sensíveis, um abuso dos termos na maioria tomados a contrassenso, um amontoado de equívocos enganosos, uma nuvem de contradições palpáveis.

Dentre todos os que refutaram o espinosismo, ninguém o desenvolveu tão claramente, nem combateu com tanta vantagem quanto o Sr. Bayle. É por isso que julgo ser um dever transcrever aqui um resumo sucinto dos raciocínios pelos quais ele arruinou de alto a baixo esse sistema monstruoso.

Mas, antes de mostrar o seu ridículo, é bom expô-lo. Espinosa sustenta: 1º) que uma substância não pode produzir outra substância; 2º) que nada pode ser criado do nada, pois seria uma contradição manifesta que Deus trabalhasse a partir do nada, que tirasse o ser do não ser, a luz das trevas, a vida da morte; 3º) que há apenas uma substância, porque não se pode chamar de substância senão o que é eterno, independente de toda causa superior, que existe por si mesmo e necessariamente. Ora, todas essas qualidades só convêm a Deus, logo, não há outra substância no universo a não ser Deus.

Espinosa acrescenta que essa substância única, que não é dividida, nem divisível, é dotada de uma infinidade de atributos, e dentre outros a extensão e o pensamento. Todos os corpos que estão no universo são modificações dessa substância enquanto extensão, e todas as almas dos homens são modificações dessa substância enquanto pensamento. O todo, contudo, permanece imóvel e não perde nada de sua essência por algumas mudanças leves, rápidas, momentâneas. É assim que um homem não deixa de ser o que ele é efetivamente, esteja acordado ou dormindo, repousando preguiçosamente ou agindo com vigor. Ouçamos o que Bayle opõe a essa doutrina.

1º) É impossível que o universo seja uma substância única, pois tudo o que é extenso tem necessariamente partes, e tudo o que tem partes é composto. E como as partes da extensão não subsistem uma na outra, então, necessariamente, ou a extensão em geral é o atributo de uma substância, ou cada parte da extensão é uma substância particular e distinta de todas as outras. Ora, segundo Espinosa, a extensão em geral é atributo de uma substância; de outro lado, ele confessa, com os outros filósofos, que o atributo de uma substância não difere realmente da substância; de onde se deve concluir que cada parte da extensão é uma substância particular, o que arruína os fundamentos de todo o sistema desse autor. Para desculpar esse absurdo, Espinosa não poderia dizer que a extensão em geral é distinta da substância de Deus, pois, se o dissesse, ensinaria que essa substância nela mesma é não extensa. Logo, ela nunca teria podido adquirir três dimensões, ao não ser criando-as, já que é visível que a extensão não pode sair ou emanar de um sujeito não extenso, a não ser pela via da criação. Ora, Espinosa não acreditava que do nada se pudesse fazer alguma coisa. É ainda visível que uma substância não extensa por sua natureza nunca pode tornar-se o sujeito de três dimensões, pois como seria possível colocá-las nesse ponto matemático? Elas subsistiriam, pois, sem um sujeito, seriam uma substância, de modo que se esse autor admitisse uma distinção real entre a substância de Deus, da extensão em geral, seria obrigado a dizer que Deus seria composto de duas substâncias distintas uma da outra, a saber, de seu ser não extenso e da extensão. Ei-lo, pois, obrigado a reconhecer que a extensão e Deus não são senão a mesma coisa. E como, aliás, em seus princípios, só há uma substância no universo, é preciso que ele ensine que a extensão é um ser simples e tão livre de composição quanto os pontos matemáticos. Mas sustentar isso não é zombar do mundo? É mais evidente que o número milenar é composto de mil unidades do que é evidente que um corpo de cem polegadas é composto de cem partes realmente distintas uma da outra, que têm cada uma a extensão de uma polegada?

Para se desembaraçar de uma dificuldade tão premente, Espinosa responde que a extensão não é composta de partes, mas de modificações. Mas ele pôde se prometer alguma vantagem nessa mudança de palavras? Que ele evite tanto quanto quiser o nome *parte*, que substitua tanto quiser a palavra *modalidade* ou *modificação*, em que isso muda? As ideias que se associam à palavra *parte* se apagarão? Não serão aplicadas à palavra *modificação*? Os signos e os caracteres de diferença são menos reais, ou menos evidentes, quando se divide a matéria em modificações do que quando a dividimos em partes? Tudo isso são visões: a ideia de matéria permanece sempre a de um ser composto, a de um amontoado de várias substâncias. Eis como bem provar isso.

As modalidades são seres que não podem existir sem a substância que elas modificam. Logo, é preciso que a substância se encontre em todo lugar onde há modalidades, é preciso mesmo que ela se multiplique na proporção em que as modificações incompatíveis entre si se multipliquem. É evidente. E nenhum espinosista pode negar que a figura quadrada e a figura circular são incompatíveis num mesmo pedaço de cera. De forma que, necessariamente, a substância modificada pela figura quadrada não seja a mesma substância que for modificada pela figura redonda; de outro modo, a figura quadrada e a figura redonda ficariam num único e mesmo sujeito; ora, isso é impossível.

2º) Se é absurdo dar extensão a Deus, pois isso seria privá-lo de sua simplicidade, na medida em que assim ele seria composto de um número infinito de partes, o que dizer do desvario de reduzi-lo à condição da mais vil natureza, tornando-o material, quando a matéria é o teatro de todas as corrupções e alterações? É verdade que os espinosistas sustentam que a matéria não sofre nenhuma divisão; mas o fazem por meio de um truque frívolo e irrelevante. A fim de que a matéria fosse dividida, dizem eles, seria necessário que cada uma de suas partes fosse separada das outras por intervalos de espaço vazio; o que nunca acontece. Mas essa é uma péssima definição de divisão. Estamos tão separados de nossos amigos quando o intervalo entre nós é preenchido por homens enfileirados como estaríamos se esse intervalo fosse um metro de chão. Portanto, é trocar as ideias por palavras, dizer que a matéria, reduzida a cinzas e fumaça, não padece de nenhuma separação.

3º) Veremos ainda absurdos mais monstruosos, considerando o deus de Espinosa como sujeito de todas as modificações do pensamento. Já é uma grande dificuldade conciliar a extensão e o pensamento numa única substância; não se trata aqui de uma liga como a dos metais, ou como a da água e do vinho; isso só exige justaposição. Mas a liga entre pensamento e extensão deve ser uma identidade. Estou certo de que se Espinosa tivesse encontrado um tal embaraço numa outra seita, ele a teria julgado indigna de sua atenção. Mas ele não julgou que fosse um problema para sua **[465]** própria causa, tanto é verdade que os que censuram mais arrogantemente os pensamentos dos outros são muito indulgentes consigo mesmos. Ele zombava sem dúvida do mistério da trindade e ficava admirado que uma infinidade de pessoas ousasse falar de uma natureza formada de três hipóstases, ele, que, a falar propriamente, dá à natureza divina tantas pessoas quanto há gente sobre a terra. Considerava loucos os que, admitindo a transubstanciação, dizem que um homem pode estar ao mesmo tempo em vários lugares, viver em Paris e estar morto em Roma etc., ele que sustenta que a substância extensa, única e indivisível está ao mesmo tempo em tudo, aqui, fria, lá, quente, aqui, triste, lá, alegre etc.

Se há alguma coisa de certo e de incontestável nos conhecimentos humanos, é esta proposição: *não se pode afirmar verdadeiramente, de um mesmo sujeito, nos mesmos aspectos e ao mesmo tempo, dois termos opostos; por exemplo, não se pode dizer sem mentir que Pedro está bem de saúde e Pedro está doente*. Os espinosistas arruínam essa ideia e a justificam de tal modo que não se sabe mais onde poderiam buscar o caráter da verdade. Pois se tais proposições forem falsas, não há nenhuma que possa ser verdadeira. Mostremos que esse axioma é muito falso em seu sistema e de início estabeleçamos como máxima incontestável que todas as qualificações que se dão a esse sujeito, para significar tudo o que ele faz ou tudo o que ele sofre, convêm propriamente à substância, e não a seus acidentes. Quando dizemos que o ferro é duro, o ferro é pesado, que ele afunda na água, não pretendemos de modo algum dizer que sua dureza é dura, que seu peso é pesado etc., e essa linguagem seria bem impertinente; queremos dizer que a substância extensa que o compõe resiste, pesa, afunda na água. Do mesmo modo, quando dizemos que um homem nega, afirma, se aborrece, acaricia, louva etc., fazemos recair todos esses atributos sobre a substância mesma de sua alma, e não sobre seus pensamentos, enquanto eles são acidentes ou modificações. Se fosse, pois, verdade, como pretende Espinosa, que os homens são modalidades de Deus, cairíamos na falsidade ao dizer "Pedro nega isso, quer isto, quer aquilo, afirma tal coisa": pois, realmente, segundo seu sistema, é Deus quem nega, quer, afirma, e, consequentemente, todas as denominações que resultam de todos os pensamentos dos homens recaem própria e fisicamente sobre a substância de Deus; de onde se segue que Deus odeia e ama, nega e afirma as mesmas coisas, ao mesmo tempo, segundo as condições requeridas, para fazer que a regra que apresentamos em relação aos termos opostos seja falsa. Pois não se poderia negar que, segundo todas essas condições tomadas com todo o rigor, certos homens não amam nem afirmam a não ser o que os outros odeiam e negam. Passemos adiante: os termos contraditórios como *querer* e *não querer* convêm, segundo todas essas condições, ao mesmo tempo, a diferentes homens. Assim, é preciso que, no sistema de Espinosa, eles convenham a esta substância única e indivisível que chamamos *Deus*. É, pois, Deus que forma ao mesmo tempo o ato de querer e que não o forma a respeito do mesmo objeto. Verificam-se, portanto, dois termos contraditórios, o que é a destruição dos primeiros princípios da Metafísica. Um círculo quadrado não é mais contraditório do que uma substância que ama e odeia ao mesmo tempo o mesmo objeto: eis o que é a falsa delicadeza. Nosso homem não poderia tolerar as menores obscuridades, seja do peripatetismo, ou do judaísmo, ou do cristianismo, e abraçaria de todo o coração uma hipótese que associa dois termos tão opostos quanto a figura quadrada e circular, e que faz que uma infinidade de atributos discordantes e incompatíveis a toda a variedade e a antipatia do gênero humano se certifiquem, tudo ao mesmo tempo, de uma única e mesma substância muito simples e indivisível. Diz-se ordinariamente *quot capita, tot sensus*; mas, segundo Espinosa, todas as opiniões de todos os homens estão numa só cabeça. Basta relatar essas coisas para refutá-las.

4º) Mas se, fisicamente falando, é um absurdo prodigioso que um sujeito simples e único seja modificado ao mesmo tempo pelos pensamentos de todos os homens, é uma abominação execrável quando se considera isso do lado da moral.

O quê? O ser infinito, o ser necessário, soberanamente perfeito, não seria firme, constante e imutável? O que digo? Imutável? Ele não seria o mesmo nem por um momento; seus pensamentos se sucederiam uns aos outros, sem fim e sem cessar; a mesma mistura de paixões e sentimentos não ocorrerá duas vezes; isso é duro de digerir. Mas há ainda o pior: essa mobilidade contínua guardará muita uniformidade, no sentido em que sempre, para um bom pensamento, o ser infinito terá mil espécies de pensamentos extravagantes, impuros, abomináveis; produzirá em si mesmo as loucuras, todos os devaneios, todas as imundícies, todas as iniquidades do gênero humano; ele será não somente a sua causa eficiente, mas também o sujeito passivo; ele se associará com elas não somente pela união mais íntima que se possa conceber; pois é uma união penetrável, ou melhor, é uma verdadeira identidade, já que o modo não é realmente distinto da substância modificada.

Vários grandes filósofos, não podendo compreender que seja compatível com o ser soberanamente bom tolerar que o homem seja tão mau e tão infeliz, supuseram dois princípios, um bom e outro ruim; e agora vem um filósofo que acha bom que Deus seja ele mesmo o agente e o paciente de todos os crimes e de todas as misérias do homem. É compreensível que os homens se detestem uns aos outros, se matem uns aos outros nos cantos dos bosques, reúnam-se em corpo num exército para se exterminarem uns aos outros, e que os vencedores por vezes até comam os vencidos, pois são diferentes entre si; mas que haja guerras e batalhas, sendo que os homens são simples modificações do mesmo ser, e, por consequência, sejam o próprio Deus, que atua e se modifica a si mesmo, em turco, em húngaro etc., é o que ultrapassa todos os monstros e todos os desregramentos quiméricos das mais loucas cabeças que alguma vez foram internadas nos hospícios. Assim, no sistema de Espinosa, todos os que dizem *os alemães mataram dez mil turcos*, falam mal e falsamente, a menos que entendam com isso que Deus, modificado em alemão, matou Deus modificado em dez mil turcos, e assim todas as frases pelas quais se exprime o que os homens fazem uns contra os outros não tem outro sentido verdadeiro a não ser que *Deus se odeia a si mesmo, ele pede graças a si mesmo e as recusa, ele se persegue, ele se mata, ele se come, se calunia e envia a si mesmo para o cadafalso*. Isso seria menos inconcebível se Espinosa tivesse representado Deus como um conjunto de várias partes distintas; mas ele o reduziu à mais perfeita simplicidade, à unidade da substância, à indivisibilidade. Logo, ele recita as mais infames e furiosas extravagâncias, infinitamente mais ridículas do que aquelas dos poetas no que concerne aos deuses do paganismo.

5º) Mais duas objeções: houve filósofos que foram bastante ímpios para negar que houvesse um Deus, mas não levaram sua extravagância a ponto de dizer que, se ele existisse, não seria uma natureza perfeitamente feliz. Os maiores céticos da Antiguidade disseram que todos os homens têm uma [**466**] ideia de Deus, segundo a qual ele é uma natureza viva, feliz, incorruptivelmente perfeita na felicidade, e de nenhum modo suscetível aos males. Era sem dúvida uma extravagância próxima da loucura não reunir em sua natureza divina a imortalidade e a felicidade. Plutarco refuta muito bem esse abuso dos estoicos; mas, por mais louco que fosse esse devaneio dos estoicos, ele não tirava dos deuses a sua felicidade durante a vida. Os espinosistas talvez sejam os únicos que tenham reduzido a divindade à miséria. Ora, que miséria? Algumas vezes ela é tão grande que ele se lança no desespero, e se aniquilaria se pudesse; ele tenta isso, tira de si tudo o que pode tirar; se enforca, se precipita, não podendo mais suportar a tristeza que o devora. Não se trata aqui de declamações, mas de uma linguagem exata e filosófica. Pois se o homem é apenas uma modificação, ele não faz nada; dizer *a alegria é alegre, a tristeza é triste*, seria uma frase impertinente, cômica, burlesca. É uma frase semelhante no sistema de Espinosa dizer *o homem pensa, o homem se aflige, o homem se enforca* etc. Todas essas proposições só podem ser ditas da substância da qual o homem é tão somente o modo. Como se pôde imaginar que uma natureza independente que existe por si mesma e possui perfeições infinitas esteja sujeita às infelicidades do gênero humano? Se alguma outra natureza a constrangesse a se entristecer, a sentir dor, não seria estranho que ela empregasse sua atividade a tornar-se infeliz. Dir-se-ia que ela é obrigada a obedecer a uma força maior: aparentemente é para evitar um mal maior que ela se dá o cálculo renal, a cólica, a febre, a raiva. Mas ela está sozinha no universo, nada a comanda, nada a exorta, nada pede alguma coisa a ela. É sua própria natureza, diz Espinosa, que a leva a dar-se a si mesma em certas circunstâncias uma grande tristeza e uma dor muito viva. Mas, eu responderia, não julgais que essa fatalidade é alguma coisa de monstruoso e de inconcebível?

As razões muito fortes que combatem a doutrina segundo a qual nossas almas são uma porção de Deus têm mais solidez contra Espinosa. Objeta-se a Pitágoras, numa obra de Cícero, que dessa doutrina resultam três evidentes faculdades: 1) que a natureza divina, neste caso, seria dividida em partes; 2) que ela seria infeliz tantas vezes quanto os homens o forem; 3) que o espírito humano não ignoraria nada, já que seria Deus.

6º) Eu gostaria de saber a quem ele quer mal quando rejeita certas doutrinas e propõe outras. Ele quer aprender verdades? Refutar os erros? Mas ele tem o direito de dizer que há erros? Os pensamentos dos filósofos comuns, os dos judeus, dos cristãos, não são eles mesmos modos do ser infinito tanto quanto os de sua ética? Não são realidades tão necessárias à perfeição do universo quanto todas as especulações? Não emanam eles da causa necessária? Como pode pretender que existe aí alguma coisa a ser retificada? E, segundo lugar, ele não pretende que a natureza, da qual são modalidades, age necessariamente, que ela vai sempre por seu caminho, que não pode se desviar nem parar, e, estando sozinha no universo, nenhuma causa exterior nunca a interromperá nem a corrigirá? Não há, pois, nada mais inútil do que as lições desses filósofos? Cabe bem a ele, que é apenas uma modificação da substância, prescrever ao ser infinito o que ele deve fazer? Esse ser o ouvirá? E, se o ouvir, poderia aproveitar alguma coisa? Não age ele sempre segundo toda a extensão de suas forças, sem saber de onde vinham nem o que faz? Um homem, como Espinosa, ficaria em repouso se raciocinasse bem. Se for possível que um dogma se estabeleça, diria ele, a necessidade da natureza o estabeleceria sem minha obra. Se não for possível, todos os meus escritos nada farão.

O sistema de Espinosa choca tão visivelmente a razão que seus maiores admiradores reconhecem que, se tivesse ensinado os dogmas dos quais é acusado, ele seria digno de execração. Mas pretendem que ele não foi ouvido. Suas apologias, longe de desculpá-lo, mostram claramente que os adversários de Espinosa o confundiram e o desfiguraram de tal modo que não lhes resta outro meio de responder a eles senão aquilo do qual os jansenistas se serviram contra os jesuítas, que é o de dizer que sua opinião não é tal como se supõe: eis ao que se reduzem seus apologistas. Portanto, a fim de que se veja que ninguém poderia disputar com seus adversários a honra do triunfo, basta considerar que ele ensinou efetivamente o que lhe é imputado, e que se contradisse grosseiramente e não soube o que quis. Acusa-se Espinosa do crime de ter dito que todos os seres particulares são modificações de Deus. É manifesto que essa é sua doutrina, já que sua proposição 14 é a seguinte: *procter Deum nulla dari neque concipi potest substantia.*[4] Ele assegura na proposição 15 que *quidquid est, in Deo est, & nihil sine Deo neque esse neque concipi potest.*[5] O que prova pela razão que tudo é modo ou substância, e que os modos não podem existir nem ser concebidos sem a substância. Quando, pois, um apologista de Espinosa fala dessa maneira, se fosse verdadeiro que Espinosa tivesse ensinado que todos os seres particulares são modos da substância divina, a vitória de seus adversários seria completa, e eu não gostaria de contestá-los, de fato eu não os contesto; não creio que a doutrina que eles refutaram esteja em seu livro. Quando, repito, um apologista fala dessa maneira, o que lhe falta, senão uma confissão da derrota de seu herói? Pois, evidentemente, o dogma em questão está na moral de Espinosa.

Não se deve esquecer que esse ímpio não ignorou as dependências inevitáveis de seu sistema, pois ele zombou da aparição dos espíritos, e não há filosofia que tenha menos direito de negá-la. Ele deve reconhecer que, na

---

4 "Nenhuma outra substância pode existir ou ser concebida exceto Deus."

5 "tudo o que existe, existe em Deus, e nada pode existir nem ser concebido sem Deus."

natureza, tudo pensa, e que o homem não é a mais esclarecida e mais inteligente modificação do universo; logo, ele deve admitir os demônios. Quando se supõe que um espírito soberanamente perfeito tirou as criaturas do seio do nada, sem ser determinado por sua natureza, mas por uma escolha livre de sua vontade, pode-se negar que haja anjos. Se perguntais porque um tal criador não produziu outros espíritos além da alma do homem, responderão que esse foi seu desejo, *stat pro ratione voluntas*: não podeis opor nada de razoável a essa resposta, a menos que possais prová-lo de fato, ou seja, que há anjos. Mas, quando se supõe que o criador não agiu livremente e que esgotou sem escolha nem regra toda a extensão de sua potência, e que, além disso, o pensamento é um dos seus atributos, é ridículo afirmar que não há demônios. Deve-se crer que o pensamento do criador se modificou não somente no corpo dos homens, mas também por todo o universo, e que, além dos animais que conhecemos, há uma infinidade que não conhecemos e que nos superam em luzes e em malícia, tanto quanto nós superamos, a esse respeito, os cães e os bois. Pois seria a coisa menos razoável do mundo imaginar que o espírito do homem é a modificação mais perfeita que um ser infinito poderia produzir agindo segundo toda a extensão de suas forças. Não concebemos nenhuma ligação natural entre entendimento e cérebro [**467**]; por isso devemos crer que uma criatura sem cérebro é tão capaz de pensar quanto outra organizada como nós. O que pode ter levado Espinosa a negar o que se diz dos espíritos? Por que ele acreditou que não há nada no mundo que seja capaz de excitar em nossa máquina a visão de um espectro, que faz barulho num quarto e causa todos os fenômenos mágicos mencionados nos livros? Será que ele acreditou que, para produzir esses efeitos, seria necessário ter um corpo tão maciço quanto o do homem, e que nesse caso os demônios não poderiam subsistir no ar, nem entrar em nossas casas, nem se furtar aos nossos olhos? Mas esse pensamento seria ridículo: a massa de carne da qual somos compostos é menos uma ajuda do que um obstáculo ao espírito e à força: entendo por isso a força imediata, ou a faculdade de aplicar os instrumentos mais próprios para a produção de grandes efeitos. É dessa faculdade que nascem as ações mais surpreendentes do homem; mil e mil exemplos mostram isso. Um engenheiro, pequeno como um anão, magro, pálido, faz mais coisas do que o fariam mil selvagens mais fortes que Milo. Uma máquina animada dez mil vezes menor do que uma formiga poderia ser mais capaz de produzir grandes efeitos do que um elefante. Ela poderia descobrir as partes insensíveis dos animais e das plantas, e ir se posicionar nos primeiros mecanismos de nosso cérebro e aí abrir válvulas, cujo efeito seria que víssemos fantasmas e ouvíssemos ruídos. Se os médicos conhecessem as primeiras fibras e as primeiras combinações das partes nos vegetais, nos animais, conheceriam também os instrumentos próprios para desorganizá-las e poderiam aplicar esses instrumentos como fosse necessário para produzir novos arranjos que converteriam boas carnes em veneno e veneno em boas carnes. Tais médicos seriam, sem comparação, mais hábeis do que Hipócrates; e se fossem suficientemente pequenos para entrar no cérebro e nas vísceras, conseguiriam curar quem quisessem e causariam também, quando desejassem, as mais estranhas doenças que se possam ver. Tudo se reduz a esta questão: é possível que uma modificação invisível tenha mais luzes do que o homem e mais maldade? Se Espinosa afirma a negativa, então ele ignora as consequências de sua hipótese e se conduz temerariamente e sem princípios.

Se tivesse raciocinado de modo consequente, não teria também tratado de quimérico o medo dos infernos. Que se acredite quanto se quiser que este universo não é obra de Deus, e que ele não é dirigido por uma natureza simples, espiritual e distinta de todos os corpos, pelo menos é preciso que se confesse que há certas coisas que têm inteligência e vontade e que se orgulham de seu poder, exercem sua autoridade sobre os outros, ordenam-lhes isso ou aquilo, castigam-nos, maltratam, vingam-se severamente. A terra não está cheia dessa espécie de coisas? Cada homem não sabe disso pela experiência? Imaginar que todos os seres dessa natureza estejam precisamente sobre a terra, que é tão somente um ponto em comparação com o mundo, é certamente um pensamento absolutamente insensato. A razão, o espírito, a ambição, o ódio, estariam mais sobre a terra do que em qualquer outro lugar. Por quê? Poder-se-ia dar uma causa boa ou má para isto? Não creio. Nossos olhos nos levam a nos persuadirmos de que esses espaços imensos, que chamamos de *céu*, onde ocorrem movimentos tão rápidos e tão ativos, são tão capazes quanto a terra de formar homens e tão dignos quanto a terra de se dividir em vários domínios. Não sabemos o que se passa lá, mas se consultamos apenas a razão, será preciso acreditar que é muito provável ou pelo menos possível que existam seres poderosos que estendem seu império tanto quanto sua luz sobre o mundo. Somos talvez uma porção de seu domínio; eles fazem as leis, nô-las revelam pelas luzes da consciência, e se aborrecem violentamente contra os que as transgridem. Basta que isso se torne possível para lançar os ateus na inquietação, e não há senão um bom meio de nada temer, que é o de crer na mortalidade da alma. Assim escaparíamos da cólera desses espíritos, mas eles poderiam ser mais temíveis do que o próprio Deus. Ao morrer, poderíamos cair sob o poder de algum senhor selvagem; em vão se esperaria estarmos quites de tormento por alguns anos. Uma natureza limitada pode não ter nenhuma espécie de perfeição moral, seguir tão somente o seu capricho e sua paixão nas penas que inflige. Ela pode bem se parecer com nossos Falaris e nossos Neros, pessoas capazes de deixar seu inimigo numa cela eternamente, se possuíssem uma autoridade eterna. Esperaríamos que os seres malfeitores não durassem sempre? Mas quantos ateus existem que pretendem que o Sol nunca teve começo e que não terá fim?

Para aplicar tudo isso a um espinosista, lembremo-nos que se é obrigado, pelos seus princípios, a reconhecer a imortalidade da alma, pois ele se considera a modalidade de um ser essencialmente pensante. Lembremos que ele não pode negar que haja modalidades que se aborrecem contra os outros, que os atormentam, que os torturam, que fazem durar seus sofrimentos tanto quanto podem, que os enviam às galeras por toda a vida, e que fariam seu suplício durar eternamente se a morte não pusesse ordem de uma parte e de outra. Tibério e Calígula, monstros sedentos de carnificinas, são exemplos ilustres disso. Lembremo-nos de que um espinosista se torna ridículo se não confessa que todo o universo é cheio de modalidades ambiciosas, tristes, ciumentas, cruéis. Lembremo-nos enfim que a essência das modalidades humanas não consiste em ter grandes peças de carne. Sócrates era Sócrates no dia de sua concepção ou pouco depois. Tudo que ele tinha nesse tempo pode subsistir inteiramente depois que uma doença mortal tiver feito cessar a circulação do sangue e o movimento do coração na matéria da qual ele cresceu: logo, ele é, depois de sua morte, a mesma modalidade que era durante sua vida, considerando apenas o essencial de sua pessoa. Ele não escapou, portanto, à justiça pela morte, ou ao capricho de seus perseguidores invisíveis. Eles podem segui-lo por todo lugar a que ele for e maltratá-lo sob formas visíveis que ele poderá adquirir.

O Sr. Bayle, incessantemente dedicado a mostrar a falta de exatidão das ideias dos partidários de Espinosa, pretende que todas as suas disputas sobre os milagres são tão somente um miserável jogo de palavras, e que eles ignoram as consequências de seu sistema, se negam a sua possibilidade. Para mostrar a sua má-fé e suas ilusões sobre esse assunto, afirma Bayle, basta dizer que, quando rejeitam a possibilidade dos milagres, alegam como razão que Deus e a natureza são o mesmo ser, de modo que, se Deus fizesse alguma coisa contra as leis da natureza, faria alguma coisa contra si mesmo, o que é impossível. Falai claramente e sem equívoco, dizei que as leis da natureza, não tendo sido feitas por um legislador livre e que conhecia o que fazia, mas sendo a ação de uma causa cega e necessária, nada pode acontecer que seja contrário a essas leis. Alegareis então, contra os milagres, vossa própria tese: será a petição de princípio, mas pelo menos falareis francamente. Tiremo-los [**468**] dessa generalidade e perguntemos a eles o que pensam dos milagres narrados na Escritura. Eles negarão absolutamente tudo o que não pudesse ser atribuído a alguma flexibilidade. Deixemos de lado a testa de bronze que é preciso ter para ir contra os fatos dessa natureza, ataquemo-los por seus princípios. Não dizeis que a potência da natureza é infinita? E ela seria infinita se não houvesse nada no universo que pudesse dar de novo a vida a um homem morto? Ela o seria se não houvesse senão um único meio de formar os homens, o da geração ordinária? Não digais que o conhecimento da natureza é infinito. Negais esse entendimento divino, no qual, na nossa opinião, o conhecimento de todos os seres possíveis está reunido. Mas, ao dispersar o conhecimento, não negais sua infinitude. Deveis dizer, pois, que a natureza conhece todas as coisas mais ou menos como dizemos que o homem entende todas as línguas. Um único homem não entende todas, mas uns entendem estas e outros aquelas. Podeis negar que o universo não contenha nada que conheça a construção de nosso corpo? Se fosse assim, cairíeis em contradição, não reconheceríeis mais que o conhecimento de Deus fosse dividido numa infinidade de maneiras: o artifício de nossos órgãos não lhe seria conhecido.

Confessai, pois, se quereis raciocinar de modo consequente, que há alguma modificação que o conhece; confessai que é muito possível à natureza ressuscitar um morto e que vosso mestre confundia suas ideias, ignorava os resultados de seus princípios quando dizia que, se pudesse se persuadir da ressurreição de Lázaro, teria partido em pedaços todo o seu sistema, teria abraçado sem repugnância a fé ordinária dos cristãos. Isso basta para provar que eles desmentem suas hipóteses quando negam a possibilidade dos milagres; ou seja, no intuito de acabar com qualquer equívoco, negam a possibilidade dos acontecimentos narrados na Escritura.

Várias pessoas pretenderam que o Sr. Bayle não havia absolutamente compreendido a doutrina de Espinosa, o que deve parecer bem estranho em se tratando de um espírito tão sutil e tão penetrante. O Sr. Bayle provou, mas à custa desse sistema, que o havia compreendido perfeitamente. Ele lhe deu novos golpes que os espinosistas não puderam evitar. Eis como ele raciocina. "Atribuo a Espinosa ter ensinado que: 1º) não há senão uma substância no universo; 2º) esta substância é Deus; 3º) todos os seres particulares, o Sol, a Lua, as plantas, os animais, os homens, seus movimentos, suas ideias, suas imaginações, seus desejos, são modificações de Deus. Pergunto presentemente aos espinosistas: vosso mestre ensinou tudo isso, ou não ensinou? Se ensinou, não se pode dizer que minhas objeções tenham o defeito que se chama *ignoratio elenchi*, ignorância do estado da questão. Pois elas supõem que esta era a sua doutrina, e não atacam senão a partir daí. Eu estou então fora do caso, e há engano todas as vezes que se diz de mim que refutei o que não compreendi. Se dizeis que Espinosa não ensinou as três doutrinas articuladas anteriormente, em vos pergunto: por que então ele se exprimia como aqueles que teriam a mais forte razão para persuadir o leitor de que ele ensinava essas três teses? É belo e louvável exprimir-se no estilo comum, sem associar às palavras as mesmas ideias que os outros homens e sem advertir sobre o sentido novo no qual são usados? Mas, para discutir um pouco isso, procuremos onde pode estar o erro. Não é a respeito da palavra substância que eu teria me enganado, pois não combati a opinião de Espinosa sobre esse ponto; eu aceitei que ele supõe que, para merecer o nome de *substância*, é preciso ser independente de toda causa ou existir por si mesmo eterna, necessariamente. Não penso que tenha podido me enganar ao afirmar que ele disse que só Deus tem a natureza de substância. Se houve então abuso em minhas objeções, ele consistiria unicamente em que aquilo que entendi por modalidade, modificações, modos etc. não era o que Espinosa quis significar com essas palavras; mas, se me enganei nisso, a culpa é dele. Tomei esses termos como sempre foram entendidos. A doutrina geral dos filósofos é que a ideia de ser contém em si imediatamente duas espécies, a substância e o acidente, e que a substância subsiste por si mesma, *ens per se subsistens*, e que o acidente subsiste num outro, *ens in alio*. Ora, subsistir por si, em suas ideias, é não depender a não ser de algum sujeito de adesão; e como isso convém, na sua opinião, à matéria, aos anjos, à alma do homem, eles admitem duas espécies de substâncias, uma não criada, outra criada, e subdividem em duas espécies a substância criada; uma dessas duas espécies é a matéria, a outra é nossa alma. Quanto ao acidente, ele depende tão essencialmente de seu sujeito de adesão, que não poderia subsistir sem ele; é seu caráter específico. Descartes sempre o entendeu assim. Ora, já que Espinosa tinha sido grande cartesiano, a razão quer que se creia que ele deu a esses termos o mesmo sentido que lhes havia sido dado por Descartes. Se assim é, ele entende por modificação da substância uma maneira de ser que mantêm o mesmo vínculo com a substância, pela figura, pelo movimento, pelo repouso, pela situação, em relação à matéria etc., do que a ligação que a dor, a afirmação, o amor etc. mantêm com a alma do homem. Pois é isso o que os cartesianos chamam de *modos*. Mas, supondo que é o que existe por si, independentemente de toda causa eficiente, ele não devia dizer que a matéria, nem que os homens, eram substâncias. E já que, segundo a doutrina comum, ele dividia o ser apenas em duas espécies, a saber, em substância e modificação da substância, ele precisou dizer que a matéria e a alma dos homens eram tão somente modificações da substância, que só há uma substância no universo, e que esta substância é Deus. Não será mais questão saber se ele subdivide em duas espécies a modificação da substância. No caso de ele se servir dessa divisão e que ele queira que uma dessas duas espécies seja o que os cartesianos e os outros filósofos cristãos nomeiam *substância criada*, e que a outra espécie seria o que chamam de *acidente* ou *modo*, não haverá mais do que uma disputa de palavras entre ele e eles, e será muito fácil trazer para a ortodoxia todo o seu sistema e fazer desaparecer toda a sua seita. Pois não se quer ser espinosista senão porque se crê que ele derrubou de alto a baixo o sistema dos cristãos e a existência de um Deus imaterial que governa todas as coisas com uma liberdade soberana. De onde podemos concluir, de passagem, que os espinosistas e seus adversários concordam perfeitamente bem quanto ao sentido da palavra *modificação* da substância. Tanto uns quanto outros creem que Espinosa só se serviu dela para designar um ser que tem a mesma natureza daquele que os cartesianos chamam de *modo*, e que ele nunca entendeu por essa palavra um ser que tivesse as propriedades ou a natureza do que nós chamamos de *substância criada*.

Se se quiser tocar diretamente a questão, eis como se deve raciocinar com um espinosista. O verdadeiro e próprio caráter da modificação convém à matéria em relação a Deus, ou não lhe convém? Antes de me responder, esperai que eu vos explique por meio de exemplos o que é o caráter próprio da modificação. É estar num sujeito da maneira como o movimento está no corpo e o pensamento na alma do homem. Para ser uma modificação da substância divina, não basta subsistir na imensidão de Deus, ser [**469**] penetrado por ele, envolvido por ele de todos os lados, existir em virtude de Deus, não poder existir sem ele nem fora dele. É preciso, além disso, que a substância divina seja o sujeito de inerência de uma coisa, assim como, segundo a opinião comum, a alma humana é sujeito de inerência do sentimento e da dor, e o corpo sujeito de inerência do movimento, do repouso e da figura. Respondei presentemente, e se dizeis que, segundo Espinosa, a substância de Deus não é dessa maneira o sujeito de inerência dessa extensão, nem do movimento, nem dos pensamentos humanos, eu vos confessarei que fazeis dele um filósofo ortodoxo que absolutamente não mereceu que lhe fizessem as objeções que lhe foram feitas e merecia somente que lhe censurassem de se ter atormentado demais para se preocupar com uma doutrina que todo mundo sabia e para forjar um novo sistema que era construído apenas sobre o equívoco de uma palavra. Se dizeis que ele pretendeu que a substância divina é o sujeito de inerência da matéria e de todas as diversidades da extensão e do pensamento, no mesmo sentido em que, segundo Descartes, a extensão é o sujeito de inerência do movimento, a alma do homem é o sujeito de inerência das sensações e paixões, então tenho tudo o que pergunto, é assim que entendi Espinosa, é sobre isso que minhas objeções são fundadas."

O resumo de tudo isso é uma questão de fato quanto ao verdadeiro sentido da palavra *modificação* no sistema de Espinosa. Deve-se tomá-la como se fosse a mesma coisa que uma substância criada ou deve-se tomá-la no sentido que tem no sistema de Descartes? Creio que o bom ponto de partida é este último, pois no outro sentido Espinosa teria reconhecido criaturas distintas da substância divina que fossem feitas de nada ou de uma matéria distinta de Deus. Ora, seria fácil provar por um grande número de passagens de seus livros que ele não admite nem uma nem outra dessas duas coisas. A extensão, na sua opinião, é um atributo de Deus. Segue-se daí que Deus é essencialmente, eternamente, necessariamente uma substância extensa, e que a extensão lhe é tão própria quanto a existência; de onde resulta que as diversidades particulares da extensão, que são o Sol, a Terra, as árvores, os corpos dos animais, os corpos dos homens, estão em Deus, assim como os filósofos da Escola supõem que elas estão na matéria primeira, Ora, se esses filósofos supusessem que a matéria primeira é uma substância simples e perfeitamente única, concluiriam que o Sol e a Terra são realmente a mesma substância. É preciso, pois, que Espinosa confessasse que a extensão do Sol foi feita de nada; mas ele nega a criação; logo, ele é obrigado a dizer que a substância de Deus é a causa material do Sol, o que compõe o Sol, *subjectum ex quo*, e, consequentemente, que o Sol não se distingue de Deus, que é o próprio Deus e Deus inteiro, já que, segundo ele, Deus não é um ser composto de partes.

Suponhamos por um momento que uma massa de ouro tenha a força de se converter em pratos, bandejas, candelabros, travessas etc. Ela não será distinta desses pratos e bandejas. E se acrescentarmos que ela é uma massa simples e não composta de partes, será certo que ela estará inteira em cada prato e em cada travessa. Pois se ela não estivesse inteira, ter-se-ia divido em diversos pedaços; seria então composta de partes, o que é contra a suposição. Então, essas proposições recíprocas ou conversíveis seriam verdadeiras: *o candelabro é a massa de ouro, a massa de ouro é o candelabro*. Eis a imagem do Deus de Espinosa; ele tem a força de se transformar ou de se modificar em Terra, em Lua, em mar, em árvore etc., é absolutamente um, sem nenhuma composição de partes. É, portanto, verdade que se pode assegurar que a Terra está em Deus, a Lua também, Deus é a Terra, Deus inteiro é a Lua.

Só podemos encontrar três maneiras segundo as quais as modificações de Espinosa estejam em Deus. No entanto, nenhuma dessas maneiras é aquela que os outros filósofos dizem da substância criada. Ela está em Deus, dizem eles, como sua causa eficiente, e, como consequência, é distinta de Deus, real e totalmente. Mas, segundo Espinosa, as criaturas estão em Deus, ou como efeito na causa material, ou como acidente no seu sujeito de inerência, ou como a forma do candelabro no estanho do qual é composto. O Sol, a Lua, as árvores, enquanto coisas de três dimensões, estão em Deus como na causa material de que é composta sua extensão. Há, pois, identidade entre Deus e o Sol etc. As mesmas árvores, enquanto têm uma forma que as distingue das pedras, estão em Deus como a forma do candelabro está no estanho. O movimento dos corpos e dos pensamentos dos homens estão em Deus como os acidentes dos peripatéticos estão na substância criada. São entidades inerentes a seu sujeito, e que não são por isso compostas e não fazem parte dele.

Um apologista de Espinosa sustenta que este filósofo não atribui de modo algum a Deus a extensão corporal, mas somente uma extensão inteligível e que não é imaginável. Mas se a extensão dos corpos que vemos e imaginamos não é a extensão de Deus, de onde ela veio, como ela foi feita? Se foi produzida do nada, Espinosa é ortodoxo, seu sistema se torna nulo. Se foi produzida pela extensão inteligível de Deus, trata-se ainda de uma verdadeira criação, pois a extensão inteligível, não sendo senão uma ideia, e não tendo realmente as três dimensões, não pode fornecer o tecido ou a matéria da extensão formalmente existente fora do entendimento. Além disso, se distinguimos duas espécies de extensão, uma inteligível, que pertence a Deus, outra imaginável, que pertence aos corpos, será necessário também admitir dois sujeitos dessas extensões, distintos um do outro, e então a unidade da substância é destruída e todo o edifício de Espinosa cai por terra.

O Sr. Bayle, como se pode ver por tudo o que dissemos, aliou-se principalmente à suposição de que a extensão não é um ser composto, mas uma substância única em número. A razão que ele dá é que os espinosistas atestam que não é nisso que consistem as dificuldades. Eles creem que ficam mais embaraçados quando se lhes pergunta como o pensamento e a extensão podem se unir numa mesma substância. Há certa esquisitice aí. Pois se é certo, pelas noções de nosso espírito, que a extensão e o pensamento não têm nenhuma afinidade uma em relação ao outro, é ainda mais evidente que a extensão é composta de partes realmente distintas uma da outra; contudo, compreendem melhor a primeira dificuldade do que a segunda e tratam esta última de bagatela em comparação com a outra. Como o Sr. Bayle os atacou tão bem nos pontos fortes de seu sistema que eles pensavam não ter necessidade de ser defendidos, como recusariam os ataques aos seus pontos fracos? O que deve surpreender é que Espinosa, respeitando tão pouco a razão e a evidência, tenha tido seguidores e partidários de seu sistema. É seu método falacioso que os enganou, e não, como acontece algumas vezes, o brilho de princípios sedutores. Acreditou-se que aquele que empregava a Geometria, que procedia por axiomas, por definições, teoremas e lemas, seguia muito bem a marcha da verdade para [**470**] só descobrir erros em vez de encontrá-la. Julgaram o fundo a partir das aparências, o que é uma decisão precipitada inspirada por nossa preguiça. Não viram que esses axiomas eram tão somente proposições muito vagas e incertas, que essas definições eram inexatas, bizarras e defeituosas, e que seu chefe andava, enfim, no meio de paralogismos aos quais tinha sido levado por sua presunção e suas fantasias.

O primeiro ponto de desvio que é a fonte do erro se encontra na definição dada por Espinosa à substância. *Entendo por substância*, ele diz, *o que é em si e concebido por si mesmo, ou seja, aquilo cuja concepção não tem necessidade da concepção de outra coisa da qual ela deva ser formada*. Essa definição é capciosa, pois pode receber um sentido verdadeiro ou falso. Ou Espinosa define a substância em relação aos acidentes, ou em relação à existência; ora, de qualquer modo que ele a defina, sua definição é falsa, ou pelo menos se torna inútil para ele. Pois, 1º) se ele define a substância em relação aos acidentes, poder-se-ia concluir dessa definição que ela é um ser que subsiste por si mesmo independentemente de um sujeito de adesão. Ora, Espinosa não pode fazer com que essa definição sirva para demonstrar que não há no mundo senão uma única substância. É evidente que as árvores, as pedras, os anjos, os homens, existem independentemente de um sujeito de inerência. 2º) Se Espinosa define a substância em relação à existência, sua definição também é falsa. Essa definição, bem compreendida, significa que a substância é uma coisa cuja ideia não depende de modo algum de uma outra ideia, e que não supõe nada que a tenha formado, mas encerra uma existência necessária; ora, essa definição é falsa, pois ou Espinosa quer dizer com essa linguagem misteriosa que a ideia mesma de substância, em outras palavras, a essência e definição de substância, é independente de toda causa, ou então que a substância existente subsiste de tal modo por si mesma que não pode depender de nenhuma causa. O primeiro sentido é por demais ridículo, e, aliás, inútil para Espinosa para que se creia que ele tinha isso em mente. Pois esse sentido reduziria a dizer que a definição de substância não pode produzir uma outra definição de substância, o que é absurdo e impertinente. Por pouco consequente que seja Espinosa, eu não acreditaria nunca que ele empregasse tal definição da substância para provar que uma substância não pode produzir outra, como se isso fosse impossível, sob pretexto de que uma definição de substância não pode produzir outra definição de substância. Logo, Espinosa, por sua definição atrapalhada de substância, deve ter querido dizer que a substância existe de tal modo por si mesma que não pode depender de nenhuma causa. Ora, esta é a definição que todos os filósofos atacam. Eles vos dirão que a definição de substância é simples e indivisível, sobretudo se a consideramos por oposição ao nada, mas eles negarão que só exista uma substância. Uma coisa é dizer que não há senão uma definição de substância e outra é dizer que só há uma substância.

Colocando à parte as ideias de metafísica e esses nomes como *essência*, *existência*, *substância*, que não possuem nenhuma distinção real entre si, mas somente nas diversas concepções do entendimento, será necessário, para falar de modo mais inteligível e mais humano, dizer que, já que há duas espécies de existência, uma necessária, outra contingente, há também, de toda necessidade, duas espécies de substância, uma que existe necessariamente, e que é Deus, e outra que só tem uma existência que vem deste primeiro ser que é Deus, e da qual ela não usufrui senão pela sua virtude, que são as criaturas. A definição de Espinosa, portanto, nada vale; ela confunde o que deve necessariamente ser distinguido: a essência, que ele chama de substância, e a existência. A definição que ele traz para provar que uma substância não pode produzir outra é tão ridícula quanto esse raciocínio que faríamos para provar que o homem é um círculo: por homem, entendo uma figura redonda; ora, o círculo é uma figura redonda, logo o homem é um círculo. Eis como Espinosa raciocina: agrada-me entender por substância aquilo que não tem causa; ora, o que é produzido por outro tem uma causa; logo, uma substância não pode ser produzida por uma outra substância.

A sua definição de finito e infinito não é melhor. Uma coisa é finita, na sua opinião, quando pode ser limitada por outra da mesma natureza. Assim, diz-se que um corpo é finito porque podemos conceber outro maior do que ele; assim, o pensamento é limitado por outro pensamento. Mas o corpo não é limitado pelo pensamento, assim como o pensamento não pode ser limitado pelo corpo. Podem-se supor dois sujeitos diferentes, dos quais um tenha um conhecimento infinito de um objeto e o outro só tenha desse objeto um conhecimento finito. O conhecimento infinito do primeiro não exclui o conhecimento finito do segundo. O fato de que um ser conheça todas as propriedades e todas as relações de uma coisa não é uma razão para que um outro não possa pelo menos apreender algumas relações e algumas propriedades. Mas, dirá Espinosa, como os graus de conhecimento que se encontram no ser finito não são acrescentados a esse conhecimento que supomos ser infinito, ele não pode sê-lo. Para responder a essa objeção, que não deixa de ser um puro equívoco, pergunto se os graus de conhecimento finito não se encontram no conhecimento infinito; não se poderia negar isso. Não seriam na verdade os mesmos graus numéricos, mas serão os mesmos especificamente, ou seja, serão semelhantes. Ora, não é necessário mais do que isso para o conhecimento infinito. Quanto aos graus infinitos dos quais ele é composto, mesmo que acrescentássemos ainda todos os graus que se encontram esparsos e desunidos em todos os conhecimentos finitos, ele não se tornaria por isso mais perfeito nem mais extenso. Se eu tivesse a mesma soma de conhecimentos que vós sobre um certo objeto, por acaso eu me tornaria mais hábil e minhas luzes se tornariam mais extensas se eu acrescentasse vossos conhecimentos numéricos aos que já possuo? Como vossos conhecimentos não são absolutamente semelhantes aos meus, essa repetição da mesma ciência não me tornaria mais sábio. Logo, um conhecimento infinito não exige de modo algum os graus finitos dos outros conhecimentos; portanto, uma coisa não é precisamente finita porque existem outros seres da mesma natureza.

Seus raciocínios sobre o infinito não são mais justos. Ele chama de *infinito* aquilo do qual nada se pode negar e que contém em si formalmente todas as realidades possíveis. Se aceitamos essa definição, é claro que lhe será fácil provar que só há no mundo uma substância única, que essa substância é Deus e que todas as coisas são modos dessa substância. Mas, como ele não provou essa definição, tudo o que constrói a partir daí só tem um fundamento ruinoso. Para que Deus seja infinito, não é necessário que ele contenha em si todas as realidades possíveis, que são finitas e limitadas, mas somente as realidades e perfeições possíveis que são imensas e infinitas; ou, se se quiser, para falar a linguagem ordinária da Escola, que ele contenha eminentemente todas as realidades e perfeições possíveis, ou seja, que todas as perfeições e realidades que se encontram nos indivíduos de cada ser que Deus pode formar se encontrem nele num grau eminente e soberano. De onde não se segue que a substância de Deus contenha [**471**] a substância dos indivíduos saídos de suas mãos.

Os axiomas de Espinosa não são menos falsos e capciosos do que suas definições. Escolhamos estes dois, que são os principais: *O conhecimento do efeito depende do conhecimento da causa e a contém necessariamente. Coisas que nada têm em comum entre si não podem servir para se fazerem conhecer mutuamente.* Vê-se bem o que há de capcioso nesses dois axiomas. E para começar pelo primeiro, eis aqui como raciocino. Pode-se considerar o efeito de duas maneiras: enquanto ele é formalmente, ou materialmente, um efeito, ou seja, simplesmente enquanto ele é em si mesmo. É verdade que o efeito considerado formalmente como efeito não pode ser conhecido de forma separada da causa, segundo esse axioma das escolas, *correlata sunt simul cognitione.* Mas se tomais o efeito nele mesmo, ele pode ser conhecido por si mesmo. O axioma de Espinosa é, pois, capcioso, porque não distingue as diferentes maneiras pelas quais se pode considerar o efeito. Aliás, quando Espinosa diz que o conhecimento do efeito depende do conhecimento da causa e que a contém, ele quer dizer que o conhecimento do efeito traz necessariamente o conhecimento de todas as perfeições da causa? Mas, nesse sentido, o axioma é muito falso, já que o efeito não contém todas as perfeições da causa; ela pode ter uma natureza muito diferente da sua. Ou seja: se a causa age apenas por sua vontade, tal será o efeito que agradará à vontade produzir. Mas se Espinosa pretende somente que a ideia do efeito é relativa à ideia da causa, o axioma de Espinosa é então verdadeiro, mas inútil ao fim a que ele se propõe. Pois, partindo desse princípio, ele jamais poderia constatar que uma substância não possa produzir outra cuja natureza e atributos sejam diferentes. Digo mais: do fato de a ideia do efeito ser relativa à ideia da causa, segue-se, segundo os princípios de Espinosa, que uma substância dotada de atributos diferentes pode ser a causa de outra substância. Pois Espinosa reconhece que duas coisas, das quais uma é causa de outra, servem mutuamente a se fazer conhecer. Ora, se a ideia do efeito é relativa à ideia da causa, é evidente que duas substâncias de diferente atributo poderão se fazer conhecer reciprocamente, desde que uma seja a causa da outra, não que elas tenham a mesma natureza e os mesmos atributos, já que se supõe que sejam diferentes, mas pela relação que existe entre causa e efeito. Quanto ao outro axioma, ele não é menos falso do que o precedente: pois, quando Espinosa diz que as coisas que não têm nada em comum entre si não podem servir a se fazer conhecer, reciprocamente, pela palavra *comum* ele entende uma mesma natureza específica. Ora, o axioma tomado nesse sentido é muito falso, já que, sejam os atributos genéricos, seja a relação da causa ao efeito, podem fazê-los se conhecerem uns pelos outros.

Examinemos agora as principais proposições que formam o sistema de Espinosa. Ele diz na segunda proposição que *duas substâncias que têm atributos diferentes não têm nada em comum entre si*. Na demonstração dessa proposição ele não alega outra prova a não ser a definição que deu da substância, a qual, sendo falsa, não permite que se possa legitimamente concluir nada dela, e, consequentemente, essa proposição é nula. Mas, a fim de fazer que melhor se compreenda sua falsidade, basta considerar a existência e a essência de uma coisa para descobrir esse sofisma. Pois, já que Espinosa concorda que há duas espécies de existência, uma necessária e outra que não o é, segue-se que duas substâncias que tiverem diferentes atributos, como a extensão e o pensamento, se convirão entre si numa existência da mesma espécie, ou seja, serão semelhantes porque tanto uma quanto outra não existirão necessariamente, mas somente pela virtude de uma causa que as tiver produzido. Duas essências ou substâncias perfeitamente semelhantes em suas propriedades essenciais serão diferentes, pois a existência de uma terá precedido a de outra, ou porque uma não é a outra. Se Pedro fosse semelhante a João em todas as coisas, eles seriam diferentes porque Pedro não é João, e João não é Pedro. Se Espinosa diz alguma coisa concebível, isso não pode ter fundamento e verossimilhança, a não ser em relação a ideias metafísicas, que não põem nada de real na natureza. Ora Espinosa confunde a espécie com o indivíduo, ora o indivíduo com a espécie.

Mas, dir-se-á, Espinosa fala precisamente da substância considerada nela mesma. Acompanhemos Espinosa. Remeto a definição de substância à existência e digo que se essa substância não existe, ela é apenas uma ideia, uma definição que não põe nada no ser das coisas; se ela existe, então o espírito e o corpo convêm em substância e existência. Mas, segundo Espinosa, quem diz uma substância, diz uma coisa que necessariamente existe. Respondo que isso não é verdade e que a existência não está mais encerrada na definição da substância em geral do que na definição de homem. Enfim, se diz, e é aqui a última fortaleza, que a substância é um ser que subsiste por si mesmo. Eis, pois, onde está o equívoco; já que o sistema de Espinosa está fundado unicamente sobre essa definição, antes que ele possa argumentar e tirar as consequências dela, será preciso, preliminarmente, concordar comigo sobre o sentido da definição. Ora, quando defino a substância como um ser que subsiste por si mesmo, não é para dizer que ele existe necessariamente; não pensei assim. É apenas para distinguir os acidentes que não podem existir senão em virtude da substância. Vê-se, pois, que todo o sistema de Espinosa, esta suntuosa demonstração, só está fundada sobre um equívoco frívolo e fácil de ser dissipado.

A terceira proposição de Espinosa é *que nas coisas que não têm nada em comum entre si, uma não pode ser causa da outra*. Essa proposição, explicada com precisão, é também falsa; ou, então, do único sentido verdadeiro que ela pode ter não se pode concluir nada. Ela é falsa em todas as causas morais e ocasionais. O som do nome de Deus nada tem em comum com a ideia do criador que ele produz em meu espírito. Uma desventura ocorrida com um amigo não tem nada em comum com a tristeza que experimento. Essa proposição é falsa ainda quando a causa é muito mais excelente do que o efeito que produz. Quando mexo meu braço, por um ato de minha vontade, o movimento não tem nada em comum, em sua natureza, com o ato de minha vontade; eles são muito diferentes. Não sou um triângulo; entretanto, formo uma ideia de triângulo e examino suas propriedades. Espinosa acreditou que não havia substância espiritual; segundo ele, tudo é corpo. Quantas vezes, entretanto, Espinosa foi obrigado a representar uma substância espiritual, a fim de se esforçar para destruir sua existência? Há, pois, causas que produzem efeitos com os quais elas não têm nada em comum, porque elas não os produzem por uma emanação de sua essência, nem em toda a extensão de suas forças.

A quarta proposição de Espinosa não nos ocupará muito. *Duas ou várias coisas distintas são distintas entre si ou pela diversidade de substâncias, ou pela diversidade de seus acidentes, que ele denomina afecções.* Espinosa confunde aqui a diversidade com a distinção. A diversidade vem [**472**], na verdade, da diversidade específica dos atributos e das afecções. Assim, há diversidade de essência, quando uma é concebida e definida de modo diferente da outra, o que constitui a espécie, como se fala na Escola. Assim, um cavalo não é um homem, um círculo não é um triângulo, pois definimos essas coisas diversamente, mas a distinção vem da distinção numérica dos atributos. O triângulo A, por exemplo, não é o triângulo B. Tito não é Mevio, Davus não é Édipo. Com essa proposição assim explicada, a seguinte não apresentará dificuldades.

A quinta é concebida nestes termos: *não pode haver no universo duas ou várias substâncias da mesma natureza ou com o mesmo atributo.* Se Espinosa só está falando da essência das coisas ou de sua definição, ele não está dizendo nada; pois o que ele disse, significa apenas que não pode haver no universo duas substâncias diferentes que tenham a mesma essência. Quem duvida disso? Mas se Espinosa entende que não pode haver uma essência que se encontra em vários sujeitos do mesmo modo como a essência do triângulo se encontra no triângulo A e no triângulo B, e que, assim, a ideia de essência da substância não pode existir num ser que pensa e é extenso, ele disse uma coisa manifestamente falsa, que ele mesmo não tenta provar.

Chegamos aqui à sexta proposição que Espinosa abordou pelos desvios e caminhos cobertos que vimos. *Uma substância*, ele diz, *não pode ser produzida por uma outra substância.* Como ele demonstra isso? Pela proposição precedente, pela segunda e pela terceira. Mas já que nós as refutamos, esta também cai e se destrói sem nenhum outro exame. Compreende-se facilmente que Espinosa, tendo mal definido a substância, essa proposição, que é sua conclusão, deve necessariamente ser falsa. Pois, no fundo, a substância de Espinosa não significa outra coisa a não ser a definição da substância ou a ideia de sua essência. Ora, é certo que uma definição não produz outra. Mas, como todos esses graus metafísicos do ser não subsistem e não se distinguem a não ser pelo entendimento, e como na natureza eles não têm ser real e efetivo senão em virtude da existência, deve-se falar da substância, como existente, quando se quer considerar a realidade desses efeitos. Ora, num tal rochedo, ser existente, ser substância, ser pedra, é a mesma coisa. Deve-se, pois, falar como se se tratasse de uma substância existente, como se estivesse atualmente no ser das coisas, e, por consequência, como substância existente, por existir necessariamente e por si mesma, ou em virtude de outra. Segue-se que uma substância pode ser produzida por uma outra substância, pois quem diz substância que existe em virtude de outra, diz uma substância que foi produzida e que recebeu seu ser de outra.

Após todos esses equívocos e sofismas, Espinosa, crendo ter conduzido seu leitor para onde desejava, tira a máscara na sétima proposição. *Pertence*, diz ele, *à substância existir.* Como ele prova isso? Pela proposição precedente, que é falsa. Eu gostaria bem de saber por que Espinosa não agiu mais franca e sinceramente, pois se a essência da substância implica necessariamente a existência, como ele diz aqui, por que ele não se explicou de forma clara na definição que deu da substância, em vez de se esconder sob o equívoco constrangedor *de subsistir por si mesma*, o que só é verdadeiro em relação aos acidentes e não à existência? Por mais que ele faça, Espinosa nunca destruirá as ideias mais claras e mais naturais.

Substância não quer dizer outra coisa senão um ser que existe, sem ser um acidente ligado a um sujeito. Ora, sabe-se naturalmente que tudo o que existe sem ser acidente não existe necessariamente; logo, a ideia e a essência mesma da substância não implicam necessariamente a existência.

Não entraremos mais adiante no exame das proposições de Espinosa, porque, uma vez que seus fundamentos foram destruídos, seria inútil dedicar-se a derrubar o edifício. Entretanto, como esta matéria é de difícil compreensão, nós ainda voltaremos a ela de outra maneira. Mesmo que se trate de repetições, elas não serão inúteis.

O princípio sobre o qual Espinosa se apoia é por si mesmo obscuro e incompreensível. Qual é esse princípio ou fundamento do sistema? É que não há no mundo senão uma única substância. Certamente a proposição é obscura e de uma obscuridade singular e nova. Pois os homens sempre estiveram persuadidos de que um corpo humano e um barril de água não são a mesma substância, de que um espírito e outro espírito não são a mesma substância, que Deus e eu e outras diferentes partes do universo não somos a mesma substância. Como o princípio é novo, surpreendente, contra todos os princípios aceitos e, consequentemente, muito obscuro, deve-se, pois, esclarecê-lo e prová-lo. É o que não se pode fazer senão recorrendo a provas que sejam as mais claras do que a própria coisa que deve ser provada, considerando-se que a prova é uma luz maior para colocar em evidência o que se trata de dar a conhecer e persuadir. Ora, qual é, segundo Espinosa, a prova dessa proposição geral segundo a qual *não há e não pode haver no mundo senão uma única substância*? Aqui está ela: é que *uma substância não poderia produzir outra*. Mas essa prova não encerra toda a obscuridade e toda a dificuldade do princípio? Não é ela igualmente contrária ao sentimento aceito pelo gênero humano, que é persuadido de que uma substância corporal, tal como uma árvore, produz outra substância, tal como uma maçã, e que a maçã produzida por uma árvore, da qual está atualmente separada, não é atualmente a mesma substância dessa árvore? A segunda proposição, que é trazida como prova desse princípio, é pelo menos tão obscura quanto o princípio e, portanto, não esclarece, não prova. O mesmo acontece com cada uma das provas de Espinosa: em vez de ser um esclarecimento, é uma nova obscuridade. Por exemplo, como ele faz para provar que uma substância não poderia produzir outra? *É*, segundo ele diz, *porque elas não podem se conceber uma pela outra*. Que novo abismo de obscuridade! Pois, enfim, não tenho maior dificuldade para discernir se duas substâncias podem se conceber uma pela outra do que para julgar se uma substância pode produzir outra? Avançar por cada uma das provas do autor é passar de uma obscuridade a outra. Por exemplo, *não pode haver duas substâncias de mesmo atributo, e que tenham alguma coisa comum entre si.* Isso é mais claro, ou se entende melhor que a primeira proposição que devia ser provada, a saber, *que não há no mundo senão uma só substância.*

Ora, já que o senso comum se revolta a cada uma das provas do autor, tanto quanto da primeira, em vez de se deter para raciocinar sobre cada uma dessas provas, nas quais se perde o senso comum, teríamos o direito de dizer a Espinosa: vosso princípio é contra o senso comum; de um princípio no qual se perde o senso comum não pode sair nada no qual o senso comum se encontre. Assim, divertir-se em vos seguir significa se expor a se perder convosco para fora do caminho do senso comum. Para refutar Espinosa, deve-se, parece-me, [473] detê-lo no primeiro passo, sem se dar ao trabalho de seguir esse autor num amontoado de consequências que ele tira segundo seu pretenso método geométrico; basta substituir seu princípio obscuro, que é a base de seu sistema, por este aqui, segundo o qual *há várias substâncias*, princípio que, em seu gênero, é claro num grau supremo. E, com efeito, que proposição mais clara, mais impressionante, mais íntima para a inteligência e para a consciência do homem? Não quero aqui outro juiz senão o sentimento natural mais reto e a impressão mais justa do senso comum difundido no gênero humano. É, pois, natural responder simplesmente à primeira proposição que lhe serve de princípio: apresentais uma extravagância que revolta o senso comum e que vós mesmo não entendeis. É assim que, negando absolutamente a primeira proposição de seus princípios, derruba-se todo o edifício e o sistema por seus fundamentos. Com efeito, os princípios dos seguidores de Espinosa só resultam de trevas nas quais eles se deleitam em se perder, para trazer para si aqueles que querem ser as vítimas de sua obscuridade, ou que não têm inteligência bastante para perceber que eles mesmos não entendem o que dizem.

Eis ainda algumas razões das quais podemos nos servir para derrubar esse sistema. Como o movimento não é essencial à matéria, e a matéria não pode dar a si mesma esse movimento, segue-se que há outra substância que não a matéria, que essa substância não é um corpo, pois essa mesma dificuldade retornaria ao infinito; Espinosa não crê que seja um absurdo remontar assim de causa em causa ao infinito, isto é, precipitar-se no abismo por não querer se render nem abandonar o sistema.

Confesso que nosso espírito não compreende o infinito, mas ele compreende claramente que tal movimento, tal efeito, tal homem, devem ter sua primeira causa; pois, se não pudéssemos remontar à primeira causa, não se poderia, ao descer, encontrar o último efeito, o que é manifestamente falso, já que o movimento que se faz no instante em que falo é necessariamente o último. Entretanto, concebe-se sem dificuldade que remontar do efeito à causa, ou descer da causa ao efeito, são coisas unidas da mesma maneira que uma montanha e um vale, de modo que, como se encontra o último efeito, deve-se também encontrar a primeira causa. Que não se diga que se pode começar uma linha no ponto em que faço e estendê-la até o infinito, do mesmo modo que se pode começar um número e aumentá-lo ao infinito, de tal forma que haja um primeiro número, um primeiro ponto, sem que se possa encontrar o último. Seria um sofisma facilmente reconhecível, pois não de trata de uma linha que se pode traçar, nem de um número que pode ser aumentado, mas de uma linha formada e de um número acabado, e como toda linha que se termina depois de ter começado, todo número que cessa de aumentar é necessariamente finito; assim, do mesmo modo, sendo finitos o movimento e o efeito que ele produz, é preciso que o número de causas que concorrem para esse efeito também o seja.

Pode-se esclarecer ainda o que dizemos por um exemplo muito sensível. Os filósofos creem que a matéria é divisível ao infinito. Entretanto, quando se fala de uma divisão atual e real das partes do corpo, ela é sempre necessariamente finita. O mesmo ocorre com as causas e efeitos da natureza. Mesmo se ela pudesse produzir outros e outros, ao infinito, contudo, as causas e os efeitos que existem atualmente nesse instante devem ser finitos em número, e é ridículo crer que seja preciso remontar ao infinito para encontrar a primeira causa do movimento. Além disso, quando se fala do movimento da matéria, não nos detemos numa só parte desta, para poder dar ocasião a Espinosa de escapar, dizendo que essa parte da matéria recebeu seu movimento de uma outra parte, e essa de outra, e assim por diante até o infinito. Mas fala-se de toda matéria, qualquer que ela seja, finita ou infinita, não importa. Diz-se que, como o movimento não é essencial à matéria, necessariamente ela deve recebê-lo de fora. Ela não pode tê-lo recebido do nada, pois o nada não pode agir. Há, pois, uma outra causa que imprimiu o movimento na matéria, que não pode ser matéria nem corpo. É o que chamamos *espírito*.

Demonstra-se ainda, pela história do mundo, que o universo não foi formado por uma longa sucessão de tempo como seria necessário crer e dizer, se uma causa todo-poderosa e inteligente não tivesse presidido à criação, a fim de acabá-la e lhe dar a sua perfeição. Pois, se ele tivesse sido formado apenas pelo movimento da matéria, por que ela teria se esgotado em seus começos, por que ela não pode mais e não pôde desde muitos séculos formar astros novos? Por que ela não produziria todos os dias animais e homens por vias diferentes daquela da geração, se outrora ela fez isso? Não se sabe que isso tenha acontecido por nenhuma história. Deve-se, pois, crer que uma causa inteligente e todo-poderosa formou desde o começo esse universo no estado de perfeição em que o vemos hoje. Mostra-se também que há desígnio na causa que produziu o universo. Espinosa, entretanto, não pôde atribuir um plano e um fim à sua matéria informe. Ele só lhe dá um fim enquanto ela é modificada de tal ou qual maneira, ou seja, porque há homens e animais. Ora, é o último dos absurdos crer e dizer que o olho não é feito para ver nem o ouvido para escutar. Nesse infeliz sistema, será preciso reformar a linguagem humana mais razoável e mais bem estabelecida, a fim de não admitir conhecimento e inteligência no primeiro autor do mundo e das criaturas.

Não é menos absurdo crer que, se os primeiros homens saíram da terra, tenham eles recebido em todo lugar a mesma figura do corpo e os mesmos traços, sem que um tivesse uma parte a mais do que o outro ou numa outra situação. Mas dizer que o gênero humano saiu de um mesmo molde e que foi feito do mesmo sangue, é falar conforme à experiência e à razão. Todos esses argumentos devem convencer a razão de que há no universo um outro agente diferente da matéria, que a rege e dispõe dela como quer. É, contudo, o que Espinosa quis destruir. Termino por dizer que várias pessoas asseguraram que sua doutrina, considerada independentemente dos interesses da religião, pareceu bem desprezível aos grandes matemáticos. Acreditaremos facilmente nisso, se nos lembrarmos dessas duas coisas: uma, de que a maior parte desses sábios admitem o vazio. Ora, não há nada mais oposto à hipótese de Espinosa quanto sustentar que todos os corpos não se tocam, e nunca dois sistemas foram mais opostos [474] quanto o seu e o dos atomistas. Ele está de acordo com Epicuro no que concerne à rejeição da providência, mas em todo o resto seus sistemas são como a água e o fogo.

(MGS)

## Espinosista (*Gramática*), Diderot [15, 474]

Adepto da filosofia de Espinosa. Há que não confundir os espinosistas antigos com os modernos. O princípio geral destes é que a matéria é sensível, o que eles demonstram através do desenvolvimento do ovo, corpo inerte, que pela intervenção de gradações de calor passa ao estado de ser que sente e vive, e que, como todo animal, que, de início, é um simples ponto, cresce, e, por meio da assimilação dos nutrientes das plantas, ou de todas as substâncias que servem à nutrição, torna-se um grande corpo que sente e vive, e ocupa um espaço. Disso eles concluem que tudo é matéria, e que ela é suficiente para tudo explicar. Quanto ao resto, adotam todas as consequências do espinosismo antigo.

(MGS)

## Espírito, Mente (*Metafísica*), Autor desconhecido [5, 972]

Termos que se referem a um ser pensante e inteligente. Vide *Pensamento* etc.

Os filósofos cristãos reconhecem em geral três classes de espírito: Deus, anjos e o espírito humano.

O ser pensante é finito ou infinito: se é infinito, é Deus; se é finito, está ou não reunido a um corpo; no primeiro caso, é um anjo, no segundo, é uma alma. Ver *Deus*, *Anjo*, *Alma*.

Define-se com razão o espírito humano como uma substância pensante e racional. Como pensante, é distinta do corpo, e como racional, ou antes, raciocinante, é distinguida de Deus e dos anjos, que, supõe-se, veem tudo intuitivamente, vale dizer, sem precisar recorrer a uma dedução ou raciocínio. Vide *Raciocínio* e *Juízo*.

(PPP)

## Espírito filosófico (*Moral*), Jaucourt [12, 515]

O *espírito filosófico* é o dom da natureza de tudo julgar de modo sadio, aperfeiçoado pela dedicação, pela arte e pelo hábito. Quando se manifesta num grau superior, produz uma inteligência maravilhosa, um raciocínio vigoroso, um gosto certeiro e refletido a respeito do que há de bom e de mau no mundo: é a regra do verdadeiro e do belo. Não há nada de estimável nas obras que saem das mãos dos homens que não seja animado por esse espírito. Dele depende, em particular, a glória das belas-letras; mas, como pouquíssimos são os que o possuem, não é possível, nem tampouco necessário, para ter êxito nelas, que um talento tão raro seja dado a todos os que as cultivam. É suficiente, para uma nação, que um punhado de gênios superiores compartilhe dele, e a superioridade de suas luzes os promova a árbitros do gosto, oráculos da crítica, senhores da glória literária. Caso resida com brilho nessa pequena coorte de gênios, o espírito filosófico disseminará, por assim dizer, sua influência pelo corpo do Estado como um todo, e por todas as obras, do espírito ou das mãos, mas principalmente as da literatura. Se as artes e ciências fossem banidas, também seria banido o espírito filosófico que as produz; e, como não haveria mais ninguém capaz de excelência, as letras, aviltadas, languesceriam na obscuridade.

**(PPP)**

## Estoicismo, ou seita estoica, ou zenonismo[1] (*História da Filosofia*), Diderot [15, 525]

O estoicismo surgiu da escola cínica: Zenão, que havia estudado Moral com Crates, foi o seu fundador. Por essa razão, dizia-se que entre um estoico e um cínico a única diferença era a roupa. Entretanto, Zenão tornou a Filosofia mais extensa e mais interessante do que a de Diógenes. Ele não se limitou a tratar dos deveres da vida; compôs um sistema de Filosofia universal segundo os mestres a quem tinha ouvido e deu aos exercícios uma nova face.

1 Tradução parcial.

Zenão nasceu em Citium, cidade marítima da ilha de Chipre. Citium tinha sido construída por uma colônia fenícia, o que lhe atraiu algumas vezes a censura de que não era senão um estrangeiro ignóbil. Mnésio, seu pai, fazia comércio. A educação de seu filho não foi por isso negligenciada; os seus negócios frequentemente o levavam a Atenas, e ele não voltava de lá sem trazer para o jovem Zenão alguns livros de Sócrates. Por volta de 30 a 32 anos de idade, ele mesmo veio à famosa cidade para vender púrpura e para ouvir os homens cujas obras tinha lido. Logo ao desembarcar, perguntou onde eles moravam; mostraram-lhe Crates, que estava passando, e o aconselharam a segui-lo. Zenão seguiu Crates e tornou-se seu discípulo. Não cessava de admirar a elevação que seu mestre mostrava na conduta e em seus discursos, sem o desprezo da decência que se afetava em sua escola. Zenão dedicou-se inteiramente à meditação e logo apareceu uma obra de sua autoria, intitulada *Da república*, que, segundo se dizia brincando, ele havia escrito sob a cauda do cão. Os cínicos só se ocupavam da Moral; não faziam nenhum caso das outras ciências. Zenão não os aprovava nesse ponto. Levado pelo desejo de estender seus conhecimentos, deixou Crates, que não digeriu facilmente essa deserção.

Frequentou as outras escolas. Escutou Stifon durante dez anos. Cultivou Zenócrates, viu Diodoro Cronus. Interrogou Pólemon: enriquecido com os despojos desses homens, abriu sua butique. Estabeleceu-se sob o pórtico. Esse lugar era particularmente decorado com quadros de Polynoto e dos maiores mestres. Era chamado de estoa, de onde a seita da Zenão tomou o nome de estoica. Não lhe faltaram ouvintes. Sua moral era severa, mas [**526**] sabia temperar pelo charme da eloquência a austeridade de suas lições. Foi assim que conteve a juventude libertina, que teria se espantado com preceitos nus e secos. Foi admirado, estimado, amado. Sua reputação se estendeu e ele obteve a benevolência até mesmo dos reis. Antígono Gonatas, da Macedônia, que tinha se dignado a visitá-lo sob o pórtico, chamou-o para seus estados. Zenão não aceitou, mas lhe enviou Perseu, seu discípulo. Não obteve dos atenienses somente o nome de grande filósofo, mas também o de excelente cidadão. Entregaram-lhe em casa as chaves dos castelos de suas cidades e o honraram com uma estátua de bronze enquanto ele ainda vivia.

Zenão tinha uma saúde frágil, mas era sóbrio. Vivia comumente de pão, água, figos e mel. Sua fisionomia era dura, mas sua acolhida era atenciosa. Tinha conservado a ironia de Diógenes, porém moderada. Sua vida foi um pouco perturbada pela inveja, que elevou contra ele Arquesilau e Carnéades, fundadores da academia média e da nova. O próprio Epicuro não foi isento dessa inveja e sofreu com o fato de terem dado particularmente aos estoicos o nome de sábios. Esse homem, que havia recebido nos jardins as graças e as volúpias, cujo princípio favorito era enganar pelos prazeres as dores da vida, e que havia encontrado para si uma maneira de viver doce e amena, tratava o estoicismo de hipocrisia. Zenão, por sua vez, não poupou a doutrina de seu adversário e o pintou como um preceptor da corrupção. Se for verdade que Zenão pretendia que ele era também honesto, *natural matris fricare, quam dolentem aliam corporis partem fricando juvare*; e que, numa necessidade urgente um jovem era tão cômodo quanto uma moça, Epicuro teria com que responder. Mas não há razão para crer que um filósofo, cuja continência havia sido proverbial, ensinasse sentimentos tão monstruosos. É mais provável que a raiva tirasse consequências odiosas de um princípio aceito na escola de Zenão, e muito verdadeiro, segundo o qual não há nada de vergonhoso nas coisas naturais.

O livro *Da república* não foi o único publicado por Zenão. Ele escreveu um comentário de Hesíodo, no qual derrubou todas as noções aceitas da Teologia, e no qual Júpiter, Juno, Vesta e o resto dos deuses foram reduzidos a palavras vazias de sentido. Zenão gozou de uma longa vida. Com 98 anos, bastava esperar um momento para morrer naturalmente, mas ele não teve paciência de esperar. Tendo tomado um tombo ao sair do pórtico, acreditou que a natureza o estava chamando: "Estou aqui", disse ele, tocando a terra com o dedo que tinha se quebrado na queda, "estou pronto". Ao voltar para casa, deixou-se morrer de fome. Antígona o lamentou e os atenienses lhe elevaram um túmulo na Cerâmica.

Sua doutrina consistia numa seleção do que ele havia buscado nas escolas dos acadêmicos, dos eretríacos ou erísticos, e dos cínicos. Como fundador de seita, ele precisava inventar coisas novas ou camuflar as antigas sob novos nomes. Era mais fácil a primeira alternativa. Zenão dizia, sobre a dialética de Diodoro, que esse homem havia imaginado balanças muito justas, mas que nelas só pesava a palha. Os estoicos diziam que era preciso opor-se à natureza; os cínicos, que era preciso situar-se acima dela e viver segundo a virtude e não segundo a lei; mas é inútil estender-se mais aqui a respeito do paralelo entre o estoicismo e os sistemas que o precederam. Resultaria disso um concentrado dos princípios dessa filosofia, e não tardaremos a expô-los.

Censura-se no estoicismo o sofisma. É para isso, lhes disse Sêneca, que cortamos a barba? São criticados por terem levado para a sociedade os espinhos da escola. Pretende-se que ignoraram as forças da natureza, que sua moral é impraticável e que eles inspiraram entusiasmo em vez da sabedoria. Pode ser. Mas que entusiasmo é esse que nos imola à virtude e que pode conter nossa alma num estado tão tranquilo e firme que as dores mais agudas não nos arrancarão um suspiro, uma lágrima! Se a natureza inteira conspirar contra um estoico, o que ela poderá fazer com ele? O que conseguirá abater, o que corromperá aquele para o qual o bem é tudo e a vida não é nada? Os filósofos comuns são de carne como os outros homens; o estoico é um homem de ferro, pode-se quebrá-lo, mas não fazer que se queixe. O que os tiranos poderiam contra aquele sobre quem Júpiter nada pode? Só a razão o comanda; a experiência, a reflexão, o estudo, bastam para formar um sábio; um estoico é uma obra singular da natureza. Há, pois, poucos verdadeiros estoicos, e não houve em nenhuma outra escola tantos hipócritas quanto nesta. O estoicismo é uma questão de temperamento, e Zenão imaginou para todos os homens, como a maior parte dos legisladores o fizeram, uma regra que só convinha a ele mesmo. É uma regra muito forte para os fracos. A moral cristã é um zenonismo mitigado e, consequentemente, de um uso mais geral. Entretanto, o número daqueles que a rigor a ele se conformam não é grande.

*Princípios gerais da filosofia estoica.* A sabedoria é a ciência das coisas humanas e das coisas divinas, e a Filosofia, ou estudo da sabedoria, é a prática da arte que nos conduz a ela.

Essa arte é única, a arte por excelência; é a arte de ser virtuoso.

Há três espécies de virtude: a natural, a moral e a discursiva, e seus objetos são o mundo, a vida do homem e a razão.

Há também três espécies de Filosofia: a natural, a moral e a discursiva: ocupamo-nos da natureza, ou dos costumes, ou aperfeiçoamos nosso entendimento. Esses exercícios influem necessariamente uns sobre os outros.

*Lógica dos estoicos.* A Lógica tem dois ramos: a Retórica e a Dialética.

A Retórica é a arte de bem dizer as coisas que exigem um discurso ornado e extenso.

A Dialética é a arte de discutir as coisas, na qual basta a brevidade das perguntas e respostas.

Zenão comparava a Dialética com uma mão aberta e a oratória com um punho fechado.

A Retórica é deliberativa, judiciária ou demonstrativa; suas partes são a invenção, a elocução, a disposição e a pronunciação; as do discurso são o exórdio, a narração, a refutação e o epílogo. Os acadêmicos recentes excluíam a Retórica da Filosofia.

A dialética é a arte de manter-se na percepção das coisas conhecidas, de modo a não poder afastar-se delas; suas qualidades são a circunspecção e a firmeza. Seu objeto se estende às coisas e às palavras que as designam; ela trata de concepções e sensações; as concepções e sensações são a base da expressão.

Os sentidos têm um bem comum: é a imaginação.

A alma dá seu consentimento às coisas concebidas, segundo o testemunho dos sentidos: o que se concebe, se concebe por si mesmo; a compreensão segue a aprovação da coisa conhecida e a ciência segue a imperturbabilidade da aprovação.

A qualidade pela qual discernimos as coisas umas das outras se chama juízo. [**527**]

Há duas maneiras de discernir o bom e o mau, o verdadeiro e o falso. Julgamos que a coisa é ou não é pela sensação, pela experiência ou pelo raciocínio.

A Lógica supõe o homem que julga e uma regra de julgamento. Essa regra supõe a sensação ou a imaginação. A imaginação é a faculdade de recordar a imagens dos objetos exteriores e supõe uma comunicação da alma com os órgãos.

O que se viu, o que se concebeu, permanece na alma, como a impressão na visão, com suas cores, figuras, elevações e concavidades.

A compreensão formada segundo o testemunho dos sentidos é verdadeira e fiel; a natureza não deu outro fundamento para a ciência; não há clareza, não há evidência maior.

Toda apreciação vem originariamente dos sentidos, pois não há nada no entendimento que antes não tenha estado na sensação.

Entre as coisas compreendidas, há as mais e as menos sensíveis; as coisas incorporais são as menos sensíveis. Há coisas racionais e irracionais, naturais e artificiais, tais como as palavras. Há as prováveis e as improváveis, verdadeiras e falsas, compreensíveis e incompreensíveis. Quanto às primeiras, é preciso que nasçam de uma coisa que seja conforme a elas e que não implique contradição.

Deve-se distinguir a imaginação do fantasma, e o fantasma do fantástico, que não tem modelo na natureza.

O verdadeiro é o que é e que não pode vir de um lugar que não seja de onde ele veio.

A compreensão, ou o conhecimento firme, ou ciência, são a mesma coisa.

Aquilo que o espírito compreende, ele o faz por assimilação, ou por composição, ou por analogia.

O homem recebe a sensação e julga; o homem sábio reflete antes de julgar.

Não há noções inatas; o homem vem ao mundo como uma tábula rasa sobre a qual os objetos da natureza são gravados com o tempo.

Há noções naturais que se formam em nós sem arte; há as que são adquiridas pela indústria e pelo estudo. Deixo às primeiras o nome de noções; as outras são antecipações.

O que é sentido está no animal; no homem ele se torna concebido.

As noções comuns são de todos; é impossível que uma noção seja oposta a uma noção.

Existem a ciência, a opinião e a ignorância. Se não experimentamos a sensação, somos ignorantes; se permanecemos na incerteza depois da experiência, somos sinceros; se ficamos imperturbáveis, sábios.

Há três coisas ligadas: a palavra, a coisa, a imagem da coisa.

A definição é um discurso que, analisado, torna-se a resposta exata à questão *o que é a coisa?* Ela não deve conter nada que não lhe convenha; deve indicar o caráter próprio que a distingue.

Há duas espécies de definição: das coisas que são e das coisas que concebemos.

Há definições parciais e há definições totais.

A distribuição de um gênero em suas espécies mais próximas chama-se divisão.

Um gênero se estende a várias espécies; um gênero supremo não tem outro acima de si; uma espécie ínfima não tem nada abaixo dela.

O conhecimento completo forma-se da coisa à palavra.

Há quatro gêneros: a substância, a qualidade, o absoluto, a relação.

As enunciações que compreendem sob um ponto comum coisas diversas chamam-se categorias; há categorias no entendimento, assim como na expressão.

A enunciação é perfeita ou imperfeita e defeituosa; perfeita, ela compreende tudo o que é da coisa.

Uma enunciação é afirmativa ou negativa, verdadeira ou falsa. Uma enunciação afirmativa ou negativa, perfeita, é um axioma.

Há quatro categorias: a direta, a oblíqua, a neutra, e a ativa ou passiva.

Um axioma é simples ou composto; simples, se a proposição que o enuncia for simples; composto, se a proposição que o enuncia for composta.

Há axiomas prováveis; há os racionais e há os paradoxais.

O lema, o prolema e a epífora são as três partes do argumento. O argumento é conclusivo ou não, silogístico ou não. Os silogismos são ligados ou disjuntos. Há modos pelos quais os silogismos concludentes são dispostos. Esses modos são simples ou compostos.

Os argumentos silogísticos que não concluem também têm seus modos. Nesses argumentos, a conclusão não segue a ligação das premissas.

Há silogismos de diferentes gêneros. Tais são, por exemplo, o sorites, o mentiroso, o inexplicável, o preguiçoso, o dominante, o véu, o electre, o cornudo, o crocodilo, o recíproco, o deficiente, o coletor, o calvo, o oculto etc.

Há dois métodos, o vulgar e o filosófico.

Com efeito, vê-se que essa Lógica não tem nada de maravilhoso. Nós a temos liberada dos termos bárbaros com os quais Zenão a tinha revestido. Mesmo se tivéssemos deixado a Zenão suas palavras, as coisas não teriam sido mais novas.

*Fisiologia dos estoicos.* O caos existia antes de tudo. O caos é um estado confuso e tenebroso das coisas; é nesse estado que no início se apresentou a matéria, que era a soma de todas as coisas revestidas de suas qualidades, o reservatório dos germes e das causas, a essência, a natureza grávida de seu princípio, se for permitido se exprimir assim.

O que chamamos mundo e natureza é o caos desembaralhado e as coisas tenebrosas e confusas tomando ordem e formando o aspecto que vemos nelas.

O mundo ou a natureza é o todo, do qual os seres são as partes. Esse todo é único; os seres são membros ou partes. Devem-se distinguir nele princípios diferentes dos elementos. Esses princípios são o eficiente e o passivo; o eficiente é a razão das coisas que está na matéria, ou Deus. O passivo é a própria matéria. Tanto um quanto o outro são de natureza corporal. Tudo o que age ou sofre é corporal. Tudo o que é, é corpo.

A causa eficiente, ou Deus, é um ar muito puro e muito límpido, um fogo artificial, colocado na circunferência mais afastada do céu, lugar de tudo o que é divino.

O princípio passivo ou matéria é a natureza considerada [**528**] sem qualidade, sem mérito, coisa que se presta a tudo, não sendo nada, e deixando de ser o que ela se torna, repousando se nada a move.

O princípio ativo é oposto ao princípio passivo. Esse fogo artificial é próprio para formar a matéria, com uma habilidade suprema e segundo as razões presentes nela mesma, as sementes das coisas. Eis sua fecundidade. Sua sutileza permite que a chamemos incorporal, imaterial. Embora seja corpo, em consequência de sua oposição à matéria, pode-se dizer que ele é espírito. Ele é causa corporal, incorruptível, sempiterna, primeira, original, de onde cada substância tira as qualidades que lhe são próprias. Essa causa é boa. É perfeita. Não há qualidades louváveis que ela não tenha. É previdente, rege o todo e suas partes, faz que o todo persevere na natureza.

Diferentes nomes lhe são dados. É o mundo, do qual ela é, com efeito, a porção principal, a natureza, o destino, Júpiter, Deus. Não está fora do mundo; está nele compreendido junto à matéria; constitui tudo o que é, o que vemos e o que não vemos; habita na matéria e em todos os seres, a penetra e a agita, segundo o que exige a razão universal das coisas; é a alma do mundo.

Já que penetra todas as porções da matéria, está aí intimamente presente, conhece tudo e opera tudo.

Agitando a matéria e lhe imprimindo as suas qualidades, ela formou o mundo. É a origem das coisas. As coisas são dela. É por sua presença que ela as conserva; é nesse sentido que dizemos que ela é Deus e que Deus é o pai das coisas, seu ordenador e conservador. Deus não produziu o mundo por uma determinação livre de sua vontade; ele era uma parte do mundo e estava compreendido nele. Mas rompeu a casca que o envolvia; agitou e operou por meio de uma força intrínseca, segundo lhe permitia a necessidade de sua natureza e da matéria.

Há, pois, no universo, uma lei imutável e eterna, uma ordem combinada de causas e efeitos, encadeados com um vínculo tão necessário, que tudo o que foi, é e será não poderia sê-lo de outro modo, e isso é o destino.

Tudo está submetido ao destino, e não há nada no universo que não esteja sujeito à sua lei, sem excetuar Deus. Já que Deus segue essa ordem inexplicável e sagrada das coisas, essa cadeia o liga necessariamente.

Deus, ou a grande causa racional, não tem, portanto, nada que o constranja: pois fora dele e do todo só há o vazio infinito. É a natureza que tem necessidade dele; ela age em conformidade com ele, e tudo segue conforme sua ação. Não se pode ter outra ideia da liberdade de Deus, nem da liberdade do homem. Deus não é por isso menos livre, nem menos poderoso. É ele mesmo aquilo de que necessita.

São as partes ou o transbordamento desse espírito universal do mundo, distribuídos por todo lugar e animando tudo o que há de animado na natureza, que dão origem aos demônios do qual tudo está pleno.

Cada homem tem seu Gênio ou seu Juno, que dirige suas ações, inspira seus discursos, e que merece o maior respeito. Cada partícula do mundo tem seu demônio que está presente nela e a assiste; é isso o que foi designado com o nome de *Júpiter, Juno, Vulcano, Ceres*. Trata-se de certas porções da alma universal, residentes no ar, na água, na terra, no fogo etc.

Já que os deuses não são senão transbordamentos da alma universal, distribuídos a cada partícula da natureza, segue-se que na deflagração geral que acabará com o mundo, os deuses retornarão a um Júpiter confuso e a seus antigos elementos.

Embora Deus esteja presente em tudo, agite tudo, vigie tudo, é sua alma que dirige as coisas segundo a condição de cada uma e a natureza que lhe é própria; embora ele seja bom e cuide do bem, não pode fazer que aconteça tudo o que é bom, e nem que tudo o que é bom aconteça; não é a arte que se repousa, mas a matéria que é indócil à arte. Deus só pode ser o que é, e não pode mudar a matéria.

Embora haja um vínculo principal e universal entre as coisas que as encadeia, nossas almas não estão sujeitas ao destino, a não ser e segundo o que convém à sua natureza. Por mais que qualquer força exterior conspire contra elas, se sua bondade é original e primeira, ela perseverará; se for de outro modo, se elas nasceram ignorantes, grosseiras, ferozes, se nada acontece que possa melhorá-las, instruí-las e fortalecê-las, por essa única condição, sem nenhuma influência do destino, por um movimento voluntário e próprio, elas se inclinarão para o vício e o erro.

Não é difícil concluir a partir desses princípios que os estoicos eram materialistas, fatalistas e, para falar propriamente, ateus.

Acabamos de expor sua doutrina sobre o princípio eficiente; eis aqui agora o que pensavam da causa passiva.

A matéria primeira ou a natureza é a primeira das coisas, a essência e a base de suas qualidades. A matéria geral e primeira é eterna; tudo o que foi matéria é matéria, ela não aumenta nem diminui, tudo é ela. É chamada essência, considerada na universalidade dos seres, e matéria, considerada em cada um deles.

A matéria, em cada ser, é suscetível de crescimento e diminuição; ela não permanece a mesma, mistura-se, separa-se, suas partes escapam na separação, se unem na mistura. Após a deflagração geral, a matéria voltará a ser una e a mesma em Júpiter.

Ela não é estável, varia sem cessar, tudo é levado por uma torrente, tudo passa, nada do que vemos permanece o mesmo. Mas nada muda na essência da matéria, nada perece, nem o que desaparece aos nossos olhos; tudo retorna à fonte primeira das coisas, para emanar dela mais uma vez. As coisas cessam, mas não são aniquiladas.

A matéria não é infinita; o mundo tem seus limites. Não há nada a que ela não possa ser reduzida, nada que ela não possa sofrer, nada que não possa ser feito dela, o que seria impossível se ela fosse imutável; ela é divisível ao infinito; ora, o que é divisível não pode ser infinito; ela é contida.

É pela matéria, pelas coisas que são da matéria, e pela razão geral que está presente em tudo, que é o seu germe, que o penetra, que o mundo é, que o universo é, que Deus é; entende-se algumas vezes o céu por essa palavra Deus.

O mundo existe separado do vazio que o envolve; assim como num ovo, a terra está no centro; entre o mundo e o universo, a diferença é que o universo é infinito; ele compreende as coisas que são e o vazio que as encerra; o mundo é finito, está compreendido no vazio, que não entra na acepção dessa palavra.

No começo havia somente Deus e a matéria. Deus, essência das coisas, natureza ígnea, ser prolífico, do qual uma porção combinada com a matéria produziu o ar, depois a água. Ele é para o mundo o que o germe é para a planta; depositou [**529**] o mundo na água, para facilitar o desenvolvimento de suas partes; uma parte dele mesmo condensou a terra, uma outra exalou-se: é o fogo.

O mundo é um grande animal, que tem sentidos, espírito e razão. Ele tem, assim como o homem, corpo e alma; a alma está presente nele em todas as partes do seu corpo.

Além da matéria desprovida de qualquer qualidade, há no mundo quatro elementos: o fogo, o ar, a água e a terra. O fogo é quente, o ar é frio, a terra, seca, a água, úmida; o fogo tende para o alto, é seu lugar. Esse elemento, ou sua porção conhecida sob o nome de *éter*, foi o rudimento dos astros e suas esferas; o ar está abaixo do fogo; a água corre sob o ar e sobre a terra; a terra é a base de tudo; ela está no centro.

Entre os elementos, dois são leves, o fogo e o ar. Dois são pesados, a água e a terra; eles tendem para o centro, que não é nem pesado nem leve.

Há uma conversão recíproca dos elementos entre si. Tudo o que cessa em um deles passa para outro. O ar degenera em fogo, o fogo em ar; o ar em água, a água em ar; a terra em água, a água em terra. Mas nenhum elemento existe sem algum dos outros: todos estão em cada um.

O fogo é o primeiro dos elementos; ele tem seu lugar na direção do céu e o céu é, como dissemos, o último limite do mundo, onde o que é divino tem seu lugar.

Há dois fogos: o artificial, que serve para nossos usos, e o natural, que serve às operações da natureza. Ele aumenta e conserva as coisas, as plantas, os animais. É o calor universal sem o qual tudo perece. Esse fogo muito alto, espalhado em todas as direções, invólucro do mundo, é o éter; é também o Deus todo-poderoso.

O Sol é um fogo muito puro, maior do que a Terra; é um orbe redondo como o mundo; é um fogo, pois tem todos os seus efeitos. É maior do que a Terra, já que ilumina a Terra e o céu ao mesmo tempo. O Sol, portanto, é, com justiça, o primeiro dos deuses.

É uma porção muito pura do éter, de Deus ou do fogo, que constituiu os astros; eles são ardentes, brilhantes, animados, sentem, concebem. São compostos apenas de fogo, não possuem nada que não seja fogo; mas não há fogo que não tenha necessidade de alimento. São os vapores das águas, do mar e da terra que nutrem o fogo dos astros.

Já que os astros são porções do fogo natural e divino, já que sentem e concebem, por que não anunciariam o futuro? Não são seres nos quais se leem as coisas particulares ou individuais, mas sim a sequência geral dos destinos, que é escrita neles com caracteres bem evidentes.

Dá-se o nome de astros ao Sol e à Lua; a diferença entre um astro e uma estrela é que a estrela é um astro, mas o astro não é uma estrela.

A ordem dos astros errantes é a seguinte: Saturno, Júpiter, Marte, Mercúrio, Vênus, o Sol, a Lua. O principal entre os cinco primeiros é Vênus, que é o mais vizinho do Sol. A Lua ocupa o lugar mais baixo do éter; é um astro inteligente, sábio, de uma natureza ígnea, mas não sem alguma mistura terrestre.

A esfera do ar está e começa abaixo da Lua; está no meio, entre o céu e as águas; sua figura é redonda; é Juno. A região do ar se divide em alta, média e baixa; é uma região muito seca e muito quente. A proximidade dos fogos celestes a torna muito rarefeita e densa; sua região baixa, vizinha da Terra, é densa e tenebrosa; é o receptáculo das exalações; a região média é mais temperada do que aquela que a domina e a que ela pressiona; é seca em sua parte superior e úmida na parte inferior.

O vento é uma corrente de ar.

A chuva é uma transmutação da nuvem em água; essa mudança ocorre todas as vezes que o calor não pode dividir os vapores que o Sol elevou da terra e dos mares.

A terra, a porção mais densa do mundo, serve de base para tudo, assim como os ossos nos animais. É coberta de águas que se mantêm no nível da superfície; ela fica no centro; é una, redonda, finita, assim como exige a natureza de todo centro; a água tem a mesma forma que a terra, porque seu centro é o mesmo da terra.

O mar percorre o interior da terra, por caminhos secretos; sai de suas bacias, desaparece, se condensa, se filtra, se purifica, perde seu amargor e oferece, após ter feito um longo caminho, uma água pura para os animais e os homens.

A terra é imóvel.

Há um só mundo. Ele é eterno, é Deus e a natureza; esse todo não teve início e não acabará; seu aspecto mudará.

Assim como o ano tem um inverno e um verão, o mundo terá uma inundação e uma deflagração; a inundação cobrirá toda a face da terra, e tudo perecerá. Depois dessa primeira revolução pela água, o mundo será abrasado pelo fogo espalhado por todas as suas partes; ele consumirá toda a umidade e assimilará os seres, que tomarão pouco a pouco a sua natureza. Então tudo se dissolverá em Júpiter, e o primeiro caos renascerá. Esse caos se desenvolverá como o primeiro, o universo se reformará como ele é, e a espécie humana será reproduzida.

O tempo está em último lugar entre os seres.

(MGS)

# Existência (*Metafísica*), Turgot [6, 260]

Palavra oposta ao termo *nada*, mais abrangente do que as palavras *realidade* e *atualidade*, que se opõem, a primeira, a aparência, e a segunda, a possibilidade simples; sinônimo de uma e de outra, na medida em que um termo geral é sinônimo dos termos particulares que lhe são subordinados. Vide *Sinônimo*. Em sua acepção gramatical, existência significa o estado de uma coisa, enquanto ela existe. Mas o que é existir? Que noção os homens têm no espírito, quando pronunciam essa palavra? E como a adquiriram ou formaram? A resposta a essa questão é o primeiro assunto de que nos ocuparemos neste verbete; em seguida, após ter analisado a noção de existência, examinaremos o modo pelo qual passamos da simples impressão passiva e interna de nossas sensações aos juízos que fazemos sobre a existência mesma dos objetos, e tentaremos estabelecer os verdadeiros fundamentos de nossa certeza a esse respeito.

*Da noção de existência*. Descartes dizia, *penso, logo existo*. Querendo erguer, sobre fundamentos sólidos, o novo edifício de sua filosofia, esse grande homem sentiu bem a necessidade de se desfazer de todas as noções adquiridas, para doravante apoiar todas as suas proposições sobre princípios cuja evidência não fosse suscetível nem de prova nem [**261**] de dúvida. Mas estava longe de pensar que esse primeiro raciocínio, esse primeiro elo pelo qual pretendia apreender a cadeia inteira dos conhecimentos humanos, supusesse noções muito abstratas e difíceis de desenvolver. Assim são as noções de pensamento e de existência. Locke, o primeiro a nos ensinar, ou melhor, a demonstrar que todas as ideias vêm dos nossos sentidos, e que não há nenhuma noção no espírito humano que não seja oriunda das sensações, mostrou-nos o verdadeiro ponto de onde os homens partiram e onde devemos nos posicionar para seguir a geração de todas as suas ideias. Mas meu plano aqui não é tomar o homem no primeiro instante de seu ser, examinar como as sensações se tornam ideias, e tampouco discutir se a experiência sozinha o ensinou a remeter as sensações a distâncias determinadas, a senti-las umas sem as outras e a formar para si a ideia de extensão, como crê o Sr. Condillac, ou se, como creio, as sensações próprias da visão, do tato, e talvez de todos os outros sentidos, não são necessariamente remetidas a distâncias determinadas, e não apresentam, por si mesmas, a ideia de extensão. Vide *Ideia, Sensação, Visão, Tato, Substância espiritual.* Não tenho necessidade dessas investigações: se o homem, a esse respeito, tem algum caminho a trilhar, ele está já inteiramente formado, muito antes de pensar em conceber a noção abstrata de existência. Posso bem supor que ele tenha chegado a um ponto ao qual até os animais teriam chegado, se tivermos o direito de julgar que eles têm uma alma. Vide *Alma dos animais.* Pelo menos é incontestável que o homem soube ver antes de aprender a raciocinar e a falar, e é nessa época confiável que começo a considerá-lo.

Ao despojá-lo, pois, de tudo o que o progresso de suas reflexões o levou a adquirir depois, eu o vejo, em qualquer instante que o tome, ou melhor, sinto-me eu mesmo possuído por uma multidão de sensações e imagens, trazidas por cada um de meus sentidos, e cuja reunião me oferece um mundo de objetos distintos uns dos outros e de outro objeto que só me é apresentado por sensações de certa espécie, e que é o mesmo que em seguida aprenderei a chamar de *eu*. Mas, de quais elementos é composto esse mundo sensível? De pontos negros, brancos, vermelhos, verdes, azuis, sombreados e claros, combinados de mil maneiras, situados uns fora dos outros, relacionados entre si a distâncias maiores ou menores, formando, por sua contiguidade, uma superfície mais ou menos profunda, sobre a qual meu olhar se detém: reduzem-se a isso todas as imagens que recebo através do sentido da visão. A natureza opera diante de mim, sobre um espaço indeterminado, precisamente como o pintor sobre uma tela. As sensações de frio, calor, resistência, que recebo pelo sentido do tato, parecem-me também como se fossem dispersadas aqui e ali num espaço de três dimensões, cujos diferentes pontos elas determinam, e no qual, quando os pontos tangíveis são contíguos, desenham também espécies de imagens, como a visão, mas à sua maneira, e delimitadas com menos nitidez. O paladar parece-me uma sensação local, acompanhada sempre daquelas que são próprias do tato, do qual me parece ser uma espécie limitada a um órgão particular. Embora as sensações próprias da audição e do olfato não nos apresentem ao mesmo tempo (ou não de modo permanente) um certo número de pontos contíguos que possam formar figuras e nos dar uma ideia de extensão, elas têm seu lugar nesse espaço cujas dimensões são determinadas pelas sensações da visão e do tato. Consignamo-lhes sempre uma posição, quer as relacionemos a uma distância afastada de nossos órgãos, quer a esses próprios órgãos. Não se deve omitir uma outra ordem de sensações mais penetrantes, por assim dizer, que, relacionadas ao interior de nosso corpo, ocupando mesmo por vezes todo o hábito, parecem preencher as três dimensões do espaço e levar imediatamente consigo a ideia de extensão sólida. Farei dessas sensações uma classe particular, sob o nome de *tato interno* ou *sexto sentido*, e ordenarei nelas as dores que às vezes sentimos no interior da carne, na capacidade dos intestinos e nos próprios ossos; as náuseas, o mal-estar que precede o desmaio, a fome, a sede, a emoção que acompanha todas as paixões; os tremores, sejam de dor ou de volúpia; enfim, essa multidão de sensações confusas que não nos abandonam nunca, que circunscrevem de algum modo nosso corpo, que nô-lo tornam sempre presente, e que, por essa razão, alguns metafísicos chamaram de sentido da coexistência de nosso corpo. Vide os verbetes *Sentidos* e *Tato*. Nesta espécie de análise de nossas ideias puramente sensíveis, não recusei as expressões que supõem noções refletidas e conhecimentos de uma ordem bem posterior à sensação simples: precisava me servir delas. O homem reduzido às sensações não tem linguagem e só pode designá-las pelos nomes dos órgãos dos quais são próprias, ou objetos que as excitam, o que supõe que já esteja formado todo o sistema de nossos juízos sobre a existência dos objetos exteriores. Mas estou certo de ter feito a enumeração da situação do homem reduzido às simples impressões dos sentidos, e creio ter oferecido a enumeração exata daquelas que ele experimenta. Resulta disso que todas as ideias dos objetos que percebemos pelos sentidos se reduzem, em última análise, a uma multidão de sensações de cor, resistência, som etc., relacionadas a diferentes distâncias umas das outras e espalhadas por um espaço indeterminado, como se fossem pontos cuja reunião e combinações formam um quadro sólido (se pudermos empregar aqui essa palavra, na mesma acepção usada pelos geômetras), ao qual todos os nossos sentidos fornecem imagens variadas e multiplicadas indefinidamente.

Estou longe ainda da noção de existência, e tudo o que vejo até aqui é uma impressão puramente passiva, ou no máximo o juízo natural pelo qual diversos metafísicos pretendem que transportamos nossas sensações para fora de nós mesmos, para as difundir sobre os diferentes pontos do espaço que imaginamos. Vide *Sensação*, *Visão* e *Tato*. Mas esse quadro, composto de todas as nossas sensações, esse universo ideal, nunca é o mesmo por dois instantes seguidos, e a memória, que conserva no segundo instante a impressão do primeiro, nos põe em condições de comparar esses quadros passageiros e observar suas diferenças. (O desenvolvimento desse fenômeno não pertence a este verbete, e devo também supô-lo, pois a memória é fruto de nossas reflexões, tanto quanto a própria sensação.) Vide *Memória*. Adquirimos as ideias de mudança e movimento (observai que digo ideia, e não noção; vide esses dois verbetes). Diversos conjuntos de pontos coloridos, quentes ou frios etc. nos parecem mudar de distância uns em relação aos outros, embora os pontos, que formam esses conjuntos, guardem entre si o mesmo arranjo ou a mesma coordenação. Essa coordenação nos ensina a distinguir esse conjunto de sensações por massas. Essas massas de sensações coordenadas são o que chamamos de *objetos individuais*. Vide essas duas palavras, *Objeto* e *Indivíduo*. Vemos esses indivíduos se aproximar, fugir, desaparecer, às vezes por completo, outras para novamente reaparecer [**262**]. Entre os objetos ou grupos de sensações que compõem esse quadro móvel, há um que, embora encerrado em limites muito estreitos, em comparação com o vasto espaço onde flutuam todos os outros, atrai nossa atenção mais do que todo o resto. Duas coisas sobretudo o distinguem: sua presença contínua, sem a qual tudo desaparece; e a natureza particular das sensações que nô-lo tornam presente, pois todas as sensações do tato se relacionam com ele e circunscrevem exatamente o espaço no qual está encerrado. O paladar e o olfato lhe pertencem também; mas o que atrai nossa atenção para esse objeto de uma maneira irresistível é o prazer e a dor, cuja sensação nunca é relacionada a nenhum ponto do espaço. Por isso, esse objeto particular não somente torna-se para nós o centro de todo o universo e o ponto de onde medimos todas as distâncias, mas ainda nos acostumamos a considerá-lo como nosso ser próprio, e, embora as sensações que nos pintam a Lua e as estrelas não sejam mais distintas de nós do que as que se relacionam ao nosso corpo, nós as consideramos estranhas e limitamos o sentimento do eu a esse pequeno espaço circunscrito pelo prazer e pela dor. Mas esse conjunto de sensações às quais limitamos assim nosso ser não é, na realidade, como todos os conjuntos de sensações, senão um objeto particular de um grande quadro que forma o universo ideal.

Todos os outros objetos se transformam a cada instante, aparecem e desaparecem, aproximam-se e se afastam uns dos outros, e deste eu que, por sua presença contínua, torna-se um termo necessário ao qual os comparamos. Nós os percebemos fora de nós, porque o objeto que chamamos de eu é apenas um objeto particular, como eles, e não podemos remeter nossas sensações a diferentes pontos do espaço sem ver os conjuntos dessas sensações uns fora dos outros. Embora percebidos fora de nós, como sua percepção é sempre acompanhada daquela do eu, essa percepção simultânea estabelece entre eles e nós uma relação de presença que dá aos dois termos dessa relação, o eu e o objeto exterior, toda a realidade que a consciência confere ao sentimento do eu.

Essa consciência da presença dos objetos ainda não é, de modo algum, a noção de existência e nem mesmo a da presença, pois veremos em seguida que todos os objetos da sensação não são por isso considerados presentes. Esses objetos, cujas distâncias e movimentos observamos em torno do nosso corpo, interessam-nos pelos efeitos que essas distâncias e movimentos nos parecem produzir nele, ou seja, pelas sensações de prazer e dor dos quais esses movimentos são acompanhados ou seguidos. Nossa facilidade em mudar à vontade a distância de nosso corpo em relação aos outros objetos imóveis por um movimento que o esforço que o acompanha nos impede de atribuir a eles, incita-nos a procurar por objetos cuja aproximação nos dá prazer e a evitar aqueles cuja aproximação é acompanhada de dor. A presença desses objetos torna-se a fonte de nossos desejos e temores, e o motivo dos movimentos de nosso corpo, cuja marcha dirigimos no meio de todos os outros corpos, precisamente como um piloto conduz um barco sobre um mar cheio de rochedos e coberto de outros barcos enormes. Essa comparação, que não emprego como ornamento, será tanto mais própria para tornar sensível minha ideia quanto à circunstância em que se encontra o piloto não é senão um caso particular da situação em que se encontra o homem na natureza, rodeado, pressionado, atravessado, tocado por todos os seres: sigamo-la. Se o piloto só pensasse em evitar os rochedos que aparecessem na superfície do mar, o naufrágio de seu barco, danificado por algum rochedo escondido sob as águas, o ensinaria sem dúvida a temer outros perigos diferentes daqueles que percebia. Tampouco iria tão longe, se fosse preciso que, ao partir, ele visse o porto aonde desejava chegar. Assim como ele, o homem é logo advertido, pelos efeitos muito sensíveis de seres que havia deixado de ver, seja ao se afastar, seja durante o sono, ou somente fechando os olhos, de que os objetos não foram aniquilados por terem desaparecido, e que os limites de suas sensações não são os limites do universo. Nasce daí uma nova ordem de coisas, um novo mundo intelectual, tão vasto quanto é limitado o mundo sensível. Se um objeto levado para longe do espectador por um movimento rápido se perde por fim na distância, a imaginação segue seu curso, para além do alcance dos sentidos, prevê seus efeitos, mede sua velocidade; conserva o plano das situações relativas dos objetos que os sentidos não veem mais; tira linhas de comunicação entre os objetos da sensação atual e os da sensação passada, mede sua distância, determina sua situação no espaço; chega até mesmo a prever as mudanças que devem ter ocorrido nessa situação pela velocidade maior ou menor de seu movimento. A experiência verifica todos os cálculos, e os objetos presentes entram, assim como os ausentes, no sistema geral de nossos desejos, temores, motivos de nossas ações, e o homem, assim como o piloto, evita e busca os objetos que se furtam aos seus sentidos.

Eis uma nova corrente, e novas relações pelas quais os seres que se supõe estarem fora de nós ligam-se à consciência do eu, não mais pela simples percepção simultânea, já que com frequência não são percebidos, mas pela conexão que encadeia entre si as mudanças de todos os seres e nossas próprias sensações, como causas e efeitos uns dos outros. Como essa nova corrente de relações se estende a uma multidão de objetos fora do alcance dos sentidos, o homem é forçado a não mais confundir os próprios seres com as suas sensações, e aprende a distinguir uns dos outros, os objetos presentes, ou seja, encerrados nos limites da sensação atual e ligados com a consciência do eu por uma percepção simultânea, dos objetos ausentes, quer dizer, seres indicados somente por seus efeitos ou pela memória das sensações passadas que não vemos, mas que, por um encadeamento qualquer de causas e efeitos, agem sobre o que vemos; objetos que veríamos se estivessem colocados numa situação e a uma distância conveniente, e que outros seres semelhantes a nós talvez vejam no mesmo momento, o que significa que esses seres, sem estar presentes para nós por meio das sensações, formam entre si, com aquilo que vemos e com nós mesmos, uma cadeia de relações, seja de ações recíprocas, seja de distância apenas. E, como nessas relações o eu é sempre um dos termos, a realidade de todos os outros nos é certificada pela consciência desse eu.

Tentemos agora acompanhar a noção de existência nos progressos de sua formação. O primeiro fundamento dessa noção é a consciência de nossa própria sensação e o sentimento do eu que resulta dessa consciência. A relação necessária entre o ser que percebe e o objeto percebido, considerado fora do eu, supõe nos dois termos a mesma realidade. Há, tanto em um quanto no outro, um fundamento para essa relação, que, se o homem tivesse uma linguagem, poderia designar pelo nome de *existência* ou *presença*, pois essas duas noções ainda não teriam sido distinguidas uma da outra.

O hábito de ver os objetos sensíveis reaparecerem [**263**] depois de os termos perdido por algum tempo, e de encontrar neles as mesmas características e a mesma ação sobre nós, nos ensinou a conhecer os seres por meio de outras relaçoes diferentes das sensações e a distingui-los. Damos, por assim dizer, nosso consentimento à imaginação, que nos pinta esses objetos da sensação passada com as mesmas cores da sensação presente, e que lhes assinala, assim como esta, um lugar no espaço que nos rodeia. Consequentemente, reconhecemos entre esses objetos imaginados e nós as mesmas relações de distância e de ação mútua que observamos entre os objetos atuais da sensação. Essa nova relação não termina menos na consciência do que aquela que está entre o ser percebido e o ser que percebe; ela não supõe menos nos dois termos a mesma realidade e um fundamento de sua relação que pôde ser ainda designada pelo nome comum de *existência*; ou melhor, a própria ação da imaginação, quando ela representa esses objetos com as mesmas relações de ação de distância, seja entre eles, seja conosco, é tal que os objetos atualmente presentes aos sentidos podem ter lugar nesse nome geral e se tornar uma primeira linguagem que encerra sob o mesmo conceito a realidade dos objetos atuais da sensação e a de todos os seres que supomos estarem espalhados no espaço. Mas é muito importante observar que nem a simples sensação dos objetos presentes, nem a pintura dos objetos ausentes feita pela imaginação, nem a simples relação de distância e atividade recíproca, comum tanto a uns quanto a outros, não são precisamente a coisa que o espírito gostaria de chamar pelo nome comum de existência; é sobre o próprio fundamento dessas relações supostamente comum ao eu, ao objeto visto e ao objeto simplesmente distante que incidem verdadeiramente o nome de existência e nossa afirmação quando dizemos que uma coisa existe. Esse fundamento comum não é nem pode ser conhecido imediatamente, e nos é indicado apenas pelas relações diferentes que o supõem: nós formamos, entretanto, uma espécie de ideia dele, que extraímos pela via da abstração, do testemunho que a consciência nos dá de nós mesmos e de nossa imaginação atual, ou seja, transportamos de certo modo essa consciência do eu sobre os objetos exteriores, por uma espécie de assimilação vaga, logo desmentida pela separação de tudo o que caracteriza o eu, mas que não basta para tornar-se o fundamento de uma abstração ou de um signo comum e para ser objeto de nossos juízos. Vide *Abstração* e *Juízo*.

O conceito de *existência* é, portanto, o mesmo num sentido, quer o espírito só o associe aos objetos da sensação, quer ele o estenda sobre os objetos que a imaginação lhe apresenta, com relações de distância e atividade, já que ele está sempre encerrado na consciência mesma do eu mais ou menos generalizado. Pela maneira pela qual as crianças atribuem sentimento a tudo o que veem, e pela inclinação que tiveram os primeiros homens a atribuir inteligência e vida a toda a natureza, eu me persuado de que o primeiro passo dessa generalização foi o de dar a todos os objetos vistos fora de nós tudo o que a consciência relaciona a nós mesmos, e que um homem, nessa primeira época da razão, teria tanta dificuldade em reconhecer uma substância puramente material quanto um materialista tem hoje em crer numa substância puramente espiritual, ou um cartesiano em aceitar a atração. As diferenças que observamos entre os animais e os outros objetos nos fizeram separar desse conceito a inteligência e, em seguida, a sensibilidade. Vimos que de início ele só havia sido estendido aos objetos da sensação atual, e foi nessa sensação remetida para fora de nós que ele se fixou, de modo que ela era como o seu signo inseparável, e o espírito não pensava em distingui-la dele. As relações de distância e de atividade entre os objetos e nós eram, contudo, percebidas; elas indicavam também uma relação com o eu que supunha igualmente o fundamento comum ao qual o conceito de existência, emprestado da consciência do eu, não era menos aplicável. Mas como essa relação só era apresentada pela própria sensação, não se deu muita atenção ao conceito de existência, a não ser quando foram reconhecidos objetos ausentes. Na falta da relação de sensação, que cessava de ser geral, a relação de distância e de atividade generalizada pela imaginação e transportada dos objetos da sensação atual a outros objetos supostos tornou-se o signo da existência comum às duas ordens de objetos, e a relação de sensação atual tornou-se apenas o signo da presença, ou seja, de um caso particular compreendido no conceito geral de existência.

Sirvo-me dessas duas palavras para abreviar e designar essas duas noções que começam efetivamente nesse momento a ser distinguidas uma da outra, embora elas não tivessem adquirido ainda todas as limitações que devem caracterizá-las em seguida. Os sentidos têm suas ilusões, e a imaginação não conhece limites. Entretanto, as ilusões e os grandes desvios da imaginação nos apresentam objetos situados no espaço com as mesmas relações de distância e atividade, tanto quanto as impressões mais regulares dos sentidos e da memória. Só a experiência pôde nos ensinar a discernir a diferença entre os dois casos e associar a apenas um deles o conceito de existência. Observar-se-á logo que entre esses quadros havia alguns que eram representados numa certa ordem, cujos objetos produziam constantemente os mesmos efeitos que se podiam prever, apressar ou evitar, e havia outros absolutamente passageiros, cujos objetos não produziam nenhum efeito permanente e não podiam nos inspirar temores nem desejos, nem servir de motivos para nossas condutas. A partir daí, eles não mais entraram no sistema geral dos seres no meio dos quais o homem deve dirigir seu comportamento, e não mais lhes foi atribuída nenhuma relação com a consciência permanente desse eu que supusesse um fundamento fora dele. Distinguiram-se então, nos quadros dos sentidos e da imaginação, os objetos existentes dos objetos simplesmente aparentes, e a realidade da ilusão. A ligação e o acordo dos objetos percebidos com o sistema geral dos seres já conhecidos tornou-se a regra para julgar a realidade dos primeiros, e essa regra serviu também para distinguir a sensação da imaginação, no caso em que a vivacidade das imagens e a falta de pontos de comparação tivessem tornado o erro inevitável, como nos sonhos e nos delírios. Serviu também para discernir as ilusões dos próprios sentidos nos espelhos, nas refrações etc., e uma vez constatadas essas ilusões, não foi mais necessário separar a existência da sensação; foi preciso ainda separar a sensação do conceito de existência, e mesmo do conceito de presença, e só considerá-la como um signo de uma e de outra, que algumas vezes podia enganar. Sem desenvolver com tanta exatidão como se fez a partir dos filósofos modernos, a diferença entre nossas sensações e os seres que elas representam, sem saber que as sensações não são senão modificações de nossa alma, e sem se preocupar muito se os seres existentes e as sensações formam duas ordens de coisas inteiramente separadas uma da outra, ligadas somente por uma correspondência mais ou menos exata e relativa a certas [**264**] leis, adotou-se dessa ideia tudo o que ela tinha de prático. Somente a experiência basta para dirigir os temores, os desejos e as ações dos homens menos filósofos, relativamente à ordem real das coisas, tais como elas existem fora de nós, e isso não os impede de continuar a confundir as sensações com os próprios objetos, quando não há nenhum inconveniente prático. Mas, apesar dessa confusão, nossos temores, nossos desejos e nossos próprios movimentos são sempre regrados pelo movimento e pela distância dos objetos. Assim, o espírito precisou se habituar a separar totalmente a sensação da noção de existência, e acostumou-se de tal modo a fazê-lo que chegou a separá-la também da noção de presença, de forma que essa palavra *presença* significa não somente a existência de um objeto atualmente percebido pelos sentidos, mas estende-se até mesmo a qualquer objeto encerrado nos limites que os sentidos podem atualmente perceber, e situado ao seu alcance, seja percebido ou não.

Nesse sistema geral dos seres que nos rodeiam, sobre os quais agimos e que por sua vez agem sobre nós, há alguns que vemos aparecer e reaparecer sucessivamente, que consideramos partes do sistema em que nós mesmos estamos situados, e que deixamos de ver para sempre. Há outros que nunca vimos e que se mostram repentinamente no meio dos seres, para aí ficar algum tempo e depois desaparecer, sem retorno. Se esse efeito só aconcesse por meio de um transporte local que afastasse o objeto para sempre do alcance de nossos sentidos, haveria apenas uma ausência duradoura; mas um volume de água, exposto ao ar quente, desaparece sob nossos olhos sem movimento aparente; as árvores e os animais deixam de viver, e só resta deles uma pequena parte irreconhecível, sob a forma de uma cinza leve. Por esse meio adquirimos a noção de destruição, de morte, de aniquilação. Novos seres, do mesmo gênero que os primeiros, vêm substituí-los; prevemos o seu fim ao vê-los nascer, e a experiência nos ensinará a esperar outros depois deles. Assim, vemos os seres se sucederem, como nossos pensamentos. Não se trata aqui de explicar a gênese da noção de tempo, nem de mostrar como a noção de existência concorre com a sucessão de nossos pensamentos para nos oferecer essa noção. Vide *Sucessão*, *Tempo* e *Duração*. Basta dizer que, quando cessamos de atribuir aos objetos essa relação conosco, que lhes tornava comum o testemunho que nossos próprios pensamentos nos dão de si mesmos, a memória, lembrando-nos sua imagem, nos recorda ao mesmo tempo dessa relação que eles tinham conosco num certo tempo, no qual outros pensamentos que não existem mais nos davam testemunho de nós mesmos, e dizemos que esses objetos foram; a memória lhes assinala épocas e distâncias na duração, assim como no espaço. A imaginação não pode seguir o curso dos movimentos impressos no corpo, sem comparar a duração com o espaço percorrido; ela concluirá, portanto, a partir do movimento passado e do lugar presente, novas relações de distância que ainda não existem; ultrapassará os limites do momento em que estamos, assim como ultrapassou os limites da sensação atual. Somos forçados então a separar a noção de existência de toda relação conosco e com a consciência de nossos pensamentos que ainda não existe, e que talvez jamais existirá. Somos forçados a nos perder a nós mesmos de vista e a não mais considerar, para atribuir existência aos objetos, senão o seu encadeamento com o sistema geral dos seres, cuja existência na verdade nos é conhecida apenas por sua relação com a nossa, mas que não é, por isso, menos independente e que não deixarão de existir quando nós não mais existirmos. Esse sistema, pela ligação das causas e efeitos, se estende indefinidamente na duração, assim como no espaço. Enquanto somos um dos termos ao qual se relacionam todas as outras partes por uma cadeia de relações atuais, das quais a consciência de nossos pensamentos é testemunha, os objetos existem. Eles existiram, se para encontrar seu encadeamento com o estado presente do sistema for preciso remontar dos efeitos às causas; eles existirão, se, ao contrário, for necessário descer das causas aos efeitos. Assim, a existência pode ser passada, presente ou futura, segundo for remetida por nossos juízos a diferentes pontos da duração.

Mas, seja a existência dos objetos passada, presente ou futura, vimos que ela não pode nos ser certificada se não tiver, por ela mesma, ou pelo encadeamento das causas e efeitos, uma relação com a consciência do eu ou de nossa existência momentânea. Entretanto, embora sem essa relação não possamos assegurar a existência de um objeto, não estamos por isso autorizados a negá-la, já que esse mesmo encadeamento de causas e efeitos estabelece relações de distância e de atividade entre nós e um grande número de seres que só conhecemos num pequeno número de instantes de sua duração, ou que até mesmo nunca chegam ao nosso conhecimento. Esse estado de incerteza não nos apresenta a não ser a simples noção de possibilidade, que não deve excluir a existência, mas que não a contém necessariamente. Uma coisa possível que existe é uma coisa atual, embora a existência e a atualidade não sejam palavras perfeitamente sinônimas, porque a existência é absoluta, e a atualidade é correlativa à possibilidade.

Até aqui apresentamos a noção de existência tal como ela está no espírito da maioria dos homens, seus primeiros fundamentos, o modo pelo qual ela foi formada por uma série de abstrações mais ou menos gerais, muito diferentes das noções que lhes são relativas ou subordinadas. Mas ainda não a seguimos até o ponto de abstração e generalidade ao qual a Filosofia a levou. Com efeito, vimos de que modo o sentimento do eu, que consideramos a fonte da noção de existência, foi transportado, por abstração, para as sensações tomadas como objetos fora de nós; de que modo esse sentimento do eu foi generalizado, separando a sua compreensão de tudo o que caracteriza nosso ser próprio; como, em seguida, uma nova abstração o transportou ainda dos objetos da sensação a todos aqueles cujos efeitos nos indicam uma relação qualquer de distância ou de atividade conosco mesmos. Esse grau de abstração bastou para o uso comum da vida, e só a Filosofia teve necessidade de dar alguns passos a mais; mas ela não precisou avançar pelo mesmo caminho, pois, já que as relações de distância e de atividade não são exatamente a noção de existência, e de algum modo são apenas o seu signo necessário, como vimos, uma vez que essa noção é tão somente o sentimento do eu transportado por abstração, não à relação de distância, mas ao próprio objeto que é termo dessa abstração, tem-se o mesmo direito de estender ainda essa noção a novos objetos, estreitando-a por meio de novas abstrações, e de separar dela toda relação conosco, de distância e de atividade, como se haviam antes separado as relações entre ser percebido e ser que percebe. Reconhecemos que não era mais pela relação imediata dos seres conosco [**265**], mas que era preciso julgar sua existência por sua ligação com o sistema geral, do qual somos parte. É verdade que esse sistema é sempre ligado a nós pela consciência de nossos pensamentos presentes, mas não é menos verdadeiro que não somos suas partes essenciais; que ele existia antes de nós, que existirá depois de nós, e que, consequentemente, a relação que ele tem conosco não é necessária para que ele exista, mas somente para que sua existência nos seja conhecida; logo, outros sistemas inteiramente semelhantes podem existir nesta vasta extensão do espaço, isolados, no meio uns dos outros, sem nenhuma atividade recíproca, e apenas numa relação de distância, já que estão no espaço. E quem nos disse que não pode haver outros sistemas compostos de seres que não têm, mesmo entre si, essa relação de distância e que não existem no espaço? Não os concebemos. Quem nos dá o direito de negar tudo o que não concebemos e de considerar nossas ideias como limites do universo? Nós mesmos estamos bem certos de que essa ordem de sensações relacionadas a distâncias ideais umas das outras correspondem exatamente à ordem real da distância entre seres existentes? Estamos bem certos de que a sensação que nos dá testemunho de nosso próprio corpo lhe fixa no espaço um lugar mais bem determinado, que a sensação que nos dá testemunho de existência das estrelas e que, necessariamente desviada pela aberração, nos faz vê-las sempre onde elas não estão? Vide *Sensação* e *Substância espiritual*. Ora, se o eu, cuja consciência é a única fonte da noção de existência, pode não existir no espaço, como essa noção poderia conter necessariamente uma relação de distância conosco? Deve-se, portanto, separá-lo dela, assim como se separou a relação de atividade da relação de sensação. Então, a noção de existência será tão abstrata quanto pode sê-lo, e não haverá outro signo senão a própria palavra *existência*. Essa palavra não corresponderá, como se vê, a nenhuma ideia dos sentidos nem da imaginação, a não ser à consciência do eu, generalizada e separada de tudo o que caracteriza não somente o eu, mas também todos os objetos aos quais ela pôde ser transportada por abstração. Sei bem que essa generalização encerra uma verdadeira contradição, mas todas as abstrações estão no mesmo caso, e é por isso que sua generalidade nunca está senão nos signos e não nas coisas (vide *Ideia abstrata*): como a noção de existência não é composta de nenhuma ideia particular a não ser da consciência do eu, que é necessariamente uma ideia simples, como, aliás, ela não é aplicável a todos os seres sem exceção, essa palavra não pode ser, a rigor, definida, e basta mostrar por quais graus da noção que designa ela pôde ser formada.

Não acreditei que era necessário, para este desenvolvimento, seguir a marcha da linguagem e a formação dos nomes que correspondem à existência, porque considero essa noção muito anterior aos nomes que lhe foram dados, embora esses nomes sejam um dos primeiros progressos das línguas. Vide *Línguas* e *Verbo substantivo*.

Não tratarei também de várias questões levantadas pelos escolásticos sobre a existência; por exemplo, *se ela convém aos modos, se ela é própria somente aos indivíduos* etc. A solução dessas questões deve depender do que se entende por existência, e não é difícil aplicar aqui o que eu já disse. Vide *Identidade*, *Substância*, *Modo* e *Indivíduo*. Talvez eu tenha me estendido demais sobre uma análise muito mais difícil do que parecerá importante. Mas acreditei que a situação do homem na natureza no meio dos outros seres, a cadeia que suas sensações estabelecem entre elas e ele, e a maneira com a qual ele considera suas relações com esses seres, deviam ser olhadas como os próprios fundamentos da Filosofia, sobre os quais nada deve ser negligenciado. Não me resta senão examinar que espécie de provas temos da existência dos seres exteriores.

*Das provas da existência dos seres exteriores.* Supondo que não conhecêssemos outros objetos senão aqueles que nos são apresentados pela sensação, o juízo pelo qual consideraríamos esses objetos como situados fora de nós e distribuídos no espaço em diferentes distâncias não seria um erro; ele seria apenas o fato mesmo da impressão que experimentamos e só recairia sobre uma relação entre o objeto e nós, ou seja, entre duas coisas igualmente ideais, cuja distância seria também puramente ideal e da mesma ordem que os dois termos. Pois o eu ao qual a distância do objeto seria então comparado não seria senão um objeto particular do quadro que nos é oferecido pelo conjunto de nossas sensações; ele nos seria apresentado, como todos os outros objetos, apenas pelas sensações, cujo lugar seria determinado relativamente a todas as outras sensações que compõem o quadro, e só se distinguiria pelo sentimento da consciência, que não lhe dá nenhum lugar no espaço absoluto. Se nos enganássemos então em alguma coisa, seria mais em limitar essa consciência do eu a um objeto particular, embora todas as outras sensações difundidas à nossa volta talvez sejam igualmente modificações de nossa substância. Mas já que Roma e Londres existem para nós quando estamos em Paris, já que julgamos os seres como existentes independentemente de nossas sensações e de nossa própria existência, a ordem de nossas sensações que se apresentam para nós umas fora das outras, e a ordem dos seres situados no espaço a distâncias reais uns em relação aos outros, formam, portanto, duas ordens de coisas, dois mundos separados, dos quais pelo menos um (a ordem real) é absolutamente independente do outro. Digo *pelo menos*, pois as reflexões, as refrações de luz e todos os jogos da ótica, as pinturas da imaginação e sobretudo as ilusões do sonho nos provam suficientemente que todas as impressões dos sentidos, ou seja, as percepções de cores, sons, frio, quente, prazer e dor podem ocorrer e nos representar objetos à nossa volta, embora estes não tenham nenhuma existência real. Não haveria, pois, contradição se a mesma ordem das sensações, tais como as experimentamos, ocorresse sem que houvesse nenhum outro ser; daí vem uma grande dificuldade contra a certeza dos juízos que fazemos sobre a ordem real das coisas, já que esses juízos não são e não podem ser apoiados senão sobre a ordem ideal de nossas sensações.

Todos os homens que não elevaram sua noção de existência acima do grau de abstração pelo qual transportamos essa noção de objetos imediatamente percebidos para objetos apenas indicados por seus efeitos e relacionados a distâncias fora do alcance de nossos sentidos (vide a primeira parte deste verbete), confundem duas ordens de coisas em seus juízos. Eles creem ver, creem tocar os corpos, e quanto à ideia da existência dos corpos invisíveis, sua imaginação pinta-os como revestidos das mesmas qualidades sensíveis, pois é o nome que dão a suas próprias sensações, e não deixam assim de atribuir essas qualidades a todos os seres. Esses homens, quando veem um objeto onde ele não está, creem que imagens falsas [**266**] e enganosas tomaram o lugar desses objetos, e não percebem que seu juízo é que é falso. É preciso confessar que a correspondência entre a ordem das sensações e a ordem das coisas é tal, na maioria dos objetos que nos rodeiam e que fazem sobre nós as nossas mais vivas e mais relativas necessidades, que a experiência comum da vida não nos fornece nenhum auxílio contra esse falso julgamento, e que, assim, ele se torna de algum modo natural e involuntário. Não devemos, pois, nos admirar que a maioria dos homens não possa imaginar que se tenha necessidade de provar a existência dos corpos. Os filósofos que mais generalizaram a noção de existência reconheceram que seus juízos e suas sensações recaíam sobre duas ordens de coisas muito diferentes, e sentiram toda a dificuldade de firmar seus juízos sobre um fundamento sólido. Alguns desataram o nó negando a existência de todos os objetos exteriores e não admitindo outra realidade a não ser a de suas ideias: foram chamados de *egoístas* e *idealistas*. Vide *Egoísmo* e *Idealismo*. Alguns se contentaram em negar a existência dos corpos e do universo material, e lhes foi dado o nome de *imaterialistas*. Esses erros são muito sutis para serem muito difundidos. Seus partidários quase não são conhecidos, a não ser os filósofos indianos, entre os quais se pretende que há uma seita de egoístas. É o famoso bispo de Cloyne, o doutor Berkeley, conhecido por um grande número de obras, todas cheias de espírito e de ideias singulares que, por seus *Diálogos de Hylas e Philonous*, despertou, nesses últimos tempos, a atenção dos metafísicos sobre esse sistema esquecido. Vide *Corpos*. A maioria pensou que era mais rápido desprezá-lo do que responder a ele, e isto, com efeito, era mais fácil. Tentaremos, no verbete *Imaterialismo*, refutar seus raciocínios e estabelecer a existência do universo material. Aqui, limitar-nos-emos a mostrar o quanto é necessário responder a ele e indicar o único gênero de provas das quais podemos nos servir para assegurar, não somente a existência dos corpos, mas também a realidade de tudo o que não está compreendido em nossa sensação atual e instantânea.

Quanto à necessidade de dar provas da existência dos corpos e de todos os seres exteriores, acreditar-se-ia ter dito tudo afirmando que a experiência e o mecanismo conhecido dos nossos sentidos provam que a sensação não é o objeto, que ela pode existir sem nenhum objeto fora de nós, e que, entretanto, não vemos verdadeiramente a não ser a sensação, se alguns metafísicos, mesmo entre os que pretenderam refutar Berkeley, não tivessem também recorrido a não sei que presença dos objetos por meio das sensações e à inclinação que nos leva involuntariamente a confiar em nossos sentidos a esse respeito. Mas como a sensação poderia, imediatamente e por si mesma, ser um testemunho da presença dos corpos, já que ela não é corpo, e sobretudo já que a experiência nos mostra todos os dias ocasiões em que essa sensação existe sem os corpos? Tomemos o sentido da visão, ao qual devemos um grande número de ideias. Vejo um corpo. Ou seja, percebo a uma distância qualquer uma imagem colorida de tal ou tal modo; mas quem não sabe que essa imagem só afeta minha alma porque um feixe de raios de luz com uma dada velocidade veio tocar minha retina, sob tal ou tal ângulo? Que importa, pois, o objeto, desde que a extremidade dos raios, a mais próxima de meu órgão, seja movida pela mesma velocidade e na mesma direção? Que importa mesmo o movimento dos raios, se os fios nervosos que transmitem a sensação da retina ao *sensorium* se agitam com as mesmas vibrações que lhes seriam transmitidas pelos raios de luz? Se se quiser atribuir ao sentido do tato uma confiança maior do que ao da visão, sobre o que seria fundada essa confiança? Sobre a proximidade do objeto e do órgão? Mas eu não poderia sempre aplicar aqui mesmo o raciocínio que fiz sobre a visão? Não existe também, desde as extremidades das papilas nervosas espalhadas sob a epiderme, uma série de abalos que deve se comunicar com o *sensorium*? Quem pode nos garantir que essa série de abalos só pode começar por uma impressão feita sobre a extremidade exterior do nervo, e não por uma impressão qualquer que começa no meio? Em geral, na mecânica de todos os nossos sentidos, há sempre uma série de movimentos transmitidos por uma série de corpos numa certa direção, desde o objeto que se considera a causa da sensação até o *sensorium*, ou seja, até o último órgão, ao movimento do qual a sensação está ligada. Ora, nessa série, o movimento e a direção do ponto que tocam imediatamente o *sensorium* não bastam para nos fazer experimentar a sensação, e não é indiferente a que ponto da série tenha começado, e segundo que direção tenha sido transmitido? Não é por essa razão que qualquer que seja a curva descrita na atmosfera pelos raios, a sensação é sempre remetida na direção da tangente dessa curva? Não posso considerar cada filete nervoso pelo qual os abalos chegam até o *sensorium* como uma espécie de raio? Cada ponto desse raio não pode receber imediatamente um abalo semelhante ao que se teria recebido do ponto que o precede e, nesse caso, não experimentaríamos a sensação sem que ela tenha sido ocasionada pelo objeto ao qual a remetemos? Quem pode mesmo nos garantir que o abalo de nossos órgãos é a única causa possível de nossas sensações? Conhecemos sua natureza? Se, num primeiro esforço, se reduz a presença imediata dos objetos de nossas sensações a nosso próprio corpo, perguntarei, em primeiro lugar, por onde nosso corpo se torna presente a nós, se não é também pelas sensações remetidas a diferentes pontos do espaço e porque essas sensações suporiam mais a existência de um corpo distinto delas do que as sensações que nos representam árvores, casas etc., e que remetemos também a diferentes pontos do espaço. Quanto a mim, não vejo outra diferença, a não ser que as sensações remetidas ao nosso corpo são acompanhadas de sentimentos mais vivos de prazer ou de dor. Mas não imagino por que uma sensação de dor suporia mais necessariamente um corpo doente do que uma sensação de azul supõe um corpo que reflete raios de luz. Perguntarei, em segundo lugar, se os homens a quem os membros foram amputados e que sentem dores muito vivas que remetem a esses membros têm um sentimento imediato da presença do braço ou da perna que não mais possuem. Não me deterei em refutar as consequências que se quer tirar de nossa inclinação para crer na existência dos corpos, apesar de todos os raciocínios metafísicos. Temos a mesma inclinação para fazer recair nossas sensações sobre a superfície dos objetos exteriores, e todo mundo sabe que o hábito é suficiente para tornar quase naturais os nossos falsos julgamentos. Vide *Cor*. Concluamos que nenhuma sensação pode, imediatamente e por si mesma, nos assegurar da existência de qualquer corpo.

Não poderíamos, pois, sair de nós mesmos e dessa espécie de prisão na qual a natureza nos mantém fechados e isolados no meio de todos os seres? Será preciso nos reduzir a não admitir, como os idealistas, nenhuma outra realidade que não seja nossa própria sensação? Nós [267] conhecemos um gênero de provas no qual estamos acostumados a confiar. Não temos mesmo outro para nos assegurar da existência dos objetos que não estão atualmente presentes aos nossos sentidos e sobre os quais, entretanto, não temos nenhuma espécie de dúvida: é a indução que se faz dos efeitos para remontar à causa. O testemunho, fonte de toda certeza histórica, e os monumentos que confirmam o testemunho, não são senão fenômenos explicados pela suposição do fato histórico. Na Física, a ascensão do mercúrio nos tubos pela pressão do ar, o curso dos astros, o movimento diurno da Terra e seu movimento anual em torno do Sol, a gravitação dos corpos, são fatos que não são provados senão pela concordância exata entre a suposição feita com os fenômenos observados. Ora, embora nossos sentimentos não sejam nem possam ser substâncias existentes fora de nós, embora as sensações atuais não sejam nem possam ser sensações passadas, elas são fatos. E se, remontando desses fatos a suas causas, somos obrigados a admitir um sistema de seres inteligentes ou corporais existentes fora de nós e uma sequência de sensações anteriores à sensação atual, encadeadas ao estado anterior do sistema de seres existentes, essas duas coisas, a existência dos seres exteriores e nossa existência passada, serão apoiadas sobre o único gênero de provas das quais elas possam ser suscetíveis: pois, já a sensação atual é a única coisa imediatamente certa, tudo o que não for ela não pode adquirir outra certeza do que aquela que vai do efeito à causa.

Ora, pode-se remontar de um efeito à sua causa de duas maneiras: ou o fato do qual se trata pôde ser produzido apenas por uma causa que ele necessariamente indica, ou que se pode demonstrar como única possível pela via da exclusão, e então a certeza da causa é precisamente igual à do efeito: é sobre esse princípio que se funda esse raciocínio de que alguma coisa existe. Logo, de toda a eternidade existiu alguma coisa, e esse é o verdadeiro fundamento das demonstrações metafísicas da existência de Deus. Essa mesma forma de proceder é também empregada mais comumente numa hipótese admitida e segundo as leis da natureza: é assim que, sendo dadas as leis da queda dos graves, a velocidade adquirida de um corpo indica demonstrativamente a altura da qual ele caiu.

A outra maneira de remontar dos efeitos conhecidos à causa desconhecida consiste em supor a natureza precisamente como um enigma, e supor sucessivamente uma ou várias hipóteses, segui-las em suas consequências, compará-las às circunstâncias do fenômeno, testá-las sobre os fatos como se verifica um carimbo, aplicando-o sobre sua marca. Tais são os fenômenos da arte de decifrar, os da crítica de fatos, os da Física; e já que nem os seres exteriores, nem os fatos passados têm, com a sensação atual, nenhuma relação cuja necessidade nos seja demonstrada, são também os únicos fundamentos possíveis de toda certeza a respeito da existência dos seres exteriores e de nossa existência passada. Não desenvolverei aqui o modo pelo qual esse gênero de provas cresce em força desde a verossimilhança até a certeza, segundo aumentam os graus de correspondência entre a causa suposta e os fenômenos, nem provarei que ela pode dar a nossos juízos toda a segurança que desejamos: isto deve ser feito nos verbetes *Certeza* e *Probabilidade*. Quanto à aplicação desse gênero de provas à certeza da memória e à existência dos corpos, vide *Identidade pessoal*, *Memória* e *Imaterialismo*.

(MGS)

## Faculdade (*Metafísica*), Autor desconhecido [6, 361]

Faculdade é a potência e a capacidade de fazer alguma coisa. Vide *Potência*.

Os antigos filósofos, para explicar a ação da digestão, supunham que o estômago tinha uma faculdade digestiva; para explicar os movimentos do corpo humano, supunham uma faculdade motora nos nervos. Isto se chama substituir uma palavra obscura por outra mais obscura ainda.

As faculdades são da alma ou do corpo. As faculdades ou potências da alma são duas, a saber, o entendimento e a vontade. Vide *Potência*, e também *Entendimento* e *Vontade*.

Normalmente, distinguem-se as faculdades corporais em relação a suas diferentes funções; assim, entende-se por faculdades animais as que têm relação com os sentidos e ao movimento etc. (Chambers)

(MGS)

## *Faculdade* (Física, Medicina), *Autor desconhecido* [6, 361]

Faculdade, em geral, é a mesma coisa que potência, virtude, poder, facilidade de agir ou princípio das forças e das ações. A ciência das forças e potências é aquilo que os gregos chamavam de *dinâmica*, de δύναμαι, "eu posso". Vide *Dinâmica*.

Alguns autores confundem, equivocadamente, as forças com as faculdades; mas elas se diferenciam entre si do mesmo modo como as causas diferem dos princípios. A força, como causa da ação, implica a existência atual. A faculdade ou potência só implica a possibilidade. Assim, do fato de que temos a faculdade de agir não decorre que ajamos necessariamente. Mas toda força existente leva propriamente a uma ação, como um efeito do qual ela é causa.

Na Medicina, que só tem de considerar a ação do homem e a dos corpos que podem mudar seu estado para melhor ou pior, sempre se tratou das faculdades do homem e dos remédios, venenos etc.

Os antigos dividiram bem arbitrariamente as faculdades do homem, ora em dois, ora em três gêneros, dos quais nunca deram ideias distintas. Pois as faculdades que eles chamam de animais são ao mesmo tempo vitais e naturais. As naturais são também vitais e animais. Eles subdividiram também cada um dos gêneros bastante escrupulosamente num grande número de espécies, assim como acabamos de ver.

Os modernos, que caem num excesso oposto, quiseram banir todos esses termos consagrados pelo emprego que foi feito deles pelos mestres da arte durante dois mil anos, o que nos deixou na impossibilidade de aproveitar os seus escritos, que são as fontes da Medicina.

Mas, sem adotar todos os termos das faculdades estabelecidos pelos antigos, nem querer justificá-los em todos os seus usos, também não se pode dispensar, na Medicina, as forças atrativas, centrípetas, aceleradoras, gravitantes etc. Não se trata de dizer que se sabe melhor a razão de um efeito, tais como a queda dos corpos, o torpor produzido pelo ópio, quando se diz que a gravidade é o princípio de um e a faculdade ou virtude narcótica o do outro. Mas é que, nas ciências, precisamos [**362**] empregar expressões abreviadas para evitar circunlocuções, assim como, na Álgebra, se é obrigado a exprimir as grandezas, conhecidas ou desconhecidas, por letras do alfabeto, para facilitar o entendimento das operações que ele deve fazer sobre os objetos, por mais ocultos ou desconhecidos que possam ser.

Os antigos reconheceram nos corpos duas espécies de faculdades, cuja verdadeira distinção devemos a Leibniz, a saber: 1º) as faculdades ou poderes mecânicos, tais como as de todos os instrumentos de cirurgia, de ginástica, agindo por pressão ou percussão, relativamente à figura, à massa, à velocidade etc. dos corpos, e ao número, à situação de suas partes sensíveis; 2º) as faculdades físicas, tais como são as dos medicamentos, dos alimentos, os quais só agem por suas partículas, separadamente imperceptíveis, e cuja figura, velocidade, grandeza e outras qualidades mecânicas ignoramos.

Como não pode ocorrer nos corpos nenhuma mudança a não ser pelo movimento, todas as faculdades dos corpos agem por forças motoras, sobre a origem das quais se discute há muito tempo. Os médicos seguiram nisso as opiniões que estiveram mais na moda, cada uma em seu tempo. Aristóteles, Descartes, Newton, as governaram sucessivamente.

Entretanto, parece-me que quando se trata de faculdades do homem, podem-se conciliar essas opiniões estabelecendo que o princípio do sentimento, do movimento muscular, enfim, da vida do homem, é também o princípio de todos seus movimentos mecânicos, livres ou naturais; e que a potência geral que faz que se aproximem os corpos uns em direção ao centro dos outros, comumente chamada de atração ou adesão, é o princípio dos movimentos espontâneos, que ocorrem sobretudo nos licores dos animais e vegetais, assim como a ação dos medicamentos e dos alimentos, salvo para os cartesianos, que explicam este último princípio por seus turbilhões, o que me parece próprio para deslocar a dificuldade.

As faculdades dos medicamentos, tomadas independentemente da sensibilidade do sujeito que os usa, e estimando-as apenas pelos efeitos que podem produzir sobre um corpo inanimado, podem ser deduzidas das regras de adesão, como o faz o douto professor Hamberger em várias de suas dissertações. É assim que as moléculas dos diluentes, dos umectantes, se insinuam nos poros do corpo, diminuindo a coesão de suas partes elementares, ao passo que os dessecativos fazem que se evapore a umidade supérflua, que impedia a adesão natural das partes. Pode-se deduzir desse mesmo princípio a ação própria de todos os alterantes; mas, para explicar os efeitos evacuantes, deve-se ter o concurso da faculdade motora do homem, que corresponde à sua sensibilidade: esses medicamentos apenas incitam essas duas potências a agir.

Quanto às faculdades do homem, pode-se dividi-las em duas espécies, a saber, aquelas que lhe são comuns com os vegetais, tais como as faculdades de gerar, vegetar, produzir excreções, e as de digerir os sucos que lhe servem de alimento. Os antigos e os estalianos não têm base para atribuir essas faculdades à alma, a menos que se abuse ridiculamente desse termo e se lhe dê uma significação contrária ao uso aceito. Também não se pode chamá-las de naturais, a menos que se entenda pela palavra *natureza* o universo, a alma do mundo, ou significações semelhantes, que têm menos uso entre os médicos. Vide *Natureza*.

As faculdades que o homem possui e que não se encontram nos vegetais são de três tipos: perceber ou conhecer, apetecer ou desejar, e mover seu corpo de um lugar para outro.

A faculdade de perceber é inferior ou superior. Inferior, que é comum a todos os animais e se chama *instinto*; a superior é o *entendimento* ou a *razão*.

O instinto difere do entendimento, pois só oferece ideias confusas; e o entendimento é o poder de formar ideias distintas. O instinto se divide em sentido e imaginação. O sentido ou sentimento é o poder de se representar os objetos que agem sobre nossos órgãos exteriores; divide-se em visão, audição, olfato, paladar e tato. A imaginação é o poder de se representar os objetos, mesmo ausentes, atuais, passados ou futuros; essa faculdade compreende a memória e a previsão.

O entendimento forma as ideias distintas dos objetos, que a alma conhece por meio dos sentidos e da imaginação. Os sentidos só nos dão ideias dos seres individuais; o entendimento generaliza essas ideias, as compara e tira delas consequências, por meio da atenção, da reflexão, do espírito, do raciocínio e, sobretudo, das operações da Aritmética e da Análise.

O principal uso da percepção é o de conhecer o que nos é útil e o que nos é prejudicial. E assim, essa faculdade nos é dada para dirigir a segunda, que nos faz tender para o bem e nos afastar do mal. Como o sentimento nos faz conhecer confusamente, embora de forma clara, o que nos é agradável, apetecemos ou desejamos, do mesmo modo que temos aversão para com o que nos parece desagradável ao sentido; essa inclinação se chama *cupidez* ou *aversão sensitiva*, cujas razões distintas nós não poderíamos oferecer. Tal é a aversão pelo vinho, a cupidez ou apetite por tal alimento.

Mas quando o entendimento formou ideias distintas do bem e do mal que se encontram em um objeto, então o apetite que nos leva para um e nos afasta de outro se chama *vontade* ou *apetite racional*, cujas razões ou motivos podemos citar.

Ora, essas inclinações e aversões nos teriam sido inúteis se ao mesmo tempo não tivéssemos tido o poder de nos aproximar dos objetos úteis ou agradáveis ao nosso corpo e de nos afastar dos que são nocivos ou nos desagradam. A faculdade motora era necessária para esse fim. É ela que, pela contração muscular, executa esses movimentos encontrados tanto no homem quanto nos animais.

Os movimentos que são excitados em nós como consequência das ideias confusas ou do sentimento do bem e do mal sensíveis, e cujo motivo é a cupidez ou aversão naturais, são comumente atribuídos a uma potência que os médicos chamam de *a natureza*; e as ações que ela executa são chamadas de *ações naturais*. Galeno diz que a natureza é o princípio dos movimentos que tendem para a nossa conservação e que se fazem independentemente da vontade, com frequência por costume, ou apesar de não nos lembrarmos dos motivos que as determinam.

Quanto aos movimentos que são determinados pela noção do bem e do mal intelectuais, e consequentemente pela vontade ou *nolonté*, como diz o Sr. Wolff, eles são comumente atribuídos a uma faculdade da alma chamada *liberdade*, que é o poder de fazer ou omitir o que, entre várias coisas possíveis, nos parece ser a mais conforme à nossa razão. Daí vem que essas ações tomem o nome de *livres*.

Assim, nossas ações são divididas pelos filósofos moralistas em livres e naturais. Há uma diferença essencial entre umas e outras, embora [**363**] o motivo tanto das primeiras quanto das outras seja sempre a percepção clara ou obscura do bem e do mal. Pois as livres são determinadas pela razão e pela vontade, embora não sejam sempre conformes à reta razão e à verdade: são as únicas razões que nos são imputadas; elas são do domínio da Jurisprudência e da Moral.

Mas as ações naturais são determinadas pela percepção clara ou obscura, mas sempre confusa, do bem e do mal; os sentidos sozinhos não podem nos dar ideias distintas, e somos levados por uma cupidez ou uma aversão cega cujos motivos às vezes conhecemos claramente, como no caso das paixões, e algumas vezes ignoramos, como no movimento dos órgãos escondidos da visão e nas ações que fazemos por costume.

(MGS)

## *Faculdade* (Fisiologia), *Jaucourt* [6, 363]

*Faculdade* é um termo genérico que significa a potência em virtude da qual as partes podem realizar as funções a que estão destinadas. A faculdade do estômago, por exemplo, é reter os alimentos até que sejam suficientemente digeridos e, quando a digestão estomacal estiver terminada, lançá-los nos intestinos.

Há duas coisas a serem observadas nas faculdades. 1º) Os órgãos ou causas instrumentais, que executam as operações da economia animal. Essas causas são puramente maquinais, dependem unicamente da organização das partes e do princípio vital que as anima e põe-nas em movimento. 2º) A causa primeira, que confere movimento a esse princípio material que anima os órgãos e dirige suas ações. Quase todos os filósofos, antigos e modernos, atribuíram à matéria essa potência motriz ou alma que a dirige em seus movimentos e a dispõe para a construção dos corpos.

Costuma-se dividir as faculdades em *animais*, *sensitivas* e *intelectuais*. Adotamos aqui essa divisão.

Encontram-se nos homens duas espécies de faculdades animais, a saber, as faculdades do corpo, que atuam sobre a alma, e as faculdades motrizes da alma, que atuam sobre o corpo. As primeiras foram atribuídas pelos médicos à alma sensitiva; exceto por alguns filósofos modernos, não há quem não conceda aos animais uma alma sensitiva.

As faculdades do corpo que atuam sobre a alma dependem dos diferentes órgãos, que fornecem diferentes sensações: sensações de luz e cores vêm pelos órgãos da visão; o sentimento do som, pelos órgãos da audição; dos odores, pelos órgãos do olfato; dos sabores, pelo órgão do paladar; das qualidades táteis, pelo órgão do tato, que se distribui por quase todas as partes do corpo; os apetites, que nos advertem, por diversos órgãos, quanto às necessidades do corpo, ou solicitam-nos a satisfazer nossas inclinações e paixões; por fim, os sentimentos de plenitude e angústia, que dependem do estado em que se encontram as principais vísceras, como o cérebro, o coração, os pulmões, o estômago, o intestino, o útero etc.

Uma vez postos em movimento pelos objetos que afetam os órgãos dos sentidos, os espíritos animais deixam nos nervos desses órgãos e no cérebro traços e modificações que recordam à alma sensações ou causam sensações similares às que ela teve quando da atuação dos objetos sobre os sentidos.

Tudo o que sabemos das faculdades que recordam as sensações, isto é, da memória e da imaginação, se reduz a conhecimentos vagos, que não permitem mais do que conjecturas sobre a localização dessas faculdades e o mecanismo de sua operação.

Seria no cérebro ou nos nervos dos órgãos dos sentidos que se formam os traços e modificações que recordam à alma, pela intervenção dos espíritos animais, as sensações causadas pelos objetos que tocaram esses órgãos? Dificilmente se poderia indicar um local ou região do cérebro onde seriam gravadas ou traçadas tantas imagens diferentes. Sabemos, no entanto, graças ao Sr. de la Peyronie, que um dano mínimo em certas partes do cérebro, em particular no corpo caloso, destrói ou suprime por inteiro o uso das faculdades do corpo que atuariam sob o comando de uma alma. Vide *Mémoires de l'Académie des Sciences*, 1741. Mas o que concluir disso, senão que essa parte é o lugar em que o ser sensitivo recebe as sensações que lhe são fornecidas pelas faculdades do corpo que atuam sobre este?

E onde se encontrariam essas faculdades, tomando-se os nervos em sua extensão completa, desde sua raiz nos órgãos dos sentidos, onde têm origem todas as sensações, até o corpo caloso, onde estão as suas terminações? Não parece que estejam nos nervos que compõem os órgãos dos sentidos; pois, quando estes são destruídos, ou seu uso é interrompido, subsistem as faculdades que recordam as sensações por eles fornecidas. Um homem que tenha se tornado cego pode representar um objeto que tenha visto uma vez; outro, que tenha se tornado surdo, pode se recordar das árias que tenha ouvido antes; um terceiro, que tenha amputada a perna, pode sentir dores que lhe parecem ocorrer no membro que não tem mais. Mas esses exemplos não provam, de modo algum, que as *faculdades de recordação* não se estenderiam até os nervos que compõem os órgãos dos sentidos; tudo o que mostram é que essas faculdades subsistem independentemente de tais órgãos e se encontrariam nos nervos que conduzem a eles. Concluamos que não é possível determinar qual o mecanismo das faculdades que recordam sensações.

A faculdade motriz da alma é um poder, próprio dos animais, de mover voluntariamente certas partes orgânicas de seu corpo. Essa faculdade, como eu disse, foi atribuída pela maioria dos filósofos à matéria. De acordo com eles, a matéria não tem nada de determinado; é uma substância incompleta, aprimorada pela forma. Mas, ao mesmo tempo, essa substância é uma aptidão a receber formas em virtude das quais ela pode adquirir as faculdades de sentir e de se mover.

Na verdade, a alma não é uma causa motriz, mas uma causa que dirige ou determina movimentos que parecem depender da vontade dos animais e costumam ser atribuídos à alma sensitiva. No homem, a alma tem poder ativo e dirige movimentos submetidos à sua vontade. Nossa alma pode alterar, modificar, suspender ou acelerar a direção natural do movimento dos espíritos que executam essas determinações; pode enfraquecer, reter, anular ou ressuscitar, a bel-prazer, as sensações e percepções que lhe são recordadas pela memória e pela imaginação; pode formar ideias compostas, abstratas, vagas, precisas ou factícias; arranja suas ideias, as compara, busca pelas relações entre elas, as aprecia, julga, pesa os motivos que podem determiná-la a agir. Todas essas faculdades pressupõem em nossa alma, necessariamente, [**364**] um poder, uma atividade que se apodera do movimento dos espíritos animais. Todavia, não podemos imaginar nem conceber como a alma dirige o movimento desses espíritos quando de nossa determinação livre. Todas as sensações que recebemos de um objeto através dos órgãos dos sentidos se reúnem no local em que se encontra a sede da alma, o *sensorium commune*, e causam em nós as ideias concebidas por nossas *faculdades animais*.

As faculdades atribuídas à alma sensitiva são comuns a nós e às feras, pois se referem a percepções, sensações e sentimentos dos objetos que afetam ou afetaram nossos sentidos. Consistem nas faculdades do corpo, que se exercem apenas sobre a faculdade passiva da alma. Mas são muito mais imperfeitas nas feras do que nos homens, pois os órgãos de que os animais dependem têm funções menos extensas e são, em geral, menos aptos a receber impressões dos objetos e adquirir disposições que aprimorem tais faculdades.

Se digo *em geral*, é porque algumas delas são mais perfeitas em alguns animais do que nos homens. Há animais que têm o órgão do olfato, outros o da visão, outros ainda o da audição mais aguçado do que o nosso. Quanto às demais faculdades, constata-se que são muito mais imperfeitas nos animais do que nos homens, sobretudo no que se refere às *faculdades de recordação*, que relembram sensações de objetos. É o que se percebe, sem dificuldade, mesmo nos animais mais dóceis, aos quais se ensinam exercícios que, para serem aprendidos corretamente, requerem uma longa série de repetições.

Os animais não buscam por diferentes meios que possam servir a um mesmo fim, nem tampouco os descobrem fortuitamente; não escolhem entre meios possíveis, nem sabem variá-los; seus trabalhos têm sempre a mesma forma, a mesma estrutura, as mesmas perfeições e os mesmos defeitos; não concebem projetos diferentes; não voltam sua visão e talentos para lados diferentes. Que sua alma seja uma substância material ou diferente da matéria, em todo caso ela não tem nada em comum com a nossa, exceto pela faculdade de sentir; quanto mais a examinamos, mais evidente se torna que ela não é nem livre, nem intelectual.

Os animais são, pois, impelidos por seus apetites e conduzidos por seus instintos; submetem-se a diversas sensações e percepções sensíveis, que regulam sua vontade e suas ações, e ocupam neles, quanto à satisfação de seus pendores e necessidades, o lugar que a razão e a liberdade têm em nós.

Malgrado esse recurso, as faculdades dos animais permanecem muito limitadas. Mal são capazes de se instruir, mesmo em matéria de simples imitação; e raramente surtem efeito os afagos, castigos e outros recursos a que se recorre para dirigir suas determinações.

O cachorro, que é o mais dócil dos animais, só consegue aprender uns poucos exercícios diretamente ligados ao seu instinto. O macaco, esse animal imitador, é o mais inapto a receber instruções exatas, mesmo para a imitação: se tentares prepará-lo para um exercício regular, vossos esforços vos convencerão de quão estúpido ele é.

Deve-se deixar para o vulgo a crença de que é por malícia ou má vontade que o macaco se mostra tão indócil. Os filósofos reconhecem o ridículo dessa opinião, e sabem que toda vontade que não esteja totalmente submetida é regrada pela motivação. Ora, não há medo, esperança ou outros motivos que possam alterar ou regrar a vontade do macaco; tudo o que se percebe em seu instinto, assim como no dos outros animais, são as marcas da mais insigne estupidez.

Se, nos primeiros meses de vida, o homem quase não dá amostras de inteligência, não se deve atribuir isso a uma imperfeição de suas *faculdades intelectuais*, mas tão somente à privação de sensações e percepções, que eles ainda não receberam e que, posteriormente, lhes fornecerão os conhecimentos sobre os quais aplicarão suas *faculdades intelectuais*, indispensáveis para regrar a vontade e deliberar.

Isso explica por que as crianças se abrem às sensações e deixam-se determinar por elas imediatamente. Quando se tornam mais instruídas, refletem, raciocinam, escolhem, elaboram projetos, inventam meios para executá-los; adquirem conhecimentos e os aumentam pelo exercício; aprendem, praticam, aprimoram as artes e ciências. A idade não traz essas vantagens para os animais, mesmo para os que vivem por muito tempo.

As *faculdades intelectuais* são, portanto, o que distingue o homem dos outros animais. Elas consistem no poder da alma sobre as *faculdades animais*; são exercidas sobre sensações e percepções presentes; tornam os homens senhores de suas deliberações; permitem-lhes emitir juízos seguros e apreciar os motivos que os dirigem em suas ações.

Não poderíamos deixar de mencionar que as *faculdades intelectuais* têm uma dependência estreita em relação ao bom estado dos órgãos do corpo. Nas doenças elas declinam, com a cura elas ressurgem: corpo e alma dormem juntos. No momento em que o curso dos espíritos é refreado, dissemina-se pela máquina um sentimento suave de repouso e tranquilidade, e as *faculdades intelectuais* são paralisadas, com todos os músculos do corpo: estes não suportam mais o peso da cabeça, aquelas o fardo do pensamento. Esse estado das *faculdades intelectuais* tem uma correlação tão próxima com o estado do corpo, que apenas com o restabelecimento das funções deste é que as daquelas podem retornar. A observação mostra, como assinala Boerhaave, que tudo o que os grandes mestres da arte disseram acerca da excelência da alma e de suas faculdades é inteiramente inútil no tratamento de doenças.

Alguns fisiologistas chamam de *faculdades mistas intelectuais* as operações da alma exercidas com o auxílio de percepções e de conhecimentos intelectuais, como o gosto, o gênio e a diligência.

O exercício e o aprimoramento dessas faculdades exigem diferentes gêneros de conhecimento científico. O gosto requer discernimento do que agrada em geral, do sentimento e da perfeição, que, nas produções de gênio, causam o prazer e a admiração. O gênio é consideravelmente tolhido, sem o conhecimento dos temas interessantes que se podem representar, das belezas com que se podem orná-los, dos caracteres e paixões a serem expri-midos. A diligência deve ser pautada pelo conhecimento das propriedades da matéria e das leis do movimento, bem como do modo de atuação dos corpos uns sobre os outros, [**365**] e do modo de comunicação de seus movimentos. Praticamente todas essas leis dependem de percepções sensíveis e faculdades animais.

O conhecimento das faculdades humanas responde por uma das partes mais importantes da Fisiologia. Perturbações nas faculdades da alma que atuam sobre o corpo ocasionam diversas doenças, e, inversamente, a perturbação das faculdades do corpo atinge diretamente as funções da alma. Por isso, é absolutamente necessário que médicos e cirurgiões se instruam a respeito desses fatos, para que obtenham o conhecimento da causa das doenças ligadas a eles e quiçá a cura para estas. Sem mencionar que é parte do ofício desses homens redigir relatórios sobre pessoas acometidas por perturbações do espírito, o que requer conhecimentos acerca do aspecto físico dessas funções, para que se possa determinar o estado do paciente e julgar se há uma cura ou não.

Não entraremos em maiores detalhes a respeito do assunto; isso nos levaria longe demais. O leitor interessado poderá consultar a *Physiologie* de

Boerhaave e, sobretudo, o *Traité des facultés*, redigido pelo Sr. Quesnay como parte de sua *Économie animale*, 1735.

**(PPP)**

## Faculdade de apetição (*Fisiologia, Medicina*), Bouillet [6, 365]

*Faculdade de apetição* é a que inclina a alma, seja necessariamente, seja voluntariamente, a tudo o que possa contribuir para a conservação do corpo a que ela se encontra unida, e mesmo ao que possa concorrer para a conservação da espécie; é a faculdade mediante a qual a alma excita nos corpos movimentos voluntários ou involuntários, para obter o que a apetece. Por ser ativa, essa faculdade pressupõe uma outra, passiva, chamada *sensitiva*, pois é em decorrência de uma sensação agradável ou desagradável que a alma é incitada a agir para gozar uma sensação agradável ou livrar-se de uma desagradável. E, como a faculdade de apetição foi dada à alma para o sustento do corpo e a conservação da espécie, o criador, que a concedeu, fez que as sensações fossem relativas a essa faculdade. Vide *Sensação*.

Costumam-se mencionar três apetites, conhecidos pelas denominações de *fome*, *sede* e *apetite comum aos dois sexos*, para a propagação da espécie. Vide *Fome*, *Sede* e *Sexo*. Mas pareceu-me equivocado omitir o apetite *vital*, pelo qual a alma é determinada necessariamente a mover os órgãos vitais e sustentar esses movimentos. Vide o verbete *Faculdade vital*.

A esse duplo estado, passivo e ativo, de que nossa alma é suscetível, confiou Deus a conservação do indivíduo e da espécie. Enquanto *princípio passivo*, nossa alma recebe impressões de nossos sentidos que a advertem das carências do corpo que ela anima e a determinam a satisfazê-las pelos meios adequados; enquanto princípio ativo, põe em movimento os instrumentos corporais que se encontram submetidos a ela. Quando guiado pela vontade, esse princípio abarca o amor e o ódio, o desejo e a repugnância, e põe os corpos em movimento, com o intuito de atrair os objetos favoráveis e afastar os que lhe possam ser contrários; mas, quando atua por necessidade, é limitado unicamente ao desejo e aos movimentos apropriados para satisfazê-lo: então, esse apetite não abarca algo previamente conhecido e demonstra a falsidade do provérbio latino *ignoti nulla cupido* [não se deseja aquilo que não se conhece]. Com efeito, se não tivéssemos, por meio dos sentidos externos, adquirido conhecimento das coisas que podem aplacar nossa fome e nossa sede, as impressões transmitidas à alma a partir do estômago e da goela fariam que sentíssemos uma carência e excitariam em nós um desejo em relação a algo desconhecido, ou, que é o mesmo, um desejo que não tenderia a nenhum objeto conhecido. Quando, porém, mediante o paladar, o olfato e os demais sentidos externos, reconhecemos os objetos capazes de contentar nosso desejo e os experimentamos, não se trata mais de um apetite vago e indeterminado, mas de um apetite que tem por objeto coisas conhecidas. Vide *Fome* e *Sede*.

Portanto, é preciso distinguir, em matéria de Medicina como de Moral, duas espécies de apetite, um cego ou puramente sensitivo, outro esclarecido e racional. O apetite cego resulta de uma sensação excitada pelo movimento de nossos órgãos internos que não representa nenhum objeto conhecido; o apetite esclarecido é o pendor da alma por um objeto representado pelos sentidos externos como algo que nos é benéfico, ou ainda sua repulsa por um objeto que esses mesmos sentidos representam como algo que nos contraria.

De resto, assim como todo apetite pressupõe uma sensação, e toda sensação pressupõe um movimento em nossos órgãos externos ou internos, pressupõe também uma ação na alma, pela qual ela trata de buscar meios de gozar as sensações agradáveis e evitar as desagradáveis, ação essa superior à das causas que deram lugar a ela e que não se encontra submetida às leis mecânicas ordinárias. Tais meios nunca são indicados pelo apetite; cabe aos sentidos externos, à experiência e ao uso dá-los a nosso conhecimento, e o raciocínio também pode colaborar para esse fim. Mas, uma vez conhecidos esses meios, a alma tende, como se fosse uma máquina, a empregá-los, se forem benéficos; a evitá-los, se forem nocivos. Se esses meios forem instrumentos corporais, escondidos no interior de nossa máquina, a alma é compelida a se servir deles necessariamente, ainda que a vontade não tenha nenhum poder sobre eles e o criador os tenha submetido a um apetite cego; tais são nossos órgãos vitais, cujos movimentos não dependem da vontade. Vide *Faculdade vital*. Mas, se essas marcas forem objetos externos, e os movimentos necessários para utilizá-las estiverem submetidos à vontade, então a alma não terá nenhum pendor necessário, poderá reprimir seu apetite, e deverá fazê-lo sempre que ele tenda a coisas proibidas pelas leis, divinas ou humanas, ou então a coisas contrárias à saúde.

(PPP)

## Faculdade vital, Bouillet [6, 365]

*Faculdade vital* é uma força que, desde o primeiro instante de nossa existência, põe em operação nossos órgãos vitais e mantém seus movimentos ao longo de nossas vidas. Tudo o que sabemos de certo a seu respeito é que reside em nós, que somos compostos de alma e corpo, que atua em nós, à revelia de nossa vontade, e amiúde se irrita, quando depara com obstáculos. Mas, dentre as substâncias de que somos compostos, a qual pertenceria ela? É ao corpo que se deve remetê-la? Ou pertenceria à alma? É o que não se sabe; ou ao menos não se percebe facilmente.

Os que não reconhecem na alma humana outras faculdades ativas além da vontade e da liberdade e estão convencidos de que todas as modificações e ações desse ser simples, indivisível e espiritual que nos anima são acompanhadas por um sentimento interior, acreditam, como Descartes, que a faculdade vital, da qual não há vestígio no corpo humano, mesmo assim pertenceria a este, uma vez tenha sido posto em movimento pelo soberano criador de todas as coisas [**366**] e desfrute do uso de suas funções vitais de acordo com a organização que lhe é própria. Consoante a essa concepção, não poupam esforços para deduzir essas funções e os diferentes fenômenos relativos a elas a partir da estrutura, da ligação e do movimento das partes, ou seja, da disposição mecânica dos órgãos vitais, dentre os quais contam as partes interiores, principalmente o coração e as artérias, com os nervos que as distribuem.

Outros, como os srs. Perrault, Borelli e Stahl, localizam essa faculdade na alma racional, unida a um corpo organizado. "Parece razoável", é dito no tomo IV da edição francesa das Atas da Sociedade de Edimburgo (p.270), "que a alma presidiria não somente a todos os movimentos que recebem em comum o nome de *voluntários*, como também dirigiria os movimentos vitais e naturais, que, deixados a si mesmos, cessariam, não fosse a influência desse princípio ativo. Ao que parece, esses movimentos são, no início da vida, inteiramente arbitrários, de acordo com o significado comum dessa palavra; o hábito e o costume os tornam necessários, a ponto de não podermos impedir que sejam executados." Encontram-se nesse mesmo volume outras amostras dessa opinião, a maioria das quais é corroborada pelo Sr. Perrault, da Academia Real de Ciências, em seus *Essais de Physique*, impressos em Paris em 1680, e por Borelli, na 80ª proposição da segunda parte de seu tratado *De motu animalium* [O movimento dos animais], impresso em Roma em 1682. Pode-se também consultar as *Obras* do Sr. Stahl.

Outros ainda, insatisfeitos com as hipóteses precedentes, identificam a faculdade vital à irritabilidade das fibras do animal vivo. Não há diferença, afirma o Sr. Haller em suas notas a Boerhaave, §600, entre os espíritos animais oriundos do cérebro e os fornecidos pelo cerebelo, entre a estrutura dos órgãos vitais e a dos órgãos destinados às funções animais: atuam todos da mesma maneira, quando irritados por uma causa qualquer, como um relógio posto em movimento por um peso, e repousam quando essa causa deixa de atuar. Se, com a dissipação dos espíritos e outras causas, o sistema nervoso como um todo se enfraquece, então as funções animais são suspensas, pois os sentidos e a vontade deixam de ser aguilhoados; mas as funções vitais não param, a menos que a escassez dos espíritos seja extrema, o que é raro, pois, por natureza, o coração, o pulmão e outras partes dotadas de movimento peristáltico têm causas particulares poderosas, que os irritam continuamente e não permitem repouso. O Sr. Haller demonstra a irritação em cada um dos órgãos vitais e apoia essa teoria num fenômeno muito simples, de conhecimento geral: não há no animal vivo fibra muscular que, uma vez irritada por uma causa qualquer, não entre em contração. A tal ponto isso é verdade, que essa marca é o que distingue, em última instância, o animal mais imperfeito do mais perfeito vegetal. Observa, por fim, que se a irritação dos nervos destinados aos movimentos voluntários for muito intensa, esses movimentos se executam por si mesmos e ininterruptamente, sem o consentimento da vontade, como nas convulsões, na epilepsia etc. Para mostrar que os órgãos vitais não estariam submetidos à vontade, recorre a uma lei do criador, acrescentando que a causa mecânica desse efeito talvez não seja outra, pois a irritação ocasionada pela vontade é muito mais fraca do que a produzida pelas causas do batimento contínuo do coração e pelo movimento dos demais órgãos vitais.

De minha parte, penso que a faculdade vital reside na alma, e creio que, além da vontade e da liberdade, dos atos livres e refletidos, dos quais temos um sentimento claro, nossa alma é capaz de uma ação necessária, irrefletida, da qual não temos nenhum sentimento interno, ou, se o temos, é obscuro; e, por conseguinte, que não é por meio de uma faculdade ativa, livre, refletida, que se tornou necessária com o hábito e o costume, que nossa alma influi em nossas ações vitais e nos movimentos espontâneos das partes de nosso corpo, mas de uma *faculdade inteiramente involuntária*, que não é livre nem refletida. Se supusermos em nossa alma uma força única, imprimida pelo criador, poderemos conceber, por abstração, diversas maneiras de exercê-la; o que parece necessário, pois não podemos explicar de outro modo os efeitos resultantes. Portanto, concebo na alma humana duas potências ativas, ou duas maneiras principais de utilizar a força nela imprimida: uma livre, razoada, fundada em ideias distintas e refletidas, que se dirige principalmente aos objetos dos sentidos externos, conhecida por todos – é a vontade; a outra, necessária, não livre, não razoada, fundada numa impressão puramente maquinal, dirigida unicamente aos instrumentos de um sentido pouco conhecido, cuja sede determinarei, uma vez tenha provado sua existência – é a faculdade vital. Mas, antes de estabelecer minha doutrina, é justo expor, em poucas palavras, as razões que me levaram a recusar as de outros.

Em primeiro lugar, não é natural localizar a faculdade vital nas partes de nossa máquina. Quem quer que esteja a par das leis da mecânica sabe que uma das principais diz que todo corpo perde movimento à proporção do movimento que comunica aos corpos com que se choca, e convirá, sem dificuldade, que é impossível explicar a duração e as irregularidades acidentais de nossos movimentos vitais unicamente através dessas leis. Para ver que é assim, basta observar que um pêndulo posto em movimento continuaria a oscilar ininterruptamente, se não fosse uma fricção no ponto de apoio a partir do qual ele está suspenso, e não houvesse resistência no meio em que ele se desloca. Do mesmo modo, duas engrenagens que atuassem em sentidos opostos se chocariam alternadamente, se, de um lado, não houvesse nenhuma fricção entre suas partes e elas não pudessem restabelecer seu movimento com a mesma força que as impeliu, e, de outro, o meio em que elas se chocam não oferecesse resistência a seus respectivos esforços. Mas observo também, que, como a resistência do meio e a fricção entre as partes absorvem uma porção do movimento do pêndulo e de suas engrenagens, o movimento total imprimido diminui continuamente, até alcançar perfeito repouso. É o que acontece em pêndulos e relógios.

Dir-se-ia, sem dúvida, que Deus, cuja inteligência ultrapassa infinitamente a de todos os mecânicos, [**367**] e cujo poder se equipara a sua inteligência, não deixou de incluir, no corpo humano, algo equivalente ao peso e à engrenagem utilizados nas máquinas artificiais, ou seja, uma força motriz material capaz de sustentar os movimentos espontâneos de nossos órgãos, causa mecânica que se renova continuamente com os alimentos que ingerimos todos os dias. Sem considerar as dificuldades implicadas nessa suposição, uma reflexão será suficiente para refutá-la. A força que movimenta os pêndulos e relógios é uniforme e proporcional à resistência a ser vencida; não se acelera por si mesma; e, se por uma causa qualquer, vier a se enfraquecer, ou as resistências aumentarem, seu movimento cessará por completo, a menos que o artesão interfira para aumentar a força motriz ou diminuir a resistência. O mesmo aconteceria no corpo humano, se os movimentos vitais não fossem mais que uma consequência da disposição mecânica dos órgãos: seus movimentos, longe de crescer até deparar com obstáculos – como frequentemente acontece –, se deteriam e cessariam por completo, a não ser que Deus interferisse diretamente, a cada instante, em sua obra. É ridículo pensar assim. Existem outras suposições em favor do mecanismo, mas não têm mais fundamento do que esta, e, por isso, não merecem que nos demoremos nelas.

Em segundo lugar, nada poderia me convencer de que nossos movimentos vitais são arbitrários, ou, o que é o mesmo, que a faculdade da alma que preside nossos movimentos voluntários dirigiria também nossos movimentos espontâneos, vitais e naturais. Pode parecer que realizamos, de modo irrefletido e involuntário, movimentos que começam arbitrários e tornam-se, com o hábito e o costume, voluntários; mas, se os examinarmos bem, veremos que a vontade não influi nem influiu neles. Podemos nos voltar para nós mesmos, examinarmo-nos atentamente, refletir sobre todas as operações de nossa alma; nem por isso sentiremos que o poder da vontade se estende ou alguma vez se estendeu a nossos movimentos vitais e naturais. O exemplo do coronel Townshend, se for verdadeiro, não prova outra coisa: pouco antes de morrer, ele teria adquirido a faculdade de suspender, a bel-prazer, todos os movimentos vitais, como relata o Sr. Cheyne em seu tratado *The English malady*, p.307. O que esse exemplo prova, eu afirmo, é que ele havia adquirido, pelo hábito, um grande domínio sobre os órgãos da respiração, cujos movimentos são parcialmente voluntários, de sorte que, reduzindo gradualmente a respiração, suspendia por alguns instantes os batimentos do coração e a pulsação das artérias, como se estivesse morto. Retomando aos poucos a respiração, recobrava todos os movimentos que suspendera e voltava à vida. Ora, se considerarmos que durante o sono, e nas afecções soporíferas, os movimentos são suspensos, inclusive os que o hábito tornou involuntários, enquanto os movimentos vitais não apenas continuam ativos, como sua atividade se intensifica, não teremos razão para crer que esses movimentos teriam sido uma vez arbitrários, tornando-se necessários com o hábito e o costume.

Em terceiro lugar, antes de discutir a opinião daqueles que encontram a faculdade vital na irritabilidade das fibras dos corpos animados, eu gostaria de saber se essa irritabilidade, que não contesto, seria uma propriedade puramente mecânica das fibras ou dependeria de um princípio ativo, superior a causas mecânicas. Pois, sendo o homem composto por uma alma e um corpo, estreitamente unidos pela vontade do criador todo-poderoso, é preciso, necessariamente, que tudo o que atua nele seja ou matéria ou espírito. Se se afirma que a irritabilidade é uma consequência do mecanismo, ainda que de um mecanismo tal que atua por leis particulares, diferentes das leis mecânicas ordinárias, que o torna capaz de sustentar, ou mesmo aumentar ou diminuir, os movimentos espontâneos, sem intervenção de uma inteligência criada, pergunto: que surpreendente mecanismo seria esse? Até que sua realidade tenha sido provada, recuso-me a admiti-lo, pois estou convencido de que leis mecânicas que desconheço não poderiam ser diametralmente opostas às que conheço: elas devem, necessariamente, confirmar-se umas às outras, e não se anular reciprocamente; o que, no entanto, teria de ser pressuposto, se a faculdade vital dependesse do puro mecanismo. Mas se, ao contrário, a irritabilidade das fibras depende de um princípio *hipermecânico*, atribuído à alma, estamos com a opinião dos que remetem os movimentos vitais às faculdades desse agente espiritual que nos anima.

Voltemos à nossa ideia. Para desenvolvê-la melhor, averiguemos se não haveria em nós um sentido vital ou *sensorium* particular, que transmitiria suas impressões até um *sensorium* principal, que, por sua vez, estaria ligado a uma faculdade ativa da alma, capaz de realizar os movimentos vitais por meio de instrumentos corpóreos, independentemente de todo ato da faculdade livre e refletida conhecida pelo nome de *vontade*. Pressuporemos aqui coisas conhecidas pelos físicos e metafísicos, e que foram ou serão explicadas neste *Dicionário*. Mas não poderíamos deixar de observar que a alma e o corpo se afetam mutuamente, em consequência de sua união; e, por estarem completamente unidos, o corpo como um todo atua sobre a alma, que, reciprocamente, o afeta. Não me parece natural pensar que essa união seria imperfeita e que apenas para alguns órgãos valeria o dito *affecto uno, afficitur alterum*.[1] É uma ideia que não coaduna com a sabedoria e a potência do criador, que, promovendo a aliança de substâncias que por sua natureza não estão unidas, introduziu em sua obra toda perfeição de que ela é passível. Observaremos ainda que essa união altera, até certo ponto, as propriedades da alma, seja ocasionando modificações que por si mesma ela não teria, seja privando-a de modificações que de outro modo ocorreriam.

No homem, a alma é o único princípio do sentimento; e todo sentimento, considerado na alma, é algo de espiritual. Mas, como tudo o que a alma sente depende do corpo, tomaremos todos os sentidos como corpóreos e os dividiremos entre os que estão sediados no cérebro e os que estão dispersos pelo restante do corpo. Não falaremos aqui dos primeiros. Entre os últimos, contaremos não somente os sentidos conhecidos por todos, como a visão, o ouvido, o odor, o gosto, o tato, a fome e a sede, além do apetite comum aos dois sexos, com vistas à propagação da espécie, como também [**368**] o sentido do qual nasce o desejo natural de perpetuar os movimentos

1 "Procura uma, a outra é procurada".

vitais, para a conservação do indivíduo, desejo que atua em nós independentemente de nossa vontade. Este último sentido, ao qual dou o nome de *vital*, é uma espécie de tato, ou ao menos ele pode, como os demais sentidos, ser referido ao tato. Vide *Tato*.

Localizo esse sentido vital no coração, nas artérias e veias, e nas vísceras e partes internas dotadas de movimentos espontâneos, ditos vitais, atribuo a essas partes em conjunto um *sensorium* particular. E por que haveria de lhes recusar essa prerrogativa? Não seriam eles matéria suficiente para um sentido à parte? Suas fibras musculares e membranas estão entrelaçadas com fibrilações nervosas; estas, por sua vez, terminam na medula alongada, que é um prolongamento do cérebro e do cerebelo. A anatomia não deixa dúvida de que é assim. Se acrescentarmos que a união entre o corpo e a alma assinala uma interdependência dessas duas substâncias diferentes, segue-se que se as fibrilações nervosas do coração, das artérias etc. forem afetadas, a alma também haverá de sê-lo. É o suficiente para que as vísceras sejam objeto de um sentido à parte.

Mas, diria alguém, as leis da união entre a alma e o corpo não se estendem até os órgãos que não se encontram submetidos às ordens da vontade, valem apenas para as partes que a vontade controla; que, assim, a alma só é afetada quando são afetadas as partes em que há união; e que a alma não é afetada quando da afecção de órgãos sobre os quais a vontade não tem influência, como o coração, as artérias etc. – do que se conclui que esses órgãos não têm um *sensorium* em particular.

Já respondi a essa objeção. Mas poderia haver outra. Pode parecer inteiramente gratuita a afirmação de que as leis da união entre o corpo e a alma não se estenderiam a todas as partes de nossa máquina, e a alma só seria afetada quando da afecção dos órgãos em que a união ocorre. Por que seria assim? Porque Deus não quis, ou não pôde fazer de outra maneira? Que razão teríamos para restringir sua potência ou limitar sua vontade? O que nos levaria a crer que Deus não deu a essa união toda a perfeição da qual é suscetível? Não seria mais natural, ao contrário, pensar que Deus a fez tão completa e perfeita quanto permite a natureza das substâncias reunidas?

A isso respondo que a experiência nos ensina que a imaginação e as paixões da alma influem diretamente em nossos movimentos vitais, interferem em sua operação, perturbam-na. É uma prova evidente de que, afetada a alma, os órgãos vitais também o serão. Do que concluo que as afecções desses órgãos afetam também a alma, pois deve haver reciprocidade, em razão da dependência mútua entre essas substâncias, de acordo com a lei de sua união. Assim, temos a experiência ao nosso lado e podemos afirmar que, dado que a alma, quando afetada pelas paixões, afeta sensivelmente os órgãos vitais, sua união com o corpo deve ocorrer também aí; sendo essa união recíproca, esses órgãos necessariamente atuarão sobre a alma; e, portanto, eles respondem em conjunto a um *sensorium* particular, são matéria de um sentido que chamamos de *vital*.

Mas, diria alguém, não há sentido sem sensação, nem sensação sem sentimento interno ou testemunho silencioso de nossa consciência; ora, não há aqui nem sensação, nem sentimento interno, pois, quando somos agitados por uma paixão, não sentimos nossa alma afetada pelo *sensorium* vital, nem que ela atue sobre esse *sensorium*: conclui-se que não há *sensorium* vital.

Reconheço que Deus, que nada faz em vão, ligou um exercício a cada faculdade; e, como a sensação nada mais é que o exercício da *faculdade sensitiva*, sentido reduzido a ato, não poderia haver um sentido desprovido de sensação; e, se não há sensação, um *sensorium* vital e seu aparato seriam uma redundância. Mas não afirmo que não haveria sensação. Observo apenas que nem todas as sensações são igualmente fortes e vivas, há também as fracas e obscuras; e acrescento: 1º) O puro sentido íntimo de nossa existência, que, segundo os princípios da Metafísica, não nos faltaria jamais, deve-se, em muitos casos, como na apoplexia, à sensação excitada pelo *sensorium* vital; e a esse mesmo *sensorium*, quando levemente roçado, devemos a sensação fraca e obscura da disposição saudável de nosso espírito e de nosso corpo, bem-estar ou prazer que sentimos por dentro, quando tudo em nós se encontra na ordem natural e o *sensorium* vital recebe de nossos humores apenas uma ligeira impressão, um suave tremor ou uma espécie de cócegas. Também a esse sentido, afetado de modo diferente, relaciono as dores internas, as ansiedades e inquietudes, o abatimento que se faz sentir quando uma causa qualquer, interna ou desconhecida, reduz ou aumenta os movimentos de nossos humores e perturba, em maior ou menor medida, a atuação orgânica de nossas partes. Aí onde há prazer ou dor, alegria ou tristeza, tranquilidade ou inquietude, vigor ou abatimento espontâneos, há também sensação, agradável ou desagradável, e, por conseguinte, há faculdade de sentir e um *sensorium* ou órgão em particular.

Acrescento que, mesmo que não percebamos essa sensação, disso não se segue que a alma não a tenha, pois não conhecemos todas as modificações de nossa alma, dentre as quais, sem dúvida, há muitas de que não temos nenhum sentimento interno. E mais. Se prestarmos atenção a tudo o que se passa em nossa alma, qualquer que seja o estado em que nos encontremos, logo perceberemos, ainda que confusamente, que ela sente sua existência como agradável ou desagradável, dependendo do estado dos órgãos internos ou vitais, e nossa consciência dá testemunho, ainda que obscuro, de uma sensação que depende desses mesmos órgãos e nos informa a respeito de sua condição.

Acreditamos ter estabelecido, de maneira suficiente, essa sensação ou faculdade passiva de nossa alma; resta mostrar que a essa *faculdade sensitiva* deve responder uma *faculdade apetitiva*, ou seja, deve ser suscitada, a partir da impressão do *sensorium* vital ou da atuação deste sobre a alma, uma reatividade ou potência ativa, que, por meio do fluido nervoso, atua sobre os órgãos vitais, que sustenta continuamente seus movimentos alternados, e, sem esperar por ordens da vontade, ou mesmo contra essas ordens, os intensifica ou reduz, de acordo com as leis estabelecidas livremente pelo criador. Não duvidaremos da existência dessa faculdade ativa se atentarmos para o fato de que [**369**] não há sentido interno particular cuja ação não excite na alma um apetite, que a ação do estômago gera a fome, a da goela, a sede. É uma consequência da dependência mútua que reina entre o corpo e a alma, conforme as ideias que temos da ação e reação dessas duas substâncias, reunidas pela vontade do criador. Como essas substâncias são diferentes, e a espiritual não se encontra submetida a leis mecânicas, compreende-se facilmente por que a reação quase nunca é exatamente proporcional à ação, mas costuma ser muito superior a esta. Vide *Faculdade apetitiva*.

Mas, embora o objeto do apetite vital seja sensível, e os movimentos espontâneos, ou os efeitos que atribuímos a eles, incontestáveis, muitos insistem em não reconhecer a realidade dessa potência ativa, alegando: 1º) que não sentimos nossa alma produzir esses efeitos; e 2º) que nossa alma não tem o poder de suspendê-los quando quiser ou de variá-los a bel-prazer.

Para superar essas dificuldades, proporemos: 1º) que não temos ideias refletidas de todas as operações de nossa alma, de todas as faculdades ativas e seu exercício, pois o criador não quis que a alma, unida ao corpo, fosse capaz de toda espécie de ideias, ou melhor, julgou que nem todas as ideias refletidas de suas operações seriam necessárias à conservação de nosso indivíduo, ou das substâncias de que somos compostos; mas, ao contrário, ponderou que algumas dessas operações seriam mal exercidas, se tivéssemos ideias refletidas delas, e deturpadas, se estivessem submetidas à nossa vontade; 2º) que a faculdade vital que reconhecemos na alma unida ao corpo humano é uma potência não racional, um apetite cego, distinto da vontade e da liberdade, como o que os gregos reconheceram sob a alcunha de ὁρμὴ, que eles definiam como *pars animi rationis expers*,[2] e no qual, de acordo com Cícero, os antigos filósofos encontraram *tum motus irae, tum cupiditatis*.[3] Essa faculdade vital, apetite que Deus imprimiu na alma, força necessária e não esclarecida, submetida às leis que lhe foram impostas, permite compreender como nossa alma põe em operação os órgãos vitais sem sentirmos que ela opera e que tenhamos o poder de governar sua operação a bel-prazer, ou, o que é quase o mesmo, sem que possamos abusar do poder de colocá-los em operação.

Alguém diria que uma faculdade não racional é incompatível com uma substância espiritual cuja essência parece consistir no pensamento ou na capacidade de raciocinar. Ao que eu respondo: 1º) não conhecemos perfeitamente a essência da alma, não mais do que suas diferentes modificações; 2º) unida ao corpo humano, a alma tem propriedades diferentes das que teria se fosse puro espírito, como observei antes. Assim, embora seja inconcebível num espírito puro uma faculdade não racional como apetite ou tendência cega, não temos o direito de recusar tal propriedade a um espírito reunido ao corpo humano, sobretudo quando os efeitos nos obrigam a admiti-la.

2 "partes da alma desprovida de razão".

3 "que ora movimenta a ira, ora o desejo".

Para que se compreenda melhor como a alma poderia ter uma faculdade ativa não racional, um apetite diferente da vontade e da liberdade, uma tendência cega e necessária, suponhamos algo que todos poderiam aceitar, a saber, que a alma reside, ou melhor, exerce suas faculdades num dos órgãos internos de que partem os filamentos de nervos que se distribuem por todo o corpo. Suponhamos também que esse órgão privilegiado, chamado *sensorium commune*, tenha uma extensão determinada, como mostra a anatomia da substância medular do cérebro, do cerebelo, da medula alongada e da medula espinhal, onde se costuma localizar a origem de todos os nervos. Suponhamos ainda que, por mais que não haja partes que recebam nervos do cérebro e do cerebelo, ou de ambas as medulas, os nervos que se disseminam pelos órgãos de todos os sentidos externos e nas partes que executam os movimentos voluntários venham principalmente da substância medular do cérebro ou do corpo caloso; que os que se distribuem pelos órgãos vitais e pelas partes dotadas de movimentos espontâneos partam, em sua maioria, do cerebelo, ou da medula alongada; e que as partes dotadas de movimentos sensíveis mistos, parcialmente voluntários, parcialmente involuntários, venham de nervos do cérebro e do cerebelo ou de ambas as medulas, ou, se quisermos, que a maioria dos nervos que se distribuem em órgãos vitais venha do corpo caloso. Suponhamos que o ponto do corpo caloso do qual elas partem é diferente daquele onde nascem os nervos destinados aos movimentos voluntários. Suponhamos, por fim, que Deus, ao reunir um corpo ao espírito humano, estabeleceu a lei de acordo com a qual todas as vezes que a alma tem percepções claras, que reflete livremente ou exerce atos da vontade e da liberdade, as fibras do corpo caloso, ou de uma parte dos corpos calosos, são afetadas; e, reciprocamente, que às afecções dessas fibras correspondem ideias claras, e todas as modificações da alma que trazem consigo um sentimento interior; e que, a cada vez que a alma tem sensações obscuras, não reflete sobre seus apetites e atua de maneira necessária e cega, as fibras de outra parte do corpo caloso, do cerebelo e da medula alongada são afetadas, e, reciprocamente, das afecções dessas fibras nascem modificações na alma, que não seriam seguidas por nenhum sentimento interno. Isso posto, compreender-se-á facilmente a distinção das faculdades da alma em *livres* e *necessárias*, e desaparecerão todas as objeções possíveis à existência do apetite vital.

Tais suposições não são repugnantes à Anatomia, e seria fácil extrair provas em seu apoio oriundas dessa ciência. Mas nos daremos por satisfeitos de que elas não sejam contrárias à potência e à vontade de Deus, e tampouco à natureza das duas substâncias por ele reunidas.

Eu poderia ainda apoiar essa suposição em observações idôneas, extraídas dos volumes da Academia Real de Ciências e expostas no primeiro tomo da *Enciclopédia*, verbete *Alma*, p.41-2 deste volume. Das observações ali expostas, resulta que a alteração do corpo caloso, ou de uma de suas partes, segue-se a perda da razão, do conhecimento, dos sentidos externos e dos movimentos voluntários, *porém não* a abolição dos movimentos vitais, pois os doentes em questão não morreram bruscamente, e um deles recobrou a consciência tão logo o corpo caloso deixou de ser comprimido. É preciso, portanto, que a alma exerça, numa parte não comprimida do corpo caloso, ou na medula alongada, operações que não implicam nenhuma ideia refletida, [**370**] nenhum ato da vontade, e que sustentam a dependência mútua entre o corpo e a alma mesmo que se interrompa ou suspenda o conhecimento e tudo o que depende do entendimento e da vontade. Tais operações são o apanágio da faculdade vital, cujo exercício é contínuo e ininterrupto ao longo da vida.

Acrescentaria, ao que foi dito, esta observação do Sr. Fizes na *Physiologie* (Avignon, 1750): *Vitam vegetativamin filio pauperculoe mulieris septemdecim annos nato, memini me observasse. Is miser absque usu ullo sensuum, absque ullo motu artuum, colli, maxilloe, omninò perfectè paralyticus undequaque septemdecim annos, velut planta à nativitate vixerat. Ejus corpus corporis infantis decem annorum vix oequabat molem, de coetero marcidum ac flaccidum: pulsus erat debilis ac languidus, respiratio lentissima: in eo nec somni nec vigilioe alternationes distingui poterant ullo signo: nulla vox, nullum signum appetitûs, nullus motus unquam in oculis, qui semper clausi erant, absque tamen palpebrarum coalitu: nulli barboe pili, nulli pubi. Mater ejus alimenta masticabat, labiisque in ejus os insertis, ea in fauces insufflabat: filius ea emollita ac propulsa deglutiebat, ut & potulenta similiter impulsa: egerebat autem, ut par erat, excrementa alvina ac urinam.*[4]

4 "Dezessete anos de vida vegetativa teve o filho da pobrezinha mulher, eu mesmo vi. Era miserável em todos os sentidos, sem nenhum movimento nas articulações,

Ao que parece, essa criança nunca teria exercido nenhuma das funções que dependem do entendimento, do conhecimento e da vontade; mas seguir-se-ia daí que ela viveu por dezessete anos como uma planta, sem uma alma como a dos outros homens? De modo algum: se fosse assim, seria preciso supor que, durante todo o tempo em que permaneceu sem conhecimento e sentimento, teve uma vida puramente vegetativa, e sua alma esteve separada de seu corpo. O mesmo vale para um apoplético cujas funções animais fossem interrompidas por três ou quatro dias; para o camponês citado pelo Sr. de la Peyronie, que era privado de suas faculdades quando da compressão do corpo caloso; para a criança de que fala o Sr. Littré, que, tendo gozado de perfeita saúde até os dois anos e meio, sofreu uma alteração tal do exercício das faculdades de sua alma, que, durante dezoito meses, deixou de emitir qualquer signo de percepção ou memória, nem sequer de gosto, olfato ou audição, mas permaneceu viva. Deve-se reconhecer, portanto, que a criança de que fala o Sr. Fizes tinha uma alma, por mais que exercesse apenas as funções vitais e naturais; e há tanto mais razão para fazê-lo, pelo fato de não podermos remeter essas funções à disposição mecânica do corpo humano. Assim, mesmo quando as leis da união entre a alma e o corpo deixam de valer para as funções animais, quando da supressão destas, é necessário, para que a alma não abandone o corpo e se separe dele, que valham também para outras funções, como a vital, cuja abolição completa implicaria a supressão da vida, ou a separação entre a alma e o corpo.

Dessas observações resulta que a sede da alma não se restringe ao corpo caloso ou à região deste em que a alma percebe os objetos, reflete sobre suas ideias, compara-as entre si, e decide agir desta ou daquela maneira,

no pescoço, no queixo, em qualquer parte, era totalmente paralizado há dezessete anos, vivia como uma planta desde o nascimento. O volume de seu corpo era como o do corpo de uma criança de dez anos: o rosto era caído e flácido; o pulso era fraco e lânguido; a respiração era lentíssima, no sonho como na vigília não se distinguiam as alterações dos sinais; nenhuma voz, nenhum sinal de apetite, nenhum movimento, sequer nos olhos, perpetuamente fechados, embora as pálpebras fossem firmes; não tinha nenhum pelo na barba nem no púbis. A mãe cortava seu alimento, o inseria entre seus lábios e soprava-o para a garganta; o filho deglutia o alimento amolecido; bebia por meio do mesmo impulso; e excretava-o tal como o havia inserido, um excremento líquido como urina."

mas estende-se a outras porções, ao cerebelo e à medula alongada, onde, acreditamos, reside a faculdade vital. Essa suposição é reforçada pelo fato de que o exercício da faculdade vital é abolido quando a medula alongada é cortada transversalmente ou comprimida pela luxação da primeira vértebra do pescoço.

Alguém poderia lembrar que há casos de fetos humanos acéfalos que permaneceram vivos por alguns meses, graças à nutrição fornecida pelo cordão umbilical; e que, portanto, sua vida não é diferente daquela das plantas. Mas, se esses bebês tinham um corpo organizado, se os seus movimentos vitais ocorriam como em outros fetos, então sua vida era mais do que vegetativa e dependia de uma alma. Com a diferença que, em casos extraordinários como esses, a sede da alma se estende até a medula espinhal. E, por mais que esses fetos nunca tenham exercido nenhuma das funções que caracterizam um espírito humano, não se deve imaginar que não teriam alma, mas apenas que sua alma não pôde exercer essas funções, pois carecia dos órgãos necessários ao exercício e à manifestação de suas principais faculdades. O mesmo vale para as crianças cujos corpos, uma vez exumados, revelaram um crânio sem cérebro ou um cérebro fundido ou petrificado; em tais casos, a medula alongada ou a medula espinhal supre o lugar desse órgão.

Posta uma faculdade vital no princípio inteligente que nos anima, compreende-se que, excitada pelas impressões transmitidas pelo *sensorium* vital à parte do *sensorium* comum a que o seu exercício está ligado, essa faculdade determina o influxo do suco nervoso nas fibras motoras dos órgãos vitais. Excitada pelas impressões desse *sensorium*, que se sucedem continuamente ao longo da vida, ela determina um influxo alternado, necessário à contração desses órgãos ao longo da vida humana. Quando essas impressões são mais fortes que de costume, como quando os órgãos vitais encontram algum obstáculo a seus movimentos, a faculdade vital, irritada, reúne um influxo ainda maior, para tentar vencer as resistências que se opõem a ela. Tudo isso em consequência das leis de união entre a alma e o corpo. Mas como a faculdade vital determinaria esse influxo? Para nós, é um mistério que a vontade determine o influxo do suco nervoso nos órgãos sob seu comando; é um verdadeiro enigma, que resiste mesmo à sagacidade dos físicos modernos. Tudo o que se pode dizer, é que a faculdade vital tem em comum com a vontade o fato de, por ocasião de impressões que lhe são transmitidas, excitar movimentos e intensificá-los, de acordo com as leis que o criador impôs, e que sua reação ultrapassa as ações das causas que a puseram em operação, e, portanto, não segue leis mecânicas ordinárias; e difere da vontade, na medida em que esta, como faculdade livre e esclarecida, suspende ou prolonga, a bel-prazer, os movimentos que estão sob seu comando, enquanto a faculdade vital, que é um agente cego e necessário, não poderia deter ou suspender os movimentos que ela mesma excita, mas é obrigada a sustentá-los, de acordo com as leis que lhe foram impostas.

A alma não tem nenhum poder voluntário imediato sobre a faculdade vital. Assim como não poderia impedir as sensações ocasionadas pelas causas da fome e da sede, tampouco poderia bloquear as sensações que lhe são comunicadas pelos órgãos vitais, nem, por conseguinte, suspender o exercício da faculdade vital. Seu único poder sobre essa faculdade é remoto e consiste em impedir que os órgãos do sentimento e do movimento voluntário [**371**] satisfaçam a fome e a sede. O único meio de que dispomos para interromper o exercício da faculdade vital é abstendo-nos voluntariamente de nos alimentar, deixando-nos morrer de fome. Vide *Morte*.

Antes de encerrar, observaremos que assim como os sentidos externos, principalmente o gosto, o olfato e o tato, estão subordinados à faculdade da alma que atua por ocasião da fome e da sede, essas sensações estão subordinadas igualmente ao apetite vital ou à faculdade que dirige e sustenta nossos movimentos vitais. E, assim como a fome e a sede são sensações obscuras, pois são excitadas por causas recônditas que atuam sobre nossos órgãos internos, e não pela impressão de um objeto percebido por nossa alma, tão ou mais obscura é a sensação excitada pelo *sensorium* vital, efeito de causas ainda mais recônditas, que, embora tenham ligação com a fome e a sede, não formam na alma nenhuma imagem, de sorte que a clareza de nossas ideias refletidas a partir da sensação diminui gradualmente, das ideias de sensações causadas por objetos exteriores até as ideias de sensações de fome e sede, e destas até a ideia da sensação vital, o que torna esta última tão confusa que quase não temos, a seu respeito, um sentimento interno.

Chamamos de *faculdade vital* isso que Hipócrates e outros médicos, antigos e modernos, chamam de *natureza*.

(PPP)

## Fanatismo (*Filosofia*), Deleyre [6, 393]

Fanatismo é um zelo cego e apaixonado, que nasce das opiniões supersticiosas e faz que se cometam ações ridículas, injustas e cruéis. Não somente sem vergonha e sem remorso, mas ainda com uma espécie de alegria e de consolação. O fanatismo, pois, nada mais é do que a superstição posta em ação. Vide *Superstição*.

Imaginai um imenso edifício circular, com mil altares, e, no meio da abóbada, imaginai um devoto de cada seita extinta ou ainda existente, aos pés da divindade que adora ao seu modo, sob todas as formas estranhas que a imaginação pode criar. À direita, está um contemplativo estendido sobre um tapete, que espera, de umbigo para cima, que a luz celeste venha investir sua alma; à esquerda, está um energúmeno prosternado que bate a cabeça contra o chão, para que dele possa sair a abundância; aqui, está um saltimbanco que dança sobre a tumba daquele que invoca; lá, um penitente imóvel e mudo, tal como a estátua diante da qual ele se humilha; um exibe o que o pudor esconde, porque Deus não se enrubesce com o seu semelhante; outro esconde até o rosto, como se o artesão tivesse horror por sua obra; outro volta as costas para o Sul, porque de lá vem o vento do demônio; outro estende os braços para o Oriente, onde Deus mostra sua face radiosa; moças jovens, em prantos, ferem seu corpo ainda inocente para apaziguar o demônio da concupiscência por meios capazes de excitá-la; outras, numa postura inteiramente oposta, solicitam a chegada da divindade; um jovem, para mortificar o instrumento de sua virilidade, coloca ali anéis de ferro, de pesos proporcionais a suas forças; outro interrompe a tentação na sua própria fonte, por meio de uma amputação absolutamente desumana, e eleva ao altar os despojos de seu sacrifício.

Vede todos ao saírem do templo, plenos do deus que os inquieta, espalharem o medo e a ilusão sobre a face da Terra. Eles dividem entre si o mundo, e logo o fogo se acende em suas quatro extremidades. Os povos escutam e os reis tremem. Esse império que o entusiasmo de um só exerce sobre a multidão que o vê ou o escuta, o calor dos espíritos reunidos que se comunicam, todos esses movimentos tumultuosos ampliados pela perturbação de cada particular em pouco tempo tornam a vertigem generalizada.

Se os levardes para o deserto, a solidão alimentará o zelo: descerão das montanhas mais temíveis do que antes, e o medo, esse primeiro sentimento do homem, preparará a submissão dos ouvintes. Quanto mais disserem coisas assustadoras, mais se acreditará neles. O exemplo, acrescentando sua força à impressão de seu discurso, operará a persuasão: bacantes e coribantes farão milhões de insensatos. Basta um povo encantado por alguns impostores para que a sedução multiplique seus prodígios e todo mundo fique perdido para sempre. Uma vez que o espírito humano tenha saído dos caminhos luminosos da natureza, ele não volta mais; ele vagueia em torno da verdade, sem encontrar nada a não ser brilhos efêmeros que, misturando-se às falsas claridades com as quais a superstição o envolve, acabam de afundá-lo nas trevas.

Quando o medo de seres invisíveis perturba a imaginação, forma-se uma mistura corrompida de fatos da natureza com os dogmas da religião, que, ao colocar o homem numa eterna contradição consigo mesmo, faz dele um monstro no qual se combinam todos os horrores de que a espécie é capaz. Digo o medo, pois o amor da divindade nunca inspirou coisas desumanas. O fanatismo, pois, nasceu nos bosques, no meio das sombras da noite, e os terrores do pânico elevaram os primeiros templos do paganismo.

Plutarco diz que um rei do Egito, conhecendo a inconstância dos povos, sempre prontos a mudar de jugo, para submetê-los sem possibilidade de retorno, semeou entre eles a divisão e, para isso, obrigou-os a adorar, dentre os animais, as espécies mais antipáticas. Cada um, para honrar seu deus, entrou em guerra com os adoradores do deus oposto, e as nações declararam entre si o mesmo ódio que reinava entre suas divindades. Assim, o lobo e o cordeiro viram os homens serem arrastados para o sacrifício ao pé de seus altares. Mas, sem examinar se a crueldade é uma das paixões primitivas do homem e se ele é por natureza um animal destruidor; se a fome ou a maldade, a força ou o medo, o tornaram inimigo de todas as espécies vivas; se a inveja ou o interesse é que introduziram o homicídio sobre a Terra; se foi a política ou a superstição que exigiram vítimas; se uma não teria tomado a máscara da outra para combater a natureza e superar a força; se os sacrifícios sangrentos do paganismo vêm do inferno, quer dizer, da ferocidade das paixões negras e turbulentas ou dos desvios da imaginação que se perde à força de se elevar; enfim, de qualquer lado que venha a ideia de satisfazer a divindade pelo derramamento de sangue, é certo que, desde que ele começou a correr pelos altares, não foi mais possível interromper isso, e que depois do uso da expiação, que antes se fazia com o leite e o vinho, acabou-se por chegar à imolação do bode e da cabra, ao sacrifício das crianças. Bastou um só exemplo mal interpretado para que se autorizassem os horrores mais revoltantes. As nações ímpias, que eram criticadas pelo culto homicida a Moloch, não respondiam ao povo que ia exterminá-las da parte de Deus por causa dessas abominações, que um dos patriarcas tinha conduzido seu filho à fogueira? Como se uma mão invisível não tivesse desviado a espada sacrílega para mostrar que as ordens do céu não são sempre irrevogáveis.

Antes de avançar, afastemos de nós todas as falsas aplicações, as alusões injuriosas e as consequências malignas das quais a impiedade poderia se aplaudir e que um zelo pronto a se alarmar poderia nos atribuir. Se algum leitor cometer a injustiça de confundir os abusos da verdadeira religião com os princípios monstruosos da superstição, lançaremos de volta contra ele todo o caráter odioso de sua perniciosa lógica. Maldito seja o escrivão temerário e escandaloso que, profanando o nome e o uso da liberdade, pode ter outras intenções diferentes daquela de dizer [**394**] a verdade por amor a ela e de livrar os homens dos preconceitos funestos que os destroem. Retomemos a questão.

É horrível ver como essa opinião de apaziguar o céu pelo massacre, uma vez introduzida, se espalhou universalmente em quase todas as religiões e o quanto foram multiplicadas as razões desse sacrifício, a fim de que ninguém pudesse escapar ao facão. Ora é preciso imolar os inimigos a Marte Exterminador: os citas estrangulam em seus altares um centésimo de seus prisioneiros, e, por esse uso que fazem da vitória, pode-se julgar a justiça da guerra. Por essa razão, em outras nações, fazia-se a guerra apenas para ter com que fazer os sacrifícios, de modo que tendo sido de início instituídos, parece, para expiar os horrores, serviram finalmente para justificá-los.

Ora é um deus bárbaro que pede homens justos como vítimas: os getes disputam entre si a honra de levar a Zalmoxis os votos da pátria. Aquele que por um destino feliz é destinado ao sacrifício é lançado à força em cima de lanças espetadas no chão: se ele for golpeado mortalmente ao cair sobre as pontas, significa um bom augúrio para sucesso da negociação e para o mérito do deputado; mas se sobrevive ao ferimento, ele é um malvado com quem deus não quer nada.

Ora são crianças, a quem os deuses pedem de volta a vida que acabara de lhes dar: *justiça sedenta do sangue de inocentes*, diz Montaigne. Ora é o sangue mais querido: os cartagineses imolam seus próprios filhos a Saturno, como se o tempo não os devorasse depressa o bastante. Ora é o sangue mais belo: este mesmo Amestris, que havia mandado enterrar vivos doze homens para obter de Plutão, por essa oferenda, uma vida mais longa, sacrifica ainda a essa divindade insaciável catorze jovens crianças das primeiras famílias da Pérsia, porque os sacrificadores sempre disseram aos homens que deveriam oferecer nos altares o que tinham de mais precioso. É a partir desse princípio que em algumas nações eram imolados os primogênitos, e em outras eles eram resgatados por oferendas mais úteis aos ministros do sacrifício. Foi isso que autorizou, na Europa, a prática de muitos séculos de destinar as crianças ao celibato desde os cinco anos e de aprisionar no claustro os irmãos do príncipe herdeiro, assim como, na Ásia, eles são estrangulados.

Ora é o sangue mais puro: não existem indianos que praticam a hospitalidade para com todos os homens e que consideram meritório matar todo estrangeiro virtuoso e sábio que visitar o país, a fim de que suas virtudes e talentos passem para eles? Ora é o sangue mais sagrado: entre a maioria dos idólatras, são os padres que exercem a função de carrascos no altar, e entre os siberianos matam-se os padres, para enviá-los a rezar pelo povo no outro mundo. Enfim, todos os ídolos da Índia e da América se saciaram com sangue humano. Que espetáculo não foi para Cortez quando chegou ao México e viu cem homens serem imolados à sua vinda! Mas que espanto não tomou conta dele quando um dos povos que ele tinha vencido lhe enviou um representante com estas palavras: "Senhor, eis aqui cinco escravos; se tu és um deus feroz que te alimentas de carne e de sangue, devora-os, e nós te traremos mais; se és um deus complacente, dar-te-emos incenso e plumas; se és homem, pega os pássaros e os frutos que aqui estão". Foram selvagens que deram essa lição de humanidade a cristãos, ou melhor, a esses bárbaros que são censurados pelos verdadeiros cristãos.

Mas se a ignorância e a corrupção abusam das melhores instituições, qual será o abuso das coisas monstruosas? Por essa razão, os homens, ao serem domados por esses sacrifícios desumanos, tornando-se rivais dos deuses, afetam imitá-los somente em suas injustiças: daí vem o costume de apaziguar as almas dos mortos como se apaziguavam os deuses pelo sangue, no que a avareza dos padres do paganismo servia bem demais ao ódio dos reis. Não são mais hecatombes nas quais o sacrificador encontra despojos e o povo encontra alimentos, e sim as mais caras vítimas, que uma superstição bárbara imola à política. Este mesmo Aquiles que havia arrancado Ifigênia do facão de Calchas exige o sangue de Polixeno. Aquiles é deus por homicídio, como tinha se tornado herói à custa de massacres. Foi assim que o fanatismo consagrou a guerra, e que o flagelo mais detestável é considerado um ato de religião. Por essa razão, os japoneses não têm senão guerreiros entre os seus santos, e como relíquias têm tão somente sabres e cimitarras tingidas de sangue. É o bastante para uma injustiça divinizada, para encorajar a emulação em fazer coisas abomináveis. Um conquistador marcará sua entrada em Corinto pelo sacrifício de cinco jovens gregos que ele imola à alma de seu pai, a fim de que o sangue apague suas manchas, como se o crime pudesse expiar o crime.

Mas todos esses atos de desumanidade envergonhariam menos a imbecilidade do espírito humano do que a memória de alguns corações covardes e bárbaros, se não se tivessem visto seitas e povos inteiros se dedicarem à morte por meio de sacrifícios voluntários.

Se os ginosofistas indianos se incendeiam a si mesmos, a fim de que sua alma chegue toda pura ao céu, como se esperassem que a velhice ou alguma doença violenta lhes tirasse toda esperança de viver, isto é escolher o gênero de sua morte, mas não prevenir o seu termo; mas se uma jovem esposa se lança na fogueira de seu marido; se os escravos seguem o seu mestre, e os cortesãos, seu rei, até o meio das chamas; se os tártaros circassianos testemunham o seu luto pela morte de um grande por meio de ferimentos e incisões que fazem em todo o corpo: eis algo cuja causa não pode ser atribuída senão à extravagância da imaginação levada para além das barreiras da razão e da vida, por uma enfermidade inconcebível.

Quando se está obcecado pelos deuses e tomado por um terror inútil a ponto de morrer para agradá-los, será que se poupariam os inimigos? Vem daí esses séculos de perseguição que acabaram por tornar o nome romano odioso para toda a Terra e que serão para sempre o horror do paganismo e de todas as seitas que quiseram imitá-los. O zelo de uma religião nascente irrita os sectários da antiga: todos os acontecimentos sinistros recaem sobre os novos ímpios (pois é com esse nome que os ministros da superstição sempre difamaram todos os seus contraditores), e os inimigos do culto dominante servem de vítimas. Usa-se o pretexto da cizânia que se mistura entre os filhos do mesmo pai para extinguir toda a raça dos pretensos facciosos. Mas admirai uma legião de mil homens que, em vez de derramar o sangue dos inocentes, se deixa dizimar e despedaçar: belo exemplo para os tiranos de todas as seitas! O ardor furioso da resistência e a própria impotência da tirania aumentam as torrentes de sangue humano: só se veem cadafalsos erigidos nas principais cidades de um grande império. E se cremos nos anais da Igreja, faltam fogueiras para as vítimas que querem imolar-se. Tendo a fúria de morrer tomado assim todos os espíritos, as pessoas se precipitam do alto dos telhados; em vão a religião proíbe enfrentar os imperadores, o fanatismo procura a palma pela desobediência, e os homens se empurram uns aos outros para irem ao suplício. [**395**]

A deserção envolve uma cidade inteira na proscrição, e todos os habitantes perecem nas chamas. A obstinação e o rigor se geram mutuamente e se reproduzem alternadamente. Mas qual deve ter sido o espanto dos pagãos, continuam a dizer os historiadores eclesiásticos, quando viram os cristãos, que se tornaram mais numerosos pela perseguição, declararem a guerra mais implacável do que a dos Neros e dos Domicianos e continuar entre eles as hostilidades desses monstros? Na falta de outras armas, eles atacam primeiro pela calúnia, sem pensar que não se fazem amigos daqueles que suscitamos contra seus inimigos. Acusam-se uns de adorar Caim e Judas, para encorajar-se mutuamente na maldade, outros de amassar o pão ázimo com o sangue das crianças imoladas; àqueles, censuram-se obscenidades, a estes, relações diabólicas. Nicolaítas, carpocracianos, montanistas, adamitas, donatistas, arianos, tudo isso confundido sob o nome de cristãos, dá aos idólatras a pior ideia da religião dos santos. Estes, culpados à custa da piedade, derrubam um templo da fortuna; e os pagãos, tão fanáticos por seus deuses quanto alguns de seus inimigos são fanáticos contra seus ídolos, cometem atrocidades inusitadas, chegando a abrir o ventre de virgens vivas, para dar de comer trigo a porcos em suas entranhas. Jerusalém, esse açougue de judeus, torna-se também açougue de cristãos, que aí são vendidos a seus irmãos do Antigo Testamento. Estes têm a crueldade de comprar, para assassinar a sangue-frio, 90 mil deles; e, como se os cristãos tivessem sido a causa do massacre, 110 mil almas pereceram para o cumprimento das predições, em vez de atribuir esses castigos, de acordo com o historiador Josefo, à impiedade dos zelosos que haviam derramado o sangue dos inimigos no templo, eles lançam sobre o cristianismo todo o ódio com que o universo os oprime. E serram os prisioneiros, comem sua carne, vestem-se com sua pele e fazem cintos com suas entranhas, o que só pôde ser inspirado pelo fanatismo. Esse excesso de vingança provoca represálias que consomem 180 mil almas pelo ferro e pelo fogo.

Mas eis o fanatismo que, com o Alcorão numa das mãos e com a espada na outra, avança para conquistar a Ásia e a África. É aqui que se pode perguntar se Maomé era um fanático ou então um impostor. Ele foi de início um fanático e, em seguida, um impostor, como se vê entre pessoas destinadas por condição ao culto dos altares: os jovens frequentemente mais entusiastas e os velhos hipócritas. Porque o fanatismo é um desvio da imaginação que domina até uma certa idade e a hipocrisia é uma reflexão por interesse, que age a sangue-frio e com longas combinações. É assim que Jurieu (se acreditarmos nos historiadores de um partido contrário ao seu) dizia sobre os pretensos profetas do Vivarés, que eles bem podiam ter se tornado bandidos, mas tinham sido profetas. A juventude, entusiasmada pelo derramamento de sangue, apreende com a melhor boa-fé todas as ideias exageradas de religião ou de moral e se deixa sempre ir longe demais. Mas, desenganando-se a cada dia pela experiência, continua o seu caminho de modo enviesado, pois não se consegue recuar totalmente sem se arruinar. Desconta-se então das máximas tudo o que o entusiasmo havia lhes acrescentado de falso e de pernicioso; modifica-se um pouco a austeridade dos princípios, enfim, tira-se partido das ilusões, e isso é feito na surdina pelo amor-próprio nas almas mais puras. Pois observai que o fanatismo reina quase tão somente entre aqueles que têm o coração reto e o espírito falso, enganados quanto aos princípios e justos nas consequências, e que poderíamos curá-los familiarizando-os com os objetos de seu medo inútil, assim como se faz com cavalos medrosos. Maomé, uma vez desiludido, custou-lhe menos sustentar sua ilusão por mentiras do que confessar que tinha se enganado: seu gênio ardente o havia levado a ver o que não era, um arcanjo Gabriel ou um profeta. E quando se sentiu bastante pleno de sua vertigem para comunicá-la, não lhe foi difícil manter nos espíritos dos outros um movimento que já havia cessado no seu. Aliás, como ele não teria conservado uma espécie de confiança obscura naquilo que o servia tão bem? Mas não basta responder a essa questão, se não se pede perdão aos leitores por tê-la feito: pois é talvez contra o direito dos povos e contra o respeito que as nações se devem umas às outras lançar tais imputações contra os próprios legisladores que as seduziram, porque o preconceito que lhes mascara a força das provas de uma religião contrária parece autorizá-las à recriminação. Assim, longe de aprovar aquele que colocar em cena um profeta estrangeiro para ridicularizá-lo ou combatê-lo, enquanto o espectador bate palmas e aplaude sua feliz audácia, o sábio pode dizer ao grande poeta: *se vosso objetivo foi o de insultar um homem célebre, isto seria uma injúria a uma nação; mas se quereis apenas criticar o abuso da religião, isto é um bem para a vossa?* Que Deus nos livre de pretender justificar um culto tão contrário à dignidade do homem; mas, como fala-se aqui para todas as nações e para todos os séculos, tornar-nos-íamos suspeitos para o grande número de leitores que querem se esclarecer acomodando-se à linguagem de uma leve porção da Terra. Aqueles que estão persuadidos não têm necessidade de provas, e aqueles que não o estão, sem dúvida não querem sê-lo: assim, não hesitai em detestar o fanatismo em qualquer lugar em que o virdes, mesmo que seja entre vós.

Percorrei todas as devastações desse flagelo, sob os estandartes do império do Crescente, e vereis, desde o começo, um califa assegurar o império da ignorância e da superstição queimando todos os livros como se fossem inúteis, se forem conformes ao livro de Deus, e como perniciosos, se lhes forem contrários: raciocínio por demais político para ser divino. Logo,

logo, um outro califa obrigará os cristãos a se circuncidarem, enquanto um imperador cristão forçará os judeus a receber o batismo: zelo tanto mais censurável quanto parte de quem professa uma religião de graça e de misericórdia. Entre o povo conquistador, a vitória é chamada de *o julgamento de Deus*; e duas religiões opostas interpretam como sinal de apreciação da divindade a prosperidade temporal, como se o reino de Jesus Cristo fosse deste mundo. Cristãos muito ferventes maldizem Maomé na cara dos sarracenos, e estes, com um zelo tão bárbaro quanto o dos outros poderia ser discreto, cortam a cabeça dos blasfemadores e arrasam suas igrejas.

Mas eis outros furores e outros espetáculos (perdão, oh, religião santa, se reabro suas feridas e a fonte de suas lágrimas). Toda a Europa vai para a Ásia por um caminho inundado com o sangue de judeus, que se estrangulam uns aos outros com as próprias mãos para não cair sob os ferros de seus inimigos. Essa epidemia despovoa a metade do mundo habitado; reis, pontífices, mulheres, crianças e velhos, tudo cede diante da vertigem sagrada que faz que durante dois séculos nações inumeráveis sejam estranguladas sobre o túmulo de um Deus de paz. É então que se veem oráculos mentirosos, eremitas guerreiros, monarcas nas sedes pontificais e prelados nos campos, todos se perderem num populacho insensato, ultrapassando os montes e os mares, abandonando legítimas posses para voarem atrás de conquistas que não eram mais [**396**] a terra prometida; veem-se os costumes, sempre mais sadios em seus climas naturais, se corromperem sob um céu estrangeiro; príncipes, depois de terem espoliado seus reinos para retomar um país que nunca lhes pertenceu, acabar de arruiná-los para pagar seu próprio resgate; milhares de soldados, desorientados sob o mando de vários chefes, não reconhecerem nenhum, apressarem sua derrota pela deserção, e essa doença só terminar para dar lugar a uma contaminação ainda mais horrível.

O mesmo espírito do fanatismo, mantendo o furor pelas conquistas longínquas, tão logo a Europa reparou suas perdas, a descoberta do Novo Mundo apressou a ruína do nosso. Com esta terrível palavra de ordem *ide e forçai*, a América foi desolada e seus habitantes exterminados; a África e a Europa se esgotaram em vão para refazer sua população; o veneno do ouro e o prazer tendo excitado a espécie, o mundo se encontrou deserto e foi ameaçado de se transformar cada vez mais em deserto, por causa das guerras contínuas que incendiarão nosso continente pela ambição de se estender pelas ilhas estrangeiras. Eis para onde nos levaram os progressos do fanatismo! Quando o mais humano dos legisladores enviou pescadores para anunciarem sua doutrina em toda a terra como uma boa nova, pensava ele que um dia abusariam de sua palavra para perturbar o universo? Ele queria unir todos os homens no mesmo espírito de caridade, queria que vissem a luz antes de acreditarem em sua missão. Mas a tocha da guerra não era a do seu evangelho. Deixava as armas aos falsos profetas, que não tinham a seu favor a razão nem o exemplo. Sabendo que a hipocrisia endurece as almas e que a ignorância as embrutece, que cegos conduzidos por maus são um espetáculo aflitivo para o céu e absolutamente desonroso para a natureza humana, ele queria ganhar e persuadir, conquistar os incrédulos pelo sentimento e conter os libertinos pela convicção. As nações idólatras deveriam censurá-lo porque há dois mil anos a Terra vive as mais sangrentas revoluções em todos os lugares em que sua lei pura penetrou? Quem, então, dizem elas, fez escravos na América e rebeldes no Japão? Seria a contradição que reina entre o dogma e a moral? Não. Mas o furor das paixões despertadas pelo fermento do fanatismo; talvez o choque das opiniões, que, não tendo suas raízes no espírito humano, nem seu modelo na natureza, não podem se sustentar a não ser por meios violentos. A confusão das ideias, a falta de evidência dos princípios, a mistura entre o falso e o verdadeiro, mais funesta do que a ignorância, causam essa alternativa de bem e de mal que faz do homem um monstro formado por todos os outros. É surpreendente, quando ele não segue mais o fio da razão, o mais celeste de todos os dons, que um rei da Pérsia imole ao Sol, seu deus, aqueles que ele chama de *discípulos do crucificado*, e que um príncipe cristão vá incendiar o templo do fogo e a cidade dos adoradores do Sol? Que se vejam durante dez séculos dois impérios divididos por uma única palavra? Que um conquistador faça a promessa de exterminar todos os inimigos do profeta, assim como estes se dedicam há duzentos anos ao massacre dos infiéis, e que ele destrua o império do Oriente com aclamações dos ocidentais, que agradecerão ao céu por ter punido seus irmãos cismáticos pela mão de inimigos comuns? É possível que os reis condenem à morte todos os súditos de seus estados que querem voltar ao paganismo, porque a nova religião não lhes convém? Que os povos, cansados da tirania de seus conquistadores, renunciem a essa mesma religião que receberam pela força? Que, na reação das rebeliões, cheguem a ponto de furarem o crânio dos padres e arrasarem as igrejas e que, enfim, por causa de uma igreja destruída, se estrangule uma nação? Cuidado, não vos deixai seduzir por esse tom enfático; abri os anais de todas as nações e julgai por vós mesmos.

De resto, se os excessos da ambição aqui estão confundidos com os desvios do fanatismo, sabe-se que uma é o vício dos chefes, e o outro, a doença do povo. Cabe aos leitores clarividentes separar as nuances estranhas na tintura dominante. Eles não cometerão a injustiça de rejeitar os abusos da religião que vêm da ignorância dos homens. O cristianismo é a melhor escola da humanidade. Diz um autor que não será desmentido por nenhum partido, qualquer que seja a sua crença: "uma lei que ordena a seus discípulos a amar a todos os homens, sem excetuar nem mesmo os inimigos; que lhes proíbe perseguir os que os odeiam", essa lei não lhes permite amaldiçoar os que abençoam Deus em outra língua. Não é a essa lei que se imputarão esses rios de sangue que o fanatismo fez correr.

Percorrei, pois, a superfície da Terra. E depois de dar uma olhada em tantos estandartes desdobrados em nome da religião, na Espanha contra os mouros, na França contra os turcos, na Hungria contra os tártaros, tantas ordens militares, fundadas para converter os infiéis a golpes de espada, se estrangularem mutuamente aos pés do altar que eles devem defender, desviai vosso olhar desse terrível tribunal, elevado sobre o corpo dos inocentes e dos infelizes, para julgar os vivos como Deus julgará os mortos, mas com uma balança bem diferente. *Suspeito*, *condenado*, *penitente* e *relapso*, qualificações odiosas inventadas pela tirania, a fim de que ninguém pudesse se livrar das proscrições. Pois, assim como, numa floresta, tem-se o cuidado de marcar de antemão a casca das árvores que se decidiu cortar, do mesmo modo jogavam-se marcas de heresia ou de magia sobre aqueles que se queria espoliar e queimar. Se é verdade que depois dos éditos sanguinários de Adriano, que provocou a morte de um milhão de homens por causa de religião, os judeus, tendo ido para a Arábia deserta, aí estabeleceram a lei de Moisés pela via da inquisição, eles estão no mesmo caso desse tirano que foi queimado num touro de bronze, que era uma funesta invenção de sua barbárie. Mas não cabe aos cristãos puni-los, eles que professam a lei da misericórdia e censuram os judeus por não terem imitado senão o deus das vinganças.

"Esta falsa ideia de Deus e da religião", diz Tillotson (que não tememos citá-lo agora), "despoja-os, tanto um quanto outro, de toda a sua glória e de toda a sua majestade. Separar a divindade da bondade e da misericórdia, e a religião da compaixão e da caridade, significa tornar inúteis as melhores coisas do mundo, a divindade e a religião. Os pagãos consideravam tão fortemente a natureza divina como boa e benfazeja para com o gênero humano, que os deuses imortais quase lhes pareciam ter sido feitos para a utilidade e o benefício dos homens. Com efeito, quando a religião nos leva a mandar matar homens pelo amor de Deus e a enviá-los para o inferno o mais cedo possível, quando ela não serve senão para nos tornar filhos da cólera e da crueldade, não é mais uma religião, é uma impiedade. Seria melhor que não houvesse nenhuma revelação e que a natureza humana fosse abandonada às suas inclinações comuns, que são muito mais doces e mais humanas, muito mais convenientes ao repouso e à felicidade da sociedade, do que seguir as máximas de uma religião que inspirasse um furor insensato e que trabalhasse para destruir o governo do estado e os fundamentos da prosperidade do gênero humano." [**397**]

Contai agora os milhares de escravos que o fanatismo fez, seja na Ásia, onde não ser circuncidado era um crime infame, seja na África, onde ser cristão era um crime, seja na América, onde o pretexto do batismo sufocou a humanidade. Contai milhares de homens que o mundo viu perecer, sobre os cadafalsos nos séculos de perseguição ou nas guerras civis, pela mão de seus concidadãos, ou pelas suas próprias mãos por macerações excessivas. A Terra se torna um lugar de exílio, de perigo e de lágrimas. Seus habitantes, inimigos de si mesmos e de seus semelhantes, vão compartilhar o leito e o alimento dos ursos: trêmulos entre o inferno e o céu que não ousam olhar, as cavernas ressoam com os gemidos dos criminosos e do barulho dos suplícios. Aqui as carnes são proibidas como uma semente de corrupção; lá o vinho é proscrito como uma produção de Satã. Os abstêmios chamam o casamento de uma invenção dos infernos, e, para melhor guardar a continência, põem-se na incapacidade de violá-la. Muitos, após terem atentado contra si mesmos, prestam esse serviço a todos os estrangeiros que passam por sua casa, embora estes resistam a esse novo sinal da aliança. Os mosteiros tornam-se a prisão dos reis e o palácio dos pobres, enquanto os templos são o retiro dos ladrões. Escutam-se, durante a noite, os penitentes vagabundos arrastarem suas correntes, cujo barulho assustador lança a consternação nas almas supersticiosas. Veem-se correr em bandos pessoas seminuas que se ferem a golpes de chicote. Cobre-se o rosto na ocasião de um tremor de terra. Passam-se dias inteiros com os braços pregados numa cruz, até morrer desse excesso piedoso. A Itália, a Alemanha e a Polônia são inundadas desses maníacos destruidores de seu ser. Mas essas flagelações, tão perniciosas aos costumes quanto à saúde, caem em desuso enfim pelo desprezo, corretivo bem mais seguro do que a perseguição. Com efeito, não há dúvida de que morreriam antes de entregá-las, se se tentasse arrancar suas armas de penitência pela força, a tal ponto vãos terrores da imaginação em uns e o amor por alguma independência de outros tornam as almas furiosas e perigosas. Por isso, quando virdes os homens renunciarem a tudo por uma só coisa, temei perturbá-los na posse do que lhes resta, porque a violência de vossos esforços tornaria boa a causa deles, mesmo que ela fosse injusta. A compaixão vos atrairá inimigos e partidários para eles, logo protetores, enfim discípulos, cujo número se multiplicará na proporção de vossos rigores. Evitai sobretudo transformá-los em vítimas, pois é pela perseguição que, numa religião de paciência e submissão, se viu elevar-se a abominável doutrina do tiranicídio, apoiada sobre doze razões em honra dos doze apóstolos. E, o que é difícil de acreditar, que ela foi estabelecida para justificar o atentado de um príncipe contra seu próprio sangue. Depois que os soberanos tomaram a religião como pretexto para estender sua dominação, foram obrigados a suportar um jugo que eles mesmos haviam imposto e a se conformar a um direito abusivo que a mão da qual o tinham emprestado reclamou contra eles. O poder que autorizou as conquistas sobre as nações infiéis cimentou sobre esses fundamentos a deposição dos conquistadores rebeldes, e as doações estabeleceram as reservas, por sua vez tão perniciosas quanto os príncipes eram injustos. Desde que houve homens bons o bastante, ou antes, suficientemente maus para aceitar o título de reis *in partibus*, não podemos mais nos espantar com o fato de que se formasse uma seita de assassinos, inimigos sagrados da realeza. Monarcas acostumados a marchar ao chamado de um só homem não perguntaram mais por que nem onde, e misturaram em suas ligas rivais de um chefe ambicioso com inimigos da religião. O símbolo das chaves tornou-se tão respeitado quanto o estandarte da cruz, porque esta tinha saído dos templos, seu verdadeiro lugar, para entrar nos campos onde foi profanada. Há abusos acidentais que não se pode prevenir nem prever; mas quando eles nascem essencialmente da coisa, nunca seria cedo demais remediá-los. Desde a primeira cruzada, podia-se assegurar que um dia seria necessário montar outra cruzada contra as próprias Cruzadas. A ambição cega captou o momento e o lado favorável, sem considerar os efeitos nefastos dessas usurpações. E quando ela se encontra ligada à sua própria injustiça, então não há mais tempo para invocar direitos que foram violados. Ter-se-iam visto em dois vastos estados uma sementeira de crianças sair de suas famílias para ir combater os inimigos do batismo? Ter-se-ia visto isso, se o mau exemplo de seus pais não tivesse autorizado esse entusiasmo ridículo? Ter-se-ia visto isso, se se tivesse economizado mal os tesouros espirituais e distribuído sem discernimento as palmas reservadas aos mártires, a um exército de pastores, de ladrões, de homens banidos e excomungados, que, sob o nome de debochados e pequenos pastores, por-se-iam a atacar os reis e o clero, a mudar o patrimônio do Estado e da Igreja, até que, tendo um açougueiro derrubado o pastor com uma patada, o populacho se lançasse sobre o rebanho e o abatesse como se se tratasse de animais ordinários. A alegoria das duas espadas e das duas luminárias causou mais desolação do que a ambição de Tamerlão e de Gêngis. Graças aos céus, não há mais uma potência que se pretenda estabelecida sobre as nações e sobre os soberanos e que se arrogue o direito de arrancar coroas, de julgar tudo e não ser julgada por ninguém. Por que considerar a heresia um crime inexpiável? Não há razão para perdoá-lo neste mundo, já que não é perdoado no outro? Por que mandar matar nos suplícios uma ordem de guerreiros que bastava extinguir? Vide *Templários*. A perseguição gera a revolta, e a revolta aumenta a perseguição. Não é que se deva tolerar a audácia do primeiro insensato que vem perturbar o Estado por suas visões e suas opiniões. Mas se os senhores da moral violam a confiança nos juramentos e nos tratados em relação aos inovadores, não há dúvida de que seus seguidores, julgando a doutrina pelas obras (método muito consequente, não importa o que se diga), não colocarão a verdade do lado da injustiça, e serão tomados por um santo entusiasmo por esses pretensos mártires do erro: então veremos sair de suas cinzas faíscas que incendiarão todo o reino.

Todos os horrores de quinze séculos renovados várias vezes num só, povos sem defesa estrangulados aos pés dos altares, reis apunhalados ou envenenados, um vasto Estado reduzido à sua metade por seus próprios cidadãos, a nação mais belicosa e a mais pacífica dividida nela mesma, a espada desembainhada entre o pai e o filho, usurpadores, tiranos, carrascos, parricidas e sacrílegos violando todas as convenções divinas e humanas pelo espírito da religião; eis a história do fanatismo e de suas façanhas.

O que é, pois, o fanatismo? É o efeito de uma falsa consciência que abusa das coisas sagradas e que faz a religião servir aos caprichos da imaginação e ao desregramento das paixões.

Em geral, ele vem do fato de que a maioria dos legisladores teve perspectivas muito estreitas, ou então que foram ultrapassados os limites que ela estabeleceu. Suas leis eram feitas tão somente para uma sociedade escolhida. Estendidas pelo zelo a todo um povo e transportadas pela ambição de um clima a outro, deviam mudar e acomodar-se às circunstâncias dos lugares e [**398**] das pessoas. Mas o que aconteceu? É que certos espíritos de um caráter mais análogo ao do pequeno rebanho para o qual as leis haviam sido feitas as receberam com o mesmo calor e se tornaram seus apóstolos, e mesmo seus mártires, em vez de renunciarem a um só *jota*. Os outros, ao contrário, menos ardentes, ou mais ligados aos seus preconceitos de educação, lutaram contra esse novo jugo, e só consentiram em aceitá-lo se fosse atenuado. Daí vem o cisma entre rigoristas e mitigados, que torna ambos furiosos, uns pela servidão, outros pela liberdade.

As fontes particulares do fanatismo estão:

1. *Na natureza dos dogmas*. Se eles são contrários à razão, invertem o julgamento e submetem tudo à imaginação, cujo abuso é o maior de todos os males. Os japoneses, povo mais espiritual e esclarecido, afoga-se em honra a Amida, seu deus salvador, porque os absurdos dos quais sua religião é plena perturbaram o seu cérebro. Os dogmas obscuros geram a multiplicidade

das explicações, e, por meio destas, a divisão das seitas. A verdade não cria fanáticos. Ela é tão clara que não tolera contradições; tão penetrante que as mais furiosas não podem diminuir em nada o seu gozo. Como ela existe antes de nós, ela se mantém sem nós e apesar de nós mesmos, pela sua evidência. Não basta, pois, dizer que o erro tem seus mártires; o erro tem mais mártires do que a verdade, já que cada seita e cada escola tem os seus.

2. *Na atrocidade da moral*. Homens para quem a vida é um estado de perigo e de tormento contínuo devem desejar a morte, seja como termo, seja como recompensa de seus males. Mas que devastação não fará na sociedade aquele que deseja a morte, se ele acrescenta aos motivos de sofrê-la as razões para se matar? Pode-se, pois, chamar de fanáticos todos esses espíritos exagerados que interpretam as máximas da religião à letra, e que seguem a letra rigorosamente. Esses doutores despóticos que escolhem os sistemas mais revoltantes; esses casuístas impiedosos que desesperam a natureza e que, após vos ter arrancado o olho e cortado a mão, vos dizem ainda que amam perfeitamente a coisa que vos tiraniza.

3. *Na confusão dos deveres*. Quando ideias caprichosas tornam-se preceitos, e quando leves omissões são chamadas de grandes crimes, o espírito que sucumbe à multiplicidade de suas obrigações não sabe mais a quais dar a preferência. Ele viola as essenciais por respeito às menores; substitui as boas obras pela contemplação e as virtudes sociais pelos sacrifícios. A superstição toma o lugar da lei natural e o medo do sacrílego conduz ao homicídio. Vê-se no Japão uma seita de bravos dogmatistas que decidem todas as questões e resolvem as dificuldades a golpes de sabre, e esses mesmos homens que não têm nenhum escrúpulo em se estrangular poupam muito religiosamente os insetos. A partir do momento em que um zelo faz do crime um dever, haverá algo mais desumano que não se tente? Acrescentai a toda ferocidade das paixões os temores de uma consciência perdida e logo abafareis os sentimentos naturais. Um homem que desconhece a si mesmo, a ponto de tratar-se com crueldade, e que faz que o espírito de penitência consista na privação e no horror de tudo o que foi feito para o homem não levará seu pai a pauladas de volta ao deserto de onde ele havia saído? Um homem para quem o assassinato é um golpe da fortuna eterna, por acaso duvidará em imolar aquele a quem chama de inimigo de Deus e de seu culto? Um

arminiano, perseguindo um gomarista sobre o gelo, cai na água; este para e lhe estende a mão para tirar o outro do perigo. Mas o outro, logo que sai da água, apunhala seu libertador. O que pensais disso?

4. *No uso de penas difamantes*, porque a perda de reputação traz consigo muitos males reais. As revoluções devem ser mais frequentes, ou os abusos mais horríveis, nos países nos quais caem raios invisíveis que tornam um príncipe odioso a todo o seu povo. Mas felizmente existem ainda alguns que não foram vítimas desses raios, que os temem: pois um monarca não tem sempre a fraqueza, como Henrique II, rei da Inglaterra, ou como Luís, o Bom, de tolerar o castigo dos escravos para tornar-se rei.

5. *Na intolerância de uma religião em relação às outras*, ou de uma seita entre várias da mesma religião, porque todas as mãos se armam contra o inimigo comum. Até mesmo a neutralidade não tem lugar numa potência que quer dominar, e qualquer um que não for a seu favor é contra ela. Ora, quanta perturbação não advirá disso? A paz não pode tornar-se geral e sólida a não ser pela destruição do partido adversário, pois, se essa corrente vier a arruinar todas as outras, logo estaria em guerra contra si mesma. Assim, o grito da sentinela só cessará depois dela. A intolerância que pretende pôr fim à divisão deve necessariamente aumentá-la. Basta que se ordene a todos os homens de ter tão somente uma maneira de pensar, e então cada um tornar-se-á um entusiasta de suas opiniões a ponto de morrer em sua defesa. Da intolerância seguir-se-á que não há religião feita para todos os homens; pois uma não admite os sábios, outra os reis; aquela rejeita as crianças, esta as mulheres, uma condena o casamento, outra o celibato. O chefe de uma seita concluía disso que a religião era um não sei o que composto pelo espírito de Deus e pela opinião dos homens: acrescentava que era preciso tolerar todas as religiões para viver em paz com todo mundo; ele pereceu sobre um cadafalso.

6. *Na perseguição*. Ela nasce essencialmente da intolerância. Se o zelo algumas vezes produziu perseguidores, deve-se confessar que a perseguição produziu ainda mais zelosos. A que excessos estes não se entregam, ora contra si mesmos, enfrentando suplícios, ora contra seus tiranos, tomando o seu lugar e não deixando nunca de ter razão para correr atrás alternadamente do fogo e do sangue?

Houve, no século XVI, um flagelo milagroso, segundo o povo, que foi chamado de doença dos ardentes. Era uma espécie de fogo que devorava as entranhas. Assim é o fanatismo, essa doença de religião que sobe à cabeça, e cujos sintomas são tão diferentes quanto os caracteres que ela ataca. Num temperamento fleumático, produz a obstinação dos zelosos; num natural bilioso, torna-se o frenesi dos sicários, nomes particulares de fanáticos de um século e que podemos estender a toda espécie dividida em duas classes. A primeira só sabe rezar e morrer; a segunda quer reinar e massacrar. Ou talvez seja o mesmo furor que, em todas as seitas, faz alternadamente mártires e perseguidores segundo os tempos. Voltemos agora aos sintomas da doença.

O primeiro e mais comum é uma melancolia sombria causada por meditações profundas. É difícil sonhar durante muito tempo com certos princípios sem tirar deles as mais terríveis consequências. Sou estrangeiro na terra, minha pátria é o céu, a beatitude é reservada aos pobres, o inferno é preparado para os ricos, e quereis que eu cultive o comércio e as artes, que fique sobre o trono, que guarde meus vastos domínios? Pode-se ser ao mesmo tempo César e cristão? Felizes aqueles que choram e que sofrem; que todos os meus passos sejam, [**399**] pois, cheios de espinhos. Acrescentemos pena sobre pena para multiplicar minha alegria e minha felicidade... O que se pode responder a esse fanático?... Que ele usa mal as coisas, porque não compreende bem as palavras, e que recebe com a mão esquerda o que deu com a mão direita. Ele vos dirá que essas mitigações são relaxamentos; quando Deus fala, os conselhos são preceitos. Assim vou me enfiar neste passo num deserto inacessível aos homens. E ele parte com um bastão, um saco e uma roupa de pele de animal, sem dinheiro e sem provisões, para praticar a lei que não compreende.

Em segundo lugar estão os visionários. Quando, à força de jejuns e de macerações, se crê que se está possuído pelo espírito de Deus, quando não se vive mais, diz-se, a não ser em sua presença; quando se é transformado pela contemplação do próprio Deus, *numa independência dos sentidos absolutamente maravilhosa, que, longe de excluir o gozo, faz dele um direito adquirido pela razão, a virtude vitoriosa sobre as paixões se serve dela algumas vezes assim como um rei se serve de seus escravos.* Assim é o jargão místico, cuja causa física é mais ou menos a seguinte.

Os espíritos, levados ao cérebro pela vivacidade e continuidade da meditação, deixam os sentidos numa espécie de langor e inação. É sobretudo no sono profundo que os fantasmas, precipitando-se tumultuosamente na sede da imaginação, essa mistura de traços informes, produzem um movimento convulsivo, semelhante ao choque de mil raios opostos que coincidem e se cruzam. Daí vêm a fascinação e os transportes do êxtase, que deveriam ser tratados como delírio, ora com banhos frios, ora com sangrias violentas, segundo o temperamento e as outras condições do doente.

O terceiro sintoma é a pseudoprofecia, quando se é de tal modo obstinado com essas quimeras fantásticas que não se pode mais contê-las em si mesmo: tais eram as sibilas, excitadas por Apolo. Não há homem de imaginação tão pouco viva que não sinta em si mesmo os germes dessa exaltação mecânica, e aquele que não crê nas sibilas não gostaria de se arriscar a sentar-se em seus tripés, sobretudo se tiver algum interesse em proclamar oráculos ou tiver razão para temer o populacho prestes a lapidá-lo no caso em que ficasse mudo. Deve-se então falar e propor enigmas que serão respeitados até que se dê o acontecimento, como mistérios sobre os quais a divindade não gosta de se explicar.

O quarto grau do fanatismo é a impassibilidade. Por causa de um progresso de movimentos, ocorre que os vasos se tornam incompreensivelmente tensos e rijos. Dir-se-ia que a alma se refugiou na cabeça ou que ela está ausente de todo o corpo. Então, as provas da água, do ferro e do fogo não custam nada, as feridas, inteiramente celestes, se imprimem sem dor. Mas devemos desconfiar de tudo o que se faz nas trevas e diante de testemunhas suspeitas. Ah, qual é o incrédulo que ousaria rir diante de uma multidão de fanáticos? Que homem é tão senhor de seus sentidos para examinar sem chorar contorções assustadoras e para penetrar a sua causa? Não se sabe que no fanatismo só são admitidas pessoas preparadas para a superstição? Contudo, como esses energúmenos não alcançam o grau da insensibilidade, é fácil concluir que se trata de um frenesi cujo acesso acaba na letargia.

Se todos esses homens alienados que vistes nesse vasto panteão fossem transportados à sua morada conveniente, seria divertido ouvi-los falar. Sou o monarca de toda a terra, diria um alfaiate, o Espírito Santo me disse. Não, diria seu vizinho, devo saber o contrário, pois sou seu filho. Calai a boca, pois estou escutando a música dos globos celestes, diria um doutor: não vedes este espírito que passa pela janela? Ele acaba de me revelar tudo o que foi e o que será... Recebi a espada de Gedeão, vamos, filhos de Deus. Segui-me, sou invulnerável... E eu, eu só tenho necessidade de um cântico para pôr os exércitos em fuga... Não sois aquele apóstolo que veio da Transilvânia? Nós andamos há muito tempo nas margens do mar para recebê-lo... Eu vim para a redenção das mulheres, que o Messias havia esquecido... E tenho escola de profecia; aproximai-vos, criancinhas.

Se esses diversos caracteres de loucura, que não são traços de imaginação, tivessem por infelicidade atacado o povo, que devastação não teriam feito? Homens atônitos (*gens attonitum*) teriam escalado rochedos e penetrado nas florestas: lá, por meio de mil pulos e saltos perigosos, teriam invocado o espírito da revelação; um profeta, ninado no colo dos crentes mais escrupulosos, cairia numa epilepsia toda celeste, o Espírito divino o teria pegado pela coxa, ela se enrijeceria e ficaria como o ferro, tremores tais como os de um amor violento teriam percorrido todo o seu corpo. Ele teria persuadido a assembleia de que ela era uma tropa inexpugnável; soldados viriam armados e não se lhes teria oposto a não ser caretas e gritos. Entretanto, esses miseráveis arrastados para as prisões teriam sido tratados como rebeldes. É à Medicina que se deve enviar tais doentes. Mas passemos aos grandes remédios, que são os da política.

Ou o governo é absolutamente fundado na religião, como entre os maometanos, então o fanatismo se volta para o exterior e torna o povo inimigo do gênero humano por um princípio de zelo; ou a religião entra no governo, como no cristianismo, descido do céu para salvar a todos os povos, e então o zelo, quando mal-entendido, pode algumas vezes dividir os cidadãos por meio de guerras intestinas. A oposição que se dá entre os costumes de uma nação e os dogmas da religião, entre certos usos do mundo e as práticas do culto, entre as leis civis e os preceitos divinos, fomenta o germe dessa desordem. Deve acontecer então que um povo, não podendo aliar o dever do cidadão com o de crente, abale alternadamente a autoridade do príncipe e a da Igreja. A inútil distinção entre dois poderes, por mais que se queira intrometer para fixar limites, seria necessariamente neutra. Mas o império e o sacerdócio, desprezando a razão, usurpam-se mutuamente os direitos, e o povo, que se encontra entre esses dois martelos, suporta sozinho todos os golpes, até que, rebelados pelos padres contra os magistrados, pegue nas armas pela glória de Deus, como se viu frequentemente na Inglaterra.

Para desviar essa fonte inesgotável de desordens, apresentam-se na verdade três meios; mas qual é o melhor? Deve-se tornar a religião despótica? Ou o monarca independente? Ou o povo livre?

1. Poder-se-ia dizer que o tribunal da Inquisição, por mais odioso que deve ter sido a todo povo que conservasse ainda o nome de alguma liberdade, evitaria os cismas e as querelas de religião, tolerando apenas uma maneira de pensar; que, na verdade, a câmara sempre ardente queimaria de antemão as vítimas da eternidade, e que a vida dos particulares ficaria continuamente sujeita a suspeitas de heresia ou de impiedade, mas que o Estado permaneceria tranquilo e o príncipe em segurança. Em vez de violentas doenças que esgotam imediatamente as veias do corpo político, o sangue só correria gota a gota e os [**400**] súditos, num estado de enfermidade habitual, não se queixariam de fermentações bruscas que são vividas pelos governos de constituição vigorosa.

2. Se preferis os perigos inseparáveis da liberdade à opressão contínua, seria melhor deixar vosso soberano ao abrigo de toda dominação estrangeira e que só haja um chefe no Estado? *Mas se não há barreira ao poder soberano*... O quê? Não vos restam as leis fundamentais e os corpos intermediários? *Seguir-se-ia, pois, uma reforma no corpo dedicado ao culto religioso.* Mas seria uma infelicidade se um corpo poderoso perdesse alguma coisa, se puder ganhar muitas outras? Enquanto restasse uma extrema consideração para com as riquezas, o comércio manteria os outros estados em equilíbrio, a nobreza não prevaleceria; os tribunais ficariam repletos de excelentes súditos, que não vêm sempre da ordem eclesiástica. Em vez dessas discussões teológicas, que atormentam os espíritos sem fortalecer a religião, a aplicação voltar-se-ia para as matérias do direito público; os verdadeiros interesses da nação seriam esclarecidos, e esse formigueiro, que se lança nos baixos empregos da magistratura e da Igreja, povoaria os campos e os ateliês, ocupar-se-ia do trabalho manual, mais natural ao homem do que os trabalhos do espírito. Não seria necessário senão amenizar a condição do povo, para acostumá-lo insensivelmente a essa reforma.

3. Os reis têm muito interesse em interromper os progressos do fanatismo. Se alguma vez ele lhes fosse útil, tiveram tantas razões para se queixar dele, que nunca é demais perguntar como ousam tratar com um inimigo tão perigoso. Todos os que se dedicam a destruí-lo, não importa o nome odioso que se possa dar a eles, são os verdadeiros cidadãos que trabalham pelo interesse do príncipe e pela tranquilidade do povo. O espírito filosófico é o grande pacificador dos Estados. Talvez seja uma pena que não se dá a ele de tempos em tempos um pleno poder. Os xintoístas, seita do naturalismo no Japão, consideram o sangue a maior das impurezas. Contudo, os padres do país os detestam e os caluniam, porque pregam tão somente a razão e a virtude, sem cerimônias.

Um pouco de tolerância e de moderação; sobretudo, não confundis nunca uma infelicidade (tal como a incredulidade) com um crime que é sempre voluntário. Toda amargura do zelo deveria voltar-se contra os que creem e não agem. Os incrédulos assim ficariam no esquecimento que merecem e que devem desejar. Puni, na hora certa, esses libertinos que só atacam a religião porque são revoltados contra toda espécie de jugo, que atacam os costumes e as leis em segredo e em público. Puni-os, porque desonram a religião em que nasceram e a filosofia que professam. Persegui-os como inimigos da ordem e da sociedade. Mas lamentai aqueles que deploram não terem sido persuadidos. Já não é uma grande perda para eles a perda da fé, sem que se acrescente a calúnia e as tribulações? Que não seja portanto permitido ao populacho insultar a casa de um homem honesto a pedradas porque ele foi excomungado; que ele possa usar ainda da água e do fogo, já que lhe foi interditado o pão dos fiéis; que não seja privado de sepultura, sob pretexto de que não morreu no seio dos eleitos; em suma, que os tribunais de justiça possam servir de asilo, na falta dos altares... *que licença indigna, dizeis, vai fazer que a religião caia no desprezo...* É ela que se sustenta de braços de carne? Quereis considerá-la um instrumento de política? Não recorrei mais à autoridade divina nos decretos dos homens e não vos submetei primeiro a um poder de quem tendes o vosso, mas antes fazei que a religião seja amada, deixando a cada um a liberdade de segui-la. Provai a verdade por vossas obras, e não por uma exibição de fatos estranhos à moral e menos consequentes que vossos exemplos. Sede mansos e pacíficos: eis o triunfo certo da religião e o caminho cortado ao fanatismo.

Acrescentaremos, segundo um autor inglês, que "o fanatismo é muito contrário à autoridade do sacerdócio? Com efeito, levados em seus êxtases à própria fonte de luz, longe de reconhecer as leis da Igreja, os fanáticos se erigem a si mesmos como legisladores e anunciam em alta voz os segredos da divindade, desprezando as tradições e as formas aceitas". Assim como o favorito de um príncipe, que não espera seu posto nem a experiência para comandar, e que, não podendo estar à frente dos negócios por falta de habilidade, diverte-se em derrubar por seu prestígio as disposições do ministério, "o fanático, sem receber a unção, se consagra a si mesmo e, não tendo necessidade de mediador para ir até Deus, substitui a revelação por suas visões e as cerimônias por caretas.

Em geral, vimos na Inglaterra nossos entusiastas em matéria de religião fascinados pelo governo republicano, enquanto os mais supersticiosos eram partidários da *prerrogativa*. Do mesmo modo", continua o autor, "vemos em outros lugares dois partidos, um escravo e tirano da corte, dedicado à autoridade, e outro pouco submisso e que conserva algumas faíscas do amor pela liberdade."

Se a superstição subjuga e degrada os homens, o fanatismo os eleva: tanto um quanto o outro são maus políticos. Mas o fanatismo cria bons soldados. Maomé quase nunca teve senão um crente contra dez infiéis na maioria dos combates: com trezentos homens, tinha condições de vencer dez mil. A grande confiança nas legiões celestes e a esperança de uma coroa imortal davam força a essa pequena tropa. Um general do Exército, um ministro de Estado, podem tirar grande partido dessas almas de fogo, mas, de outro lado, que instrumentos perigosos em mãos erradas! Um entusiasta é mais temível com suas armas invisíveis do que um príncipe com toda a sua artilharia. O que fazer com pessoas que veem sua salvação na morte? Que se multiplicam à medida que são mortos, e dos quais basta um para reparar numerosas perdas? Semelhantes ao pólipo, divididos em mil partes, cada membro cortado forma um novo corpo. Exilai os espíritos ardentes no fundo das províncias, pois senão eles porão fogo nas cidades. Só restaria então encerrá-los nas prisões, onde se consumiriam como tições em brasa, até serem reduzidos a cinzas.

Não se sabe que partido tomar com um corpo de fanáticos. Se os poupamos, eles nos pisam; se os perseguimos, se rebelam. O melhor meio de lhes impor silêncio é desviar habilmente a atenção pública para outros assuntos. Mas não forçai jamais. Só o desprezo e o ridículo podem desacreditá-los e enfraquecê-los. Diz-se que um chefe de polícia, para fazer cessar os prestígios do fanatismo, tinha resolvido, de concerto com um célebre químico, fazer que charlatães os parodiassem na feira. O remédio seria específico, se pudéssemos desenganar os homens sem grandes riscos. Mas, por pouco que se levante o véu, ele logo se rasga. Lidai com moderação com a religião e o povo, porque tanto uma quanto o outro são temíveis.

O fanatismo fez mais mal ao mundo [**401**] do que a impiedade. O que os ímpios pretendem? Livrar-se de um jugo, ao passo que os fanáticos querem estender suas correntes por toda a terra. Zelotipia infernal! Alguma vez já se viram seitas de incrédulos reunirem-se e marcharem armados contra a divindade? São almas muito fracas para derramar o sangue humano. Contudo, é preciso alguma força para praticar o bem sem motivo, sem esperança e sem interesse. Há inveja e maldade no querer perturbar as almas em posse de si mesmas, porque elas não têm nem as pretensões nem os meios que tendes... De resto, evita-se adotar tais raciocínios, que foram o tormento de tantos homens tão célebres por suas desgraças quanto pelos escritos que as atraíram para si.

Mas, se fosse permitido tomar emprestado por um momento, em favor da humanidade, o estilo entusiasta, tantas vezes empregado contra ela, eis a única prece que eu oporia aos fanáticos:

"Tu que queres o bem de todos os homens e que nenhum deles pereça, já que não tens nenhum prazer com a morte do mau, delivra-nos, não da devastação da guerra e dos tremores de terra, que são males passageiros, limitados e, aliás, inevitáveis, mas do furor dos perseguidores que invocam teu santo nome. Ensina-lhes que odeias o sangue, que o odor de carnes imoladas não sobe até ti, e que ele não tem a virtude de dissipar o raio nos ares, nem fazer descer o orvalho do céu. Esclareça teus zelosos que evitem pelo menos confundir o holocausto com o homicídio. Encha-os de tal modo do amor de si mesmos que possam esquecer seu próximo, já que sua piedade não é senão uma virtude destrutiva. Ora! Qual é o homem que tu encarregaste da tarefa de tuas vinganças que não as merece cem vezes mais do que as vítimas que ele te imola? Faça que entenda que não é a razão, nem a força, mas tua luz e tua bondade que conduzem as almas pelas tuas vias, e que misturar a isso o braço do homem é te insultar. Quando quiseste formar o universo, chamaste-o em teu auxílio? E se te agrada me introduzir no seu banquete, não és infinito em tuas maravilhas? Mas tu não queres me salvar apesar de mim mesmo. Por que não se imita a doçura de tua graça, se pretende me convidar pelo medo de te amar? Difunda o espírito de humanidade sobre a Terra e essa benevolência universal que nos enche de veneração por todos os seres com quem partilhamos o dom precioso do sentimento, e que faz que ouro e esmeralda fundidos não possam jamais igualar diante de ti o desejo de um coração terno e compassivo, ainda menos expiar o horror de um homicídio."

*Fanatismo do patriota.* Há uma espécie de fanatismo no amor da pátria, que se pode chamar de *culto da morada*. Ele está ligado aos costumes, às leis, à religião, e é por isso sobretudo que ele merece mais esse nome. Não se pode produzir nada sem esse zelo exagerado, que, aumentando os objetos, amplia também as esperanças e traz à luz prodígios inacreditáveis de valor e de constância. Tal era o patriotismo dos romanos. Foi esse princípio de heroísmo que deu a todos os séculos o espetáculo único de um povo conquistador e virtuoso. Pode-se considerar o velho Bruto, Catão, os Décios, pai e filho, e os três Fábios na história civil como os leões e as baleias da história natural, e suas ações prodigiosas como esses vulcões inesperados, que, desolando em parte a superfície do globo, fortalecem seus fundamentos e causam admiração após o susto. Mas não colocai no mesmo plano os vãos declamadores, que se entusiasmam indiferentemente por todos os preconceitos de Estado e sempre preferem seu país, apenas porque aí nasceram. Sem dúvida é belo morrer pela pátria; e qual é a coisa pela qual não se morre? Logo, a natureza não estabeleceu limites a estas máximas... Escutai os mais belos versos, ou a ideia mais nova e mais sublime de um dos nossos poetas. Vede como uma mãe fala a seu esposo, que quer lhe arrancar seu filho para sacrificá-lo ao filho de seus reis. *Vai; o nome de súdito não é o maior para nós,/ Do que estes nomes tão sagrados de pai e esposo./ A natureza e o hímen, eis as leis primeiras,/ Os deveres, os laços de nações inteiras:/ Estas leis vêm dos deuses, o resto é dos homens.*

Este verbete é do Sr. Deleyre, autor da análise da filosofia do chanceler Bacon. Vide *Fanatismo* (doença), *Demonomania*, *Melancolia* e o verbete precedente.

(MGS)

## Filosofia, Anônimo [12, 511]

Filosofia significa, segundo sua etimologia, o amor pela sabedoria. Como essa palavra sempre foi bastante vaga, por causa das diversas significações a ela associadas, devemos fazer duas coisas neste verbete: 1º) apresentar historicamente a origem e as diferentes acepções do termo; 2º) fixar seu sentido para uma boa definição.

1º) O que hoje em dia chamamos de Filosofia denominava-se inicialmente *sophia* ou sabedoria. Sabe-se que os primeiros filósofos foram agraciados com o título de sábios. Esse nome foi, nos primeiros tempos, aquilo que o nome *espirituoso* é em nossos dias, ou seja, foi dado a muitas pessoas que não mereciam nada menos do que esse título pomposo. Era então a época da infância do espírito humano, e estendia-se o nome de sabedoria a todas as artes exercidas pelo gênio, ou das quais a sociedade recebia algumas vantagens. Mas, como o saber, a erudição é a principal cultura do espírito, e como as ciências estudadas e aplicadas na prática trazem muitas comodidades ao gênero humano, a sabedoria e a erudição foram confundidas, e entendeu-se ser versado ou instruído na sabedoria como possuir a enciclopédia do que era conhecido no século em que vivia.

Dentre todas as ciências, há uma que se distingue pela excelência de seu objeto: é a que trata de divindade, que orienta nossas ideias e nossos sentimentos em relação ao primeiro ser, e que conforma o nosso culto. Sendo esse estudo a sabedoria por excelência, isso fez que se desse o nome de sábios aos que a ele se dedicaram, ou seja, aos teólogos e aos padres. A própria escritura dá aos padres caldeus o nome de sábios, sem dúvida porque eles mesmos se arrogavam esse título, e esse era um costume universalmente aceito. Isso aconteceu principalmente entre as nações que se costuma chamar de bárbaras. Entretanto, faltava muito para que se pudesse encontrar sabedoria entre todos os depositários da religião. Superstições ridículas, mistérios pueris, algumas vezes abomináveis, visões e mentiras destinadas a fortalecer sua autoridade e a inspirar respeito ao populacho cego, eis a que se reduzia a sabedoria dos padres desses tempos. Os filósofos mais reconhecidos tentaram beber dessa fonte: essa era a finalidade de suas viagens, sua iniciação aos mais célebres mistérios; mas logo se desgostaram, e a ideia de sabedoria só permaneceu ligada à da Teologia no espírito desses padres orgulhosos e seus escravos imbecis.

Gênios sublimes, dedicando-se a suas meditações, quiseram deduzir, das ideias e princípios que a natureza e a razão fornecem, uma sabedoria sólida, um sistema certo e apoiado sobre fundamentos inabaláveis. Mas não conseguiram, por esse meio, sacudir o jugo das superstições vulgares. O resto de seu empreendimento também não teve sucesso. Após terem destruído, não souberam edificar, tais como esses conquistadores que só deixam ruínas atrás de si. Daí veio essa multidão de opiniões bizarras e contraditórias, que fizeram que se duvidasse se ainda restava algum sentimento ridículo que nenhum filósofo tivesse percebido. Não posso deixar de citar uma passagem do Sr. Fontenelle, tirado de sua *Dissertação* sobre os antigos e modernos, que cabe perfeitamente a esse assunto. "Tal é a nossa condição", ele diz, "que não nos é permitido alcançar imediatamente alguma coisa razoável sobre qualquer matéria que seja. Antes disso, necessariamente vagamos sem rumo durante muito tempo, passamos por diversos tipos de erros e por vários graus de impertinências. Teria sido bem fácil perceber que todo o jogo da natureza consiste nas figuras e nos movimentos dos corpos; entretanto, antes de chegar até aí, foi necessário experimentar as ideias de Platão, os números de Pitágoras, as qualidades de Aristóteles, e uma vez que tudo isso foi reconhecido como falso, ficamos reduzidos a considerar o verdadeiro sistema. Digo que ficamos reduzidos, pois na verdade não restava nenhum outro, e parece que se evitou considerá-lo tanto tempo quanto se pôde. Devemos aos antigos terem esgotado a maior parte das ideias falsas que se podia ter. Era preciso pagar ao erro e à ignorância o tributo que eles pagaram, e não devemos faltar com o reconhecimento para com aqueles que nos liberaram dessa dívida. O mesmo vale para diversas matérias, onde há não sei quantas tolices que diríamos se já não tivessem sido ditas, se elas não tivessem, por assim dizer, sido tiradas de nós. Entretanto, existem ainda alguns modernos que algumas vezes se reapropriam delas, talvez porque elas ainda não foram ditas tanto quanto é preciso."

Seria aqui o lugar de fazer um resumo das diversas opiniões que estiveram em voga na Filosofia, mas os limites de nossos verbetes não permitem fazê-lo. O essencial das opiniões mais famosas poderá ser encontrado em outros lugares deste *Dicionário*, sob os títulos aos quais remetem. Os que querem estudar o assunto a fundo encontrarão com que se satisfazer na excelente obra que o Sr. Brucker publicou primeiro em alemão, depois em latim, com o título *Jacobi Bruckeri historia critica philophiae à mundi incunabulis ad nostram usque aetatem deducta*. Pode-se também ler a *História da Filosofia* do Sr. Deslandes.

A ignorância, a precipitação, o orgulho, a inveja, geraram monstros bem desonrosos para a Filosofia, que desviaram alguns de seu estudo e lançaram outros numa dúvida universal.

Mas não exageremos em nada. As imperfeições do espírito humano não impediram a Filosofia de fazer progressos consideráveis e de tender para a perfeição da qual ela é suscetível neste mundo. Os antigos disseram excelentes coisas, sobretudo sobre os deveres da moral e mesmo sobre aquilo que o homem deve a [**512**] Deus. E se não puderam alcançar a bela ideia que tinham da sabedoria, pelo menos tiveram a glória de tê-la concebido e ter tentado enfrentar o desafio. A Filosofia tornou-se, pois, em suas mãos, uma ciência prática que abarcava as verdades divinas e humanas, ou seja, tudo o que o entendimento é capaz de descobrir a respeito da divindade e tudo o que podia contribuir para a felicidade da sociedade. Tão logo lhe deram uma forma sistemática, puseram-se a ensiná-la e nasceram as escolas e as seitas. E para fazer que seus preceitos fossem mais bem recebidos, eles os ornaram com embelezamentos da eloquência; esta se confundiu insensivelmente com a sabedoria, sobretudo entre os gregos, que faziam grande caso da arte de bem dizer, por causa de sua influência sobre os negócios de Estado em suas repúblicas. O nome *sábio* foi travestido no de sofista ou mestre de eloquência, e essa revolução fez degenerar bastante uma ciência que em sua origem se tinha proposto fins mais nobres. Logo não se ouviu mais os mestres da sabedoria para se instruir nos conhecimentos sólidos e úteis ao nosso bem-estar, mas para alimentar o espírito com questões curiosas, divertir os ouvidos com períodos cadenciados e conceder a palma de ouro ao mais persistente, porque ele permanecia sendo o mestre do campo de batalha.

O nome *sábio* era belo demais para tais pessoas, ou melhor, não convinha ao homem: é apanágio da divindade, fonte eterna e inesgotável da verdadeira sabedoria. Pitágoras, que percebeu isso, substituiu essa denominação fastuosa pelo título modesto de filósofo, que se estabeleceu, de modo que, desde esse tempo, ele é o único em uso. Mas as sábias razões dessa mudança não abafaram de modo algum o orgulho dos filósofos, que continuaram a querer passar por depositários da verdadeira sabedoria. Um dos meios mais comuns do qual se serviram para dar relevo a si mesmos foi ter uma pretensa doutrina de reserva, que só comunicavam a seus discípulos, seus acólitos, enquanto a multidão dos ouvintes era saciada com instruções vagas. Os filósofos tinham sem dúvida tomado essa ideia e esse método dos padres, que só permitiam a iniciação ao conhecimento de seus mistérios depois de longas provações; mas os segredos de uns e de outros não valiam a dificuldade que se tinha para participar deles.

Nas obras filosóficas da Antiguidade que nos foram conservadas, embora haja muitos defeitos, e sobretudo a falta de um bom método, descobrem-se, contudo, sementes da maior parte das descobertas modernas. As matérias que não exigiam o auxílio de observações e de instrumentos, como são as da Moral, foram levadas tão longe quanto a razão pôde conduzi-las. Quanto à Física, não é surpreendente que, favorecida pelos auxílios que os últimos séculos forneceram, supere hoje em muito aquela dos antigos. Devemos antes nos espantar de que estes tenham antecipado em muitos casos em que não podiam ver o que vemos no presente. Deve-se dizer o mesmo da Medicina e das Matemáticas; como essas ciências são compostas de muitas ideias e dependem muito de experiências que o acaso faz surgir e que não leva a um ponto determinado, é evidente que nossos físicos, médicos e matemáticos de hoje devem ser naturalmente mais hábeis do que os antigos.

O nome *Filosofia* permaneceu sempre vago e conteve, em seu vasto recinto, além do conhecimento das coisas divinas e humanas, o das leis, da Medicina e mesmo dos diversos ramos da erudição, tais como a Gramática, a Retórica, a crítica, sem excetuar a História e a poesia. Mais do que isso, o nome passou para a Igreja; o cristianismo foi chamado de filosofia santa; os doutores da religião que ensinavam suas verdades, os ascetas que praticavam suas austeridades, foram qualificados de filósofos.

As divisões de uma ciência concebida com tal generalidade foram muito arbitrárias. A mais antiga e a mais aceita foi a que relaciona a Filosofia à consideração de Deus e a do homem.

Aristóteles introduziu uma nova divisão: *Tria genera sunt theoreticarum scientiarum, Mathematica, Physica, Theologica.* Uma passagem de Sêneca indicará a de algumas outras seitas. *Stoïcii vero* Philosophiae *tres partes esse dixerunt, moralem, naturalem, & rationalem: prima componit animum, secunda rerum naturam scrutatur, tertia proprietatis verborum exigit & structuram & argumentationes, ne pro veris falsa subrepant. Epicurei duas partes* Philosophiae *putaverunt esse, naturalem atque moralem; rationalem removerunt. Deinde cum ipsis rebus cogerentur ambigua secernere, falsa sub specie veri latentia coarguere, ipsi quoque locum, quem de judicio & regula appellant, alio nomine rationalem induxerunt: sed eum accessionem esse naturalis partis existimant… Cyrenaïci naturalia cum rationalibus sustulerunt, & contenti fuerunt moralibus, &c.* Seneca, *epist.* 89.[1]

As escolas adotaram a divisão da Filosofia em quatro partes: Lógica, Metafísica, Física e Moral.

2º) É tempo de passar ao segundo ponto deste verbete, no qual se trata de fixar o sentido e de dar uma boa definição do nome *filosofia.* Filosofar é dar a razão das coisas, ou pelo menos procurá-la, pois enquanto nos limitarmos a ver e relatar o que vemos, seremos tão somente historiadores. Quando se calculam e se medem as proporções das coisas, suas grandezas, seus valores, é-se um matemático; mas aquele que se detém em descobrir a

1 "há três gêneros do conhecimento teorético: a matemática, a física e a teologia. [...] Os estoicos diziam que a filosofia tem três partes: a moral, a natural e a racional; a primeira diz respeito à alma, a segunda examina as coisas naturais, a terceira considera as propriedades das palavras, sua estrutura e os argumentos, os falsos que escondem os verdadeiros. Os epicuristas julgaram que a filosofia possuía duas partes: a natural e a moral; eles removeram a racional. Posteriormente, quando os próprios fatos os pressionaram para discernir a ideia, para argumentar sobre o falso diante de uma aparência de verdade, introduziram uma categoria a que deram o nome de judicial e regulatória, ou racional, e sustentaram que era um acessório da parte natural... Os cirenaicos eliminaram as partes natural e racional, contentando-se com a moral."

razão pela qual as coisas são, e pela qual elas são assim de uma maneira e não de outra, é um filósofo propriamente dito.

Isso posto, a definição da Filosofia que foi dada pelo Sr. Wolff me parece conter, em sua brevidade, tudo o que caracteriza essa ciência. Segundo Wolff, a Filosofia é a ciência dos possíveis enquanto possíveis. É uma ciência, pois demonstra o que afirma. É a ciência dos possíveis, pois seu fim é dar a razão de tudo o que é e de tudo o que pode ser em todas as coisas que acontecem; o contrário poderia acontecer. Odeio tal pessoa, mas poderia amá-la. Um corpo ocupa um certo lugar no universo, mas poderia ocupar outro; mas como esses diferentes possíveis não podem ser ao mesmo tempo, há pois uma razão que determina um a ser em vez de outro, e é essa razão que a Filosofia procura e assinala.

Essa definição abarca o presente, o passado, o futuro e o que nunca existiu e nunca existirá, tais como todas as ideias universais e as abstrações. Tal ciência é uma verdadeira enciclopédia; nela tudo está ligado, tudo depende dela. É o que os antigos perceberam, quando aplicaram o nome *Filosofia*, como vimos antes, a todas as espécies de ciências e artes. Mas eles não justificavam a influência universal dessa ciência sobre todas as outras. Ela só receberia a sua verdadeira clareza com a definição do Sr. Wolff. Os possíveis compreendem os objetos de tudo o que pode ocupar o espírito ou a indústria dos homens. Por essa razão, todas as ciências, todas as artes, têm a sua filosofia. A coisa é clara: tudo se faz em Jurisprudência, em Medicina, em política, tudo se faz, ou pelo menos tudo deve ser feito, por alguma razão. Descobrir e assinalar essas razões é, pois, apresentar a filosofia das ditas ciências; o mesmo vale para a Arquitetura, a Pintura, a Escultura; [**513**] digo mais, um simples lenhador tem suas razões de fazer o que faz, como o faz, e não de outro modo. É verdade que a maioria das pessoas trabalha por rotina e emprega seus instrumentos sem perceber qual é o seu mecanismo e a proporção das obras que executa. Mas nem por isso é menos certo que cada instrumento tem sua razão, e que, se fosse feito de outro modo, a obra não se realizaria. Só o filósofo faz essas descobertas e apenas ele está em condições de provar que as coisas são como devem ser, ou de retificá-las quando são suscetíveis de retificação, indicando a razão das mudanças que quer fazer nelas.

Os objetos da Filosofia são os mesmos que os de nossos conhecimentos em geral e formam uma divisão natural dessa ciência. Eles se reduzem a três principais: Deus, a alma e a matéria. A esses três objetos correspondem as três partes principais da Filosofia. A primeira é a Teologia natural, ou ciência dos possíveis em relação a Deus. Os possíveis em relação a Deus é o que se pode conceber nele e por ele. O mesmo vale para as definições dos possíveis em relação à alma e ao corpo. A segunda é a Fisiologia, que diz respeito aos possíveis em relação à alma e ao corpo. A terceira é a Física, que concerne aos possíveis em relação ao corpo.

Essa divisão geral sofre outras divisões e subdivisões particulares. Eis o modo como o Sr. Wolff as trata.

Quando refletimos sobre nós mesmos, convencemo-nos de que há em nós uma faculdade de formar ideias das coisas possíveis, e chamamos essa faculdade de *entendimento*. Mas não é fácil conhecer até onde se estende essa faculdade, nem como devemos nos servir dela para descobrir, por nossas próprias meditações, as verdades desconhecidas por nós e para julgar com precisão as que outros já descobriram. Nossa primeira ocupação deve ser, pois, a de procurar quais são as forças do entendimento humano e seu uso legítimo no conhecimento da verdade: a parte da Filosofia que se dedica à matéria se chama *Lógica* ou *arte de pensar*.

Entre todas as coisas possíveis, é preciso, necessariamente, haver um ser subsistente por si mesmo; de outro modo, haveria coisas possíveis de cuja possibilidade não se poderia dar razão, o que é contraditório. Ora, esse ser subsistente por si mesmo é que chamamos *Deus*. Os outros seres, cuja razão de existência está nesse ser subsistente por si mesmo, recebe o nome de *criaturas*. Mas como a Filosofia deve dar razão da possibilidade das coisas, convém que a doutrina que trata de Deus preceda aquela que trata das criaturas. Confesso, todavia, que já se deve ter um conhecimento geral das criaturas, mas não se tem necessidade de buscar isso na Filosofia, porque esse conhecimento é adquirido desde a infância por uma experiência contínua. A parte da Filosofia que se ocupa de Deus e da origem das criaturas, que está nele, se chama *teologia natural* ou *doutrina de Deus*.

As criaturas manifestam sua atividade pelo movimento ou pelo pensamento. As primeiras são corpos. As outras, espíritos. Já que a Filosofia se aplica em dar razões suficientes de tudo, ela deve também examinar as forças ou operações desses seres, que agem pelo movimento ou pelo pensamento. A Filosofia nos mostra, pois, o que pode acontecer no mundo pelas forças do corpo e os poderes dos espíritos. Denomina-se *Pneumatologia* ou *doutrina dos espíritos* a parte da Filosofia em que se explica o que o espírito pode realizar, e chama-se *Física* ou *doutrina da natureza* essa outra parte em que se mostra o que é possível em virtude das forças dos corpos.

O ser que pensa em nós se chama *alma*. Ora, como ela pertence ao campo dos espíritos e tem, além do entendimento, uma vontade que é causa de muitos acontecimentos, é preciso que a Filosofia desenvolva o que pode acontecer em consequência dessa vontade. É a isso que se deve remeter o que se ensina sobre o direito natural, a moral e a política.

Mas como todos os seres, corpos ou espíritos, ou almas se assemelham em alguns aspectos, deve-se procurar também o que pode em geral convir a todos os seres e em que consiste a sua diferença geral. Chama-se *ontologia* ou *ciência fundamental* essa parte da Filosofia que abarca o conhecimento geral de todos os seres. Essa ciência fundamental, a doutrina dos espíritos e a Teologia natural compõem o que se chama *Metafísica* ou *ciência principal*.

Não nos contentamos em levar nossos conhecimentos a ponto de saber por quais forças se produzem certos efeitos na natureza; vamos mais longe e medimos com extrema precisão os graus das forças e dos efeitos, a fim de que apareça visivelmente que certa força pode produzir certos efeitos. Por exemplo: há muitas pessoas que se contentam em saber que o ar comprimido com força numa fonte determinada leva a água até uma altura extraordinária. Mas outros, mais curiosos, esforçam-se por descobrir o quanto cresce a força do ar quando, pela compressão, ele só ocupa a metade, um terço ou um quarto do espaço que ocuparia antes, e quantos pés ele faz a água subir de cada vez. Saber medir tudo que tem uma grandeza significa levar nossos conhecimentos ao seu mais alto grau, e é para isso que foram inventadas as Matemáticas.

A verdadeira ordem na qual as partes da Filosofia devem ser organizadas precisa colocar em primeiro lugar as que contêm princípios cujo conhecimento é necessário para a compreensão e demonstração dos seguintes. Foi a essa ordem que o Sr. Wolff se conformou religiosamente, como vimos no que acabo de extrair dele.

Pode-se ainda dividir a Filosofia em dois ramos e considerá-la sob duas relações: ela pode ser teórica ou prática.

A Filosofia teórica ou especulativa repousa numa pura e simples contemplação das coisas; não vai mais longe do que isso.

A Filosofia prática é a que dá as regras para operar sobre seu objeto. Do ponto de vista das duas espécies de ações humanas que se propõe a dirigir, ela tem duas partes: a Lógica e a Moral. A Lógica dirige as operações do entendimento e a Moral, as operações da vontade. Vide *Lógica* e *Moral.* As outras partes da Filosofia são puramente especulativas.

A Filosofia é tomada também muito ordinariamente como a doutrina particular ou sistemas inventados pelos filósofos renomados que tiveram seguidores. Desse modo, assim considerada, a Filosofia dividiu-se em um número infinito de seitas, tanto antigas quanto modernas, como a dos platônicos, peripatéticos, epicuristas, estoicos, pitagóricos, pirrônicos e acadêmicos; em nossos dias, a dos cartesianos, a dos newtonianos. Vide a origem, o dogma de cada seita no verbete que lhe é particular.

A Filosofia é tomada ainda por uma certa maneira de filosofar, ou como certos princípios sobre os quais se orientam as pesquisas que se faz por seu intermédio. Nesse sentido, Filosofia [**514**] corpuscular, Filosofia mecânica, Filosofia experimental.

Essa é a noção sadia da Filosofia; seu fim é a certeza, e todos os seus passos tendem a ela pela via da demonstração. O que caracteriza, pois, o filósofo e o distingue do vulgo, é que ele nada admite sem prova, não dá de modo algum seu assentimento a noções enganosas, e estabelece com exatidão os limites do certo, do provável e do duvidoso. Não emprega discursos vagos e não explica nada por qualidades ocultas, que não são outra coisa senão o próprio efeito transformado em causa. Prefere confessar sua ignorância todas as vezes que o raciocínio e a experiência não poderiam conduzi-lo à verdadeira razão das coisas.

A Filosofia é uma ciência muito imperfeita ainda e que nunca será completa. Pois quem poderá dar a razão de todos os possíveis? O ser que tudo fez com peso e medida é o único que tem um conhecimento filosófico, matemático e perfeito de suas obras. Mas o homem não é por isso menos louvável por estudar o grande livro da natureza e procurar nele as provas da sabedoria e de todas as perfeições de seu autor. A sociedade também recebe grandes bens das pesquisas filosóficas que ocasionaram e aperfeiçoaram várias descobertas úteis ao gênero humano.

O maior filósofo é aquele que dá a razão do maior número de coisas. Eis seu lugar assinalado com precisão: a erudição, por esse meio, não é mais confundida com a Filosofia. O conhecimento dos fatos é, sem dúvida, uma preliminar essencial à sua explicação; mas ser filósofo não é simplesmente ter visto e lido muito; também não é possuir a História da Filosofia, das ciências e das Artes; tudo isso forma um caos indigesto. Mas ser filósofo é ter princípios sólidos e sobretudo um bom método para dar a razão desses fatos e tirar deles suas consequências.

Dois principais obstáculos retardaram por muito tempo os progressos da Filosofia: a autoridade e o espírito sistemático.

Um verdadeiro filósofo não vê pelos olhos de outrem, não se rende senão à convicção que nasce da evidência. É muito difícil compreender como é possível que pessoas de espírito prefiram servir-se do espírito dos outros na procura da verdade em vez de se servirem do espírito que Deus lhes deu. Sem dúvida, há infinitamente mais prazer e honra em se conduzir por seus próprios olhos que pelos olhos de outros, e um homem que tem bom senso nunca pensa em fechá-los ou arrancá-los na esperança de ter um guia. Entretanto, trata-se de um costume bastante universal, e o padre Malebranche apresenta diversas razões para isso:

1º) A preguiça natural dos homens, que não querem se dar ao trabalho de meditar.

2º) A incapacidade de meditar, na qual se cai por não se aplicar a isso desde a juventude, quando as fibras do cérebro eram capazes de todas as espécies de inflexões.

3º) O pouco amor que se tem pelas verdades abstratas, que são o fundamento de tudo o que se pode conhecer aqui na Terra.

4º) A tola vaidade que nos faz desejar ser considerados sábios, pois chamamos de sábios os que têm mais leitura: o conhecimento das opiniões tem mais uso na conversação e serve mais para atordoar os espíritos do vulgo do que o conhecimento da verdadeira Filosofia, que é fruto da reflexão.

5º) A admiração excessiva em relação aos antigos, que faz que se imagine que eles foram mais esclarecidos do que podemos sê-lo, e que não há nada que façamos que eles já não tenham feito com sucesso.

6º) Um certo respeito, misturado à curiosidade, que faz que se admire mais as coisas mais afastadas de nós, as coisas mais antigas, as que vêm de mais longe, e mesmo os livros mais obscuros. Assim, outrora, estimava-se Heráclito por sua obscuridade. Procuram-se medalhas antigas, mesmo roídas pela ferrugem, e guardam-se com grande cuidado a lanterna e as pantufas de alguns antigos; sua antiguidade faz o seu preço. Alguns se dedicam à leitura dos rabinos, porque eles escreveram numa língua estrangeira muito corrompida e muito obscura. Consideram-se mais ainda as opiniões mais antigas, porque estão afastadas de nós, e, sem dúvida, se Ninrod tivesse escrito a história de seu reino, toda a mais fina política e até mesmo todas as outras ciências estariam aí contidas, do mesmo modo que outros julgam que Homero e Virgílio tinham um conhecimento perfeito da natureza. Diz-se que é preciso respeitar a antiguidade. Por acaso Aristóteles, Platão, Epicuro, esses grandes homens, teriam se enganado? Não se considera que Aristóteles, Platão, Epicuro eram homens como nós, da mesma espécie, e, além disso, não se considera que, em nosso tempo, o mundo tem mais de dois mil anos, que tem mais experiência, que deve ser mais esclarecido, e que a velhice do mundo e a experiência permitem descobrir a verdade.

Um espírito muito cultivado de nosso século, afirma o Sr. Fontenelle, é, por assim dizer, composto de todos os espíritos dos séculos precedentes; é como se um mesmo espírito fosse cultivado durante todo esse tempo: assim, esse homem que viveu desde o começo do mundo até hoje teve sua infância, durante a qual ocupou-se das necessidades mais prementes da vida; sua juventude, na qual desenvolveu com sucesso sua imaginação com a poesia e a eloquência, e durante a qual começou mesmo a raciocinar, mas com mais ardor do que solidez; ele está agora na idade da virilidade, na qual raciocina com mais forças e mais luzes do que nunca. Esse homem, propriamente dito, não terá velhice, será sempre igualmente capaz para as coisas próprias da juventude e será sempre capaz, e cada vez mais, para as coisas que convêm à idade viril, ou seja, para abandonar a alegoria. Os homens nunca degeneram, e as ideias sadias de todos os bons espíritos que sucederão se acrescentarão sempre umas às outras.

Essas reflexões sólidas e sensatas deveriam nos curar dos preconceitos ridículos que temos em favor dos antigos. Se nossa razão, apoiada pela vaidade que nos é tão natural, não puder nos tirar de uma humildade mal compreendida, como se, na qualidade de homens, não tivéssemos o direito a tão grande perfeição, a experiência, pelo menos, será suficientemente forte para nos convencer de que nada contribuiu tanto para interromper o progresso das coisas e nada limitou tanto os espíritos do que essa admiração excessiva pelos antigos. Devotada à autoridade de Aristóteles, continua Fontenelle, e procurando a verdade apenas em escritos enigmáticos e nunca na natureza, não somente a Filosofia não avançava de modo algum, mas caía num abismo de galimatias e ideias ininteligíveis, de onde se teve a maior dificuldade de tirá-la. Aristóteles nunca fez um verdadeiro filósofo, mas sufocou muitos que o teriam sido se lhes tivesse sido permitido. O mal é que uma fantasia dessa espécie, uma vez estabelecida entre os homens, durará muito tempo, e serão necessários séculos inteiros para nos livrar das ilusões, mesmo depois que soubermos que são ridículas. Se um dia ficarmos obstinados com Descartes, haverá o mesmo inconveniente. [**515**]

Se esse respeito excessivo pela Antiguidade tem tão má influência, o quanto ele não se torna mais contagioso para os comentários sobre os antigos? Quantas belezas, diz o autor engenhoso que acabamos de citar, não ficariam felizes de inspirar a seus amantes uma paixão tão viva e tão terna quanto aquelas que o grego e o latim inspiram ao seu respeitoso intérprete? Se comentamos Aristóteles, dizemos: *é um gênio da natureza*; se for Platão, *é o divino Platão*. Não se comentam as obras dos homens comuns; são sempre obras de homens divinos, homens que tiveram a admiração de seu século. O mesmo acontece com o assunto tratado: é sempre o mais belo, o mais elevado, a que se tem mais necessidade de saber. Mas desde que apareceram os Descartes, os Leibniz e os Wolff, desde que as Matemáticas foram associadas à Filosofia, a maneira de raciocinar se aperfeiçoou extremamente.

7º) O espírito sistemático não prejudica menos os progressos da verdade. Por espírito sistemático não entendo aquele que liga as verdades entre si para fazer demonstrações, o que não é outra coisa senão o verdadeiro espírito filosófico, mas designo aquele que constrói planos e produz sistemas do universo, aos quais se quer em seguida ajustar os fenômenos, segundo o gosto ou pela força. Encontraremos uma boa quantidade de boas reflexões sobre isso no segundo tomo da *História do céu*, do abade Pluche. Entretanto, Pluche as levou longe demais, e a ele seria difícil responder a algumas críticas. O que há de certo é que nada é mais louvável do que o partido tomado pela Academia de Ciências, de ver, observar, registrar as observações e as experiências, e deixar para a posteridade o cuidado de fazer um sistema completo, quando houver materiais suficientes para isso. Mas esse tempo ainda está longe, se é que ele vai chegar um dia.

O que torna o espírito sistemático tão contrário ao progresso da verdade é que não é mais possível tirar do engano os que imaginaram um sistema que tem alguma verossimilhança. Eles conservam e retêm muito amorosamente todas as coisas que podem servir de algum modo para confirmá-lo e não percebem quase todas as objeções que lhes são apresentadas, ou então as rejeitam com qualquer distinção frívola. Deleitam-se internamente com a contemplação de sua obra e com a estima que esperam receber dela. Dedicam-se apenas a considerar a imagem da verdade trazida por suas opiniões verossímeis, fixam essa imagem diante dos olhos, mas nunca consideram com distância as outras faces de seus pontos de vista, que revelam a sua falsidade.

Acrescentai a isso os preconceitos e as paixões. Os preconceitos ocupam uma parte do espírito e infectam todo o resto. As paixões confundem as ideias de mil modos e nos fazem ver quase sempre os objetos que desejamos encontrar. Até mesmo a paixão pela verdade algumas vezes nos engana quando é muito ardente. (Malebranche)

(**MGS**)

## Filosofia pirrônica, ou cética[1] (*História da Filosofia*), Diderot [13, 608]

Os gregos estavam cansados de tantas disputas sobre o verdadeiro e o falso, o bem e o mal, o belo e o feio, quando surgiu entre eles uma seita que, em pouco tempo, conseguiu muitos prosélitos. Foi a seita pirrônica ou

1 Tradução parcial.

cética. Nas outras escolas, havia um sistema aceito, princípios reconhecidos, provava-se tudo, não se duvidava de nada. Na seita pirrônica, seguiu-se um método de filosofar absolutamente oposto: pretendeu-se que não havia nada demonstrado nem demonstrável; que a ciência real não era senão um nome vão; que aqueles que a arrogavam para si eram apenas homens ignorantes, vãos ou mentirosos; que todas as coisas sobre as quais um filósofo podia disputar continuavam, apesar dos esforços, cobertas das mais espessas trevas; que quanto mais se estudava, menos se sabia, e que estávamos condenados a flutuar eternamente de incerteza em incerteza, de opiniões em opiniões, sem nunca encontrar um ponto fixo, de onde pudéssemos partir e ao qual voltar e nos deter. De onde os céticos concluíam que era ridículo definir; que não se devia afirmar nada, que o sábio suspenderia seu juízo, não se deixaria enganar pela quimera da verdade; ele regraria sua vida baseado na verossimilhança, mostrando, por sua circunspecção, que se a natureza das coisas não lhe era mais clara do que para os dogmáticos mais decididos, pelo menos a imbecilidade da razão humana lhe era mais bem conhecida. O cético era, pois, um inimigo comum.

Pirro, discípulo de Anarcharque, da seita eleática, foi o primeiro que exerceu essa filosofia pusilânime e duvidosa, que é chamada por seu nome, *pirronismo*, e pela sua natureza, *ceticismo*. Se examinamos o método dos acadêmicos, veremos que ele não é muito diferente do de Pirro.

Pirro nasceu em Eléa, de pais obscuros. Foi um mau pintor antes de ser filósofo. Teve como primeiro mestre Brison, filho de Estilpon, discípulo de Clinômaco, que o instruiu nessa dialética espinhosa, particular aos erísticos. Em seguida ouviu Anaxágoras, discípulo de Metrodoro de Chio, e ligou-se a esse filósofo. Juntos seguiram Alexandre até a Índia, conversaram com os brâmanes e com os ginosofistas. Da doutrina de seus mestres ele reteve apenas os princípios que favoreciam sua inclinação natural para a dúvida. Começou de uma maneira que não devia mais ofender do que surpreender. Disse que não havia nada que fosse honesto ou desonesto, nada justo ou injusto, belo ou feio, verdadeiro ou falso, e essas foram suas primeiras palavras. A educação, o uso comum, o hábito, eram, para ele, os únicos fundamentos das ações e das asserções dos homens. Assegura-se que sua conduta era consequente com sua filosofia; que ele não tomava precauções contra nada, não se desviava, caminhava direto na direção de um carro, de um precipício, uma fogueira, um animal feroz. Nas ocasiões mais perigosas, desprezava o evidente testemunho dos sentidos e, frequentemente, deveu sua salvação aos amigos que o acompanhavam. Se isso for verdade, deve-se considerar Pirro uma dessas cabeças que nascem estupefatas e para quem tudo é confuso. Mas não é isso. Ele raciocinava como um insensato e se conduzia como todo mundo. Observou-se nele apenas mais indiferença, mais indulgência e mais resignação. Não tendo opinião, não era difícil determiná-lo; sem nenhuma noção do bem e do mal, como se poderia ofendê-lo? De que se queixaria um homem que não distinguia a dor do prazer? A suprema tranquilidade de alma que ele havia adquirido espantava Epicuro. Seus concidadãos acreditaram que ele era um grande sacerdote. Qualquer que tenha sido a sua filosofia, o bem era a regra de sua vida, não se pode duvidar disso. A acatalepsia de Pirro não se estendia ao testemunho dos sentidos; era uma arma que ele havia inventado contra o orgulho dos dogmáticos e que ele só empregava com eles; tinha seus sentimentos particulares na escola e sua conduta comum na sociedade. Viveu seu esplendor na 110ª olimpíada e morreu com noventa anos. Os atenienses lhe dedicaram uma estátua junto ao pórtico: assim, ele teve também um monumento em sua pátria.

Ele havia aprendido com Demócrito que não havia nada de real a não ser os átomos; que aquilo que consideramos qualidades próprias dos corpos eram tão somente afecções de nosso entendimento, opiniões, uma disposição, uma ordem, uma percepção. Na escola eleática, havia aprendido que o testemunho dos sentidos era enganador; com Estilpon, a arte funesta de disputar o pró e o contra quase do mesmo modo. Era um homem de um caráter duro; via os filósofos divididos numa infinidade de escolas opostas, uns sob o liceu, outros sob o pórtico, gritando: "sou eu que possuo a verdade; é aqui que se aprende a ser sábio; vinde, senhores, façam o favor de entrar. Meu vizinho é um charlatão que vos enganará". Essas circunstâncias concorreram para conduzi-lo ao ceticismo que professou.

Pirro teve muitos seguidores. O primeiro de que se faz menção é Eurí-loco. Era um homem violento, cuja conduta de tempos em tempos tornou ridícula uma seita que pregava a dúvida na procura da verdade e a ataraxia no uso das paixões. Havia guardado o ódio de seu mestre aos sofistas; entretanto, eles o atormentaram de tal modo em Élida com suas questões espinhosas, que, de impaciência, Euríloco jogou no chão seu casaco e se precipitou no Alfeu, deixando o rio entre eles e si.

Houve um Pirro de Atenas, discípulo de Pirro de Elea, que amava a solidão tanto quanto seu mestre, e também fugia das disputas da escola e do tumulto do mundo.

[**611**] O ceticismo se enfraqueceu desde o tempo de Roma até 1562, quando nasceu o português Francisco Sanchez. Ele publicou uma obra intitulada *De multùm nobili & primâ universali scientiâ quod nihil scitur.*[2] Foi uma maneira hábil de atacar o aristotelismo sem se comprometer. Sanchez estava insatisfeito com os erros que reinavam em seu tempo. Jerônimo Himhaym estava insatisfeito com todo o conhecimento humano, como parece indicar o título de sua obra *De tytho generis humani, sive scientiarum humanarum inani ac ventoso humore, difficultate, labilitate, falsitate, jactantiâ, presumptione, incommodis & periculis, tractatus brevis, in quo etiam vera sapientia à falsa discernitur, & simplicitas mundo contempta extollitur, idiotis in solatium, doctis in cautelam conscriptus.*[3] Hymhaim era cônego da ordem de Prémonté e abade de Strahow na Boêmia. Esse cético piedoso leva a dúvida tão longe quanto [**612**] ela pode ir. Para ele, não há nenhum axioma de Filosofia que seja infalível. Ele opõe a Filosofia à Teologia, a revelação à razão, a criação ao axioma *ex nihilo nihil fit*, a eucaristia ao axioma segundo o qual é impossível que um mesmo corpo esteja em vários lugares ao mesmo tempo, a trindade ao axioma de que um e um são dois e dois e um são três. Na sua opinião, os apóstolos que viveram com Jesus Cristo, que o viram, ouviram, tocaram-no, com quem comeram, não se asseguraram desses fatos senão pela fé e não pelo testemunho de seus sentidos, que podiam tê-los enganado. Ele remete tudo à infalibilidade da Igreja: o bom homem não percebe que essa proposição, *a Igreja é infalível*, nunca poderá adquirir a

---

2 "Sabendo que, sobre os numerosos conhecimentos e o princípio, nada se sabe."

3 "Breve tratado sobre o orgulho do gênero humano, que não tem nem nenhuma ciência nem arejado humor, o qual a verdadeira sabedoria não se distingue da falsa, a simplicidade do mundo é questionada, os idiotas se confrontam, os doutos com cautela escrevem sobre a dificuldade, a fragilidade, a falsidade, a jactância, a presunção, os incômodos e os perigos."

evidência que se recusa a essa outra: *é impossível que uma coisa seja e não seja ao mesmo tempo; o todo é maior do que a parte*, e outras, que ele combate de boa-fé.

O pirrônico François la Motte le Vayer nasceu em Paris, em 1586. É o Plutarco francês. Tinha lido e refletido muito. É cético em seu *Horatius Tuberon*, cínico em seu *Hexameron rústico*. Livre em seus escritos e severo em seus costumes, é um dos exemplos a serem objetados aos que se apressam em julgar ações dos homens por seus discursos.

Pierre Daniel Huet marchou sobre os passos de La Motte le Vayer e mostrou-se entre nós como muito ousado adversário da razão. Huet nasceu em Caen, em 1630; foi um dos homens mais entendidos que tivemos. As letras, as Matemáticas, a Astronomia, a poesia, as línguas hebraica, grega e latina, a erudição, todos os conhecimentos lhe foram quase igualmente familiares. Teve relações as mais estreitas com a maioria dos grandes homens de seu século, Petau, Labbe, Cossart, Bochard, Vavassor e Rapin. Inclinou-se muito cedo para o ceticismo, tomando a força de seu espírito – que ele julgava abaixo das dificuldades das questões – para medi-la com a extensão do espírito humano; do fato de que não havia homens a quem ele fizesse injustiça, concluía no interior de si mesmo que não somos destinados a conhecer a verdade. A cada dia esse preconceito secreto se fortalecia nele, e não soube que era um cético até o momento em que escreveu sua obra sobre a fraqueza do entendimento humano. Chega-se ao pirronismo por duas vias absolutamente opostas: ou porque não se sabe o bastante, ou porque se sabe demais. Huet seguiu esta última via, que não é a mais comum.

Mas, entre os seguidores do pirronismo, havíamos esquecido de Michel de Montaigne, autor desses ensaios que serão lidos enquanto houver homens que amarem a verdade, a força, a simplicidade. A obra de Montaigne é a pedra de toque de um bom espírito. Dizei a quem essa leitura desagrada que ele tem algum vício do coração ou do entendimento; não há quase nenhuma questão a respeito da qual esse autor não tenha discutido os prós e os contras com o mesmo ar de persuasão. As contradições de sua obra são a imagem fiel das contradições do entendimento humano. Ele segue sem arte o encadeamento de suas ideias; importa-lhe muito pouco de onde parte, como vai, nem aonde chega. A coisa que ele diz é aquela que o afeta no momento. Não é nem mais costurado nem descosturado ao escrever do que ao pensar ou sonhar. Ora, é impossível que o homem que pensa ou que sonha seja absolutamente descosturado. Seria preciso que um efeito pudesse cessar sem causa, e que um outro efeito pudesse começar subitamente e por si mesmo. Há uma ligação necessária entre os pensamentos mais disparatados; essa ligação está na sensação, ou nas palavras, ou na memória, ou dentro, ou fora do homem. Essa é uma regra à qual até mesmo os loucos estão sujeitos na maior desordem da razão. Se tivéssemos a história completa de tudo o que se passa neles, veríamos que tudo está ligado, assim como no homem mais sábio e mais sensato.

Embora nada seja tão variado quanto a sequência dos objetos que se apresentam à nossa filosofia e que parecem ser levados pelo acaso, eles se tocam todos de um modo ou de outro. E embora haja uma distância entre o assunto dos coches públicos e os discursos que os mexicanos dirigiram aos europeus, chega-se de Bordeaux a Cusco sem interrupção, mas, na verdade, por bem longos desvios. A caminho, o autor se mostra com todas as espécies de faces, ora bom, ora depravado, ora compassivo, ora vão, ora incrédulo, ora supersticioso. Depois de ter escrito com força contra a verdade dos milagres, fará a apologia dos augúrios; mas seja o que se disser, ele interessa e instrui. Mas o ceticismo não teve, nem entre os antigos, nem entre os modernos, nenhum atleta mais temível do que Bayle.

Bayle nasceu em 1647. A natureza lhe deu a imaginação, a força, a sutileza, a memória, a educação, tudo o que pode contribuir para que sobressaíssem suas qualidades naturais. Aprendeu as línguas grega e latina; entregou-se muito cedo e quase sem interrupção a todas as espécies de leituras e estudos. Plutarco e Montaigne foram seus autores favoritos. Foi aí que adquiriu o germe do pirronismo, que se desenvolveu em seguida nele de uma maneira tão surpreendente. Ocupou-se da dialética antes dos vinte anos. Ainda era bem jovem quando conheceu um eclesiástico, que, aproveitando-se das incertezas nas quais flutuava, lhe pregou a necessidade de remeter-se a qualquer autoridade que o ajudasse a decidir, e o determinou a abjurar publicamente a religião que havia recebido de seus pais. Tão logo deu esse passo, o espírito de proselitismo apossou-se dele. Bayle, que havia criticado tanto os convertedores, tornou-se um deles. Então, não conseguia se impedir de tentar inspirar a seus irmãos, pais e amigos os sentimentos que havia adotado. Mas seu irmão, que não era um homem sem mérito, e que exercia as funções de ministro entre os reformados, o trouxe de volta ao culto da família. O catolicismo não teve razão para se afligir, nem o protestantismo de se glorificar de seu retorno. Bayle não demorou a conhecer a vaidade da maioria dos sistemas religiosos e atacá-los todos, sob o pretexto de defender o que ele havia abraçado. A permanência na França o teria exposto às perseguições, então se retirou para Genebra. Foi lá que, passando de uma primeira abjuração a outra, deixou o aristotelismo pelo cartesianismo, mas com tão pouco apreço por uma dessas doutrinas quanto pela outra. Pois viu-se que, em seguida, ele passou a opor as opiniões dos filósofos umas contra as outras, e zombava delas igualmente. Não podemos aqui nos impedir de lamentar o tempo que ele perdeu se encarregando sucessivamente de duas educações. O tempo que ele passou a professar a Filosofia em Sedan também não foi bem aproveitado. Foram nessas circunstâncias que Poiret publicou sua obra sobre Deus, a alma e o mal. Bayle apresentou algumas dificuldades ao autor. Este respondeu, e essa controvérsia envenenou a vida dos dois. Bayle apresentou Poiret como um louco e Poiret apresentou Bayle como um ateu. Mas pode-se ser louco e não ateu impunemente. Poiret amava a Bourignon; Bayle dizia que ela era uma mulher de cérebro perturbado. Poiret dizia que Bayle era um defensor secreto do espinosismo. Poiret suspeitava que Bayle havia excitado a severidade dos magistrados contra Bourignon e vingou-se por uma acusação que [**613**] comprometia, na sua opinião, seu adversário de uma maneira muito mais perigosa. Bourignon talvez pudesse ser presa, mas Bayle teria sido queimado.

O princípio de Descartes, que constitui a essência do corpo na extensão, o levou a outra disputa. Em 1681, apareceu esse cometa famoso por sua grandeza e talvez mais ainda pelos *Pensamentos* de Bayle, obra em que, na ocasião desse fenômeno e dos terrores populares dos quais ele era acompanhado, nosso filósofo discutiu questões as mais importantes sobre os milagres, a natureza de Deus, a superstição. Ocupou-se em seguida do exame da história do calvinismo que Mainbourg havia publicado. O próprio Mainbourg louvava sua obra. O grande Condé não deixou de lê-la. Todo mundo a devorava e o governo mandava queimá-la. Ele começou em 1684 sua *República das Letras*. Levado, por esse gênero de trabalho, a ler todas as espécies de obras, a aprofundar os assuntos mais disparatados, a discutir questões de Matemáticas, de Filosofia, de Física, de Teologia, de Jurisprudência, de História, que campo para um pirrônico! O teósofo Malebranche apareceu então na cena. Entre um grande número de opiniões que lhe eram particulares, tinha afirmado que toda volúpia é boa. Arnaud acreditou ver nessa máxima a ruína da moral e o atacou. Bayle interveio nessa querela, explicou os termos e inocentou Malebranche da acusação de Arnaud. Já lhe tinham escapado em outros escritos princípios favoráveis à tolerância: ele se explicou claramente sobre esse assunto importante, em seu *Comentário filosófico*. Essa obra apareceu em partes. De início, ela agradou igualmente a todos os partidos; em seguida, desagradou os católicos e continuou a agradar os reformados; depois, ela desagradou igualmente uns e outros e só conservou aprovação constante dos filósofos. Trata-se de uma obra-prima da eloquência. Mas não podemos negar que ela havia sido precedida de uma brochura intitulada *Junii Bruti, poloni, vindiciae pro libertas religionis*,[4] que continha em resumo tudo o que Bayle disse. Se Bayle não fosse o autor desse discurso anônimo, sua glória se reduziria a ter feito um excelente comentário. Havia muito tempo que o ministro Jurieu tinha inveja da reputação de Bayle. Acreditava ter razões particulares para se queixar dele. Considerava seus princípios sobre a tolerância como próprios para inspirar a indiferença pela religião. Estava devorado por um ódio secreto, quando foi publicado o *Aviso importante aos refugiados sobre seu retorno próximo para a França*, obra escrita com fineza, na qual se desculpavam as vexações que a corte da França havia ordenado contra os protestantes e na qual a conduta desses trânsfugas não era mostrada de modo muito favorável, o que excitou todas as igrejas reformadas ao maior escândalo. Procurou-se descobrir quem era o autor. Hoje a obra é atribuída a Pelisson. Jurieu persuadiu todo mundo de que a obra era de Bayle, e com essa imputação pensou arruiná-lo. Bayle tinha havia muito tempo o plano de seu *Dicionário histórico e crítico*. Como as disputas nas quais ele havia vivido miseravelmente começaram a se apaziguar, ele se ocupou desse dicionário dia e noite, e publicou seu primeiro volume em 1687. Conhecia-se seu espírito, seus talentos, sua dialética;

4 "Júnio Bruto, polonês, reivindica liberdade religiosa."

conheceu-se então a imensidade de sua erudição e sua inclinação decidida para o pirronismo. Com efeito, que questões de política, literatura, crítica, Filosofia antiga e moderna, Teologia, História, Lógica e Moral não estão aí tratadas pelo pró e pelo contra? É aí que o vemos, tal como Júpiter de Homero que ajunta as nuvens; no meio dessas nuvens erramos, espantados e desesperados. Tudo o que Sexto Empírico e Huet dizem contra a razão, um nas *Hipotiposes*, outro em seu *Tratado sobre a fraqueza do entendimento humano*, não vale um verbete escolhido do *Dicionário* de Bayle. Aprende-se nele bem melhor a ignorar o que se crê saber. As obras que acabamos de apresentar não são as únicas que esse homem surpreendente escreveu; e, contudo, ele não viveu nem cinquenta e nove anos: morreu em janeiro de 1706.

Bayle teve poucos iguais na arte de raciocinar; talvez não tenha existido nenhum superior a ele. Ninguém soube apreender mais sutilmente a fraqueza de um sistema, ninguém soube fazer valer mais fortemente as suas vantagens. Temível quando prova, mais temível ainda quando objeta: dotado de uma imaginação viva e fecunda, ao mesmo tempo que prova, diverte, pinta, seduz. Embora amontoe dúvida sobre dúvida, avança sempre com ordem: é um pólipo vivo que se divide em outros tantos pólipos, todos vivos; eles os engendra uns aos outros. Qualquer que seja a tese que quer provar, tudo vem em seu auxílio, a História, a erudição, a Filosofia. Se a verdade está do seu lado, não conseguimos resistir a ele. Se fala em favor da mentira, sua pluma assume todas as cores da verdade; imparcial ou não, ele parece sempre sê-lo. Não se vê nunca o autor, mas a coisa.

Não importa o que se diga do homem de letras, não se tem nada a reprovar no homem. Teve o espírito reto e o coração honesto. Foi obsequioso, sóbrio, laborioso, sem ambição, sem orgulho, amigo do verdadeiro, até mesmo em relação aos seus inimigos, tolerante, pouco devoto, pouco crédulo, não se poderia ser menos dogmático, alegre, divertido, consequentemente pouco escrupuloso em seus relatos, mentiroso como todas as pessoas espirituosas, que não hesitam em suprimir ou acrescentar uma circunstância leve a um fato, quando ele se torna assim mais cômico ou mais interessante, às vezes vulgar. Diz-se que Jurieu só começou a ficar tão mal em relação a Bayle depois de perceber que este estava bem demais com a sua mulher: mas isso é uma fábula, que, sem injustiça, se pode crer ou não crer sobre Bayle, que se deliciava em fazer que se acreditasse em histórias semelhantes. Não penso que ele tenha alguma vez dado grande valor à continência, ao pudor, à fidelidade conjugal e a outras virtudes desse tipo, pois, se não fosse assim, ele teria sido mais reservado em seus julgamentos. Diz-se de seus escritos que *quamdiu vigebunt, lis erit.*[5] Terminaremos nossa história com isso.

Segue-se, do que precede, que os primeiros céticos não se levantaram contra a razão senão para mortificar o orgulho dos dogmáticos; que, entre os céticos modernos, uns procuraram insultar a Filosofia para dar autoridade à revelação; outros, para atacá-la mais seguramente, arruinando a solidez da base sobre a qual deve-se estabelecê-la, e que entre os céticos antigos e modernos alguns duvidaram de boa-fé, porque não percebiam na maioria das questões senão motivos de incerteza.

Quanto a nós, concluiremos que, como tudo está ligado na natureza, não há nada, propriamente falando, do qual o homem tenha um conhecimento perfeito, absoluto, completo, nem mesmo dos axiomas mais evidentes, porque seria necessário que ele tivesse conhecimento de tudo.

Como tudo está ligado, se não se conhece tudo, necessariamente ocorrerá que, de discussões em discussões, se chegue a alguma coisa desconhecida: logo, remontando a partir desse ponto desconhecido, se chegará a concluir contra ele ou pela ignorância, ou pela incerteza do ponto que precede, e assim alcançar o princípio mais evidente.

Há, pois, uma espécie de sobriedade no uso da razão, à qual é preciso se sujeitar, ou então se decidir [**614**] a ficar flutuando na incerteza; há um momento em que sua luz, que estava sempre crescendo, começa a se enfraquecer, e no qual é preciso se deter em todas as discussões.

Quando, de consequências em consequências, eu tiver conduzido um homem a alguma proposição evidente, deixarei de discutir. Não escutarei mais aquele que negar a existência dos corpos, as regras da Lógica, o testemunho dos sentidos, a distinção entre o verdadeiro e o falso, o bem e o mal, o prazer e a dor, o vício e a virtude, o decente e o indecente, o justo e o injusto, o honesto e o desonesto. Virarei as costas para aquele que procurar me afastar de uma questão simples, para me embarcar em dissertações sobre

5 "Enquanto continuarem sendo lidas, vigorarão."

a natureza da matéria, do entendimento, da substância, do pensamento e de outros assuntos que não têm eira nem beira.

O homem uno e verdadeiro não teria duas filosofias, uma de gabinete e outra da sociedade; ele não estabelecerá na especulação princípios dos quais será forçado a esquecer na prática.

Como dizer a um homem, que, independentemente do que vê, toca, escuta, percebe, tudo o que percebe é sua sensação? Diria que ele poderia ter sido organizado de maneira que tudo se passasse nele como se passa, sem que haja nada fora, e que talvez ele seja o único ser que existe? Eu sentiria imediatamente o absurdo e a profundeza desse paradoxo, e evitaria perder meu tempo a destruir num homem uma opinião que ele não tem e a quem não tenho nada a opor de mais claro do que aquilo que ele nega. Seria necessário, para confundi-lo, que eu pudesse sair da natureza, tirá-lo de lá, e raciocinar de algum ponto entre mim e ele, o que é impossível. Esse sofista não tem nem mesmo o decoro da conversação, que consiste em não objetar senão sobre as coisas às quais se pode acrescentar por si mesmo alguma solidez. Por que eu me esgotaria para dissipar uma dúvida que eu não tenho? Meu tempo tem tão pouco valor a vossos olhos? Dai tão pouco valor ao vosso? Não existem mais verdades para procurar ou para esclarecer? Ocupemo-nos com alguma coisa mais importante, ou, se tivermos somente essas frivolidades presentes, durmamos e comamos.

(MGS)

## Forma substancial (*Metafísica*), d'Alembert [7, 176]

*Forma substancial*, barbarismo da antiga filosofia escolástica utilizado principalmente para designar pretensos seres materiais que, em si mesmos, não seriam matéria. Não tentaremos explicar o que isso significa; diremos apenas que essa questão é espinhosa, e que a discussão em torno da alma dos animais foi o que ocasionou essa opinião absurda. Eis a seguir os passos que os escolásticos parecem ter dado, ou a sequência de raciocínios que os teria levado ao desarrazoamento.

Se os animais sentem, pensam, e mesmo, como parece provar a experiência, raciocinam, eles têm também um princípio distinto da matéria;

pois seria inverter as provas da espiritualidade da alma crer que Deus não poderia atribuir sentimento e pensamento a uma substância extensa. Ora, se a alma dos animais não é material, então por que ela se extingue com a destruição do corpo? E por que o Ser supremo, tendo introduzido nos animais um princípio de sentimento similar ao que atribuiu ao homem, não concedeu a esse princípio a imortalidade que deu à nossa alma? A filosofia da Escola [177] não pôde encontrar outra resposta a essas questões além de afirmar que a alma dos animais é *material*, embora não seja feita de *matéria*, ao passo que a alma do homem é *espiritual*. Como se um absurdo servisse para resolver uma objeção, e pudéssemos conceber um ser espiritual sob uma ideia diferente da ideia negativa de um *ser que não é matéria*!

Os filósofos modernos, mais razoáveis, reconheceram a espiritualidade da alma dos animais e limitaram-se a dizer que ela não é imortal, pois Deus assim o quis.

Mas a experiência prova que os animais sofrem, e, a esse respeito, sua condição se aproxima da nossa, se não é pior que ela. Ora, se é assim, por que Deus, esse ser tão bondoso e tão justo, teria condenado a tantas penalidades seres que não o ofenderam e que ele nem sequer poupa dessas penas numa vida futura? Acreditar que os animais sentem e, por conseguinte, sofrem, não é subtrair à religião o grande argumento que Santo Agostinho extrai dos sofrimentos dos homens, para provar o pecado original? *Sob um Deus justo*, ele escreve, *toda criatura que sofre há de ter pecado*.

Descartes, o mais rígido, e também o mais consequente dos filósofos, encontrou uma única resposta a essa terrível objeção: recusar em absoluto todo sentimento aos animais, sustentar que eles não sofrem, mas, destinados pelo criador às necessidades e ao serviço dos homens, aparentam agir como se fossem seres que sentem, embora na realidade não passem de autômatos. Toda resposta diferente dessa, apesar das sutilezas que a adornem, não poderia, segundo ele, respaldar a justiça divina. Essa metafísica, sem dúvida, é especiosa. Mas a hipótese que considera as feras como puras máquinas é tão repugnante à razão, que foi abandonada, não obstante as aparentes consequências do sistema contrário a ela. Com efeito, como esperar persuadir homens razoáveis de que os animais ao seu redor, que, com algumas ligeiras diferenças, se parecem tanto com eles, são meras máquinas organizadas? Seria negar as verdades mais claras. O instinto que nos assevera a existência dos corpos não é mais forte do que aquele que nos leva a atribuir sentimento aos animais.

Diante disso, que partido tomar na querela em torno da alma dos animais? Acreditar, com o senso comum, que eles sofrem; ao mesmo tempo, com a religião, que nossa alma é espiritual e imortal, e Deus é sempre sábio e justo; e contentar-se com ignorar o resto.

Consoante a essa mesma ignorância, jamais explicaremos por que os animais que têm órgãos similares aos nossos e sensações semelhantes às nossas, por vezes até mais vivas, permanecem restritos a essas mesmas sensações, sem extrair delas, como fazemos, uma série de ideias abstratas e refletidas, noções metafísicas, línguas, leis, as ciências e as artes. Ou, ao menos, permaneceremos sem saber até onde a reflexão pode levar os animais, e por que não pode levá-los além. Ignoraremos também, pelas mesmas razões, o que consiste a desigualdade entre os espíritos; se está nas almas ou se depende unicamente da disposição do corpo, da educação, das circunstâncias, da sociedade; como essas diferentes causas podem influir de maneira tão diferente em almas de resto iguais, e como substâncias simples podem ser desiguais por natureza. Ignoraremos se a alma sempre pensa ou sente; se o pensamento é ou não a substância da alma; se ela pode subsistir sem pensar ou sentir, em que momento se inicia a união da alma com o corpo, e mil outras coisas similares. Ideias inatas são uma quimera que a experiência rechaça; mas nem por isso a maneira como adquirimos sensações e ideias refletidas é mais compreensível, embora seja amplamente atestada pela experiência. A Filosofia se limita, a respeito de uma infinidade de matérias, à divisa de Montaigne: a inteligência divina pôs diante de nós um véu, que em vão tentaríamos rasgar. Triste sorte para nossa inteligência e amor-próprio; boa ventura para o gênero humano.

De resto, a definição que oferecemos da expressão *forma substancial* não se aplica à sua utilização no primeiro cânon do Concílio Geral de Viena, que decidiu, contra o franciscano Pierre-Jean d'Olive, que *qualquer um que ouse sustentar que a alma racional não é essencialmente a forma substancial do corpo humano será tido como herege*. Esse decreto, que poderia, talvez, ter sido enunciado mais claramente, não prova, como quiseram alguns incrédulos, que na época do concílio se admitisse a imaterialidade da alma ou não houvesse ideia distinta de sua espiritualidade. Pois a Igreja não poderia se enganar, e tampouco oscilar, a respeito de matéria tão importante. Vide *Alma*; e também o *Abregé de l'Histoire ecclésiastique*, Paris 1751, *sous l'année 1312*.

(PPP)

## Giordano Bruno (*História da Filosofia*), Diderot [8, 881]

Esse homem singular nasceu em Nola, no reino de Nápoles; ele é anterior a Cardano, Gassendi, Bacon, Descartes e Hobbes. Qualquer que seja o juízo que se fizer de sua filosofia, não se poderá recusar a ele a glória de ter sido o primeiro a ousar atacar o ídolo da Escola, livrar-se do despotismo de Aristóteles e encorajar os homens, por meio de seu exemplo e de seus escritos, a pensarem por si mesmos; seria feliz, se tivesse tido menos imaginação e mais razão!

Ele teve uma vida muito agitada e variada; viajou para a Inglaterra, França, Alemanha, voltou para a Itália, onde foi detido e levado para as prisões da Inquisição, e de lá só saiu para ir morrer numa fogueira. O que ele respondeu aos juízes que pronunciaram sua sentença de morte mostra coragem: *majori forsan cum timore sententiam in me dicetis quam ego accipiam*.[1]

Os escritos desse autor são muito raros e a perpétua mistura de Geometria, Teologia, Física, Matemática e Poesia torna a sua leitura muito penosa. Eis aqui os principais axiomas de sua filosofia.

> Estes astros que vemos brilhar acima de nossas cabeças são mundos.
>
> Os três seres por excelência são Deus, a natureza e o homem. Deus ordena, a natureza executa e o homem concebe.
>
> Deus é uma mônada, a natureza, uma medida.
>
> Conhecer é um dos bens mais doces que o homem pode possuir.
>
> Deus deu a razão ao homem, e quem nada fez em vão, não prescreveu nenhum termo ao seu uso.

1 "Talvez vocês sintam maior temor ao pronunciar esta sentença do que eu sentirei ao ouvi-la."

Que aquele que quer saber comece por duvidar; que saiba que as palavras servem igualmente ao ignorante, ao sábio, ao bom e ao mau. A língua da verdade é simples; a da duplicidade é equívoca e a da vaidade, afetada.

A substância não se altera de modo algum; ela é imortal, sem aumento, sem diminuição, sem corrupção. Tudo emana dela e se resolve nela.

O *minimum* é o elemento do todo, o princípio da quantidade.

Não bastam o movimento, o espaço e os átomos; é necessário ainda um meio de união.

A mônada é a essência do número e o número, um acidente da mônada.

A matéria está num fluxo perpétuo e aquilo que um corpo é hoje não o será amanhã.

Já que a substância é imperecível, não se morre; passa-se, circula-se, assim como pensava Pitágoras.

Para falar com exatidão, o composto não é a substância.

A alma é um ponto em torno do qual os átomos se reúnem em seu nascimento, acumulam-se durante um certo tempo da vida e em seguida se separam até a morte, quando o átomo central se torna livre.

A passagem da alma para um outro corpo não é fortuita; ela é predisposta a isso por seu estado precedente. O que não é um não é nada.

A mônada reúne todas as qualidades possíveis; nela há par e ímpar, finito e infinito, extensão e não extensão, prova disso, Deus.

O maior movimento possível, o movimento retardado e o repouso, são apenas um. Tudo se transfere ou tende ao transporte.

Da ideia da mônada se passa à ideia do finito; da ideia do finito à do infinito, e se desce pelos mesmos graus.

Toda duração não é senão um instante infinito.

A resolução do conteúdo em suas partes é a fonte de uma infinidade de erros.

A Terra não está mais no meio do todo do que qualquer outro ponto do universo. Se o espaço é infinito, o seu centro está em toda parte e em lugar nenhum, do mesmo modo que o átomo é tudo e não é nada.

O *minimum* é indefinido. Não se deve confundir o *minimum* da natureza com o da arte, o *minimum* da natureza com o *minimum* sensível.

Não há bondade nem maldade, beleza nem feiura, pena nem prazer absolutos.

Há muita diferença entre uma qualidade qualquer comparada a nós, e a mesma qualidade comparada no todo: daí vêm as noções verdadeiras e falsas do bem e do mal, do nocivo e do útil.

Não há nada verdadeiro nem falso para aqueles que não se elevam para além do sensível.

A medida dos sensíveis é variável.

É impossível que tudo seja o mesmo em dois indivíduos diferentes, e num mesmo indivíduo em dois instantes. Contai as causas, mas sobretudo considerai o influ e a influência.

Não há pleno absoluto a não ser na solidez do átomo, e vazio absoluto a não ser no intervalo dos átomos que se tocam.

A natureza da alma é atômica; é a energia de nosso corpo, em nossa duração e nosso espaço.

Por que a alma não conservaria alguma afinidade com as partes que ela animou? Segui essa ideia e vos reconciliareis com uma infinidade de efeitos que julgais impossíveis durante sua união com o corpo e depois que ela se separa dele.

O átomo absolutamente não se corrompe, não nasce, não morre.

Não há nada tão pequeno no todo que não tenda a diminuir ou a crescer; nada bom que não tenda a piorar ou a se aperfeiçoar; mas é relativamente a um ponto da matéria, do espaço e do tempo. No todo não há pequeno nem grande, nem bem nem mal.

O todo é o melhor que é possível; isso é uma consequência da harmonia necessária, da existência e das propriedades.

Se refletirmos atentamente sobre essas proposições, encontraremos o germe da razão suficiente, do sistema das mônadas, do otimismo, da harmonia preestabelecida, em suma, de toda a filosofia leibniziana.

Se comparo o filósofo de Nola com o de Leipzig, um me parece um louco que joga seu dinheiro na rua, o outro um sábio que o segue e que o recolhe. Não se deve esquecer que Giordano Bruno morou e professou sua filosofia na Alemanha.

Se reunimos o que ele difundiu em suas obras sobre a natureza de Deus, sobrará pouca coisa que pertença propriamente a Espinosa.

Segundo Giordano Bruno, a essência divina é infinita. A vontade de Deus é a própria necessidade. Necessidade e liberdade são uma e a mesma coisa. Agir segundo a necessidade da natureza não somente é ser livre, como agir de outro modo seria deixar de sê-lo. É melhor ser do que não ser, agir do que não agir: o mundo é, pois, eterno; é um; só há uma substância; não há senão um agente; a natureza é Deus.

Nosso filósofo acreditava que a quadratura do círculo era impossível e que a transmutação dos metais, possível.

Havia imaginado que os cometas eram corpos que se moviam no espaço, assim como a Terra e outros planetas.

Para dizer o que penso sobre esse homem, haveria poucos filósofos que pudessem ser comparados a ele, se a impetuosidade de sua imaginação lhe tivesse permitido ordenar suas ideias e organizá-las numa ordem sistemática; mas ele tinha nascido poeta.

Seus juízes fizeram tudo que era possível para salvá-lo. Exigia-se dele apenas a retratação. Mas nunca se conseguiu vencer a obstinação dessa alma amargurada pela infelicidade e pela perseguição, e, enfim, foi necessário entregá-lo à sua má sorte. Fico indignado com a maneira indecente pela qual Scioppius se exprimiu acerca de um acontecimento que só devia excitar o terror ou a piedade. *Sicque ustulatus miserè periit, dit cet auteur, renuntiaturus, credo, in reliquis illis quos finxit mundis, quonam pacto homines blasphemi & impii à romanis tractari solent.*[2] Esse Scioppius tinha a alma atroz, sem dúvida. Estava bem longe de imaginar que essa ideia dos mundos, que ele ridicularizava, um dia tornaria ilustres dois grandes homens.

(MGS)

## Harmonia preestabelecida (*Metafísica*), Yvon [8, 53]

Chama-se *harmonia preestabelecida* a hipótese destinada a explicar o comércio entre a alma e o corpo. O Sr. Leibniz a trouxe à plena luz; mas muitos

2 "E assim foi miseravelmente queimado, disse esse autor, anunciando, creio, que o resto formou o mundo, para onde costumam ser arrastados os homens blasfemos e os ímpios que fazem pactos com os romanos."

filósofos antes dele pensaram que o corpo não atua sobre a alma, e a alma não atua sobre o corpo. Pode-se ler a respeito o capítulo 2 da parte XI do livro VI da *Recherche de la vérité* [de Malebranche]. Espinosa afirma, na *Ética*, parte III, proposição 2, *Nec corpus mentem ad cogitandum, nec mens corpus ad motum, neque ad quietem, neque ad aliud determinare valet.*[1] Uma vez dado esse passo e cortada a comunicação, se ouso dizer, entre as duas substâncias, não seria difícil imaginar a *harmonia preestabelecida*. Encontra-se uma passagem em Genlius (*Ethic. tract. 1. sect. 11. nº 7*), que subtrai a Leibniz quase toda a glória dessa invenção – se é que há glória em ter inventado um sistema enredado em tantas dificuldades.

Eis em poucas palavras em que consiste esse sistema. A alma não influi no corpo, e o corpo não influi na alma. Tampouco Deus excita na alma qualquer sensação, nem produz movimento no corpo. A alma tem a força intrínseca e essencial de representar o universo de acordo com a situação do corpo. Consiste nisso sua essência. O corpo é uma máquina feita de tal modo que seus movimentos acompanham sempre as representações da alma. Cada uma dessas substâncias tem em si mesma o princípio e a fonte de suas próprias mutações. Cada uma atua para si e por si. Mas Deus, tendo previsto o que a alma pensaria neste mundo, e o que ela iria querer livremente, de acordo com a situação do corpo, acomodou de tal modo o corpo à alma, que há uma harmonia exata e constante entre as sensações da alma e os movimentos do corpo. Assim, a alma de Virgílio teria produzido a *Eneida*, e sua mão teria escrito esse poema, sem que esta obedecesse, como quer que fosse, à intenção do autor; pois Deus teria ditado, para todos os tempos, que a alma de Virgílio faria esses versos, e uma mão ligada ao corpo do poeta os colocaria por escrito. Numa palavra, o Sr. Leibniz considera a alma e o corpo dois autômatos, montados de modo que seus movimentos coincidem exatamente. Imaginai uma embarcação que, sem nenhum sentimento ou conhecimento próprio, e sem a direção de um ser, criado ou não, tem a virtude de se mover por si mesma, evita as correntes e os bancos de areia, lança a âncora nos lugares corretos, e sempre que necessário deixa o

1 "O corpo não leva a mente ao pensamento, nem a mente leva o corpo ao movimento, nem ao repouso, nem determina ser forte."

porto em que se encontra. Suponde que essa embarcação vagueie por anos a fio, sempre na direção correta, indiferente às alterações de clima e à condição dos mares e da terra firme, e convireis que a infinitude de Deus não é suficientemente grande para comunicar uma faculdade como essa a uma embarcação. O que o Sr. Leibniz supõe acerca da máquina do corpo humano é ainda mais admirável. Apliquemos seu sistema à pessoa de Júlio César. Seria o caso de dizer que o corpo de César exercia sua virtude motriz de tal sorte que, desde o nascimento até a morte, passou por alterações sucessivas que respondiam, com exatidão máxima, às perpétuas mudanças de uma alma que não realizava nele qualquer impressão? Seria o caso de dizer que a regra segundo a qual essa faculdade do corpo de César deveria produzir seus atos era tal, que num dia determinado ele seria levado ao Senado, numa hora certa, e ali pronunciaria tais e tais palavras? Seria o caso de dizer que essa virtude motriz se alteraria e se modificaria pontualmente, de acordo com a volubilidade dos pensamentos desse ambicioso espírito? Mas como poderia uma força cega se modificar com tanta precisão, em consequência a uma impressão comunicada trinta ou quarenta anos antes, e nunca mais renovada, entregue a si mesma, sem ser instruída a respeito do que quer que seja?

A dificuldade só aumenta pelo fato de a máquina humana conter um número de órgãos quase infinito e estar continuamente exposta ao choque de corpos ao seu redor, que por inúmeras e diversas vibrações excitam nela mil espécies de modificação. Como compreender que nenhuma mudança jamais acontece nessa harmonia preestabelecida e que ela continue em seu caminho ao longo da vida humana, não obstante as infinitas variedades de ação recíproca dos órgãos uns sobre os outros, rodeados por uma infinidade de corpúsculos, ora frios, ora quentes, ora secos, ora úmidos, sempre ativos, sempre pinçando os nervos? Concedo que [**54**] a multiplicidade dos órgãos e dos agentes exteriores é um instrumento necessário da variedade quase infinita de alterações do corpo humano; mas teria essa variedade a precisão necessária? Não perturbaria ela a correspondência entre essas mudanças e as da alma? Parece impossível que não seja assim.

Comparemos agora a alma de César a um átomo de Epicuro; quer dizer, a um átomo cercado de vazio por todas as partes, que nunca encontra nenhum outro átomo. A comparação é muito justa, pois, de um lado, esse átomo tem naturalmente a virtude de se mover e a executa sem qualquer auxílio ou sem ser perpassado por coisa alguma; e, de outro lado, a alma de César é um espírito que recebeu uma faculdade de dar pensamentos a si mesma, e que a realiza sem a influência de nenhum outro espírito ou corpo: nada o auxilia, nada o perpassa. Se consultardes as noções comuns e as ideias de ordem, vereis que esse átomo não se detém jamais: tendo se movido no momento precedente, move-se no presente e se moverá em todos os momentos que se seguirão, sempre da mesma maneira. É o que se segue de um axioma aprovado por Leibniz: "Concluímos não somente que um corpo que está em repouso permanecerá sempre em repouso, como também que um corpo que se move preservará esse movimento ou alteração, vale dizer, a mesma velocidade e direção, caso nada ocorra para impedi-lo". Vide *Mémoire inseré dans l'histoire des ouvrages des Savans, Juillet 1694*. Zombou-se de Epicuro quando ele inventou o movimento de declinação; seria uma suposição gratuita, para sair do labirinto da fatal necessidade de todas as coisas. Concebe-se claramente que, para que um átomo que tenha descrito uma linha reta durante dois dias se desvie de sua trajetória no início do terceiro dia, é preciso ou que ele encontre algum obstáculo, ou que deseje se desviar de sua trajetória, ou, ainda, que contenha alguma mola que comece a operar nesse momento. A primeira dessas razões não tem lugar no espaço vazio; a segunda é impossível, pois um átomo não tem a virtude de pensar; a terceira também é impossível, num corpúsculo absolutamente uno. É o que vemos em nosso exemplo.

A alma de César é um ser ao qual a unidade convém rigorosamente; a faculdade de dar a si mesmo pensamentos é, segundo o Sr. Leibniz, uma propriedade de sua natureza; ela a recebeu de Deus, quanto à posse e à execução. Se o primeiro pensamento que ela dá a si mesma é um sentimento de prazer, não se vê por que o segundo também não o seria; pois, quando a causa total de um efeito permanece a mesma, o efeito não pode mudar. Pois bem, no segundo momento de sua existência, essa alma não recebe uma nova faculdade de pensar; restringe-se a reter a faculdade que tinha no primeiro momento, e é agora tão independente quanto antes, em relação ao concurso de toda outra causa; deve, portanto, nesse segundo momento, reproduzir o mesmo pensamento que produzira no primeiro. Se suponho que num certo instante a alma de César vê uma árvore com folhas e flores, posso conceber que ela queira ver uma que só tenha flores e outra que só tenha folhas; e que, assim, fará para si mesma, sucessivamente, diferentes imagens, que nascerão umas após as outras; mas não poderíamos representar como possíveis as bizarras mudanças do branco ao negro, do sim ao não, nem os tumultuosos saltos da terra ao céu que o pensamento do homem costuma dar. Qual mola poderia levar a alma a interromper seus prazeres e dar a si mesma, de repente, um sentimento de dor, sem que nada a tenha advertido ou preparado para a mudança, ou nada de novo tenha se passado em sua substância? Se percorrerdes a vida de César, encontrareis a cada passo materiais para uma objeção.

O Sr. Leibniz propôs seu sistema pela primeira vez no *Journal des Savants de Paris*, em 1695. O Sr. Bayle apresentou suas dúvidas acerca dessa hipótese no artigo *Borarius* de seu dicionário. A réplica do Sr. Leibniz veio em 1698, na *Histoire des ouvrages des Savans*. Esse sistema sofreu ataques sucessivos do padre Lamy, do padre Tournemine, de Newton, de Clark e de Stahl.

O principal defensor dessa hipótese foi o Sr. Wolff, em sua *Metafísica*, publicada em alemão e em latim. Essa hipótese foi utilizada por seus inimigos como principal acusação contra ele. Após tentarem transformá-lo em ateu e espinosista, o Sr. Lang finalmente decidiu atacá-lo por esse outro flanco. Convenceu Frederico, rei da Prússia, de que, por meio da harmonia preestabelecida, todos os desertores do exército estariam ao abrigo de castigos; pois, se os corpos dos soldados não fossem mais do que máquinas, sobre as quais a alma não teria poder algum, eles necessariamente desertariam. Esse raciocínio maligno tocou o espírito do rei com tanta força, que ele ordenou que o Sr. Wolff fosse banido de todos os Estados sob sua administração, em três dias a contar daquele.

**(PPP)**

## Hilozoísmo (*História da Filosofia*), Autor desconhecido [8, 391]

*Hilozoísmo* é uma espécie de ateísmo filosófico que atribui a todos os corpos, considerados em si mesmos, uma vida como essência, porém desprovida de sentimento e de conhecimento refletido, sem exceção do mais ínfimo átomo; como se a vida, de um lado, e a matéria, de outro, fossem dois seres incompletos, que, reunidos em conjunto, formassem o que se chama *corpo*. Ao atribuírem uma vida como essa à matéria, tais filósofos supõem que todas as partes da matéria teriam a faculdade de se arranjar a si mesmas de maneira artificial e regrada, embora sem deliberação ou reflexão, atingindo assim a maior perfeição de que seriam capazes. Acreditam também que essas partes, por meio da organização, se aperfeiçoariam por si mesmas, até adquirir sentimento e conhecimento direto, como nos animais, ou razão e conhecimento refletido, como nos homens. Nessa hipótese, é patente que os homens não teriam necessidade de uma alma imaterial para ser racionais, nem o universo de uma divindade, para ser regular. A principal diferença entre esse ateísmo e o de Demócrito e Epicuro é que estes supõem que toda vida é acidental e está sujeita a geração e corrupção, enquanto os hilozoístas introduzem uma vida natural, essencial, que não é engendrada nem destruída, e a qual conferem à matéria, pois não reconhecem no mundo outra substância além dos corpos.

Costuma-se atribuir a origem desse sentimento a Estratão de Lampsáquia, discípulo de Teofrasto que adquiriu excelente reputação na seita dos peripatéticos, a qual deixou para estabelecer uma espécie de ateísmo. Veleio, epicurista e ateu, refere-se a ele nos seguintes termos: *Nec audiendus Strato, qui physicus appellatur, qui omnem vim divinam in naturâ sitam esse censet, quoe causas gignendi, augendi minuendive habeat, sed careat omni sensu.*[1] *De nat. deorum, lib. I. cap. xiij*. Assim como os epicuristas, afirmava que tudo fora formado pelo concurso fortuito dos átomos, aos quais atribuía não se sabe ao certo qual vida, dando a entender que considerava a matéria, animada desse modo, como uma espécie de divindade. Isso levou Sêneca a dizer: *Ego seram aut Platonem, aut Peripateticum Stratonem, quorum alter Deum sine corpore fecit, alter sine animo?*[2] Citado por Agostinho, *Cidade de Deus*, livro VI, cap. 10. Por esse motivo,

1 "Não podemos aceitar a posição de Estratão, conhecido como físico, que localiza na natureza toda a força divina, a qual possui as causas para fazer nascer, crescer e diminuir, mas é desprovida de todo sentido."

2 "Por que Platão concebeu um Deus sem corpo, e Estratão, um sem alma?"

Estratão é às vezes incluído entre os que acreditaram em Deus, embora fosse um autêntico ateu; como confirma, de resto, esta passagem de Cícero: *Strato Lampsacenus negat opera deorum se uti ad fabricandum mundum; quoecumque sint docet omnia esse effecta naturoe; nec ut ille qui asperis & loevibus & hamatis uncinatisque corporibus concreta hoec esse dicit interjecto inani; somnia censet hoec esse Democriti, non docentis sed optantis. Acad. quest. l. XI. c. xxxviij.*[3] Negava, portanto, assim como Demócrito, que o mundo teria sido feito por uma natureza inteligente; mas discordava deste no tocante à origem das coisas. Pois Demócrito, por não estabelecer nenhum princípio ativo, não dava uma razão do movimento nem da regularidade que se vê nos corpos; sua natureza se reduzia ao movimento fortuito da matéria. Já a *natureza* de Estratão era uma vida inferior e *plástica*, pela qual as partes da matéria poderiam dar a si mesmas a melhor forma possível, ainda que sem um sentimento de si mesmas ou um conhecimento refletido. *Quidquid aut fit aut fiat, naturalibus fieri, aut factum esse docet ponderibus ac motibus.*[4] *Cic. ibid.* Estratão situava a referida vida plástica na matéria, ao mesmo tempo que não reconhecia um ser ou uma vida geral que presidisse sobre ela como um todo e lhe desse uma forma. É o que em parte afirma Plutarco, *advers. Colotem.*, com estas palavras: "Estratão nega que o próprio mundo seja um animal, mas sustenta que tudo o que existe de acordo com a natureza é conforme à natureza do mundo; que o acaso está no princípio de tudo, e a partir dele se produz cada um dos efeitos, que derivam de sua natureza". Por negar que haveria um princípio comum inteligente a governar todas as coisas, teve de fazer uma concessão ao acaso, como se o sistema do mundo dependesse de uma mistura de acaso e natureza regrada.

Nem todo hilozoísmo, porém, é um ateísmo. Aqueles que sustentam que há vida na matéria e reconhecem, ao mesmo tempo, outra espécie de substância, imaterial e imortal, não podem ser acusados de ateísmo. Pois,

3 "Estratão de Lâmpsaco nega que para construir o mundo não é preciso o trabalho dos deuses; tudo surgiu de causas totalmente naturais, mas não a partir da combinação dos corpos rugosos, leves, em forma de anzol ou de gancho que se deslocam no meio do vazio; esta teoria, diz ele, não passa de um sonho de Demócrito. Não é uma explicação, é fruto de um desejo."

4 "Tudo quanto existe ou virá a existir resulta ou resultou de um jogo de equilíbrios e movimentos naturais."

de fato, não se pode negar que um homem que acredita que há uma divindade, e que a alma racional é imortal, [**392**] não poderia também estar convencido de que a alma sensitiva, nos homens como nos animais, é puramente corpórea, e de que há uma vida material e *plástica*, ou seja, uma faculdade de fabricar os órgãos, no sêmen de todas as plantas e animais, que formam seus corpos. Ele poderia ainda acreditar, como consequência disso, que toda matéria tem em si própria uma vida natural, mesmo que não seja uma vida animal. Em todo caso, enquanto mantivesse a crença numa divindade e numa alma racional e imortal, não poderia ser acusado de ateísmo velado. Não fosse assim, o hilozoísmo estaria naturalmente do lado dos que só admitem corpos, quando mesmo o atomismo antigo reconhecia, até por uma questão de coerência, a existência de substâncias não corpóreas.

O hilozoísmo só pode ser acusado de ateísmo se estiver unido ao materialismo. E isso por duas razões. A primeira é que assim ele deriva a origem de todas as coisas de uma matéria dotada de uma espécie de vida e do conhecimento infalível de tudo o que ela mesma pode fazer e sofrer. Por mais que isso se assemelhe a uma espécie de divindade, como não há na matéria, considerada em si mesma, nenhum conhecimento refletido, essa vida é como a das plantas e dos animais. A natureza dos hilozoístas é um absurdo misterioso, pois, embora dotada da mais perfeita sabedoria, causa da admirável disposição do universo, não tem consciência interior nem conhecimento refletido, ao passo que a divindade, conforme a noção mais verdadeira, é uma inteligência perfeita, ciente de todas as perfeições que contém e das quais usufrui, e é, por isso, soberanamente bem-aventurada. Em segundo lugar, os hilozoístas materialistas, por afirmarem que toda matéria como tal tem em si uma vida, são constrangidos a admitir uma infinidade de vidas, pois cada átomo teria a sua; vidas colaterais, por assim dizer, independentes umas das outras, em vez de uma vida comum ou inteligência geral que preside ao universo como um todo. Afirmar, ao contrário, que há um Deus, é supor um ser vivo e inteligente, original e arquiteto de tudo. Vê-se assim que os hilozoístas materialistas são verdadeiros ateus, apesar de sua aparente proximidade com os que reconhecem um Deus. Se os ateus atribuem ao que não é Deus algumas das propriedades incomunicáveis da divindade, em particular à matéria, é porque não poderiam fazer diferente; pois é preciso, necessariamente, que atribuam a ela uma existência autossuficiente e a preeminência que faz dela o princípio primeiro de todas as coisas. A divindade fervorosamente cultuada pelos hilozoístas é uma deusa cega, que eles chamam de *natureza*, ou vida da matéria, dotada de um não sei quê de perfeitamente sábio e infalível, mas desprovida de todo e qualquer conhecimento. Tais são os inevitáveis absurdos decorrentes do ateísmo, não importa o seu gênero. Se não soubéssemos que existiram ateus, e que eles ainda existem, teríamos dificuldade de crer que pessoas a quem não falta inteligência não aceitariam a eternidade de um ser sábio e inteligente, nem a formação do universo por esse ser, preferindo atribuir à matéria essa mesma eternidade, que tanta dificuldade eles têm de conceder a um ser imaterial. Vide *Ateísmo* e *Matéria*, e também o primeiro item do tomo II da *Bibliothèque choisie*, do Sr. Leclerc. **(PPP)**

## Ideia (*Filosofia, Lógica*), Lubières [8, 489]

Encontramos em nós a faculdade de receber ideias, perceber coisas, representá-las. *Ideia* ou percepção é o sentimento da alma a respeito de seu próprio estado.

Este artigo, um dos mais importantes da Filosofia, poderia compreender a ciência inteira que conhecemos sob o nome de *Lógica*. As ideias são o primeiro grau de nossos conhecimentos, e todas as nossas faculdades dependem delas. Nossos juízos, raciocínios, o método que a Lógica nos oferece, têm por objeto as ideias. Seria fácil estender-se sobre um objeto tão vasto, mas convém nos mantermos dentro de certos limites. Indicando apenas o essencial, remeteremos o leitor aos tratados e livros como a *Lógica* de Port-Royal, o *Ensaio sobre o entendimento humano*, de Locke, a *Investigação da verdade*, de Malebranche, e tantas outras obras de Filosofia que se multiplicam e encontram-se nas mãos de todos.

Representamo-nos o que se passa em nós mesmos e o que está fora de nós como presente ou como ausente. Representamos também nossas próprias percepções.

Chama-se *sensação* a percepção de um objeto por ocasião de uma impressão que ele realiza nos órgãos.

Chama-se *imaginação* a percepção de um objeto ausente representado por uma imagem corpórea.

Chama-se *ideia intelectual* a percepção de uma coisa que não cai sob os sentidos, ou mesmo de um objeto sensível que não é representado sob uma imagem corpórea.

Tais são as diferentes percepções que se aliam e combinam-se de infinitas maneiras. Desnecessário dizer que tomamos a palavra *ideia* ou *percepção* no sentido mais amplo, compreendendo tanto a sensação quanto a ideia propriamente dita.

Reduziremos a três itens o que temos a dizer a respeito das ideias: 1º) da sua origem; 2º) dos objetos que elas representam; 3º) da maneira como representam esses objetos.

1º) Põe-se de saída a importante questão de saber como as qualidades dos objetos produzem em nós ideias ou sensações; a dificuldade diz respeito principalmente a estas últimas. Pois, quanto às ideias que a alma percebe em si mesma, são causadas pela inteligência, ou faculdade de pensar; quanto às que adquirimos por comparação com outras ideias, são causadas pelas próprias ideias e pela comparação que a alma faz entre elas. Restam, portanto, as ideias que adquirimos através dos sentidos, acerca das quais pergunta-se: como objetos que produzem um mero movimento nos nervos poderiam imprimir ideias em nossa alma? Para resolver essa dificuldade, seria preciso conhecer a fundo a natureza da alma e do corpo, sem se restringir ao que nos é apresentado por suas faculdades e propriedades, penetrando nesse mistério inexplicável que realiza a união entre essas duas substâncias.

Não é suficiente remontar à causa primeira, dizendo-se que a faculdade de pensar foi concedida ao homem pelo criador, ou afirmar que todas as nossas ideias vêm dos sentidos. Não é isso que está em questão. A questão é outra: como, por ocasião de uma impressão do objeto no órgão, a percepção se forma na alma?

Postular a influência recíproca de uma substância sobre outra não explica nada.

Dizer que a alma formaria por si mesma suas ideias, independentemente do movimento ou impressão do objeto, e representaria para si objetos dos quais adquire conhecimento através de ideias, é algo ainda mais difícil de conceber, [**490**] pois ignora toda relação de causa e efeito.

Recorrer às ideias inatas ou afirmar que nossa alma foi criada com todas as suas ideias é servir-se de termos vagos que nada significam; é anular, de certo modo, todas as nossas sensações, o que é contrário à experiência; é confundir o que pode ser verdadeiro sob certos aspectos com princípios diferentes das ideias que aqui estão em análise; é renovar, enfim, disputas que já foram amplamente discutidas na excelente obra sobre o entendimento humano.

Garantir que a alma sempre tem ideias, que não é preciso buscar outra causa além de sua maneira de ser, que ela pensa mesmo quando não percebe que o faz, é dizer que a alma pensa sem pensar, asserção da qual, por isso mesmo, não há nem sentimento nem recordação, e que, portanto, não pode ser provada.

Dever-se-ia supor, com Malebranche, que não é preciso outra prova de nossas ideias além das ideias mesmas do Ser sumamente inteligente e concluir que adquirimos nossas ideias no instante em que a alma as percebe em Deus? Mas esse romance metafísico não colocaria em risco a própria inteligência suprema? Não seria a falsidade dos outros sistemas o suficiente para que este seja verossímil? Não se lançaria assim uma nova obscuridade sobre uma questão em si mesma obscura?

Em meio a tantas opiniões diferentes sobre a origem das ideias, não poderíamos deixar de mencionar a de Leibniz, que de algum modo se alia às *ideias inatas*, algo que de saída parece depor contra seu sistema. Da simplicidade da alma humana ele conclui que nada do que é criado pode atuar sobre ela; que todas as mudanças por que ela passa dependem de um princípio interno; que esse princípio é a constituição mesma da alma, formada de maneira a ter diferentes percepções, algumas distintas, outras confusas, e muitas tão obscuras, que mal chega a percebê-las; que essas ideias em conjunto formam um quadro do universo; que, a partir da relação de cada alma com esse universo, ou com partes dele, ela tem o sentimento de ideias mais ou menos distintas, dependendo de sua relação com elas. De resto, como tudo no universo está interligado, e cada parte se segue a outras, a ideia representativa tem uma ligação tão necessária com a representação do todo, que não poderia ser separada deste. Portanto, assim como as coisas que acontecem no universo se sucedem de acordo com certas leis, também na alma as ideias se tornam sucessivamente distintas de acordo com leis adaptadas à natureza de sua inteligência. O que excita as sensações ou percepções da alma não é nem o movimento, nem a impressão; vejo a luz, ouço um som, e no mesmo instante as percepções que representam a luz e o som são excitadas na minha alma em virtude de sua constituição e de uma harmonia necessária, de um lado entre todas as partes do universo, de outro entre as ideias de minha alma, que, de obscuras, tornam-se distintas em sucessão.

Eis aí uma simplificação do sistema de Leibniz sobre a origem das ideias. Tudo depende da conexão necessária, em nossa alma, entre uma ideia distinta e ideias obscuras que tenham relação com ela. Ora, essa ligação de ideias em sucessão é algo que não se percebe, e que a experiência parece desmentir; não é essa, porém, a única dificuldade que se oferece a esse sistema e a todos que queiram explicar algo que, ao que parece, há de permanecer desconhecido.

Ou nossa alma tem percepções das quais nunca toma conhecimento, das quais não tem *consciência* (para me servir do termo introduzido por Locke), ou não tem outras ideias além das que percebe, de sorte que a percepção é o próprio sentimento ou consciência que adverte a alma do que se passa nela – são dois modos diferentes de explicar a maneira de atuação do corpo sobre a alma e, reciprocamente, da alma sobre o corpo. São duas substâncias diferentes; só conhecemos nossa alma por suas faculdades, e estas, por seus efeitos; tais efeitos se manifestam para nós através da intervenção do corpo. Vemos aí a influência da alma sobre o corpo e, reciprocamente, do corpo sobre a alma; mas é tudo, e não vamos além. Há um véu sobre a natureza da alma, e não temos como saber o que é uma ideia considerada na alma, nem como se produziu nela um fato; como se dá, é algo obscuro, e sem dúvida haverá de permanecer matéria de conjectura.

2º) Passemos aos objetos de nossas ideias. Podem ser seres reais, que existem fora de nós e em nós, pensemos neles ou não, tais como os corpos, os espíritos, o Ser supremo. Podem ser seres que existem apenas em nossas ideias, produções de nosso espírito que reúnem diversas ideias. Então, esses seres ou objetos de nossas ideias têm uma existência apenas ideal, tais como os seres de razão, modos de pensar que nos servem para imaginar, compor, reter e explicar mais facilmente o que concebemos, como relações, privações, signos, ideias universais etc. Podem ser ficções, que se distinguem dos seres de razão por serem formadas pela reunião ou separação de numerosas ideias simples, efeitos de nosso poder ou faculdade de atuar sobre nossas ideias que o vulgo designa pela palavra *imaginação*, como um palácio de diamantes, uma montanha de ouro e mil outras quimeras amiúde tomadas por realidades. Por fim, temos como objeto de nossas ideias seres desprovidos de existência, real ou ideal, que só existem em nossos discursos e são dotados de existência meramente verbal, como um círculo quadrado ou o maior dos números possíveis. Quem quiser outros exemplos poderá encontrá-los nas ideias contraditórias que os homens, os filósofos entre eles, costumam reunir, sem produzir nada além de palavras sem sentido ou realidade. Seria um despropósito percorrer em detalhe as ideias que temos desses diferentes objetos; mas diremos uma palavra sobre a maneira como os seres exteriores e reais se apresentam a nós através de ideias, pois essa é uma observação geral, ligada à questão da origem das ideias. Não se devem tomar as percepções que se encontram no espírito pelas qualidades dos corpos que as produzem, e tampouco imaginar que nossas ideias seriam imagens ou símiles perfeitos do que existe no sujeito que as produz. Entre a maioria de nossas sensações e suas causas não há mais semelhança do que entre as ideias e seus nomes. Para esclarecer esse ponto, façamos uma distinção.

As qualidades de um objeto são apropriadas para excitar em nós uma ideia. Essas qualidades ou são *primordiais* e essenciais, e independem de toda relação com outros objetos, [**491**] ou são *secundárias* e consistem nas relações entre esse objeto e outros, isto é, no poder que ele tem de atuar sobre eles e modificá-los, ou ainda, de modificar a si mesmo. Se o objeto atua sobre nós, dizemos que suas qualidades são *sensíveis*; se atua em outros, chamamo-las *potências* ou *faculdades*. Assim, as propriedades do fogo de nos aquecer e iluminar-nos são qualidades sensíveis, que nada seriam se não houvesse seres sensíveis em que esse corpo pudesse excitar essas ideias ou sensações; e o poder do fogo de derreter o chumbo, quando aplicado a este, é uma de suas qualidades secundárias, que excita em nós ideias novas, que desconheceríamos por completo, se nunca tivéssemos realizado um experimento como esse.

Digamos que as ideias de qualidades primárias dos objetos são representações perfeitas; que os originais dessas ideias existem realmente: por exemplo, que a ideia de extensão é de fato conforme à extensão tal como ela existe. Parece-me que o mesmo não se aplica ao poder de certos corpos, que, em virtude de suas qualidades primárias originais, alteram o estado de outros ou são alterados por eles. Pois me parece que a maioria dos homens, quando vê o fogo consumindo a madeira, concebe-o como uma multidão de partículas em movimento, pequenas cunhas que cortam e separam as partes sólidas da madeira, ação em virtude da qual as mais sutis e leves se desprendem, elevando-se em fumaça, enquanto as mais grosseiras tombam no chão sob a forma de cinzas.

Mas, no que se refere a qualidades sensíveis, o homem comum costuma se enganar. Essas qualidades não são reais e tampouco são semelhantes às ideias que se formam delas, o que deve ser levado em consideração em juízos a respeito de potências e qualidades primárias. Não percebemos, através dos sentidos, as qualidades originais dos elementos de que esses corpos são compostos; as ideias das qualidades sensíveis, que são, efetivamente, espirituais, não nos parecem ter nada de espessura, figura e demais qualidades corpóreas; por fim, não podemos conceber como as qualidades produziriam as ideias e sensações das cores, dos odores e das demais qualidades sensíveis – e tudo isso em consequência do inexplicável mistério que, como dissemos, paira sobre a ligação entre a alma e o corpo. Mas nem por isso essa ligação é menos verdadeira, e, se buscarmos por suas razões, veremos que estamos menos autorizados, por exemplo, a atribuir o calor ao fogo, ou a acreditar que essa qualidade do fogo a que chamamos de *calor* nos é fielmente representada pela sensação à qual damos esse nome, do que a atribuir a uma agulha que nos espeta a dor que ela causa; pois vemos com distinção a impressão causada pela agulha ao penetrar a carne, o que não percebemos no fogo. Essa diferença, fundada unicamente no alcance de nossos sentidos, não tem nada de essencial. Outra prova da escassa realidade das qualidades sensíveis, e de sua conformidade a nossas ideias ou sensações, é o fato de a mesma qualidade ser representada a nós por diferentes sensações de dor ou prazer, dependendo das circunstâncias. De resto, a experiência mostra que, em muitos casos, essas qualidades que os sentidos nos dão a perceber nos objetos não se encontram de fato neles. Isso nos leva a concluir que as qualidades originais dos corpos são qualidades reais, que existem realmente nos corpos, pensemos nelas ou não; que as percepções que temos delas podem ser conformes a seus objetos, ao passo que as qualidades sensíveis são tão reais quanto a dor causada por uma agulha; e que há, nos corpos, qualidades primeiras, fonte ou princípio das qualidades secundárias, ou sensíveis, que nada têm de similar com as que delas derivam e que atribuímos aos corpos.

Fazei que vossos olhos não vejam nem luz nem cor, que nenhum som chegue a vossos ouvidos, que vosso nariz não sinta nenhum odor; imediatamente, todas essas cores, sons e odores desparecerão, deixarão de existir: voltarão às causas que os produziram e serão apenas o que realmente são, uma figura, um movimento, a disposição de uma parte. Um cego não tem qualquer percepção da luz ou das cores.

Se bem estabelecida, essa distinção poderia nos levar à questão da essência e das qualidades essenciais dos seres, e veríamos quão inexatas são as ideias que formamos dos seres exteriores; quão pouco conhecemos das substâncias; e o que há de permanecer incógnito para nós, a respeito de seu modo ou maneira de ser, e do seu princípio. Essa discussão, porém, nos levaria longe demais; por isso, remetemos o leitor aos artigos referentes a ela. Contentamo-nos em ter indicado a distinção entre a maneira de conhecer as qualidades primárias e as qualidades sensíveis de um objeto; e passaremos agora aos seres dotados de existência ideal, detendo-nos naqueles que, por terem uma relação especial com nossas percepções, são considerados pelo espírito de maneira geral sob *ideias universais*.

Se represento para mim um ser real e penso, ao mesmo tempo, em todas as qualidades que lhe são particulares, a ideia que formo desse indivíduo é singular; mas se, descartando as ideias particulares, detenho-me apenas em algumas qualidades desse ser, comuns a todos da mesma espécie, formo uma ideia universal e geral.

É visível que nossas primeiras ideias são singulares. No começo, faço uma ideia particular de meu pai e de minha progenitora; observo em seguida outros seres que se assemelham a eles pela forma, pela linguagem e por outras qualidades. Observo essa semelhança, presto atenção a ela, isolo-a das qualidades pelas quais meu pai e minha mãe se distinguem desses seres, e formo uma ideia de que todos eles participam igualmente. Em seguida, julgo, pelo que ouço na boca de outros, que essa ideia se encontra nos que me rodeiam e é designada pela palavra *homens*. Faço então uma ideia geral, ou seja, descarto de muitas ideias singulares o que há de particular em cada uma e retenho apenas o que há de comum a todas. Portanto, as ideias dessa espécie devem sua geração à abstração. Vide *Abstração*.

Essas ideias devem ser consignadas à classe dos seres de razão, pois são simples maneiras de pensar; e seus objetos, os seres universais, têm existência meramente ideal, cujo fundamento, todavia, repousa na natureza das coisas, ou nas semelhanças entre os indivíduos. Observando-se as semelhanças entre ideias singulares, formam-se ideias gerais; retendo-se similaridades entre ideias gerais, formam-se outras, ainda mais gerais; e, assim, constrói-se uma espécie de escala ou pirâmide, que ascende por graus, dos indivíduos até a ideia mais geral, a ideia de ser. [**492**]

Cada degrau dessa pirâmide, à exceção do mais alto e do mais baixo, é, a um só tempo, espécie e gênero; espécie, relativamente ao grau superior; gênero, em relação ao inferior. A semelhança entre numerosas pessoas de diferentes nações faz que recebam o nome de *homens*. Certas características comuns aos homens e às feras permitem incluí-los numa mesma classe, designada pelo nome de *animal*. Os animais têm muitas qualidades comuns com as plantas e são ditos, como elas, *seres vivos*. Outros graus poderiam ser acrescentados a essa escala. Até aqui, ela apresenta o ser vivo como gênero, tendo abaixo de si duas espécies, os animais e as plantas, que, relativamente aos graus inferiores, são, por sua vez, outros tantos gêneros.

Essa exposição das ideias universais poderia dar a entender que elas estariam inteiramente ao alcance de nosso espírito. Todavia, a experiência mostra que, mais abstratas as ideias, maior nossa dificuldade para captá-las e retê-las, a não ser que estejam fixadas no espírito por um nome particular e na memória, pelo frequente emprego desse nome; é que essas ideias não se oferecem nem aos sentidos nem à imaginação, que são as duas faculdades de nossa alma cujo uso é, para nós, o mais prazeroso. Para produzir essas ideias universais ou abstratas, é preciso entrar nas minúcias de todas as qualidades dos seres, observar e reter as que são comuns entre eles, descartar as que são próprias de cada indivíduo; e isso só pode ser feito mediante uma operação do espírito, que é penosa para o comum dos homens e torna-se de fato bastante difícil, quando não são convocados os sentidos e a imaginação, para fixar essas ideias com nomes. Assim determinadas, elas se tornam mais familiares e de uso comum. O estudo e o uso das línguas nos ensinam que quase todas as palavras, signos de nossas ideias, são termos gerais, do que se conclui que quase todas as ideias dos homens são gerais, e é bem mais fácil pensar de maneira universal. Quem poderia imaginar e reter os nomes próprios de todos os seres conhecidos por nós? Ao que levaria essa multidão de nomes singulares? Nossos conhecimentos, é verdade, estão fundamentados em existências particulares; mas estas só se tornam úteis em virtude de concepções gerais das coisas, que por isso são classificadas sob certas espécies e chamadas por um mesmo nome.

O que dissemos das ideias universais vale para todos os objetos de nossas percepções cuja existência é meramente ideal. Passemos à maneira como elas pintam esses objetos para nós.

3º) A esse respeito, distinguem-se as ideias em *claras* ou *obscuras*, aplicando-se ao espírito, por analogia, os mesmos termos utilizados para o sentido da visão. Assim, dizemos que uma ideia é *clara* se for suficiente para nos dar a conhecer o que representa, quando o objeto se oferece a nós; uma ideia que não produz esse efeito é *obscura*. Temos uma ideia clara da cor vermelho quando, sem hesitar, a diferenciamos de todas as outras cores; mas muitos têm apenas ideias obscuras das diversas nuances dessa cor e confundem-nas entre si, tomando, por exemplo, a cor da cereja pela cor da rosa. Já outros têm uma ideia clara da virtude e sabem distinguir com segurança uma ação virtuosa de outra que não o é; já os que tomam por virtude vícios que a moda autoriza têm uma ideia deveras obscura.

Há diversos graus de ideias claras e de ideias obscuras, segundo a quantidade de marcas próprias que elas trazem e que permitem distingui-las de outras. A ideia de uma mesma coisa pode ser mais clara em uns, menos em outros, obscura para este, muito obscura para aquele, ou mesmo obscura num momento e bastante clara em outro. Assim, uma ideia clara pode ser subdividida em *distinta* ou *confusa*. *Distinta*, quando podemos detalhar o que observamos nela, indicar as marcas que nos levaram a reconhecê-la, dar conta das diferenças que a distinguem de outras semelhantes; mas deve-

-se considerar *confusa* toda ideia que, embora seja clara, ou distinta de toda outra, não nos permite entrar no detalhe de suas partes.

Vale aqui o mesmo que para o sentido da visão. Nem todo objeto que se vê de forma clara é visto distintamente. Algum objeto se apresentaria com mais clareza do que o Sol, que só pode ser visto distintamente quando seu brilho se enfraquece? Exemplos dizem mais do que definições. A ideia da cor vermelho é uma ideia clara, que jamais poderia ser confundida com a de outra cor; mas, se perguntássemos a alguém o que é essa cor vermelho, dificilmente se poderia dar uma resposta. Essa ideia seria então clara e confusa, e penso que o mesmo pode ser dito de todas as percepções simples. Quantos não são os que, tendo a ideia clara da beleza de um quadro e guiados por um gosto justo e seguro, não hesitam em distingui-lo de dez outros quadros medíocres? Perguntai o que os leva a considerar esse quadro bom, e eles não saberão oferecer a razão de seu juízo, pois não têm uma ideia distinta de beleza. Eis, portanto, uma diferença significativa entre uma ideia simplesmente clara e uma ideia distinta: quem só tem uma ideia clara de uma coisa não tem como comunicá-la a outrem. Se vos dirigis a um homem que tem uma ideia clara porém confusa da beleza de um poema, ele vos dirá que é a *Ilíada*, a *Eneida* ou outro sinônimo; que é um poema sublime, nobre, harmonioso, encantador; vos dará tantas palavras quantas quiserdes, mas não esperai que vos dê ideias.

Como somente as ideias distintas são próprias para estender nossos conhecimentos, são preferíveis a ideias simplesmente claras, que nos seduzem pelo brilho, mas nos lançam no erro. Vale assim nos determos nelas, para mostrar que, embora sejam distintas, são sempre suscetíveis de ser aperfeiçoadas. Para ser perfeita, uma ideia simples deve ser *completa*, vale dizer, deve conter marcas que permitam reconhecer seu objeto em todas as circunstâncias. Um louco, costuma-se dizer, é um homem que liga ideias incompatíveis. Eis aí talvez uma ideia distinta; mas forneceria marcas para distinguir um tolo de um sábio?

Além disso, ideias distintas devem ser *adequadas*, como se diz nas escolas. Dá-se esse nome a uma ideia que é distinta das marcas que a distinguem; um exemplo ajudará a compreender essa definição. Temos uma ideia distinta de virtude se sabemos que ela é o hábito de tornar ações livres conformes à lei natural. Essa ideia não é nem completamente distinta, nem adequada, se só se sabe de maneira confusa em que consiste esse hábito e o que é uma ação livre. Ela se torna completa e adequada quando se diz que um hábito é uma facilidade de agir que se adquire por um exercício frequente; que conformar ações a uma lei é escolher, entre diferentes maneiras de agir igualmente possíveis, [**493**] a que segue a lei; que a lei natural é a vontade do Legislador supremo, que ele dá a conhecer aos homens através da razão e da consciência; por fim, que ações livres são as que dependem unicamente de um ato de nossa vontade.

Assim, a ideia de virtude implica tudo isto, uma facilidade adquirida pelo exercício repetido, a capacidade de escolher entre diferentes maneiras de agir, que podemos executar por um ato de nossa vontade, e a que melhor se acomoda ao que a razão e a consciência nos apresentam como conformes à vontade de Deus. Essa ideia de virtude é não somente distinta como adequada em grau máximo. Para torná-la mais distinta ainda, poder-se-ia levar mais longe esta análise, buscando-se por ideias distintas de tudo o que entra na ideia de virtude; então, nos surpreenderíamos ao ver quantas coisas essa palavra abarca e que quase nunca entram na consideração daqueles que a empregam. Quando chegamos a elas, devemos parar nessas ideias claras porém confusas, que não conseguimos deslindar; ir além seria desviarmo-nos de nosso fim, que deve ser sempre o de formar um raciocínio pelo qual cada um se esclareça a si mesmo ou comunicar a outros o que temos no espírito. Neste último caso, esclarecemos nossa perspectiva, pois permitimos que se compreenda isso a respeito do que falamos; no primeiro, é suficiente ter chegado a princípios satisfatoriamente certos para lhes darmos nosso assentimento.

Conclui-se daí pela importância de não nos contentarmos com ideias confusas, no caso de podermos adquirir ideias distintas; para o espírito, essa clarividência responde por sua justeza. Para tanto, é preciso exercitar-se desde sempre e com assiduidade acerca dos objetos mais simples e familiares, considerando-os atentamente sob todos os aspectos e em todas as relações possíveis, quando comparados em conjunto, levando-se em conta as menores diferenças e observando-se a ordem e a ligação que têm entre si.

Passando em seguida a objetos mais compostos, devem-se observá-los com a mesma exatidão, adquirindo-se assim o hábito de, quase sem trabalho e esforço, ter ideias distintas, e discernir todas as ideias particulares que entram na composição da ideia principal. Ao se analisar as ideias de numerosos objetos, adquire-se essa qualidade de espírito designada pela palavra *profundidade*. Se, ao contrário, negligenciarmos essa atenção, não teremos mais do que um espírito *superficial*, que se contenta com ideias claras e não aspira a formar ideias distintas, que concede demais à imaginação, pouco ao juízo, que só apreende as coisas pelo que elas têm de sensível, e não quer ou não pode ter ideias acerca de seus aspectos abstratos e espirituais. Um espírito como esse pode se fazer ouvir, mas não costuma ser um bom guia.

Se muitas vezes temos ideias obscuras dos objetos, é porque não os examinamos com atenção e não nos familiarizamos com eles. E, como nem sempre podemos ter presentes os objetos dos quais adquirimos ideias, mesmo que distintas, a memória vem em nosso auxílio para retraçá-las. Mas a experiência mostra que, se não dermos a mesma atenção a essa faculdade de nossa alma, as ideias se apagam tão facilmente como foram adquiridas, e não deixam na alma qualquer impressão, de sorte que não poderemos representar o objeto se ele estiver ausente, nem o reconhecer quando estiver presente. Ideias apreendidas de modo superficial, digeridas imperfeitamente, ainda que distintas, logo se tornam apenas claras, em seguida confusas, depois obscuras, e, de tão obscuras, reduzem-se a nada. Uma prova disso pode ser vista quando uma criança se muda para um país cuja língua ela não conhece, mas não demora a esquecer sua língua materna, que aprendera de modo rotineiro.

Ver um objeto, abordá-lo, considerá-lo atentamente sob todos os aspectos; estudá-lo, classificá-lo no espírito sob certo número de ideias particulares que dele dependem; familiarizar-se com os primeiros princípios e proposições gerais, e depois recordá-los; não se ocupar de muitos objetos de uma vez, nem de objetos que, por terem poucas relações com os que interessam, possam confundir-nos a seu respeito; não passar de um objeto a outro, do qual não se tenha ainda uma ideia tão distinta quanto possível – tais são as etapas de um método de representação dos objetos que permite conhecê-los e estudá-los, do qual não poderíamos prescrever todas as regras, que, de resto, podem ser encontradas num bom tratado de Lógica.

Há coisas das quais, mesmo com toda a atenção e disposição, não podemos ter ideias distintas, porque o objeto é demasiadamente composto, suas partes diferem tanto entre si que não conseguimos deslindá-las e apreender as diferenças entre elas, são desproporcionais a nossos órgãos e nos escapam, e estão distantes de nós; ou ainda porque o essencial de uma ideia, o que a distingue de toda outra, se encontra envolto por circunstâncias tais que o subtraem à nossa penetração. Toda máquina demasiadamente composta, o corpo humano, por exemplo, tem suas partes combinadas de tal modo que mesmo a mais hábil sagacidade não poderia ver a milésima parte do que haveria a conhecer para formar uma ideia completamente distinta. O microscópio e o telescópio nos deram, é verdade, ideias distintas de objetos, ideias que, antes dessas invenções, eram de segunda classe, pois eram muito obscuras, devido à pequenez ou à distância desses objetos em relação a nós. E quantas outras não há, que ainda estão longe de serem nítidas! A maioria dos homens tem uma ideia bastante obscura do que entende pelo nome *causa*, pois é comum que, na produção de um efeito, a causa se encontre escondida e tão misturada a outros elementos, que é difícil discernir no que ela consistiria.

Esse exemplo mostra que um obstáculo à aquisição de ideias distintas é a imperfeição e o abuso das palavras como signos de representação arbitrários de nossas ideias. Vide *Palavras* e *Sintaxe*. Um hábito arraigado bastante frequente, como mostra a experiência, consiste em empregar as palavras sem ligá-las a ideias precisas, ou mesmo a qualquer ideia, ou empregá-las ora com um sentido, ora com outro, ligando-as a palavras que tornam indeterminada a sua significação, ou ainda, supor que excitariam nos outros as mesmas ideias que ligamos a elas. Como compor ideias distintas com signos tão equívocos? Contra esse abuso, não há conselho melhor do que este: após termos nos aplicado a adquirir ideias nítidas e determinadas, não empreguemos outras palavras além das que nos deem ao menos uma ideia clara, ou só o façamos na medida estrita do necessário; empenhemo-nos em fixar a significação dessas palavras e sigamos aí, tanto quanto possível, o uso comum; evitemos, por fim, tomar a mesma palavra em dois sentidos diferentes. Se essa regra geral, ditada pelo bom senso, fosse rigorosamente observada, as palavras, longe de ser um obstáculo, [**494**] se tornariam um auxílio, um valiosíssimo recurso na busca pela verdade, aliadas às ideias distintas das quais seriam os signos. Remetemos o leitor aos artigos dedicados à parte filosófica da gramática.

Por mais extenso que este verbete tenha se tornado, haveria ainda muito a dizer sobre nossas ideias, consideradas relativamente às faculdades de nossa alma, e sobre seus usos, como fonte de nossos juízos e princípios de nossos conhecimentos. Mas tudo isso já foi dito em tantas boas obras sobre a arte de pensar e de comunicar os pensamentos, que seria supérfluo nos determos nisso mais uma vez. Quem quiser meditar sobre o que se passa em si mesmo, quando se aplica à busca de uma verdade qualquer, poderá se instruir por conta própria acerca da natureza das ideias e sua utilidade.

(**PPP**)

## Identidade (*Metafísica*), Autor desconhecido [8, 494]

A *identidade* de uma coisa é o que permite que se diga que ela é a mesma, e não outra. Assim definida, parece não haver diferença entre *identidade* e *unidade*, exceto pela consideração do tempo e do lugar em que ela se encontra. Considerada em diversos lugares ou diferentes momentos, se permanece o que era antes, diz-se que uma coisa é *a mesma*. Se a considerais sem nenhuma diferença de tempo ou de lugar, direis que ela é *uma coisa*, pois, por referência ao mesmo tempo e lugar, dizemos aí está *uma coisa*, não aí está *a mesma coisa*.

Concebemos a unidade de diversas maneiras em diferentes seres. Consideramos que uma substância inteligente é sempre exatamente a mesma em razão de sua unidade ou indivisibilidade, apesar de modificações que venha a sofrer, por exemplo, em seus pensamentos ou sentimentos. Uma alma não deixa de ser precisamente a mesma só porque o número de seus pensamentos ou sentimentos se modificou e aumentou ou diminuiu; assim como, inversamente, nos seres corpóreos, uma porção de matéria não será dita a mesma, caso tenha sofrido aumento ou alteração de figura ou movimento.

Vale notar que o uso admite uma identidade de semelhança, que muitas vezes se confunde com a verdadeira identidade. Por exemplo, servindo-se duas taças a partir de uma mesma garrafa de vinho, diz-se que em ambas se encontra *o mesmo vinho*; fabricando-se duas vestimentas a partir de uma mesma peça de tecido, diz-se que elas são feitas do *mesmo tecido*. Essa identidade reside na semelhança, não na *substância*, pois a substância de um pode ser destruída sem que com isso se altere a do outro. Em virtude de semelhança, duas coisas são ditas *a mesma* também quando uma sucede a outra numa mudança imperceptível, ainda que bastante real, de sorte que se trata de duas substâncias bem diferentes. A substância do rio Sena muda todos os dias imperceptivelmente, e mesmo assim dizemos que é sempre o mesmo rio, ainda que a substância de que é formado escoe a cada instante que passa; o navio de Teseu era dito o mesmo navio de Teseu, ainda que, à força de seguidos reparos, não restasse mais do que um fragmento da estrutura original. O corpo de um homem aos cinquenta anos talvez não tenha nada mais da substância que o compunha aos seis meses. Vale dizer que nas coisas materiais muitas vezes não há mais do que uma identidade por similaridade, que o uso equivocado das palavras leva a tomar por uma identidade de substância. Por minuciosa que pareça, essa observação tem sua importância confirmada por uma reflexão do Sr. Bayle, em seu *Dicionário crítico*, no verbete *Espinosa*, letra L, no qual ele mostra que esse triste equívoco é o fundamento do sistema inteiro de Espinosa.

Sêneca faz um raciocínio sofístico valendo-se de diferentes significações do termo *identidade*. Para consolar um homem que perdera seus amigos, diz-se a ele que sempre é possível adquirir outros; *não serão os mesmos? Pois tampouco o sereis, não sois o mesmo, mudais sempre*. Porém, quando nos queixamos que novos amigos [**495**] não substituem os perdidos, não é porque tenham uma disposição diferente, uma idade diferente etc., alterações pelas quais passamos; não nos tornamos outros indivíduos, mas os novos amigos são indivíduos diferentes dos antigos.

O Sr. Locke parece ter definido com justeza a identidade de uma planta, ao afirmar que a organização que lhe deu origem subsiste: ele aplica a mesma ideia ao corpo humano.

**(PPP)**

# Ignorância (*Metafísica*), Diderot [8, 549]

*Ignorância* é a privação da ideia de uma coisa ou de algo que permita formar um juízo a seu respeito. Há quem a defina como *privação* ou *negação* de ciência; mas o termo *ciência*, em seu sentido preciso e filosófico, implica conhecimento certo e demonstrado, e seria uma definição incompleta da ignorância restringi-la à falta de conhecimentos certos. Há muitas coisas que não podemos demonstrar, mas nem por isso as ignoramos. A definição que oferecemos neste artigo, a partir do Sr. Wolff, é mais exata. Ignoramos coisas de que não temos ideias ou de que temos alguma ideia, mas não o suficiente para formar um juízo. Por exemplo: alguém que nunca viu uma ostra ignora a coisa que recebe esse nome; alguém que vê uma ostra diante de si tem uma ideia a seu respeito, mas pode não ter como julgá-la e não ousaria dizer que é um alimento comestível, muito menos delicioso, pois, supondo que ninguém o tenha instruído, a mera visão não fornece elementos para que se pronuncie a respeito. Pode até imaginar que a ostra seja edível; mas é um palpite, um juízo arriscado, que nada afirma a respeito da possibilidade de que seja assim.

As causas de nossa ignorância procedem, portanto, 1º) da carência de ideias; 2º) de não descobrirmos a conexão entre as ideias que temos; 3º) de não refletirmos suficientemente sobre nossas ideias. Pois, se considerarmos, em primeiro lugar, que as noções que adquirimos através de nossas faculdades não têm nenhuma proporção com as coisas mesmas, posto que não temos uma ideia clara e distinta da substância que é o fundamento de todo o resto, reconheceremos facilmente quão poucas são, dentre as nossas noções, as certas. Sem falar dos corpos que escapam ao nosso conhecimento por estarem muito distante de nós, há outros que desconhecemos por serem pequenos demais. Ora, como essas partes sutis insensíveis são partes ativas da matéria, os materiais primordiais de que ela se serve, dos quais dependem as qualidades secundárias e a maioria das operações naturais, somos obrigados, na falta de uma noção delas, a permanecer numa ignorância insuperável acerca de tudo o que queiramos conhecer a seu respeito, dada a impossibilidade de formar um juízo certo, por não termos nenhuma ideia precisa e distinta desses corpúsculos.

Caso pudéssemos conhecer através dos sentidos as delicadas e sutis partes ativas da matéria, distinguiríamos suas operações mecânicas com tanta facilidade quanto o relojoeiro, que sabe a razão pela qual um relógio funciona ou não. Não teríamos dificuldade de explicar por que a prata se dissolve em água-forte, mas não em água-régia, ao contrário do ouro, que se dissolve em água-régia, mas não em água-forte. Se nossos sentidos tivessem acuidade suficiente para perceber as partes ativas da matéria, veríamos a atuação das partes da água-forte sobre as da prata, e essa mecânica seria descoberta sem dificuldade, assim como o relojoeiro sabe como e através de qual mola realiza-se o movimento de um pêndulo. Mas a imperfeição de nossos sentidos não nos permite mais do que conjecturas, fundadas em ideias talvez falsas, e não podemos ter certeza de nada a respeito, além do que nos ensinam um pequeno número de experimentos que nem sempre dão resultado. Por isso, em última instância, suas operações secretas são explicadas por cada um de acordo com sua própria fantasia.

A dificuldade que temos de encontrar a conexão entre nossas ideias é a segunda causa de nossa ignorância. É impossível, para nós, deduzir as ideias de qualidades sensíveis dos corpos; e mais ainda conceber que o pensamento produza movimento num corpo, ou o corpo produza o pensamento no espírito. Não compreendemos como o espírito atua sobre a matéria, ou a matéria sobre o espírito; a fragilidade de nosso entendimento não permite encontrar conexão entre essas ideias, e só nos resta recorrer a um agente todo-poderoso e sábio, que opera por meios impenetráveis para nossa débil concepção.

Por fim, também são causas de ignorância nossa preguiça, nossa negligência, e nosso desdém para com a reflexão. Muitas vezes, temos ideias completas e discernimos sem dificuldade as conexões entre elas; mas, por não acompanharmos essas ideias, ficamos sem saber quais ideias intermediárias poderiam nos ensinar a concordância ou discordância existente entre as demais, e assim permanecemos na ignorância. Essa última espécie de ignorância é censurável, contrariamente à que dá origem a nossas ideias e impõe a elas um limite. Quanto a esta, não devemos nos afligir, mas nos aceitar como somos, e não como a imaginação queria que fôssemos. Por que lamentar por conhecimentos que não podemos obter? Afinal, eles não são assim tão necessários, pois, do contrário, não seríamos privados deles.

Isso me aflige tanto, disse um dos maiores gênios de nosso século, quanto não termos quatro olhos, quatro patas, ou duas asas.

(**PPP**)

## Ilusão (*Gramática, Literatura*), Diderot [8, 557]

*Ilusão* é o ardil das aparências, e *iludir* em geral é enganar pelas aparências. Nossos sentidos produzem ilusão quando nos mostram objetos onde eles não existem; ou, se existem, mostram-nos diferentes do que são. As lentes utilizadas na ótica produzem mil ilusões, alteram a grandeza, a forma, a cor e a distância dos objetos. Nossas paixões produzem ilusões, quando escondem de nós a injustiça das ações ou dos sentimentos que elas inspiram; então, se acreditamos, é porque sentimos medo ou temos um desejo. A ilusão aumenta em proporção à força do sentimento e à fraqueza da razão; priva os gozos de seu viço, ou, inversamente, torna-os mais atraentes; torna as virtudes pálidas ou reluzentes. No instante em que as ilusões agradáveis são perdidas, mergulha-se na inércia e no desgosto. Haveria entusiasmo sem ilusão? Tudo o que se impõe a nós por brilho, antiguidade, ou falsa importância, ilude-nos. Nesse sentido, este é um mundo de ilusões. Há ilusões doces e reconfortantes, das quais seria cruel privar os homens. O amor-próprio é o pai das ilusões; a natureza também tem as suas. Uma das mais fortes é o prazer momentâneo, que expõe a mulher a perder sua vida para propiciá-lo, e detém a mão do homem infeliz, determinando-o a viver. O encanto da ilusão nos torna cegos, numa infinidade de circunstâncias, para o valor do sacrifício exigido de nós e a frivolidade da recompensa que ligamos a ele. Levai minha ilusão ao extremo e engendrareis em mim a admiração, o transporte, o entusiasmo, o furor e o fanatismo. O orador controla a persuasão; a ilusão caminha ao lado do poeta. O orador e o poeta são dois grandes magos, que às vezes se tornam vítimas de seus próprios truques. Eu diria ao poeta dramático: se quiserdes me iludir, que vosso tema seja simples e vossos incidentes não se afastem muito do curso natural das coisas; não os multiplicai; que se encadeiem e atraiam-se; desconfiai de circunstâncias fortuitas e atentai principalmente ao tempo e ao espaço exíguos que vos concede o vosso gênero.

(**PPP**)

# Imaterialismo, ou espiritualidade[1] (*Metafísica*), Yvon [8, 570]

*Imaterialismo* é a opinião dos que admitem duas substâncias na natureza, essencialmente diferentes entre si; uma eles chamam de *matéria*, a outra, de *espírito*. Parece certo que os antigos não tinham nenhuma tintura de espiritualidade. Compartilhavam a crença de que todos os seres participavam da mesma substância, com a diferença de que, se alguns eram meramente materiais, outros seriam materiais e corpóreos. Deus, os anjos e os gênios, afirmam Pórfiro e Jâmblico, são feitos de matéria, mas não têm qualquer relação com o corpóreo. Ainda hoje na China, que conservou os principais dogmas da filosofia antiga, não se conhece substância espiritual, e considera-se a morte como a separação, no homem, da porção etérea da porção terrena: a primeira se eleva para o alto, a segunda retorna para baixo.

Alguns modernos pensam que, por admitir um espírito na formação do universo, Anaxágoras concebia uma espiritualidade e não admitia um Deus corpóreo, como fazem quase todos os nossos filósofos. Mas enganam-se; pois, com a palavra *espírito*, os gregos e os romanos compreendiam uma matéria sutil, ígnea, extremamente rarefeita e inteligente, com partes extensas e diferenciadas. Como acreditar que os filósofos gregos tinham uma ideia de uma substância totalmente espiritual, quando é claro que mesmo os primeiros padres da Igreja tomaram Deus como corpóreo? Sua doutrina era adotada pela Igreja grega até há pouco, e só foi abandonada pela romana na época de Santo Agostinho.

Para julgar adequadamente em que sentido se deve tomar o termo *espírito* nas obras dos antigos e decidir sua verdadeira significação, é preciso atentar para as ocasiões em que era utilizado e com qual acepção. Raramente utilizavam-no para exprimir a ideia que temos de um ser puramente intelectual; era mais comum encontrá-lo na boca dos que não reconheciam qualquer divindade ou ao menos o utilizavam para ludibriar o povo. Em Lucrécio, é muito comum encontrar a palavra *espírito* como *alma*. A palavra *inteligência* é empregada para o mesmo fim: Virgílio se serve dela para

1 Tradução parcial.

significar *alma do mundo*, matéria sutil e inteligente, que, disseminada por toda parte, governa-o e o vivifica. Esse sistema foi, em parte, o dos antigos pitagóricos; os estoicos, que na verdade não eram mais do que cínicos reformados, o aperfeiçoaram: deram o nome de *Deus* a essa alma, consideravam-na inteligente e chamavam-na *espírito intelectual*. Teriam por isso a ideia de uma substância espiritual? Tanto quanto Espinosa, ou menos ainda que ele. Davam-se por satisfeitos, diz o padre Mourgues em seu plano teológico do pitagorismo, com o mais sutil dos corpos (o fogo), para compor uma inteligência ou espírito do mundo (como confirma Plutarco). É preciso compreender essa linguagem; pois, na nossa, o que é espírito não é corpo, enquanto na deles, ao contrário, a prova de que uma coisa era corpo é que ela era espírito... Sou obrigado a fazer essa observação, pois, sem ela, os que lessem, com olhos modernos, esta definição dos estoicos em Plutarco – *Deus é um espírito intelectual e ígneo, que, por não ter forma, pode se transmudar no que bem entender, e assemelhar-se a qualquer ser* – poderiam pensar que a expressão *espírito intelectual* determina a expressão seguinte, *ígneo*, como puramente metafórica.

Os que não queiram aderir à opinião de um douto moderno talvez aceitem se submeter à autoridade de um antigo, que deve ter conhecido bem as opiniões dos antigos filósofos, pois redigiu um tratado a esse respeito, que, além de bastante preciso, é também muito claro. Plutarco afirma expressamente que o espírito é uma matéria sutil, e fala como se dissesse algo trivial, aceito por todos os filósofos. "Nossa alma", diz ele, "que é ar, nos mantém vivos; e o espírito e o ar contêm a existência de tudo no mundo, pois esses nomes significam a mesma coisa." Não me parece que se poderia exigir algo tão contundente e ao mesmo tempo tão conspícuo. Acaso alguém diria que Plutarco não sabia o valor dos termos gregos, e os modernos o conheceriam melhor? Nada impede que se afirme algo assim; mas quem daria ouvidos a tais estultices?

Se houve um filósofo antigo que parece ter concebido uma ideia verdadeira de espiritualidade, foi sem dúvida Platão. Todavia, quando se examina com mais atenção a sequência e o encadeamento de suas opiniões, vê-se claramente que pelo termo *espírito* ele compreendia uma matéria ígnea, sutil e inteligente. Do contrário, como poderia afirmar que Deus teria extraído de si mesmo a matéria com a qual formou o universo? Como poderia um espírito conter a matéria? Haveria extensão numa substância inteiramente espiritual? Platão encontrou essa opinião, expressa por Timeu, em Lócrio, que afirma que Deus, quando quis extrair de si mesmo um lindo filho, produziu o mundo, que é eterno, pois um bom pai não daria a morte ao próprio rebento. Observe-se que Platão, assim como Lócrio, seu guia e modelo, tendo admitido a coeternidade da matéria com Deus, teria de admitir que a matéria subsiste na substância espiritual e a envolve. Mas isso equivale à ideia de uma matéria sutil, de um princípio delicado que conserva em si mesmo o germe material do universo.

Contudo, alguém poderia lembrar que Cícero, quando examina os diferentes sistemas dos filósofos acerca da existência de Deus, rejeita o de Platão como ininteligível, pois ele mesmo outorga ao espiritual a soberania do ser, *Quod Plato sine corpore Deum esse censet, id quale esse possit intelligi non potest.*[2] Mas dessa passagem não se infere, de modo algum, que Cícero, ou Veleio, que tem a palavra, teria pensado que Platão admitia uma divindade sem extensão, impassível, incorpórea, espiritual, tal como a que em hoje acreditamos. O que Cícero estranha é que Platão não tenha dado a esse espírito um corpo e uma forma determinados, [571] vale dizer, à inteligência composta de matéria sutil que ele tomava como Deus supremo; pois todas as seitas que admitiam deuses lhes atribuem corpos. Os estoicos, que explicam da maneira mais nobre a essência sutil de seu deus, mesmo assim o confinam ao mundo que lhe serve de invólucro. Essa ausência de um corpo material grosseiro leva Veleio a afirmar que se o deus de Platão é incorpóreo, ele não deve ter nenhum sentimento e não pode ser suscetível de prudência ou de vontade. Como nenhum dos filósofos antigos, exceto os platônicos, admitia que um espírito fora de um corpo pudesse sentir prazer ou dor, é natural que Veleio considerasse o deus de Platão incorpóreo, isto é, composto unicamente pela matéria sutil que respondia pela essência dos espíritos, como um deus incapaz de prazer, de prudência, enfim, de sensação.

2 "Aquele Deus sem corpo que Platão pensa, que não pode nem poderia ser compreendido."

Se continuais a pôr em dúvida o materialismo de Platão, basta ler o que diz a respeito o Sr. Bayle, no primeiro tomo da continuação de seus *Pensamentos diversos sobre o cometa*, com base numa passagem de um autor moderno que explicou e desvendou o platonismo. Eis a passagem citada pelo Sr. Bayle: "O deus primeiro, de acordo com Platão, é o deus supremo a que os dois outros se submetem e obedecem, pois é seu pai e criador. O segundo é o deus visível, ministro do deus invisível e criador do mundo. O terceiro chama-se *mundo*, ou *alma* que anima o mundo, ao qual alguns dão o nome de *demônio*. Quanto ao segundo, também chamado *verbo*, entendimento ou razão, ele concebia duas espécies. Um deles residiria por toda a eternidade em Deus, com o qual Deus contém em seu seio todas as espécies de virtude, fazendo tudo com sabedoria, potência e bondade; pois, por ser infinitamente perfeito, estão nesse verbo interior todas as ideias e todas as formas dos seres criados. O outro verbo, que é externo e proferido, é a substância que Deus extrai de si mesmo, ou que ele engendra, para com ela formar o universo. É nesse sentido que Hermes Trimegisto diz que o mundo é consubstancial a Deus". A consequência extraída pelo Sr. Bayle é a seguinte: "Acaso lestes algo mais monstruoso do que isso? O mundo, formado por uma substância que Deus extrairia de si mesmo? Três deuses, que seria preciso subdividir em tantos quantas forem as partes animadas do universo? Não estariam aí todos os horrores, todas as aberrações da *alma do mundo*? Mais guerras entre os deuses do que nos escritos dos poetas; os deuses, autores de todos os pecados dos homens; os deuses, que cometem e punem crimes que eles mesmos proíbem...".

Por fim, para concluir com um argumento decisivo, é sabido que Platão sustentou, com quase todos os filósofos da Antiguidade, que a alma era uma parte do todo, porém dele separada; que Deus era esse todo, e a alma se reuniria a ele por via de fusão. Ora, é evidente que tal sentimento implica materialismo. O espírito, tal como o admitimos, não é composto por partes que possam ser destacadas umas das outras; é o caráter próprio e distintivo da matéria. Vide *Alma do mundo*.

A antiga filosofia confundiu assim a *espiritualidade* e a *materialidade*, como se entre elas não houvesse outra diferença além das que existem entre as modificações de uma mesma substância, e acreditou que o que é material não somente poderia insensivelmente se tornar espiritual, como de fato se torna. Os sacerdotes dos primeiros séculos da Igreja adotaram esse sistema, pois, quando se escreve para o público, é indispensável ter um sistema. As questões em torno da essência do espírito são tão sutis e abstratas, as ideias escapam com tanta facilidade, que nada é mais fácil, e, logo, mais perdoável, do que se confundir a esse respeito. Quem não estiver desde o início de posse de certos princípios, haverá de se perder; caminhará sem nada encontrar, ou não encontrará nada além do erro. Mas os equívocos filosóficos de alguns de nossos primeiros autores não devem ser atribuídos à dificuldade de descobrir tais princípios, em sua maioria simples e naturais, e sim à deferência servil por sistemas consagrados. Se o êxito não costuma ser mais do que o prêmio da sagacidade audaz, pode-se dizer que na Filosofia principalmente se deve ousar; mas essa coragem da razão, que busca por uma via mesmo ali, onde não se vê traço de nenhuma, é uma *ars inveniendi*[3] que nossos sacerdotes ignoravam. Obstinados em preservar a pureza do dogma da fé, todo o resto lhes parecia mera especulação, por certo curiosa, porém desnecessária. Com o intuito de chegar aonde outros já haviam estado, embora muitos fossem capazes de mais, não se deram conta dos recursos que lhes eram oferecidos pela beleza de seu gênio.

[**573**] Penso que o conhecimento da pura espiritualidade pode ser situado no século de Santo Agostinho. Parece-me plausível pensar que os heréticos combatidos na época, que admitiam dois princípios, um bom, o outro mau, igualmente materiais – embora dessem ao bom princípio, ou seja, a Deus, o nome de *luz incorpórea* – contribuíram muito para o desenvolvimento de noções verdadeiras acerca da natureza de Deus. Percebeu-se que, para combatê-los com eficácia, era conveniente opor a eles a existência de uma divindade puramente espiritual; examinou-se se seria possível que a essência desta fosse incorpórea, no sentido que damos a essa palavra, e viu-se que era impossível que tivesse outra; com base nisso, eram condenados os que dissessem algo diferente. Isso mostra que a opinião de que Deus era corpóreo não fora, até então, considerada herética.

3 Arte da invenção, da descoberta.

Embora a espiritualidade de Deus não fosse desconhecida pela Igreja antes da conversão de Santo Agostinho, como mostram as obras de São Jerônimo, que reprova Orígenes por ter concebido um Deus corpóreo, essa verdade encontrou muitas dificuldades para ser aceita, mesmo no espírito dos mais doutos teólogos. Santo Agostinho diz que permaneceu maniqueísta por tanto tempo por conta da dificuldade de compreender a pura espiritualidade de Deus; *tal foi*, ele declara, *a única e quase insuperável causa de meu erro*. Os que meditaram sobre a questão que embaraçou Santo Agostinho não se surpreenderam com suas hesitações. Perceberam que, malgrado as dificuldades de admitir um Deus puramente espiritual, seria impossível conciliar perfeitamente ideias que parecem contraditórias. Haveria algo mais abstrato, e mais difícil de compreender, do que uma substância real que está por toda parte e não ocupa nenhum espaço? Que se encontra integralmente em partes que estão a infinita distância umas das outras, e é perfeitamente única? Que está dada em cada ponto da imensidão do espaço, mas não é infinita, contrariamente ao número de pontos do espaço no qual ela se encontra? É desculpável que Santo Agostinho tenha sido detido por esses obstáculos, sobretudo numa época em que a doutrina da pura espiritualidade de Deus acabara de desabrochar, por assim dizer. Ele mesmo a levaria a uma perfeição maior, embora não no que se refere à essência de Deus, pois, sobre as substâncias espirituais, continuou a raciocinar como perfeito materialista. Deu corpo aos anjos e demônios; supôs três ou quatro matérias espirituais diferentes, todas sutis. Com uma delas, compôs a essência das substâncias celestes; com outra, que ele dizia ser como ar espesso, fez a substância dos demônios. A alma humana também seria formada por uma matéria de espécie particular.

Por aí se vê como eram confusas, no tempo de Santo Agostinho, as ideias de pura espiritualidade das substâncias imateriais. Quanto às que esse prelado tinha da natureza da alma, basta consultar o que ele mesmo diz sobre a obra que escrevera a respeito da imortalidade para ver que elas eram confusas e ininteligíveis. Declara que esse escrito fora publicado contra a sua vontade: de tão obscuro e confuso, ele mesmo, ao reler suas palavras, mal consegue compreendê-las.

Parece-me que, logo após Santo Agostinho, o conhecimento da pura espiritualidade, longe de se aperfeiçoar, tornou-se paulatinamente mais obscuro. A filosofia de Aristóteles, que entrou em voga no século XII, praticamente devolveu os teólogos à opinião de Orígenes e de Tertuliano acerca da materialidade da substância espiritual. É verdade que formalmente negaram que na essência espiritual se encontraria algo de corpóreo e sutil, mas, por outro lado, destruíram tudo o que supunham, ao dar aos espíritos uma extensão, infinita a Deus, finita aos anjos e às almas. Pretenderam que as substâncias espirituais ocupariam e preencheriam um lugar fixo e determinado. Ora, essas opiniões são inteiramente contrárias a ideias sadias de espiritualidade. Assim, pode-se dizer que, até a chegada dos cartesianos, as luzes que Santo Agostinho lançara sobre a pura incorporeidade de Deus diminuíram consideravelmente. Os teólogos condenavam Orígenes e Tertuliano, mas, no fundo, estavam bem mais próximos destes que de Santo Agostinho. Ouçamos o raciocínio do Sr. Bayle, no artigo *Simônides* de seu *Dictionnaire historique et critique* [Dicionário histórico e crítico]: "Até Descartes, todos os nossos doutores, fossem teólogos, fossem filósofos, [**574**] haviam dado uma extensão aos espíritos, infinita a Deus, finita aos anjos e às almas racionais. É verdade que sustentam que essa extensão não é material e não é composta por partes, e que os espíritos residem integralmente em cada parte do espaço que ocupam: *toti in toto, et toti in singulis partibus.*[4] Daí derivam as três espécies de presença local, *ubi circumscriptivum, ubi definitivum, ubi repletivum:*[5] a primeira para os corpos, a segunda para os espíritos criados, a terceira para Deus. Os cartesianos inverteram esses dogmas; afirmam que os espíritos não têm nenhuma espécie de extensão ou de presença local; mas essa opinião foi rejeitada, por ser demasiadamente absurda. Cabe dizer que, ainda hoje, quase todos os nossos filósofos e teólogos ensinam, em conformidade às ideias populares, que a substância de Deus está espalhada pelos espaços infinitos. Ora, isso é destruir com uma mão o que a outra ergueu; é devolver a Deus a materialidade de que fora privado. Afirmais que ele é um espírito, muito bem; é dar-lhe uma natureza diferente da

4 "O todo no todo, e o todo nas partes singulares."

5 "Quando circunscreveu, quando definiu, quando preencheu."

matéria. Mas dizeis, ao mesmo tempo, que sua substância está espalhada por toda parte; afirmais com isso que ela é extensa? Mas não temos ideia do que seriam duas espécies de extensão: concebemos claramente que toda extensão, qualquer que seja, tem partes distintas, impenetráveis, inseparáveis. É uma aberração pretender que a alma estaria alojada no cérebro e no coração. É inconcebível que a extensão divina e a extensão material estejam no mesmo lugar; seria uma interpenetração de dimensões, algo que nossa razão não concebe. Ademais, coisas interpenetradas com uma terceira se interpenetram entre si, e assim o céu e o globo terrestre se interpenetram entre si, e se interpenetram com a substância divina, que, segundo afirmais, não tem partes; do que resulta que o Sol é penetrado pelo mesmo ser que a Terra. Em suma, se a matéria só é matéria por ser extensa, segue-se que toda extensão é matéria; desafio-vos a apontar para um atributo diferente da extensão, graças ao qual a matéria é matéria. A impenetrabilidade dos corpos pode advir da extensão, não há outro fundamento concebível para ela; e assim, sereis constrangidos a afirmar que se os espíritos fossem extensos, eles seriam impenetráveis; portanto, não é pela impenetrabilidade que seriam diferentes dos corpos. Afinal, segundo o dogma ordinário, a extensão divina não é nem mais nem menos impenetrável ou penetrável do que a do corpo. As partes, chamai-as de *virtuais*, não são interpenetráveis entre si, mas podem sê-lo com as partes da matéria. Não é o que afirmais, a respeito destas? Mas elas podem penetrar as partes virtuais da extensão divina. Se consultardes o senso comum, concebereis que, quando duas extensões se interpenetram num mesmo lugar, uma delas é tão penetrável quanto a outra. Logo, se não se pode dizer que a extensão da matéria difere de alguma espécie de extensão pela impenetrabilidade, é certo que toda extensão é material. E, por conseguinte, quando dizeis que Deus é extenso, privai-o apenas do nome *corpo* e dais a ele toda a realidade implicada no termo". No verbete *Alma* está provado, em benefício da razão e da boa Filosofia, que, além de substâncias materiais, é preciso ainda admitir substâncias puramente espirituais, realmente distintas das primeiras. É verdade que ignoramos o que são essas duas espécies de substância, como elas vêm a se reunir uma à outra, e se as suas propriedades se reduzem ao pequeno número das que conhecemos. É impossível sabê-lo; tanto mais por ignorarmos por completo em que consiste a essência da matéria e o que os corpos são em si mesmos. Os modernos, é verdade, deram alguns passos além dos antigos; mas quanto não resta por fazer!

(**PPP**)

## Imortalidade, Imortal (*Gramática, Metafísica*), Diderot [8, 576]

*Imortal* é aquele que não morrerá, que não está sujeito à dissolução e à morte. Deus é imortal, a alma do homem é imortal, mas não porque ela seja espiritual, e sim porque Deus, que é justo, quis que os bons e os maus experimentassem, no outro mundo, uma sorte digna de suas obras neste mundo, e decidiu que ela continuaria a existir após sua separação do corpo. Deus tirou a alma do nada; se ela não recai no nada, é porque lhe agrada conservá-la. Material ou espiritual, ela subsistiria igualmente, se fosse do seu prazer conservá-la. O sentimento da espiritualidade e o de imortalidade são independentes um do outro. A alma poderia ser espiritual e mortal, material e imortal. Sócrates, que não tinha nenhuma ideia da espiritualidade da alma, acreditava em sua imortalidade. É por Deus, e não por si mesma, que a alma é; é por Deus que ela é espiritual, e a fé nos ensina que ela é imortal, e a razão de ser assim.

A imortalidade é ainda tomada como essa espécie de vida que adquirimos na memória dos homens. Esse sentimento, que às vezes nos incita às maiores ações, é a mais forte marca do apreço que temos pela estima de nossos semelhantes. Ouvimos em nós mesmos o elogio que um dia farão de nós, e nos imolamos. Sacrificamos nossa vida, deixamos de existir realmente, para viver na lembrança deles. Se a imortalidade, considerada sob esse aspecto [**577**], for uma quimera, será a quimera das grandes almas. Essas almas, que têm a imortalidade em tão alta conta, devem apreciar, na mesma proporção, os talentos, sem os quais a imortalidade seria uma quimera: a Pintura, a Escultura, a Arquitetura, a História e a poesia. Houve reis antes de Agamenon, mas eles caíram no mar do esquecimento, pois não tinham um poeta sagrado que os imortalizasse. A tradição altera a verdade dos fatos e os torna fabulosos. Sem a voz do poeta e do historiador, que atravessa o intervalo dos tempos e lugares e os ensina a todos os séculos e povos, os nomes desaparecem com os impérios. Os grandes homens são imortalizados pelo homem de letras, que deveria ser imortalizado com eles. Pois, na falta de ações célebres, mesmo assim ele cantaria as transações da natureza e o repouso dos deuses, e seria ouvido no futuro. Aquele, pois, que desprezar o homem de letras desprezará também o juízo da posteridade, e raramente se elevará a algo digno de lhe ser transmitido.

Mas haveria, efetivamente, homens nos quais o sentimento de imortalidade se encontra totalmente extinto, que não consideram o que se dirá deles quando não existirem mais? Não creio. Somos fortemente afeiçoados à consideração dos homens com os quais vivemos; a despeito de nós mesmos, nossa vaidade conjura, a partir do nada, os que ainda não existem, e ouvimos, com maior ou menor força, o juízo que farão de nós, e os receamos em proporção a ele.

Se um homem me dissesse: "Suponde que há, num velho cofre esquecido no fundo de meu sótão, uma folha de papel capaz de me mostrar à posteridade como um bandido e um infame; suponde ainda que eu tenho a garantia absoluta de que esse cofre não será aberto enquanto eu viver; bem, eu não me daria ao trabalho de subir até o sótão para abrir o cofre, tirar dali o papel e queimá-lo", eu lhe responderia que é um mentiroso.

Admira-me muito que os que ensinaram aos homens a imortalidade da alma não os tenham persuadido, ao mesmo tempo, de que ouvirão na tumba os juízos que serão feitos sobre eles, quando deixarem de existir.

(**MGS**)

## Imperceptível (*Gramática*), Diderot [8, 589]

Chama-se *imperceptível* tudo o que escapa, por suas dimensões reduzidas, ao órgão da visão; e, em sentido figurado, tudo o que atua em nós e sobre nós de maneira fugidia e secreta, furtando-se ao mais escrupuloso dos exames. Existem, eu não direi elementos dos corpos, ou corpos compostos, mistos, sobrepostos, mas corpos organizados e vivos, animais imperceptíveis para nós; e quem sabe se esses animais, que se furtam a nossos olhos e a nossos microscópios, não são, por sua vez, habitados por um verme menor que eles, que os devora? E assim por diante. Quem poderia dizer em que ponto se detém o progresso da natureza organizada e viva? Qual a extensão da escala segundo a qual a organização se simplifica? Onde se encontra o termo último dessa simplicidade, em que cessa o estado da natureza viva e começa o da natureza bruta? Somos às vezes arrastados, em nossos juízos e preferências, por movimentos do coração e do espírito que, por serem totalmente imperceptíveis, nem por isso são menos potentes.

(**PPP**)

## Indivíduo (*Metafísica*), Autor desconhecido [8, 684]

*Indivíduo* é um ser em que todas as determinações se encontram exprimidas. Quando restam determinações em aberto na noção de espécie, e elas são atribuídas de maneira que não repugna a espécie, chega-se ao indivíduo. Pois a espécie, por exprimir apenas o que é comum aos indivíduos, omite as diferenças que os distinguem. Indicai essas diferenças e delas depreendereis o indivíduo. A espécie *cavalo* contém tudo o que se encontra em cada animal que a ela pertence, certa figura e proporção entre as partes; acrescentai um peso e uma idade, uma conformação precisamente determinada, um lugar em que se encontre um cavalo, e tereis a ideia de um indivíduo dessa espécie. Tal é o verdadeiro princípio de *individuação*, a respeito do qual tantas quimeras foram propostas pelos escolásticos. Consiste na *determinação completa*, da qual nasce a *diferença numérica*. Pedro é um homem, Paulo é um homem, ambos pertencem à mesma espécie; mas diferem *numericamente*, por diferenças próprias a cada um. Um é belo, o outro é feio; um é ignorante, o outro é sábio. Tais sujeitos são indivíduos também de acordo com a etimologia, pois não poderíamos dividi-los em novos sujeitos dotados de existência independente. A reunião das propriedades que os constituem é tal, que, tomadas em conjunto, convêm apenas a cada um deles. Os escolásticos exprimem as circunstâncias de que podemos extrair essas propriedades pela seguinte locução, *Forma, figura, locus, stirps, nomen, patria, tempus*.

As diferentes sutilezas que acabamos de expor não merecem que nos detenhamos nelas; mais vale ler o capítulo do *Ensaio sobre o entendimento humano*, em que Locke examina identidade e diversidade. Citarei aqui uma passagem do livro II, capítulo 27, seção 3: "É evidente que isso que nas escolas é chamado de *principium individuationis* – e elas se debatem violentamente para saber o que ele seria – consiste na existência mesma, que determina cada ser, de qualquer espécie que seja, a um tempo em particular e a um lugar que não pode ser compartilhado por dois seres de mesmo gênero [...]. Suponhamos, por exemplo, um átomo, vale dizer, um corpo contínuo, numa superfície imóvel, que exista em tempo e lugar determinados. É evidente que em qualquer instante que o consideremos, ele será, nesse instante, o mesmo que si mesmo; pois, por ser nesse instante aquilo que ele efetivamente é, e não outra coisa, ele é o mesmo e continuará necessariamente a sê-lo, enquanto sua existência for contínua, vale dizer, durante todo esse tempo ele será o mesmo, e não um outro [...]. Quanto aos seres vivos, sua identidade não depende de uma massa composta pelas mesmas partículas, mas de outra coisa; pois, neles, uma alteração de porções consideráveis de matéria não afeta a identidade. Uma muda de carvalho que se torna uma árvore enorme é sempre o mesmo carvalho. Um potro que se torna cavalo, seja gordo ou magro, é sempre o mesmo cavalo". Vide *Identidade*.

**(PPP)**

## Influência da imaginação das grávidas sobre o feto, Diderot [8, 563]

Por mais que o feto não esteja diretamente ligado ao útero, mas prenda-se a ele por meio de pequenas pregas, exteriores ao invólucro que o protege, e por mais que não haja comunicação alguma entre o seu cérebro e o da mãe, mesmo assim, há quem insista que tudo o que afeta a mãe afetaria também o bebê, e as impressões daquela conduziriam seus efeitos ao cérebro deste. A essa influência atribuem-se não somente as semelhanças entre a mãe e a criança, como também eventuais deformidades desta última, em decorrência do acréscimo ou subtração de uma parte do corpo ou das formações contrárias à natureza, inclusive manchas de pele aberrantes. Mas, supondo-se que esses efeitos dependam mesmo da *imaginação*, é bem mais razoável atribuí-los àquela dos que acreditam percebê-los do que à da mãe, que, na realidade, não tem nem poderia ter um poder como esse.

Os que tratam desse assunto levam o maravilhoso tão longe quanto possível. Não contentes em afirmar que o feto receberia representações reais dos apetites da mãe, pretendem ainda que, em virtude de uma simpatia singular, as manchas incomuns que se encontram na pele de bebês, similares a frutas, como morangos, cerejas ou amoras, mudariam de cor conforme a estação, tornando-se mais escuras na época da colheita, e também mais volumosas, devido ao aguçamento do desejo da mãe por uma dessas frutas. Mas um pouco mais de atenção e menos de preconceito poderia mostrar que a cor e o volume dessas manchas variam com frequência, dependendo da velocidade com que o sangue circula. Trata-se de um efeito bastante simples. Na época da colheita, assim como em qualquer outra, essas erupções cutâneas podem ser avermelhadas, rosadas ou pálidas; pois é o sangue que dá diferentes colorações à pele, conforme a sua quantidade nos vasos, o grau de dilatação destes, sua quantidade e tamanho, sem mencionar variações na temperatura do ar (o que afeta a superfície do corpo), e, por fim, a espessura do tecido que recobre a mancha.

Ora, se a causa dessas nódoas ou *sinais de nascença*, como são chamadas, fosse mesmo o apetite da mãe, que representa para si mesma este ou aquele objeto, por que então, indaga o Sr. Buffon, não têm formas e cores tão variadas quanto a de cada um dos objetos do apetite? Que figura singulares não seriam vistas, se os caprichos das mães estivessem gravados na pele dos bebês! Vide *Histoire naturelle*, tomo IV, capítulo II.

O fato é que nossas sensações não se assemelham aos objetos que as causam, e, por isso, é impossível que fantasias e medos, como aversão, terror ou qualquer outra paixão ou emoção interna, possam produzir uma representação real dos objetos, e, menos ainda, em consequência a essa representação, criar partes organizadas ou rearranjar partes dadas. Supondo que uma faculdade como essa existisse e se estendesse ao todo, ela seria uma verdadeira desgraça, pois destruiria o indivíduo ainda no útero, em vez de impedir conformações defeituosas ou permitir outras mais perfeitas. De resto, produziria quase sempre crianças do sexo masculino, pois todas as mulheres, ou a maioria delas, são afetadas por ideias, desejos e objetos que se referem ao sexo oposto.

Portanto, se a experiência prova que, quanto a essas circunstâncias, o feto é tão independente da mãe quanto o ovo é da galinha que o choca, que cada um julgue por si mesmo se a imaginação de uma galinha que viu um galo ser morto com a torção do pescoço iria produzir ovos que, uma vez gestados, geram frangos com o pescoço retorcido; ou se, da mesma maneira, a força da imaginação de uma mulher que viu os membros de um criminoso serem dilacerados traria ao mundo uma criança com membros conformados de tal maneira que parecessem dilacerados.

Este último exemplo, que Malebranche considerou tão decisivo, não prova nada. Pois, em primeiro lugar, o fato é equívoco; e, em segundo lugar, não se compreende, de maneira racional, como esse pretenso princípio poderia produzir tal fenômeno. Seja ele atribuído a influências psíquicas, seja a meios mecânicos, é impossível explicá-lo de modo satisfatório. O curso dos espíritos animais no cérebro da mãe não tem qualquer comunicação imediata que permita transmitir uma modificação para o cérebro da criança. E, mesmo que se concedesse tal comunicação, como explicar que ela seja apropriada para produzir, nos membros do feto, os efeitos em questão? A agitação dos músculos da mãe, que entram em convulsão pelo terror, pela consternação ou por outra causa qualquer, acaso produziria, no corpo da criança que ela traz no útero, efeitos tão determinados que operariam soluções de continuidade em certas partes dos ossos, mas não em outras, produzindo ossos muito mais maleáveis que de costume? Como conceber que semelhante intervenção mecânica no feto poderia produzir alterações na estrutura de certos órgãos, mas não na de outros?

Portanto, o único fundamento cabível para explicar o fenômeno da criança de ossos deformados, explicação de resto temerária, por se tratar de um fato extraordinário, incerto, ou ao menos de circunstâncias não muito bem conhecidas, é supor algum vício de conformação, que ocorreria independentemente de a mãe ter visto ou não uma pessoa submetida à roda do suplício (como se valesse a máxima *post hoc, ergo propter hoc*).[1] O esqueleto de criança raquítica que se encontra no Gabinete de História Natural, do Jardim do Rei, tem os ossos dos braços e das pernas pontuados por calo-

1 Dado isto, logo, por causa disto.

sidades que, uma vez inspecionadas, não deixam dúvida de que os ossos dos membros não foram rompidos no útero; não é preciso, para explicar sua aparência, afirmar que a progenitora assistiu à roda do suplício, que os ossos se reuniram logo depois e formaram calosidades.

O fato é que as coisas mais extraordinárias, que raramente acontecem, diz o Sr. Buffon, *loco citato*, ocorrem, contudo, tão necessariamente **[564]** quanto as mais triviais, que acontecem com frequência. Em meio ao infinito número de combinações de que a matéria é suscetível, deve haver arranjos dos mais singulares, e com efeito eles existem, embora sejam mais raros do que os outros. Pode-se estimar, por exemplo, que, dentre um milhão de crianças que venham ao mundo, apenas uma nascerá com duas cabeças ou quatro pernas, com os membros dilacerados ou qualquer outra deformidade ou monstruosidade que se queira supor. Sendo assim, é natural que uma ou mais crianças venham ao mundo com os membros aparentemente dilacerados. E, para explicar esse fato, não é preciso atribuir poderes especiais à imaginação da mãe, ou tampouco dizer que ela teria assistido à roda do suplício, embora seja perfeitamente possível que uma criança com má-formação seja trazida ao mundo por uma mãe que assistiu a esse espetáculo durante a gravidez. Um defeito como esse jamais poderia ser considerado singular, a não ser na eventualidade de uma coincidência.

Todos os dias nascem crianças com anomalias de pele ou em outras partes do corpo que só são observadas quando têm ou se acredita terem alguma relação com uma afecção viva qualquer experimentada pela mãe quando trazia a criança dentro de si. Mais frequente ainda é que as mulheres que creem que seria o seu dever trazer ao mundo crianças com marcas das ideias e desejos que atingiram sua imaginação durante a gravidez as introduzam no mundo sem nenhuma marca, ou tal que não tem relação com os objetos dessas afecções. Na grande maioria das vezes, esse fenômeno passa despercebido; mais notada é a coincidência entre uma fantasia precedente e um defeito qualquer, ou melhor, entre este e uma ideia que tenha impressionado a mãe. Não foi uma imaginação ativa que produziu as variedades que se encontram nas pedras figuradas, ditas jogos da natureza, nas ágatas, nas dendrites; foram formadas pela efusão de um suco heterogêneo a elas, que se insinuou em diferentes partes da pedra e encontrou mais facilidade em se difundir numa parte do que em outra, em certos pontos da parte e não em outros, formando assim, em seu traçado, diferentes figuras. Vide *Pedras figuradas*. Mas a distribuição do suco, que depende da disposição das partes da pedra, a qual não foi determinada por uma causa livre, poderia ser diferente; o traçado da difusão do suco e o desenho dele resultante – tudo isso, eu digo, são efeitos do acaso. Vide *Jogos da natureza*.

Ora, se um princípio como esse pode ocasionar, nos corpos minerais, símiles tão perfeitos de objetos comuns, que, no entanto, não têm nenhuma relação com eles, nada obsta que se atribua a essa causa cega as extraordinárias figurações encontradas nos corpos de crianças recém-nascidas. Está provado que a imaginação não poderia traçar o que seja nesses corpos; por conseguinte, as figuras defectivas ou monstruosas encontradas neles dependem da expansão das partes fluidas e da resistência ou relaxamento dos sólidos. A determinação dessas circunstâncias cabe tanto a uma causa livre quanto a das que produzem irregularidades, monstruosidades e defeitos em animais, plantas ou árvores. Essas causas podem variar ao infinito e, por conseguinte, ocasionar a variação das figuras que se seguem a elas. Se estas parecem representar uma groselha, e não um cravo-da-índia, isso é efeito do acaso. Mas, como um evento que depende do acaso não pode ser previsto nem anunciado, a coincidência entre um evento e a previsão de que ele viria a ocorrer (o que é muito raro), por mais perfeita que fosse, teria de ser considerada um efeito secundário do acaso.

É suficiente, porém, que nos detenhamos nos efeitos que a credulidade transformou em objetos de espanto. De acordo com o ilustre autor da *Histoire naturelle*, pode-se prever que, malgrado os progressos da Filosofia, e a despeito do bom senso, os fatos em questão, assim como tantos outros, permanecerão verdadeiros para muita gente, no que se refere às consequências extraídas deles. Preconceitos, principalmente os que têm por base o maravilhoso, triunfarão sempre sobre as luzes da razão; e seria bem pouco filosófico surpreender-se com isso.

Tendo em vista que marcas de nascença costumam ser assunto de conversa no mundo elegante, e que, nesse mundo, as razões gerais e filosóficas têm menos efeito que uma historieta, não se deve esperar que algum dia as mulheres venham a ser persuadidas de que os sinais de seus filhos não têm nenhuma relação com as ideias e fantasias pelas quais elas se deixam impressionar, ou com desejos não satisfeitos. Que se pergunte, porém, a uma delas, antes do nascimento da criança, quais os objetos de suas ideias, de suas fantasias, desses desejos tão urgentes quanto imperiosos, e, supostamente, tão importantes, e quais haveriam de ser, por conseguinte, os sinais inscritos na pele de seu filho, e ver-se-á que colocar essa questão poderá irritá-las, mas de modo algum irá convencê-las.

Mesmo assim, levando em consideração que esse preconceito interfere consideravelmente no repouso e na saúde das gestantes, alguns doutos se empenharam em dissipá-lo. Uma dissertação a respeito, de autoria do Dr. Blondel, publicada em Paris no ano de 1745, pelo editor Guérin, traduzida do inglês, diz coisas interessantes sobre o assunto. O autor nega peremptoriamente quase todos os fatos que parecem favorecer a opinião por ele combatida. Poderia ser provado que esses fatos não dependem do poder da imaginação. Mas a maioria deles está comprovada, e continuará servindo para autorizar a maneira de pensar mais comum, até que se *demonstre*, por assim dizer, que eles não devem ser atribuídos a essa causa.

As memórias da Academia de Ciências oferecem numerosas dissertações sobre o assunto, dignas, sem dúvida, de seus doutos autores, bem como do ilustre corpo que as publicou. Mas, como pressupõem princípios de conhecimento exclusivo dos médicos, são inadequadas para os que ignoram a Medicina. As obras filosóficas destinadas ao vulgo, sobretudo às damas, devem ser tratadas de modo diferente de uma dissertação: *legat ipsa Lycoris.*[2] O Dr. Blodel parece ter levado isso em conta, pois redigiu sua obra em forma de cartas, nas quais a matéria é muito bem discutida e posta ao alcance de todos; qualidade tão mais louvável, se considerarmos que não há quem não esteja interessado em adquirir luzes a respeito do assunto. Recomenda-se também a abordagem adotada nas *Institutions de physiologie* de Boerhaave, §694, e nos comentários a elas, redigidos por Haller, em que são citados todos os autores que escreveram e relataram observações acerca dos efeitos atribuídos à imaginação das gestantes. Vide *Marcas de nascença*, *Monstruosidades*.

**(PPP)**

2 "Que foi lida pela própria Licóride."

## Instinto (*Metafísica, História Natural*), Le Roy [8, 795]

*Instinto* é a palavra com a qual se pretende exprimir o princípio que dirige os animais em suas ações. Mas qual a natureza desse princípio? E qual a sua extensão? Aristóteles e os peripatéticos atribuíam aos animais uma alma sensitiva, mas limitada à sensação e à memória, sem nenhum poder de refletir sobre seus atos, compará-los etc. Outros foram mais longe. Lactâncio diz que, exceto pela religião, não há nada de que os animais não tirem o mesmo proveito que a espécie humana.

De outro lado, todos conhecem a famosa hipótese do Sr. Descartes, que não pôde ser sustentada nem por sua grande reputação, nem pela de alguns de seus seguidores. Os animais da mesma espécie têm, em suas operações, uma uniformidade que impressionou os filósofos e lhes sugeriu a ideia de um automatismo. Mas essa uniformidade é apenas aparente, e o hábito da observação a dissipa para olhos treinados. Um caçador atento sabe que não há duas raposas cuja indústria seja inteiramente semelhante, nem dois lobos cuja gulodice seja a mesma.

Depois de Descartes, diversos teólogos acreditaram que seria do interesse da religião manter essa opinião sobre o mecanismo dos animais. Não perceberam que o animal, embora provido de faculdades que compartilham com os homens, poderia estar a uma distância infinita dele. Por essa mesma razão, o homem está muito longe do anjo, embora compartilhe com ele de uma liberdade e de uma imortalidade que o aproximam do trono de Deus.

A Anatomia Comparada nos mostra, nos animais, órgãos similares aos nossos e dispostos para as mesmas funções da economia animal. Os detalhes de suas ações nos fazem perceber claramente que são dotados da faculdade de sentir, ou seja, que experimentam o mesmo que nós, quando nossos órgãos são mobilizados pela ação dos objetos exteriores. Duvidar que os animais teriam essa faculdade é pôr em dúvida se nossos semelhantes são dotados dela, já que sua presença é indicada, em ambos os casos, pelos mesmos sinais. Quem ignora a dor exprimida por gritos e recusa as marcas sensíveis da alegria ou do desejo, não merece resposta. É certo que os animais não somente sentem, como também se lembram. Sem a memória, as chicotadas não tornariam nossos cães comportados, e a domesticação dos animais seria impossível. O exercício da memória coloca-os em condições de comparar uma sensação passada com uma sensação presente. Toda comparação entre dois objetos produz necessariamente um juízo; logo, os animais julgam. A dor dos golpes do chicote, retraçada pela memória, embala, num cão que se detém ao farejar a caça, o desejo de perseguir a lebre que foge. Da comparação entre essas duas sensações nasce o juízo que determina sua ação. Com frequência, ele é levado pelo sentimento vivo do prazer; mas, como a ação repetida dos golpes torna mais profunda a lembrança da dor, o prazer sai perdendo na comparação. Então, ele reflete sobre o que se passou, e a reflexão grava em sua memória uma ideia de relação entre uma lebre e os golpes do chicote. Essa ideia se torna tão predominante, que enfim a visão de uma lebre o faz abaixar o rabo e voltar prontamente para seu dono. O hábito de emitir o mesmo juízo lhes dá tamanha prontidão, e adquirem um ar tão natural, que não percebemos que a reflexão os reduziu a um princípio. É a experiência, auxiliada pela reflexão, que faz que uma doninha julgue com segurança a proporção entre o tamanho de seu corpo e a abertura pela qual ela quer passar. Essa ideia, uma vez estabelecida, torna-se habitual com a repetição dos atos que ela produz, e poupa o animal das tentativas inúteis. Mas, à reflexão, os animais devem mais do que as ideias simples de relação. Pois eles têm também ideias indicativas mais complicadas, sem as quais cairiam em mil erros funestos. Um velho lobo é atraído pelo cheiro de uma isca; mas, quando se aproxima dela, seu nariz lhe diz que um homem andou nas redondezas. A ideia, não da presença, mas da passagem de um homem, indica um perigo, e emboscadas. Ele hesita, e rodeia o local por noites a fio; o apetite o traz de volta para a isca, o medo do perigo o afasta dela. Caso o caçador não tenha tomado todas as precauções para evitar que o lobo tenha o pressentimento da armadilha, e o menor odor de ferro afete seu nariz, nada poderá tranquilizar o animal, que aprendeu com a experiência a desconfiar da situação.

Ideias como essa, adquiridas sucessivamente pela sensação e pela reflexão, representadas em ordem pela imaginação e pela memória, formam o sistema de conhecimentos do animal e a cadeia de seus hábitos; mas é a atenção que grava em sua memória todos os fatos que concorrem para instruí-lo, e a atenção é o produto da vivacidade das necessidades. Disso se segue, necessariamente, que os animais cujas necessidades são mais fortes têm mais conhecimentos adquiridos do que os outros. Com efeito, percebe-se, à primeira vista, que a vivacidade das necessidades é a medida da inteligência de cada espécie, e as circunstâncias que podem tornar as necessidades mais ou menos prementes para cada indivíduo tornam mais ou menos extenso o sistema de seus conhecimentos.

A natureza fornece aos frugívoros um alimento que se obtém facilmente, sem indústria ou reflexão: eles sabem onde está a grama que devem pastar e sob qual carvalho encontrarão as glandes. Seu conhecimento se limita nesse aspecto à memória de um único fato. Por isso, sua conduta em relação a esse objeto parece estúpida e próxima do automatismo. Mas o mesmo não ocorre com os carnívoros: forçados a procurar uma presa que se esconde de suas vistas, suas faculdades, despertadas pela necessidade, estão em exercício contínuo; todos os meios pelos quais sua presa lhes escapa são representados, repetidamente, [**796**] em sua memória. Da reflexão que são forçados a fazer sobre esses fatos nascem ideias de astúcias e precauções que se gravam na memória, se estabelecem aí como que princípios, que a repetição torna habituais. A variedade e a invenção dessas ideias espantam sempre aqueles para os quais esses objetos são mais familiares. Um lobo que caça sabe por experiência que o vento traz para seu olfato as emanações dos corpos dos animais que ele procura; ele anda, pois, sempre com o nariz para cima; aprende, além disso, a julgar, pelo sentimento do mesmo órgão, se o animal está longe ou perto, parado ou em fuga. De acordo com esse conhecimento, regula sua marcha; vai a passo de lobo para surpreendê-lo, ou redobra a velocidade para atacá-lo. Encontra no caminho ratos do campo, rãs e outros pequenos animais, dos quais se alimentou mil vezes. Mas, embora pressionado pela fome, negligencia esse alimento presente e fácil, pois sabe que encontrará, na carne de um cervo ou de um gamo, uma refeição mais farta e mais deliciosa. Em circunstâncias normais, esse lobo esgotará todos os recursos que se pode esperar do vigor e da astúcia de um animal solitário; mas, quando o amor põe o macho e a fêmea em sociedade, eles têm ideias que derivam da facilidade proporcionada pela união. Esses lobos conhecem, por experiências repetidas, onde normalmente vivem as feras, e os caminhos que elas tomam quando estão sendo caçadas. Sabem também que é útil revezarem-se em suas funções, para cansar a presa e capturá-la. Conhecidos esses fatos, concluem pelo que é provável e, consequentemente, dividem suas funções. O macho sai à caça; a fêmea, mais fraca, espera o animal sem fôlego numa passagem estreita, encarregada de fazê-lo voltar para trás. Pode-se estar seguro desses dois procedimentos, ao ver como suas marcas ficam escritas sobre a terra úmida ou sobre a neve, e pode-se ler aí a história dos pensamentos do animal.

A raposa, muito mais fraca do que o lobo, é obrigada a multiplicar seus recursos para obter alimento. Há tantos meios a escolher, tantos perigos a evitar, que sua memória é preenchida por numerosos fatos, que dão ao seu instinto uma grande extensão. Ela não pode abater esses grandes animais, dos quais um só a alimentaria por vários dias. Tampouco tem velocidade suficiente para compensar a falta de vigor: seus meios naturais são, pois, a astúcia, a paciência e a habilidade. Tem sempre, assim como o lobo, o olfato como bússola. O relato fiel desse sentido bem exercido a instrui sobre a aproximação do que ela procura e a presença do que deve evitar. Pouco afeita à caça aberta, normalmente se aproxima em silêncio de uma perdiz ou da toca em que, ela sabe, uma lebre ou um coelho irão entrar. A terra fofa quase não recebe o traço leve de seus passos. Dividida entre o medo de ser surpreendida e a necessidade de surpreender, sua marcha, sempre precavida e com frequência interrompida, denuncia sua inquietação, seus desejos e precauções. Nas regiões de caça, onde não faltam presas nas planícies e bosques, ela evita lugares habitados. Só se aproxima das casas dos homens quando pressionada pela necessidade, e então o conhecimento do perigo a leva a redobrar as precauções de costume. Protegida pela noite, rasteja ao longo dos arbustos e moitas. Se sabe que as galinhas são boas, lembra-se, ao mesmo tempo, de que as armadilhas e os cães são perigosos. Essas duas lembranças guiam sua marcha, suspendem-na ou a aceleram, segundo o grau de vivacidade propiciado pelas circunstâncias. Quando vem a noite, e sua duração promete recompensas à previdência da raposa, o latido longínquo de um cão interrompe imediatamente sua corrida: todos os perigos que correu, em diferentes tempos, se representam para ela. Mas o dia se aproxima, e esse temor extremo cede à vivacidade do apetite: o animal então se torna corajoso por necessidade. Não receia se expor, pois sabe que um perigo maior o ameaça, com o retorno da luz.

Pode-se ver que as ações mais corriqueiras dos animais, seus procedimentos cotidianos, pressupõem uma memória, a reflexão sobre o que se passou, a comparação entre um objeto presente que os atrai e os perigos que os afastam, a distinção entre circunstâncias que se assemelham sob certos aspectos e diferem sob outros, o juízo e a escolha entre todas essas relações. O que é, pois, o instinto? Os efeitos, tão múltiplos nos animais, da busca pelo prazer e do medo pela dor; as consequências e induções, extraídas por eles de fatos alojados em sua memória; as ações daí resultantes; esse sistema de conhecimento, incrementado pela experiência, e que a cada dia se torna mais habitual, graças à reflexão – se tudo isso remete ao *instinto*, então essa palavra é sinônimo de *inteligência*.

São as necessidades vivas, como dissemos, que gravam na memória dos animais sensações fortes e interessantes, cuja cadeia forma o conjunto de seus conhecimentos. Por essa razão, os animais carnívoros são muito mais industriosos do que os frugívoros, na busca por alimento. Mas, se caçarmos com frequência esses mesmos animais frugívoros, veremos que eles adquirem, relativamente à sua defesa, o conhecimento de um número de fatos, e o hábito de uma série de induções, que os igualam aos animais carnívoros. De todos os animais que vivem de ervas, a lebre é, ao que tudo indica, o mais estúpido. A natureza lhe deu olhos fracos e um olfato obtuso; exceto pela audição, que parece excelente, não dá sinais de ter qualquer instrumento de indústria. Aliás, tem apenas a fuga como meio de defesa; mas parece também esgotar tudo o que a fuga pode comportar de intenção e de variedade. Não falo de uma lebre acuada por caçadores, que conta com a vantagem de uma velocidade superior, mas da que é perseguida por cães de caça. Uma lebre velha que se encontre nessa situação começa por tornar sua velocidade de fuga proporcional à velocidade da perseguição. Ela sabe, por experiência própria, que uma fuga rápida não a colocaria fora de perigo, que a caça pode ser longa, e suas forças, se devidamente poupadas, lhe servirão por mais tempo. Observa que a perseguição dos cães é mais ardorosa e incansável nos bosques fechados, onde o contato de seu corpo lhes dá um sentimento mais vivo de sua passagem do que sobre a terra tocada por seus pés. Evita assim os bosques, e quase sempre prefere as trilhas abertas (essa mesma lebre, quando perseguida por um cão que não é caçador, procura o bosque para se esconder). Ela não duvida que está sendo seguida pelos cães sem ser vista; e compreende distintamente que a perseguição está ligada, nos mínimos detalhes, a cada um dos vestígios desses passos. O que faz então? Após ter percorrido um longo espaço em linha reta, retorna exatamente pelo mesmo caminho. Depois dessa astúcia, lança-se de lado, faz vários saltos consecutivos e assim dissimula, para os cães, pelo menos por algum tempo, o caminho que tomou. Com frequência, outra lebre sai do abrigo e toma seu lugar por um tempo. Desse modo, é capaz de ludibriar os caçadores e os cães. Esses meios – numerosos demais para serem detalhados aqui – ela tem em comum com outros animais, que, [**797**] mais hábeis do que ela, nem por isso têm mais experiência a respeito. Animais jovens são menos capazes dessas astúcias; é à ciência dos fatos que os mais velhos devem as induções justas e rápidas que levam a esses atos multiplicados.

Como a astúcia, a invenção, a indústria são um efeito do conhecimento de fatos gravados pela necessidade na memória, os animais dotados de vigor ou providos de defesas devem ser menos industriosos do que os outros. Por essa razão, vemos que o lobo, um dos mais robustos animais de nossos climas, é um dos menos astuciosos, quando está sendo caçado. Seu nariz, que o guia sempre, previne-o somente contra as surpresas. Exceto por isso, ele só pensa em se afastar e esconder-se do perigo, recorrendo às vantagens de sua força e de seu fôlego. Sua fuga não é tão complicada como a dos animais tímidos. Ele não recorre às dissimulações e ardis que a fraqueza e a lassidão necessariamente utilizam. O javali, que é armado com presas, tampouco recorre ao engenho. Se ele se sente pressionado durante a fuga, para de correr e oferece combate; indigna-se, e põe medo nos caçadores e cães, ameaçando-os com sua fúria. Para se defender mais facilmente e vingar-se com mais segurança, procura moitas e arbustos espessos. Toma posição de modo a só poder ser abordado frontalmente. Então, com os olhos selvagens e os pelos encrespados, assusta os homens e os cães, ataca-os, e abre uma passagem em direção a um novo abrigo.

A vivacidade das necessidades dá, como se vê, maior ou menor extensão aos conhecimentos adquiridos dos animais. Suas luzes aumentam em razão dos obstáculos que precisam superar. Essa faculdade torna os animais suscetíveis ao aperfeiçoamento, e sua presença rejeita a ideia de automatismo, que só pode ter nascido da ignorância dos fatos. Se um caçador chega com armadilhas numa região em que elas ainda não são conhecidas pelos animais, poderá capturá-los com extrema facilidade, e mesmo as raposas lhe parecerão imbecis. Mas, quando a experiência os tenha instruído, e seus conhecimentos tiverem progredido, o caçador sentirá a necessidade de adquirir novas armadilhas. Será obrigado a multiplicar os recursos, e tentar enganar esses animais com a oferta de novas iscas, sob outras formas. Um animal fugirá como fogem os de sua espécie; outro mostrará ao caçador caminhos desconhecidos; outro ainda o surpreenderá com a arte de roubar sutilmente a isca, evitando a armadilha. Uma raposa acuada numa toca suportará a fome sem dar sequer um passo arriscado; ocupar-se-á em abrir um caminho novo; e, caso o terreno seja muito duro e consista em um obstáculo, sua paciência cansará a do caçador, que crerá ter se enganado. O que retém o animal no terreno não é um terror automático, mas, ao contrário, um receio ponderado e razoável. Pois, caso aconteça de um coelho cair na armadilha, a raposa vigilante certamente aproveitará para escapar, e passará sem hesitar ao lado do coelho preso e da armadilha desarmada.

Entre as diferentes ideias que os animais adquirem por necessidade, não se devem esquecer os números. Os animais fazem contas, isso é certo. E, embora até o presente sua aritmética pareça bastante limitada, ela poderia adquirir uma extensão maior. Nos países onde a caça é ciosamente conservada, as gralhas são combatidas, pois roubam os ovos e destroem o repasto. Os ninhos desses pássaros são, por isso, assiduamente destruídos e, para aniquilar de um só golpe a família sanguinária, mata-se a mãe enquanto ela está chocando seus ovos. Entre essas mães, há algumas, desconfiadas, que abandonam o ninho tão logo nos aproximamos dele. Nessa situação, os homens fazem esconderijos camuflados, ao pé da árvore sobre a qual o ninho repousa, onde aguardam pelo retorno da ave chocadora. Mas em vão; pois, se a gralha em questão já tiver passado por semelhante situação, ela sabe que um tiro sairá desse antro. Enquanto a ternura materna mantém sua vista voltada para o ninho, o temor a afasta dele, até que a noite possa escondê-la do caçador. Para enganar esse pássaro inquieto, pensou-se em colocar no esconderijo dois homens, dos quais apenas um sairia; mas a gralha, que conta, permanece afastada. No dia seguinte vão três, e ela vê que apenas dois saíram. Enfim, são necessários cinco ou seis homens para que se possa ludibriá-la. Esse fenômeno, muito comum, deve ser considerado como um dos mais ilustrativos da sagacidade dos animais.

Se os animais guardam a memória dos fatos que têm interesse em assinalar, e as consequências que disso extraem se estabelecem como princípios pela reflexão e servem para dirigir suas ações, segue-se que eles são perfectíveis. Porém, não há com saber até que ponto podem se aperfeiçoar. Ignoramos por completo o grau de perfeição de que os animais são capazes. Com um olfato como o nosso, jamais poderemos atingir a diversidade de relações e ideias do lobo e do cão, que têm o nariz sutil e treinado. À fineza desse sentido eles devem o conhecimento de propriedades dos corpos e ideias de relação entre essas propriedades e a situação presente de sua máquina. São ideias e relações que escapam à estupidez de nossos órgãos. Mas, se é assim, por que então os animais não se aperfeiçoam? Por que não observamos um progresso sensível nas espécies? Se Deus não deu às inteligências celestes a capacidade de sondar toda a profundidade da natureza do homem, se elas não podem abarcar instantaneamente essa reunião bizarra de ignorância e talentos, de orgulho e baixeza, podem dizer também: por que essa espécie humana, com tantos meios de perfectibilidade, é tão pouco avançada nos conhecimentos mais essenciais? Por que mais da metade dos homens é embrutecida pelas superstições? Por que mesmo aqueles a quem o ser supremo se manifestou pela voz de seu filho se ocupam de se estraçalhar uns aos outros, em vez de se ajudarem mutuamente a usufruir em paz os frutos da terra e o orvalho do céu?

É certo que os animais podem fazer progressos; mas mil obstáculos particulares se opõem a isso; aliás, parece haver um limite, que eles jamais poderão ultrapassar.

A memória só conserva os traços das sensações, e dos juízos consequentes a elas, quando estes tiverem algum grau de força, produzido pela atenção viva. Ora, os animais, rodeados pela natureza, quase não têm sua atenção excitada, exceto pelas necessidades do apetite e do amor. Não possuem as necessidades de convenção que nascem da ociosidade e do tédio. Sentimos a necessidade de permanecer atentos no estado de vigília, o que produz a curiosidade inquieta que é mãe dos conhecimentos. Os animais não a experimentam. Se algumas espécies são mais sujeitas ao tédio do que outras, por exemplo, a fuinha, que se caracteriza por sua flexibilidade e agilidade, não é para elas uma situação frequente, pois a necessidade de obter o sustento da vida as mantém quase continuamente irrequietas. Mesmo quando a caçada é bem-sucedida, e sua fome [**798**] é satisfeita, elas se entregam, pela necessidade de serem afetadas, a uma profusão de mortes inúteis. Mas o modo de existência mais comum a esses seres sensíveis é um meio-sono, durante o qual o exercício espontâneo da imaginação oferece quadros vagos, que não deixam traços profundos na memória.

Entre nós, esses homens grosseiros que se ocupam durante o dia inteiro com a provisão das necessidades básicas permanecem num estado de estupidez quase igual ao dos animais. Alguns nunca tiveram um número de ideias que entram no sistema de conhecimentos de uma raposa.

É preciso que o lazer, a sociedade e a linguagem sirvam à perfectibilidade, sem os quais essa disposição permanece estéril. Ora, em primeiro lugar, os animais não têm lazer, como dissemos. Ocupados incessantemente com a provisão de suas necessidades e a proteção em relação a outros animais e ao homem, as únicas ideias adquiridas que conservam são as relativas a esses objetos. Em segundo lugar, a maioria vive isolada, e tem apenas uma associação passageira, fundada no amor e na educação da família. Os que vivem em bandos por mais tempo se reúnem unicamente pelo sentimento do medo. Umas poucas espécies, mais temerosas, encontram-se nessa situação, e o medo que aproxima esses indivíduos uns dos outros parece ser o único sentimento que os ocupa. É o caso da espécie dos cervos, na qual as fêmeas se isolam somente durante o parto e os machos apenas para que seus chifres renasçam.

Em espécies mais bem armadas e mais corajosas, como os javalis, as fêmeas, mais fracas, ficam agrupadas com os machos jovens. Mas, tão logo os jovens atingem três anos, e adquirem defesas que os tornam mais seguros, eles deixam o bando. A segurança os conduz à solidão. Logo, não há, entre os animais, sociedade propriamente dita. O sentimento do medo e o interesse recíproco sozinhos não conseguem levar muito longe seus conhecimentos. Não se organizam para multiplicar os meios, nem para acrescentar algo a essas armas sempre prontas que receberam da natureza. Como saber até onde o uso das mãos poderia levar os macacos, se eles tivessem o lazer como acicate da invenção e o medo constante que os homens lhes inspiram não os mantivesse presos ao embrutecimento?

Quanto à linguagem, ela parece ser muito limitada entre os animais. Isso se explica pelo seu modo de vida; existem selvagens que possuem arco e flecha, mas cuja língua não tem mais do que trezentas palavras. Todavia, por mais restrita que seja a linguagem dos animais, o fato é que ela existe. Pode-se mesmo afirmar que é muito mais extensa do que a que se costuma a atribuir aos bichos dotados de focinho ou bico.

A existência da linguagem supõe uma sequência de ideias, e a faculdade de articular. Embora, entre os homens que articulam as palavras, a maioria não tenha ideias em sequência, ela deve ter existido, necessariamente, no entendimento dos primeiros que agregaram palavras. Vimos que os animais têm, no que se refere a ideias contínuas, o quanto é necessário para ordenar as palavras. Por mais que seus hábitos nos pareçam naturais, só podem ter sido formados, como provamos, por meio de induções associadas pela reflexão, que exigem todas as operações da inteligência. Mas não observamos articulação sensível em seus gritos. Essa aparente uniformidade nos leva a crer que eles realmente não articulam. É certo, todavia, que os animais de cada espécie distinguem muito bem entre si esses sons que nos parecem confusos. Não acontece de se enganarem ou de confundirem o grito de medo com os gemidos do amor. É preciso não somente que exprimam essas situações claras, mas também que caracterizem suas diferentes nuances. A fala de uma mãe que anuncia que é preciso se esconder, sair da vista do inimigo, não pode ser igual ao mesmo que indica que é preciso acelerar a fuga. As circunstâncias determinam a necessidade de uma ação diferente: é preciso que a diferença seja expressa na linguagem que comanda a ação. As expressões severas, porém comedidas, típicas do amor, que põem o macho na reserva sem lhe tirar a esperança, não são as mesmas que anunciam que ele pode permitir tudo aos seus desejos, e chegou o momento de gozar.

Os animais estão bastante familiarizados com a linguagem de ação; ela chega mesmo a ser suficiente para que comuniquem, uns aos outros, a maioria de suas emoções. Por isso, não fazem muito uso de sua língua. Sua educação se completa, assim como a nossa, em grande parte, através da imitação. Todos os sentimentos isolados que afetam uns podem ser reconhecidos pelos outros, pelos movimentos exteriores que os caracterizam; mas, apesar da linguagem de ação servir para muita coisa, ela não serve para tudo. A partir do momento em que a instrução se torna mais complicada, o uso de palavras se torna necessário para transmiti-la. É certo que as jovens raposas, ao sair da toca, são mais precavidas nos lugares onde se montam armadilhas do que as mais velhas, quando não são alvo de caça. Essa ciência das precauções, que supõe um tino aguçado e longas induções, não pode ser adquirida na toca pela linguagem de ação, e, sem as palavras, a educação de uma raposa não pode se consumar. Mas qual é o mecanismo que permite a animais que caçam juntos entrar em acordo para se esperar uns aos outros, encontrar-se, auxiliar-se? Essas operações não poderiam ser feitas sem convenções, cujo detalhe só pode ser executado por meio de uma língua articulada. A monotonia nos engana, por falta de hábito e reflexão. Quando ouvimos homens falarem juntos uma língua que nos é estranha, não ficamos tocados por uma articulação sensível; cremos ouvir a repetição contínua dos mesmos sons. A linguagem dos animais, por mais variada que seja, deverá nos parecer mil vezes mais monótona, pois nos é infinitamente mais estranha. Mas, qualquer que seja a linguagem dos animais, ela não pode contribuir muito à perfectibilidade de que são dotados. A tradição não ajuda muito nos progressos dos conhecimentos. Sem a escrita, que é exclusiva do homem, cada indivíduo, concentrado em sua própria experiência, seria forçado a recomeçar a carreira que seu antecessor tivesse percorrido, e a história dos conhecimentos seria quase a mesma da ciência.

É presumível que os animais jamais realizarão progressos significativos, mas deve-se reconhecer que, relativamente a certas artes, realizaram alguns. A arquitetura dos castores pode ter suas belezas; a forma dos ninhos das andorinhas é suscetível de adquirir elegâncias que nos escapam; mas, de modo geral, os obstáculos que se opõem aos progressos das espécies dificilmente poderiam ser superados. Sem mencionar que os indivíduos tampouco recebem, da força da paixão predominante, a atividade contínua que impele um homem a se elevar, por seu gênio, acima de seus semelhantes. Os animais, entretanto, têm, além de paixões naturais, outras, que podemos chamar de factícias, ou paixões de reflexão. As do primeiro gênero são a impressão da fome, os desejos ardentes do amor, a ternura [799] maternal; as do segundo são o medo da penúria, ou a avareza, e o ciúme, que conduz à vingança.

A avareza é consequência da fome tantas vezes sentida. A reflexão sobre essa necessidade produz uma previdência comum a todos os animais sujeitos à carência. Os carnívoros escondem e enterram os restos de sua presa, para retomá-los em momentos de necessidade. Entre os frugívoros, os que são organizados de modo a carregar grãos que lhes servem de alimento fazem provisões nas quais só tocam em caso de necessidade. Essa é a situação dos ratos do campo, das doninhas etc. Mas a avareza não é uma paixão fecunda em meios; seu exercício se limita a acumular e poupar.

O ciúme é filho do amor. Nas espécies cujos machos se misturam indiferentemente às fêmeas, apenas a falta delas os excita; e, como a necessidade do gozo se faz sentir em todos ao mesmo tempo, resulta daí uma rivalidade recíproca geral. Essa paixão cega frequentemente faz que seu objeto falte aos que ela atormenta. Enquanto o furor mantém os velhos cervos ligados ao combate, um jovem se aproxima das fêmeas tremendo, goza e foge. O ciúme é mais profundo e mais razoável nas espécies que se acoplam: quaisquer que sejam os motivos sobre os quais é fundada essa escolha mútua de dois indivíduos, é certo que ela se faz e que a ideia de propriedade recíproca se estabelece; a partir daí, a moralidade é introduzida no amor; mesmo as fêmeas se tornam suscetíveis ao ciúme. Essa união, iniciada pela atração e sustentada pelo prazer, é estreitada pelos cuidados exigidos pela educação da família; mas, uma vez cumprido esse objetivo, a união cessa. A primavera, inspirando novos ardores nesses animais, lhes dá também novos gostos. Eu não ousaria decidir se as rolas merecem ou não a reputação que adquiriram, de serem constantes; mas é certo que são promíscuas. Eu mesmo já vi, mais de uma vez, várias delas dando alegria a dois machos num mesmo galho. Talvez sua constância seja garantida pela permissão que têm de ser de promíscuas.

De todo modo, pode-se dizer que, em geral, o amor entre os animais é apenas uma necessidade passageira. É uma paixão que, com todas as suas minúcias, só os ocupa durante um quarto do ano; e, assim, não pode levar os indivíduos a realizarem progressos sensíveis. O tempo do desinteresse deve trazer o esquecimento de todas as ideias que haviam nascido pela excitação dos desejos. Observa-se somente que a experiência instrui as mães sobre as coisas relativas ao bem de sua família; elas se aproveitam, em idade mais avançada, das faltas da juventude e da imprudência. Uma perdiz de três ou quatro anos escolhe um lugar mais vantajoso para fazer seu ninho do que uma mais jovem; ela o situa num lugar elevado, para não precisar temer inundações; tem o cuidado para que ele seja rodeado de espinhos e arbustos, que tornam difícil o acesso. Quando deixa o ninho em busca de alimento, não deixa de esconder os ovos, cobrindo-os com folhas.

Se a ternura materna deixa traços profundos na memória dos animais, é porque seu exercício dura bastante tempo e é uma das paixões que mais fortemente afetam esses seres sensíveis. Produz neles uma atividade inquieta e contínua, uma assiduidade penosa, e, quando a família é ameaçada, uma defesa corajosa, que lembra a entrega total de si mesmo. Digo lembra, pois não há entrega total, e, no momento extremo, o eu se faz sentir. Uma prova dessa verdade é que nas diferentes espécies a coragem da mãe é sempre proporcional aos meios de escapar ao perigo que ela parece enfrentar. A loba e a javali fêmea tornam-se terríveis quando precisam defender seus filhotes; a cerva vem também enfrentar o perigo, mas sua fraqueza logo trai sua coragem, e, apesar de sua terna inquietação, é forçada a fugir. A perdiz e a pata selvagem, que têm um recurso certo na rapidez de suas asas, parecem se expor muito mais na defesa de seus filhotes do que o faisão: o voo pesado deste último o tornaria vítima de uma afecção corajosa.

Esse amor, que parece tão generoso, produz um ciúme que chega à crueldade nas espécies em que atinge o mais alto grau. A perdiz persegue e mata impiedosamente todos os filhotes de sua espécie que não são de sua família. Já o faisão, que abandona sem dificuldade os filhotes que chocou, é dotado de uma sensibilidade geral para com os de sua espécie; todos os que ficam sem mãe têm o direito de segui-lo.

Mas, afinal, o que é o instinto? Vemos que os animais sentem, comparam, julgam, refletem, escolhem e são guiados em todas essas ações por um sentimento de amor de si que a experiência torna mais ou menos esclarecido. É com essas faculdades que eles realizam as intenções da natureza, servem de ornamento do universo e cumprem a vontade que o criador teve ao formá-los, e que nos é desconhecida.

(**MGS**)

## Juízo (*Metafísica*), Jaucourt [9, 17]

Em Metafísica, *juízo* é o poder da alma de considerar a concordância ou discordância entre ideias.

Há que não confundir o juízo com o acordo sucessivo dos conhecimentos fornecidos pelos sentidos, independentemente das faculdades intelectuais, pois o juízo não tem participação alguma no que é percebido e discernido unicamente pelas sensações. Quando bebemos uma taça de vinho e uma de água, as diferentes impressões que esses dois líquidos realizam em nossa língua são suficientes para que possamos distingui-los um do outro. O mesmo vale para sensações recebidas pela visão, pela audição, pelo olfato, em que o juízo não tem parte alguma.

Quando percebemos que a neve é branca, não julgamos, pois a brancura da neve é distinguida pela mera visão. Homens e animais adquirem, igualmente, um conhecimento como esse, apenas pelo discernimento, sem qualquer atenção, sem nenhum exame, sem inquirir o que seja. Tampouco há juízo quando a sensação determina a agir ou não agir. Se, por exemplo, estivermos demasiadamente próximos do fogo, o calor que nos incomoda faz-nos recuar, assim como aos animais, sem qualquer deliberação do espírito.

O juízo é, portanto, uma operação da alma racional; é um ato de inquirição, por meio do qual, tendo assumido a tarefa de se assegurar da verdade, esta deve se apresentar com evidência. Para chegar a tanto, a alma combina e compara com precisão aquilo que quer conhecer; pesa os motivos que podem determiná-la a agir ou não; fixa seus desígnios; e escolhe os meios preferíveis para executá-los.

Avaliam-se as coisas que se trata de julgar apreciando-se seu grau de perfeição ou imperfeição, suas qualidades, o valor das ações relativas a elas, suas causas, os efeitos que delas decorrem, a extensão e exatidão das relações em que ela entra. São contadas, com as regras do cálculo; são medidas, pela comparação com valores, quantidades ou qualidades conhecidas e determinadas.

Ora, como a faculdade intelectual a que chamamos de juízo foi dada ao homem não apenas para a especulação, mas também para a conduta da vida, seria triste sua condição se ela tivesse de se pautar, invariavelmente, pela evidência e certeza de um conhecimento perfeito; pois, como essa evidência está contida em limites bastante estreitos, o homem se encontraria amiúde indeciso, na maioria das ações de sua vida. Quem só se alimentasse depois de saber, por uma demonstração, que tal ou tal refeição é nutritiva sem ser nociva, ou só agisse após ter verificado com certeza que o que está prestes a fazer terá bom resultado, não teria muito o que fazer, além de se manter em repouso ou perecer por inanição.

Se há coisas que se expõem a nossos olhos com evidência plena, muito mais numerosas são aquelas a respeito das quais temos uma luz obscura, ou, por assim dizer, um crepúsculo de probabilidade. Por isso, o uso e a excelência do juízo se restringem de ordinário a observar a força e o peso das probabilidades; em seguida, avaliá-las com justeza; por fim, após ter tudo somado, decidir-se pelo lado que mais pesa na balança.

Pessoas dotadas de mais espírito e memória nem sempre têm o juízo mais sólido e profundo. Entendo aqui por espírito a arte de reunir ideias com prontidão e variá-las, compondo quadros que divertem e tocam a imaginação. O espírito se deleita com o encanto da pintura, sem se incumbir com as rigorosas regras do raciocínio. O juízo, ao contrário, trabalha para aprofundar as coisas, distinguir cuidadosamente uma ideia de outra, e evitar que uma infinidade delas o prive de escolha.

É verdade que nem sempre os princípios de que o juízo emana são os melhores. Homens incapazes do grau de atenção requerido para uma longa sequência de gradações ou de tomar algum tempo para chegar a uma decisão lançam os olhos sobre um país e afirmam, após um ligeiro golpe de vista, que as coisas concordam ou não entre si.

Seria tarefa para uma obra extensa examinar em que medida a imperfeição da faculdade de distinguir ideias depende da precipitação natural de certos temperamentos, da ignorância, da carência de penetração, da falta de exercício ou de atenção do entendimento, da grosseria, de vícios, de defeitos dos órgãos etc. É suficiente notar aqui que o juízo preciso consiste, em grande medida, em representar-se para si mesmo as ideias com nitidez e ser capaz de distingui-las com exatidão. [**18**] O espírito que reúne ou separa as ideias tais como elas na realidade são tem um juízo reto. Feliz aquele que chega a formá-lo! E mais feliz ainda, aquele a quem a natureza concedeu esse raro dom!

(**PPP**)

## Leibniz, Filosofia de[1] (*História da Filosofia*), Diderot [9, 369]

Alguns dentre os modernos, como Bayle, Descartes, Leibniz e Newton, poderiam ser comparados, talvez com vantagem, aos mais impressionantes gênios da Antiguidade. Se acima de nossas cabeças existissem seres a nos observar em nossas ocupações, como observamos os seres que se arrastam aos nossos pés, com que surpresa não contemplariam esses quatro insetos? Quantas páginas não teriam escrito a respeito deles, em suas efemérides naturais? Mas a existência de espíritos intermediários entre o homem e Deus não está suficientemente constatada, e seria uma ousadia supor que esse imenso intervalo não está vazio. Na grande cadeia dos seres, após o criador universal, é o homem que se apresenta, e, à frente da espécie humana, um Sócrates, um Tito, um Marco Aurélio, um Pascal, um Trajano, um Confúcio, um Bayle, um Descartes, um Newton – e um Leibniz.

Leibniz nasceu em Leipzig, em 23 de junho de 1646; recebeu o nome de Gottfried Wilhelm. Seu pai, Frederico, era professor de Moral e escrivão da universidade; sua mãe, Catherine Schmuck, era a terceira filha de outro Frederico, advogado e professor de Direito. Paul Leibniz, seu tio-avô, servira na Hungria e fora agraciado com títulos de nobreza pelo imperador Rodolfo II, em 1600.

Órfão de pai aos seis anos, sua educação coube à mãe, mulher de qualidades. O rapaz mostrou-se igualmente capaz em todos os gêneros de estudo, aos quais se dedicava com ardor igual ao [**370**] êxito. Quando nos voltamos para nós mesmos e comparamos nossos ínfimos talentos com aqueles de um Leibniz, sentimo-nos tentados a atirar longe os livros e nos retirarmos para um canto obscuro qualquer, e ali esperar pela morte.

---

1 Tradução parcial. A seção acerca da metafísica de Leibniz é uma paráfrase da Monadologia; os comentários de Diderot se encontram em itálicos.

Seu pai lhe deixou uma coleção de livros bastante ampla; mal aprendeu um pouco de grego e latim, pôs-se a ler todos – poetas, oradores, historiadores, jurisconsultos, filósofos, teólogos, médicos. Não demorou a perceber que precisava de ajuda, e buscou por ela. Ligou-se em particular a Johann Thomasius. Ninguém tinha tantos e tão profundos conhecimentos da Literatura e da Filosofia antigas quanto Thomasius, mas o discípulo se mostrou superior ao mestre. Thomasius reconheceu a superioridade de Leibniz, que por sua vez reconheceu o débito que tinha para com Thomasius. Travou-se entre eles, daí para a frente, um combate entre o elogio, de um lado, e a gratidão, de outro.

Leibniz aprendeu com Thomasius a valorizar os filósofos antigos, à frente dos quais colocava Pitágoras e Platão. Tinha gosto e talento para a poesia; seus versos estão repletos de coisas belas. Aconselho nossos jovens autores a lerem o poema escrito por Leibniz por ocasião da morte de Johann-Friedrich Brunswic; verão que a poesia, para ser mais que ruído, exige conhecimentos preliminares.

Mostrou-se profundo na história, e cativou o interesse dos príncipes. Quando Casemiro, rei da Polônia, abdicou do trono, em 1668, Filipe de Neubourg, conde Palatino, apresentou-se como um dos pretendentes. Leibniz, por trás do pseudônimo de George Ulicovius, provou que a república não poderia fazer escolha melhor. Tinha vinte e dois anos, e sua obra foi atribuída aos mais famosos jurisconsultos de seu tempo.

Quando se iniciaram as negociações da paz de Nuremberg, houve dificuldades no cerimonial. Havia no Império príncipes livres que não eram eleitores, a cujos ministros foram recusadas as honras concedidas aos príncipes da Itália. Leibniz escreveu em defesa deles uma obra intitulada *Caesarini Furstenerii, de jure supromatûs ac legationis principum Germaniae*, sistema no qual se vê um luterano colocar o papa ao lado do imperador como chefe temporal de todos os estados cristãos, ou ao menos daqueles do Ocidente. O assunto é especializado, mas a cada passo o espírito do autor levanta voo e ergue-se até uma visão mais geral.

Travou contato com todos os doutos da Alemanha e da Europa; brandia teses, questões de Lógica, de Metafísica, de Moral, de Matemática e de Teologia; teve o nome inscrito na maioria das academias.

Os príncipes de Brunswic lhe encomendaram a história de sua casa. Para realizar esse projeto com dignidade, percorreu a Alemanha e a Itália, visitou antigas abadias, folheou velhos tomos em arquivos, examinou túmulos e outras antiguidades, colhendo tudo o que pudesse iluminar uma matéria intratável.

Quando viajava de Veneza a Mesola, numa pequena embarcação, Leibniz levava consigo um terço, pois calculara que esse artefato poderia lhe ser útil, num país assolado pela Inquisição. E, de fato, o pequeno objeto salvou-lhe a vida. Armou-se uma furiosa tempestade; o barqueiro supôs que o alemão era a causa do perigo, e, presumindo que não compreendia a língua italiana, propôs à tripulação que o atirassem ao mar, roubando-lhe seus bens e dinheiro (pertences que, ao que tudo indica, não eram hereges, diferentemente do filósofo). Sem se abalar, Leibniz empunhou o terço e fez ar de devoto: foi o suficiente para que o piloto mudasse de opinião. Um filósofo antigo – o ateu Anaxágoras, se não me engano – safou-se de uma situação similar, apontando ao longe para embarcações que haviam afundado e nas quais ele não se encontrava – mudando assim a opinião dos que cogitavam atirá-lo às ondas.

De volta a Hanover em 1699, publicou parte da coleta realizada num volume in-fólio intitulado *Code du droit des gens*, no qual demonstra que os atos lavrados entre as nações são a fonte mais segura para a história. Quaisquer que sejam as mesquinhas engrenagens que ponham em movimento essas massas enormes, é nos tratados, que precederam seus movimentos e acompanharam seu repouso momentâneo, que se encontrarão seus verdadeiros interesses. O prefácio do *Codex juris gentium* é uma peça de gênio. A obra é um oceano de erudição; surgiu em 1693.

O primeiro volume de *Scriptorum Brunsvicensia illustrantium*, a base de sua história, apareceu em 1707; vê-se ali que ele selecionou, e seu juízo é inapelável, os materiais que entrariam no restante do edifício.

Acreditava-se que os governadores das cidades do império de Carlos Magno teriam, com o tempo, se tornado príncipes hereditários. Leibniz provou que nunca haviam deixado de sê-lo. Consideravam-se os séculos X e XI como os mais bárbaros da época cristã; Leibniz dirigiu essa censura aos séculos XIII e XIV, quando os homens, empobrecidos por decreto e ávidos por um escape, inventaram as fábulas, por pura necessidade. Vemo-lo acompanhar o encadeamento dos eventos, identificar os delicados fios que os conectam uns aos outros e introduzir as regras de uma espécie de adivinhação, pela qual, uma vez determinados o estado anterior e o estado presente de um povo, pode-se anunciar o que está por vir.

Dois outros volumes, *Scriptorum Brunsvicensia illustrantium*, apareceram em 1710 e 1711; e foi tudo. O Sr. Fontenelle expôs o plano geral da obra em seu elogio de Leibniz, *Annales de l'Académie des Sciences* [Anais da Academia de Ciências], 1716.

No curso de suas pesquisas, pensou ter atinado com a verdadeira origem dos franceses, e redigiu a respeito uma dissertação, surgida em 1716.

Foi um grande jurisconsulto. O Direito era, e continuará sendo, por um bom tempo, o estudo predominante na Alemanha. Aos vinte anos, realizou seus exames de doutorado. Sua juventude, que deveria recomendá-lo aos olhos da esposa do decano da faculdade, provocou, não se sabe por quê, o desgosto deste, e Leibniz foi reprovado. O aplauso geral e o título que lhe foi outorgado pelos habitantes de Altorf compensaram essa injustiça. Se for permitido julgar o mérito do candidato pela escolha do assunto de sua tese, que ideia não formaríamos de Leibniz? Examinou *Casos difíceis do Direito*. Essa tese foi impressa, com outros pequenos tratados, em dois volumes: *Specimen Encyclopedie in jure* e *Specimen certitudinis seu demonstrationum in jure exhibitum in doctriná conditionum*.

A palavra *enciclopédia* havia sido empregada, num sentido mais geral, por Alstedius, que se propusera a reunir as diferentes ciências e traçar as linhas de comunicação entre elas. O projeto agradou a Leibniz, que se propôs a aperfeiçoar a obra. Reuniu alguns doutos em seu auxílio; a obra estava para começar quando o diretor, distraído pelas circunstâncias, foi absorvido por outras ocupações – [**371**] infelizmente para nós, que o sucedemos, para quem o trabalho se mostrou causa de perseguições, insultos e desgastes que se prolongam por mais de quinze anos, renovam-se a cada dia que passa e só terminarão, quem sabe, com o fim de nossas vidas.

Aos vinte e dois anos, dedicou ao eleitor de Mainz, Johann-Phillip Schomborn, um *Novo método de ensino e aprendizado da Jurisprudência, com um catálogo das coisas desejáveis à ciência do Direito*. Apresentou no mesmo ano um

*Projeto para a reforma geral do corpo jurídico.* A cabeça desse homem era inimiga da desordem e organizava mesmo as matérias mais confusas. Reunia duas grandes qualidades, quase incompatíveis: o espírito de invenção e o de método. O estudo obstinado e variado, que leva ao acúmulo dos conhecimentos mais disparatados, não enfraqueceu nenhuma delas: filósofo e matemático, ele foi tudo o que essas palavras implicam. Mudou-se de Altorf a Nuremberg, para visitar doutos; insinuou-se numa sociedade secreta de alquimistas, que o tomaram por adepto, com base numa carta cheia de termos obscuros que ele lhes endereçara e que eles, aparentemente, compreenderam, mas não no sentido intencionado por Leibniz. Em todo caso, foi eleito secretário e instruiu-se muito com eles, que, por seu turno, acreditavam ser instruídos por ele.

Em 1670, aos vinte e quatro anos, deixou o laboratório de Nuremberg e publicou o tratado de Marius Nizolias de Bersello, *De veris principiis et vera ratione philosophandi contra pseudo-philosophos*, com prefácio e notas, em que tenta conciliar o aristotelismo com a filosofia moderna. Mostra aí a distância entre as disputas de palavras e a ciência das coisas, exibe o profundo conhecimento que tinha dos antigos e explica que um erro antigo pode ser o germe de uma verdade nova. Um homem como esse se ilustra, e continuará a ilustrar-se, dizendo branco onde outro disse negro. Há mais mérito em meditar sobre algo que ainda não foi considerado do que sobre o que se tornou objeto de disputa; o mérito máximo, a verdadeira marca do gênio, consiste em encontrar a verdade sobre um objeto importante e novo.

Publicou uma carta, *De Aristotele recentioribus reconciliabili*, onde ousa falar elogiosamente de Aristóteles, numa época em que os cartesianos se ajoelhavam aos pés de seu mestre, que depois seria imolado pelos newtonianos. Leibniz afirma que Aristóteles havia dito mais verdades do que Descartes, e demonstra que a filosofia de ambos é *corpuscular* e mecânica.

Em 1711, endereçou à Academia de Ciências de Paris uma *Teoria do movimento abstrato*, e, à Sociedade Real de Londres, uma *Teoria do movimento concreto*. O primeiro desses tratados é um sistema do movimento em geral; o segundo é uma aplicação desse sistema aos fenômenos da natureza. Em ambos, admitia o vácuo; considerava a matéria simples extensão, indiferente ao movimento e ao repouso; e afirmava que, para descobrir a essência da matéria, é preciso conceber nela uma força particular, que só se deixa traduzir por estas palavras, *mentem momentantam, seu carentem recordatione, quia conatum simul suum & alienum contrarium non retineat ultro momentum, adeòque careat memoriâ, sensu actionum passionumque suarum, atque cogitatione.*[2]

Ei-lo na vizinhança da enteléquia de Aristóteles, de seu próprio sistema das mônadas, da sensibilidade como propriedade geral da matéria, e tantas outras ideias que nos ocupam atualmente. Em vez de medir o movimento pelo produto da massa e da velocidade, substituiu um desses elementos pela força, dando como medida do movimento o produto da massa pelo quadrado da velocidade. Tal foi o princípio sobre o qual estabeleceu uma nova dinâmica. Foi atacado e defendeu-se com vigor; mas a questão só veio a ser decidida, ou ao menos formulada em termos adequados, bem depois, por homens que reuniram, à Metafísica mais sutil, a mais elevada Geometria. Vide o verbete *Força*.

Tinha uma ideia particular da Física geral: Deus fez com a maior economia possível o que há de mais perfeito e de melhor. É o fundador do Otimismo, sistema que parece fazer de Deus um autômato dos decretos e ações, e reintroduzir, sob outro nome e uma forma espiritual, o *fatum* dos antigos, necessidade de as coisas serem o que são.

Desnecessário dizer que foi um matemático de primeira ordem. Contestou a Newton a invenção do cálculo diferencial. Vide, neste *Dicionário*, *Cálculo diferencial* e *Fluxão*. O Sr. Fontenelle, que sempre defendeu Leibniz, declarou que Newton era certamente o inventor, e sua glória estava assegurada; mas que todo cuidado era pouco, pois se tratava de uma acusação de roubo e plágio, dirigida a um homem como Leibniz. O Sr. Fontenelle tem razão.

Era um novato em matéria de Geometria quando, em 1676, encontrou em Paris o Sr. Huyghens, homem ao qual, depois de Galileu e Descartes, essa ciência mais devia. Leu o tratado *De horologio oscilatorio* [Traduzir], meditou sobre as obras de Pascal e de Gregório de São Vicente, e imaginou

2 "A mente movimenta-se quando carente da recordação, e, na tentativa de ao mesmo tempo se reconhecer e reconhecer o outro, e não retém outros momentos, quando se dedica à memória, à ação dos sentidos e das paixões e ao pensamento."

um novo método, o cálculo, com o qual ele pretende submeter à análise o que antes se furtara a ela.

Apesar dessa história, contada por Leibniz a pedido do Sr. Bernoulli, é certo que os infinitamente pequenos podem ser percebidos em diferentes ordens de seu tratado sobre o movimento abstrato publicado em 1671; o cálculo diferencial surgiu em 1684; os princípios matemáticos de Newton só foram publicados em 1697, e este não reivindicou para si descoberta alguma. Mas não é porque seus amigos inventaram essa querela que Newton repousou menos tranquilo – como Deus, em meio à glória de sua criação.

Leibniz se dedicou a uma grande obra, *Da ciência do infinito*; mas não chegou a terminá-la.

De suas altas especulações, descia com frequência à utilidade das coisas. Propôs *Máquinas para represar as águas*, que permitiriam a interrupção e mesmo o abandono da exploração de minas.

Dedicou parte de seu tempo e fortuna à construção de uma *máquina aritmética*, que só ficou pronta nos últimos anos de sua vida.

Até este ponto, consideramos Leibniz poeta, jurisconsulto e matemático. Agora, iremos considerá-lo metafísico, que remonta dos casos particulares às leis gerais. Todos conhecem seus princípios de razão suficiente e da harmonia preestabelecida, e sua ideia da mônada. Não insistiremos nesses pontos; remetemos aos diferentes verbetes deste *Dicionário* e à exposição abreviada de sua filosofia, na segunda parte deste.

Em 1715, envolveu-se numa disputa com o famoso Sr. Clarke, sobre o espaço, o tempo, o vácuo, os átomos, o natural, o sobrenatural, a liberdade e outros tópicos tão importantes quanto espinhosos. [**372**]

Outra disputa ocorrera em 1671 com o discípulo de Socínio, chamado Wissoratius, sobre a Trindade; pois Leibniz também foi teólogo, no sentido estrito da palavra, e publicou contra seu adversário um escrito intitulado *Sacro-sancta trinitas per nova inventa logicae defensa*. Um mesmo espírito reina em todas as suas obras. Por ocasião de uma querela em torno dos mistérios, ele propôs meios para aperfeiçoar a Lógica e expôs os defeitos da Lógica então adotada. Foi convocado para os debates transcorridos no início deste século sobre o casamento entre um importante príncipe católico e uma princesa luterana. Repreendeu o Sr. Burnet, arcebispo de Salisbury, por suas visões pouco exatas, exprimidas no projeto de reunião entre a Igreja Anglicana e a Luterana. Defendeu a tolerância das religiões, contra o Sr. Pelisson. Publicou em 1711 a *Teodiceia*; é uma resposta às dificuldades postas pelo Sr. Bay sobre a origem do mal físico e do mal moral.

Deveríamos, a esta altura de nosso século, ter esgotado Leibniz; contudo, ele está longe de estar esgotado. Concebeu o projeto de uma língua filosófica que colocaria em contato todas as nações; mas não o executou, restringindo-se a observar que doutos de sua época que compartilhavam de sua visão estavam perdendo tempo e só produziam ruído.

Resta-nos expor os principais axiomas da filosofia de Leibniz. Os que queiram conhecer mais a fundo sua vida, seus trabalhos e o caráter desse homem extraordinário, podem consultar as páginas dos doutos Kortholt, Eckard, Baringius, as memórias da Academia de Ciências, o elogio de Fontenelle, e também de Fabricius, Feller, Grundmann, Gentzkennius, Reimann, Collins, Murat, Charles Gundelif-Ludovici. Além de Thomasius, que já mencionamos, teve por instrutor Kunnius, na Matemática, Scherzer e Rappolt na Filosofia. Foi Wiegel quem lhe deu a ideia de uma aritmética binária, método que permite exprimir qualquer número com dois caracteres, 1 e 0. Retornou no fim da vida ao projeto de uma Enciclopédia, de que se ocupara na juventude, com a esperança de executá-lo em parceria com Wolff. Poucas de suas obras foram publicadas à parte; [**373**] a maioria encontra-se dispersa por jornais e coletâneas acadêmicas, da quais foi extraída a que ele mais gostava, que não é desprovida de mérito, seja considerada quanto ao fundo das coisas, seja em relação ao registro elevado do discurso.

## Metafísica de Leibniz, ou o que ele pensou a respeito dos elementos das coisas

[**376**] Que é uma mônada? Uma substância simples, de que os compostos são formados. Chamo-a *simples*, pois ela não tem partes.

Dado que há compostos, é preciso haver substâncias simples; pois o que é um composto, senão um agregado do simples?

Onde não há partes, não há extensão, figura ou divisibilidade. Tal é a mônada, átomo real da natureza, verdadeiro elemento das coisas.

Não é preciso recear sua dissolução. Não se concebe como uma substância simples o que poderia perecer naturalmente; não se concebe como uma substância simples o que poderia nascer naturalmente. Pois tudo o que perece, perece por dissolução; e tudo o que se forma, forma-se por composição.

Portanto, as mônadas só podem vir a ser ou a desaparecer num instante, por criação ou supressão.

Não é possível explicar como poderiam sofrer uma alteração natural; o que não tem partes não admite intercepção de um acidente ou de uma substância.

É preciso, todavia, que tenham qualidades, sem o que não se distinguiriam do não ser.

É preciso, também, que cada mônada seja diferente de toda outra, pois não há na natureza um só ser que seja absolutamente igual e similar a outro a ponto de não se reconhecer diferença interna entre eles. *Provavelmente nada é tão pouco razoável como esse princípio, para os que pensam superficialmente, e tão verdadeiro, para os demais homens. Não é novo: era uma opinião dos estoicos.*

Todo ser criado está sujeito a mudança. A mônada é criada; e, portanto, cada mônada é uma vicissitude contínua.

As mudanças da mônada natural partem de um princípio interno; pois nenhuma causa externa poderia influir sobre ela.

Em geral, não há força, qualquer que seja, que não seja um princípio de mudança.

Além de um princípio de mudança, é preciso admitir, no que muda, também uma forma, um modelo de especificação e diferenciação. Daí o múltiplo no simples, o número na unidade; pois toda mudança natural é gradativa. Uma coisa muda, outra permanece inalterada. Há na substância, portanto, uma pluralidade de afecções, de qualidades e relações, malgrado a ausência de partes.

O que é esse estado passageiro que assinala multiplicidade e pluralidade no ser simples e na substância una? Não concebemos outro além da *percepção*, que é bem diferente do que entendemos por consciência; pois há percepção antes de haver consciência. *Esse princípio é tão difícil de atacar quanto de defender. De acordo com Leibniz, ele constitui a diferença entre mônada e espírito, entre ser corpóreo e ser intelectual.*

A ação de um princípio interno, causa da mutação ou passagem de uma percepção a outra, é o que se chama *apetite*. O apetite nem sempre alcança a percepção à qual ele tende, mas aproxima-se dela, por assim dizer; e, por ligeira que seja essa alteração, nascem daí novas percepções.

Não se devem aplicar causas mecânicas a essas percepções, e tampouco a seus resultados; pois elas não têm movimento, figura, partes ativas ou reativas. Essas percepções, e suas alterações, são tudo o que há na substância simples; constituem suas ações internas.

É possível, caso se queira, dar o nome de *enteléquia* a todas as substâncias simples ou mônadas criadas, pois têm em si uma perfeição própria, uma autossuficiência essencial, e são por si mesmas a causa das ações internas das substâncias. *São como autômatos incorpóreos: que diferença haveria entre esses seres e as moléculas sensíveis de Hobbes? Não compreendo. O axioma seguinte me inclina a pensar que são a mesma coisa.*

Caso se queira chamar de *alma* o que em geral tem percepção e apetite, não me oporei a que se considerem como almas as substâncias simples, ou mônadas criadas. Mas, como há percepção onde não há conhecimento, melhor reservar as palavras *mônada* e *enteléquia* às substâncias simples desprovidas de percepção, destinando as palavras *alma* e *espírito* às substâncias dotadas de percepção, memória ou consciência.

No desmaio, no estupor ou no sono profundo, a alma, que sempre tem percepções, não se distingue de uma simples mônada. O estado presente de uma substância simples procede naturalmente de seu estado precedente; assim, o presente é prenhe de futuro.

Quando despertamos do sono, do desmaio ou do estupor, temos consciência de nossas percepções; logo, não pode haver interrupção completa, e as percepções são imediatamente precedentes e contíguas, por mais que não tenhamos consciência delas. Pois toda percepção é engendrada a partir de uma percepção, assim como o movimento o é a partir de um movimento. *Este segundo axioma merece ser examinado com a maior atenção.* Parecemos estar num estupor completo, a tal ponto de não distinguirmos o que seja, em nossas percepções. Esse estado é o da mônada pura.

Parece ainda que a natureza, ao ter dado órgãos aos animais, para os quais convergem raios de luz e ondulações do ar, introduziu neles a causa das percepções sublimes. É preciso raciocinar da mesma maneira que se saboreia, que se cheira, que se toca. É pela memória que as percepções se ligam na alma. A memória imita a razão, mas não é como ela.

Os animais percebem um objeto, são tocados por ele, esperam por uma percepção ou sensação similar à que experimentaram anteriormente desse mesmo objeto; movimentam-se, mas não raciocinam; têm memória.

A imaginação forte, que nos atinge e põe-nos em movimento, [**375**] nasce da frequência e energia das percepções precedentes.

O efeito de uma única impressão forte equivale às vezes ao efeito habitual e reiterado de uma impressão fraca, porém duradoura.

Os homens têm em comum com os animais o princípio de ligação das percepções. A memória é a mesma em ambos: é um praticante de medicina, que atua por experiência, sem teoria.

O que distingue os homens dos animais é o conhecimento das verdades necessárias e eternas. É isso que faz que tenhamos razão, ciência e alma. Ao conhecimento das verdades necessárias e eternas, às suas abstrações, devem-se remeter os atos refletidos que nos dão consciência de nós mesmos.

Esses atos são a fonte mais fecunda de nossos raciocínios; são a escala pela qual elevamo-nos ao pensamento do ser, da substância simples ou complexa, do imaterial, do eterno, de Deus. Concebemos que isso que em nós é limitado existe nele sem limites.

Nossos raciocínios têm duas bases principais, uma é o princípio de não contradição, outra é o princípio de razão suficiente.

Consideramos falso tudo o que implica contradição; pensamos que nada é sem razão suficiente para que uma coisa seja assim e não diferente, embora com frequência essa razão nos seja desconhecida. *Esse princípio não é novo; os antigos o utilizavam.*

Se uma verdade é necessária, pode-se reduzi-la a seus elementos e chegar, por via de análise ou decomposição, a ideias primitivas, onde se esgota a demonstração.

Há ideias simples que nada definem. Há também axiomas necessários, princípios primitivos que nada provam. Nesse caso, a prova e a definição são idênticas à enunciação.

Pode-se descobrir a razão suficiente em coisas contingentes ou de fato. É encontrada no encadeamento universal: há uma resolução ou análise sucessiva de causas ou razões particulares a outras causas ou razões particulares, e assim por diante.

Mas, como essa série nos leva apenas de contingência em contingência, e a última contingência exige uma análise progressiva tanto quanto a primeira, não temos como nos deter; para chegar à certeza, é preciso possuir uma razão suficiente ou derradeira, ainda que esteja no infinito.

E onde estaria essa razão suficiente e derradeira, senão numa substância necessária, fonte e princípio de todas as mutações?

E qual seria essa substância, termo derradeiro da série, senão Deus? Portanto, Deus é; isso é suficiente.

Não há nada fora dessa substância una, suprema, universal e necessária de que ela dependa. Ela é, portanto, ilimitada, contém toda a realidade possível, e é perfeita; pois, o que é a perfeição, senão a ilimitação de uma grandeza real e positiva?

Do que se segue que a criatura recebe de Deus a perfeição e as imperfeições de sua natureza, de sua essência desprovida de ilimitação. É o que a distingue de Deus.

Deus é a fonte das existências assim como das essências, e do que há de real no possível. O entendimento divino é o seio das verdades essenciais. Sem Deus, nada é real no possível, no existente, nem mesmo o próprio nada.

Com efeito, se há realidade nas essências, nas existências, nas possibilidades, essa realidade está fundada em algo que existe e é real, e, por conseguinte, na necessidade de um ser que, para existir, só tem de ser possível. *Nada mais que a demonstração de Descartes, virada pelo avesso.*

Deus é o único ser que, sendo possível, tem o privilégio de existir necessariamente; ora, se nada indica contradição em sua possibilidade, sua existência está demonstrada a *priori*. Encontra-se demonstrada a *posteriori*, pois os contingentes existem; ora, a razão suficiente e última destes é um ser necessário, que tem em si mesmo a razão de sua própria existência.

Não se deve inferir disso que as verdades eternas que não se deixam ver sem Deus dependeriam de sua vontade e seriam arbitrárias.

Deus é uma unidade ou substância simples, origem de todas as mônadas criadas, que emanam dele, por assim dizer, por fulgurações contínuas.

*Servimo-nos desta palavra,* fulguração, *pois não conhecemos outra equivalente. De resto, essa ideia de Leibniz é totalmente platônica, pela sutileza bem como pela sublimidade.*

Há em Deus potência, entendimento e vontade; potência, que é a origem de tudo; entendimento, modelo de tudo; vontade, pela qual tudo é executado para o melhor.

No mundo das mônadas, encontram-se qualidades correspondentes, percepção e apetite, mas percepção limitada e apetite finito.

Diz-se que a criatura atua fora de si mesma e é compelida. Atua fora de si mesma por ser perfeita, é compelida por ser imperfeita.

A mônada é ativa por ter percepções distintas, é passiva por ter percepções confusas.

Uma criatura é mais ou menos perfeita do que outra apenas em virtude do princípio que a torna capaz de explicar o que se passa em si mesma e em outra; é assim que ela atua sobre esta.

Nas substâncias simples, porém, a influência de uma mônada é puramente ideal e só tem efeito pela intervenção de Deus. Nas ideias de Deus, a ação de uma mônada se liga à ação de outra, e Ele é a razão da ação de todas: seu entendimento forma a dependência mútua entre elas.

Nas criaturas, o que há de passivo e o que há de ativo é recíproco. Deus, comparando duas substâncias simples, percebe em uma e em outra a razão que obriga uma e outra. Uma é ativa sob um aspecto e passiva sob outro; ativa, pois dá a razão do que ocorre no que dela procede; passiva, pois dá a razão do que ocorre naquilo de que ela procede.

Todavia, como há nas ideias de Deus uma infinidade de combinações e mundos possíveis, e dentre esses mundos somente um pode existir, é preciso haver uma razão suficiente para que este seja o escolhido; ora, essa razão só pode residir no diferente grau de perfeição, do que se segue que o mundo que existe é o mais perfeito. Deus o escolheu com sua sabedoria, conheceu-o com sua bondade, produziu-o com a plenitude de seu poder. *Eis como Leibniz chega ao seu sistema do Otimismo.*

A partir dessa correspondência entre uma coisa criada e outra, e entre cada uma delas a todas, concebe-se que em cada substância simples há relações, a partir das quais, com uma inteligência proporcional ao todo, dada uma mônada, é dado o universo inteiro. Uma mônada é, portanto, uma espécie de espelho que representa todos os seres e fenômenos. *Essa ideia, que espíritos tacanhos tomarão por uma visão, é de um homem de gênio: para perceber que é assim, basta aproximá-la de seu princípio do encadeamento e de seu princípio de dissimilitude.* [**376**]

Uma cidade que é considerada a partir de diferentes pontos de análise é vista de diferentes modos, há uma multiplicação de óticas. Do mesmo modo, a multidão de substâncias simples é tão grande, que se acreditaria haver uma infinidade de universos diferentes, quando são apenas imagens *sinográficas*[3] de um só universo, considerado sob os diferentes aspectos de cada mônada. Eis a fonte da verdade, da ordem, da economia e da maior perfeição possível; essa hipótese é a única que responde à grandeza, à sabedoria e à magnificência de Deus.

Portanto, as coisas não podem ser diferentes do que são, pois Deus produziu a mônada para o todo, e o todo para a mônada, que o representa; mas não perfeitamente, apenas de maneira confusa; não para si mesma, mas para Deus, sem o que ela seria o próprio Deus.

As mônadas são limitadas, não em suas relações, mas em seu conhecimento. Todas tendem a uma mesma finalidade, infinita. Todas têm razões suficientes desse infinito, porém com diferentes limites e graus de percepção; o que dizemos das simples se aplica às compostas.

O todo sendo pleno, e estando os seres interligados, qualquer movimento se transmite com maior ou menor energia em razão da distância, tudo recebe em si a impressão do que se passa em toda parte, e tem percepção disso; e Deus, que tudo vê, pode ler num único ser o que acontece em toda parte, o que aconteceu e acontecerá, como também o faria a mônada, se as distâncias longas e as atenuações não se fizessem sentir – por isso ela é finita.

A alma só pode ver em si mesma o que há de distinto; ela não pode, portanto, compartilhar de todas as perfeições, pois estas são variadas e infinitas.

Por mais que toda alma ou mônada criada seja representativa do universo, ela representa melhor o corpo a que está ligada e do qual é a enteléquia.

O corpo, em virtude de sua conexão com o todo, representa o todo; a alma, em virtude de sua conexão com o corpo e o todo, também.

---

3 Isto é, como um ideograma; o original traz um neologismo: *sinographiques*, "grafia chinesa", ou "do extremo oriente".

O corpo e a mônada, sua enteléquia, constituem o que se chama *ser vivo*; o corpo e a mônada, sua alma, constituem o animal.

O corpo de um ser, seja animal ou vegetal, é sempre orgânico; pois o que é organização? Uma montagem, que forma um todo relativo a outro. Do que se segue que todas as partes são representativas da universalidade: a mônada por sua percepção, o corpo por sua forma e seus movimentos, ou estados diversos.

O corpo orgânico de um ser vivo é uma espécie de máquina divina, que ultrapassa infinitamente todo autômato artificial. O que poderia impedir o grande Ourives de produzir tais máquinas? A matéria não é divisível ao infinito? E não o é em ato?

Ora, essa máquina divina que representa o todo não poderia ser diferente do que é.

Para falar rigorosamente, há, pois, na menor porção de matéria, um mundo de criaturas: seres vivos, animais, enteléquias, almas etc.

Não há no universo nada que seja inútil, estéril ou morto; não há caos, nem há de fato confusão.

Cada corpo possui uma enteléquia dominante: é a alma no animal. Mas os membros desse corpo estão repletos de outros seres vivos, plantas, animais etc., cada um deles com sua alma, ou enteléquia dominante.

Todos os corpos sofrem vicissitudes, têm partes que se desprendem e outras que se agregam.

A alma não muda. O corpo muda, paulatinamente; há metamorfoses, mas não há metempsicose. Não há alma sem corpo.

Por conseguinte, não há geração nem morte perfeita; tudo se reduz a desenvolvimentos e perecimentos sucessivos.

Uma vez demonstrado que a putrefação não engendra corpos orgânicos, fica estabelecido que o corpo orgânico existe na concepção e que a alma ocupa esse corpo preexistente; o animal existia, tudo o que faz é aparecer sob outra forma.[4]

4 Ver Yvon no verbete *Alma* (I, 330-1): "O Sr. Leibniz tem a respeito da origem da alma uma opinião peculiar. É a seguinte: acredita que a alma surgiria com a criação e desapareceria com a aniquilação; e, como a formação dos corpos orgâ-

Chamarei de *espermáticos* esses animais que por via de concepção atingem um tamanho considerável; os demais não passam por formas sucessivas: nascem, crescem, multiplicam-se e são destruídos.

A sorte dos grandes animais não é diferente; tudo o que fazem é se exibir em cena. Poucos são os admitidos no *outro* teatro.

Se um animal não tem começo, é natural que não tenha fim.

A alma, espelho do mundo indestrutível, não é destruída. O próprio animal perde seus invólucros e adquire outros; através dessas metamorfoses, permanece algo que é seu.

Deduz-se desses princípios a união ou antes a adequação entre a alma e um corpo orgânico. A alma tem suas leis, que ela segue; o corpo também. Se são unidos, é por força da harmonia preestabelecida entre as substâncias, das quais não há uma que não seja representativa do universo.

As almas atuam segundo a lei das causas finais, mediante apetites, meios e fins; os corpos, segundo a lei das causas eficientes ou motoras. Há, por assim dizer, dois reinos, coordenados entre si: um, das causas eficientes, outro, das causas finais.

Descartes sabia que é impossível que a alma empreste força ou movimento aos corpos, pois, na natureza, a quantidade de força permanece a mesma; mas acreditava que a alma poderia alterar a direção do corpo. Isso

---

nicos só lhe parece explicável com a suposição de uma preformação já orgânica, infere disso que o que chamamos de *geração dos animais* se dá por transformação e aumento. Assim, porque o corpo do homem estava previamente organizado, deve-se acreditar, ele acrescenta, que era previamente animado e teria uma alma. Após ter estabelecido uma ordem tão bela de regras gerais a respeito dos animais, não lhe pareceu razoável excluir o homem, como se tudo em relação a sua alma se desse por milagre. Convenceu-se assim de que as almas que um dia serão humanas estão nas sementes dos ancestrais desde Adão, e existiram, por conseguinte, desde o começo das coisas, sempre como corpos organizados; doutrina que ele confirma pelas observações microscópicas do Sr. Leuwenhoek e de outros observadores argutos. Mas não se deve imaginar que as almas teriam existido sempre como racionais; não é essa a sua opinião. Tudo o que ele afirma é que existiram antes como almas sensitivas ou animais, dotadas de percepção e sentimento, mas destituídas de razão; e permaneceriam nesse estado, até o momento da geração do homem a que devem pertencer".

se explica pela ignorância do seu tempo em relação a uma lei da natureza que reza que a mesma direção total persevera na matéria. Com esse conhecimento adicional, e o passo que já dera, infalivelmente teria chegado ao sistema da harmonia preestabelecida. De acordo com esse sistema, o corpo age como se não tivesse alma (o que é impossível), a alma age como se não tivesse corpo (o que é impossível), e ambos agem como se influenciassem um ao outro. *É incrível como duas leis mecânicas geometricamente demonstradas, uma sobre a soma de movimento na natureza, a outra sobre a direção das partes da matéria, têm um efeito no sistema da união entre a alma e o corpo. Eu me pergunto se essas especulações físico-matemáticas, uma vez aplicadas às coisas intelectuais, não obscureceriam, em vez de esclarecer, não anuviariam ainda mais a distinção das duas substâncias, cujo comércio elas não explicam. Sem mencionar uma série de outras dificuldades, que nascem do sistema leibniziano e dizem respeito à natureza e à graça, aos direitos de Deus e à ação dos homens, à vontade, à liberdade, ao bem e ao mal, aos castigos presentes e aos por vir etc.*

Deus criou a alma de maneira que ela representasse e produzisse em si mesma tudo o que é executado no corpo, e criou o corpo de maneira que ele executasse tudo o que a alma representa e deseja.

A alma produz suas percepções e apetites, o corpo, seus movimentos; e a ação de uma dessas substâncias conspira com a ação da outra, em consequência da concórdia que Deus estabeleceu entre elas, quando da formação do mundo.

Na alma, a percepção precedente é a causa da percepção [377] seguinte. Um movimento análogo à percepção primeira da alma é a causa de um segundo movimento, análogo à sua segunda percepção. *É preciso convir que é difícil perceber como, em meio a essa dupla mudança, a liberdade do homem poderia ser conservada. Os leibnizianos dizem que ela não é nada; parece-me que é.*

A alma e o animal têm a mesma origem que o mundo, e só terminarão com ele. As almas espermáticas dos animais racionais passam do estado da alma sensível ao da alma racional, mais perfeito.

As almas em geral são espelhos do universo, imagens representativas das coisas; a alma do homem, mais do que um espelho representativo, é uma imagem de seu criador.

Os espíritos formam em conjunto a cidade de Deus, o mais perfeito dos governos sob o mais perfeito dos monarcas.

Essa cidade, essa monarquia, é o mundo moral no mundo natural. Encontra-se nela a mesma harmonia preestabelecida entre o reino físico da natureza e o reino moral da graça, isto é, entre o homem e Deus, considerado autor da grande máquina e soberano da cidade dos espíritos.

Nessa hipótese, as coisas conduzem à graça pelas vias da natureza. Este mundo será destruído e reparado por meios naturais, e a punição e o castigo dos espíritos ocorrerão sem que cesse a harmonia. Esse último evento será o complemento dela.

O Deus arquiteto do universo satisfará o Deus legislador; as faltas serão punidas, e as virtudes recompensadas, na ordem da justiça e na do mecanismo.

Portanto, o melhor que nos resta a fazer é evitar o mal e buscar o bem, convencidos de que só poderíamos aprovar o que se passa no físico e no moral se nos fosse dado abarcar o todo. [**379**]

Eis a análise sucinta da filosofia de Leibniz. Alguns dos pontos principais são examinados em diferentes verbetes deste Dicionário; vide *Otimismo*, *Razão suficiente*, *Mônadas*, *Indiscernível*, *Harmonia preestabelecida* etc.

Provavelmente nenhum homem leu tanto, estudou tanto, meditou tanto, escreveu tanto como Leibniz; mas sua obra não tem corpo, e surpreende que a Alemanha, para a qual esse homem trouxe, sozinho, tanta glória quanto Platão, Aristóteles e Arquimedes trouxeram para a Grécia, até hoje não tenha recolhido tudo o que saiu de sua pluma. O que ele disse a respeito do mundo, de Deus, da natureza, da alma, contém a eloquência mais sublime. Se essas ideias tivessem sido expostas com o colorido de Platão, o filósofo de Leipzig não deveria nada ao de Atenas.

Houve queixas, talvez em parte justificadas, de que não teríamos feito justiça a esse grande filósofo em nossa *Enciclopédia*. Era este o lugar para reparar essa falta, se é que a cometêramos; e o fizemos de bom grado. Longe de nós desprezar os grandes homens, somos ciosos em relação à honra da espécie humana. E, mesmo supondo que o fizéssemos, suas obras, transmitidas à posteridade, deporiam contra nós; seriam contempladas em sua majestosa estatura, enquanto a nossa pareceria bem pequena.

**(PPP)**

# Locke, Filosofia de (*História da Filosofia Moderna*), Diderot [9, 625]

John Locke nasceu em Wrington, a sete ou oito milhas de Bristol, em 29 de agosto de 1631. Seu pai serviu no exército do Parlamento durante as guerras civis. Malgrado o tumulto das armas, zelou pela educação de seu filho. Após os primeiros estudos, enviou-o à Universidade de Oxford, onde o jovem realizou poucos progressos. Os exercícios de faculdade lhe pareceram frívolos; e esse excelente espírito talvez nada tivesse produzido, se o acaso, ao apresentar-lhe alguns escritos de Descartes, não tivesse mostrado que havia uma doutrina mais satisfatória do que aquela de que se ocupava, e que seu desgosto, que ele tomava por uma incapacidade natural, era apenas menosprezo por seus mestres. Do estudo do cartesianismo passou ao da Medicina, com o qual adquiriu conhecimentos de Anatomia, História Natural e Química, e veio a considerar o homem sob uma infinidade de pontos de vista interessantes. Escrever sobre a Metafísica só cabe a quem tenha uma longa prática de Medicina, pois esse viu os fenômenos e examinou a máquina, tranquila ou furiosa, fraca ou vigorosa, sadia ou enferma, delirante ou regrada, alternadamente imbecil e esclarecida, estúpida, ruidosa, muda, letárgica, agitada, viva, morta. Locke viajou pela Alemanha e pela Prússia. Examinou a influência da paixão e do interesse nos caracteres. De volta a Oxford, dedicou-se a seus estudos no retiro e na obscuridade. É assim que alguém se torna sábio e permanece na pobreza; Locke sabia disso, mas não se preocupava nem um pouco. Ligou-se ao cavaleiro Ashley, primeiro conde de Shaftesbury, menos pela pensão que lhe dava do que por estima, confiança e amizade. Um amigo com o mérito de Locke pode ser adquirido, mas não comprado: é uma lição que as riquezas, que tomam o ouro pela medida de tudo, ignoram – exceto talvez na Inglaterra. É raro que um lorde tenha de se queixar da ingratidão de um douto. Todos nós gostaríamos de ser amados; Locke o foi, por lorde Ashley, pelo duque de Buckingham, por lorde Halifax. Mais preocupados com suas luzes do que com seus títulos, orgulhavam-se de serem iguais ao filósofo. [**626**] Locke acompanhou o conde de Northumberland e sua esposa à França e à Itália. Foi preceptor do filho de lorde Ashley, cujos pais lhe atribuíram a tarefa de casá-lo. Como acreditar que o filósofo não foi mais sensível a essa marca de consideração do que teria sido a uma bolsa de ouro? Contava trinta e cinco anos. Já sabia que os passos a serem dados na busca pela verdade seriam sempre incertos, enquanto não se conhecesse melhor o instrumento, e formou o projeto de seu *Ensaio sobre o entendimento humano*. Então, sua fortuna sofreu diferentes reveses; perdeu sucessivamente cargos que obtivera graças à benevolência de seus protetores. Teve um surto de tísica; deixou a Inglaterra; veio para a França, onde foi acolhido por pessoas dentre as mais distintas. Fiel a lorde Ashley, aceitou seus favores e compartilhou suas desgraças. De volta a Londres, não permaneceu ali por muito tempo. Foi obrigado a buscar refúgio na Holanda, onde terminou a redação de sua grande obra. Os poderosos são bastante inconsequentes; perseguem aqueles cujos talentos são a glória da nação que governam e lamentam quando estes a abandonam. Ofendido com o exílio de Locke, o rei da Inglaterra ordenou que seu nome fosse apagado dos livros de registro de Oxford. Amigos que lamentaram essa medida o convenceram a perdoar o filósofo; mas Locke graciosamente rejeitou uma clemência que equivaleria à acusação por um crime que não cometera. Indignado, o rei o citou perante os estados gerais, com outras 84 pessoas, que, por serem descontentes com a administração, eram ligadas por ele à tentativa de rebelião do duque de Montmouth. Locke não se fez de rogado. Tinha o duque em baixa estima, pois seus planos lhe pareciam perigosos e desastrados; afastou-se dele, mudou-se de Amsterdã para Utrecht e de Utrecht para Cleves, onde permaneceu por algum tempo, incógnito. Entrementes, cessaram as atribulações do Estado, e sua inocência foi reconhecida; reabilitado, recebeu os títulos acadêmicos de que fora injustamente privado; ocupou cargos importantes. Retornou à pátria na mesma frota que levava a princesa de Orange. Poderia muito bem ter sido enviado a diferentes partes da Europa, mas seu gosto pelo repouso e pela meditação o manteve afastado dos assuntos públicos. Deu uma última demão ao *Ensaio*, que veio a público em 1698. Somente então o governo se manifestou a respeito da indigência e da obscuridade em que ele vivia. Foi admitido na comissão estabelecida para zelar pelos interesses do comércio e das colônias. Sua saúde, que decaía, não lhe permitiu exercer adequadamente essa importante função; demitiu-se sem manter os honorários, e retirou-se para um local a 25 milhas de Londres, nas terras do conde de Marsham. Publicara um pequeno tratado sobre o governo civil, *De imperio civili*, no qual expunha a injustiça e os inconvenientes do despotismo e da tirania. Compôs no campo seu *Tratado sobre a educação das crianças*, sua *Carta sobre a tolerância*, seus *Escritos sobre a moeda*, e uma obra singular, intitulada *O cristianismo razoável*, em que purgava de todo mistério a religião e os autores sagrados, restituía à razão os seus direitos e abria a porta da via eterna aos que acreditam no Jesus reformador, adepto da lei natural. Essa obra lhe valeu ódio e disputas, e ele a pôs de lado. De resto, sua saúde se debilitava; dedicou-se ao repouso e à leitura da Sagrada Escritura. Percebera, ao longo da vida, que a chegada do verão lhe animava o espírito; quando essa estação deixou de produzir esse efeito, conjecturou que sua vida estava chegando ao fim, prognóstico que infelizmente se confirmou. Suas pernas incharam; anunciou sua morte aos amigos mais próximos. Doenças em que as forças definham rapidamente permitem ao enfermo prever o ponto a que poderão chegar antes de se exaurir, e seu cálculo costuma ser infalível. Locke faleceu em 1704, em 8 de novembro, sentado em sua poltrona, senhor de seus pensamentos, após ter despertado e voltado a dormir sucessivas vezes. Vale dizer que seu último dia foi uma imagem do transcorrer de nossa vida.

Era fino, mas não dissimulado; agradável, sem ser amargo; admirador da ordem, detestava a disputa; tinha o costume de se aconselhar, e, por seu turno, de dar conselhos; acomodava-se ao espírito e ao caráter alheio; não perdia oportunidade de se esclarecer ou instruir-se; interessava-se por tudo o que dizia respeito às artes; quando se irritava, logo se acalmava; homem de bem, foi antes um sociniano que um calvinista.

Renovou o antigo axioma segundo o qual nada do que está no entendimento não esteve antes na sensação, e concluiu que não havia princípio de especulação ou ideia moral que fosse inata. Do que pôde extrair outra consequência, por sinal muito útil: toda ideia, uma vez decomposta, deve ser resolvida numa representação sensível; e, assim como tudo o que está em nosso entendimento chegou até ali por via da sensação, tudo o que vem dele ou é quimérico ou deve, ao retornar pelo mesmo caminho pelo qual veio, encontrar no exterior um objeto sensível e ligar-se a ele. Daí uma grande regra da Filosofia: carece de sentido toda expressão que não tenha fora de nós um objeto sensível ao qual possa ser ligada.

Parece-me que às vezes toma por ideias coisas que não o são, nem, de acordo com seu próprio princípio, poderiam sê-lo; por exemplo, frio, calor, prazer, dor, memória, pensamento, reflexão, sono, vontade etc., são estados que experimentamos e para os quais inventamos signos, mas dos quais não temos nenhuma ideia quando deixamos de experimentá-los. Pergunto a um homem o que ele entende por prazer quando não goza, por dor quando não sofre. Verifiquei por conta própria que tudo o que percebo em mim mesmo são palavras-valise para buscar por certos objetos e evitar outros. Nada mais. É muito triste que seja assim. Se a palavra *prazer*, uma vez pronunciada ou considerada, despertasse em nós uma sensação ou ideia qualquer, e fosse mais do que um mero som, seríamos tão felizes quanto quiséssemos, sempre que quiséssemos.

Malgrado o que Locke e outros escreveram sobre nossas ideias e seus signos, creio que essa matéria é inteiramente nova, é a fonte, ainda intacta, de um sem-número de verdades, cujo conhecimento simplificaria consideravelmente a máquina que chamamos de *espírito* e complicaria enormemente a ciência chamada de *Gramática*. A verdadeira Lógica pode ser reduzida a um pequeno número de páginas; e, quanto mais breve for esse estudo, mais extenso será o das palavras.

Após uma reflexão mais séria, provavelmente constataríamos que: 1º) O que chamamos de *ligação de ideias* é a memória da coexistência dos fenômenos da natureza, e o que chamamos de *consequência* é a recordação do encadeamento ou sucessão de efeitos na natureza; 2º) Todas as operações do entendimento se reduzem à memória de signos e sons, e à imaginação ou memória de formas e figuras.

Para ser feliz, porém, não é suficiente ter [**627**] um bom espírito; é preciso ainda um corpo saudável. É o que determinou Locke em seu *Tratado da educação*.

Locke toma a criança a partir do momento em que ela nasce. Parece-me que deveria ter remontado um pouco mais longe. Não haveria regras a prescrever para a produção de um homem? Quem quiser que a árvore de seu jardim prospere, escolherá a estação do plantio, preparará o solo e tomará muitas outras providências, a maioria das quais me parece aplicável a esse ser bem mais importante do que uma árvore. Gostaria que o pai e a mãe sejam saudáveis, felizes e serenos, e que o momento em que se disponham a dar existência a uma criança seja aquele em que se sintam mais satisfeitos consigo mesmos. Se tornarmos amargo o dia de uma gestante, como acreditar que não haveria consequências para o germe incipiente que cresce em seu útero? Quando plantais em vosso herbário um pequeno arbusto, ide tratá-lo com violência uma vez por dia e vede qual não será o resultado. Que uma mulher grávida seja um objeto sagrado para seu esposo e para todos os que convivem com ela.

Quando seu fruto vier à luz, não o recubrais excessivamente: acostumai-o a andar com a cabeça descoberta e os pés nus. Alimentai-o com comidas simples e comuns. Alongai sua vida, abreviando-lhe o sono. Multiplicai sua existência, mobilizando sua atenção e seus sentidos. Armai-o contra os imprevistos, tornando-o imune a contratempos e ao preconceito, submetendo-o unicamente à autoridade da razão. Se reforçardes a ideia geral de ordem, ele a apreciará; se fortificardes a ideia geral de vergonha, receará o mal. Terá a alma elevada, se voltardes suas primeiras visões para coisas grandiosas. Acostumai-o ao espetáculo da natureza, se quiserdes que tenha um gosto simples e nobre, pois a natureza é sempre simples e nobre. Pobre da criança que nunca vê lágrimas nas faces dos pais, quando estes ouvem o relato de uma ação generosa ou são confrontados com a desgraça alheia! Na alma mais insensível há uma molécula que remete a sua origem primeira; é preciso empenho, para que ela possa amolecer.

Locke diz no *Ensaio* que não considera impossível que a matéria pense. Leitores pusilânimes se chocaram com essa afirmação. Mas que importa se a matéria pensa ou não? Isso não diz respeito à justiça ou à injustiça, à imortalidade e a todas as verdades do sistema político ou religioso.

Se a sensibilidade for mesmo o germe primeiro do pensamento e uma propriedade geral da matéria, e se, distribuída de maneira desigual pelos produtos da natureza, se exercer com maior ou menor energia dependendo da variedade da organização – que consequência de monta se extrai disso? *Nenhuma*. O homem continuará a ser o que é, e continuará a ser julgado pelo bom ou mau uso de suas faculdades.

(**PPP**)

# Malebranche, Filosofia de (*História da Filosofia*), Diderot [9, 942]

Nicolas Malebranche nasceu em Paris no dia 6 de agosto de 1638, filho de um secretário do rei e de uma mulher com título de nobreza. Foi o último de seis filhos. Ao nascer, trouxe uma compleição delicada e um defeito de formação. Tinha a espinha tortuosa e o esterno muito afundado. Sua educação foi feita em casa, de onde só saiu para estudar Filosofia no Colégio de la Marche e Teologia na Sorbonne. Nos bancos escolares, mostrou-se homem de espírito, mas não um gênio superior. Entrou para a congregação do Oratório em 1660. Dedicou-se primeiro à história santa, mas os fatos não se ligavam em sua cabeça, e o pouco progresso produziu nele o desgosto. Abandonou pela mesma razão o estudo do hebreu e da crítica sagrada. Mas o *Tratado do homem*, de Descartes, que conheceu por acaso, lhe mostrou imediatamente para qual ciência era chamado. Entregou-se inteiramente ao cartesianismo, para grande escândalo de seus confrades. Tinha apenas trinta e seis anos quando publicou *A busca da verdade*. Essa obra, embora fundada em princípios conhecidos, pareceu original. Observou-se nela a arte de expor claramente ideias abstratas e de articulá-las, estilo, imaginação e diversas qualidades muito estimáveis, que o próprio autor se dedicava a criticar. *A busca da verdade* foi atacada e defendida num grande número de escritos. Segundo Malebranche, *Deus é o único agente; toda ação vem dele; as causas segundas são tão somente ocasiões que determinam a ação de Deus*. Em 1677, esse autor tentou fazer o acordo difícil entre seu sistema e a religião, em seus *Diálogos cristãos*. O fundo de toda a sua doutrina é que *o corpo não pode ser movido fisicamente pela alma, nem a alma afetada por corpos, nem um corpo por um corpo; é Deus que faz tudo em tudo, por sua vontade geral*. Essas ideias lhes inspiraram outras sobre a graça. Imaginou que a alma humana de Jesus Cristo era a causa ocasional da distribuição da graça, pela escolha feita por ela de certas pessoas para pedir a Deus que a enviasse a eles, e como essa alma, mesmo sendo perfeita, é finita, não é possível que a graça não tenha defeitos, assim como ocorre com toda ordem da natureza. Ele conversou sobre isso com Arnaud. Aparentemente, esses dois homens, um, filósofo sutil, o outro, teólogo muito obstinado, não poderiam se entender. Por essa razão não aconteceu o diálogo. Malebranche publicou seu *Tratado da natureza e da graça*, e logo Arnaud se pôs a atacá-lo.

Nesse intervalo, o padre Malebranche compôs suas *Meditações cristãs e metafísicas*, que apareceram em 1683. É um diálogo entre ele e o Verbo, no qual se esforça para demonstrar que o Verbo é a razão universal, que tudo que os espíritos criados veem, o fazem nessa substância não criada, mesmo as ideias dos corpos; que o Verbo é, pois, a [**943**] única luz que nos ilumina e o único mestre que nos instrui. No mesmo ano, Arnaud publicou sua obra *Das verdadeiras e das falsas ideias*. Foi o primeiro ato de hostilidade. A proposição segundo a qual *vemos todas as coisas em Deus* foi atacada. Arnaud não precisava nem de todo seu talento nem da consideração de que gozava para ter vantagem sobre Malebranche. Por mais forte razão, era inútil complicar a questão com várias outras, acusar seu adversário de admitir a extensão material de Deus e acreditar em dogmas capazes de corromper a pureza do cristianismo. De resto, aconteceu com Malebranche o que costuma ocorrer a todo filósofo que entra em polêmica com um teólogo. Um remete tudo à revelação, outro à razão. Pode-se apostar cem a um que um acabará por ser muito pouco ortodoxo, o outro bem raciocinador, e a religião terá recebido alguma ferida profunda. Durante essa viva contestação, em 1684, Malebranche publicou seu *Tratado de Moral*, obra na qual extrai nossos deveres de princípios que lhe eram particulares. Esse passo me parece bem ousado, para não dizer pior. Não concebo como se ousa fazer a conduta dos homens depender da verdade de um sistema metafísico.

As *Reflexões filosóficas e teológicas sobre o Tratado da natureza e da graça* foram publicadas em 1685. Nessa obra, Arnaud pretende que a doutrina de Malebranche não é nem nova e tampouco dele. Restitui o filosófico a Descartes e o teológico a Agostinho. Malebranche, cansado de discutir, em vez de responder, dedicou-se a reunir suas ideias sob um único ponto de vista, e foi o que ele fez em 1688, nos *Diálogos sobre a Metafísica e a religião*.

Antes disso, ele havia tido uma polêmica com Regis sobre a grandeza aparente da Lua, e em geral sobre a dos objetos. Essa polêmica foi julgada por quatro dos maiores geômetras, em favor de nosso filósofo.

Regis renovou a disputa e atacou o padre Malebranche naquilo que ele havia afirmado, ou seja, que o prazer torna feliz. Foi então que apareceu um cristão austero apologista da volúpia.

O livro *Do conhecimento de si mesmo*, no qual o padre beneditino François Lami havia apoiado, sob a autoridade de Malebranche, sua opinião sobre o amor de Deus, foi a ocasião desse último escrito, em 1697, *A obra do amor de Deus*. Ele mostrou que esse amor era sempre interessado e viu-se exposto ao mesmo tempo a duas acusações bem opostas; uma, de favorecer a opinião de Epicuro sobre o prazer, e a outra de subutilizar de tal modo o amor de Deus que excluía dele qualquer deleite.

Arnaud morreu em 1694. Foram publicadas duas cartas póstumas desse autor sobre as ideias e o prazer. Malebranche respondeu a elas e juntou à sua resposta um *Tratado contra a prevenção*. Não se trata, como o título leva a pensar, de um escrito de Moral contra uma das doenças mais gerais do espírito humano, mas de uma brincadeira na qual ele se propõe a demonstrar geometricamente que Arnaud não escreveu nenhum dos livros que foram publicados em seu nome contra o padre Malebranche. Parte da suposição de que Arnaud falou a verdade quando protestou diante de Deus que sempre tivera um desejo sincero de considerar bem as opiniões que combatia, e que estava longe de empregar artifícios para dar ideias falsas de seus autores e de seus livros; depois, a partir de passagens truncadas, sentidos mal compreendidos de propósito, artifícios muito claros para serem involuntários, conclui que aquele que fez o sermão não poderia ter feito os livros.

Enquanto Malebranche sofria tantas contradições em seu país, conseguiram convencê-lo de que sua filosofia tinha muito sucesso na China, e para responder à polidez dos chineses, escreveu, em 1708, uma pequena obra intitulada *Diálogo de um filósofo cristão e um filósofo chinês sobre a natureza de Deus*. O chinês pretende que a matéria é eterna, infinita e não criada, e que o *ly*, espécie de forma da matéria, é a inteligência e a sabedoria soberanas, embora não seja um ser inteligente e sábio, distinto da matéria e independente dela. Os jornalistas de Trevoux pretenderam que o filósofo europeu havia caluniado os letrados da China, pelo ateísmo que lhes era atribuído.

*Reflexões sobre a premoção física*, em resposta a uma obra intitulada *Da ação de Deus sobre as criaturas*, foi a última obra de Malebranche. Pareceu ao nosso filósofo que o sistema da ação de Deus, ao conservar o nome *liberdade*, aniquilava-a, e se dedica a explicar como o seu sistema a conservava inteiramente. Representa a ação de Deus por meio de uma comparação, tão concludente talvez e certamente mais tocante do que todas as sutilezas metafísicas, e diz: *um operário fez uma estátua que pode se mover num trilho e que se inclina respeitosamente diante dele quando ele puxa um cordão. Todas as vezes em que ele puxa o cordão, fica contente com a homenagem de sua estátua. Mas, um dia, em que ele não puxa o cordão, a estátua não o saúda; então, de despeito, ele a quebra*. Malebranche não tem dificuldade em concluir que esse estatuário bizarro não tem bondade nem justiça. Ocupa-se em seguida a expor uma opinião ou ideia pela qual Deus é aliviado do falso rigor que lhe é atribuído por alguns teólogos, e a justificar o verdadeiro rigor que a religião constata nele e a indolência suposta pela Filosofia.

Malebranche não era somente um metafísico; era também geômetra e físico, e foi em consideração a essas duas últimas qualidades que a Academia de Ciências lhe outorgou, em 1699, o título honorário. Na última edição de *A busca da verdade*, que saiu em 1712, ele apresentou uma teoria das leis do movimento, um ensaio sobre o sistema geral do universo, a solidez dos corpos, seu mecanismo, a gravidade, a luz, sua propagação instantânea, sua reflexão, sua refração, a geração do fogo e as cores. Descartes havia inventado os turbilhões que compõem este universo. Malebranche inventou os turbilhões nos quais cada grande turbilhão era distribuído. Os turbilhões de Malebranche são infinitamente pequenos; sua velocidade é muito grande, sua força centrífuga quase infinita. Sua expressão é o quadrado da velocidade dividida pelo diâmetro. Quando as partículas grosseiras estão em repouso umas junto às outras, e se tocam imediatamente, elas são comprimidas em todos os sentidos pelas forças centrífugas dos pequenos turbilhões que as rodeiam; daí sua dureza. Se são pressionadas de modo que os pequenos turbilhões contidos em seus interstícios não possam mais se mover como antes, eles tendem, por suas forças centrífugas, a restabelecer esses corpos no seu primeiro estado; daí sua elasticidade etc.

Ele morreu em 13 de outubro de 1715, aos setenta e sete anos. Foi um sonhador dos mais profundos e sublimes. Uma página de Locke contém mais verdades do que todos os livros de Malebranche. Mas uma de suas linhas mostra mais sutilezas, imaginação, fineza e gênio do que talvez um grosso livro de Locke. Poeta, desprezava a poesia. Suas opiniões não tiveram grande fortuna, nem na Alemanha, onde Leibniz dominava, nem na Inglaterra, onde Newton havia dirigido os espíritos para objetos mais sólidos.

(MGS)

## Mania (*Medicina*), Ménuret de Chambaud [10, 31]

A palavra *mania*, μανίη, vem do grego μαίνομαι, que significa *uma fúria me domina*. O nome se refere a um delírio generalizado, sem febre, marcado por fúria, não raro acompanhado de audácia e cólera. Quando é suave, tranquilo, ou mesmo ridículo, chama-se *loucura* ou *imbecilidade*. Vide os verbetes correspondentes. Mas, como esses diferentes estados são apenas graus ou espécies de mania, e dependem da mesma causa, compreendemos em geral, sob essa classificação, todas as doenças de longa duração em que o paciente não somente perde a razão, como não percebe que isso acontece, e faz coisas que não têm ou não parecem ter motivos extraordinários ou ridículos. Se o seu delírio tem apenas um ou dois objetos determinados, e, quanto ao resto, o paciente se comporta como alguém sensato, isto é, como a maioria dos homens, então deve-se considerá-lo *melancólico*, e não maníaco. Vide *Melancolia*.

A mania costuma ser anunciada por certos signos, dentre eles a própria melancolia: violentas dores de cabeça, insônias persistentes, sono leve e agitado, sonhos assustadores, preocupações e tristezas persistentes, apreensão e cólera excitada pelos menores motivos. Quando está a ponto de se instaurar, os olhos parecem ter sido atingidos por clarões de luz; ruídos irritam os ouvidos, e há um zumbido praticamente contínuo; o apetite venéreo se torna imoderado, as poluções noturnas se tornam mais frequentes; o doente submerge em lágrimas, sem nenhuma razão aparente; fala a torto e a direito, ou mantém [**32**] um silêncio profundo, como se estivesse absorto em profunda meditação; seus olhos se fixam num único objeto, ou tornam-se ameaçadores e ferozes; o pulso quase desaparece, e às vezes só se deixa sentir, segundo Hipócrates, no cotovelo; a urina adquire coloração avermelhada, não apresenta sedimento, mas mostra-se ligeiramente anuviada. Instaurada a mania, o paciente se volta contra os que cuidam dele, quando não contra si mesmo; morde, agride, ataca tudo à sua volta, rasga suas roupas, exibe o corpo nu indecentemente e caminha despido em meio ao frio mais cortante, sem nada sentir; é igualmente insensível à fome, à sede e ao sono – alguns, segundo Fernel, passam até catorze meses sem dormir. Seu corpo se enrijece, torna-se robusto; seu temperamento se fortalece. Observa-se que o paciente adquire uma força espantosa, tem uma longevidade extraordinária e quase não é afetado pelas enfermidades mais comuns; é raro vê-lo doente, mesmo em meio às epidemias mais letais. Há os que deixam de cantar, falar, rir e chorar; outros mudam de disposição a todo instante, falam desbragadamente, se esquecem do que disseram, repetem-no sem parar. Há os destemidos e audaciosos, que não receiam o perigo, enfrentam-no corajosamente, desprezam todo obstáculo; outros, ao contrário, tornam-se tímidos e receosos. Às vezes, o delírio é contínuo; em outras, é periódico. Durante um tempo, o paciente parece usufruir integralmente da razão: surpreende com sua sabedoria os que o tratam como louco, mas, passadas algumas horas, dias ou mesmo meses, recai novamente na loucura. Autores fidedignos dizem ter visto loucos que, em meio à crise mais aguda, falavam línguas estrangeiras, compunham versos, raciocinavam com maestria sobre assuntos que desconheciam; alguns previam o futuro – o que leva a presumir que os adivinhos, as sibilas e outros, que emitiam oráculos para os idólatras antigos, eram simples loucos, acometidos por acessos de furor. Os retratos que nos foram legados dos entusiasmos proféticos que precediam os oráculos estão em perfeita concordância com essa ideia. Talvez, para ler o futuro, não seja preciso mais do que uma tensão extraordinária e um movimento impetuoso das fibras do cérebro. A observação mostra que, dentre as causas que produzem essa doença, as paixões da alma, a repressão do espírito, os estudos forçados, as meditações profundas, a cólera, a tristeza, o medo, os desgostos prolongados e abrasivos, o amor não correspondido etc. são provavelmente as que mais concorrem para esse efeito. Outra causa bastante comum é a evacuação ou a retenção de excrementos. Hipócrates e, depois dele, Forestus e Bonningerus, observaram que a mania pode ser consequência da supressão da menstruação e dos lóquios, quando precedida pelo acúmulo de sangue nas mamas. *Aforismo* 40, livro V. Hipócrates observa ainda que a sutura de uma úlcera ou de uma variz, e o surgimento de tumores no interior das úlceras costumam ser prenúncios de mania. As observações de Schenkius confirmam essa afirmação.

Zactus Lusitanius assegura que o mesmo efeito é produzido pela supressão do fluxo hemorroidal; uma evacuação excessivamente abundante de sêmen foi causa da mania de um velhote de que fala Henri de Heers. O mesmo ocorreu a um rapaz mencionado por Forestus, que, tendo desposado uma bela jovem, em pouco tempo tornou-se *maníaco*, pelo comércio excessivo que manteve com ela. As febres agudas, inflamatórias ou ardentes, a varíola e, com frequência ainda maior, o frenesi, trazem a mania em seu encalço (vide Fabrice, Hildan e Ewincler). Já Sydenham inclui uma espécie de mania entre os acidentes que se sucedem a febres intermitentes, tratadas indevidamente com repetidos sangramentos e purgações. *Opusc. med. cap. v.* Nenhuma causa atua tão subitamente como certas plantas venenosas e sementes de maçã; o próprio ópio, se prescrito indiscriminadamente em casos de delírio febril, longe de aplacá-los, faz que degenerem em mania. Essas causas atuam com mais eficácia quando auxiliadas por uma predisposição ou fraqueza do cérebro, que pode ser adquirida de forma natural ou hereditariamente. Pessoas enfadonhas, estúpidas, ou, ao contrário, agradáveis, dotadas de um espírito vivo, penetrante; poetas, filósofos, matemáticos; os que se dedicam apaixonadamente às análises algébricas, tais são os mais suscetíveis a essa doença.

Essas causas são atestadas por um grande número de observações; mas ainda não se descobriu qual defeito ou desarranjo interno estaria na origem imediata dos sintomas dessa doença. A etiologia das doenças mentais costuma ser complicada e cheia de obscuridade, sobretudo a das que interferem nas operações do espírito. Observações anatômicas não lançam nenhuma luz sobre essa matéria; o exame do cérebro de um bom número de *maníacos* não mostrou, para as pesquisas mais escrupulosas, nenhum defeito aparente. Em alguns, era inundado por uma serosidade amarelada. Bailou encontrou vasos dilatados e varicosos no cérebro de um maníaco em que o plexo coroide estava tão inchado que ocupava quase inteiramente a superfície interna dos ventrículos, salpicada por vasos avermelhados, dilatados e obstruídos. *Miscellan. nat. curios. decad. 2. ann. 6.* O estado mais comum do cérebro de pessoas mortas pela mania é marcado pela secura, o enrijecimento e a friabilidade da massa cortical. Vide Henri de Heers, *observ. 3. le lettere mediche del signor Martine Ghisi, p.26.* le *sepulchretum*; de Bonet, *lib.& tom. I. sect. viij. p.203*; e as observações de Littré inseridas nas *Mémoires de l'Académie Royale de Sciences*, 1705, p.47. Antoine de Pozzis conta que um maníaco teria sido curado ao expelir, com um violento espirro, uma lagarta pelo nariz; Fernel diz ter encontrado dois grandes vermes aveludados no nariz de uma pessoa mortalmente fulminada pela mania; e Riolan garante ter visto um verme no cérebro de um cavalo que enlouquecera.

Pode-se perceber, porém, que esses fatos não contribuem para esclarecer a teoria em prol da qual são mobilizados; e, como não oferecem nada de certo ou mesmo de provável, vamos deixá-los de lado. Observaremos, em vez disso, que há no cérebro dos maníacos um defeito idiopático ou simpático, e que os sintomas essenciais da mania parecem se dever ao fato de os objetos não se apresentarem ao doente tais como são. Aos movimentos particulares e determinados das fibras do cérebro segue-se a formação de ideias, ou apercepção. Quando esses movimentos são estimulados pelos objetos exteriores, as ideias são conformes a estes, e os raciocínios daí deduzidos são justos; mas, na eventualidade de o sangue ralo, a pulsação rápida ou desordenada das artérias, ou qualquer outra perturbação imprimirem movimento às fibras, elas representarão como presentes objetos que não o são, **[33]** e, como verdadeiros, objetos quiméricos. Parece-me, portanto, que há nos loucos um defeito de apercepção. Seus raciocínios, evidentemente falsos, devem ser atribuídos à ausência de conformidade entre as ideias e os objetos externos. Se são furiosos e atacam os que cuidam deles, é porque veem inimigos dispostos a lhes fazer mal. Sua insensibilidade ao frio, ao calor, à fome, ao sono, vem sem dúvida do fato de essas impressões não chegarem à alma. Por essa razão, Hipócrates afirma que é um sinal de loucura que uma parte seja afetada por dor sem que o paciente nada sinta.

Examinando-se os signos mencionados no início deste verbete, é possível não somente se assegurar da presença da mania num paciente, como também prever seu advento. Não deve ser confundida com o frenesi, doença aguda, invariavelmente acompanhada de febre inflamatória; e deve-se distingui-la da melancolia, pois, diferentemente desta, é acompanhada de delírio, audácia etc. Vide *Melancolia*.

A mania é uma doença crônica, que não costuma representar risco de vida; ao contrário, suas vítimas parecem estar ao abrigo de outras doenças. São, como dissemos, fortes, robustas, têm a saúde quase perfeita e vivem por longo tempo. As convulsões que antecedem a mania são um sintoma péssimo. Outro signo muito inauspicioso, que anuncia a intensificação e aprofundamento da doença, é quando o doente passa de um sono profundo a um delírio contínuo, ou torna-se insensível à violência do frio e à ação dos purgantes mais enérgicos. A morte é iminente se as forças estiverem exauridas pela abstinência alimentar ou pela insônia, ou se o doente caiu em epilepsia ou foi vitimado por uma afecção soporífera. Mesmo quando a mania não é grave, é extremamente difícil curá-la, sobretudo se for inveterada, e, quando hereditária, é incurável; pode-se ter alguma esperança se os paroxismos forem leves, a loucura for recente, e, sobretudo, se o doente observar à risca a prescrição dos medicamentos, pois muitas vezes a cura das doenças é dificultada pela aversão do paciente ao medicamento, que considera um veneno. Quando a mania se sucede a febres intermitentes que não foram adequadamente tratadas, à supressão das evacuações, a úlceras suturadas de forma incorreta, ao uso de remédios narcóticos, então o médico pode ter a esperança de cura, pois o restabelecimento das evacuações, a formação de novas úlceras, o vômito causado por plantas tóxicas, são sucedidos, muitas vezes, por um estado de perfeita saúde. Hipócrates ensina que varizes ou hemorroidas podem ser um sinal de que o paciente foi curado (livro VI, aforismo 21); que a disenteria, a hidropisia ou uma simples alienação do espírito são augúrios excelentes (livro VII, aforismo 5); que, se forem encontrados tumores em suas úlceras, o paciente deixou de ser maníaco (livro V, aforismo 56). Forestus (*Observationes*, livro X, 24) observa que uma jovem louca foi curada dessa doença pela formação de úlceras em suas pernas. Febres intermitentes são, de acordo com Hipócrates, poderosos remédios para a cura da mania. Os pacientes curados dessa doença permanecem, por algum tempo, tristes, abatidos, desanimados; e mantêm um fundo de melancolia inextirpável, fomentado pela lembrança humilhante de seu estado precedente.

A mania é uma dessas doenças cujo tratamento costuma desafiar mesmo os médicos mais hábeis, enquanto os charlatães muitas vezes têm êxito. A cura operada pela natureza é a mais simples e eficaz; a Medicina não dispõe de nenhum recurso próprio para corrigir o defeito do cérebro que constitui a mania ou ao menos costuma produzi-la. Pior ainda, o medicamento que curou um maníaco pode aumentar o delírio de outro. O ópio, por exemplo, cuja utilização no tratamento da mania é desaconselhada pelos médicos mais experientes, por causa de seus efeitos colaterais, serviu-me à cura de numerosos pacientes, administrado sempre em doses consideráveis. Lemos no *Journal des Savants*, de julho de 1701, p.314, que uma jovem garota foi completamente curada após ter ingerido um unguento em que havia uma porção de ópio; outros médicos o ministraram em grandes quantidades, com sucesso. Wepfer, *histor. apoplect. p.687*; Aëtius e Sydenham não desaprovam seu uso; o terror, afecção da alma propícia a produzir mania, pode às vezes ser o seu antídoto. Samuel Formius (*Observat. 32*) relata o caso de um jovem maníaco que foi curado após ter sido castrado; quedas com fratura do crânio, trépano, cauterização, obtiveram algum sucesso; houve casos em que a transfusão teve algum êxito; e outros em que a mania se dissipou por completo. Se tanto, essa espécie de intervenção apenas diminui os sintomas; já seus efeitos perniciosos foram solidamente constatados. Vide Dioniso, *Cours d'opérations de Chirurgie, demonstr. viij. p.498.* & *la bibliotheque medico-pratique* de Manget, *tom. III. lib. XI. p.344. &sequente*. Parece-me que para curar a doença é preciso abalar o corpo de maneira violenta e súbita, de modo a produzir uma alteração considerável em alguma de suas partes, não importa qual; isso explica por que remédios muito ativos, receitados por empíricos tão obstinados quanto ignorantes, podem surtir efeito. Se a mania depende de que uma excreção seja suprimida, é preciso tentar todos os recursos para provocar isso; reabrir úlceras fechadas, provocar diarreias, disenterias artificiais; tentar, em suma, na administração dos remédios, imitar a natureza e seguir seus passos. Contra as manias furiosas, recomendam-se os sangramentos; muitas vezes é necessário ou útil reiterá-los; a arteriotomia pode ser empregada com eficácia. Fabrice Seldan relata diversas observações que o comprovam; *Efficac. medic. part. II. p.45. & seq.* Há que não negligenciar a aplicação de sanguessugas às têmporas, aos vasos hemorroidais, às ventosas; quanto aos vesicantes, seu uso pode ser bastante pernicioso; apenas os sangramentos abundantes foram capazes de curar essa doença. Felix Plater relata o caso de um empírico que curava todos os maníacos sangrando-os até setenta vezes numa única semana. *Observ. lib. I. p.86*; praticantes célebres garantem não conhecer remédio mais eficaz para a mania. Purgantes eméticos e catárticos também são unanimemente aprovados. Os antigos faziam extenso uso do heléboro, que é um purgante violento; Horácio aconselha aos loucos que viajem até a Anticíria, ilha em que essa planta é abundante. Alguns modernos acreditam que não se deve utilizar purgantes drásticos; pensam que o efeito do heléboro dos antigos era mitigado por um paliativo qualquer. Deve-se notar, não obstante, que, como os que padecem de mania são menos sensíveis e menos suscetíveis a irritações, é preciso sacudi-los com mais força, o que exige remédios mais fortes, em doses maiores. Não somente a evacuação operada pelo emético é útil, como também o abalo geral que dela resulta, [**34**] e a vibração do corpo inteiro tornam seu uso muito vantajoso. Banhos quentes eram comuns na Antiguidade como tratamento para a mania. Galeno, Areteu, Alexandre de Trales, Próspero Alpino, referem-se à sua eficácia. Hoje em dia, servimo-nos apenas de banhos frios, medicação cuja utilidade foi demonstrada por Vanhelmont. Aprendeu-a por acaso: um artesão maníaco que era transportado numa carroça se livrou das correntes que o prendiam e atirou-se num lago profundo. Quando foi resgatado, acreditou-se que estava morto; mas, pouco tempo depois, deu sinais de vida e de saúde, e viveu por um bom tempo sem sofrer ataques de loucura. Animado por esse exemplo, Vanhelmont aplicou esse tratamento a diversos pacientes maníacos, quase sempre com êxito completo, exceto quando, por recear pela vida de um doente, não o deixou por tempo suficiente na água. É indiferente se o indivíduo é imergido no mar ou em um rio; a única precaução que se deve tomar é mergulhá-lo na água subitamente, e de modo imprevisto, mantendo-o ali por um bom tempo; não há que recear por sua vida. A água fria ou congelada, quando derramada ou aplicada na testa de maneira abundante, produz efeitos similares; em casos exitosos, seguiu-se à aplicação o sono profundo do paciente. Conheci uma pessoa maníaca que, tendo escapado da prisão em que estava detida, caminhou léguas a fio debaixo de chuva violenta, sem chapéu e quase sem roupas, e recobrou uma saúde perfeita. Vide as *Mémoires de l'Académie Royale des Sciences*, 1734, p.56; e *Psychrolousia, or the History of Cold Bathings*, p.452. Outros empregaram com sucesso essências aromáticas fortíssimas, altas doses de licores espirituosos, como o almíscar, o ambro, a cânfora etc. Outros ainda asseguram que os umectantes, os refrescantes, os calmantes, os nitrosos etc. são remédios com os quais se pode contar; mas não são curativos, apenas aplacam a violência dos furores, propriedade que o açúcar de Saturno também possui, desde que ministrado em doses de dois a oito grãos. São recursos preferíveis ao ópio, do qual têm as vantagens, mas não os inconvenientes. A mania consequente às febres intermitentes exige um tratamento à parte. Sydenham, o único que falou a esse respeito, observa que os sangramentos e purgações a agravam e aumentam sua resilência. O tratamento mais apropriado consiste em uma dieta analéptica e medicamentos leves, como a triaga, o pó de condessa etc. Ele garante ter curado assim numerosos casos de mania originados por essa causa.

(**PPP**)

## Materialistas (*Teologia*), Diderot [10, 188]

Designação de uma seita. A antiga Igreja chamava de *materialistas* aqueles que, imbuídos do preconceito filosófico de que do nada nada se faz, recorriam a uma matéria eterna, trabalhada por Deus, em vez de se ater ao sistema da criação, que só admite Deus como causa única da existência de todas as coisas. Vide *Mundo* e *Matéria*.

Tertuliano combateu de maneira sólida e contundente os erros dos materialistas, em seu tratado *Contra Hermógenes* (que era um deles).

Ainda hoje se dá o nome de materialistas aos que sustentam que a alma do homem é material, ou que a matéria é eterna e é Deus, ou que Deus é uma alma universal, disseminada pela matéria, que ela move e organiza, seja para produzir os seres, seja para formar os numerosos arranjos que vemos no universo. Vide *Espinosistas*.

(**PPP**)

## Meditação (*Gramática*), Diderot [10, 299]

*Meditação* é a operação de um espírito que se dedica com intensidade a um objeto qualquer. Durante a meditação profunda, o exercício dos sentidos externos é suspenso, e quase não há diferença entre o homem que se ocupa inteiramente de um único objeto e outro que sonha, ou mesmo que perdeu o espírito. Se a meditação pudesse ser tão profunda que nada fosse capaz de distrair em relação a ela, e o homem meditativo não percebesse ninguém, não respondesse a ninguém e não pronunciasse mais que umas poucas palavras desconexas, relacionadas aos diferentes aspectos sob os quais considerasse seu objeto, relações remotas que os outros dificilmente pensariam em estabelecer, é certo que seria tomado por um imbecil. Não somos feitos para a meditação pura; é preciso que ela nos predisponha a agir, caso contrário será um exercício desprezível. Diz-se de uma questão espinhosa que ela exige longa meditação. O estudo da moral, que nos ensina a conhecer e cumprir nossos deveres, vale mais que a meditação sobre coisas abstratas. Os que afirmaram que a vida meditativa é mais perfeita que a ativa, são ociosos de profissão. O mau humor e a melancolia costumam ser companheiros da meditação. Somos infelizes, pois não somos capazes de obter satisfação meditando; quando muito, conseguimos passar incólumes por inconvenientes de uma existência como a nossa. Para os devotos, meditar é ocupar-se de algum ponto importante em matéria de religião. Eles distinguem meditação de contemplação; mas essa distinção por si mesma mostra a futilidade da vida que levam. Afirmam que a meditação é um estado discursivo, e a contemplação, um ato simples e permanente, pelo qual tudo se vê em Deus, como o olho que discerne os objetos num espelho. Fiando-nos por essa distinção, constataremos que um homem meditativo é com frequência bastante inútil, e o contemplativo é sempre um insensato. Deve-se distinguir entre meditar um projeto e meditar sobre um projeto: quem medita um projeto, uma ação, boa ou má, busca pelos meios de sua execução; já para quem medita sobre uma coisa, que é um fato, se dedica exclusivamente a conhecê-la, a fim de emitir um juízo sadio a seu respeito.

**(PPP)**

## Memória (*Metafísica*), Autor desconhecido [10, 326]

É importante identificar corretamente o ponto que separa a *memória* da imaginação. O que os filósofos disseram até aqui a esse respeito é tão confuso, que se aplica à memória o que dizem da imaginação, e à [327] imaginação o que dizem da memória. O próprio Locke faz desta última o poder da alma de despertar percepções prévias, com um sentimento que, no mesmo instante, convence-a de que as teve antes. Mas isso está longe de ser exato; pois, como se sabe, é perfeitamente possível recordar-se de uma percepção que não seria possível despertar.

Quanto a isso, todos os filósofos incorreram no mesmo erro de Locke. Não são exceção os que pretendem que cada percepção deixaria uma impressão na alma, um pouco como um selo deixa sua marca numa superfície; pois, o que seria a imagem de uma percepção, se não a percepção mesma? Por falta de consideração, esse equívoco vem de tomar-se pela percepção mesma do objeto algumas circunstâncias ou uma ideia geral que o despertam.

Eis, portanto, no que diferem a imaginação, a memória e a reminiscência, três coisas que costumam ser confundidas: a primeira desperta as percepções mesmas; a segunda recorda signos e circunstâncias; a terceira permite reconhecer percepções prévias.

Mas, para melhor conhecer os limites dados entre imaginação e memória, distingamos as diferentes percepções que somos capazes de experimentar e examinemos quais delas podemos despertar e de quais só podemos recordar os signos, algumas circunstâncias ou uma ideia geral. As primeiras exercitam a imaginação, as últimas a memória.

As ideias de extensão são as que despertamos mais facilmente, pois as sensações das quais as obtemos são tais que é impossível separá-las delas. O paladar e o olfato podem não ser afetados; pode ser que não ouçamos nada e não vejamos cores, mas somente o sono pode despertar em nós as percepções do dormir. É absolutamente necessário que nosso corpo se apoie sobre alguma coisa e suas partes repousem umas sobre as outras. Nasce daí uma percepção que as representa como separadas e delimitadas, e, por conseguinte, implica a ideia de uma extensão qualquer.

Ora, podemos generalizar essa ideia considerando-a de maneira indeterminada. Podemos em seguida modificá-la e dela extrair, por exemplo, a ideia de uma linha reta ou curva. Mas não poderíamos despertar com exatidão a percepção da grandeza de um corpo, pois não temos uma ideia absoluta que sirva de medida fixa. Nessas ocasiões, o espírito se recorda apenas de nomes, como pés, tosas etc., com uma ideia de grandeza tão mais vaga quanto mais considerável for a grandeza que se queira representar.

Com o auxílio dessas primeiras ideias, podemos representar para nós mesmos, com exatidão, na ausência dos objetos, as figuras mais simples, como triângulos e quadrados; que se aumente, porém, o número de lados, e nossos esforços serão em vão. Se penso numa figura com mil lados e noutra com 999, não é por concepções que as distingo, apenas pelos nomes que dei a elas. O mesmo vale para todas as noções complexas; quem quer que as utilize poderá observar que se limita a traçar seus nomes. Quanto às ideias simples que elas contêm, só é possível despertá-las uma após a outra, através de uma operação diferente, própria da memória.

É natural que a imaginação recorra a tudo o que possa lhe ser de auxílio. Por comparação com nossa própria figura, representamos a de um amigo ausente e o imaginamos maior ou menor, medindo seu talhe a partir do nosso. A ordem e a simetria são o que mais ajuda a imaginação, que encontra nelas diferentes pontos, nos quais se apoia e a partir dos quais remete ao todo. Quando, em meus devaneios, vejo um belo rosto, os olhos ou outros traços que mais me impressionam se oferecem primeiro, e é relativamente a esses traços que os demais irão se instalar em minha imaginação. É mais fácil, portanto, imaginar uma figura se ela for mais regular; pode-se mesmo dizer que é mais fácil vê-la, pois um relance de olhos é suficiente para formar uma ideia dela. Se, ao contrário, ela for muito irregular, só se chegará a completá-la após uma consideração detida de suas diferentes partes.

Na ausência dos objetos que ocasionam as sensações de sabor, som e odor, das cores e da luz, não resta em nós nenhuma percepção que possamos modificar para obter algo similar à cor, odor e sabor de uma laranja, por exemplo. Tampouco há uma ordem ou simetria que auxilie a imaginação, e essas ideias só podem ser despertadas quando se estiver familiarizado com elas. Por essa razão, as ideias de luz e de cores podem ser retraçadas mais facilmente, seguidas pelas de sons. Quanto aos odores e sabores, só são despertadas as ideias pelas quais se adquire um paladar mais acentuado. Restam, portanto, muitas percepções a ser recordadas, das quais, no entanto, tudo o que há são os nomes. Quantas vezes não é o caso, mesmo com as ideias mais familiares? Contentamo-nos em falar das coisas, sem imaginá-las.

Observam-se na imaginação diferentes progressos. Se queremos despertar uma percepção que nos é pouco familiar, como a do sabor de uma fruta que comemos só uma vez, nossos esforços chegam, se tanto, a causar alguma vibração nas fibras do cérebro e da boca, e a percepção que provamos não é como a do sabor da fruta, mas é invariável num melão, num pêssego ou até numa fruta que nunca tenhamos provado. O mesmo vale para os demais sentidos. Mas, se uma percepção é familiar, as fibras do cérebro, acostumadas a se dobrar sob a ação dos objetos, obedecem mais prontamente a nossos esforços; tanto é assim que há ideias que são retraçadas à nossa revelia e apresentam-se com tanta vivacidade que nos enganamos e acreditamos ter o objeto diante dos olhos; é o que sucede aos loucos e a todos os homens quando sonham.

Diante disso, poder-se-iam levantar duas questões. A primeira: de onde vem esse poder de despertar algumas de nossas impressões? A segunda: por que, quando carecemos desse poder, mesmo assim lembramo-nos de nomes ou circunstâncias?

Começando pela segunda questão, afirmo que só podemos recordar nomes e circunstâncias que nos sejam familiares, pois contam entre as percepções que estão à nossa disposição (das quais falaremos ao responder à primeira questão, que exige mais detalhes).

A ligação de muitas ideias não tem outra causa além da atenção que damos a elas [328] quando se apresentam juntas. E, como as coisas só chamam nossa atenção em virtude da relação entre elas e nosso temperamento, nossas paixões ou nossa condição, em suma, nossas carências ou necessidades, segue-se que a mesma atenção abarca simultaneamente as ideias das necessidades e das coisas relacionadas a elas e ligadas por elas.

Nossas necessidades se relacionam entre si, e podem-se considerar as percepções como uma sequência de ideias fundamentais às quais são remetidas todas aquelas que fazem parte de nossos conhecimentos. Acima de cada uma, elevam-se outras sequências de ideias, que formam espécies de cadeias, cuja força reside inteiramente na analogia dos signos, na ordem das percepções e na ligação formada pelas circunstâncias, que por vezes reúnem as ideias mais disparatadas. A uma necessidade está ligada a ideia da coisa apropriada a satisfazê-la; a esta ideia está ligada a do lugar em que a coisa se encontra; a esta, a das pessoas que ali foram vistas; a esta última, as ideias dos prazeres e desgostos recebidos, e muitas outras. Pode-se observar que, à medida que a cadeia se estende, subdivide-se em diferentes elos, de sorte que quanto mais distante se está do primeiro anel, mais os elos se multiplicam. Uma primeira ideia fundamental é ligada a duas ou três outras; cada uma delas tem um número igual, ou mesmo maior, e assim por diante.

Admitidas essas suposições, é suficiente, para lembrar-se das ideias com que se tem familiaridade, prestar atenção a algumas de nossas ideias fundamentais, às quais elas estão ligadas. Ora, isso é sempre possível, pois, contanto que estejamos despertos, não haverá instante em que nosso temperamento, nossas paixões e nosso estado não ocasionem em nós algumas dessas percepções que chamo de *fundamentais*. Teremos maior facilidade para fazê-lo conforme as ideias que queiramos retraçar atendam de modo mais imediato a um número maior de necessidades.

Essas suposições não são gratuitas. Apelo à experiência; e tenho certeza de que cada um poderá observar que só procura se recordar de alguma coisa mediante a relação entre ela e as circunstâncias em que se encontra, e terá tão mais facilidade para fazê-lo quanto mais numerosas forem as circunstâncias ou mais imediata for a ligação entre estas e a coisa em questão. A atenção que damos a uma percepção que nos afeta em ato permite-nos recordar seu signo; este recorda outros, com os quais tem relação; estes últimos despertam ideias às quais estão ligados; essas ideias retraçam outros signos e ideias, e assim por diante.

Suponhamos que alguém me faça uma objeção à qual, de imediato, eu não saiba o que responder. É certo que, se não for sólida, deverá por si mesma indicar-me a resposta. Dedico-me assim a considerar cada uma de suas partes e constato que, por estarem ligadas a certas ideias, que fazem parte da solução que busco, não deixarão de despertá-las. Estas, pela estreita ligação que têm com aquelas, retraçam-nas sucessivamente, e vejo enfim qual deve ser minha resposta.

Uma série de outros exemplos se apresentará aos que queiram observar o que acontece em sociedade. Por mais rapidamente que o assunto da conversação possa mudar, aquele que se mantiver indiferente e conhecer o caráter dos que falam não deixará de ver a ligação de ideias pela qual se passa de uma matéria a outra. Portanto, sinto-me autorizado a crer que o poder de despertar nossas percepções, seus nomes, ou as circunstâncias atinentes a elas, depende unicamente da ligação que a atenção introduz entre as coisas e as necessidades a que elas se referem. Destruída essa ligação, estariam suprimidas a imaginação e a memória.

O poder de ligar nossas ideias tem seus inconvenientes e suas vantagens. Suponho dois homens; num deles, nunca houve ligação de ideias, no outro elas se ligam com tanta facilidade e força que ele não poderia separá-las. O primeiro seria desprovido de imaginação e memória, e seria absolutamente incapaz de reflexão; seria um imbecil. O segundo teria memória e imaginação em excesso, e dificuldade para exercer sua reflexão; seria um tolo. Entre esses dois extremos, pode-se supor um meio-termo, em que os abusos da imaginação e da memória não fossem nocivos à solidez do espírito, e a escassez delas não fosse nociva à sua leveza. Talvez esse meio-termo seja tão difícil, que mesmo os maiores gênios apenas se aproximem dele. Ao mesmo tempo que os diferentes espíritos se afastam dele e tendem a uma das extremidades, suas respectivas qualidades se tornam mais ou menos incompatíveis, conforme eles participem de extremidades excludentes. Assim, os que se aproximam da extremidade em que a imaginação e a memória predominam perdem, proporcionalmente, as qualidades que tornam o espírito justo, consequente e metódico; e os que se aproximam da outra extremidade perdem, na mesma proporção, as qualidades que concorrem para o agrado. Os primeiros escrevem com mais graça, os outros com mais consequência e profundidade. Leia-se a respeito o *Ensaio sobre a origem dos conhecimentos humanos*, do Sr. Condillac, de onde estas reflexões foram extraídas.

**(PPP)**

## Natureza plástica (*Metafísica*), Yvon [12, 729]

*Natureza plástica* é um princípio que, de acordo com alguns filósofos, serviria para formar os corpos organizados, sem, porém, confundir-se com a vida animal. Atribui-se essa opinião a Aristóteles, Platão, Empédocles, Heráclito, Hipócrates e os estoicos; poderíamos acrescentar os novos platônicos, os peripatéticos modernos e mesmo os discípulos de Paracelso, que deram o nome de *arché* a esse princípio, encontrado nos corpos dos animais. Essa hipótese foi rearranjada e apresentada com todas as provas de que é suscetível pelo Sr. Cudworth, em seu *True Intellectual System of the Universe*, Londres, 1678.

Esses filósofos são unânimes em afirmar que, sem naturezas plásticas, seria preciso ou supor que na formação dos corpos organizados tudo ocorre fortuitamente, sem qualquer inteligência, ou que Deus molda, por assim dizer, com as próprias mãos, mesmo os menores animais e suas menores partes. Ora, de acordo com eles, essas duas suposições são insustentáveis. Pois afirmar que todos os efeitos da natureza se dão por necessidade mecânica ou pelo movimento fortuito da matéria, sem a direção de outro ser, é afirmar algo tão desarrazoado quanto ímpio. Não somente seria inconcebível que a infinita regularidade que se encontra no universo fosse o resultado constante do simples movimento da matéria, como diversos fenômenos ultrapassam o poder do movimento mecânico, como a respiração dos animais, sem mencionar os que são contrários a essas leis, como a distância do polo do Equador em relação ao da eclíptica. Henry More ofereceu diversos exemplos desses dois casos em seu *Enchiridion metaphysicum* [Manual de Metafísica] (impresso em Londres, em 1699, com o restante de suas obras, três volumes in-fólio). Além disso, os que pretendem que tudo seria feito pelas leis da mecânica reduzem Deus a um espectador passivo dos resultados dos movimentos da matéria, nos quais não interviria, independentemente de serem fortuitos ou necessários. Explicam os efeitos da natureza como um escultor, por exemplo, explicaria a maneira como fez uma estátua, se dissesse que seu cinzel incidiu em tal ou tal lugar, talhou a pedra, criou relevos, e assim por diante, até que a estátua estivesse feita, *à revelia de qualquer intenção de sua parte*. É cair num absurdo como esse, a propósito da explicação de como os corpos dos animais se formaram, dizer que as partes da matéria de que são formados se moveram de tal sorte que o cérebro foi posto neste lugar, o coração naquele, com tais e tais formas, tudo isso como simples resultado imediato do movimento. Dizer, por outro lado, que Deus é o autor imediato de tudo é comprometer a Providência, sobrecarregá-la de cuidados e obrigações, e, por conseguinte, tornar a crença ainda mais difícil do que já é, dando a vantagem aos ateístas. Tal é o juízo do autor do *De mundo*, que acreditava indigno de Deus fazer tudo por si mesmo, até as menores coisas; "acaso não estaria aquém da grandeza de Xerxes fazer todas as coisas por si mesmo, executar o que deseja e administrar tudo diretamente? Mas então o que dizer da divindade? É bem mais conforme a sua grandeza que uma virtude que se espalha por todo o mundo mova também o Sol e a Lua". De resto, acrescentam nossos filósofos, não parece conforme à razão que a natureza, considerada algo separado da divindade, simplesmente não faça nada, e a Deus caiba tudo executar de maneira imediata e miraculosa. Ademais, a lentidão com que tudo é produzido pareceria mera pompa, ou uma formalidade inútil, se o agente imediato fosse todo-poderoso. Tampouco seria compreensível a existência de desordens no universo e produtos defectivos quando a matéria não está disposta adequadamente, pois isso mostraria que o agente não tem um poder irresistível. A natureza, assim como a arte, é algo que pode às vezes falhar e ver-se frustrada em seus desígnios, por causa da má disposição da matéria; ao passo que um agente todo-poderoso realizaria num instante tudo aquilo a que se propõe e chegaria sempre, infalivelmente, a seus fins, sem que nada houvesse para impedi-lo.

Essas razões levaram alguns filósofos à conclusão de que há naturezas plásticas, operando sob a divindade, que, como tantos instrumentos, executam as ordens da providência no que se refere aos movimentos regulares da matéria. De acordo com eles, essas naturezas não devem ser confundidas com as qualidades ocultas dos peripatéticos. Os que atribuem um fenômeno a uma qualidade oculta não apontam para uma causa, apenas reconhecem que ela é oculta; mas os que dizem que a ordem que vemos no mundo é oriunda de uma natureza plástica apontam para uma causa distinta e inteligível, na medida em que apenas uma inteligência poderia ser causa dessa regularidade. Já aqueles que estabelecem um mecanismo fortuito e não reconhecem nenhuma causa final não pretendem que uma inteligência participaria da formação das coisas, e assim não dão qualquer razão para a ordem do universo, a menos que se diga que a confusão é causa da ordem, e o acaso, da regularidade. Portanto, há uma diferença significativa entre a doutrina das qualidades ocultas e a das qualidades plásticas. Todavia, os defensores destas reconhecem que é muito difícil ter uma ideia a seu respeito, e que elas só podem ser conhecidas mediante uma espécie de descrição. Aristóteles ensina (*Física*, XVI, viii) como se deve conceber a natureza plástica em geral, ao dizer que "se a arte de construir embarcações estivesse na madeira, ela atuaria tal como a natureza", ou seja, para ele, embarcações construídas são como frutos e outras coisas similares. O mesmo vale para as demais artes. Se a arte de construir que está no espírito dos arquitetos estivesse nas pedras, na argila e em outros materiais, eles se organizariam por meio desse princípio interno, na mesma ordem em que os dispomos; como os poetas disseram de Anfíon, que, ao tocar a lira, movia as pedras, que por si mesmas formaram as muralhas de Tebas. A natureza plástica é, portanto, uma espécie de artesão; mas tem diversas vantagens sobre a arte humana. Enquanto esta só atua a partir do exterior, é alheia à matéria, não penetra nela, serve-se de muitos instrumentos e trabalha ruidosamente para imprimir à matéria, a duras penas, a forma que o artesão tem no espírito, a natureza de que falamos atua no interior, e diretamente, sem instrumentoe e sem balbúrdia, de maneira discreta e com bastante facilidade. O Sr. Cudworth diz que essa arte é como que *incorporada* à matéria; e denomina *vital* (e mesmo *mágica*) sua maneira de atuação, por oposição à *mecânica* de que os homens se servem. Enquanto nossos artistas não raro se veem obrigados a descobrir como [**730**] farão para realizar seus desígnios, e para tanto consultam, deliberam e corrigem erros que cometeram, a natureza plástica, ao contrário, não se detém nunca e não se esforça para fazer o que tem de ser feito. Atua sem jamais mudar ou corrigir o que fez; é uma insígnia da divindade onipotente, lei e regra de tudo o que há de melhor em todas as coisas.

Mas é preciso não confundir a natureza plástica com a divindade mesma. Trata-se de algo inteiramente distinto desta, e muito inferior a ela. A arte da divindade, para falarmos de modo apropriado, é a luz, inteligência e sabedoria que reside no próprio Deus, por natureza tão estranho aos corpos que não poderia se misturar à natureza corpórea. A natureza não é esse arquétipo ou original que se encontra em Deus; é, isto sim, uma cópia dele. E, por mais que tenha vida, e seja, em diversos aspectos, similar ao original, nem por isso compreende a razão pela qual atua. A diferença entre ambos pode ser compreendida através da comparação entre *razão ou discurso interior*, de um lado, e *razão proferida ou discurso exterior*, de outro: o segundo, embora seja a imagem do primeiro, é um mero som articulado, destituído de todo sentimento e inteligência.

A *atividade vital* das naturezas plásticas não é acompanhada de nenhum sentimento claro ou expresso. São seres que não se dão conta de nada e não desfrutam do que possuem. Diversas razões são alegadas para sustentar essa parte da hipótese, certamente uma das mais difíceis de ser aceita.

1º) Os mesmos filósofos que alegam que a essência da alma é o pensamento, e que este seria sempre acompanhado de um sentimento interior, não têm como provar de maneira verossímil que a alma do homem pensa e sente o que está pensando, quando se encontra no mais profundo sono, em estados de letargia e apoplexia, ou mesmo, no caso da alma do bebê, no útero da mãe; e, quando a alma não pensa, é necessário, de acordo com eles, que tampouco sinta. Se, portanto, a alma de um homem permanece, por algum tempo, carente de sentimento interno, é preciso reconhecer que esse sentimento, ao menos como claro e expresso, não é necessário ao ser vivo.

2º) Há uma aparência de vida nas plantas chamadas *sensitivas*, às quais, no entanto, não se poderia atribuir nem imaginação, nem sentimento.

3º) É certo que a alma humana nem sempre sente o que tem dentro de si. Um geômetra que dorme tem, de certo modo, dentro de si, todos os seus teoremas e conhecimentos; o mesmo vale para um músico que dorme profundamente: ele sabe a música e as árias sem sentir que o sabe. Não poderia, assim, a alma ter uma atividade da qual não está ciente?

4º) A experiência nos mostra que realizamos numerosas ações animais sem nos darmos conta, e executamos uma longa série de movimentos corporais a partir de uma intenção imediata, sem que tenhamos pensado neles de antemão.

5º) A relação vital que liga a alma tão estreitamente a nosso corpo é algo de que não temos nenhum sentimento direto e só conhecemos pelos efeitos. Tampouco podemos dizer de que maneira os diferentes movimentos de nosso corpo produzem diversos sentimentos em nossa alma, ou como nossa alma atua sobre os espíritos animais em nosso cérebro e produz aí as mudanças requeridas pela imaginação.

6º) Há na alma uma espécie de *poder plástico*, se me é permitido falar assim, em virtude do qual ela forma seus próprios pensamentos, e do qual ela não tem, no mais das vezes, nenhum sentimento; como quando formamos, durante os sonhos, conversas entre nós e outras pessoas, bastante longas e coerentes, e surpreendemo-nos com as respostas que os outros nos dão. É uma comédia de autoria exclusiva de nossa alma.

7º) Por fim, não somente os movimentos de nossas pálpebras e olhos ocorrem quando estamos acordados sem nos darmos conta disso, como também, durante o sono, realizamos diversos outros movimentos dos quais não temos nenhum sentimento. A respiração e todos os movimentos que a acompanham, para os quais não encontramos razões mecânicas satisfatórias, podem passar mais por ações *vitais* do que por ações animais, pois ninguém diria que sente em si mesmo a atividade de sua alma que produz esses movimentos durante a vigília, e menos ainda outros, que ocorrem durante o sono. Os melhores esforços de Descartes para explicar os movimentos do coração foram refutados pela experiência, que mostra que a *sístole* é uma contração muscular causada por um princípio vital. Como nossa vontade não tem nenhum poder sobre a *sístole* e a *diástole* do coração, não sentimos em nós mesmos nenhuma ação própria que as produza, do que concluímos que existe uma atividade mental independente da imaginação e do sentimento interno.

Há uma natureza plástica comum ao universo inteiro. Há naturezas particulares nas almas dos animais, e é possível que existam outras, em diferentes partes do mundo, todas elas dependentes de uma alma universal, de uma inteligência perfeita que preside o todo. Tal é a hipótese das naturezas plásticas, contra a qual surgiram numerosas objeções.

1º) Alega-se que ela não seria mais do que a doutrina das formas substanciais, apresentada com outra roupagem. Essa acusação foi feita pelo Sr. Bayle, em sua *Continuação dos pensamentos sobre um cometa*, cap. xxi. Foram-lhe oferecidas as seguintes respostas: 1. Os defensores das naturezas plásticas adotam a filosofia corpuscular e dizem que a matéria de todos os corpos é uma substância extensa, divisível, sólida, suscetível de figura e movimento; 2. Atribuem a cada corpo, considerado como tal, uma forma meramente acidental, que consiste em espessura, figura e localização, e tentam assim dar uma razão das qualidades dos corpos; 3. Essa doutrina é bem diferente daquela dos peripatéticos, que estabelecem uma matéria primeira, destituída de toda qualidade, à qual uma forma substancial a ela reunida conferiria determinadas propriedades. De acordo com sua definição, essa forma é *uma substância simples e incompleta, que, atuando sobre a matéria (que de outro modo é potência), compõe com ela a essência de uma substância completa*. Uma pedra, por exemplo, é composta de matéria destituída de propriedades, que se torna pedra ao ser reunida a uma forma substancial. A natureza plástica não é uma faculdade do corpo que exista nele como substrato, à maneira da forma substancial, que pertence à matéria na medida em que a contém sob sua ideia. É uma substância imaterial, inteiramente distinta: não está unida ao corpo e não perfaz com ele um todo; não é engendrada e não perece com os corpos, como as formas substanciais.

2º) Afirma-se que ela favorece o ateísmo. É ainda o Sr. Bayle quem afirma que a suposição de naturezas plásticas, que se diz atuarem ordenadamente, porém sem uma ideia, permite aos ateístas retorquir o argumento de que há um Deus que criou o mundo, fazendo notar a ordem que aí reina. "Essa objeção", diz ele na *Histoire des savants* [História dos doutos], 1704, n.40, "está baseada no fato de que por um *dato non concesso*, concede-se que a natureza, ainda que destituída de conhecimento e outras perfeições, existiria em si mesma; mas continuaria sendo impossível conceder a ela a capacidade de organizar os animais, tendo em vista ser uma obra que, para ser realizada, exige bastante espírito." Ao que se responde que nenhum ser poderia conceber o desígnio de formar os animais tais como eles são sem ter luzes em abundância; e a causa suprema, e soberanamente sábia, após ter concebido esse desígnio, produziu causas internas que executam seu projeto sem saber as razões e os fins, sem uma ideia disso que se chama *ordem*, disposição de partes ajustadas em conjunto de maneira própria a chegar a um certo fim. Por que Deus não poderia criar um ser imaterial privado de conhecimento e dotado do poder de agir de acordo com Sua vontade? O inventor de uma máquina precisa ter bastante espírito; mas os que a constroem não precisam apreender seu desígnio e suas razões; é suficiente que executem suas ordens de acordo com as possibilidades de suas faculdades. A prova que se costuma oferecer da existência de Deus pela ordem que se vê na natureza não está apoiada na suposição de que tudo o que contribua para essa ordem a compreenda, mas somente que nada poderia ter sido feito, a menos que a causa suprema tivesse uma ideia da ordem. Demonstra-se assim a existência dessa causa. Nada, costuma-se dizer, poderia agir de maneira ordenada sem ter uma ideia da ordem, ou sem ter recebido essa faculdade de um ser dotado dessa ideia. Ora, se os ateus concedessem isso, seria necessário que reconhecessem um Deus, e não poderiam retorquir ao argumento. Os defensores de naturezas plásticas permitiriam essa objeção, se dissessem que Deus não formou a ideia do universo antes de tê-lo feito, mas que uma certa natureza o produziu, sem saber o que estava fazendo. A ordem do mundo, que então seria efeito do acaso, não provaria, naquela hipótese, que há um Deus; mas o mesmo não se passa na suposição de que Deus, após ter concebido a ordem do mundo, produziu seres imortais para executá-lo sob sua direção.

3º) Por fim, considera-se absurda a suposição de que essas naturezas formadoras, que não sabem o que fazem, mesmo assim fabricariam os órgãos de plantas e animais. Essa terceira dificuldade se reduz a esta proposição: "Poderia haver uma natureza imaterial e atuante por si mesma, que forma, nos detalhes, através da faculdade que recebeu de Deus, essas máquinas que são os corpos das plantas e dos animais, sem, contudo, ter ideia deles?". Os adeptos das naturezas plásticas dizem que sim, supondo sempre que aquele que fez essa natureza tem em si mesmo ideias bastante distintas do que fez. "Mas então", prossegue o antagonista, "essa natureza é um mero instrumento passivo nas mãos de Deus, o que é o mesmo que fazer de Deus o autor de tudo." Responde-se que não, pois a hipótese supõe que se trata de uma natureza atuante por si mesma. Oferece-se o exemplo dos animais que os homens empregam para realizar tarefas que eles cumprem sem saber o que fazem, como instrumentos ativos para executar coisas que os homens não poderiam fazer diretamente ou por força própria. Pois tudo o que os homens fazem em tais ocasiões é aplicar os animais, de maneira determinada, à matéria, mediante cordas ou de maneira que atuem necessariamente de modo determinado, e obrigá-los a se mover com o açoite ou o chicote. O Sr. Cudworth não pensou que as naturezas formadoras seriam de fato similares às almas dos animais, pois as priva de todo sentimento, enquanto os animais sentem. Esse exemplo serve para mostrar que há instrumentos ativos que atuam ordenadamente sem uma ideia de ordem, e são aplicados a coisas nas quais interferem mediante uma inteligência que sente qual é a ordem em questão. É possível, diz-se, que Deus tenha criado outras inteligências, acima da natureza humana, diferentes das almas de homens, que sentem e raciocinam, e das almas dos animais, que sentem e podem talvez fazer alguns raciocínios grosseiros. Essas naturezas imateriais não sentiriam nem raciocinariam, mas teriam o poder de atuar ordenadamente, não como uma matéria que só atua quando é impelida, mas graças a uma atividade interior necessária; não há nisso nada de contraditório ou absurdo. Acrescenta-se que essa natureza cega poderia ser limitada, de sorte que atuasse sempre de modo determinado, sem dele se desviar.

O Sr. Bayle perguntava, a esse respeito, se Deus poderia fazer uma natureza cega que escrevesse um poema completo, sem saber que o fez; e afirmava que a máquina do corpo animal é algo ainda mais difícil de ser feito sem inteligência. Respondeu-se a ele, 1º) que se a formação dos animais pudesse ser desvendada, poder-se-ia dizer se ela é mesmo mais difícil do que a composição de um poema ou do que a ação de escrever sem ter uma ideia; mas, como ela é inacessível, ninguém sabe nada a seu respeito; 2º) que Deus pode tudo o que não seja contraditório e poderia fazer uma natureza que atuasse sobre a matéria, numa ordem determinada e necessária concebida por ele, sem que essa natureza tivesse uma ideia, e isso de tantas maneiras e durante tanto tempo quanto Deus quisesse; e, portanto, que essa natureza não poderia escrever por si mesma um poema do qual não tivesse ideia, a não ser que Deus tivesse regrado suas ações de certa maneira, da qual ela não pudesse se desviar – contrariamente ao que supõem os críticos dessa opinião. Nem por isso Deus seria o autor imediato de cada uma de suas ações, pois a natureza atuaria por si mesma: Ele criou nossas almas de modo que elas não podem deixar de ansiar por felicidade; mas não é Deus que produz em nós cada um de nossos anseios.

Essas razões não impedem que se considere útil a suposição dessas naturezas formadoras. É uma verdadeira multiplicação desnecessária dos seres. As respostas precedentes poderão, talvez, colocar essa opinião ao abrigo da acusação de absurdo e contradição, mas não acredito que sejam suficientes para defender sua utilidade. Estou ciente de que muitos recorrem a ela para explicar o princípio primeiro da fecundidade das plantas e dos animais, e dar uma razão de sua prodigiosa multiplicação. São as naturezas plásticas, dizem eles, que disseminam diretamente e sem cessar as sementes das plantas e dos animais, à medida que a propagação ocorre. Como trabalham sem ter ciência do êxito do que fazem, produzem *embriões* em número infinitamente maior que o necessário à propagação das espécies, e o número dos que se perdem é incomparavelmente maior que o daqueles que permanecem. Mas, se essas produções saíssem diretamente da mão de Deus, que sabe o que deve acontecer, seu número seria bem menor, e sua conservação, mais constante; todavia, parece-me que Deus teria que dispender um trabalho ainda maior na criação dessas infinitas naturezas operárias do que o implicado na hipótese em questão. Seja como for, os que queiram se aprofundar nessa matéria podem consultar o *Intellectual System*, do Sr. Cudworth, e a *Bibliothèque choisie*, do Sr. Leclerc, tomo II, 2; tomo V, 4; tomo VI, 7; [**732**] tomo VII, 7; tomo X, artigo final.

**(PPP)**

## Observação[1] (*Gramática, Física, Medicina*), Ménuret de Chambaud [11, 313]

*Observação* é a atenção da alma voltada para objetos oferecidos pela natureza; *experimentação* é essa mesma atenção, dirigida a fenômenos produzidos pela arte. Assim, o nome geral *observação* compreende o exame de todos os efeitos naturais, não somente dos que se apresentam à visão como dados imediatos, mas também dos que não poderiam ser descobertos sem o auxílio de um artesão (desde que este não os mude, altere ou desfigure). A escavação de uma mina requer trabalho considerável; mas o exame dos metais que aí se encontram, sua localização, quantidade, cor etc. é uma espécie de observação. Para conhecer a geografia do solo, o número, a disposição, a natureza de suas camadas, recorre-se a instrumentos para perfurá-lo e poder

1 Tradução parcial.

examiná-lo; mas aí também se trata de observação. Não se devem tomar como experimentos a abertura de cadáveres, as dissecções de plantas e de animais; tampouco as partições mecânicas de substâncias minerais com o intuito de observar as partes que as compõem. Os conhecimentos adquiridos através da luneta do astrônomo, da lupa do naturalista, do microscópio do físico, são produtos da observação. Todos esses recursos e instrumentos servem apenas para tornar mais sensíveis os diferentes objetos de observação e superar obstáculos que impedem de percebê-los ou perfurar o véu que os recobre. Não alteram a natureza do objeto observado; este não deixa de parecer tal como é: eis a principal diferença entre a observação e a experimentação. Esta última decompõe e combina, e dá origem a fenômenos bem diferentes daqueles que a natureza apresenta. Assim, por exemplo, um químico que tome uma parcela de metal [314] e a mergulhe num líquido qualquer capaz de dissolvê-la formará, com a união artificial desses dois corpos, um novo composto, produzirá novos fenômenos e realizará, rigorosamente falando, um experimento, em que resultados naturais serão substituídos por efeitos arbitrários. Um fisiologista que misture o sangue de um animal vivo a um líquido qualquer realizará um experimento, e o conhecimento que daí se poderá extrair, relativamente à natureza do sangue e às alterações recebidas desse licor, não será fruto de uma simples observação. No que diz respeito à Medicina, os conhecimentos adquiridos por esse meio são bastante medíocres e imperfeitos, para não dizer absolutamente nulos, e as consequências que se pretende extrair da ação dos remédios são bastante defeituosas, e costumam ser desmentidas pela observação. Em geral, pouco se extrai de útil da experimentação, no que tange ao exame dos animais e vegetais. Isso vale inclusive para experimentos químicos, que, embora sejam incontestavelmente os mais seguros e luminosos, estão longe de garantir para a Química dos corpos organizados um repertório de fatos devidamente verificados, diferentemente do que acontece na Mineralogia. Para chegar a um conhecimento como o desta, seria preciso descobrir as leis do mecanismo da organização e do que ela consiste – descoberta preciosa e fecunda, que se deve esperar unicamente da observação. A experimentação com corpos brutos inanimados é bem mais útil. Trata-se de uma parte da Química que realizou avanços consideráveis, pois chega a decompor e recompor os corpos, seja pela reunião de princípios apartados, seja a partir de princípios extraídos inteiramente de outros corpos, como no enxofre sintético, ou parcialmente, como nos metais recompostos pelo acréscimo, à poeira metálica, de um flogístico qualquer.

A observação é o fundamento primeiro de todas as ciências, a via mais segura e o principal meio para se apoderar da tocha e aumentar sua chama, de modo que ela possa iluminar todos os pontos. Os fatos, verdadeiro tesouro do filósofo, são o único material da observação. O historiador os recolhe, o físico racional os combina, o experimental verifica o resultado dessas combinações. Fatos diversos, tomados em separado, são secos, estéreis e infrutíferos; reunidos, adquirem uma espécie de ação, ganham uma vida que é resultado do encadeamento que os liga entre si. O concurso desses fatos, a causa geral que os encadeia, são os objetos de raciocínio, teoria e sistema; reunindo certo número deles, pomo-nos a construir; e os edifícios são tão mais sólidos quanto mais numerosos os materiais, desde que dispostos da forma conveniente. Acontece às vezes de a imaginação do arquiteto suprir uma carência no número ou na relação dos materiais, ou, por mais defeituosos que sejam, colocá-los a serviço de seu plano. É o caso dos teóricos obstinados e eloquentes, que, desprovidos da paciência necessária para observar, contentam-se em recolher um punhado de fatos e conectá-los num sistema engenhoso, tornando suas opiniões mais plausíveis e sedutoras, graças ao colorido dos traços que empregam, à variedade e força das cores, e às imagens impressionantes e sublimes a que recorrem para apresentar suas ideias. Como não sentir admiração quando se lê Epicuro, Lucrécio, Aristóteles, Platão ou o Sr. Buffon? Chega-se mesmo a acreditar no que eles dizem. Mas, quando se trata de encadear fatos reunidos através da observação, corre-se o risco, a todo momento, de encontrar fatos disparatados, que obrigam a alterar o sistema ou simplesmente o destroem. Como o campo das descobertas é extremamente amplo, e seus limites se distendem à medida que a luz aumenta, parece impossível estabelecer um sistema geral verdadeiro. Não devemos nos admirar que grandes homens da Antiguidade tenham cultivado opiniões que nos parecem ridículas; presume-se que, em seu tempo, elas abarcassem as observações já feitas e concordassem com estas de forma exata. Se pudéssemos estar vivos daqui a alguns séculos, veríamos nossos principais sistemas, que nos parecem muito engenhosos e corretos, destruídos e desprezados, e substituídos por outros, que, por seu turno, sofreriam com o tempo as mesmas vicissitudes.

A observação está na origem da História, ciência dos fatos que considera Deus, o homem e a natureza. A observação das obras de Deus, dos milagres e das religiões formou a História Sagrada; a observação da vida, das ações, das maneiras e dos homens propiciou a História Civil; e a observação da natureza, do movimento dos astros, das vicissitudes das estações, dos meteoros, dos elementos animais, vegetais e minerais, dos abortos da natureza, das artes e ofícios forneceu os materiais dos diferentes ramos da História Natural. Vide os verbetes correspondentes a essas palavras.

Se admitirmos a verdade do axioma: *nada há no entendimento que não tenha estado antes no sentido*, teremos de reconhecer que a observação e a experimentação são as únicas vias de acesso aos conhecimentos, ou ao menos são os únicos meios através dos quais é possível chegar ao conhecimento dos objetos que são da alçada dos sentidos. Unicamente por elas pode-se cultivar a Física, e não há dúvida de que a observação, mesmo de corpos brutos, ultrapassa infinitamente a experimentação, tanto em certeza como em utilidade. Embora a Física dos corpos inanimados, sem vida e quase sem ação não ofereça ao observador mais do que um punhado de fenômenos, bastante uniformes, aparentemente fáceis de apreender e combinar, e não se possa negar que aos experimentos, sobretudo os dos químicos, lançaram grande luz sobre essa ciência, mesmo assim, vê-se que as partes dessa ciência que pertencem à observação são as mais sólidas e bem-acabadas. Pela observação foram determinadas as leis do movimento e conhecidas as propriedades gerais dos corpos; à observação devemos a descoberta da gravidade, da atração, da aceleração dos corpos, em suma, o sistema de Newton (já o de Descartes foi erguido sobre a experimentação); por fim, a observação criou a Astronomia e a levou ao ponto de perfeição em que hoje a encontramos – tão elevado que ultrapassa, quanto à certeza, todas as outras ciências. A enorme distância dos astros em relação a nós, que impediu toda experimentação a seu respeito, é um obstáculo apenas aparente ao seu conhecimento; pois a observação rompeu aí todas a barreiras, e pode-se dizer que a Física celeste também é fruto e triunfo da observação. Na Química, a observação abriu um vasto campo à experimentação; esclareceu-a acerca da natureza do ar, da água, do fogo, da fermentação, das decomposições e degenerações espontâneas dos corpos; forneceu quase todos os materiais para o excelente tratado sobre o fogo, reunido por Boerhave a partir de diversos físicos. Encontra-se na Mineralogia uma parte que só poderia ter sido esclarecida [**315**] pela observação: é o crescimento, maturação e decomposição dos metais nas minas. E, caso se chegue um dia à descoberta de algo como uma pedra filosofal, provavelmente será a partir da observação dos meios de que a natureza se serve para levar os metais aos diferentes pontos de maturação que constituem cada um deles em particular. Quem sabe se então essa arte, rival e imitadora da natureza, não produzirá por si mesma a maturação perfeita, que, de acordo com seus adeptos, é a característica do ouro?

Ao passar da Física dos corpos brutos à dos corpos organizados, vemos diminuírem os direitos da experimentação e aumentarem o império e a utilidade da observação. A figura, o porte, a estrutura, numa palavra, a anatomia das plantas e dos animais, os diferentes estados pelos quais eles passam, seus movimentos, funções, modos de vida etc. só podem ser percebidos pelo naturalista observador. A História Natural formou-se a partir da coleta de observações. Os diferentes sistemas de Botânica e Zoologia possuem tantas maneiras de classificar as plantas e os animais com base em propriedades comuns a certo número deles; são pontos de apoio do observador, aos quais ele se refere e em torno dos quais organiza fatos coletados. O efeito da ingestão desses corpos pelo homem, a título de alimento ou medicação, é constatado pela observação. Os experimentos quase não lançaram luz sobre essa matéria; ignora-se a farmacologia racional da maioria dos medicamentos. O que dispomos a esse respeito é muito imperfeito, conhecem-se apenas as virtudes, as propriedades e usos, conhecimentos que devemos à observação.

O homem é um objeto ainda menos adequado à experimentação, não importa o aspecto sob o qual seja abordado. Mas é também, ao contrário, o objeto mais apropriado, nobre e interessante que se oferece à observação, graças à qual unicamente pode haver progressos nas ciências que o estudam. Nesse caso, a experimentação, mais do que inútil, é dispensável. Pode-se considerar o homem a partir de dois pontos de vista principais, relativamente à moral ou a suas relações físicas. Observações sobre o homem moral são, ou deveriam ser, a base da História Civil, da Moral e de todas as ciências que emanam dela. Vide *Moral*. A história da ascensão e declínio de Roma, e o imortal livro sobre o *Espírito das leis*, ambos do Sr. Montesquieu, são excelentes tratados de moral e praticamente se resumem à exaustiva coleta de observações, feitas com gênio, discernimento e sagacidade, que fornecem ao ilustre autor reflexões tão mais justas por serem naturais. Observações sobre o homem tomado em suas relações físicas formam essa nobre e divina ciência a que se dá o nome de Medicina, que se ocupa do conhecimento do homem, da saúde, da doença e dos meios de prevenir e dissipar esta e conservar aquela. Como essa ciência, a mais importante de todas, é a que mais deve à observação e nos concerne pessoalmente, entraremos agora em detalhes a seu respeito. [**316**]

Quando percorremos os capítulos da Medicina, vemos que eles dependem da observação, e são tão mais certos e claros quanto mais tributários dela. 1º) A Anatomia resulta da simples observação de arranjo, figura e disposição das partes que compõem o corpo humano. A observação das funções produzidas pelo movimento das partes, ou por sua *vida*, quando elas se encontram dispostas corretamente, constitui a seção histórica da Fisiologia e a Semiótica da saúde, das quais é extraída, quase diretamente, a Fisiologia teórica. Aplicada ao homem doente, a observação fornece o conhecimento das perturbações das funções que constituem propriamente a doença e das causas remotas que lhe deram origem: é a verdadeira Patologia, com seus dois ramos constitutivos, a Aitiologia e a Sintomatologia. A observação dos efeitos produzidos no corpo sadio pelo ar, pelos alimentos, [**317**] pelo sono, pelo exercício, pela paixão entre os sexos e pelas secreções, numa palavra, por tudo o que não é natural ao próprio corpo, forma a higiene e serve de fundamento e princípio às regras dietéticas. A observação das alterações produzidas pelos remédios no corpo malsão e no desenvolvimento das doenças levou ao estabelecimento da Terapêutica, ou ciência das prescrições, da qual nasceu a matéria medicinal. Tais são as diferentes fontes de observação que se oferecem ao médico, nas quais se encontra a verdadeira Medicina. Desenvolveremos cada uma delas em particular, e em poucas palavras.

*1º) Observações anatômicas.* Podem ser feitas a partir de cadáveres de homens que tiveram morte violenta, com o intuito de adquirir conhecimentos anatômicos, ou de mortos por doenças, com a finalidade de descobrir as causas da morte e os desarranjos internos que a ocasionaram. A primeira espécie de observação, que chamaremos simplesmente de *anatômica*, também pode ser feita em animais, pois a estrutura interna destes, salvo algumas poucas diferenças, é similar à do homem. A Anatomia surgiu da dissecção dos animais, numa época em que a ignorância, a superstição e o preconceito consideravam profano tocar em cadáveres humanos, o que impedia a ação do bisturi. Mesmo em nosso século – que modestamente julgamos digno dos títulos de *mais douto, mais esclarecido* e *mais isento de preconceitos* –, se não chegamos ao ridículo de considerar profana a dissecação de um cadáver, temos dificuldade em considerar louváveis as vantajosas pesquisas dos anatomistas; e se porventura entregamos aos médicos cadáveres do gênero masculino (em troca de dinheiro), recusamo-nos a fazê-lo com os do sexo oposto, como se, aos olhos da Medicina, fossem sagrados, e o conhecimento da estrutura do corpo das mulheres fosse menos necessário que o dos homens. Herófiles e Erasístrato são tidos como os primeiros que ousaram ignorar o preconceito, realizando dissecações não somente de cadáveres humanos, como também de criminosos vivos, que os zelosos príncipes lhes remetiam, para o bem do público e da Filosofia. Os médicos que os sucederam seguiram seus passos, e reis esclarecidos lhes ofereceram as recompensas mais honoráveis. Daí os rápidos progressos da Anatomia e as frequentes e sucessivas descobertas realizadas por essa arte. Vide *Anatomia*. Essa ciência, que não exige mais que uma mão destra e uma visão acurada, e é, por conseguinte, da alçada imediata e exclusiva da observação, não demorou a alcançar certa perfeição. Atualmente, não restam muitos objetos de observação, e há pouco a descobrir. No estado atual da arte, os poucos acréscimos vêm da observação de monstros, a bem da verdade inesgotáveis, dado que as anomalias da natureza podem variar ao infinito; de algumas divisões fúteis; e de minúcias desprovidas de utilidade. Ademais, a Anatomia não oferece tantas vantagens como se costuma acreditar. Parece natural supor que, sendo o corpo humano uma máquina, quanto melhor se conheçam suas engrenagens, mais fácil descobrir as causas, as leis e o mecanismo de seus movimentos e mais esclarecidos seremos acerca da maneira de atuar e dos efeitos das causas que perturbam essas engrenagens e atrapalham seus movimentos; e, por fim, que esses conhecimentos poderiam iluminar a arte do tratamento, ou seja, ajudar a corrigir perturbações, uma vez que tenham sido devidamente conhecidas. Mas os fatos não corroboram um raciocínio aparentemente tão justo e coerente. As observações e descobertas anatômicas parecem ter servido, até aqui, apenas para exercitar a penetração, a paciência e a destreza dos homens, e enriquecer a Medicina com uma ciência bastante curiosa e muito satisfatória, que oferece, segundo Hoffman, um dos mais fortes argumentos em prol da existência e da ação de Deus. Essa espécie de observação seria sem dúvida mais útil se fosse voltada para o exame da estrutura do corpo no homem vivo; então, a Anatomia razoada, ou Fisiologia, poderia se esclarecer a respeito do uso e da necessidade das diferentes partes do corpo humano. Vide *Anatomia*.

Poder-se-ia pensar que as atuais observações anatômicas, a partir de cadáveres de pessoas vitimadas por doenças, teria ao menos a utilidade de iluminar algo a respeito das causas da morte desses indivíduos. Mas, também quanto a isso, é forçoso reconhecer que essa espécie de observação trouxe poucas luzes. A Medicina clínica não avançou mais na época em que se abriam cadáveres; seria por uma limitação intrínseca a esse gênero de observações ou por um defeito no método de conduzi-las? Se prestarmos atenção, veremos que essas duas causas concorrem para o mesmo efeito. 1º) É certo que há uma diferença entre o estado de um doente morto por uma doença, de outro morto subitamente, ou de um terceiro, que ainda vive. Gangrenas decorrentes de doenças inflamatórias agudas são uma consequência comum da supressão da vida em órgãos particulares, e às vezes se encontram traços delas também em órgãos pouco inflamados. Obstruções e supurações em cadáveres de mortos por doenças crônicas costumam ocorrer quando a doença já se aproxima do fim. Que luzes poderiam observações como essas lançar sobre o conhecimento e a cura de tais doenças? [**318**] Raciocina-se mal, e pior ainda é a prática, quando se estabelecem preceitos de cura a partir da observação de cadáveres. Para que algo de certo pudesse ser obtido, seria preciso dispor de corpos de cinquenta pessoas, digamos, atacadas pela mesma doença, que morreram em diferentes momentos de seu ciclo; somente então se poderiam acompanhar os progressos da doença e as perturbações que ela causa ou que a produziram – observação praticamente impossível de ser realizada. Ao contrário, os casos em que a observação de cadáveres costuma ser considerada inútil, quando não há nenhum vestígio de doença, nenhuma causa de morte, e as vísceras, bem examinadas, revelam-se sadias e em condição adequada, parecem-me ser aqueles em que a observação é mais luminosa, pois geralmente encontra vícios nos nervos e demonstra que o mal era estritamente nervoso. A observação também pode ter alguma utilidade para determinar a sede da doença. Muitas vezes, atribuem-se tosses e outros sintomas de ptísia ou de peripneumonia nos tubérculos no pulmão, quando o fígado é que foi afetado; então, a observação de cadáveres pode levar à retificação do julgamento a respeito da doença e à adoção de uma prática condizente. 2º) Se observações de cadáveres costumam ser inúteis, é também porque são malfeitas. Um doente padecia de uma aguda dor lateral; após a morte, o médico, que diagnosticara o caso como uma pleuresia, ordena que o peito seja aberto, não vê ali nenhuma perturbação, e abandona o cadáver sem nada ter esclarecido; mas, se tivesse aberto o baixo-ventre, teria visto uma inflamação no fígado ou na face inferior do diafragma. Um homem morre em meio ao furor do delírio frenético; propõe-se que a dura-máter seja examinada: ela estaria obstruída, e o cérebro inteiro estaria deteriorado; aberta a caixa craniana, a dura-máter e o cérebro se mostram em estado natural, e não ocorre a ninguém buscar pela sede da doença no baixo-ventre. Quando se examina um cadáver na intenção de descobrir uma causa de morte, é preciso percorrê-lo por inteiro, sem deixar de observar nenhuma de suas partes; é comum encontrar causas de morte nos lugares mais inesperados. Outro obstáculo que se põe a essas observações é dissecar um cadáver com o espírito já predisposto, com a intenção de encontrar a prova de uma opinião previamente adotada. Essa predisposição, que permite encontrar tudo o que se procura, interfere grandemente na prática da Medicina. Preparam-se assim verdadeiras armadilhas para os jovens médicos que não completaram seu treino, e talham-se materiais para sistemas errôneos. É um defeito de que são acusados alguns de nossos infatigáveis realizadores de experiências. Sei de médicos que, tendo declarado que havia uma supuração no pulmão e decretado que a cura era impossível, quiseram encontrar a prova no cadáver e tomaram por pus o humor espumoso expelido pelas vesículas bronquiais de um pulmão inteiramente saudável. Já outros, que imaginaram que uma doença determinada se instalaria sempre numa determinada víscera, encontraram-na, uma vez aberto o cadáver, nessa víscera; infelizmente, foram os únicos capazes de fazer tais observações.

2º) *Observações fisiológicas*. São observações sobre o homem vivo e saudável, que nos instruem a respeito de todos os fenômenos resultantes do concurso das funções humanas, tomadas integralmente em conjunto. A coleta dessas informações, se bem-feita, do modo como a concebo, formaria uma história natural do homem físico, completa, fecunda e absolutamente necessária para erguer, de maneira sólida, um sistema razoado da economia animal. Mas esse gênero de observação tem sido negligenciado quase por completo. Inundados por tratados de Fisiologia, mal encontramos um que tenha sido composto a partir da observação exata do homem. Quanta imprecisão nas descrições e incoerência nas explicações! Quanta confusão e erros nos sistemas! Os fisiologistas se restringem, em suas descrições, a copiar-se uns aos outros; e suas doutrinas parecem não ter outra intenção além de sustentar um combate entre eles. Longe de examinar a natureza, de se estudarem a si mesmos e consultar os outros, não fizeram mais que elaborar uma lista das funções do homem, explicando em seguida cada uma em particular, como se não tivessem atuação e influência recíprocas. Seus escritos dão a impressão de que haveria no homem tantos animais diferentes quantas são as partes e funções, como se vivessem isoladas e não se comunicassem. Nessas obras, um tratado de circulação vem após um capítulo sobre digestão. Na concepção desses autores, poderíamos comparar o homem a uma revoada de grous, que voam em formação, mas não se auxiliam mutuamente e permanecem isolados uns dos outros. Os médicos e filósofos que estudaram o homem e o observaram atentamente viram uma simpatia entre todos os movimentos animais, um acordo constante e necessário na operação das diferentes partes, por mais afastadas ou díspares que sejam; e viram também as perturbações produzidas no todo pela discordância de uma única parte. Um médico célebre (o Sr. Bordeu) e um físico ilustre (o Sr. Maupertuis) concordaram em comparar o homem, abordado sob esse ponto de vista luminoso e filosófico, a um grupo de abelhas empenhadas na construção de uma colmeia num galho de árvore: vê-se que elas colaboram entre si, sustentam umas às outras e formam uma espécie de todo, no qual cada parte, vivente à sua maneira, contribui, pela correspondência e pelo direcionamento de seus movimentos, para sustentar essa espécie de *vida* no corpo como um todo – se assim podemos chamar a simples coordenação de diferentes ações. O tratado do Sr. Bordeu, intitulado *Recherches anatomiques sur la position et l'usage des glandes*, em que se encontra essa comparação, foi composto em 1749 e impresso em 1751; já a dissertação do Sr. Maupertuis, *Vénus physique*, foi impressa em Erlang, no mesmo ano de 1751. [**319**]

Uma boa Fisiologia exigiria, para começar, uma história exata e detalhada de todas as funções do corpo humano, da maneira aparente, externa, como são executadas, vale dizer, dos fenômenos que elas produzem e das mudanças operadas pelas causas naturais ao longo da vida, na ordem sucessiva dessas funções. Vide *Economia animal* e *Fisiologia*. Para chegar a tanto, é necessária uma observação assídua, desinteressada e judiciosa. Esse plano foi seguido pelo ilustre autor da *Specimen medicinae conspectus* e da *Idée de l'homme physique et moral*, o senhor que ofereceu em suas obras um sistema de economia animal muito natural e engenhoso, após ter estudado e observado, por longo tempo, a si mesmo e aos outros, como mostramos no verbete *Economia animal*. Esse famoso médico considera que para extrair proveito máximo da observação é preciso estar munido de uma espécie de teoria, uma perspectiva geral que *sirva como ponto de reunião dos fatos que a observação venha a oferecer*; mas alerta para que essa teoria prévia de que o espírito se ocupa não oculte os objetos que se apresentam a ele. Ela só poderá ser neutra e ter serventia nas mãos de um homem de gênio, desprovido de preconceitos, que veja com os mesmos olhos os objetos contrários e os objetos favoráveis a seu sistema, e tenha a grandeza de sacrificar à verdade, sempre que necessário, as ideias mais especiosas.

Referimos às observações fisiológicas a Semiótica da saúde, ou ciência dos signos que caracterizam esse estado desejável e anunciam que ele será constante e duradouro. Para determinar exatamente o valor, a significação e a certeza de tais signos, é preciso realizar muitas observações. A Semiótica é um extrato de observações digeridas e agrupadas.

As observações higiênicas também têm lugar aqui, na medida em que nos ensinam a utilidade, para a manutenção da saúde, dos seis elementos não naturais.[2] Esse conhecimento, fruto de uma observação contínua, é, propriamente dizendo, a Medicina, e só pode ser obtido com o exercício desta. Hipócrates a recomenda vivamente. O mais importante, diz esse divino sábio, é aplicar-se ao conhecimento do homem em suas relações com o que ele bebe e come e os efeitos que daí resultam para cada indivíduo: *omni studio annitatur ut percipiat quid sit homo, collatione factâ ad ea quoe eduntur & bibuntur, & quid à singulis cuique eventurum sit, lib. de veter. medicin.*[3] Somente após ter reunido numerosas observações é que poderão ser estabelecidas as diferentes regras de higiene; a principal delas, a mais certa e vantajosa, é que as pessoas de temperamento robusto não sigam nenhuma. Vide *Dieta, Higiene, Regime.*

*3º) Observações patológicas ou práticas.* São as observações feitas junto ao leito do doente, e têm, ou deveriam ter por objeto as causas da doença, os sintomas que a caracterizam, seus desenvolvimentos, os efeitos positivos ou negativos que resultam da administração de remédios e seus diferentes desenlaces. Essa espécie de observação, cultivada desde os tempos mais remotos, inclusive pelo grande Hipócrates, é o fundamento da Medicina química. Não repetiremos aqui o que dissemos antes sobre as vantagens dessa observação e sobre as qualidades necessárias a um bom observador. Vide *Observador.*

**(PPP)**

## Operação (*Lógica*), Diderot [11, 497]

Em Lógica, *operação* se diz dos atos do espírito. Contam-se quatro, a saber, a *apreensão* ou *percepção*, o *juízo*, o *raciocínio*, o *método*. Vide os verbetes correspondentes. Todas as operações de nossa alma são engendradas a partir de uma

2 Na teoria médica antiga e medieval, os elementos que, mantidos em equilíbrio, compõem o estado de saúde são: respiração, exercício, sono e vigília, comida e bebida, excreções, e paixões (sensuais).

3 "Percebe que é homem e se empenha com todo o seu zelo, pois um fato engendra o outro, e o futuro a cada um é assim provido."

primeira; a ordem de sua geração é a seguinte. Começamos por experimentar percepções, das quais temos consciência. Adquirimos em seguida uma consciência mais viva de algumas delas; essa consciência torna-se atenção. A partir do momento em que as ideias se ligam entre si, reconhecemos, por conseguinte, percepções que já tivéramos, e reconhecemo-nos como o mesmo ser que as teve: constitui-se aí a reminiscência. A alma desperta percepções: é a imaginação. Conserva-as: é a contemplação. Recorda apenas os signos delas: é a memória. Mobiliza sua própria atenção: é a reflexão – da qual, por fim, nascem as demais operações. É a reflexão, propriamente dizendo, que distingue, compara, compõe, decompõe e analisa, o que, no fundo, são diferentes maneiras de conduzir a atenção. Formam-se, a partir daí, numa sequência natural, o juízo, o raciocínio, a concepção.

(**PPP**)

## Pensamento (*Metafísica*), Jaucourt [12, 308]

*Pensamento*, *operação*, *percepção*, *sensação*, *consciência*, *ideia* e *noção*, parecem ser termos sinônimos, ao menos para espíritos superficiais e preguiçosos, que os utilizam no discurso indistintamente. Mas, como não existem sinônimos exatos, e todo sinônimo depende da semelhança produzida por uma ideia geral comum, indicarei aqui, com precisão, a sutil diferença entre essas palavras, ou seja, a maneira como cada uma delas varia uma ideia principal por meio de uma acessória, constituindo seu caráter próprio e singular. A ideia principal enunciada nas palavras que mencionei é o *pensamento*; as ideias acessórias, que distinguem essas palavras entre si, de sorte que elas não são perfeitamente sinônimas, são as diversas nuances da ideia de pensamento. É lícito, portanto, considerar a palavra *pensamento* como a que exprime todas as operações da alma. Chamo de *pensamento* tudo o que a alma experimenta, seja por impressões externas, seja pelo uso da reflexão; de *operação*, tudo o que é apto a produzir uma alteração na alma, e, por esse meio, esclarecê-la e guiá-la; de *percepção*, a impressão produzida em nós por objetos [**309**] presentes; de *sensação*, essa mesma impressão, dada nos sentidos; de *consciência*, o conhecimento de uma impressão como essa; de *ideia*, o conhecimento dessa mesma impressão como *imagem*; de *noção*, toda ideia que é feita por nós.

Só será permitido tomar indistintamente esses termos uns pelos outros, se houver necessidade de mencionar a ideia principal significada por eles. Podem-se chamar as *ideias simples*, indistintamente, de *percepções* ou *ideias*, mas não se deve chamá-las de *noções*, pois não são obra do espírito. Não se deve dizer *a noção do branco*, mas *a percepção do branco*. As noções, por sua vez, podem ser consideradas imagens; e pode-se, por conseguinte, lhes dar o nome de *ideias*, mas jamais o de *percepções*, pois então se daria a entender que não são feitas por nós. Pode-se dizer *a noção de audácia*, mas não *a percepção de audácia*; ou, caso se queira, pode-se dizer *as percepções que compõem a noção de audácia*.

Observe-se ainda, acerca das palavras *ideia* e *noção*, que a primeira significa uma percepção considerada imagem, e a segunda, uma ideia que o próprio espírito formou; do que se segue que ideias e noções só podem pertencer a espíritos capazes de reflexão. Quanto aos animais, se é que eles pensam, e não são puros autômatos, têm apenas sensações e percepções; o que para eles é mera percepção, torna-se ideia para nós graças à reflexão, que mostra que toda percepção representa algo. Vide os verbetes correspondentes a essas palavras.

(**PPP**)

## Pensar, Cogitar, Sonhar (*Penser, Songer, Rêver*) (*Gramática, Sinônimos*), Jaucourt [12, 311]

Vide o verbete *Pensar*. *Pensa-se* tranquila e ordenadamente quando se quer conhecer um objeto; *cogita-se* de modo inquieto e inconsequente, quando se quer obter o que se deseja; *sonha-se* de maneira abstrata e profunda, como um passatempo agradável. O poeta dramático *pensa* no arranjo de sua peça. O homem que se dedica aos assuntos públicos *cogita* sobre expedientes para resolvê-los. O amante solitário *sonha* com amores. (Girard, *Synonymes français*)

(**PPP**)

## *Cogitar* (Songer) (Metafísica), *Jaucourt* [15, 358]

*Cogitar* é ter ideias no espírito quando os sentidos externos estão fechados e não recebem impressões dos objetos exteriores com a vivacidade corriqueira; é ter ideias sem que sejam sugeridas por nenhum objeto exterior ou ocasião comum, ou selecionadas e determinadas pelo entendimento; quanto ao que se chama de *êxtase*, deixo a que outros julguem se isso não é sonhar de olhos abertos.

O espírito se detém por vezes na consideração de certos objetos com um afinco tal que os examina por todos os lados, observa suas relações e circunstâncias, e cada uma de suas partes, com uma concentração tão grande, que descarta todo outro pensamento e não toma conhecimento das impressões ordinárias que se realizam sobre os sentidos, e que, em outro momento, lhe comunicariam percepções extremamente sensíveis. Em certas ocasiões, o homem observa a sequência das ideias que se sucedem em seu entendimento, sem se ater a nenhuma delas em particular; e, ao deparar com elas novamente, deixa que passem, como tantas sombras fugidias que não deixam nenhuma impressão. [**359**]

Nos estágios iniciais do sono, quando se encontra alienada de todos os sentidos, a alma conserva um pensamento tênue, que não tem ligação com o devaneio; vem então o sono profundo pôr fim à cena e encerrar toda sorte de aparições.

Tais são as reflexões mais elevadas sobre esse estado do pensamento; devem-se a Locke.

(**PPP**)

## Percepção (*Metafísica*), Autor desconhecido [12, 327]

A *percepção*, ou impressão ocasionada na alma pela atuação dos sentidos, é a primeira operação do entendimento; sua ideia é tal que não pode ser adquirida por nenhum discurso, e só pode ser fornecida pelo que experimentamos ao sermos afetados por uma sensação. Não fosse pela percepção, a atuação dos objetos sobre os sentidos seria em vão, e a alma jamais tomaria consciência deles. Perceber é, assim, o primeiro e mais elementar grau de conhecimento.

Dado que a percepção se segue às impressões dos sentidos, é certo que esse primeiro grau de conhecimento haverá de ser mais ou menos extenso, dependendo da aptidão da organização para receber um número maior ou menor de diferentes sensações. Tomai as criaturas privadas de visão, outras desprovidas de visão e audição, e assim sucessivamente, e logo chegareis a criaturas que, por estarem privadas de todos os sentidos, não recebem conhecimento algum. Suponde, ao contrário, a possibilidade de sentidos adicionais, em homens mais perfeitos do que nós: quantas novas percepções! E, por conseguinte, quantos conhecimentos ao seu alcance que não poderíamos adquirir e a respeito dos quais nem sequer podemos conjecturar!

Nossas pesquisas são às vezes mais difíceis quanto mais simples o objeto; as percepções são um exemplo disso. Haveria algo mais fácil do que decidir se a alma adquire conhecimento de todas as percepções que experimenta? Não basta refletir sobre si mesmo? Para decidir essa questão, é preciso enfrentar uma dificuldade filosófica, que certamente não é posta pela natureza: trata-se de saber se há ou não, na alma humana, percepções das quais não se tem *consciência* (nome este que darei ao sentimento graças ao qual a alma tem conhecimento de suas percepções). Se, como quer o Sr. Locke, não há na alma percepções das quais ela não tenha consciência, de sorte que é contraditório que uma percepção não seja conhecida, então a percepção e a consciência devem ser tomadas como uma e a mesma operação. Se, ao contrário, o sentimento oposto for verdadeiro, elas seriam duas operações distintas, e é na consciência, não na percepção, que teria início, propriamente dizendo, nosso conhecimento. Vide *Consciência*.

Dentre as muitas percepções de que temos consciência simultaneamente ocorre-nos por vezes ter uma consciência mais aguda de umas que de outras, ou sermos advertidos mais vivamente de sua existência, e quanto maior a consciência que temos destas, mais a das outras diminui. Uma pessoa que assiste a um espetáculo em que uma multidão de objetos requisita seu olhar terá a alma assaltada por numerosas percepções, tomará consciência delas, mas, pouco a pouco, verá que algumas a agradam e interessam mais, e as elegerá de bom grado. A partir desses momentos, as outras deixarão de afetá-la com a mesma intensidade. A consciência que tem delas diminui insensivelmente, a ponto de, quando retorna a si, não se recordar de que teve consciência delas. A ilusão produzida no teatro é prova disso. Há momentos em que a consciência parece não se dividir entre a ação e o resto do espetáculo. Poderia parecer, à primeira vista, que a ilusão seria tão mais viva quanto menos objetos houvesse para distraí-la. Contudo, como cada um pode observar, só se é levado a crer que se é a única testemunha de uma cena interessante quando o espetáculo oferece muitos objetos. A quantidade, a variedade e a magnificência dos objetos podem agitar os sentidos, inflamar e exaltar a imaginação, e, por esse meio, predispor-nos mais às impressões que o poeta quer produzir, ou pode ser que os espectadores levem, uns aos outros, por força do exemplo, a fixar a vista na cena. Como quer que seja, chama-se *atenção* a operação pela qual nossa consciência de certos objetos aumenta tão vivamente que eles parecem ser os únicos de que temos consciência. Assim, estar atento a uma coisa é ter mais consciência das percepções que ela engendra do que das produzidas por outras que, como ela, atuam em nossos sentidos; e a atenção é tão maior quanto menos nos lembramos destas últimas.

Distingo, portanto, duas espécies de percepção, dentre as de que temos consciência: as de que nos recordamos no momento seguinte e as que esquecemos tão logo as recebemos. Essa distinção está embasada na experiência precedente. Quem quer que tenha se entregue à ilusão, lembrará muito bem da impressão feita por uma cena forte e tocante, mas não necessariamente da impressão que recebeu, ao mesmo tempo, do resto do espetáculo.

A esse respeito, seriam possíveis duas opiniões divergentes da minha. A primeira afirmaria que a alma não experimentou, como eu suponho, as percepções de que teria se esquecido tão rapidamente; para embasar essa opinião, apresentar-se-iam razões de ordem física. É certo, dir-se-ia, que a alma só tem percepções na medida em que a atuação dos objetos nos sentidos é comunicada ao cérebro; ora, é plausível que a impressão recebida da cena que causa a ilusão se apodere das fibras de tal modo que estas resistissem a toda outra impressão posterior. Daí se concluiria que não há na alma outras percepções além daquelas de que ela guarda lembrança.

Mas não é verossímil que, ao prestarmos atenção a um objeto, todas as fibras do cérebro sejam igualmente atingidas, a ponto de não haver nenhuma que receba uma impressão diferente. Presume-se, portanto, que há em nós percepções das quais não nos lembramos no momento seguinte àquele em que as recebemos.

A segunda opinião afirma que não há impressão de sentido que não seja comunicada ao cérebro e que, por conseguinte, não produza percepção na alma, acrescentando que esta pode ser inconsciente, ou tal que a alma não toma conhecimento dela. Mas é impossível ter ideia de uma percepção como essa; [**328**] é como se se dissesse que eu percebo, mas sem perceber que o faço.

Parece-me, assim, que temos sempre uma consciência das impressões realizadas na alma, mas às vezes estas são tão ligeiras que, no momento seguinte, as esquecemos. Alguns exemplos confirmarão isso.

Quem reflita sobre si mesmo ao interromper a leitura de um livro pensará que durante a leitura não teve consciência senão das ideias engendradas por ela, como se não tivesse experimentado a percepção de cada letra, ou mesmo do escuro, a cada vez que os olhos piscaram. Mas não se deixará enganar por essa aparência, se refletir que sem a consciência da percepção das letras não haveria a das palavras, nem, por conseguinte, a das ideias.

Essa experiência conduz naturalmente à explicação de um fenômeno atestado por todos: a estonteante velocidade com que o tempo parece às vezes escoar. Essa aparência vem do fato de esquecermos a parcela mais considerável das percepções que se sucederam em nossa alma.

É um erro acreditar que, nas milhares de vezes em que fechamos os olhos, ao longo do dia, não teríamos consciência de estarmos nas trevas. Esse erro vem do fato de esta última percepção ser tão imediata e sutil, e sua consciência, tão fraca, que não nos resta lembrança dela. Mas, se prestarmos atenção ao piscar de nossos olhos, essa mesma percepção se tornará tão viva que não poderemos duvidar de que a tivemos.

Não somente costumamos esquecer uma parcela de nossas percepções, como às vezes esquecemo-nos de todas, quando não fixamos nossa atenção num ponto; então, percepções são produzidas em nós sem nos darmos conta disso. A consciência que temos delas é tão tênue que, se formos retirados desse estado, não nos lembraremos mais de que as tivemos. Suponhamos que se ofereça à minha contemplação um quadro de composição complexa, cujas partes à primeira vista me impressionam igualmente, e esse mesmo quadro seja retirado da minha vista antes que eu tenha tido tempo de considerá-lo em detalhe; é certo que todas as suas partes, sem exceção, produziram em mim percepções, mas a consciência destas foi tão fraca que não me recordo delas. Essa obliteração não vem da duração das percepções. Supondo que meus olhos tenham pousado por algum tempo sobre o quadro, eu não estaria em melhores condições, ao cabo de algumas horas, de rememorá-lo, do que estava no primeiro instante – a não ser que, deliberadamente, tenha tornado mais viva a consciência das percepções de cada parte.

O que é verdade para as percepções ocasionadas por esse quadro deve sê-lo também, pela mesma razão, para as produzidas pelos objetos ao meu redor. Se, atuando sobre os sentidos com força quase igual, eles produzissem em mim percepções dotadas de um grau de vivacidade praticamente igual, e se minha alma se entregasse à impressão por eles ocasionada, sem se empenhar para ter mais consciência de uma percepção do que de outra, não me restaria qualquer lembrança do que se passou em mim. Parecer-me-ia que minha alma teria permanecido, durante todo esse tempo, numa espécie de torpor, sem se ocupar de nenhum pensamento. Que esse estado dure muitas horas ou alguns segundos, eu não poderia identificar a diferença na sequência de percepções que experimentei, pois em ambos os casos elas estariam obliteradas. E, caso esse torpor se prolongasse por dias, meses, ou mesmo anos a fio, quando eu o deixasse, abalado por uma sensação mais viva, os anos seriam recordados como se fossem um instante.

Forçoso é concluir que não podemos dar conta do grande número de percepções que temos. Não é que elas tenham sido inconscientes; mas são esquecidas um instante após terem ocorrido, pois não há percepção de que a alma não tenha consciência. Portanto, percepção e consciência são uma e a mesma operação, sob dois nomes diferentes: considerada uma impressão da alma, pode-se conservar o nome *percepção*; enquanto adverte a alma de sua presença, cabe-lhe o nome de *consciência*. Vide a respeito o *Ensaio sobre a origem dos conhecimentos humanos*, do Sr. Condillac, de onde estas reflexões foram extraídas.

**(PPP)**

## Psicologia (*Metafísica*), Autor desconhecido [13, 543]

*Psicologia* (a), parte da Filosofia que trata da alma humana, define sua essência e explica suas operações. Pode ser dividida em *Psicologia empírica* ou experimental e *Psicologia razoada*. A primeira extrai seus princípios da experiência, com os quais ela explica o que se passa na alma; quanto à segunda, extrai desses mesmos princípios uma definição da alma e deduz, a partir dessa definição, as diversas faculdades e operações que cabem à alma. É um método duplo, *a posteriori* e *a priori*, cuja coerência produz a demonstração mais exata que se poderia exigir. A Psicologia fornece princípios a muitas outras partes da Filosofia: o Direito natural (b), a Teologia natural (c), a Filosofia prática (d) e a Lógica (e). Nada é tão apropriado como o estudo da Psicologia para propiciar os prazeres mais vivos a um espírito que ama os conhecimentos sólidos e úteis. É a maior felicidade que um homem poderia pedir neste mundo, pois consiste no conhecimento da verdade, na medida em que está ligada à prática da virtude. Não poderíamos chegar a tanto sem um conhecimento prévio da alma, que é chamada a adquiri-lo e a praticar a virtude.

(a) *Psicologia*. Nos currículos universitários, a doutrina da alma costuma ser parte da *Pneumatologia*, ou doutrina dos espíritos, que, por sua vez, é parte da Metafísica. Mas o Sr. Wolff, que concebeu seu curso filosoficamente, tomou a Psicologia como uma parte distinta da Filosofia e consagrou a ela dois volumes: um à Psicologia empírica, outro à Psicologia razoada, dispondo-os imediatamente após a Cosmologia, posto que encontrou na Psicologia princípios para quase todas as outras partes. É o que mostram as notas a seguir.

(b) *Direito natural*. Demonstra-se, no Direito natural, quais as boas e as más ações. Ora, a razão dessa qualificação das ações só pode ser deduzida a partir da natureza humana, em particular das propriedades da alma. Portanto, o conhecimento da alma deve preceder ao estudo do Direito natural.

(c) *Teologia natural*. O único meio para chegarmos a uma noção dos atributos divinos é depreendendo-a da noção das propriedades de nossa alma, de suas imperfeições e limitações. Portanto, é preciso começar por adquirir, na Psicologia, ideias distintas do que convém à nossa alma, para, a partir delas, abstrair os princípios gerais que determinam o que convém a todos os espíritos e, por conseguinte, a Deus.

(d) *Filosofia prática*. O principal objetivo da Ética ou da Moral é levar os homens a praticar as virtudes e recusar os vícios, ou seja, determinar em geral os apetites convenientes à alma. Quem não vê que essa determinação exige que se represente distintamente a substância em que os apetites residem?

(e) *Lógica*. Por razões particulares, reservou-se à Lógica o posto mais elevado de todas as partes da Filosofia; mas nem por isso ela deixa de estar subordinada à Psicologia, que lhe fornece princípios sem os quais não poderia tornar sensível a diferença entre as ideias, nem estabelecer as regras do raciocínio, que estão fundadas na natureza e nas operações da alma.

**(PPP)**

## Razão (*Lógica*), Jaucourt [13, 773]

São diversas as noções possíveis relativas à palavra *razão*.

1º) Pode-se entender por razão, simplesmente e sem restrição, a faculdade natural dada por Deus aos homens para o conhecimento da verdade, qualquer que seja a luz que eles sigam e a matéria a que se apliquem.

2º) Pode-se entender por *razão* essa mesma faculdade, considerada não em absoluto, mas unicamente na medida em que se conduz em suas pesquisas por certas noções, que trazemos conosco ao nascer, comuns a todos os homens do mundo. Os que não admitem essas noções entendem por luz natural a evidência dos objetos que impressionam o espírito e angariam o consentimento geral.

3º) Entende-se às vezes por razão a luz natural pela qual a faculdade a que se dá esse nome conduz a si mesma. Costuma ser compreendida nesse sentido quando se fala numa prova ou objeção de razão, por diferença em relação a uma prova ou objeção de autoridade, divina ou humana. Ao contrário, subentende-se a faculdade chamada razão quando se diz que ela se engana, ou está sujeita a se enganar, que é cega ou depravada; pois é patente que tudo isso convém à faculdade, mas não à luz natural.

4º) Entende-se ainda por razão o encadeamento das verdades a que o espírito humano pode chegar naturalmente, sem o auxílio das luzes da fé. Verdades de razão são de duas espécies: as chamadas *verdades eternas*, absolutamente necessárias, cujo oposto implica contradição; e aquelas cuja necessidade é lógica, metafísica ou geométrica, que não podem ser desmentidas sem levar a absurdos. Outras ainda podem ser chamadas de *positivas*, pois são leis que aprouve a Deus dar à nossa natureza ou que dependem desta. Nós as aprendemos pela experiência, *a posteriori*, ou pela razão, *a priori*, vale dizer, por considerações extraídas da conveniência que o levou a escolhê-las. Essa conveniência também tem suas regras e razões, mas foi por uma livre escolha, não por uma necessidade geométrica, que Deus preferiu o conveniente. Assim, pode-se dizer que a necessidade física está fundada na necessidade moral, vale dizer, na escolha do sábio, digno de sua sabedoria, e ambas devem ser distinguidas da necessidade geométrica. A necessidade física é o que faz a ordem da natureza e consiste nas regras do movimento e em outras leis gerais que Deus estabeleceu ao criar este universo. As leis da natureza estão sujeitas à distribuição do legislador, que pode, quando lhe aprouver, detê-las e suspendê-las, ao passo que as verdades eternas, como as da Geometria, não estão sujeitas a nenhuma lei arbitrária. Ora, a fé jamais poderia ser contrária a estas últimas, uma verdade jamais poderia ser atacada por uma objeção irrefutável, pois, caso seja uma demonstração fundada sobre princípios ou fatos incontestáveis, formada por um encadeamento de verdades eternas, sua conclusão será certa e necessária, e tudo o que se oponha a ela será falso, a preço de os termos de uma contradição serem verdadeiros ambos ao mesmo tempo. Em se tratando de uma objeção não demonstrativa, poderá formar apenas um argumento verossímil, que não tem força contra a fé, pois os mistérios da religião são contrários às aparências. Vide o verbete *Mistérios*, no qual se prova, contra Bayle, a conformidade entre fé e razão, tomada como encadeamento de verdades eternas absolutamente necessárias. É preciso agora demarcar com nitidez as fronteiras precisas que separam a fé da razão.

1º) Uma proposição que contradiga o que conhecemos por intuição imediata não pode ser recebida através de revelação divina; é o caso das proposições evidentes por si mesmas ou graças a deduções evidentes da razão, como as demonstrações. Isso porque, em primeiro lugar, a evidência que faz que adotemos tais revelações não ultrapassa a certeza de nossos conhecimentos, intuitivos ou demonstrativos; se tanto, pode igualá-los, e seria ridículo dar preferência a algo assim. Em segundo lugar, isso seria inverter os princípios e fundamentos de todo conhecimento e assentimento, e não resta nenhuma marca característica de verdade e falsidade, nenhuma medida do crível e do não crível, se proposições duvidosas tivessem precedência [774] sobre proposições evidentes por si mesmas. Portanto, é inútil urgir como artigos de fé proposições contrárias à percepção clara que temos do acordo ou desacordo entre nossas ideias. Em todas as coisas de que temos uma ideia nítida e distinta, a razão é o verdadeiro juiz a quem compete julgar; e, por mais que a revelação, quando concorda com ela, possa confirmar suas decisões, não poderia invalidar seus decretos. Onde quer que haja uma decisão clara e evidente da razão, não poderemos ser obrigados a renunciar a ela para adotar uma opinião contrária, sob pretexto de se tratar de uma matéria de fé. É que somos homens, antes de sermos cristãos.

2º) Deus, ao nos conceder a luz da razão, não se privou da prerrogativa de conceder a nós, sempre que julgue conveniente, o auxílio da revelação, a respeito de matérias que não estão ao alcance de nossas faculdades naturais. Do que se segue que a revelação deve prevalecer sobre todas as resistências de nossa razão, se estas estiverem fundadas em meras conjecturas prováveis. Quando o espírito não tem certeza da verdade de uma coisa que ele não conhece com evidência e recorre à probabilidade, não lhe resta senão assentir a um testemunho que ele sabe oriundo daquele que não poderia enganar nem ser enganado. Se os princípios da razão não nos mostram com evidência que uma proposição é verdadeira ou falsa, a revelação manifesta poderá determinar o espírito como princípio alternativo; e assim, apoiada na revelação, a proposição torna-se matéria de fé, acima da razão. Como a razão não pode se elevar acima da probabilidade, a fé determina o espírito, sempre que a razão falte com ele.

Até aí se estende o império da fé sem fazer violência à razão, que não é ferida ou incomodada, mas auxiliada e aprimorada com as luzes que emanam da fonte eterna de todo conhecimento. Tudo o que é da alçada da revelação deve prevalecer sobre nossas opiniões, preconceitos e interesses, e tem o direito de exigir do espírito um perfeito assentimento. Mas essa submissão de nossa razão à fé não suprime os limites do conhecimento humano nem abala os alicerces da razão; deixa-nos livres para utilizar nossas faculdades em vista do fim para o qual nos foram destinadas.

Na falta de uma delimitação das respectivas jurisdições da fé e da razão, esta última não terá voz em matéria de religião, e perderemos o direito de zombar das extravagantes opiniões e cerimônias da maioria das religiões do mundo. Quem não vê que isso abre um vasto campo ao fanatismo mais desvairado, às superstições mais insensatas! Mediante tal princípio, não há nada suficientemente absurdo que não possa ser digno de crédito. Isso explica por que a religião, glória da humanidade, prerrogativa mais excelsa de nossa natureza em relação à das feras, torna-se amiúde aquilo em que os homens se mostram mais desarrazoados.

(**PPP**)

## Razão suficiente (*Metafísica*), Jaucourt [15, 634]

O princípio de *razão suficiente* é aquele do qual dependem todas as verdades contingentes. É tão primordial e universal quanto o princípio de *contradição*, e todos os homens o observam naturalmente, pois não há quem escolha uma coisa em detrimento da outra sem uma razão suficiente que mostre que uma delas é preferível.

Quando pedimos a alguém que explique suas ações, colocamos-lhe questões, até que se mostre uma razão que nos satisfaça, pois sentimos que seria impossível forçar o espírito a admitir algo sem uma razão suficiente, isto é, sem uma razão que nos permita compreender por que uma coisa é assim e não diferente.

Caso se queira negar esse grande princípio, cair-se-á em estranhas contradições; pois, se se admite que algo possa existir sem uma razão suficiente, não haverá certeza de que algo permanece sendo o que era no momento anterior: de um momento a outro, poderia se transformar em algo diferente, e não haveria verdades sequer por um instante.

Posso garantir, por exemplo, que tudo o que se encontra em meus aposentos continua no mesmo lugar em que o deixei, pois tenho certeza de que ninguém entrou lá depois que eu saí; mas, sem o princípio de razão suficiente, minha certeza se torna uma quimera, pois tudo poderia mudar de lugar em meus aposentos sem que alguém precisasse entrar neles para fazê-lo. [**635**]

Sem esse princípio, não haveria coisas idênticas; pois duas coisas são idênticas quando se pode substituir uma pela outra sem que haja nenhuma mudança em relação à propriedade que estiver em questão. Assim, por exemplo, se em minhas mãos tenho duas bolas, uma de pedra, outra de chumbo, e as disponho no prato de uma balança sem que esta oscile, digo que o peso dessas bolas é idêntico, é o mesmo, e elas são, quanto a isso, idênticas. Mas, se algo pudesse existir sem uma razão suficiente, eu não poderia declarar que o peso dessas bolas é idêntico no instante mesmo em que afirmo que ele o é, pois poderia ocorrer, sem nenhuma razão, uma mudança numa delas e não na outra, e, por conseguinte, seu peso não seria idêntico – o que contraria a definição.

Sem o princípio de razão suficiente, não seria mais possível dizer que este universo, em que todas as partes estão ligadas entre si, só poderia ter sido produzido por uma sabedoria suprema; pois, se houvesse efeitos sem uma razão suficiente, tudo isso poderia ter sido produzido por acaso, ou, o que é o mesmo, por nada. O que às vezes se passa nos sonhos fornece a ideia de um mundo fabuloso, em que todos os eventos aconteceriam sem razão suficiente. Sonho que estou em meu aposento, escrevendo; de repente, minha cadeira se transforma num cavalo alado, e, no mesmo instante, encontro-me a cem léguas de distância, conversando com pessoas que há muito faleceram. Nada disso poderia acontecer neste mundo, pois não há razão suficiente para esses efeitos. Esse princípio distingue o sonho da vigília e o mundo real do fabuloso, pintado nos contos de fadas.

Na Geometria, em que todas as verdades são necessárias, utiliza-se unicamente o princípio de contradição. Mas, se é possível que uma coisa se encontre em diferentes estados, não posso garantir que ela se encontre num estado e não em outro, a menos que alegue uma razão para o que afirmo. Assim, por exemplo, posso estar sentado, deitado, ou em pé; todas essas determinações de minha situação são igualmente possíveis: mas, caso esteja em pé, é preciso uma razão suficiente para que eu esteja em pé e não sentado ou deitado.

Ao passar da Geometria à Mecânica, Arquimedes soube reconhecer a necessidade da razão suficiente; quando quis demonstrar que uma balança com braços iguais, carregada com pesos iguais, permaneceria em equilíbrio, mostrou que, nessa igualdade de braços e pesos, a balança deveria permanecer em repouso, pois não haveria razão suficiente para que um dos braços descesse mais do que outro. O Sr. Leibniz, sempre atento às fontes de nossos raciocínios, identificou esse princípio, desenvolveu-o e foi o primeiro a enunciá-lo distintamente e introduzi-lo nas ciências.

O princípio de razão suficiente é ainda o fundamento das regras e dos costumes que não estão fundados na *conveniência* ou decoro. Os homens podem seguir costumes diferentes e determinar suas ações de diferentes maneiras; mas, quando escolhem aquelas em que há mais razão, a ação se torna boa e não pode ser censurada. Uma ação é dita *desarrazoada* se houver razões suficientes para não a realizar. Com base nesses princípios, um costume pode ser dito melhor que outro, por ter mais razão ao seu lado.

Esse princípio proscreve da Filosofia todos os raciocínios à moda escolástica. Os escolásticos admitiam que nada se faz sem uma causa, e alegavam como causa naturezas plásticas, almas vegetativas e outras palavras desprovidas de sentido. Mas, uma vez estabelecido que uma causa só é boa se satisfizer o princípio de razão suficiente, ou seja, caso contenha algo que mostre como e por que um efeito pode ser produzido, não daremos um vintém por essas palavras grandiosas postas no lugar de ideias.

Quando, por exemplo, queremos explicar por que as plantas nascem, crescem e se conservam, e oferecemos como causa desses efeitos uma alma vegetativa que se encontraria em todas elas, alegamos uma causa para esses efeitos, mas isso não é plausível, pois não contém nada que permita compreender como a vegetação opera: postulada uma alma vegetativa, não se compreende melhor por que uma planta tem uma estrutura e não outra, ou como a alma pôde formar uma máquina como essa planta.

Cabe, no entanto, um argumento *ad hominem* contra o princípio de razão suficiente. Pergunta-se aos srs. Leibniz e Wolff: como podem atribuir contingência ao universo? Contingência pressupõe diferença de equilíbrio. Haveria algo mais oposto a essa diferença do que o princípio de razão suficiente? Seria preciso dizer que o mundo existe não de maneira contingente, mas em virtude de uma razão suficiente; e assim estaríamos à beira do espinosismo. É verdade que esses filósofos tratam de se eximir do problema explicando a contingência como uma coisa cujo contrário não é impossível. Mas a verdade é que a razão suficiente não dá lugar à contingência em sua plenitude. Quanto mais razões houver para a existência de um plano determinado, menos possíveis se tornam outros planos, isto é, mais exíguas são suas pretensões à existência.

Mesmo assim, o princípio de razão suficiente é bastante útil. A maioria dos raciocínios falsos se origina da negligência dessa máxima. É o único fio que pode nos conduzir pelos labirintos do erro, abertos pelo espírito humano, que gosta de se perder neles. Portanto, não se deve admitir nada que viole essa máxima fundamental, que serve como corretivo ao sem-número de desvios da imaginação – desde que não seja submetida a um raciocínio demasiadamente severo.

**(PPP)**

## Reflexão (*Lógica*), Autor desconhecido [13, 885]

A *reflexão* é uma operação de nossa alma que dirige a atenção desta, sucessivamente, para as diversas partes de um todo. A reflexão liberta a alma de sua dependência em relação aos objetos que atuam sobre ela. Tornando-se senhora, por esse meio, da recordação das coisas que viu, a alma pode lhes dar atenção, em detrimento das que vê; pode, em seguida, se quiser, dar atenção a estas ou a algumas delas apenas, ou alternar-se entre umas e outras. À vista de um quadro, por exemplo, recordamo-nos dos conhecimentos que temos da natureza e das regras que ensinam a imitá-la, e damos atenção, sucessivamente, às partes desse quadro, a partir de nossos conhecimentos; e, inversamente, damos atenção a nossos conhecimentos a partir do quadro ou de cada uma de suas partes em sucessão. Graças à possibilidade que a reflexão nos oferece de dispor de nossa atenção, podemos, à vontade, fixar nosso olho num tronco de árvore, elevá-lo até a copa, deslocá-lo em seguida pelos galhos, folhas e flores. Podemos ainda tomar uma folha e proceder de maneira similar. O exercício possibilita que se manipule, por assim dizer, a atenção, e nisso, como em tudo o mais, o costume aperfeiçoa a natureza.

Essa maneira de aplicarmos, por conta própria e alternadamente, nossa atenção a diferentes objetos, ou às diferentes partes de um mesmo objeto, é o que se chama de *refletir*. Nada melhor, para facilitar o exercício da reflexão, que se ocupar de objetos que exigem o uso da atenção, pois ligam em conjunto um grande número de signos e ideias. Tudo depende de um exercício como esse. Sendo assim, o método de aplicar as crianças, nos primeiros anos de estudo, a coisas que elas não compreendem e não têm para elas nenhum interesse é pouco propício ao desenvolvimento de seus talentos; é um método que não forma ligações de ideias, ou o faz de modo tão superficial que elas não se conservam.

Através da reflexão, começamos a entrever tudo aquilo de que a alma é capaz. Quando a atenção não é dirigida voluntariamente, a alma permanece submetida a tudo que a cerca, e, se se apropria de algo, é por uma virtude que lhe é estranha. Mas quando, senhora de sua atenção, é guiada de acordo com seus desejos, dispõe de si mesma, extrai ideias que só deve a si e se enriquece a partir de recursos próprios.

O efeito dessa operação é tal, que por meio dela dispomos de nossas percepções quase como se tivéssemos o poder de produzi-las ou anulá-las. Que eu escolha uma dentre as que experimento no presente; a consciência dela se torna no mesmo instante tão viva, e a das outras, tão fraca, que me parece ser a única de que tenho consciência. Se, no instante seguinte, eu a abandono para me ocupar de uma daquelas que me afetam levemente, é como se ela mergulhasse no mesmo nada do qual a outra parece sair. Para falar em termos menos figurados, a consciência da primeira se tornará tão fraca, e a da segunda, tão viva, que não me parecerá tê-las sentido uma após a outra. Um experimento como esse pode ser realizado a partir da consideração de um objeto bastante composto. Sem dúvida, temos, simultaneamente, consciência de todas as percepções geradas por suas diferentes partes, dispostas de modo a atuar sobre os sentidos; mas dir-se-ia que a reflexão suspende, a bel-prazer, as impressões feitas na alma, conservando apenas uma.

A Geometria ensina que o meio mais apropriado para facilitar nossa reflexão é dispor, diante dos sentidos, os objetos das ideias de que ele queira se ocupar, pois assim a consciência deles se tornará mais viva. Mas nem todas as ciências admitem um artifício como esse. Um recurso que pode ser utilizado sem restrições é introduzir clareza, precisão e ordem em nossas meditações. Clareza, [**886**] pois quanto mais claros forem os signos, maior a consciência que teremos das ideias que eles significam, e, por conseguinte, menos eles nos escaparão; precisão, a fim de que a atenção, menos dividida, possa se fixar com menos esforço; ordem, a fim de que uma primeira ideia, mais conhecida e familiar, prepare nossa atenção para a que se seguirá a ela.

Além de nos oferecer a possibilidade de distinguir nossas ideias, a reflexão permite também compará-las, de modo a conhecer as relações entre elas. Isso é feito prestando-se atenção, alternadamente, em cada uma delas, ou fixando-a ao mesmo tempo em muitas. Quando noções pouco compostas realizam uma impressão tão sensível que atrai nossa atenção sem qualquer esforço de nossa parte, a comparação não é difícil; mas as dificuldades aumentam à medida que as ideias se tornam mais compostas e realizam uma impressão mais tênue. Por exemplo, as comparações costumam ser mais fáceis em Geometria do que em Metafísica. Com o auxílio dessa operação, aproximamos as ideias menos familiares das mais, e as relações que encontrarmos estabelecem ligações apropriadas para ampliar e fortalecer a memória, a imaginação e, por um efeito reverso, a reflexão.

Acontece às vezes de distinguirmos diferentes ideias e as considerarmos como se fizessem uma mesma noção; outras vezes, extraímos de uma mesma noção algumas dentre as ideias que a compõem. Essas operações se chamam, respectivamente, *composição* e *decomposição* de ideias. Permitem-nos comparar ideias em toda espécie de relação e promover novas combinações. Para compor corretamente, é preciso observar quais as ideias mais simples de nossas noções, e como, e em qual ordem, elas se reúnem às que lhes são acrescentadas. Estaremos, assim, aptos a dar uma regra também à segunda operação, bastando, para isso, desfazer o que foi feito. Isso mostra que ambas são operações oriundas da reflexão.

A reflexão não ocorre em crianças recém-nascidas; e mesmo pessoas que se encontram na idade da razão muitas vezes não refletem, sobretudo sobre o que veem e fazem. Muitas, arrastadas pela vivacidade de seu temperamento e desacostumadas a refletir, falam, julgam e agem em conformidade com a impressão que experimentam em ato, sem jamais se dar ao trabalho de pesar os prós e os contras atinentes a ela. Desse modo, pode-se muito bem viver em sociedade; mas as ciências, as verdadeiras ciências, as teorias, adquirem-se apenas com o auxílio da atenção e da reflexão. Quem quer que negligencie esse recurso jamais realizará progressos nos conhecimentos especulativos. Vide o *Ensaio sobre a origem dos conhecimentos humanos*, do abade de Condillac.

**(PPP)**

## *Sensorium*, Autor desconhecido [15, 55]

É a sede do sentido comum, lugar ou parte onde supostamente residiria a alma sensível. Vide *Alma* e *Sentido.*

Supõe-se que a sede do sentido comum é a parte do cérebro em que vêm desembocar os nervos de todos os órgãos do sentimento. Todos concordam que se situa próxima à base da medula alongada. Descartes afirma que ela se encontra no conário, ou glândula pineal. Vide *Conário.*

O Sr. Newton representa o *sensorium* dos animais como lugar no qual são reunidas as espécies sensíveis das coisas, trazidas pelos nervos e pelo cérebro, a fim de que a alma possa percebê-las por sua presença imediata. Os órgãos do sentimento não são capazes de tornar essas espécies perceptíveis à alma em seu *sensorium*; tudo o que fazem é levá-las até ali. Vide *Sentidos* e *Órgão.*

Esse grande homem considera o universo como *sensorium* da divindade. Vide *Deus, Universo, Natureza* etc.

**(PPP)**

## Sentidos externos (*Fisiologia*), Jaucourt [15, 29]

*Sentidos externos* são os órgãos do corpo em que os objetos exteriores causam as diferentes espécies de sensação às quais damos os nomes de *tato, paladar, olfato, audição, visão.* O Sr. Buffon, autor da *Histoire naturelle de l'homme*, vos explicará, melhor do que eu poderia, como essas diferentes espécies de sensação chegam à alma. "Elas são transmitidas", conforme ele nos diz, "pelos nervos, responsáveis pela operação de todas as partes do corpo, e pelo movimento dos membros deste. Esses nervos são o órgão imediato do sentimento, que se diversifica e, por assim dizer, muda de natureza de acordo com sua diferente disposição; de sorte que, segundo o número, precisão, arranjo e qualidade, levam à alma diferentes maneiras de sentir, distinguidas pelo nome de *sensações*, que não parecem ter nada de semelhante umas em relação às outras."

"Contudo, se atentarmos para o fato de que todos os sentidos externos têm em comum um mesmo sujeito e são simples membranas nervosas, de diferente extensão, disposição e localização; que os nervos são o órgão geral do sentimento; e que, no corpo animal, nenhuma outra parte, além dos nervos, tem essa propriedade de produzir o sentimento, veremos que, por terem os sentidos um princípio comum, e serem variações da mesma substância – os nervos, com diferentes ordenações e disposições –, as sensações resultantes não são tão essencialmente diferentes quanto parecem."

"O olho deve ser considerado uma expansão do nervo ótico, ou antes, o próprio olho é a extensão de um feixe de nervos que, por estarem mais expostos ao exterior do que qualquer outro, são também os que têm o sentimento mais vivo e delicado, vibram ao toque das menores partículas de matéria, como as da luz, e nos dão, por conseguinte, uma sensação das substâncias mais distantes, desde que estejam aptos a produzir ou refletir essas pequenas partículas de matéria."

"O ouvido, que não é um órgão tão exposto [**30**] quanto o olho, é uma extensão nervosa mais curta e, por conseguinte, não tem o mesmo grau de sensibilidade e não pode ser afetado por partes de matéria tão pequenas como as da luz, apenas por partes maiores, como as que formam o som, dando-nos uma sensação de coisas afastadas que puseram em movimento partes da matéria. Por serem muito maiores que as partículas da luz e menos velozes que elas, essas partículas percorrem distâncias menores, e, consequentemente, o ouvido nos transmite a sensação de coisas que estão a uma distância bem menor que a sentida pelo olho."

"A membrana em que o olfato está sediado possui ainda menos terminações nervosas do que aquela que é sede do ouvido, e, por isso, somente nos dá uma sensação de partes de matéria maiores, e menos distantes, como as partículas odoríferas dos corpos, provavelmente de seu óleo essencial, que eles exalam e que, por assim dizer, flutuam no ar."

"Os nervos são ainda menos numerosos e mais grosseiros no palato e na língua, e as partículas odoríferas não são suficientemente fortes para que esse órgão vibre; é preciso que partes oleosas e salinizadas se destaquem de outros corpos e detenham-se na língua para ali produzir a sensação chamada *gosto*, que difere do olfato principalmente porque este último sentido nos dá a sensação de coisas que se encontram a certa distância, enquanto o gosto só pode dá-la por uma espécie de contato, que se efetua com certas partículas de matéria, como óleos etc."

"Por fim, como os nervos se dividem, distribuindo-se delicadamente pela superfície da pele, partículas tão pequenas como as da luz, do som, do odor e do gosto não poderiam afetá-los sensivelmente e fazer que vibrassem, mas, para que isso aconteça, são necessárias partículas de matéria bem maiores, vale dizer, corpos sólidos. Por essa razão, o sentido do tato não nos oferece ideias de coisas que estejam afastadas, somente daquelas com que temos contato imediato."

"Parece assim que a diferença entre nossos sentidos depende do maior ou menor grau de exposição dos nervos, de seu revestimento, exiguidade e quantidade, e do grau de sua expansão nas diferentes partes que constituem os órgãos. É por isso que um nervo que vibra ao sofrer um golpe ou se expõe num ferimento nos dá às vezes a sensação da luz, sem que o olho tenha sido atingido; e não raro experimentamos, pela mesma causa, tinidos e sensações sonoras, por mais que o ouvido não tenha sido afetado por nada de externo."

"Minúsculas partículas de matéria luminosa e sonora, reunidas em grande quantidade, formam uma espécie de corpo sólido, que produz diferentes espécies de sensação, que parecem não ter nenhuma relação com essas mesmas partículas, pois, sempre que as partículas que compõem a luz se encontram em grande quantidade, elas afetam não somente os olhos, como também todas as terminações nervosas da pele, e produzem no olho a sensação da luz, e, no resto do corpo, a do calor, sentimento de espécie diferente do primeiro, embora produzido pela mesma causa."

"O calor é, portanto, o toque da luz, que atua como corpo sólido ou massa de matéria em movimento. Pode-se identificar a atuação dessa massa quando se expõem materiais mais leves ao calor de um espelho que reflete a luz. Então, a refração dos raios de luz, em convergência, comunica a eles, antes mesmo de aquecê-los, um movimento que os empurra e desloca-os. O calor atua aí como os corpos sólidos atuam uns sobre os outros, desloca corpos sólidos ao comunicar-lhes uma impulsão".

"Do mesmo modo, quando as partículas sonoras se encontram reunidas em grande quantidade, elas produzem um abalo e vibração bastante sensíveis; e essa vibração é de espécie diferente da atuação do som no ouvido. Uma violenta explosão, com um ruído intenso, põe abaixo uma casa, atinge-nos e comunica uma espécie de tremor a todos os corpos vizinhos; com essa ação das cordas sonoras, uma vibração faz que atinjam outras, e, mediante esse toque do som, se o ruído for muito alto, sentimos uma espécie de estremecimento, bastante diferente da sensação do som no ouvido, embora ambos dependam da mesma causa."

"Toda a diferença entre nossas sensações depende unicamente do número maior ou menor de partículas, e do grau de exposição dos nervos; pois só julgamos as coisas após uma impressão de objeto nos nervos. Essa impressão varia conforme nossas disposições, embora os objetos nos sejam impostos pelos sentidos: os mais vultuosos por vezes deixam uma impressão leve. Infelizmente para nós, o mecanismo que põe a máquina em movimento depende dessas delicadas molas cujo controle nos escapa."

"Os sentidos são absolutamente necessários à nossa existência e bem-estar; eles são, no dizer no Sr. le Cat, como sentinelas, que nos advertem de nossas necessidades e velam por nossa conservação. Em meio aos corpos úteis ou nocivos que nos rodeiam, os sentidos são como portas, abertas à comunicação com os outros seres e ao desfrute do mundo em que nos encontramos. Foram eles que deram à luz as inúmeras artes, que permitem adquirir impressões deliciosas e recusar as indesejáveis. Tentamos expor aqui, brevemente, o mecanismo das artes e o dos sentidos; talvez tenhamos nos estendido demais; mas, se estivermos certos, como resistir à torrente de coisas curiosas que se oferecem a nós em sucessão? E quantas não tivemos de suprimir, não sem hesitação? Afinal, as artes são preciosas, e os sentidos oferecem o assunto mais interessante da Física, pois são os meios de nosso comércio com o resto do universo."

"Esse comércio entre nós e o universo é realizado por uma matéria que afeta cada um dos órgãos. Do tato até a visão, ela se torna progressivamente mais sutil, afastando-se cada vez mais de nós e favorecendo assim a ampliação das fronteiras de nosso comércio. Corpos, líquidos, vapores, o ar, a luz, eis a gradação da correspondência entre as coisas e os sentidos, através dos quais elas se tornam nossos intérpretes e informantes. Mais longínqua a origem das notícias, mais se deve desconfiar de sua veracidade. O tato, que é o mais limitado dos sentidos, é também o mais confiável; o paladar e o olfato também são confiáveis, mas a audição começa a nos enganar;

quanto à visão, está sujeita a tantos erros, que a indústria dos homens, que tira proveito de tudo, inventou uma arte de iludir os olhos, arte admirável, que os pintores levaram tão longe, que talvez ela nos impeça de ter sentidos menos traiçoeiros. E o que dizer das conjecturas em que estes nos enredam? Por exemplo, a luz, fluido particular que torna os corpos visíveis, nos faz conjecturar outros fluidos, [**31**] que os tornem pesados, elétricos ou magnéticos etc. Tantas suposições provam, de maneira suficiente, que o que os sentidos nos mostram ainda é o que melhor sabemos."

"A partir disso, podem-se julgar os limites estreitos e a escassa certeza de nossos conhecimentos, que se resumem a ver uma parte das coisas através de órgãos infiéis e adivinhar o resto. Mas como explicar, diríeis, que essa natureza tão bondosa, tão generosa, não tenha nos dado os sentidos para todas essas coisas que somos obrigados a adivinhar, por exemplo, para o fluido que faz girar a bússola, ou para este outro que dá vida às plantas e aos animais? Pois seria esse o meio mais curto de nos instruirmos acerca de fenômenos que, sem isso, se tornam enigmas; quanto às cinco espécies de matéria, que são como que enviadas em nossa direção, não permitem mais que um tênue esboço dos diferentes estados do mundo material. Imaginemos um soberano que não tivesse outra ideia dos povos da Terra além das que lhe são dadas por um francês, um persa, um egípcio, um caribenho e um chinês, todos surdos e mudos: essas espécies de matéria são assim. Em vão a Física moderna se empenha em interrogar esses enviados; mesmo que se suponha que um dia eles venham a confessar o que são, nada indica que diriam algo a respeito dos outros *povos da matéria*, por assim dizer."

"Não aprouve ao criador nos dar um número maior de sentidos ou sentidos mais perfeitos para que conhecêssemos esses outros povos ou as modificações dos que conhecemos. Recusou-nos asas e decretou a mediocridade de nossa visão, que só percebe a superfície dos corpos. Mas a verdade é que outras faculdades teriam sido inúteis ao nosso bem e ao do sistema do mundo. Acusaríamos os céus de terem sido cruéis conosco, e somente conosco?"

"A felicidade do homem, diz Pope (que se vale, para pintá-lo, da linguagem dos deuses), se o orgulho não nos impedisse de ver, não é pensar ou agir para além de si mesmo, não é ter poderes físicos e espirituais para além do que convém a sua natureza e estado. Por que o homem não tem visão de microscópio? Por uma razão muito simples: ele não é uma mosca. Qual seria a utilidade de enxergar um ácaro e estender a visão até os céus? Qual a utilidade de um tato mais sutil, mais sensível, porém sempre trêmulo, as dores e agonias se introduzindo por cada um de nossos poros? De um olfato mais alerta, se as partes voláteis de uma rosa, com intensas vibrações no cérebro, nos fariam padecer de dores aromáticas? De um ouvido mais fino, se a natureza se fizesse ouvir com um zumbido ensurdecedor, e a música das esferas fosse um estrondo atordoante? Ah! Como não lamentaríamos que o céu nos tivesse privado do suave cochichar dos zéfiros e do murmurinho dos riachos! Quem poderia negar a bondade e sabedoria da Providência, tanto pelo que ela dá quanto pelo que recusa?"

"Reconheçamos que nossas sensações, aflitivas ou encantadoras, são verdadeiras dádivas celestes. As desagradáveis advertem o homem para que se proteja contra o inimigo que ameaça o seu corpo; as agradáveis convidam-no à conservação de seu indivíduo e de sua espécie".

"É provável que se nossos sentidos fossem mais numerosos, eles se confundiriam, ou que a ávida curiosidade nos inspirasse e trouxesse mais inquietude do que prazer. Numa palavra, o bom uso dos sentidos que se encontram ao nosso dispor é suficiente à nossa felicidade. Usufruamos, portanto, como convém, dos sentidos com que a natureza houve por bem nos gratificar. Os da audição e da visão me parecem os mais delicados e castos. Os prazeres que os agitam são os mais inocentes; e as artes que devemos a eles merecem um lugar de distinção, em meio às artes liberais, as mais engenhosas, pois empregam toda a sutileza da combinatória matemática. A pintura desperta a imaginação e fixa a memória; a música agita o coração e eleva as paixões. Ambas introduzem prazeres na alma: uma pelos olhos, a outra pelos ouvidos. Dir-se-ia que mesmo as pedras preciosas, a que a moda recorre para chamar a atenção, servem para despertar a curiosidade. E é bom que seja assim; pois, sem esse brilho imperioso, é certo que nossa loucura teria limites, mas eles seriam os que a inconstância tem o cuidado de impor aos nossos gostos. Seriam essas centelhas puras, que reluzem no seio do diamante, uma espécie de colírio para a vista? Nesse caso, os lustres e vidros seriam uma maravilhosa invenção. Acaso haveria, entre nós e essas coisas, uma doce simpatia, cujo efeito sentimos sem conhecê-la? Pode ser que os prazeres dos sentidos sejam os mais vivos; mas parecem-me os menos dignos do homem. Tornam-se embotados e indiferentes, quando se insiste neles; e, se abusados, produzem, na velhice, um triste arrependimento, quando não enfermidades lamentáveis."[1]

(**PPP**)

## Sentidos internos (*Fisiologia*), Jaucourt [15, 31]

São ações da alma ou do intelecto, excitadas pela percepção das ideias.

As únicas vias pela qual os conhecimentos chegam ao entendimento humano, as únicas passagens, como diz Locke, pelas quais a luz entra nessa câmara obscura, são os sentidos externos e internos.

Os sentidos internos são as paixões, a atenção, a imaginação e a memória. Tal é a enumeração ordinária, na minha opinião pouco exata, que se faz dos sentidos internos. Mas aqui não é o lugar de retificá-la. Tratamos a questão como fisiologista, e somente o que convém ao médico conhecer, para entender e curar, se for possível, as nefastas afecções do cérebro.

Parece-me que as percepções de nosso intelecto nascem da diferença dos nervos afetados, da diferente estrutura do órgão do sentimento, das diferentes partes da medula do cérebro, onde os nervos têm sua origem e do curso diferente dos espíritos animais. São formados de tal modo que, na ocasião dos diversos estados da alma, ocorrem no corpo movimentos musculares, uma circulação ou uma estagnação de humores, de sangue e de espíritos.

Os movimentos musculares dependem do influxo do suco nervoso que o cérebro envia para os músculos; a parte do cérebro do *sensorium commune*, onde os espíritos animais se encontram reunidos, talvez seja a medula do cérebro na cabeça. Essa parte tem diferentes territórios, dos quais cada um tem seu nervo e seu compartimento para as ideias; o nervo ótico dá a ideia das cores; o olfativo, dos odores; os nervos motores, dos movimentos. Uma gota de líquido, de sangue ou outro qualquer, jogada sobre o órgão dos

1 Cf. Buffon e Daubenton, *Histoire naturelle*, tomo III, "Des senses en général". Paris, 1749.

nervos, produz a apoplexia. Desde então, não há mais ideias simples nem acessórias, nem memória, nem paixão, nem sentidos internos ou movimentos musculares, a não ser no coração onde se passaram. Que não se tema que seja muito humilhante para o amor-próprio saber que o espírito é de uma natureza tão corporal. Assim como as mulheres se envaidecem de suas belezas, os belos espíritos serão sempre vaidosos do seu belo espírito, e os filósofos nunca se mostrarão bastante filósofos para evitar essa armadilha universal. [**32**]

As paixões são afecções fortes que imprimem traços tão profundos no cérebro que toda a sua economia é perturbada e não conhece mais as leis da razão. É um estado violento que nos arrasta para seu objeto. As paixões supõem: 1º) a representação da coisa que está fora de nós; 2º) a ideia que dela resulta e que faz nascer a afecção da alma; 3º) o movimento dos espíritos ou sua suspensão marca os seus efeitos. A sede das afecções da alma é o *sensorium commune*. Um sono profundo sem sonhos deve, pois, acalmar toda paixão. Um homem em apoplexia ou em letargia não tem alegria nem tristeza, nem amor, nem ódio. Depois de ter passado dois dias nesse estado, ele ressuscita, sem ter sentido o mal de morrer. Os médicos entendem um pouco o efeito das paixões sobre os líquidos e os sólidos do corpo humano. Explicam bastante bem seu mecanismo sobre a máquina pela aceleração ou desaceleração no movimento do suco nervoso que age em seguida sobre o sangue, de modo que o curso do sangue regrado pelo dos espíritos aumenta e se atrasa com ele. Pena que não têm o segredo do remédio!

Cada paixão tem sua linguagem. Na cólera, esse curto furor, segundo a definição de Horácio, todos os movimentos aumentam: o da circulação do sangue, do pulso, da respiração; o corpo se torna quente, vermelho, treme e fica tentado imediatamente a depositar alguma secreção que o irrita. Daí vêm essas inflamações, hemorragias, essas feridas abertas, diarreias, icterícias, das quais falam as observações.

No terror – essa paixão que, abalando toda a máquina, a põe algumas vezes em guarda por sua própria defesa, e às vezes sem condições de provê-la –, nascem a palpitação, a palidez, o frio súbito, o tremor, a paralisia, a epilepsia, a mudança na cor dos cabelos, a morte súbita. No medo, diminutivo do terror, a transpiração diminuída dispõe o corpo a receber os miasmas contagiosos, produz a palidez, o relaxamento dos esfíncteres e as excreções.

Na tristeza, todos os movimentos vitais e animais se retardam, os humores se corrompem e produzem obstruções, melancolia, hepatite e outras doenças semelhantes. Grandes tristezas muito frequentemente causaram a morte.

Remetendo todos esses efeitos a suas causas, veremos que nas paixões das quais acabamos de falar, e em todas as outras, cujo detalhe nos levaria longe demais, os nervos devem necessariamente agir sobre o sangue e produzir desordem na economia animal. Os nervos que seguram as artérias, como redes de fios, excitam na cólera e na alegria a circulação do sangue arterial, animando o mecanismo das artérias; o fluido nervoso corre também mais rapidamente; todas as fibras têm mais tensão; a velocidade do pulso e da respiração cresce; a vermelhidão, o aumento de calor e de força resultam disso. As partes exteriores se estreitam no terror, de modo que os vasos comprimidos fazem o sangue refluir para o interior, para os grandes vasos do coração e do pulmão, de onde nascem a palpitação, a palidez, o frio nas extremidades etc. A tristeza suspende o curso dos espíritos, estreita e comprime os filetes nervosos. Ora, onde não se encontram esses filetes? Fiéis companheiros da carótida interna, da artéria temporal, da grande meníngea, da vertebral, da subclaviana, das braquiais, da celíaca, da mesentérica, das artérias que saem da bacia, eles estão em todo lugar, capazes de serem lesados e, segundo sua lesão, de produzir diferentes males.

O pudor, esta vergonha honesta, que espalha no rosto o vermelho que se denominou vermelhidão da virtude, é uma espécie de pequeno medo que restringe a veia temporal, lá onde ela é rodeada de ramos da porção dura; e por sua ação, ele retém, fixa, e mantém o sangue no rosto. É, pois, verdade que os médicos esclarecidos no conhecimento do corpo humano podem formar uma teoria das paixões por seus efeitos.

A atenção é a impressão dos objetos que afetam o *sensorium commune*, por meio dos espíritos animais que para aí vão em abundância. A atenção se explica pelo mesmo mecanismo das paixões; seu efeito é produzir uma ideia distinta, viva e durável.

Quando as fibras do cérebro, extremamente tensas (como se imaginava vê-las através da fisionomia de Malebranche quando ele ouvia), põem uma barreira que tira todo comércio entre o objeto escolhido e as ideias indiscretas que se apressam a perturbá-lo; disso resulta a mais clara, a mais luminosa percepção que seja possível: é nesse sentido que a atenção é a mãe das ciências e o melhor meio para adquiri-las.

Não pensamos a não ser numa só coisa ao mesmo tempo; em seguida, uma outra ideia sucede à primeira com uma velocidade prodigiosa, embora diferente em diversas pessoas e sujeitos. A nova ideia que se apresenta à alma é percebida, se ela ocorre quando a primeira desapareceu. De onde vem, pois, a prontidão daqueles que resolvem tão depressa os problemas mais compostos? Da facilidade com a qual sua memória retém como verdadeira a proposição mais próxima daquela que o problema expõe. Assim, enquanto pensam na décima primeira proposição, por exemplo, eles não se inquietam mais com a verdade da décima e a consideram um axioma das coisas precedentes demonstradas antes, e das quais têm uma coleção na cabeça.

É assim que um médico hábil vê, de um só golpe de vista, os sintomas, as causas da doença, os remédios e o prognóstico. É por esse vigor dos órgãos do cérebro que Arquimedes, tendo descoberto de repente, no banho, que a coroa de ouro do rei Hierão não era totalmente feita desse metal, gritou de alegria: "Achei!". Felizes aqueles que receberam da natureza essa pronta facilidade de combinar uma multidão de ideias e proposições, que um cérebro limitado não poderia conceber a não ser com o tempo, com muita dificuldade e somente uma depois da outra! Como é que, entre dois seres semelhantes, Newton e seu secretário, um não seja senão um homem comum, e o outro pareça ser de uma organização quase angélica? A educação, sozinha, paga o preço de uma diversidade tão grande? Não, sem dúvida.

A atenção profunda e muito contínua destrói a força das fibras, causa dores de cabeça pelo estreitamento das membranas do cérebro, um ressecamento no sangue e nos espíritos, e finalmente uma imaginação depravada. Vejamos, pois, o que é a imaginação.

A imaginação é a representação de um objeto ausente, pelas imagens no cérebro. É uma percepção nascida de uma ideia produzida por causas internas, semelhantes a algumas daquelas que as causas extremas costumam fazer surgir. Haller conta que, estando com febre, via, com os olhos fechados, incêndios terríveis, o mundo cair em ruínas; disse que não se deixava enganar por essas ilusões, que, aliás, conseguia dissipar abrindo os olhos, e que seus sentidos externos lhe mostravam o erro de seus sentidos internos. Sua imaginação era então aquecida por fantasmas, ou seja, os nervos, agitados em sua origem, aumentavam a força da circulação do sangue no cérebro. Pascal, esgotado pelo estudo e pela meditação, via [**33**] sempre, estando na cama, um precipício de fogo contra o qual precisava se proteger por alguma muralha. Era uma espécie de vertigem análoga à de Haller durante a febre. O sangue agitado, derramado, ou prestes a sê-lo, dá lugar a esses espectros. Galeno, jovem ainda, tornou-se famoso em Roma, por ter predito, numa circunstância semelhante, uma hemorragia salutar.

Quando a alma não pode descobrir, pelos sentidos externos, a não existência dos fantasmas que os sentidos internos lhe apresentam, como era o caso daquele que acreditava ter um nariz de vidro, ou dos que se persuadem estarem obrigados a seguir tal regimento, na ideia de que foram recrutados, e outras quimeras: é, neste caso, uma espécie de mania, mal que exige remédios, e que às vezes cede. Qualquer um que olhar os tristes efeitos do desarranjo da imaginação compreenderá o quanto ela é corporal e o quanto é estreita a ligação entre os movimentos vitais e os movimentos animais.

A memória, que é a lembrança das coisas que deixaram traços no cérebro, é um quarto sentido interno, tão dependente dos órgãos do corpo, que se fortalece e se enfraquece segundo as mudanças que ocorrem na máquina. Nem a conversação, nem o conhecimento das coisas, nem o sentimento interno de nossa própria existência podem residir em nós sem a memória. Wepfer fala de um doente que havia perdido as ideias das coisas; ele tomava o cabo pelo fundo de uma colher; ele viu um outro que não podia nunca terminar sua frase, porque tinha perdido primeiro a memória do começo de sua ideia. Ele apresenta a história de um terceiro, que, vendo as letras, não podia mais soletrá-las.

Um homem que perdesse toda memória não seria nem mesmo um ser pensante; pois pode-se pensar sem ela? Isso não é contrário aos fenômenos das doenças nas quais vemos os doentes executarem várias ações, das quais não têm nenhuma reminiscência quando se restabelecem. Ora, essas ações que a alma faz sem conhecimento, sem juízo, devem ser colocadas entre os movimentos automáticos que se fazem em todo lugar do corpo para conservar a máquina. O Sr. Jean Leclerc, tão conhecido na república das letras, e irmão do Sr. Daniel Leclerc, não menos célebre por sua *História da Medicina*, escreveu que a febre bastava para abalar todos os traços das imagens no cérebro e causar um esquecimento universal. Ele mesmo foi um triste exemplo dessa verdade; depois de uma pequena febre de dois ou três dias, caiu no esquecimento total de tudo o que havia feito e conhecido; a infância e a imbecilidade se sucederam; o douto se tornou um objeto de piedade!

Tucídides conta que, na peste da África, várias pessoas perderam inteiramente a memória. Mas todos os dias a perda dessa faculdade não é dependente do sono, do vinho, da apoplexia, do calor excessivo? E além disso, ela se restabelece com o tempo, com remédios convenientes. Enfim, a hidrocefalia, a moleza aquosa do cérebro, todas as degenerações dessa parte, uma queda, uma úlcera fechada muito cedo, essas causas e várias outras fazem perder a memória, segundo a observação de todos os autores. Entretanto, já que ela retorna tão mecanicamente quanto se dissipa, ela pertence ao corpo, é quase corporal. Mas então, que lugar infinitamente pequeno a memória tem no *sensorium commune*? Essa exiguidade infinita chocará a imaginação daqueles que calcularão os milhões de palavras, dados, datas, coisas diferentes, existentes no cérebro desses homens dos quais fala Baillet, tão famoso por sua memória e que parecia não esquecer nada. Tantas coisas residiam, pois, na medula do cérebro dessas pessoas e não a ocupavam inteira? Como essa faculdade é imensa, e como seu domicílio é realmente limitado!

Colocam-se muitas questões insolúveis sobre os sentidos internos; parece-me que algumas podem ser resolvidas.

Por que os sinais corporais, que não têm nada de arbitrário, mudam tão fortemente as ideias? Seria necessário ao homem um grande número de termos para exprimir a multidão dessas ideias. Esses termos, que são arbitrários, tornam-se de tal modo familiares pelo nosso hábito de pronunciá-los, que não nos lembramos mais das ideias das coisas do que dos termos que são caracteres expressivos dessas ideias. E as palavras e ideias estão tão intimamente ligadas que a ideia não volta sem sua expressão, nem a palavra sem a ideia. Aliás, ao pensar, nós nos ocupamos menos das palavras do que das coisas, porque custa à imaginação encontrar ideias complexas, ao passo que palavras simples e fáceis se apresentam por si mesmas.

De onde vem que a atenção, a imaginação, suspendem a ação dos sentidos externos e os movimentos dos corpos? Porque, então, como nada distrai os sentidos externos, a imaginação fica mais viva e a memória mais feliz. Os que se tornaram cegos são muito hábeis para combinar ao mesmo tempo um grande número de ideias. Por que ficamos tão fracos quando exercemos fortemente os sentidos internos por muito tempo? Porque houve uma grande consumação dos espíritos do cérebro. Pela mesma razão, todas as partes do corpo humano, quando tensas por muito tempo, se cansam.

Por que os alimentos, as bebidas, os medicamentos, os venenos, as paixões, o repouso, o movimento, o ar, o frio, o hábito, por que, digo, todas essas coisas têm tanto poder sobre todos os sentidos? Porque dependem do bom estado ou do mau estado dos órgãos do corpo. Tudo o justifica, a educação, os costumes, as leis, os climas, as bebidas, as doenças, as confissões de fraquezas e das paixões que fazemos aos médicos e aos confessores, os remédios, os venenos etc. Tudo indica o império desse corpo terrestre; tudo confirma a escravidão, o obscurecimento dessa alma que deveria comandá-lo. *É este o raio da essência suprema que nos pintam como tão luminoso? É este o espírito que sobrevive a si mesmo*? Ah! Não se reconhece mais sua espiritualidade no meio do tumulto dos apetites corporais, do fogo das paixões, do desarranjo da economia animal. Que tocha para nos conduzir e que se apaga a cada passo!

**(MGS)**

## Sonâmbulo e sonambulismo (*Medicina*), Ménuret de Chambaud [15, 340]

O nome *sonâmbulo*, formado por duas palavras latinas, *somnuns*, sono, e *ambulo*, eu caminho, significa literalmente a ação de *perambular* durante o *sono*; estendendo-se a significação da palavra no uso ordinário, deu-se o nome genérico de *sonambulismo* a uma espécie de doença, afecção ou inconveniente singular: as pessoas por ela acometidas, mergulhadas em sono profundo, perambulam, falam, escrevem e realizam diferentes ações, como se estivessem perfeitamente despertas, às vezes até com mais inteligência e exatidão do que se estivessem acordadas. Essa faculdade e esse hábito de agir, enquanto se dorme, como se se estivesse acordado constituem o caráter distintivo do sonambulismo. Suas variações são devidas à diversidade das ações possíveis e, por conseguinte, são tão múltiplas quanto as ações que os homens são capazes de realizar e os meios que escolhem para tanto; os únicos limites são os do possível, e o que poderia parecer impossível para o homem desperto muitas vezes não o é para o sonâmbulo, que tem os movimentos dirigidos e facilitados por sua imaginação inflamada.

É comum ver sonâmbulos contarem tudo o que lhes aconteceu durante o dia; outros respondem de forma coerente a questões que lhes são feitas. Pessoas desonestas se aproveitam do estado dos sonâmbulos para extrair segredos que estes ciosamente guardam para si. Há sonâmbulos que se levantam, compõem, escrevem ou perambulam, andam pelas ruas, entram em casas. Há também os que nadam, e realizam ações bastante arriscadas, como caminhar pela borda de um telhado, mas não sentem medo (e, por isso mesmo, não correm perigo). O único risco é serem acordados, e, quando isso acontece, seja por acaso ou pela intervenção funesta de uma pessoa imprudente, não raro morrem. Alguns sonâmbulos mantêm os olhos abertos, mas, ao que parece, não se servem deles. Quando despertam, a maioria não tem ideia do que fez enquanto dormia, mas lembra-se, na noite seguinte, de ações das noites precedentes. Parecem ter duas memórias, uma para a vigília, outra para o sono. Quando acompanhamos um sonâmbulo por algum tempo, vemos que seu sono oferece uma trama de surpreendentes singularidades. Não faltam observações inusitadas do gênero; mas quantas são feitas com exatidão e relatadas com fidelidade? Quase sempre essas histórias são exageradas pelos que as testemunham; busca-se agradar o gosto do público, que adora tudo o que é maravilhoso e não tem dificuldade para acreditar no que lhe é contado; à medida que passam de boca em boca, acrescentam-se novas circunstâncias, e o verdadeiro, obscurecido pelas fábulas a que é misturado, torna-se incrível. É importante, em vista disso, escolher bem os fatos atestados pela visão e o testemunho de um observador esclarecido. Deixando de lado, portanto, contos imaginários e histórias não verificadas, relatarei alguns traços singulares e incontestavelmente verdadeiros que poderão contribuir para o conhecimento da natureza dessa afecção. Foram adquiridos com um prelado ilustre (o arcebispo de Bordeaux), que se distingue tanto por suas virtudes quanto pela variedade e justeza de seus conhecimentos; seu nome anuncia uma autoridade respeitável, que não teríamos por que recusar.

Contou-me que, quando ainda estava no seminário, conheceu um jovem eclesiasta que era sonâmbulo. Curioso a respeito da natureza dessa enfermidade, dirigia-se à noite ao aposento do amigo, quando este já estava dormindo. Viu, entre outras coisas, que o jovem eclesiasta se levantava, tomava papel e punha-se a compor e escrever sermões; [**341**] terminada uma página, ele a relia em voz alta, do início ao fim (se é que se pode chamar de *reler* essa ação feita sem o auxílio dos olhos); se encontrasse algo que não lhe agradava, riscava e anotava a correção em cima da palavra, de modo bastante ordenado. Tive a oportunidade de ler um dos sermões que ele escreveu enquanto dormia, e pareceu-me muito bem feito, e escrito corretamente. Uma correção em particular era surpreendente. Tendo escrito a certa altura *ce enfant divin*, acreditou, ao reler essa passagem, que deveria substituir *divin* por *adorable*; apagou esta última palavra e inseriu com precisão a primeira, por cima dela; em seguida, percebeu que o *ce*, bem colocado antes de *divin*, não cabia a *adorable*, e acrescentou com muita destreza um *t* ao lado das letras precedentes, de modo que então se lia *cet adorable enfant*. A testemunha ocular desses fatos quis se assegurar de que o sonâmbulo realmente não utilizava os olhos e introduziu uma cartolina sob seu queixo, de modo a privá-lo da visão da folha de papel sobre a mesa; mas o sonâmbulo continuou a escrever, a despeito do obstáculo. Em seguida, para verificar como ele julgava a presença dos objetos que estavam diante de seus olhos, o arcebispo retirou da mesa o papel sobre o qual o sonâmbulo escrevia e substituiu-o por diversos outros, seguidas vezes: a cada vez, o sonâmbulo percebeu o que acontecia, pois as folhas não eram do mesmo tamanho. Se constatava que o papel que tinha diante de si era perfeitamente igual ao primeiro, punha-se a escrever as correções nos lugares correspondentes a elas. Graças a esse engenhoso estratagema, alguns de seus escritos noturnos puderam ser reunidos. O Sr. arcebispo de Bordeaux teve a bondade de transmiti-los a mim. O que me pareceu mais espantoso é que o sonâmbulo compunha música com exatidão; tomava um bastão como referência, e com ele traçava, a distâncias iguais, as cinco linhas necessárias, inseria em seus respectivos lugares a chave, os bemóis, os sustenidos, e em seguida marcava as notas, que fazia vazadas e depois escurecia, quando havia terminado e estava certo do lugar de cada uma. As falas vinham redigidas abaixo das notas. Certa feita, aconteceu de escrever com caracteres grandes demais, de modo que não estavam posicionados diretamente sob a nota correspondente; não demorou a perceber seu erro, e, para repará-lo, apagou o que fizera e refez a linha de música mais abaixo, com toda a precisão possível.

Relatarei agora outro episódio singular, não menos notável, envolvendo esse mesmo rapaz. Numa noite de inverno, imaginou que caminhava à beira de um rio e se deparava com uma criança que estava se afogando; o rigor do frio não o impediu de acudi-la; atirou-se ao leito, com a postura de um homem que sabe nadar, e imitou todos os movimentos de quem de fato nada; passados alguns instantes, fatigado com o exercício, sentiu que havia, no canto de seu leito, uma colcha engrouvinhada: acreditando tratar-se da criança, tomou-a com uma das mãos e se serviu da outra para voltar nadando até a margem do pretenso rio; depositou seu amontoado na beira da cama e levantou-se do leito tremendo de frio, batendo os dentes, como se de fato saísse de um rio congelado. Dirigindo-se aos presentes, disse que estava congelando e morreria de frio, e rogou-lhes um copo de aguardente para se aquecer; na falta disso, ofereceu-se a ele um pouco da água que havia em seu aposento; deu um gole, percebeu que estava sendo ludibriado e rogou novamente por aguardente, com ainda mais veemência, pelo grande perigo que corria; foi trazido um copo de licor, que ele bebeu com prazer, dizendo-se grandemente aliviado; sem acordar, voltou a deitar-se e continuou a dormir, agora tranquilamente. Esse mesmo sonâmbulo possuía outros traços bastante singulares; os que relatei serão suficientes para este verbete. Acrescentarei apenas um: para que ele mudasse de assunto, bastava passar uma pluma sob suas narinas, e, no mesmo instante, punha-se a falar sobre coisas totalmente diferentes.

Embora o sonambulismo seja facilmente diagnosticável em casos como o aqui relatado, não é fácil descobrir sua causa e seu mecanismo. A etimologia dessa doença é um baixio fétido, em que proliferam hipóteses de toda sorte, solo fértil para pseudossábios que não acreditam em nada que não tenham como explicar e não imaginam que a natureza teria mistérios impenetráveis para sua sagacidade. O que é lastimável, se considerarmos que sua visão curta e incerta nem sequer alcança o estreito horizonte que contemplam. Poder se-ia lhes perguntar:

1º) É possível que um homem, imerso no mais profundo sono, ouça, escreva, veja, em suma, goze do exercício dos sentidos e execute com precisão os mais diversos movimentos? Para facilitar a solução desse problema, acrescentaremos que o sonâmbulo não vê outros objetos além daqueles de que necessita, que estão presentes em sua imaginação. O seminarista a que nos referimos, enquanto compunha seus sermões, via a folha de papel, o tinteiro, a pluma, e sabia se esta estava molhada ou não. Em nenhum momento tomou o pó de arroz pelo tinteiro; e, de resto, se não duvidava de que havia alguém no aposento, não via nem ouvia ninguém, a menos que fosse interpelado. Certa vez, chegou a pedir confeitos para uma pessoa que ele acreditava estar ao seu lado, e, quando supostamente lhes foram dados, achou-os muito bons; outra vez, em que sua imaginação foi posta de lado e ele provou doces verdadeiros, não sentiu gosto algum, e cuspiu-os.

2º) É possível experimentar sensações sem a participação dos sentidos, e, por exemplo, ver sem os olhos? O sonâmbulo cuja história relatamos parecia estar vendo os objetos a que suas ideias se referiam quando traçava notas musicais; sabia exatamente quais deveriam ser vazadas, quais cheias, e, sem se enganar, as fazia assim, conforme o caso. Se tinha de voltar ao alto da página quando as linhas abaixo ainda não estavam secas, desviava-se delas para não as borrar, e escrevia com a mão deslocada para o alto. Se a folha de papel que estava usando fosse trocada por outra, da mesma dimensão, ele a tomava pela sua. Para julgar se eram semelhantes, não tinha de apalpar as bordas; talvez apenas visse o papel, sem enxergar os caracteres nele desenhados. Há razão para crer que os demais sentidos estivessem tão pouco ativos quanto os olhos e uma outra causa qualquer suprisse sua inatividade; é o que poderia ter sido verificado, tampando-se suas orelhas, cutucando-o, oferecendo-lhe tabaco etc.

3º) Seria possível, enquanto dormimos, nos recordarmos do que nos ocorreu durante a vigília, mas, ao despertar, não nos lembrarmos de nada? Meu informante diz que o sonâmbulo em questão se mostrou surpreso quando lhe foi dito que era sonâmbulo e trabalhava, escrevia e falava durante a noite; não compreendia por que o acusavam disso, justo ele, que dormia profundamente e tinha grande dificuldade de acordar. Essa memória dupla é um fenômeno maravilhoso.

4º) Seria possível, sem a intervenção de uma causa exterior, haver uma afecção tão profunda como se fosse devida a uma impressão? Sem ter deixado o leito, [**342**] nosso sonâmbulo experimentou todos os sintomas ocasionados pela água congelada, pois acreditava ter entrado nela e ali permanecido por algum tempo. Poderíamos pedir a explicação de muitos fenômenos relativos aos sonâmbulos; mas nem por isso estaríamos mais esclarecidos a seu respeito. Desconhecemos a razão de muitos fenômenos, e seria inútil buscar por ela. A natureza tem seus mistérios, não queiramos penetrá-los; sobretudo quando não esperamos obter, de tais pesquisas, nada de útil; ou, pelo menos, não nos exponhamos ao erro e aos absurdos.

Vou mais longe. Não somente não há como explicar os fatos relatados, como esses fenômenos tornam inexplicáveis tantos outros, que acreditávamos compreender, e lançam dúvida e obscuridade sobre questões que tomávamos por decididas. Dou um exemplo.

Acredita-se que o sono consistiria num relaxamento geral, em que haveria suspensão do uso dos sentidos e dos movimentos voluntários. Mas o sonâmbulo utiliza um ou mais de seus sentidos, e põe em movimento diferentes partes do corpo, por motivos justos e com conhecimento de causa; nem por isso seu sono é menos profundo.

1º) Se o sonâmbulo não se serve de seus sentidos para obter sensações, como por vezes é patente, há razão para concluir que os próprios objetos corpóreos poderiam chegar ao entendimento sem passar pelos sentidos. Se fosse esse o caso, haveria aí uma exceção ao famoso axioma, *nihil est in intellectu quod prius non fuerit in sensu*, "nada há no intelecto que não tenha estado antes no sentido". Não se deve confundir o que se passa aqui com o que ocorre nos devaneios (*songes*). Um homem que sonha (*rêve*), assim como um que delira, vê, como se estivessem presentes, objetos que não estão; há um vício de apercepção, senão de raciocínio. É que os objetos estão presentes na imaginação, como se tivessem sido transmitidos pelos sentidos, e são tais como os que o sonâmbulo veria, se abrisse os olhos: existem diante dele, da maneira como os representa; e tudo se passa, como na apercepção, por intermédio dos sentidos.

2º) As grandes provas filosóficas da existência dos corpos estão baseadas nas impressões que eles realizam em nós. Essas provas perderiam muito de sua força se os mesmos efeitos fossem sentidos sem que houvesse uma atuação real dos corpos. É precisamente o caso do sonâmbulo, que sente frio e treme sem ter sido exposto à água gelada, mas simplesmente porque imaginou vivamente essa experiência. Isso sugere que as impressões ideais têm às vezes sobre o corpo um efeito tal como o das impressões reais, e não há um signo que permita distingui-las com segurança.

3º) Sem nos determos nessas considerações, que poderiam ser mais extensas e gerais, extraiamos uma derradeira consequência, pouco lisonjeira para o espírito humano, mas infelizmente bastante conforme à verdade; qual seja, a descoberta de novos fenômenos muitas vezes não faz mais do que obscurecer ou invalidar nossos conhecimentos, derrubar nossos sistemas e lançar dúvidas sobre coisas que nos pareciam evidentes. Quiçá essa asserção não parecerá tão paradoxal se lembrarmos, com Sócrates, que o apogeu de toda ciência consiste em reconhecer *que tudo o que se sabe, é que nada se sabe.*

Quanto à Medicina, é suficiente estarmos autorizados a crer que todos esses fenômenos denotam, no sonâmbulo, uma imaginação extremamente viva, ou, o que é o mesmo, uma tensão excessiva e uma sensibilidade extrema nas fibras do cérebro. As causas que predispõem a essa doença são pouco conhecidas. Os médicos nunca se preocuparam em buscar por elas; contentaram-se em dar ouvidos, como o povo, a histórias maravilhosas inventadas a respeito. Examinando-se as pessoas sujeitas ao sonambulismo, vê-se que são, em geral, muito aplicadas ao estudo, passam as noites em claro e atordoam-se com toda sorte de preocupação.

Os sonâmbulos não parecem ter a saúde alterada. Suas funções são executadas com a mesma desenvoltura, e seu estado sequer mereceria o nome de *doença*, não fosse pelo receio de que ele pudesse se agravar, que a tensão nas fibras do cérebro aumente e degenere por fim numa distensão total. A mania: tal parece ser o termo do sonambulismo, que talvez seja seu primeiro grau e não difira dela essencialmente.

Tendo isso em vista, parece-me importante combater essa doença antes que o tempo venha a enraizá-la e ela se torne mais forte e resistente. Mas os meios para isso são desconhecidos, e não parece fácil encontrá-los. É na Medicina racional que se deve buscar por eles: faltam observações práticas; a analogia sugere que os meios apropriados ao tratamento da mania poderiam ter êxito para o sonambulismo. Vide *Mania*. Mesmo assim, é um recurso ainda muito exíguo; ninguém ignora a baixa eficácia dos mais variados medicamentos no tratamento dessa outra doença, realmente terrível. Com base nas supostas causas longínquas do sonambulismo, e no estado do cérebro e dos nervos, parece que o método de tratamento mais certo consiste em desanuviar esses doentes, incitá-los a viajar, distraí-los de ocupações demasiado sérias e lhes sugerir outras, mais agradáveis, que não os preocupem demais. A par dessas medidas, recomenda-se a aplicação de banhos frios, excelente procedimento, no entanto raramente utilizado, para reduzir a motilidade do sistema nervoso. Quanto a sonâmbulos que se levantam, zanzam de um lado para o outro e correm o risco de cair de grandes alturas ou de atirar-se pela janela – como aquele que imaginou que Descartes, Aristóteles e outros filósofos estariam em seu aposento, e como se atirassem pela janela, um após o outro, quis acompanhá-los, e o teria feito, se não tivesse sido detido –, quanto a esses, eu digo, é preciso amarrá-los ao leito, trancar as portas, travar as janelas, e, caso se levantem, despertá-los, a golpes de chicotada se preciso for. É um remédio muitas vezes eficaz. Um tratamento que eu hesitaria em recomendar, por ser altamente prejudicial ao sonâmbulo, teve êxito num caso conhecido: ao cair de uma janela bastante alta, a pessoa quebrou um braço, despertou e nunca mais teve sintomas dessa doença.

**(PPP)**

## Sonhar (*Rêver*) (*Gramática*), Diderot [14, 228]

*Sonhar* é ter o espírito ocupado durante o sono. É certo que se sonha; igualmente certo é que nem sempre se está sonhando, pois a alma, assim como o corpo, tem seu repouso. Chama-se *devaneio* toda ideia indefinida, toda conjectura bizarra sem fundamento suficiente, tudo o que nos venha durante o dia ou a vigília como imaginamos que os sonhos nos vêm quando dormimos, e deixamos o entendimento à rédea solta, sem nos darmos ao trabalho de conduzi-lo. *Que escrevestes aí?* – Não sei; um devaneio, que me passou pela cabeça; pode ser algo ou nada. Sonhar é também sinônimo de distração. O devaneio, em boa companhia, não é polido; em outras situações, é sinal de um exame profundo: acreditai-me, divaguei muito a respeito. Vide os verbetes *Sonho (Rêve)* e *Sonho (Songe)*.

(**PPP**)

## Sonho (*Rêve*) (*Metafísica*), Diderot [14, 223]

*Sonho*, devaneio que ocorre durante o sono. Vide *Sonho (Songe)*.

A história dos sonhos ainda é bem pouco conhecida, malgrado sua importância, não somente para a Medicina, como também para a Metafísica, por causa das objeções dos idealistas. Quando sonhamos, temos um sentimento interno de nós próprios e, ao mesmo tempo, deliramos tanto, que vemos muitas coisas fora de nós, e agitamo-nos, queiramos ou não. Os objetos dos sonhos são todos, visivelmente, jogos da imaginação. As coisas que mais nos impressionaram durante o dia aparecem para nossa alma quando ela está em repouso. É algo que se passa com frequência também nos animais: os cachorros sonham como o homem. A causa dos sonhos pode ser toda e qualquer impressão, não importa qual, desde que seja forte, frequente e dominante.

(**PPP**)

## *Sonho* (Rêve) (Medicina), *Ménuret de Chambaud* [14, 223]

Segue-se o sentimento de Lommius a esse respeito.

Sonhos são afecções da alma que sobrevêm durante o sono e denotam um estado do corpo e da alma, principalmente quando não têm nada em comum com as ocupações do dia; por isso, podem servir para o diagnóstico e prognóstico de doenças. Os que sonham com fogo têm a bile marrom; os que sonham com fumaça ou com uma névoa espessa têm bile negra em abundância; os que sonham com chuva, neve, granizo, gelo ou vento têm as partes internas sobrecarregadas de fleuma; os que sonham com odores desagradáveis certamente abrigam no corpo algum humor pútrido; se a cor vermelha aparece em sonhos, ou imagina-se ter uma crista de galo, é sinal de sangue abundante; se se sonha com a Lua, as cavidades do corpo serão afetadas; com o Sol, as partes medianas; com estrelas, o contorno, ou a superfície externa. Se a luz desses objetos enfraquece, escurece ou extingue-se, ou ainda, se uma névoa impede que sejam vistos, conjectura-se que a afecção é leve, e é grave, se tais efeitos forem produzidos pela água. Se o eclipse for decorrente de interposição e obscurecimento dos elementos, de sorte que seja completo, existe a ameaça de uma doença; mas, se os obstáculos que bloqueiam a luz vierem a se dissipar e o corpo luminoso reaparecer com todo seu brilho, o estado não é perigoso. Se os objetos luminosos passam com rapidez surpreendente, é sinal de delírio; se rumam para o ocidente, precipitam-se no mar, ou se escondem sob a terra, indicam uma indisposição qualquer. O mar agitado é prognóstico de afecção do ventre; a terra coberta pela água não é um sonho auspicioso, pois indica intempérie úmida; se se imagina estar submerso num tanque, a mesma intempérie será ainda mais considerável. Ver a terra ressecada e queimada pelo sol é péssimo, pois então o corpo está seco ao extremo. Se há necessidade de comer ou beber, sonha-se com refeições e líquidos; se se acredita beber água pura, é bom sinal; se se acredita beber água impura, é mau sinal. Monstros, pessoas armadas e todos os objetos que causam medo são mau agouro, pois prenunciam delírio. Se há sensação de queda das alturas, há risco de vertigem, epilepsia ou apoplexia, principalmente se houver, ao mesmo tempo, excesso de humores na região do crânio. Lommius, *Observationum medicinalium libri tres* (1560).

Extraímos essas observações de Lommius, mas elas se encontram em Hipócrates e merecem atenção especial da parte dos médicos, pois é inegável que as afecções da alma influem no corpo e produzem nele grandes alterações. Com efeito, ainda que essas observações pareçam de pouca importância e possam, à primeira vista, ser negligenciadas, seria um equívoco pensar assim, por pouco que se reflita sobre as leis que concernem à estreita união entre a alma e o corpo.

**(PPP)**

## *Sonho* (Songe) (Metafísica, Fisiologia), *Formey* [15, 354]

O *sonho* é um estado aparentemente bizarro em que a alma tem ideias, mas não um conhecimento refletido a seu respeito; experimenta sensações, sem que os objetos exteriores pareçam realizar qualquer impressão; imagina objetos, desloca-se no espaço, distrai-se com pessoas que nunca viu, tudo isso sem exercer nenhum controle sobre esses fantasmas, que vêm e vão, e podem afetá-la de maneira agradável ou incômoda, sem que tenha sobre eles influência alguma. Para explicar a natureza de tais devaneios, é preciso, antes de mais nada, extrair da experiência um certo número de princípios distintos; é o fio de Ariadne capaz de nos guiar nesse labirinto.

De todas as partes que compõem a nossa máquina, os nervos são a sede exclusiva do sentimento, pois se mantêm retesados e permitem que esse sumo precioso, esse líquido sutil que se forma no laboratório do cérebro, flua ininterruptamente, desde a raiz até a extremidade dos nervos. Em nosso corpo, cuja superfície é revestida de nervos, não haveria nenhuma impressão de força considerável, se toda impressão não passasse, com rapidez inconcebível, da extremidade externa à interna, produzindo nesta, imediatamente, a ideia de uma sensação. Digo *impressão de força considerável*, pois, com efeito, encontram-se ao nosso redor uma infinidade de materiais sutis e delicados que não nos afetam, penetram livremente pelos poros de nossas partes nervosas sem fazê-las vibrar, e o próprio ar só se dá a perceber quando é agitado pelo vento. Com nosso corpo nesse estado, não é difícil compreender por que, quando estamos acordados, temos ideias de corpos luminosos, sonoros, sápidos, odoríferos e tácteis: as emanações desses corpos ou de suas partes tocam nossos nervos, que vibram ao contato. Assim como uma corda estendida, ao ser pinçada num ponto de sua extensão, vibra por inteiro, também o nervo vibra de uma ponta a outra, e a vibração da extremidade interna é fielmente seguida, no instante mesmo em que ocorre, por uma sensação correspondente.

Quando, porém, fechamos as avenidas de nossas almas a todos os objetos exteriores e mergulhamos nos braços do sono, de onde viriam esses novos adereços que se oferecem a nós, às vezes com uma vivacidade que põe nossas paixões num estado que mal difere da vigília? Como eu poderia ver e compreender, e em geral sentir, sem utilizar os órgãos do sentimento, deslindando cuidadosamente coisas diversas que costumam ser confundidas? Como poderiam os órgãos do sentimento ser a causa das sensações? Seria enquanto princípios imediatos? Seria pelos olhos que vemos, pelos ouvidos que [**355**] ouvimos imediatamente? De modo algum; os olhos e os ouvidos são afetados, mas a alma só é advertida quando a impressão chega à extremidade interna dos nervos ótico e auditivo; e, caso algum obstáculo se interponha no caminho, de maneira que a impressão não produza no cérebro nenhuma vibração, a impressão não alcançará a alma. Portanto – e isto deve ser observado como um dos princípios fundamentais da explicação dos sonhos –, é suficiente, para que a alma tenha representações, que a extremidade interna vibre. Sabemos que essa extremidade é mais vibrátil, pois as ramificações em que ela termina são extremamente tênues e se resolvem na própria fonte do líquido espirituoso, que as banha e as penetra, corre por elas e as atravessa, mas não atua desse jeito quando percorre o longo caminho que o levará à superfície do corpo. Nascem aí os atos da imaginação durante a vigília, e ninguém ignora que em pessoas dotadas de certo temperamento, como as que se entregam a meditações ou, inversamente, são agitadas por paixões violentas, esses atos equivalem às sensações e chegam mesmo a impedir o efeito destas, que nos afetam de maneira tão viva. Tais homens sonham acordados, e seus devaneios têm uma analogia perfeita com os de quem dorme, pois ambos dependem da sucessão de vibrações internas que ocorrem nos nervos cujas terminações se encontram no cérebro. A única diferença é que durante a vigília podemos deter essa sucessão, romper sua cadeia, alterar sua direção e fazer que sensações se sucedam a ela; mas os sonhos são independentes de nossa vontade e não podemos nem dar continuidade às ilusões agradáveis, nem pôr fim aos fantasmas hediondos. A imaginação da vigília é uma república policiada, em que a voz do magistrado põe tudo em ordem; a imaginação dos sonhos é a mesma república, em estado de anarquia – lembrando que as paixões frequentemente atentam contra a autoridade do legislador, mesmo que as prerrogativas deste estejam em vigor.

Há uma lei da imaginação que a experiência demonstra de maneira incontestável: diz ela que essa faculdade liga os objetos da mesma maneira como os sentidos os representam, e que, tendo motivos para recordá-los, o faz em conformidade a essa ligação. É algo é tão trivial, que seria supérfluo insistirmos nisso. Estais num espetáculo teatral e vede pela primeira vez um estrangeiro, sentado ao lado de tais e tais pessoas; se esta noite vossa imaginação recordar a ideia desse estrangeiro, seja por si, seja porque a requisitastes, representará ao mesmo tempo o local do espetáculo, o lugar em que o estrangeiro se sentou, as pessoas que observastes a seu lado; e, caso aconteça de o reverdes dentro de um ano ou mais, vereis também, dependendo da força de vossa memória, se ouso assim me exprimir, todo o séquito que da primeira vez acompanhou vossa ideia.

Sendo essa, portanto, a maneira como todas as ideias se mantêm juntas em nosso cérebro, não surpreende que ele forme tantas combinações bizarras; mas é essencial prestar atenção a elas, pois isso explica o aspecto extravagante dos sonhos. Ao mencionardes uma ideia qualquer, chegaríeis sucessivamente a todas as outras, por rotas que não foram traçadas ao acaso, como poderia parecer, mas são determinadas pela maneira e pelas circunstâncias em que essas ideias entraram em nossa alma. Nosso cérebro, se quiserdes, é um bosque, entrecortado por mil alamedas, e encontrai-vos numa alameda determinada, isto é, vos ocupais de uma sensação em particular; se deixardes essa alameda, voluntariamente, durante a vigília, ou involuntariamente, nos sonhos, e enveredardes por uma segunda, uma terceira, e assim por diante, dependendo do traçado delas vossa rota, por irregular que pareça, dependerá do local de que partistes e do arranjo do bosque, de sorte que, em outro lugar, em outro bosque, percorreríeis outro caminho, vale dizer, teríeis um sonho diferente.

Esses princípios se aplicam aos devaneios de que nos ocupamos durante o sono. Sempre que um sonho se oferece a nós, deixamos a espécie de letargia completa em que o sono profundo nos lançara e percebemos uma sequência de ideias, mais ou menos claras, dependendo da vivacidade do sonho. Só sonhamos quando essas ideias vêm a nosso conhecimento e realizam uma impressão em nossa memória. Então, podemos dizer, *tive tal sonho*, ou seja, *sonhei*; embora, a bem da verdade, sonhemos sempre. Pois, no momento em que o sono se apodera da máquina, continua havendo na alma uma sequência ininterrupta de representações e percepções, porém tão confusas e tão tênues, que não permanece o menor traço delas. É o que se chama *sono profundo*. Não se deve confundi-lo com a privação total de percepção ou completa inatividade da alma.

Uma vez criada e reunida a um corpo, ou, que seja, a um corpúsculo organizado, a alma executa continuamente as funções que lhe são essenciais, vale dizer, tem uma sequência ininterrupta de ideias que representam para ela o universo, de um modo conveniente a seus órgãos. Assim, o tempo que precedeu o estágio atual de nosso desenvolvimento, ou seja, de nosso nascimento, pode ser considerado um sonho constante, que não deixou qualquer traço de nossa preexistência, devido à extrema fragilidade do germe ou feto. E, se parece haver hiatos ou lacunas na sucessão de nossas ideias, na verdade não há interrupção alguma. Certas palavras são visíveis e legíveis, outras estão apagadas e são indecifráveis; sonhar não é mais do que se aperceber dos próprios sonhos, e a única questão é indicar as causas que dão força às impressões de ideias e lhes conferem uma clareza que permite à alma julgar a respeito de sua existência e suas ligações, e conservar uma lembrança delas. Essas causas são puramente físicas e maquinais; o estado do corpo decide por si acerca da percepção dos sonhos. As circunstâncias em que estes ocorrem são suficientes para nos convencer de que é assim. Quem dorme um sono profundo, mas não tem ou quase não tem sonhos? As pessoas de constituição vigorosa, que gozam de boa saúde, ou então as sobrecarregadas pelo trabalho. Duas razões opostas provocam o sono completo e destituído de sonhos. Em ambos os casos, a abundância de espíritos animais causa no cérebro uma espécie de tumulto, que impede que se forme a ordem necessária para ligar as circunstâncias de um sonho; a escassez de espíritos animais não permite que as extremidades internas dos nervos, cuja vibração produz os atos da imaginação, sejam movidas, não o suficiente para que [**356**] sejamos advertidos disso.

Mas o que é preciso para sonhar? Uma compleição que não seja fraca nem vigorosa; um vigor mediano, que facilite a vibração dos filamentos nervosos; uma quantidade mediana de espíritos animais, que permita que o seu curso seja mais regular e forneça uma série de impressões mais fáceis de distinguir. Uma circunstância que prova manifestamente que essa disposição mediana que suponho necessária para os sonhos é a hora em que eles são mais frequentes: o raiar do dia. Mas, diríeis vós, esse é o momento em que estamos mais descansados e revigorados, e no qual, realizada a transpiração dos espíritos animais, eles encontram-se em maior abundância. Essa observação, longe de contradizer minha hipótese, ajusta-se perfeitamente a ela. Quando as pessoas de constituição mediana (pois são as únicas que sonham) se deitam, elas adormecem gradualmente; as primeiras horas do sono são as da reparação, que não chegam à abundância: detendo-se no estado intermediário, ao raiar do dia, os sonhos vêm em seguida e aumentam em intensidade até o momento do despertar. Raciocino aqui a respeito das coisas tais como elas acontecem e não nego que se possa ter sonhos vivos no início ou no meio do sono, e não pela manhã; mas esses casos particulares dependem de certos estados, que não constituem exceção às regras gerais que postulo. Reconheço ainda que outras causas podem concorrer para a origem dos sonhos, e, exceto por esse estado mediano que supomos perto do alvorecer, a máquina inteira do corpo continua a ter os mesmos princípios de ação que propiciam o ato de sonhar. Observo dois principais, um interno, outro externo. O primeiro consiste nisto: os nervos e os músculos, que permaneceram relaxados à chegada do sono, começam a se distender e a dilatar-se, com o retorno dos fluidos espirituosos reparados pelo repouso noturno, e a máquina como um todo retoma suas disposições com as vibrações; mas, como as causas externas ainda não são suficientemente fortes para vencer as barreiras que se encontram às portas dos sentidos, a máquina se restringe aos movimentos internos, próprios a excitar atos da imaginação, ou seja, sonhos. O outro princípio, que favorece o sono superficial e, por conseguinte, o sonho, é a irritação da carne, que, ao cabo de algumas horas, começa a se fazer sentir na parte do corpo sobre a qual se esteja deitado. Reconheço, portanto, a existência dessas circunstâncias, mas, mesmo assim, considero essa disposição intermediária entre a abundância e a escassez dos espíritos como a causa principal dos sonhos. Para arrematar a demonstração, que se tomem os seguintes exemplos. Uma pessoa enfraquecida não encontra em si, quando desperta, nenhum traço do estado precedente: é o sono profundo da escassez. Um bêbado ronca por horas a fio e desperta sem ter sonhado: é o sono profundo da abundância.

Portanto, só sonhamos no estado intermediário. Vejamos agora como nasce um sonho, e assistamos a esse evento.

Deito-me, e durmo profundamente; as sensações se extinguem por inteiro, é como se os órgãos estivessem inacessíveis. Ainda não é o momento dos sonhos; é preciso que se passem algumas horas, a fim de que a máquina absorva os princípios de vibração e ação que indicamos. Chegada a hora, começo a sonhar. Mas não teria a produção do sonho outra causa imediata, além dessa disposição geral do corpo? Pode parecer temerário, à primeira vista, querer responder a essa questão, pois não seguiríamos mais o fio da experiência; dir-se-ia que, como ninguém pode observar quando e como começa a dormir, não há como apreender o que está na origem dos sonhos.

Acrescentemos à experiência o raciocínio. Todo ato da imaginação está ligado a uma sensação que o precede e sem a qual ele não existiria. Por que esse ato, e não outro, se ele não estivesse determinado por uma sensação em particular? Mergulho num doce devaneio, produzido pela visão de uma paisagem verdejante, pelo canto dos pássaros, pelo murmúrio das fontes; é certo que não poderia ser produzido por nada perturbador ou tumultuoso. Concede-se tudo isso, sem dificuldade, com relação à vigília; mas a coisa não é menos certa, nem menos necessária, em relação aos sonhos. Pois, se os sonhos são encadeamentos de atos da imaginação, e se, como tais, devem, por assim dizer, estar atados a um ponto fixo, do qual partem, isto é, a uma sensação, concluo que todo sonho tem início com uma sensação e tem continuidade graças a uma série de atos da imaginação: todas as impressões que não surtiam efeito no início da noite se tornarão eficazes, senão para despertar, ao menos para vibrar, e a primeira vibração com força suficiente dará início ao sonho. Teria este uma analogia com a natureza da vibração? Que seja, por exemplo, um raio de luz; insinuando-se por entre nossas pupilas, ele afeta o olho; não teria o sonho referência a objetos visíveis, luminosos? Um som chega a nossos ouvidos; se é suave, melodioso, uma serenata sob nossa janela, sonharemos, e os encantos da harmonia estarão no sonho. Ao contrário, é um som estridente e lúgubre: ladrões, carnificinas e outras cenas trágicas se oferecerão a nós. Assim, a natureza da sensação, que é a progenitora do sonho, determina a espécie deste; e, por mais que seja tão fraca que não ofereça à alma uma percepção tão intensa como seria na vigília, sua eficácia física não é menos real: uma vibração externa corresponde a uma vibração interna e não a outra; e, uma vez dada, determina a sequência das que se seguirão.

A vigília tem aí uma parte importante, contribuindo com ideias e ações mais familiares; pois trata-se sempre de impressões recentes. Daí a frequente conformidade entre os sonhos e o que se passou no dia anterior. Mas nem por isso o sonho deixa de partir de uma sensação, e a espécie da sensação determina sempre a espécie do sonho.

Por sensação entendo não apenas impressões de objetos exteriores; em nosso corpo, ocorrem mil outras coisas, que também se incluem na classe das sensações e, por conseguinte, produzem o mesmo efeito. Caso eu me deite com fome ou com sede, o sono será mais pesado; mas os incômodos lutam contra ele e, se não chegam a destruí-lo, ao menos produzem sonhos nos quais creio aplacar as necessidades relativas a alimentos, sólidos e líquidos, que, por certo, retornarão quando eu despertar. Uma ínfima partícula de ar que flutua ao redor de nós produz diferentes espécies de vibração que serão princípios e modificações de nossos sonhos. Quantas vezes um refluxo, uma cólica ou outra afecção incômoda não surgem **[357]** durante o sonho e o perturbam até que sua força se dissipe? Seu nascimento e progresso são quase sempre acompanhados de estados da alma ou de sonhos correspondentes.

O grau de clareza a que chegam os atos da imaginação constitutivos dos sonhos nos dá um conhecimento acerca destes; a partir de certo grau, eles começam a se tornar perceptíveis, assim como ocorre com os objetos da visão e da audição. Atingido esse grau, começamos a sonhar, ou a perceber que temos sonhos; e, à medida que a clareza aumenta, os sonhos se tornam mais nítidos. Mas, como esses graus podem aumentar ou diminuir diversas vezes ao longo de um mesmo sonho, sobrevêm desigualdades, obscuridades que eclipsam partes do sonho, enquanto outras permanecem nítidas. Essas nuances podem variar ao infinito.

Os sonhos são interrompidos quando retornamos ao sono profundo ou quando despertamos. O despertar assinala o retorno das sensações; quando as sensações claras e perceptíveis renascem, os sonhos são obrigados a se retirar. Assim, nossa vida é dividida entre dois estados, essencialmente diferentes entre si: um é verdade de fato, o outro é ilusão. Mas, se a duração dos sonhos igualasse a da noite, e eles fossem sempre sensivelmente claros, poder-se-ia questionar qual dessas sensações é mais essencial à nossa felicidade e indagar quem seria mais feliz, o sultão que durante o dia se entrega às delícias de seu serralho e à noite é atormentado por sonhos terríveis, ou o mais miserável dos escravos, que, prostrado pelo trabalho extenuante durante o dia, tem à noite sonhos encantadores. A rigor, o belo título de *real* convém tão pouco aos prazeres de que as pessoas se ocupam durante a vigília quanto aos que podem ser proporcionados pelos sonhos.

O estado de vigília se distingue do sono porque nele nada acontece que não tenha causa ou razão suficiente. Os eventos se ligam-se entre si de maneira natural e inteligível, enquanto nos sonhos tudo é incoerente, desordenado, falso. Um homem desperto jamais poderia se encontrar de repente numa sala, se não tivesse chegado a ela por um caminho que conduza até ali; não poderia ser transportado de Londres a Paris, a não ser que fizesse essa viagem; pessoas ausentes ou mesmo mortas não se oferecem de imprevisto à minha visão; mas tudo isso, e outras coisas estranhas, contrárias a todas as leis da ordem e da natureza, se produzem em sonhos. Eis, portanto, o *criterium* de que dispomos para distinguir entre esses dois estados; a certeza mesma desse *criterium* vem do duplo embaraço em que às vezes parecemos nos encontrar, quando, de um lado, durante a vigília, apresenta-se a nós algo de extraordinário, que, à primeira vista, parece inconcebível; perguntamo-nos então, *Estou sonhando?*, e beliscamo-nos, para nos certificar de que estamos mesmo acordados. Por outro lado, quando um sonho é bem nítido e coerente, e contém apenas coisas possíveis, da mesma natureza das que experimentamos quando estamos bem acordados, às vezes não sabemos o que pensar, terminado o sonho, acerca de sua realidade. Tendemos a crer que as coisas não se passaram como parece. Nossa alma, na medida em que depende dos órgãos do corpo, está destinada a não conseguir deslindar com exatidão a sequência de suas operações. Mas, assim como o desenvolvimento de nossos órgãos nos leva a passar de um sonho perpétuo e totalmente confuso a um estado misto de sonhos e verdades, resta-nos esperar que nossa morte nos eleve a um estado em que a sucessão de nossas ideias, continuamente clara e perceptível, não mais venha a ser entrecortada pelo sono, e tampouco por sonhos.

(PPP)

## Sono[1] (*Fisiologia*), Jaucourt [15, 331]

*Sono* é o estado de inatividade dos órgãos do sentido externo e distensão dos movimentos voluntários. É um estado necessário para que o homem possa sustentar, reparar e recompor a sua máquina.

"Do Deus que nos criou com clemência infinita recebemos, para amenizar os males desta vida, dois seres benignos, que com gratidão acolhemos, pois sustentam nossos esforços e acalentam nosso descanso: um é o doce sono, o outro é a benigna esperança. Quando o homem exausto sente o corpo fatigado, os órgãos esgotados, as forças exauridas, vem o sono, com um sorriso tranquilo, socorrer a natureza e, com o manto do esquecimento, recobrir as dores que ela tem de suportar". Voltaire, *Henriade*, canto 7.

Tais são os efeitos salutares do sono! Mas a causa que o traz, e, passadas algumas horas, leva-o, é tão esquiva que devemos nos contentar com meras conjecturas, dentre as quais as seguintes talvez estejam entre as mais verossímeis.

Para que o nosso corpo consiga se mover com facilidade, é preciso que um suco nervoso seja introduzido nos nervos e nenhum obstáculo detenha o seu curso. Na falta de uma dessas condições, instaura-se a inatividade.

Quando agimos, o suco nervoso dissipa-se aos poucos, de sorte que, após um esforço prolongado, não se encontram mais espíritos[2] em quantidade suficiente para mover nosso corpo. Pois, para que os líquidos corram por nossos órgãos com facilidade, as fibras de nossos vasos devem ter certa tensão, sem o que não conduziriam os fluidos. Ora, com o esforço, as fibras distendem-se, devido à contínua evaporação do suco que corria nelas e com sua presença as retesava. E as do cérebro, que são as mais frouxas, são as que mais facilmente se desgastam. Com o desgaste da massa do cérebro,

1 Tradução parcial.

2 Isto é, os espíritos animais da medicina hipocrática.

o suco nervoso deixa de ser introduzido nos nervos, do que se segue uma languidez que nos obriga ao repouso. É o que fica provado pela produção de sono consequente à ligação de uma das carótidas ou à perda de uma grande quantidade de sangue, ou ainda ao esgotamento dos sucos que preenchem os vasos, ocorrido por ocasião de doença.

Os nervos experimentam ainda outra espécie de compressão, quando permanecemos acordados por muito tempo. A transpiração priva o sangue de sua parte mais fluida; os componentes mais espessos permanecem nos vasos. Com o esforço, e mesmo em decorrência da própria atuação do coração, o sangue acumula-se nas extremidades das artérias cerebrais. Essas artérias então se dilatam, e sua dilatação comprime a base dos nervos, o que produz um inchaço no corpo como um todo, pois se trata de um obstáculo ao curso do suco nervoso. Essa compressão pode ser verificada como efeito da ingestão abusiva de bebidas fermentadas, que, por rarefação, causam uma grande pressão no cérebro e induzem ao sono. Um efeito ainda mais notável dessa compressão foi constatado numa mulher que teve o crânio aberto e que mergulhava no sono ao ter o cérebro pressionado e caia em apoplexia quando se aplicava uma pressão mais forte. O que leva a pensar que a compressão é uma das causas do sono.

Quando nos sentimos fatigados devido ao esforço ou por termos permanecido acordados durante muito tempo, o suco nervoso dissipa-se, e seus vasos dilatados comprimem a base dos nervos; outras vezes, a distensão do cérebro produz compressão. Ora, tudo isso só poderia ter sobre os nervos o mesmo efeito que uma ligadura: a sensibilidade é afetada, os movimentos voluntários se tornam difíceis, até cessarem por completo. Então, os músculos do ombro, que é sustentado unicamente por músculos extensores e requer uma ação para manter-se ereto, deixam de atuar e a cabeça tomba com o próprio peso; os olhos fecham-se, pois, para que se mantenham abertos, é preciso que o músculo que levanta a pálpebra se contraia, mas, durante o sono, ele não recebe suco suficiente para tanto, e assim relaxa e deixa a pálpebra superior a si mesma; por fim, todos os membros relaxam, pois os músculos que os movimentam não mais recebem, como antes, o líquido que os anima. Em consequência desses fenômenos, as afecções do espírito, que dependem da atividade dos sentidos, cessam enquanto dormimos.

Enquanto cessa a atuação dos músculos sujeitos à vontade, intensifica-se o movimento do coração e dos órgãos da respiração. Como os músculos dos membros do corpo estão relaxados, o coração não bombeia mais o sangue em direção a eles, pois, uma vez que as fibras distendidas dos músculos não auxiliam nem as artérias nem as veias, o coração encontra uma resistência maior. E, como a ação do coração aumenta sempre que encontra tal resistência, esses obstáculos nas extremidades fazem com que a circulação se torne mais intensa nas vísceras, pois o sangue, que não consegue prosseguir nas rotas costumeiras rumo às extremidades dos membros do corpo, é lançado em maior quantidade nos vasos laterais, ou seja, naqueles que se espalham pela região do abdômen. [...] [**333**]

Assim como tudo o que comprime o cérebro e se opõe à introdução do suco nos nervos leva ao sono, tudo o que produz um efeito contrário nos mantém numa situação oposta ao torpor. As paixões, a dor, as substâncias voláteis amargas nos põem sempre num estado de agitação das fibras. No que se refere a essas substâncias, vê-se facilmente como elas produzem tal agitação. Quanto às doenças do espírito, apenas o Ser que mantém a alma e o corpo em recíproca dependência poderia nos instruir acerca da maneira como o cérebro é perturbado quando a alma é agitada. Seja como for, o efeito das paixões é sempre um movimento no cérebro; esse movimento produz a circulação do líquido nervoso e impede que o cérebro seja comprimido pelos vasos e entre em estado de distensão. Ver Boerhaave, Haller, Sénac.

## *Vigília* (Fisiologia), *Diderot* [16, 874]

Na economia animal, *vigília* é o estado do corpo humano em que as ações dos sentidos, internos e externos, podem ser desempenhadas com facilidade sem deparar com nenhuma resistência. Tenho certeza de que estou acordado quando meus olhos abertos percebem os corpos ao meu redor; quando sinto vontade de dormir, meus olhos veem confusamente; e, quando durmo, não vejo mais nada. Estou acordado se ouço os sons ao alcance de meus ouvidos; e durmo, se não os ouço. Estou acordado quando falo e ando à vontade, e também quando meu cérebro se encontra na disposição física em meio à qual as impressões internas, aplicadas a meus órgãos, excitam certos pensamentos. Estou acordado, enfim, quando o princípio motor dos músculos, à menor mudança do princípio pensante, determina-se prontamente em direção aos músculos mesmos, por mais que muitas vezes de fato não chegue a se insinuar neles.

(PPP)

## Substância (*Filosofia, Lógica, Metafísica*), Autor desconhecido [15, 583]

Uma *substância* é a reunião de numerosas qualidades, dentre as quais algumas subsistem sempre juntas, enquanto outras podem ser separadas, para dar lugar a novas. Desse ponto de vista, nada é tão simples como a ideia de substância, a respeito da qual tanto se discutiu, e continuar-se-á a discutir, sem que nada de claro seja dito acerca de sua natureza.

Quer-se dar um nome a essa reunião de qualidades; para tanto, são negligenciadas as que variam de um momento para outro, prestando-se atenção somente às mais duradouras. Para o homem comum, estas últimas são as essenciais ao ser, ou melhor, à reunião designada pelo nome geral substância; tais qualidades são ditas *substâncias*, mas melhor seria chamá-las *atributos essenciais*, enquanto as demais, que variam e podem ou não entrar nessa reunião, são consideradas apenas a título de maneiras de ser, chamadas *modos*. Vide *Modos*. Mas os filósofos, ou, dentre eles, os que procuram dar às palavras um sentido mais estrito, observam que, em meio a essas qualidades duradouras, algumas são tão essenciais que não se separam nunca, e são tão inerentes que não se poderia conceber sua separação sem que o seu ser fosse não somente alterado, mas inteiramente destruído; por isso, reservam o nome de substância à reunião dessas qualidades primárias, essencialmente inseparáveis; quanto às outras, duradouras, mas que podem ser eliminadas sem que se anulem as primeiras, chamam-nas *substâncias modificadas*. Um exemplo, que indica a gradação completa de qualidades de uma substância, poderá também mostrar o que de mais simples poderia ser dito a esse respeito. Lancemos os olhos sobre um rio; [**584**] veremos uma vasta extensão de água, que oferece alguma resistência à pressão, é pesada, líquida, transparente, insípida, incolor, inodora e se move. Se, de repente, esse corpo perdesse a transparência e adquirisse a coloração cinza-sal, ou cinza-escuro, nem por isso lhe daríamos um novo nome; diríamos apenas que o rio está turvo; e, mesmo que ele adquirisse um sabor e um odor, continuaria a ser um rio. Mas, caso perdesse o movimento e permanecesse em repouso, essa mudança nos pareceria mais considerável, pois então ele se tornaria similar aos agregados de água a que damos o nome de *lago* ou *lagoa*; não seria mais um rio, embora continuasse a ser feito de água. Se, em seguida, o frio atuasse sobre esse agregado de água e o privasse de sua liquidez, perderia também o nome de *água* e se tornaria *gelo*. No verão, exposto aos raios solares, o gelo se tornaria água e perderia sua massa, elevando-se nos ares como *vapor*; receberia então esse nome, ou o de *nuvem*. Mas, em meio a todas essas transformações, conservaria sua *extensão* e a resistência que os físicos chamam de *impenetrabilidade*, e continuaria a ser corpo. E se viesse a perder essa extensão e essa impenetrabilidade, o que restaria? Absolutamente nada; pois não concebemos massa, fluidez e movimento sem extensão impenetrável. Tampouco uma destruição como essa poderia ocorrer; essas qualidades têm uma durabilidade diferente das demais; não há na natureza uma força capaz de produzi-la ou destruí-las, e por isso mesmo recebem, em conjunto, o nome de *substância*. O corpo, ou seja, a extensão impenetrável, é uma substância; o vapor, o gelo, a água, o rio, são substâncias modificadas.

Observe-se que, nesse exemplo, a gradação das qualidades de uma substância, que nos leva a considerá-la mais ou menos essencial, funda-se inteiramente em sua dependência mútua. Um rio tem água corrente; o curso da água é inconcebível, se a água mesma não existir; e a água é como que a substância do rio, cujo movimento é o modo. A água é um corpo líquido, dotado de peso; a liquidez e a massa desse corpo não podem existir sem a extensão impenetrável; por isso, considera-se o corpo como se ele fizesse essa substância, que, modificada pela massa e pela liquidez, se chama *água*. Não vemos nenhuma qualidade mais essencial, da qual a extensão e a impenetrabilidade pudessem depender; estas respondem, portanto, pela substância conhecida pelo nome de corpo.

A razão detém-se aí; consultando apenas ideias claras, não poderia ir além. A imaginação, porém, vai mais longe. Eis como ela raciocina, na maioria dos homens. Para voltarmos ao exemplo mencionado, ao ver que a água ora está fria, ora quente, e julgar que a água resfriada é a mesma que a água quente, ela considera a água um ser distinto dessas duas qualidades, um objeto que adquire ou perde qualidades que são, por assim dizer, modos aplicados ou utilizados pelo hábito. Descobrindo em seguida, na água, outras qualidades, como o movimento, a transparência, a fluidez, dentre as quais algumas podem ser separadas da água sem que ela deixe de ser água, e outras, que não se encontram em todos os corpos, a imaginação inclui todas na classe dos modos ou acidentes; em seguida, retira-as do objeto, exceto pelas mais essenciais, como extensão e impenetrabilidade; depois, busca por um substrato, que seria um tipo de sustentáculo, o nódulo dessa reunião, e dá a este o nome de *substância*. Quanto mais de perto é examinado, mais patente se torna que não poderíamos lhe atribuir nenhuma qualidade, pois descartamos de sua ideia todas aquelas que, segundo imaginamos, o revestiriam: como se diz, o substrato da água não é em si mesmo extenso, é dotado de extensão; não é fluido, possui essa qualidade; que não se pense que é pesado ou transparente. E assim, quanto mais se estuda esse pretenso substrato, menos se pode concebê-lo, pois, com efeito, nada resta, quando se despoja uma coisa de todas as suas qualidades. Esse substrato torna-se tão mais obscuro quanto maior a atenção com que é considerado, de tal sorte que somos forçados a declarar que nada conhecemos das substâncias, a não ser os seus modos. O Sr. Locke, esse grande metafísico, chegou até esse ponto, e, supondo que as verdadeiras causas das qualidades sensíveis se furtariam a nós, concluiu que desconhecemos por completo as essências reais dos seres ou substâncias. É verdade que nem sempre conhecemos a ligação entre as qualidades que reunimos; e não podemos saber se essa ligação é necessária ou casual, pois só podemos penetrar até a fonte da qual essas qualidades derivam se julgarmos os seres exteriores através de nossos sentidos, que não nos mostram mais do que a relação entre esses seres e nós, ou entre as impressões que eles podem realizar em nós atuando sobre nossos órgãos. Por isso, dificilmente poderíamos julgar ou conhecer as qualidades originais ou substanciais que dão aos seres suas qualidades sensíveis. Sentimos que o fogo é quente; mas o que haveria no fogo, que não se encontra no gelo? Em virtude do que esse elemento realiza em nós a impressão da qual nasce a sensação de calor? É o que ignoramos, e os físicos tampouco o sabem. Nesse sentido, há razão para dizer que desconhecemos as essências reais ou substâncias; que as ideias que temos a respeito delas, por estarem fundadas em qualidades sensíveis, não são imagens fidedignas, nem símiles exatos das qualidades primitivas que constituem a substância, mas imagens defeituosas, que variam muito de um homem a outro, pois são obra de seu espírito. Mas nem por isso elas são mero capricho; pois essas qualidades, às quais, reunidas, demos um nome, formando uma substância, existem realmente em conjunto e em íntima união, desde que não se contradigam ou se excluam mutuamente; e, como não podemos nos enganar a respeito de qualidades sensíveis, ao menos é certo que conhecemos a essência das substâncias em cuja ideia nenhuma dessas ideias sensíveis entra, tais como a alma e o corpo tomados em geral e por abstração. E, dessa maneira, sua essência, que, como sabemos, consiste na reunião das qualidades primárias não sensíveis, poderá ser fielmente representada por sua ideia, vale dizer, vamos conhecê-la como se nós mesmos a tivéssemos forjado.

Pode-se afirmar que conhecemos a essência da alma, pois temos uma ideia justa de suas faculdades – entendimento, imaginação, memória, sensação, vontade, liberdade; eis a alma e sua essência. Em nossa opinião, não é preciso buscar por mistérios, nem imaginar um substrato desconhecido, que jamais se apresenta a nós e supomos ser o sustentáculo dessas [**585**] propriedades que se dão a conhecer. Com efeito, o que é o entendimento, se não a alma mesma, enquanto concebe distintamente? E a vontade não é a alma mesma, considerada na medida em que deseja? Portanto, aquele que sabe o que é o entendimento e o que é a vontade conhece a essência da alma, e conhece, igualmente, extensão, solidez e força em geral, conhece a essência do corpo. Como se convencer de que o corpo é um ser diferente de suas propriedades, ao qual extensão, força e solidez seriam aplicadas, recobrindo-o de tal maneira que esconderiam o substrato? Não é mais natural, e mais certo, que a extensão do corpo seja o corpo mesmo, considerado, por abstração, extenso, e ignorando-se a solidez e a força? Como afigurar-se um ser extenso, sólido, capaz de agir, sem conceber que se trata de um corpo? Que nos seja permitido elevarmo-nos dessas duas substâncias até a substância infinita, causa primeira de todas as substâncias criadas e de todos os seres. Como poderíamos conhecê-la, se não por seus atributos? O que é Deus, senão o ser necessário, que tem em si sua própria existência, que é eterno, imutável, infinitamente perfeito? Considerado em todas as suas qualidades, esse ser, essa reunião de perfeições, é a substância à qual damos o nome de *Deus*, cuja essência só pode ser conhecida, e a ideia, percebida, na medida em que temos ideia de seus atributos ou perfeições.

Há, porém, uma restrição em relação ao que dissemos. Afirmar que conhecemos a essência das substâncias não é afirmar que conhecemos os seres a fundo, como a alma e o corpo; pois pode ser que conheçamos as qualidades essenciais e ignoremos os atributos que decorrem delas, assim como podemos entender um princípio sem que por isso descubramos todas as suas consequências. A falta de penetração, de atenção ou de reflexão impede que abordemos um objeto por todos os seus lados ou o comparemos a todos com que ele tem relações. Por isso, não devemos concluir, a partir do que conhecemos da essência da alma e do corpo, que conhecemos a essência de todas as almas e corpos em particular. O que faz a diferença entre eles e os distingue um do outro pode ser uma coisa qualquer, tão delicada que facilmente nos escapa. As essências dos corpos particulares estão fora do alcance de nossos sentidos, e não as distinguimos por qualidades sensíveis; desde sempre, há uma ilusão: perdemos de vista a essência real e somos forçados a nos ater à essência nominal, que é a reunião das qualidades sensíveis às quais demos o nome. Vide a respeito o capítulo VI do livro III do *Ensaio sobre o entendimento humano*, do Sr. Locke, e outras passagens dessa excelente obra.

O pouco que dissemos a respeito de substâncias em geral talvez seja o que há de mais simples e verdadeiro acerca de um assunto que, por força de ser analisado, é envolto em trevas. Parece o suficiente para mostrar que é falsa a definição de substâncias como *aquilo que é em si, concebido por si mesmo*, ou cuja *ideia não precisa, para ser formada, da ideia de outra coisa*. Conheceríamos com isso as substâncias? Perceberíamos a união da ideia do ser com a da independência em relação a toda outra coisa? Estaríamos autorizados a acrescentar, à essência de substância, o que não está contido em sua ideia, a saber, a existência em si, independente dos atributos? Parece o suficiente, também, para sugerir que os que pretendem erguer um sistema sobre esse princípio e isolar a substância de suas qualidades não têm outro objetivo além de confundir tudo sob a ideia de uma substância única e necessária, que é e permanecerá desconhecida, enquanto insistirmos em considerá-la substrato simples, independente de qualidades e determinações. Para uma extensa refutação do sistema de Espinosa, vide a excelente obra do abade Pluquet, *Examen du fatalisme*.

(**PPP**)

## Tato, toque (*Fisiologia*), Jaucourt [15, 819]

O *tato*, ou *toque*, como se preferir, é o mais seguro de todos os nossos sentidos; é ele que retifica os demais, cujos efeitos não passariam, no mais das vezes, de ilusões, se não viesse em nosso auxílio; é, por conseguinte, a última trincheira da incredulidade. Acrescente-se a essa qualidade o fato de ser a mais geral entre as sensações. Poderíamos muito bem ver ou ouvir com apenas uma pequena porção de nossos corpos; mas foi preciso ter sentimento em todas as partes para não sermos autômatos que poderiam ser desmontados ou destruídos sem que nos déssemos conta disso. A natureza cuidou para que, onde quer que houvesse nervos e vida, se experimentasse, em maior ou menor grau, essa espécie de sentimento. Parece mesmo que essa sensação não precisa de uma organização particular, e o simples tecido sólido dos nervos lhe é suficiente. O perímetro de uma ferida recém-aberta, o periósteo ou tendão exposto têm um sentimento muito vivo, ainda que não possuam os tufos nervosos que se observam na pele. Dir-se-ia que a natureza, obrigada a reservar ao toque uma grande parcela de sensação, o estabeleceu com o preço mais baixo possível: procedeu de modo que os tufos nervosos não fossem necessários, e assim o sentimento do toque é como que a base de todas as outras sensações, gênero do qual elas são as espécies mais perfeitas.

Todos os nervos animados por fluidos têm essa sensação geral; mas as papilas da pele e dos dedos, por exemplo, a têm com um grau de perfeição que acrescenta ao primeiro sentimento uma espécie de discernimento acerca da figura do corpo que é tocado. As papilas da língua enriquecem a contribuição daquelas da pele; as do nariz as da língua, e assim por diante, de acordo com a delicadeza da sensação. O que se diz das papilas não exclui o resto do tecido nervoso, quanto à parte que lhe cabe na sensação. Em certos órgãos, a participação das papilas é maior que a desses tecidos, como no caso da pele e da língua; em outros, é menor, como na membrana pituitária do nariz, que responde pelo órgão do olfato. Por fim, em outras partes, o tecido sólido nervoso responde praticamente sozinho pelo órgão, como na visão. Essas diferenças [**820**] se explicam pelo fato de que cada órgão é proporcional ao objeto do qual recebe impressões.

Convém à perfeição do sentimento do tato que os nervos formem pequenas saliências sensíveis, ou pirâmides, mais apropriadas do que um tecido uniforme para vibrar ao contato com a superfície dos corpos. O paladar necessita de gomos nervosos, esponjosos e embebidos em saliva, para diluir e misturar os princípios dos diferentes sabores, e introduzi-los em seu tecido, a fim realizarem sua impressão com mais eficácia. A membrana pituitária, que reveste o órgão do olfato, é aveludada e tem cornetos e células, para deter os vapores odoríferos; e, como seu objeto é sutil, não precisa nem de gomos, nem de grosseiras pirâmides. A coroide também é aveludada, para absorver as imagens; mas o fundo desse veludo, feito para receber imagens, tem de ser uma membrana nervosa, bem lisa e extremamente sensível.

Chama-se *tato* ou *toque* não somente esse sentido universal, que não falta a praticamente nenhuma parte do corpo, mas sobretudo o sentido particular que se realiza na extremidade da face interna dos dedos, seu verdadeiro órgão. A dor, a tensão, o calor, o frio, as irregularidades na superfície dos corpos, tudo isso se faz sentir em todos os nervos, na parte interna como na externa.

O tato causa nas vísceras uma dor silenciosa, sentimento que atinge de maneira aguda os nervos, que são modulados em forma de papilas; esse tato não difere do precedente por natureza, apenas por grau.

A pele, que é o órgão do tato, apresenta um tecido fibroso, composto por nervos e vasos que se entrelaçam com maravilhosa complexidade. É colada, em todas as partes que recobre, aos vasos sanguíneos, linfáticos e nervosos; e, de ordinário, também a uma colcha, feita de numerosas camadas bastante sutis, entre as quais se formam células, em que as extremidades das artérias depositam uma gordura. Os anatomistas dão a essas camadas folhadas o nome de *tecido celular*; é nele que os açougueiros insuflam ar, quando querem dar à carne dos animais uma aparência saudável.

A pele é composta por todas essas partes, que a prendem ao corpo, que, por sua vez, é revestido por ela. Essas camadas de vasos e nervos capilares são aplicadas umas às outras pela compressão do líquido em que o feto se encontra, no útero da mãe, e do ar, quando o bebê nasce. Muitos desses vasos, de início ocos, logo se tornam sólidos e formam fibras, que são como tendões, e compõem, com os nervos, a maior parte do tecido dessa espessa tela. As capilaridades nervosas, após terem contribuído, com seu entrelaçamento, para a formação da pele, terminam na superfície externa desta; ali, descolando-se da parede em que haviam surgido, formam uma espécie de rede, à qual se deu o nome de corpo reticular. Essa rede nervosa é em si mesma um mecanismo, apropriado para receber a impressão dos objetos; a extremidade do nervo, despojada de sua primeira túnica, desabrocha e produz a papila nervosa; esta, por dominar a rede, é bem mais exposta a vibrações, e, por conseguinte, é mais suscetível de sensações delicadas. Uma linfa entumece essas papilas, lhes dá rapidez e abrangência, e faz assim um órgão perfeito.

Essas papilas, alinhadas uma ao lado da outra e dispostas em ordem, constituem os sulcos que observamos na superfície da pele, mais visíveis nas extremidades dos dedos, onde terminam em espiral. Chegando aí, alongam-se de acordo com a extensão dessa parte e se reúnem tão estreitamente que formam os corpos sólidos a que chamamos *unhas*.

As capilaridades sanguíneas a que chamamos linfáticas e untuosas, que penetram no tecido da pele, distribuem-se aos poucos, como os nervos; seu entrelaçamento na pele forma a rede vascular, seu espessamento perfaz a epiderme que recobre as papilas e lhes é tão necessária para moderar a impressão dos objetos e torná-la mais distinta. Por fim, a função das glândulas situadas sob a pele é entumecer as papilas nervosas.

Desse detalhamento segue-se: 1º) que o órgão do corpo que serve ao tato é formado por papilas ou tufos moles, polpudos, medulares, nervosos, mucosos, aveludados, enfim, de diversas espécies, com figura e arranjo infinitamente variados, produzidos por nervos duros, que correm sobre a pele e que, despojando-se de suas membranas externas, tornam-se muito moles e, por conseguinte, bastante sensíveis; 2º) que esses tufos são umectados e arroxeados por um líquido extremamente fluido e abundante; 3º) que a membrana fina e sólida chamada epiderme dá os sulcos e sinuosidades que recobrem tais tufos, protegendo-os sem alterar sua sensibilidade.

Esses tufos têm a virtude de se contrair e desabrochar alternadamente. Malpighi, que tanto contribuiu para esclarecer a matéria de que tratamos, disse que, certa vez, ao examinar ao microscópio as extremidades dos dedos de um homem sensível ao ar quente, viu saltar dos sulcos de sua pele os tufos nervosos da epiderme, como se estes quisessem tocar e capturar algo na ponta do dedo. Mas esse mesmo autor confessa não estar certo do que viu e chega mesmo a questionar o próprio experimento. É provável, contudo, que esses tufos saltem, como acontece com os bicos dos seios quando submetidos a cócegas. Quando damos doces a uma criança que os adora e lhe pedimos que mostre a língua diante de um espelho, veem-se nela, por toda parte, elevações, como pequenos tubérculos. Quando o caracol se desloca, saltam de sua cabeça pequenos chifres, nas pontas dos quais se encontram seus olhos; à visão de corpos duros, o receoso animal se recolhe novamente em sua concha. Ocorre com nossos tufos, em escala menor, o mesmo que com os chifres do caracol em escala maior. Assim, a impressão realizada pelos tufos sobre a pele constitui o *tato*, que consiste nisto: aplicada a extremidade do dedo a um objeto que se queira tocar, os tufos oferecem sua superfície a esse objeto e o esfregam suavemente.

Afirmei que as extremidades dos dedos devem ser aplicadas ao objeto que se quer tocar. Quero dizer com isso os dedos da mão, de preferência aos dos pés. Contudo, o tato poderia ser exercido quase tão bem pelos pés quanto pelas mãos, se os dedos dos pés fossem mais flexíveis, mais separados entre si, mais exercitados, e não fossem contraídos pelo caminhar, pelo peso do corpo e pelo uso de calçados. Dito isso, acrescento que os tufos tocam com sua superfície o objeto, pois, de certa maneira, como os animais que erguem as orelhas para escutar, eles saltam como se quisessem julgar o objeto tocado. Por fim, se digo que esses tufos esfregam suavemente sua superfície contra a do objeto, é porque o tato nada mais é do que a resistência do corpo que é tocado. Se essa resistência for negligenciável, o toque será claro e distinto; se nos agredir vivamente, sente-se a dor sem que seja preciso tocar:

por isso, caso um dedo esteja escoriado, não distinguimos as qualidades dos corpos que tocamos, mas sofremos ao tocá-lo. Ora, dependendo da natureza desse toque, ele comunicará aos tufos nervosos um movimento cujo efeito, uma vez propagado [**821**] até o *sensorium commune*, excita a ideia de calor ou frio, úmido ou seco, mole ou duro, polido ou áspero, de um corpo que se move ou está em repouso, que está próximo ou distante de nós. A ideia de cócegas ou comichão, e o prazer concomitante, nasce de uma leve vibração; a dor de um estição, do esgarçamento dos tufos.

Portanto, é objeto do toque todo corpo com consistência e solidez suficiente para fazer vibrar a superfície de nossa pele; o sentido que daí procede descobre a nós as qualidades desse corpo, vale dizer, figura, consistência, dureza, moleza, movimento, distância, temperatura, espessura etc.

Esse sentido discerne com facilidade o movimento dos corpos; e, como este não é mais do que um deslocamento sobre uma superfície, ele percebe o polido, o áspero e outras irregularidades dos corpos.

Ele julga ainda a distância; bela observação de Descartes! Esse filósofo fala de um cego que, introduzido num quarto escuro, era capaz de distinguir os corpos próximos dos distantes, desde que estivesse munido de dois bastões em cruz, cujas pontas respondessem ao corpo que era apresentado.

O homem parece nascer com uma espécie de trigonometria. Pode-se considerar o corpo desse cego como a base do triângulo, os bastões como seus lados, e seu espírito, como a extremidade do ângulo maior do vértice, próximo ao corpo, ou longe dele, pela pequena amplitude do ângulo. O que não há de parecer surpreendente para os geômetras, que com extrema facilidade manejam a Geometria sublime para com ela medir o esforço dos saltos, a força de atuação dos músculos, os graus da voz e as vibrações dos instrumentos musicais.

Por fim, o sentido do tato distingue perfeitamente o quente, o frio e o morno. Chamamos de *morno* tudo o que não é mais quente ou frio do que o corpo humano, e reservamos os nomes *quente* e *frio* ao que é mais quente ou frio do que ele.

Embora o corpo humano como um todo sinta calor, esse sentimento é mais vivo onde quer que existam mais tufos e nervos, como na ponta da língua ou dos dedos.

A sensação de calor é uma espécie de leve vibração das partes nervosas, um espessamento de nossos sólidos e fluidos produzido pela ação moderada de uma ínfima quantidade da matéria que compõe o fogo ou o princípio que produz o calor, seja natural ou artificial. Quanto maior a quantidade dessa matéria e quanto mais agitada estiver, ela dissolve nossos líquidos e fere nossos sólidos; essa ação violenta é o que produz a ferida.

A sensação do frio, ao contrário, é uma espécie de estreitamento das papilas nervosas e de todos os sólidos em geral, condensação ou supressão do movimento de nossos fluidos, causada ou pelo contato com um corpo frio, ou por um acidente qualquer que suprima a circulação de nosso fogo natural. Supõe-se que, detidos os fluidos por uma dessas causas, nossas papilas nervosas se estreitem; esse estreitamento é o princípio que produz os efeitos do frio no corpo humano.

O sentido do tato nos propicia ainda diferentes sensações do fluido e do sólido. Um fluido difere de um sólido por não ter nenhuma parte suficientemente espessa para que possamos pegá-lo ou tocá-lo por diferentes lados ao mesmo tempo; é o que faz que os fluidos sejam líquidos: as partículas que os compõem não se deixam tocar por partículas vizinhas, a não ser num ponto apenas ou num número tão pequeno de pontos que nenhuma das partes poderia aderir a outra. Os corpos sólidos, mesmo reduzidos a pó, ainda que não possam ser apalpados, não perdem a solidez, pois, como suas partes se tocam por diferentes lados, a aderência entre elas se mantém. Por meio do tato, discernem-se perfeitamente as espécies que se podem reunir, separar, juntar a outras, e por esse meio o tato distingue os sólidos dos fluidos, o gelo da água.

Mas o discernimento não é algo que se obtenha de uma vez. O sentido do tato desenvolve-se imperceptivelmente, com a reiteração de hábitos. Aprendemos a tocar, como aprendemos a ver, a ouvir, a provar. De início, queremos tocar tudo o que vemos; queremos tocar o Sol, estendemos nossos braços para abarcar o horizonte, e tudo o que encontramos é o ar. Pouco a pouco, nossos olhos guiam nossas mãos; e, após uma infinidade de tentativas, adquirimos conhecimento das qualidades dos corpos, vale dizer, o conhecimento de sua figura, consistência etc.

Por fim, o sentido do tato realiza amiúde a função dos olhos, julgando distâncias e compensando os cegos, em alguma medida, pela perda da visão. Mas não se deve imaginar que a arte do toque chegaria ao discernimento das cores, como se relata na *République des Lettres* (junho de 1685) a respeito de certo organista holandês, ou como quer Bartholin, *Acta Medica Hafniensia*, 1675, referindo-se a um artista cego que discernia todas as cores apenas pelo tato. Lê-se ainda em Aldrovandi que certo Ganibasus, nativo de Volterre e bom escultor, tendo se tornado cego aos vinte anos conseguiu, após descansar por dez anos, esculpir em Roma uma estátua de gesso perfeitamente similar a Urbano VIII. No entanto, por mais viva que seja sua imaginação, por mais delicado o seu tato, e por mais cuidado que tenha ao percorrer com os dedos a superfície de uma face, um cego jamais poderia formar para si mesmo uma ideia justa da figura de um objeto a ponto de executar em seguida um retrato perfeito do original.

Após termos estabelecido qual o órgão do tato, sua textura, seu mecanismo, o objeto desse sentido, sua extensão e seus limites, não teremos dificuldades para explicar os seguintes fatos:

1º) Por que a atuação do toque é dolorosa quando a epiderme é queimada, ferida ou macerada, como quando da queda de unhas ou da epiderme, causada por febre aguda ou por queimaduras? Tudo isso acontece porque os nervos se expõem em demasia, e, por conseguinte, o toque ocorre com mais força. Parece que a natureza quis contornar esse inconveniente revestindo com uma túnica todos os órgãos de nossas sensações.

2º) Por que o tato é anulado quando a epiderme se torna mais espessa, dura ou calosa, ou é marcada por cicatrizes? Pela mesma razão que o tato piora quando vestimos luvas. As calosidades fazem aqui o papel de luvas: são lâminas, camadas, folhas de pele, diversas vezes aplicadas uma a outra com violenta compressão, o que impede que as papilas nervosas recebam impressões. Essas calosidades se formam sobretudo nas partes em que a pele é mais espessa e cerrada, como nas cavidades das mãos e [**822**] nas plantas dos pés. É graças a essas calosidades, a esses tumores duros e insensíveis, em que todos os nervos e vasos foram destruídos, que certas pessoas conseguem, sem se queimar, carregar ferro fundido com as mãos, ou manipular impunemente o vidro em brasa. Carrière, Kaw e outros fizeram a mesma observação a respeito dos fabricantes de âncoras.

Mais duro e sólido é o revestimento da pele, menos se exerce o sentimento do tato; mais fina e delicada é a pele, mais vivo e refinado o sentimento. Entre outras vantagens em relação aos homens, as mulheres têm a pele mais fina, e, consequentemente, o tato mais delicado. O feto no útero da mãe poderia sentir, graças à delicadeza de sua pele, todas as impressões exteriores; mas, como está submerso num líquido, e líquidos absorvem e detêm a ação de todas as causas que possam produzir choques, raramente ele é afetado, e somente por corpos ou movimentos muito violentos. Portanto, ele quase não exercita, ou melhor, simplesmente não exercita a sensação do tato em geral, comum ao corpo como um todo; pois, como não utiliza suas mãos, não pode adquirir, no útero de sua mãe, nenhum conhecimento dessa sensação particular que se encontra na ponta dos dedos. E, mal vem ao mundo, é privado dessa oportunidade, pois permanece enfaixado durante seis ou sete semanas, com o que é privado, desde o início, dos meios de adquirir as primeiras noções acerca da forma das coisas, como se fosse uma obrigação de nossa parte retardar o desenvolvimento de um sentido tão importante, do qual dependem todos os nossos conhecimentos.

Pela mesma razão que as calosidades impedem a atuação do tato, a maceração o torna demasiadamente tenro, pelo desgaste da superfície da pele – como sabem as jovens lavadeiras, cuja epiderme é de tal maneira desgastada pelo sabão que experimentam uma sensação desagradável, pois o tato de seus dedos é excessivamente aguçado.

3º) Qual a causa desse movimento singular e dolorido, dessa espécie de entorpecimento produzido pela enguia, quando a tocamos? É o que examinaremos no verbete *Enguia*. Quanto ao torpor que às vezes se observa em jovens histéricas, é um fenômeno em que o princípio nervoso geral é atacado, e que, por essa razão, é muito difícil de explicar.

4º) De onde vem que os dedos sejam o principal órgão do tato? De acordo com o engenhoso autor da *Histoire naturelle*, isso não se deve apenas ao fato de haver maior quantidade de tufos nervosos na extremidade dos dedos do que nas outras partes do corpo, mas também ao fato de a mão ser dividida em diferentes partes móveis, todas elas flexíveis, atuando simultaneamente e em obediência à vontade, o que explica por que somente os dedos podem nos dar ideias distintas da forma dos corpos. A perfeição desse sentido consiste no contato de todos os pontos com a superfície; os dedos podem se abrir, fechar-se, dobrar-se, aproximar-se uns dos outros, ajustando-se assim a toda espécie de superfície. Essa vantagem é suficiente para que tornem o órgão desse sentimento mais exato e mais preciso, necessário para que tenhamos uma ideia da forma dos corpos.

Se a mão, continua o Sr. Buffon, tivesse um número ainda maior de extremidades e fosse subdividida, por exemplo, em vinte dedos, cada um deles com um número maior de articulações e movimentos, não há dúvida de que, por serem dotados de tufos nervosos, seu sentimento do tato seria infinitamente mais perfeito com essa conformação do que com a atual, pois essa mão se aplicaria de modo muito mais imediato e preciso às diferentes superfícies dos corpos.

Suponhamos que a mão fosse subdividida em uma infinidade de partes móveis e flexíveis, e todas pudessem ser aplicadas, ao mesmo tempo, sobre todos os pontos da superfície dos corpos; semelhante órgão seria uma espécie de geometria universal, para nos exprimirmos assim, com o auxílio da qual teríamos, no mesmo instante do toque, ideias precisas da figura dos corpos que viéssemos a manejar, da maior ou menor aspereza de sua superfície, e da diferença, por menor que fosse, entre as figuras de cada um deles.

Se, ao contrário, a mão não tivesse dedos, só poderia fornecer noções bastante imperfeitas a respeito da forma das coisas, mesmo as mais palpáveis, e precisaríamos de muito mais experiência e tempo do que empregamos, se quiséssemos adquirir um conhecimento como o que temos acerca dos objetos à nossa volta. Mas a natureza supriu na medida certa as nossas necessidades e deu-nos os poderes de corpo e espírito convenientes à nossa destinação. "Dizei-me que vantagem haveria em ter um tato mais extenso, mais delicado, mais refinado, se, tremendo o tempo inteiro, nos acuasse o receio em relação às dores e agonias que se introduziriam em nós por cada poro?" É Pope quem faz essa bela reflexão, na linguagem dos deuses: *Say what the use, were finer senses given/ And touch, if tremblingly alive all o'er/ To smart and agonize at ev'ry pore?*

(**PPP**)

# Tear de meias[1] (*Fabrico de malhas, Preparo de peles*), Diderot [2, 98]

O tear de meias é uma das máquinas mais complicadas e coerentes de que dispomos. Pode ser considerada como um único e mesmo raciocínio, cuja conclusão é a fabricação do produto. Entre as suas partes, reina uma interdependência tão estreita, que retirar uma delas que se julgue menos importante, ou alterar sua forma, é interferir no mecanismo como um todo.

Essa máquina[2] saiu das mãos de seu inventor praticamente no estado de perfeição em que a encontramos. Para destacar uma circunstância que haverá de aumentar ainda mais a nossa admiração, preferi descrever o tear à antiga, em detrimento do nosso, cuidando apenas de indicar as pequenas diferenças entre eles, à medida que elas se apresentem.

Percebe-se, pelo que eu disse acerca da ligação e da forma das partes do tear de meias, que seria vão esperar por um conhecimento da máquina como um todo sem entrar no detalhamento e descrição de suas partes. Mas elas são tão numerosas que uma tarefa como essa parece exceder os limites que nos prescrevemos, tanto pela extensão do discurso quanto pela quantidade de pranchas necessárias. De resto, por onde começar um discurso como este? Como garantir que as pranchas serão exaustivas? A ligação entre as partes exige que se diga e se mostre tudo de uma só vez; mas isso não

1 Tradução parcial.

2 "Em sentido geral, *máquina* significa o que serve para aumentar e regular as forças moventes, ou qualquer instrumento destinado a produzir movimento de modo a poupar ou tempo na execução desse efeito ou força em sua causa. Vide *Movimento* e *Força*. Essa palavra vem do grego μηχανή, *máquina, invenção, arte*. Uma máquina consiste, assim, antes em arte e invenção que em força e solidez dos materiais. As máquinas dividem-se em simples e complexas. Há cinco máquinas simples a que todas as outras podem ser reduzidas: a balança e a alavanca, que formam uma mesma espécie, a polia, o plano inclinado, o calço e a rosca. Vide os verbetes correspondentes. Essas máquinas poderiam, na verdade, ser reduzidas a três, a alavanca, o plano inclinado e o calço. A essas máquinas simples o Sr. Varignon acrescenta uma sétima, a que ele dá o nome de *funicular*. Vide *Funicular*. Uma máquina *composta* é aquela formada por diversas máquinas simples combinadas entre si". "Máquina" (*Hidráulica*), d'Alembert, 9, 794.

é possível nem no discurso, no qual as coisas necessariamente se seguem umas às outras, nem nas pranchas, onde as partes se sobrepõem umas às outras.

Parece que essas dificuldades teriam dissuadido o prestimoso e engenhoso autor do *Spectacle de la nature* de incluir essa admirável máquina entre aquelas de que ele nos oferece a descrição. Percebeu que teria de dizer tudo, ou não teria dito nada; que não se tratava de um desses mecanismos dos quais se podem oferecer ideias claras e distintas sem uma parafernália de pranchas e um discurso longuíssimo. Por isso, não podemos contar com seu auxílio.

Que o leitor, longe de se espantar com a extensão deste verbete, possa se convencer de que não poupamos esforços para que fosse o mais curto possível, e ele de fato contém, no espaço de umas poucas páginas, a enumeração e descrição das partes e do mecanismo do tear, e da mão de obra necessária para operá-lo. A mão de obra é na verdade pouquíssima coisa; a máquina faz quase tudo por si mesma, o que torna seu mecanismo ainda mais perfeito e delicado. Seria preciso renunciar à compreensão dessa estrutura, se não tivéssemos um conhecimento exaustivo de suas partes. Pois, ouso afirmar, num tear como o que os operários chamam de *quarenta e dois* não se contam menos que *duas mil e quinhentas* partes, senão mais, muitas delas semelhantes entre si. Ora, se as partes semelhantes são menos embaraçosas para o espírito do que as outras, pois operam do mesmo jeito, são muito incômodas para os olhos, pois se sobrepõem umas às outras nas figuras.

Para superar esses obstáculos, acreditamos que era preciso adotar uma espécie de análise, que consiste em repartir a máquina como um todo em diferentes grupos particulares; representar, abaixo de cada grupo, as partes que ali não se percebam distintamente; agrupar sucessivamente os grupos e formar, pouco a pouco, a máquina inteira. Isso permitiria passar de um grupo simples a um composto, deste a outro, mais composto, e assim por diante, obtendo-se, sem obscuridade ou fadiga, o conhecimento de um todo bastante complicado.

Para esse efeito, dividiremos o tear de meias em duas partes: o *fuste*, ou as partes feitas em madeira, que sustentam a máquina e servem para a intervenção da mão de obra, e o próprio tear, ou as partes em ferro e outras que o compõem.

Propomo-nos tratar cada uma delas em separado. Mas, antes de entrar nesse detalhamento, relataremos o juízo a respeito dessa máquina emitido por um homem que percebeu muito bem o valor das invenções modernas. Eis como o Sr. Perrault se exprime, numa obra que seria ainda mais aprazível, se tivesse menos preconceitos: "Os que são dotados de gênio suficiente, não para inventar semelhantes coisas, mas para compreendê-las, mergulham no mais profundo espanto, à visão das molas em quantidade quase infinita de que a máquina de tear de meias é composta, e do grande número dos diversos e extraordinários movimentos realizados por ela. Quando vemos uma meia ser tricotada, admiramos a rapidez e a destreza das mãos da costureira, embora ela faça apenas uma peça por vez; o que dizer então de uma máquina, que forma centenas de peças por vez, que realiza ao mesmo tempo todos os diferentes movimentos que as mãos realizam em horas? Quantas pequenas molas emitem a seda e depois se desfazem dela para retomá-la, fazendo-a passar de uma peça a outra, de maneira inexplicável? Tudo isso sem que o tecelão que opera a máquina compreenda ou sequer suspeite o que se passa nela. Ela pode assim ser comparada à mais excelente máquina feita por Deus etc.".

"É muito lastimável, e também injusto", acrescenta o Sr. Perrault, "que não conheçamos os nomes dos que imaginaram máquinas tão maravilhosas, mas saibamos os de inventores de mil outras máquinas que se apresentam tão naturalmente ao espírito, que, para imaginá-las, bastaria ter vindo [**99**] ao mundo antes que os seus inventores."

Consta que o tear de meias é uma máquina nascida na Inglaterra, que teria chegado a nós por um desses golpes que as nações, de tempos em tempos, aplicam umas às outras. A respeito de seu autor e de sua invenção, contam-se muitas histórias pueris, interessantes talvez para aqueles que, por não terem condições de compreender a máquina, se deem por satisfeitos que se fale a respeito dela, mas que outros desprezam, e com razão.

O autor do *Dictionnaire du Commerce* afirma que os ingleses se gabam, em vão, de ter inventado essa máquina, glória que tentam subtrair à França. Segundo ele, é conhecida a história do francês que, ao constatar a utilidade e a novidade do tear, mas tendo encontrado dificuldades para obter um privilégio exclusivo para se instalar em Paris, viajou à Inglaterra, para onde levou consigo a máquina; admirada por todos, o tecelão que a operava foi recompensado por sua invenção. Mas os ingleses se tornaram tão ciumentos em relação a ela, que por muito tempo proibiram, sob pena de morte, transportá-la para fora da ilha ou fornecer seu modelo a estrangeiros. Um francês lhes deu esse presente, outro o restituiu à pátria de origem. Com um esforço de memória e imaginação cuja magnitude só poderá ser concebida após a leitura deste artigo, um homem mandou fabricar em Paris, ao retornar de viagem a Londres, um tear a partir do qual foram construídos os atualmente existentes na França e na Holanda. É o que se diz entre nós, a respeito da invenção do tear de meias. Acrescentarei apenas, a esse testemunho do Sr. de Savari, que não se sabe ao certo por que logo a Inglaterra, país do mundo em que os inventores nacionais são mais honrados, teria permitido que os desta máquina permanecessem incógnitos.

(**PPP**)

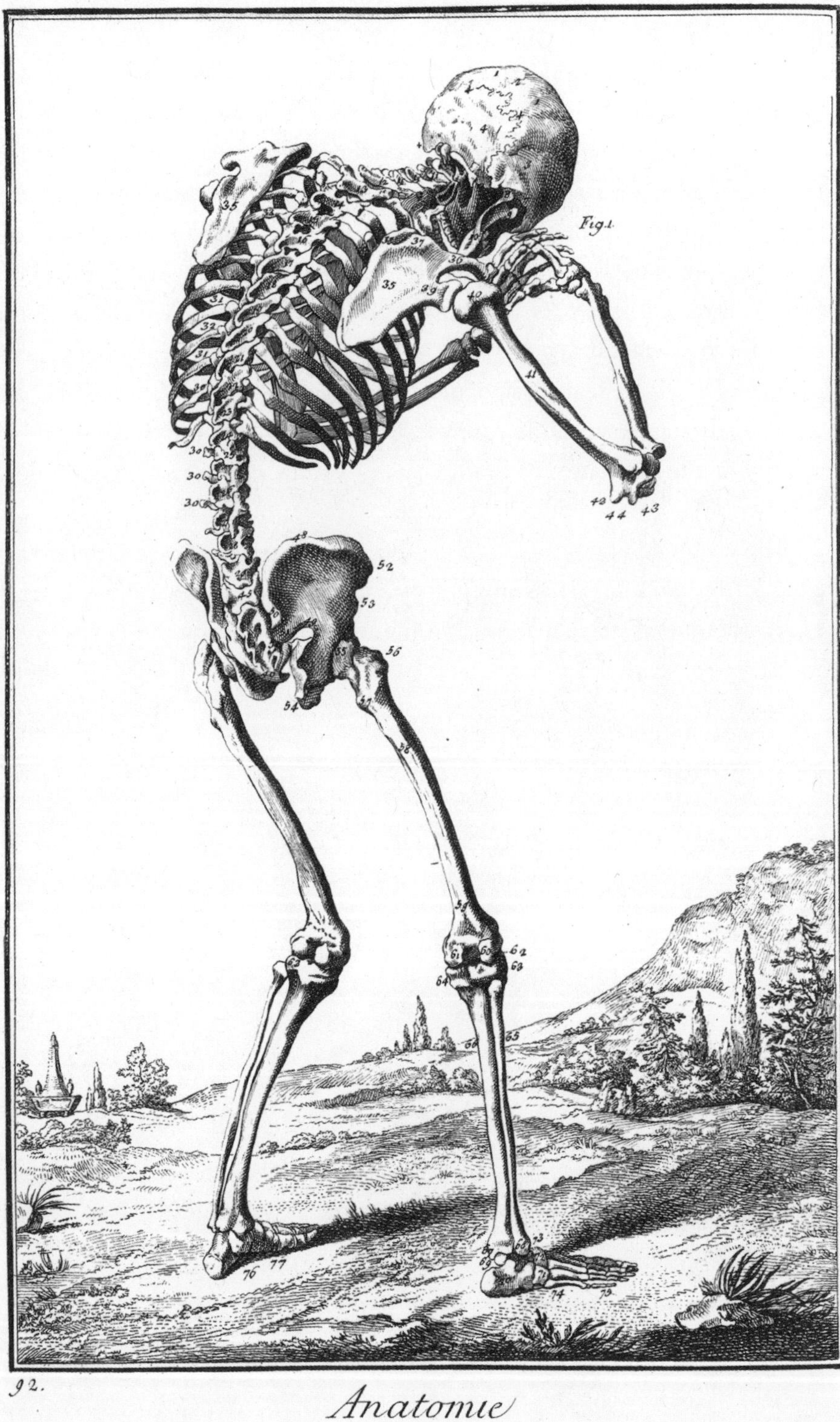




*Anatomie*

Anatomia.

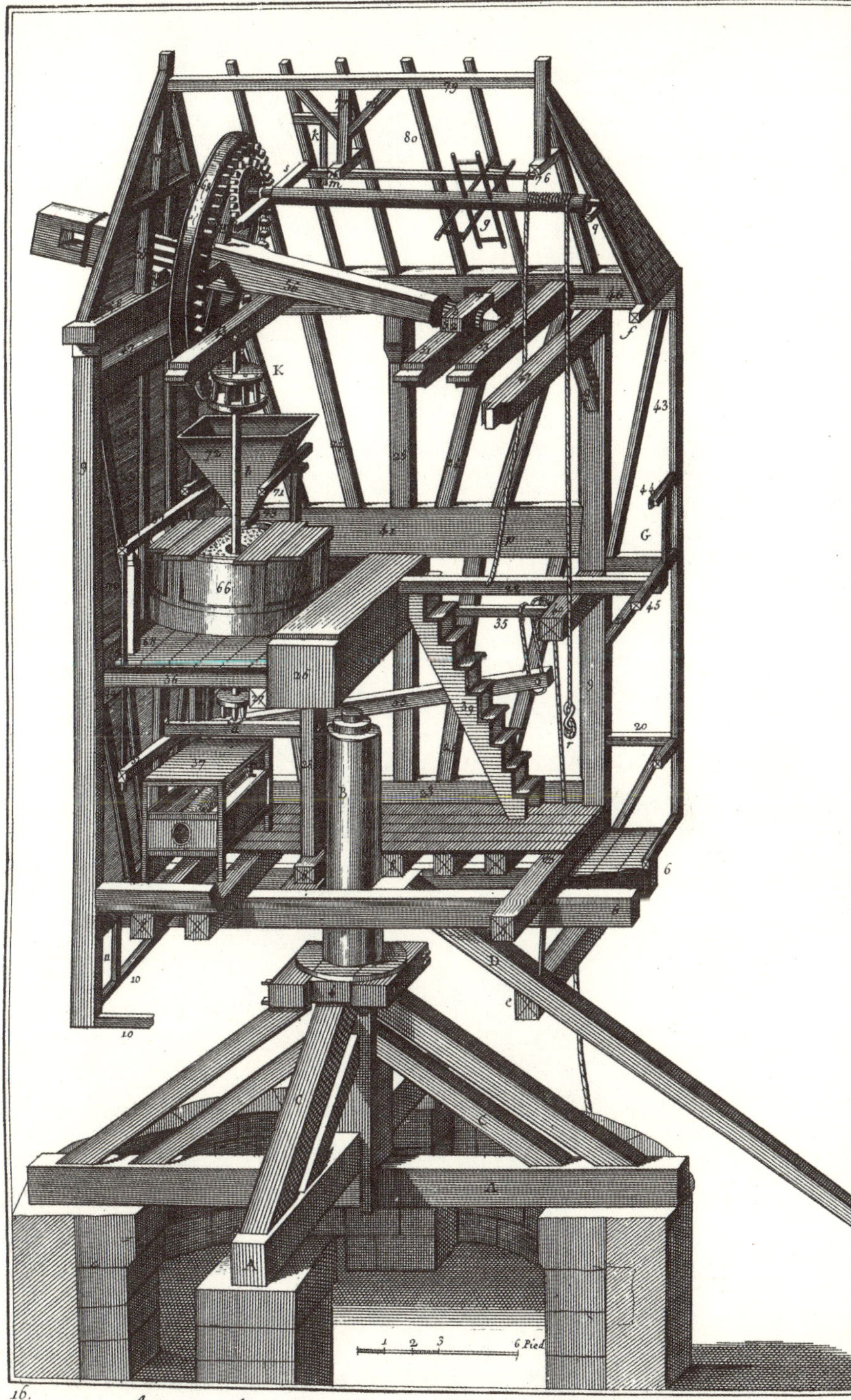

16.

Agriculture, Economie Rustique
Moulin à Vent

Agricultura, economia rústica. Moinho de vento.

155.

*Dessein, Mains.*

Desenho, mãos.

Pl. II.

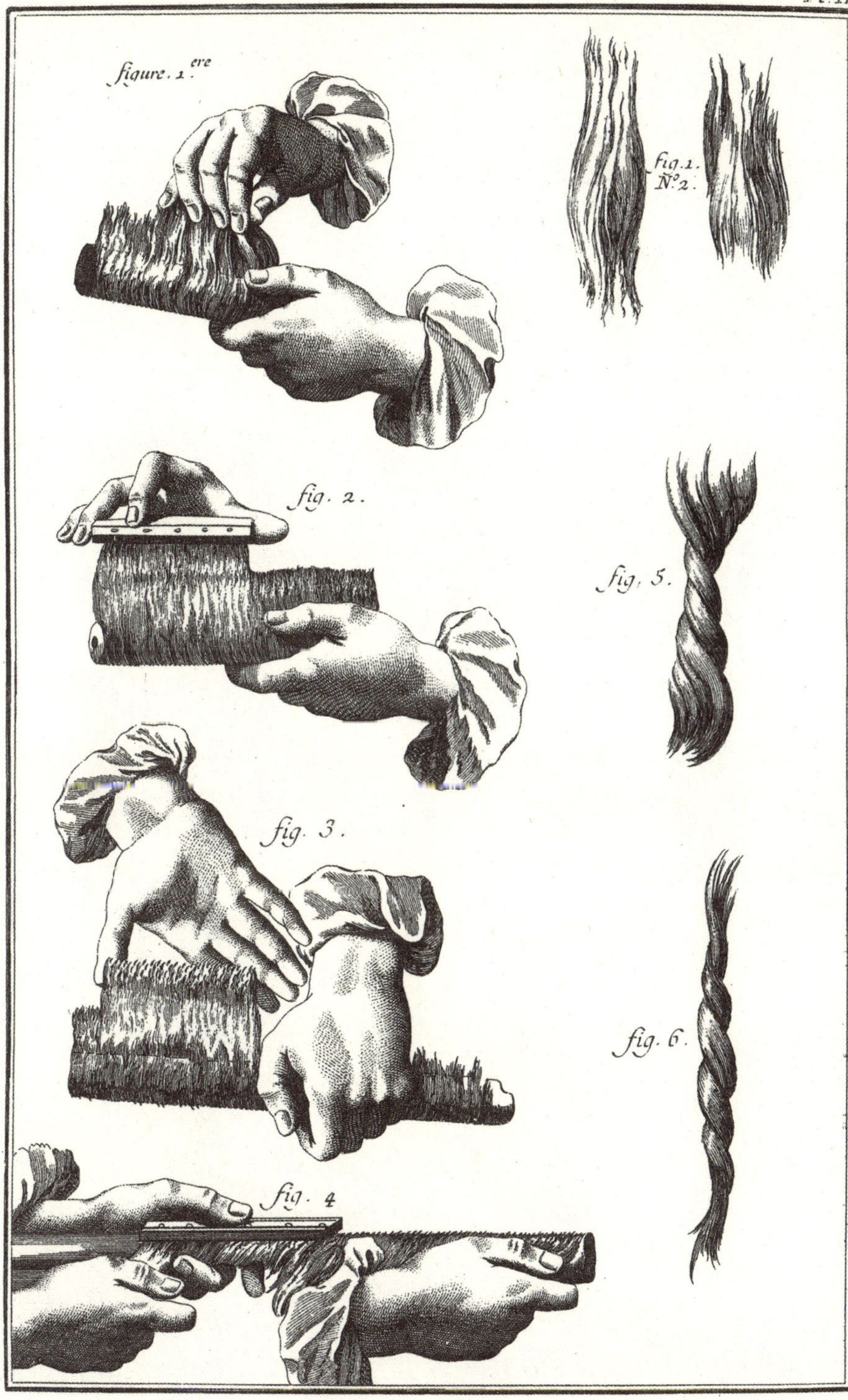


36. *Economie Rustique, Coton.*

Economia rústica, algodão.

Pl. III.

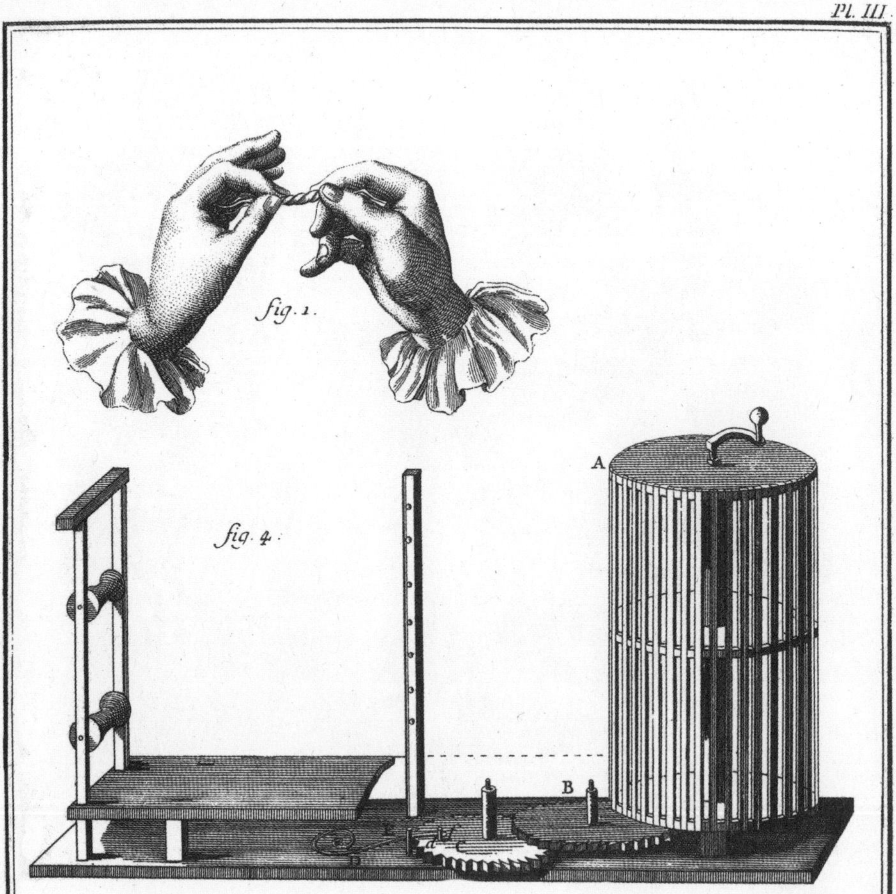


37 Economie Rustique, Coton.

Economia rústica, algodão.

87

*Chirurgie.*

Cirurgia.

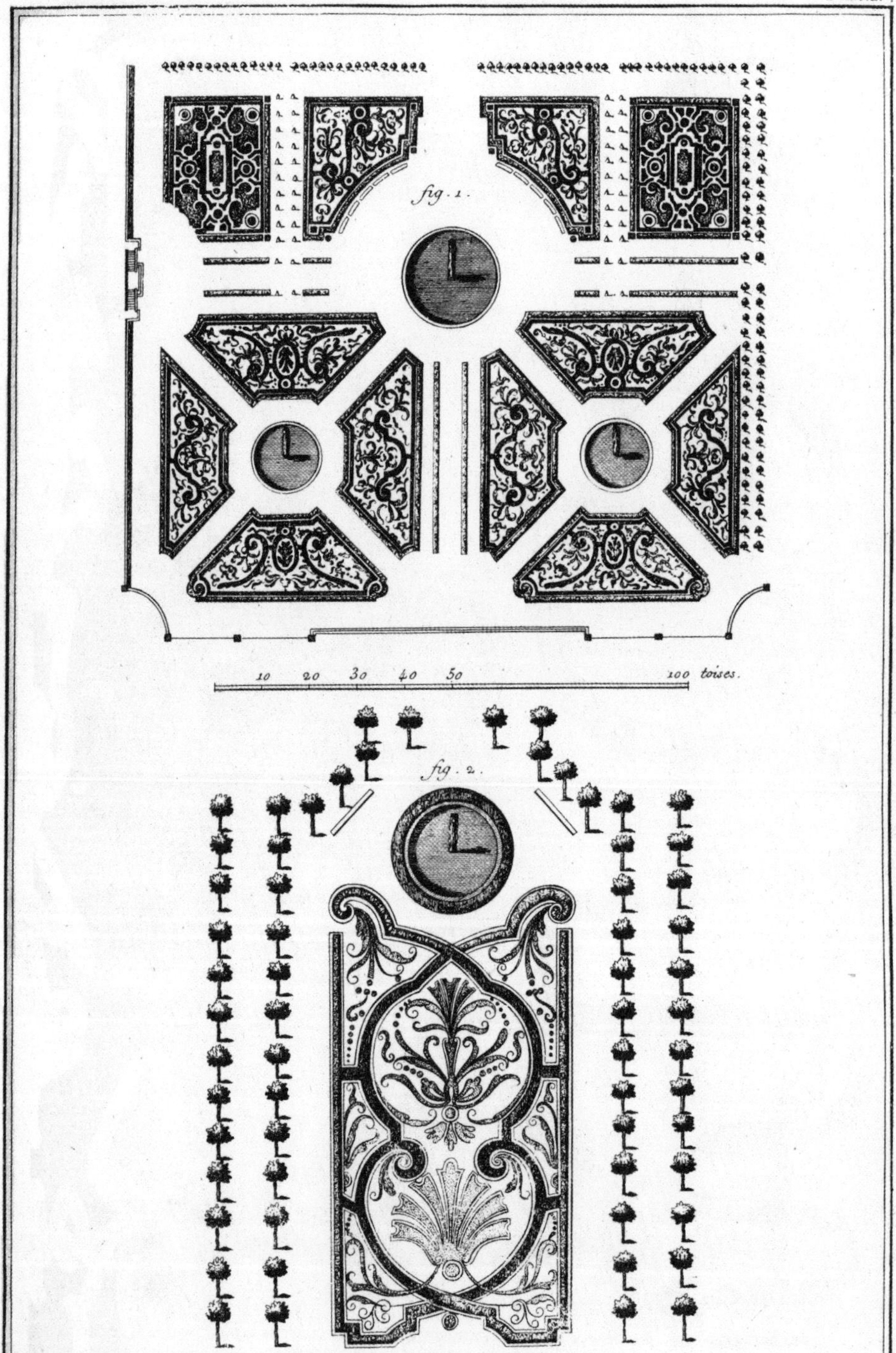


63.

Agriculture, Jardinage.

Agricultura, jardinagem.

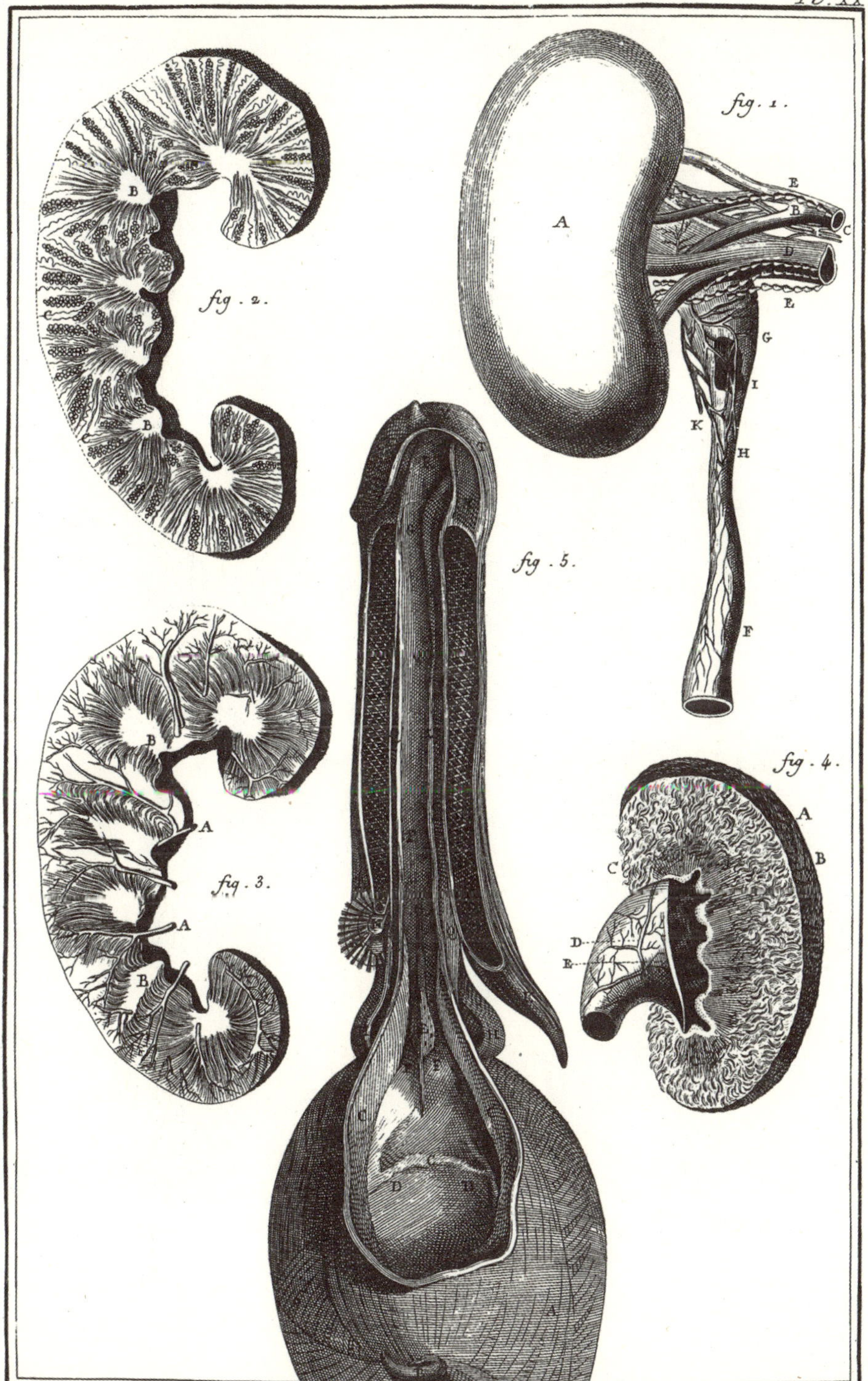


116

# Anatomie

Anatomia.

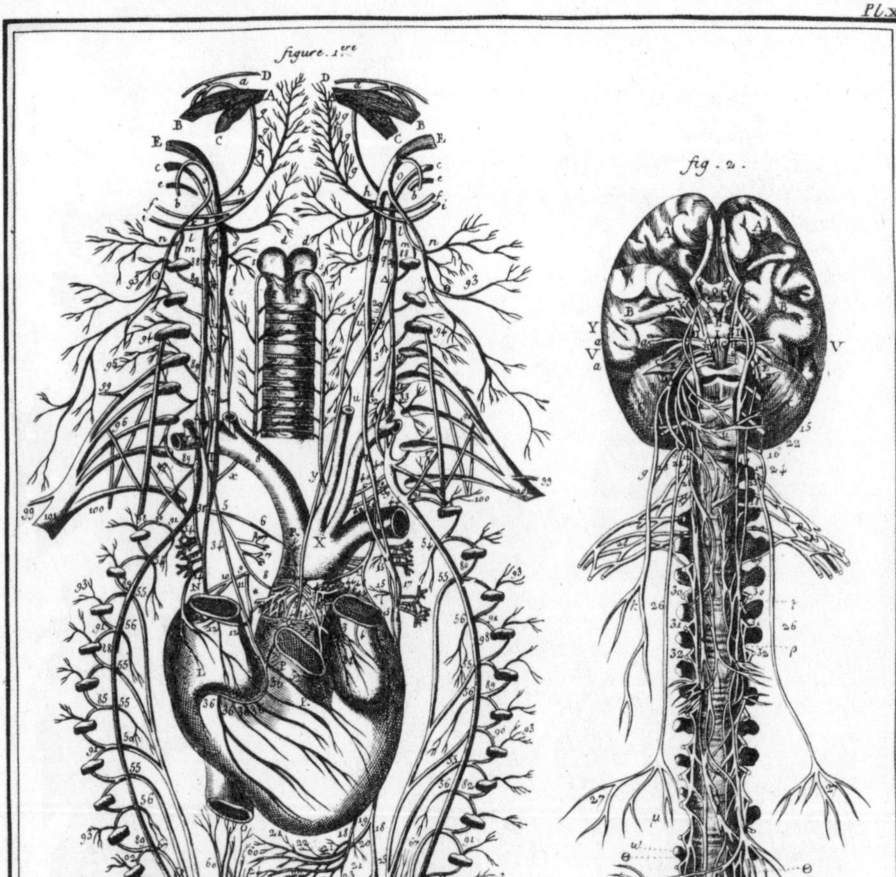


103.

Anatomie.

Anatomia.

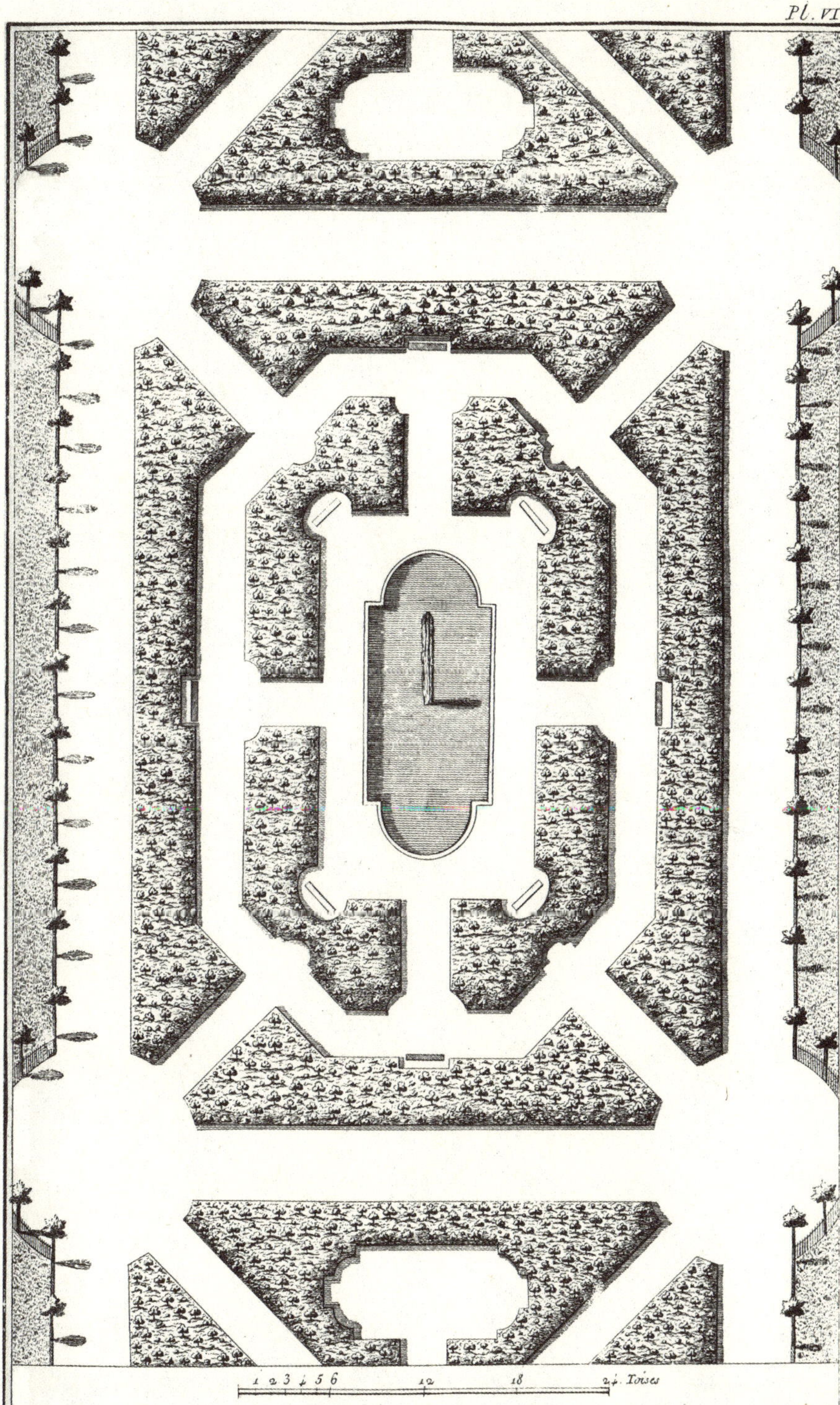


65.

*Agriculture, Jardinage.*

Agricultura, jardinagem.

21 Giuseppe Daniele.

*Antiquités*

Antiguidades.

Æ.B. s.

*Dessein, Etude.*

Desenho, estudo.

*Fig. 2.*

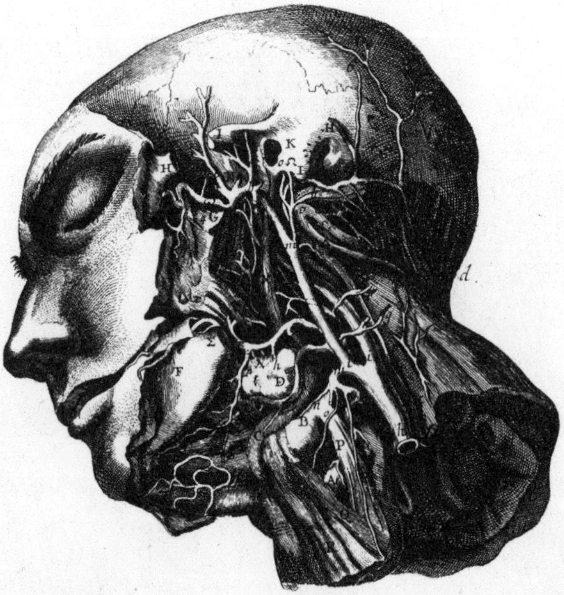

*Fig. 9.*

*Fig. 10.*

*Fig. 11.*

*Fig. 12.*




*Fig. 14*

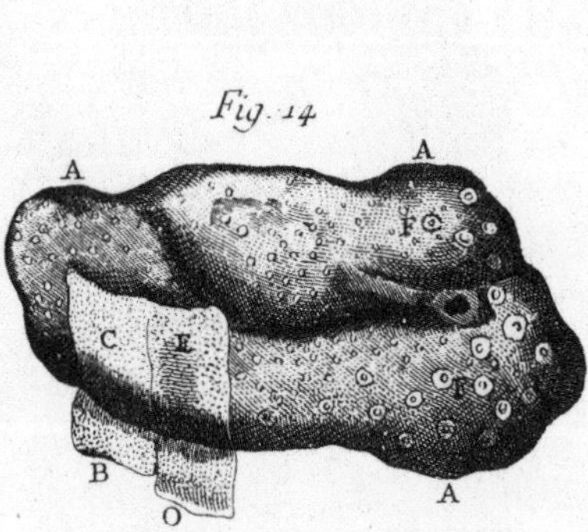


*Fig. 13.*

A.B.S.

# Anatomie.

Anatomia.

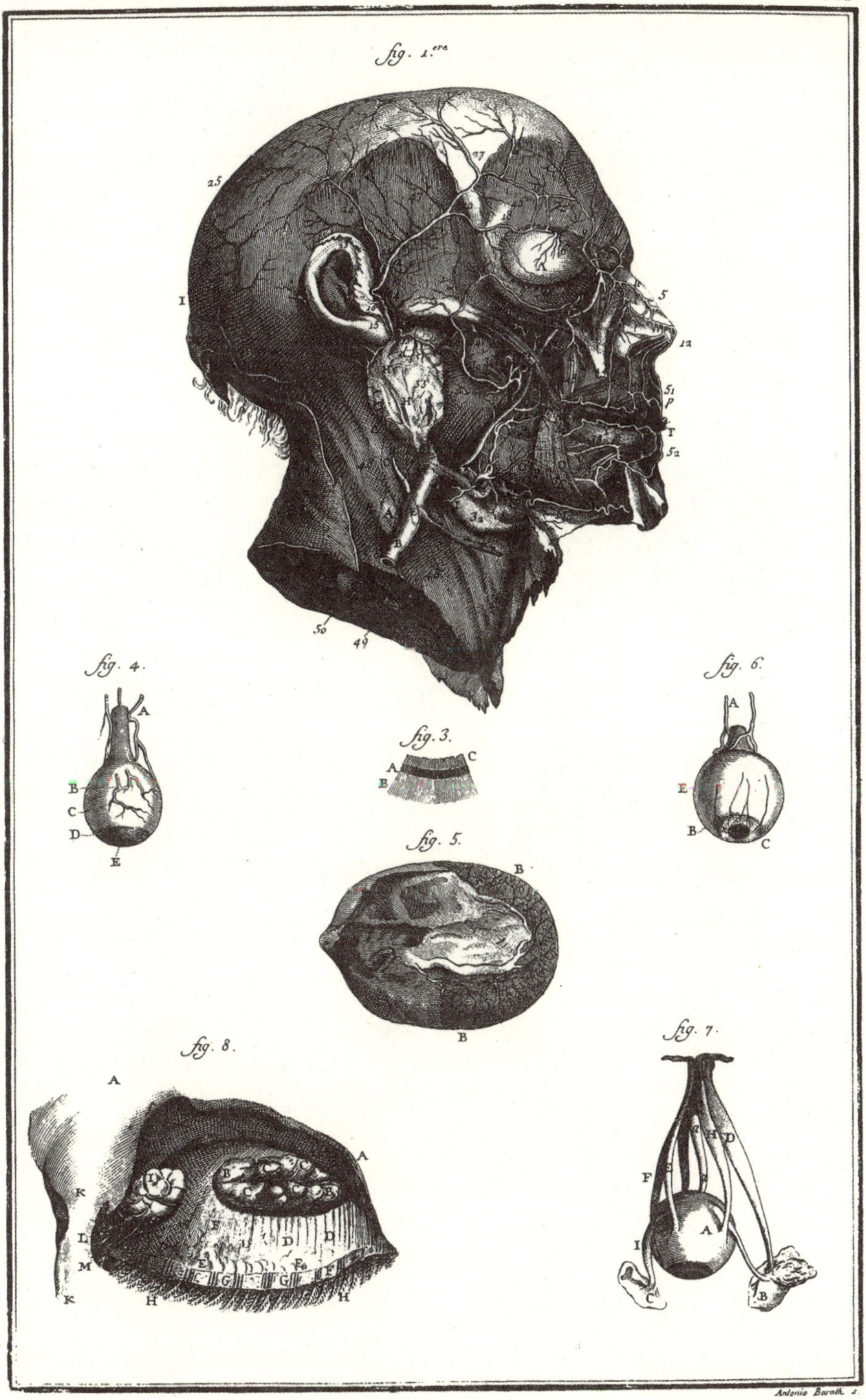


Antonio Baratti s.

# Anatomie.

Anatomia.

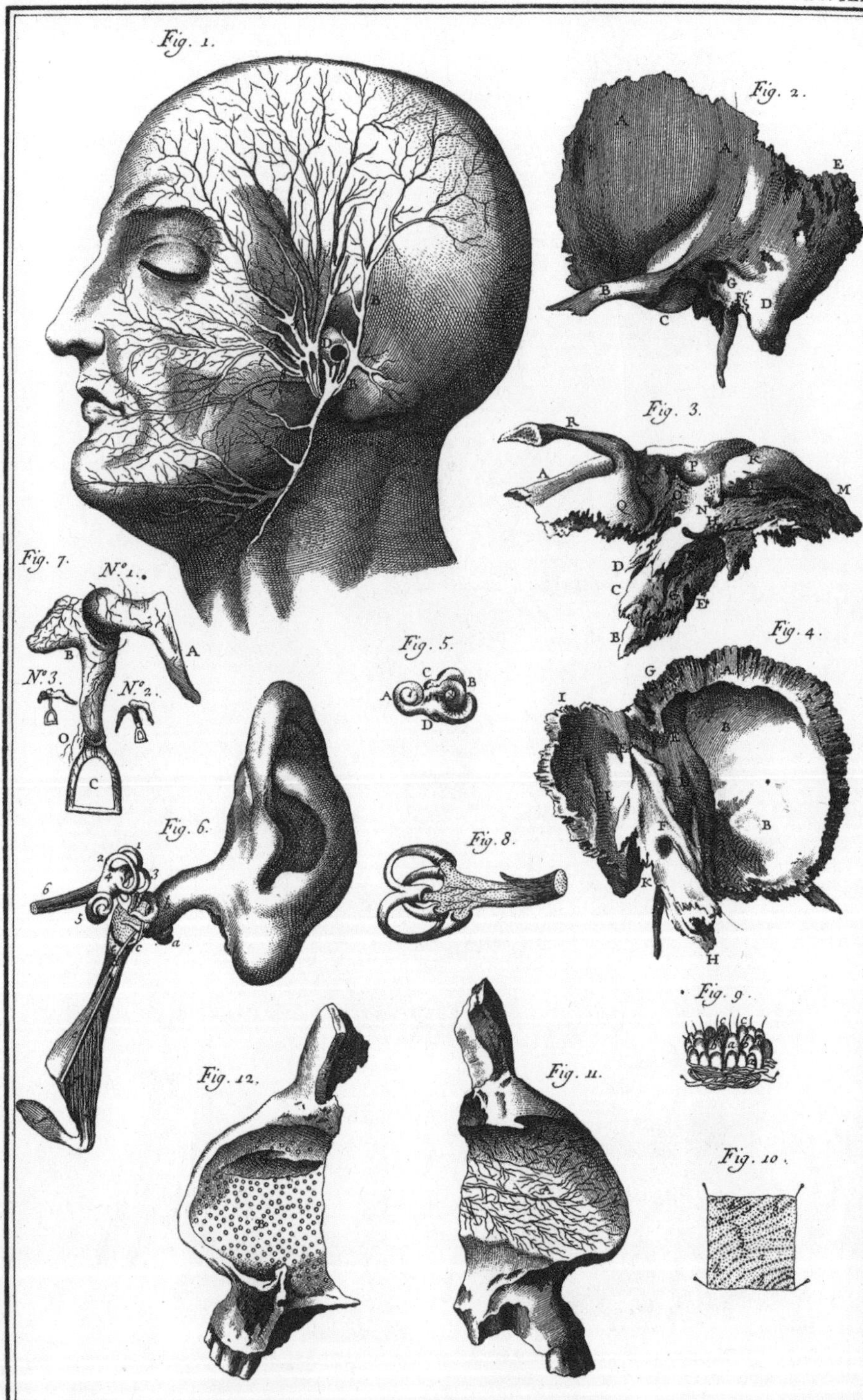


Antonio Baratti sculp.

# Anatomie.

Anatomia.

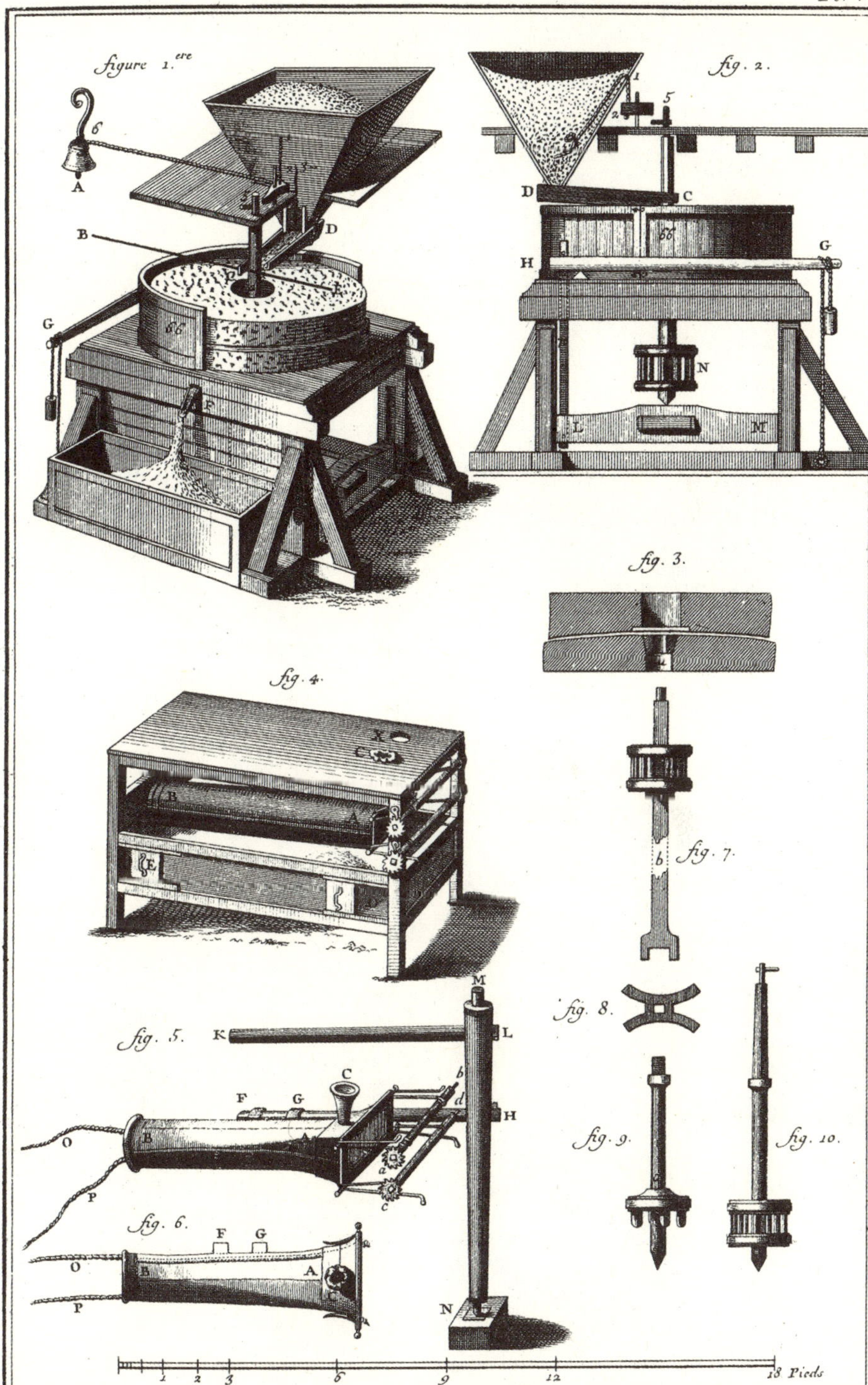


Æ.B. s.

17 Agriculture, Economie Rustique.

Detail des Moulins.

Agricultura, economia rústica. Detalhes dos moinhos.

*figure 1.ere*

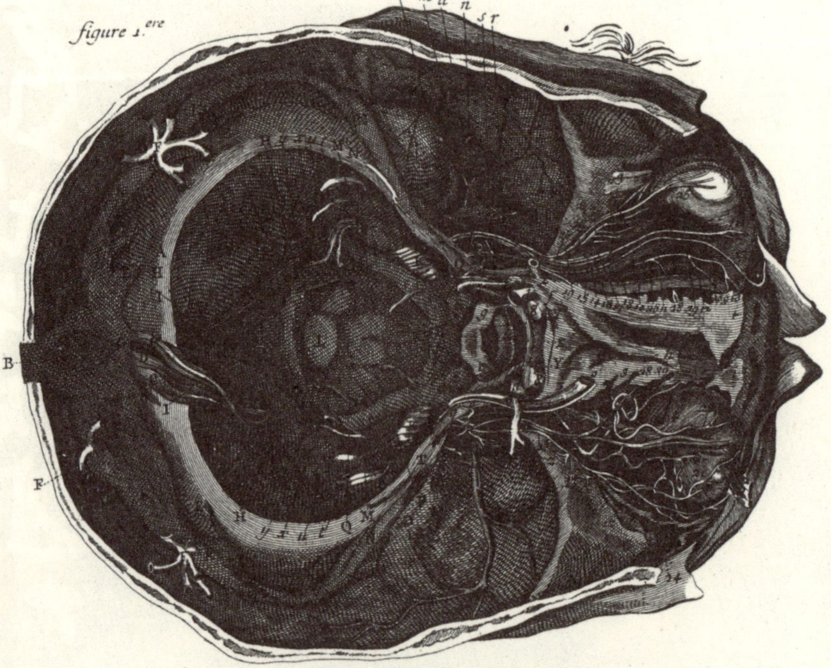

*fig. 2.*

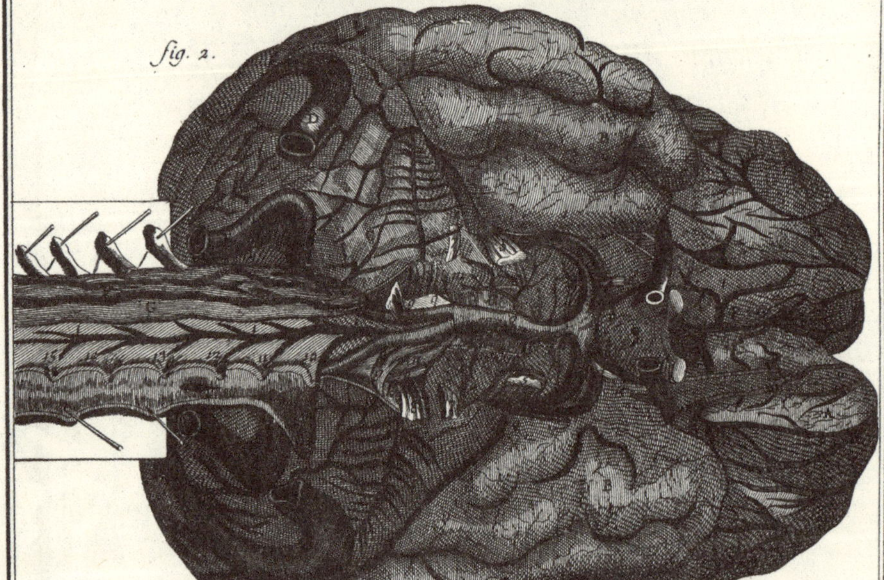

A.B.S.



# *Anotomie.*

Anatomia.

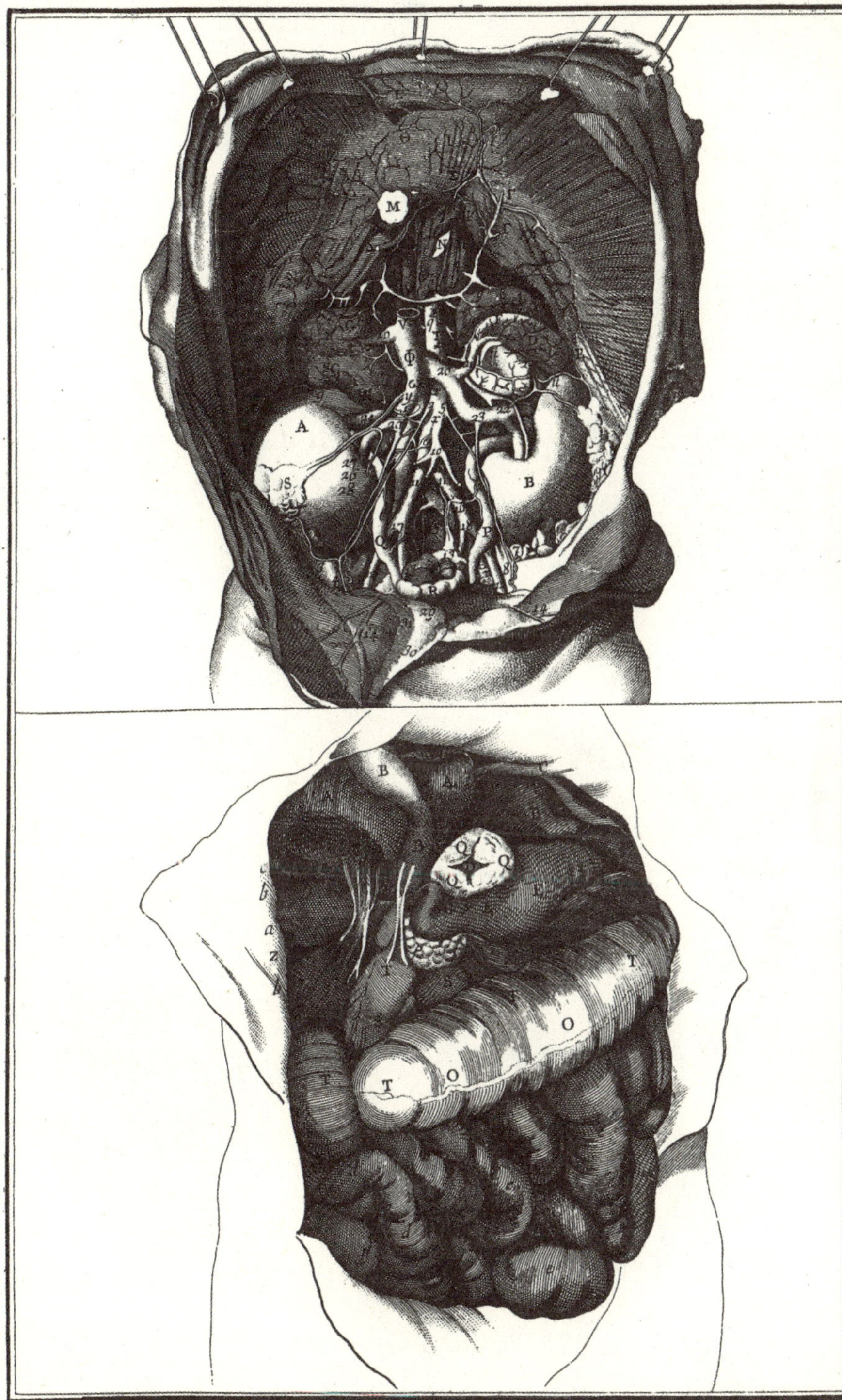

114. A.B.S.

Anatomie.

Anatomia.

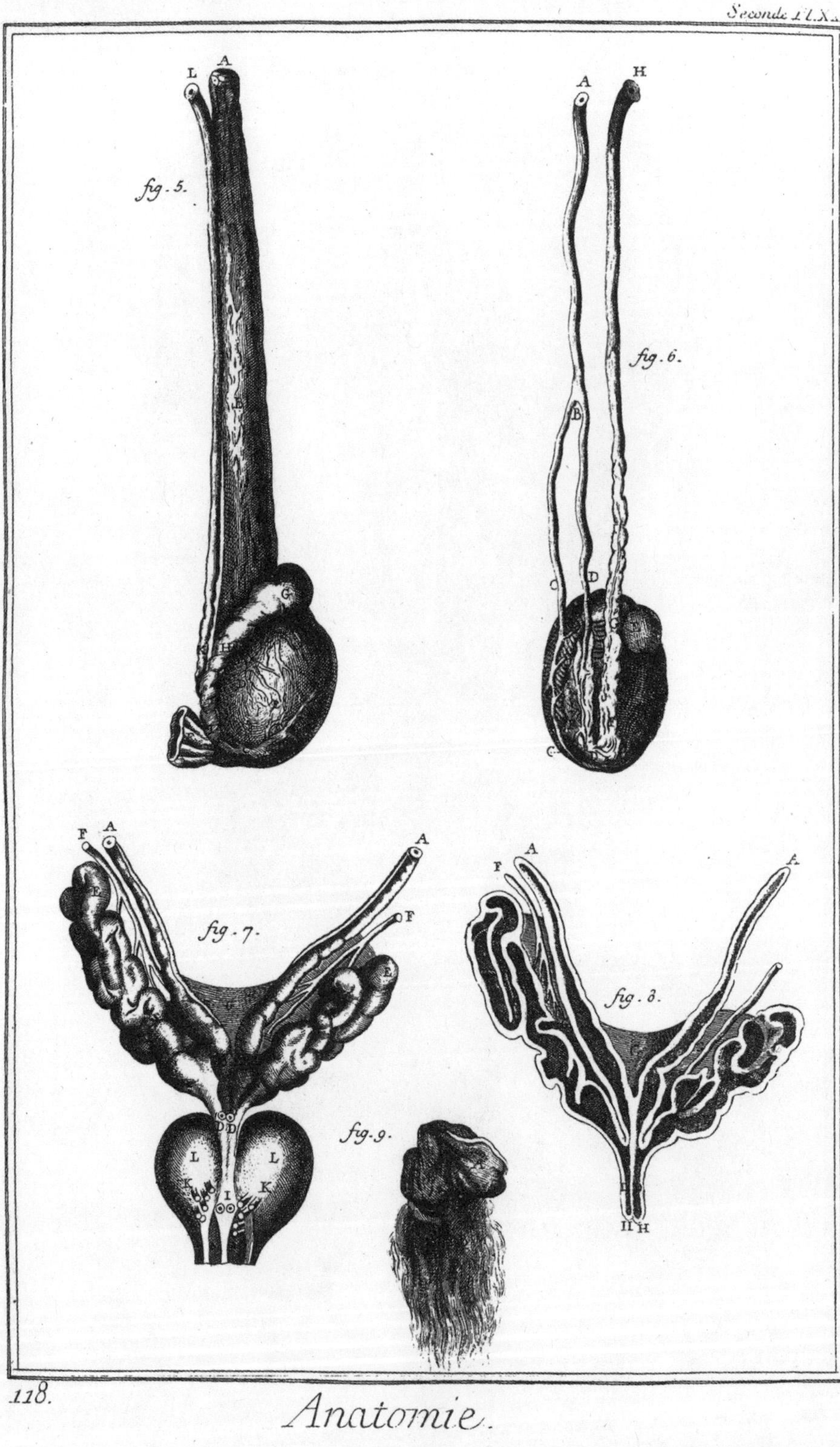


118.

Anatomie.

Anatomia.

Architecture, Cariatides.

Arquitetura, cariátides.

Pl. XVIII.

A Barath s.

# Dessein.

*Figure Académique.*

Desenho. Figura acadêmica.

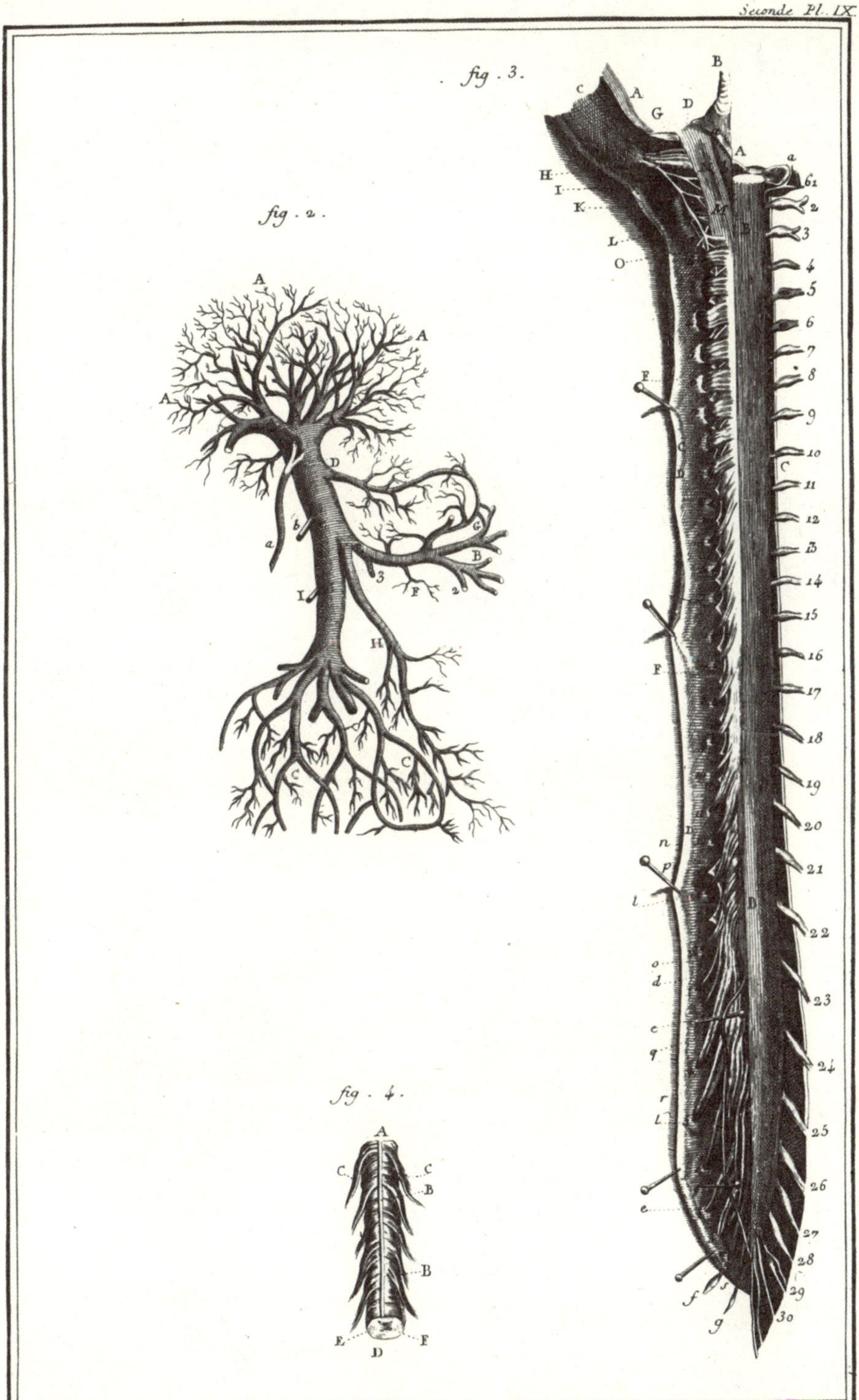


102.

Anatomie

Anatomia.

Pl. I.

Barath s.



Economie Rustique, Charbon de Bois.

Economia rústica, carvão vegetal.

Pl. II.

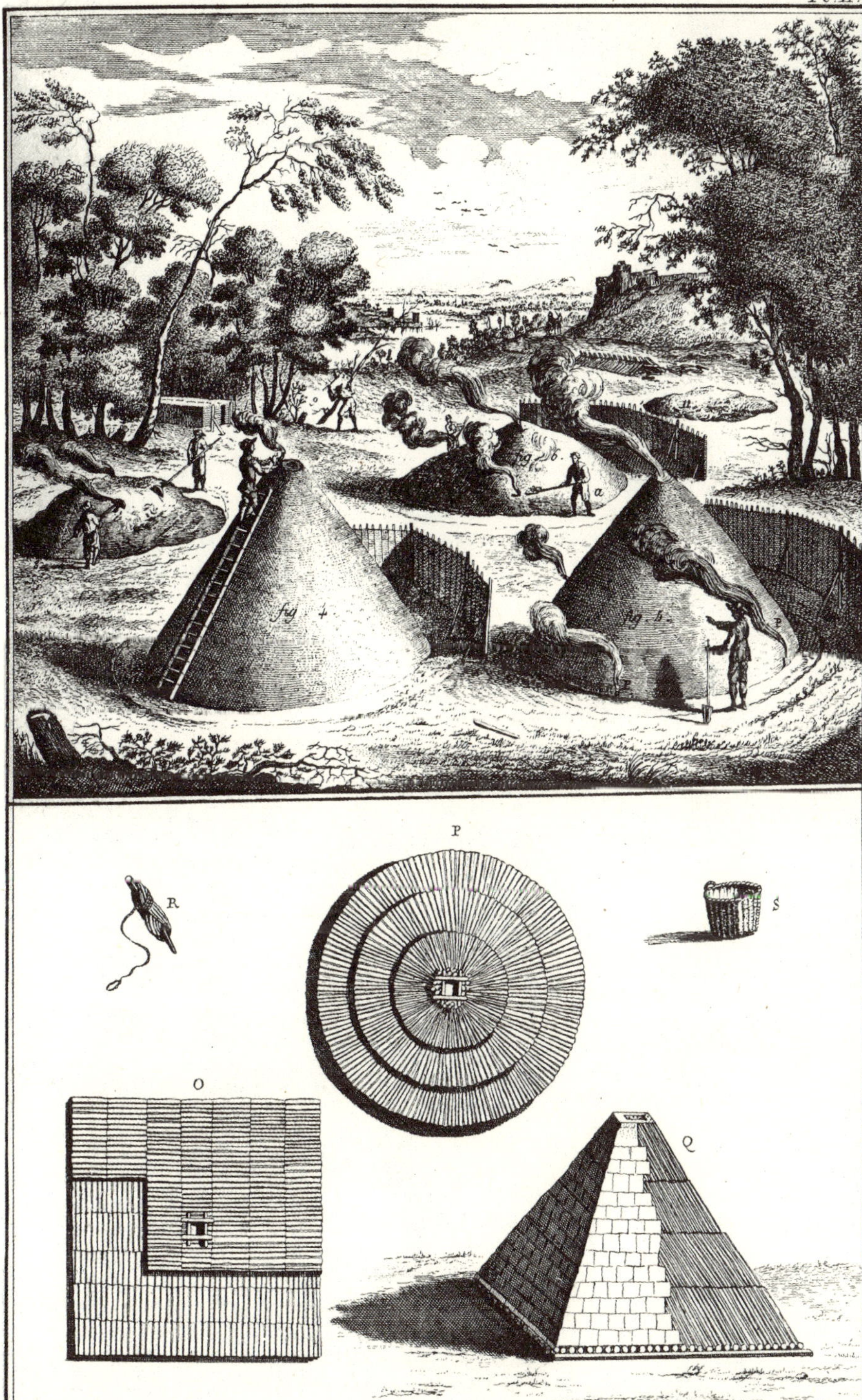


57.

*Æconomie Rustique, Charbon de Bois.*

Economia rústica, carvão vegetal.

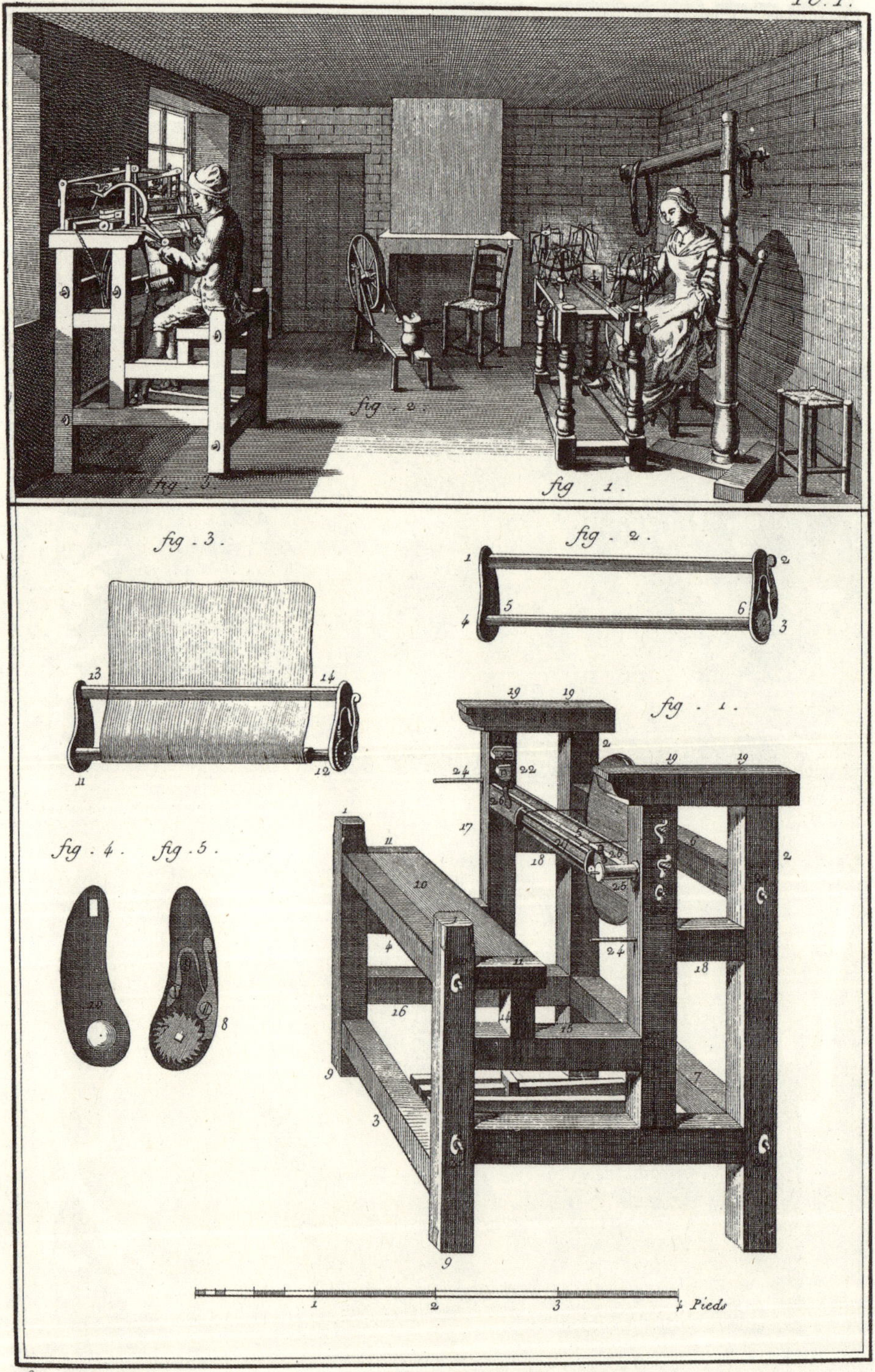


6

# Metier à faire des Bas

Tear de meias.

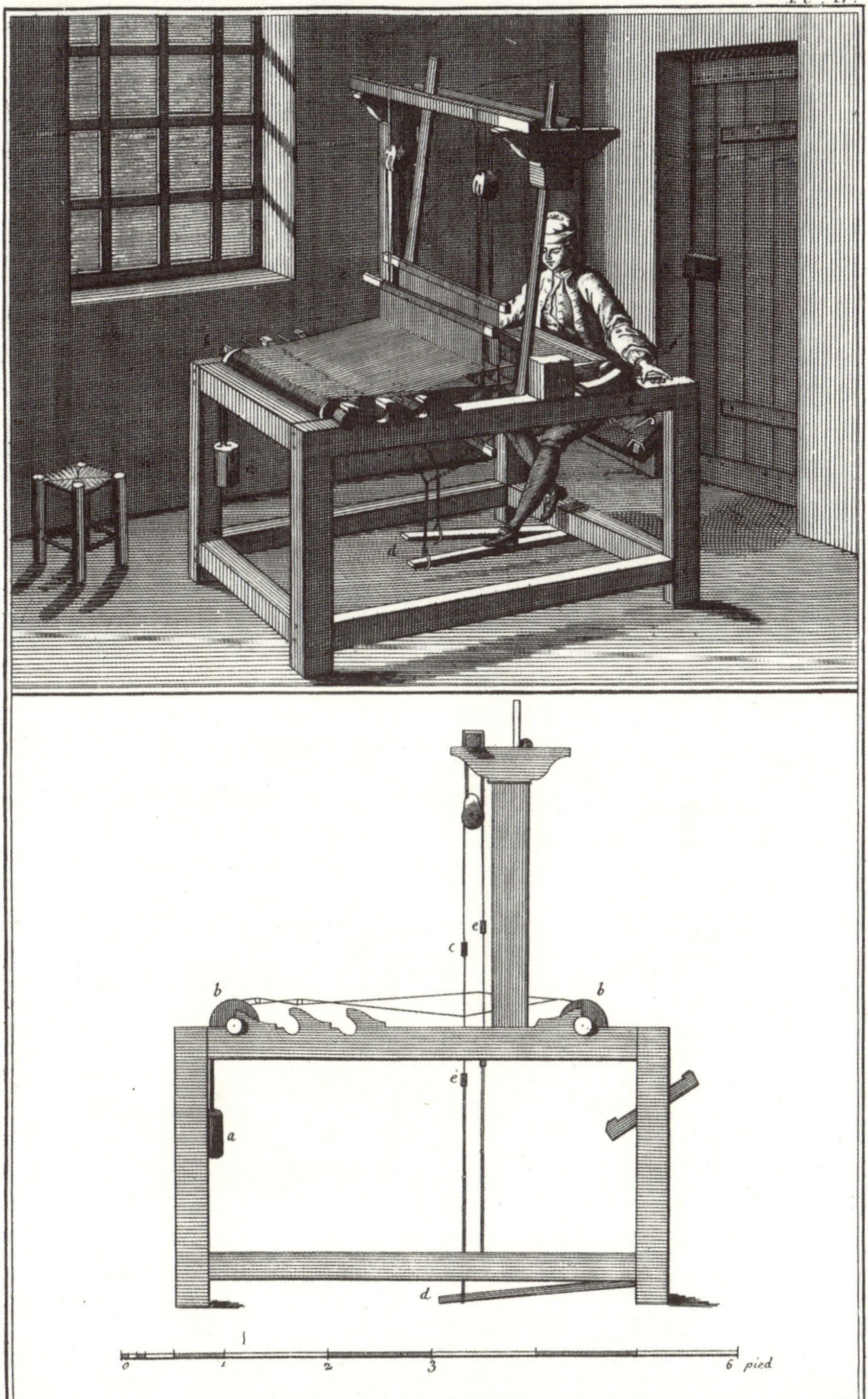


38.

Economie Rustique, Coton

Economia rústica, algodão.

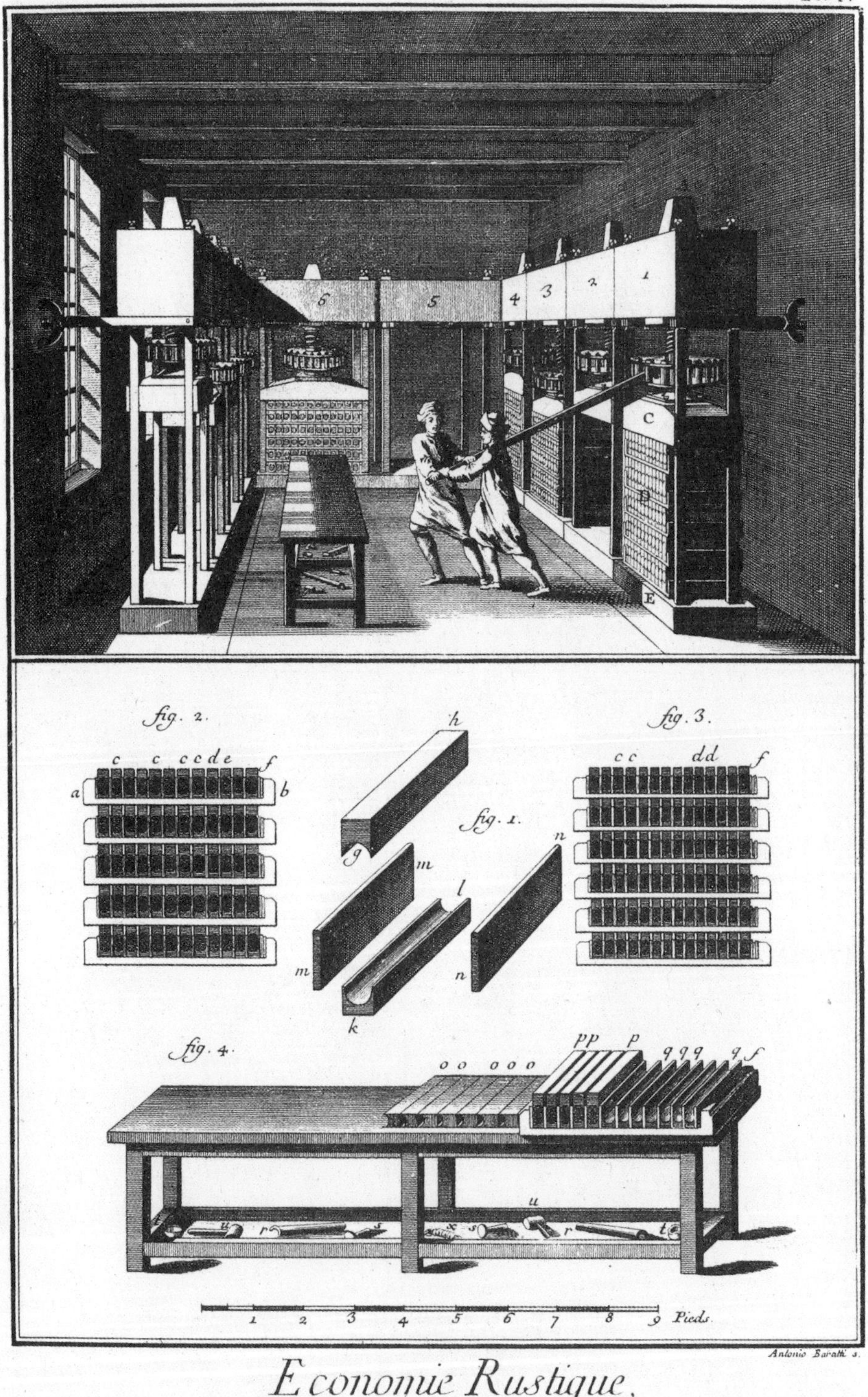


Antonio Baratti s.

# Economie Rustique,

Fabrique du Tabac.



Economia rústica, fábrica tabaqueira.

Pl. II.

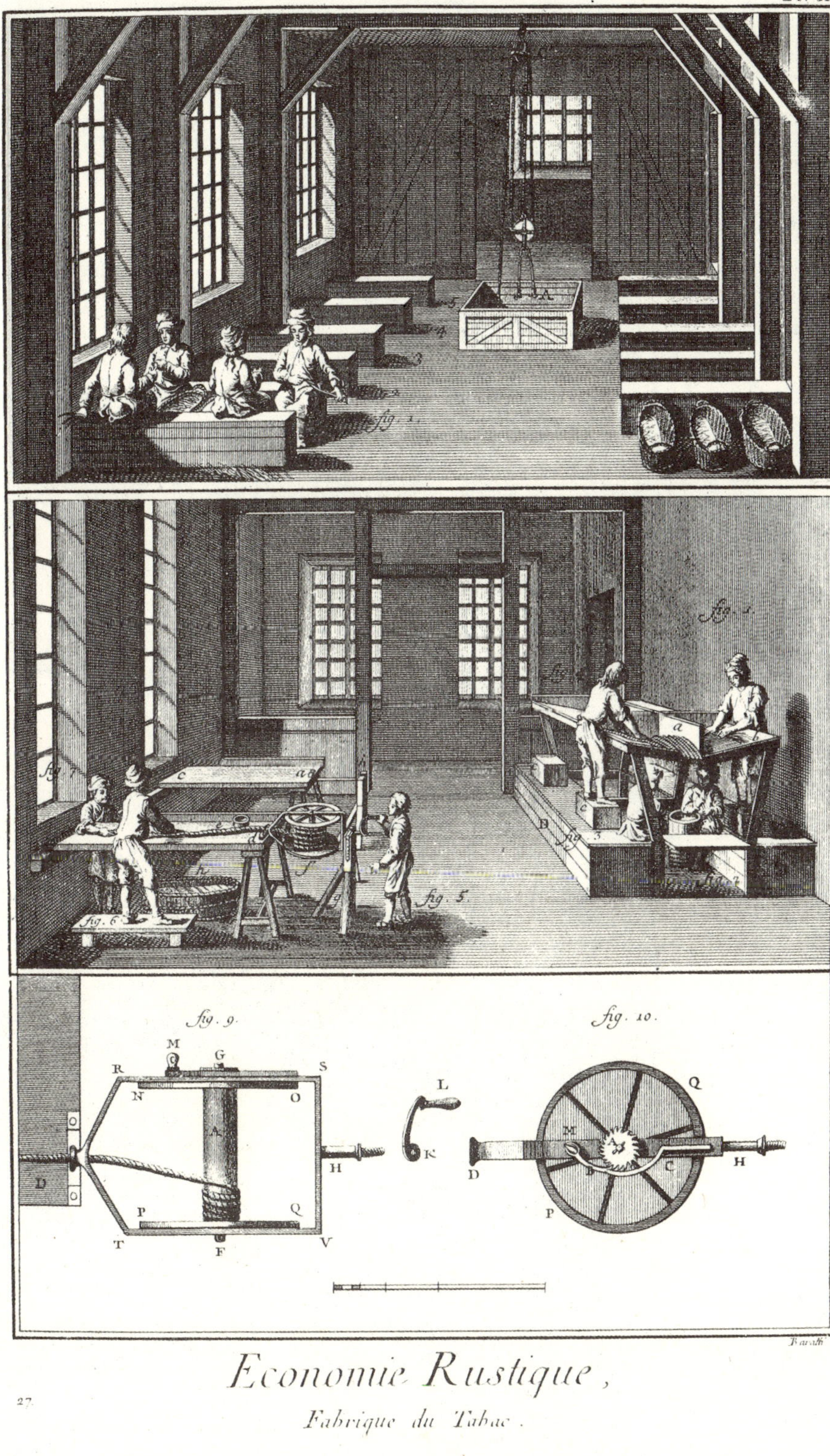


Baratti s.

# Economie Rustique,

27

*Fabrique du Tabac.*

Economia rústica, fábrica tabaqueira.

55 D. I.

Architecture, Cariatides.

Arquitetura, cariátides.

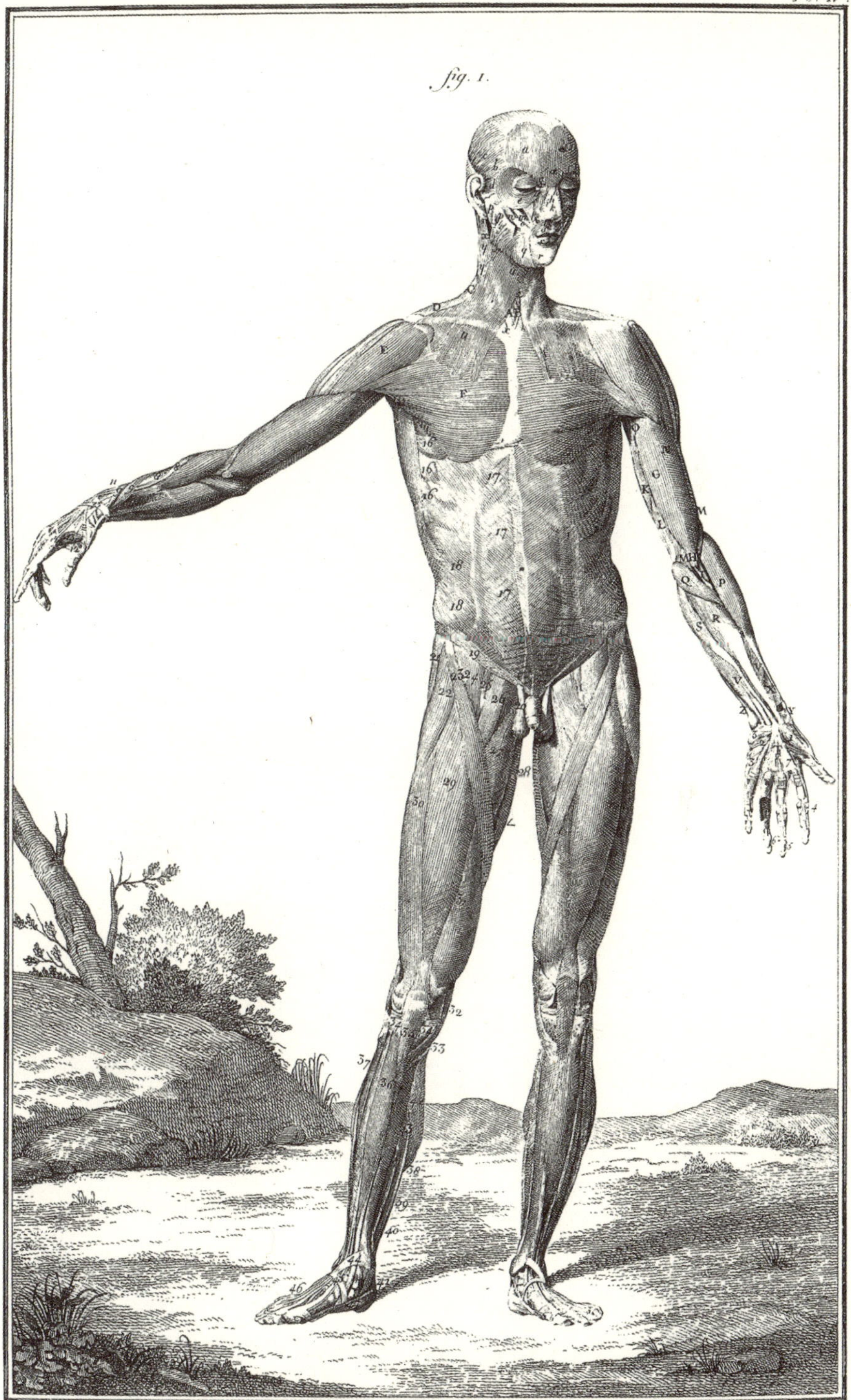




Anatomie.

Anatomia.

SOBRE O LIVRO

*Formato*: 16 x 23 cm

*Mancha*: 27,8 x 48 paicas

*Tipologia*: Venetian 301 BT 12,5/16

*Papel*: Off-withe 80 g/m² (miolo)

Couché fosco encartonado 120 g/m² (capa)

*1ª edição Editora Unesp*: 2017

EQUIPE DE REALIZAÇÃO

*Capa*

Andrea Yanaguita

*Edição de texto*

Tomoe Moroizumi (Copidesque)

Tulio Kawata (Revisão)

*Editoração eletrônica*

Eduardo Seiji Seki (Diagramação)

*Assistência editorial*

Alberto Bononi

Richard Sanches

**Camacorp Visão Gráfica Ltda**

Rua Amorim, 122 - Vila Santa Catarina

CEP:04382-190 - São Paulo - SP

www.visaografica.com.br